实录毛泽东 ④

最后二十年（1957—1976）

李　捷　于俊道 / 主编

MAO
ZE
DONG

北京联合出版公司
Beijing United Publishing Co.,Ltd.

图书在版编目（CIP）数据

实录毛泽东. 4 / 李捷，于俊道主编. — 北京：北
京联合出版公司，2017.12（2025.6重印）

ISBN 978-7-5596-1238-0

Ⅰ. ①实… Ⅱ. ①李… ②于… Ⅲ. ①毛泽东
（1893-1976）－生平事迹 Ⅳ. ①A751

中国版本图书馆CIP数据核字（2017）第268595号

实录毛泽东. 4

作　　者：李　捷　于俊道

责任编辑：夏应鹏

装帧设计：仙　境

版式设计：顾小固

北京联合出版公司出版

（北京市西城区德外大街83号楼9层　100088）

嘉业印刷（天津）有限公司印刷　　新华书店经销

字数：628千字　　710毫米×1000毫米　　1/16　　印张：35

2018年1月第1版　　2025年6月第15次印刷

ISBN：978-7-5596-1238-0

定价：58.00元

第七编 "桃花源里可耕田"

一、从整风到反右

二、在"大跃进"中

三、反思与自责

四、庐山会议

第七编
"桃花源里可耕田"

一、从整风到反右

发动全党整风

随着社会主义改造的基本完成，大规模的阶级斗争即将完结，执政党的中心任务由领导革命转向领导经济文化建设。为了使我们党很快适应这一历史转变，毛泽东决定发动一场全党整风运动。

毛泽东在中共八大的预备会议上，提出了继承党的优良传统，"把主观主义、宗派主义这两个东西切实反一下"的问题。他说："斯大林为什么犯错误呢？就是在一部分问题上他的主观跟客观实际不相符合。现在我们的工作中还经常有许多这样的事情。""我们这几年的工作是有成绩的，但是主观主义的毛病到处都有。"现在我们要"反对社会主义革命和社会主义建设中的主观主义"。又说，反对宗派主义，是要讲团结。"所谓团结，就是团结跟自己意见分歧的，看不起自己的，不尊重自己的，跟自己闹过别扭的，跟自己作过斗争的，自己在他面前吃过亏的那一部分人。"

在"八大"开幕词中，毛泽东联系到延安整风，指出现在我们的许多同志中间仍然存在着主观主义、官僚主义、宗派主义的思想和作风，不利于党内团结和党同人民的团结，必须大力克服这些严重缺点，才能把我们面前的伟大建设工作做好。

随后，毛泽东在八届二中全会上宣布："我们准备明年开展整风运动。整顿三风：一整主观主义，二整宗派主义，三整官僚主义。"他还说："整风是我们在历史上行之有效的方法。以后凡是人民内部的事情，党内的事情，都要用整风的方法，用批评和自我批评的方法来解决。而不是用武力来解决。"

在1957年3月召开的中共全国宣传工作会议上，毛泽东在讲话中又谈了整风问题。他说：现在中共中央作出决定，准备党内在今年开始整风。党外人士可以自由参加，不愿意的就不参加。中国共产党是一个伟大的党，光荣的党，正确的党。在我们的工作中成绩是主要的，但是缺点错误也还不少。中国的改革和建设靠我们来领导。如果我们把作风整顿好了，我们在工作中就会更加主动，我们的本事就会更大，工作就会做得更好。通过整风，不断地把我们身上的错误东西整掉，使我们能够更好地担负起迅速发展经济和文化，改革和建设我们的社会主义社会的任务。

1957年4月27日，中共中央发出了《关于整风运动的指示》。《指示》指出："几年以来，在我们党内，脱离群众和脱离实际的官僚主义、宗派主义和主观主义，有了新的滋长"，因此，有必要"在全党重新进行一次普遍的、深入的反官僚主义、反宗派主义、反主观主义的整风运动"。目的是"提高全党的马克思列宁主义的思想水平，改进作风，以适应社会主义改造和社会主义建设的需要"。方针是"从团结的愿望出发，经过批评和自我批评，在新的基础上达到新的团结"。方法是和风细雨、实事求是的批评与自我批评，从上而下，从领导干部到全体党员逐步展开。《指示》并要求以毛泽东2月在最高国务会议上和3月在全国宣传工作会议上代表中央所作的两个报告为思想的指导，把正确处理人民内部矛盾的问题作为当前整风的主题。这个指示在5月1日《人民日报》上公开发表。

毛泽东在4月27日还为中央起草了《关于整风和党政主要干部参加劳动的指示》。他指出，各级党政军主要干部参加体力劳动，目的是使党和群众打成一片，以大大减少主观主义、官僚主义和老爷作风。5月10日，中共中央发出关于各级领导人员参加体力劳动的指示。这个指示在5月15日《人民日报》公开发表。

对于毛泽东和党中央、国务院有关部门如何发动党外人士帮助我们党整风，李维汉作了如下叙述：

4月30日，毛泽东同志在天安门城楼约集各民主党派负责人举行座谈会，请他们帮助我党整风。马寅初等都到会了。毛泽东同志在会上说：现在是新时代和新任务，阶级斗争结束，向自然界宣战。也讲了知识分子的思想改造问题。他着重号召民主人士揭露教育、卫生等部门的官僚主义。对高等学校的领导体制，毛泽东同志提出由邓小平同志负责找党外人士和民盟、九三等开座谈会，对有职有权和学校党委制的问题征求意见。毛泽东同志的讲话，鼓舞了党外人士向党提批评意见，帮助党整风的政治积极性。

为发动党外人士帮助党整风，中央统战部于5月初和5月中旬，在全国政协和国务院礼堂分别召开了各民主党派、无党派民主人士座谈会和工商界人士座谈会。前者开了13次，70余人次发言；后者开了25次，108人次发言。在这期间，国务院各部门的党委，各省、市委和一些高等院校党委，也相继召开了党外人士座谈会，请他们帮助党整风。

在中央统战部召开的两个座谈会上，党外人士对党都提出了大量的批评、意见和建议，其中大部分是正确的、很好的意见，有的批评可以说是切中时弊。如张奚若5月15日发言，批评党内滋长了骄傲情绪，主要表现是：好大喜功（误认为社会主义就是大），急功近利（强调速成，把长远的事用速成的办法去做），鄙视既往（轻视历史的继承性，一切搬用洋教条），迷信将来（认为将来一切都是好的，都是等速发展的，将来还没建立起来，就把过去都打倒）。陈叔通5月16日发言，提出，"矫枉必须过正"是否永远都是金科玉律，值得怀疑；希望领导上认真总结一下是保守思想对社会主义建设造成的损失大，还是盲目冒进造成的损失大。刘斐、杨明轩提出，党政应分开，不能以党代政。熊克武等提出，要发扬民主，健全法制，抓紧制定民法、刑法和各种单行法规。还有的人提出，应重视和发挥党外人士、工商界和知识分子的作用，办大学要依靠专家学者，建立规章制度，使党外人士、私方人员有职有权；要健全人事制度，改进人事工作，任人唯贤，在提拔奖惩上，党内外干部要一视同仁；要加强统一战线理论、政策的宣传，广泛联系统战对象，虚心倾听党外人士的意见，主动"拆墙填沟"；要为民主党派创造长期共存、互相监督的条件，让他们了解有关的政策和情况，帮助他们发展成员，解决干部、经费等方面存在的问题。

但是，在座谈会的过程中，极少数资产阶级右派分子，乘机大肆散布反党反社会主义的言论，向党和新生的社会主义制度发动猖狂进攻，掀起一股反党反社会主义的思潮。

一、他们错误估计了形势，攻击共产党的领导。胡说什么"现在学生上街，市民跟上去"，"形势非常严重"，共产党已经"进退失措"。二、他们攻击社会主义制度不如资本主义制度，没有优越性，诬蔑我国国内"一团糟"。三、他们全盘否定社会主义改造和社会主义建设事业的成绩，否定历次政治运动。攻击"两点论是教条"，说"历次运动失败的居多"，"肃反的偏差和错误很大很大"，叫嚷要为反革命"平反"，煽动社会上的反动分子起来，"由各方面造成舆论"。四、他们反对农业合作化、资本主义工商业的社会主义改造、粮食统购统销等社会主义改造的根本政策。攻击"现在政治黑暗，道德败坏，各级机关都是官僚机构，比国民党还坏。人民生活降低，处于半饥饿状态"。他们反对社会主义的新闻事业，鼓吹资产阶级的新闻路线，提出让私人办报、办新闻社。五、他们不但夸大党的工作中的缺点和错误，攻击讲优点和成绩的人是歌功颂德，造成一种只许讲缺点错误，不许讲优点成绩的空气，而且把官僚主义说成是社会主义的产物和代名词，把宗派主义说成是无产阶级专政的产物和代名词，把主观主义、教条主义说成是马克思主义的产物和代名词。六、他们反对工人阶级的领导，否认工人阶级和资产阶级的本质区别，不承认资产阶级分子有继续改造的必要性。公开提出共产党退出机关、学校，公方代表退出公私合营企业，叫嚣"根本的办法是改变社会制度"。

右派分子人数虽然极少，但能量不小。在他们所煽动的这股反党、反社会主义的思潮影响下，民主党派、知识分子、工商界的中间分子中一部分人一时思想动摇，有的迷失方向。一些地方发生少数人罢工、罢课、闹事，而且有蔓延之势。如果坐视这极少数右派分子掀起来的反共反社会主义逆流泛滥下去，刚刚建立起来的尚不稳定的社会主义制度和社会秩序，势必导致某种程度的混乱。

为了在全国人民中间澄清根本的大是大非，维护新生的社会主义制度，争取教育中间派，中央决定对右派分子的进攻实行反击，是完全必要的。[1]

一开始，毛泽东并没有反右的打算。他请党外人士帮助我们党整风是真诚的。

1957年5月14日，他起草了《中央关于请党外人士帮助整风的指示》。他说：

最近两个月以来，在各种有党外人士参加的会议上和报纸刊物上所展开的，关于人民内部矛盾的分析和对于党政所犯错误缺点的批评，对于党与人民政府改正错误，提高威信，极为有益，应当继续展开，深入批判，不要停顿或间断。其中有一些批评得不正确，或者在一篇批评中有些观点不正确，当然应当予以反批评，不应当听任错误思想流行，而不予回答（要研究回答的时机并采取分析的态度，要有充分说服力），但是大多数的批评是说得中肯的，对于加强团结，改善工作，极为有益。即使是错误的批评，也暴露了一部分人的面貌，利于我们在将来帮助他们进行思想改造。现在整风开始，中央已同各民主党派及无党派领导人士商好，他们暂时（至少几个月内）不要表示态度，不要在各民主党派内和社会上号召整风，而要继续展开对我党缺点错误的批判，以利于我党整风，否则对于我党整风是不利的（没有社会压力，整风不易收效）。他们同意此种做法。只要我党整风成功，我党就会取得完全的主动，那时就可以推动社会各界整风了（这里首先指知识界）。此点请你们注意。党外人士参加我党整风座谈会和整风小组，是请他们向我们提意见，作批评，而不是要他们批评他们自己，此点也请你们注意。如有不便之处，则以不请党外人士参加整风，而由党邀请党外人士开座谈会，请他们畅所欲言地对工作上缺点错误提出意见为妥。请你们按当地情况斟酌处理。

毛泽东的卫士长李银桥回忆了整风运动开始时毛泽东亲自作自我批评的情景，以及他决心发动反右运动的动机等。李银桥写道：

运动一开始，广大群众和爱国人士积极响应中共中央的号召，向各级党组织和党员干部提出了大量有益的批评和建议。开始，毛泽东对此是热烈欢迎的，他自己也真诚地向身边的工作人员征求意见，希望我们的党和党员干部永远保持革命热情，保持清正廉洁。他要求别人做到的，首先要求自己做到。这段时间，他曾多次征求我们对他的意见，作自我批评，使我们深受感动。

有一天我帮毛泽东做睡前按摩。他抓住我的手背亲切地问："银桥，你怕我吗？"

我说："不怕。"

"别人呢？别的卫士怕吗？"

"一般说，都不怕。也许个别……就怕主席睡不好觉发脾气。"

"这是我的不对。人睡不好觉容易烦躁，烦躁了就容易发脾气。我也是人，也有点脾气。可是我又是主席，发脾气就容易给同志们造成压力。"毛泽东吁口气，恳切地说，"告诉同志们，毛泽东不可怕。我没想到我会当共产党的主席。我本是想当一名教书先生，就是当名教书先生也是不容易的呢！"

接着，他给我讲述了他的青少年时期，讲述自己的父母的为人，讲述自己的喜怒哀乐。

类似的话，毛泽东曾经和许多卫士及秘书、医护人员讲过。毛泽东对于他睡不好觉而发过脾气的卫士都曾作过诚恳的自我批评。

毛泽东多次讲过："流水不腐，户枢不蠹。共产党是执政党，必须经常地整顿作风，反对官僚主义、宗派主义和主观主义，防止脱离群众，防止腐败变质。"

但是，整风运动发展到后来，确实有极少数资产阶级右派分子从根本上否定党的领导和新生的社会主义制度，甚至想取代共产党的领导。许多党的领导人和普通工农群众也确实对此不满，甚至义愤填膺。反映情况的简报材料纷纷送到毛泽东及其他中央首长那里。

毛泽东多次讲过写过："我觉得吾人惟有主义之争，而无私人之争。主义之争，出于不得不争，所争者主义，非私人也。私人之争，世亦多有，则大概是可以相让的。"

一旦发觉有人要从根本上否定共产党的领导和社会主义制度，毛泽东不答应了。党的主要领导同志都不能答应，这是一个原则。毛泽东认为这些人不是帮助共产党，而是反对共产党。他常把同高级领导人及专家们研究过的同一问题拿来问问身边的工农兵出身的工作人员，我们都表示决不答应。

于是，党中央和毛泽东部署了对右派的反击。从6月份开始，在全国范围内开展了反右斗争。这一斗争在当时的国内国际形势下，对于坚持党的领导，坚持社会主义都是完全正确和必要的。

但是，由于当时对敌情估计过于严重，而且下边许多基层党的领导人已经不是"主义之争"，有不少成了"个人之争"，反右斗争被严重扩大化了。据我所知，毛泽东亲自出面保护过一些知识分子和爱国民主人士，但对于全局来讲，这是严重扩大化了。直到1978年才由党中央发指示，对被错划右派分子的人作了实事求是的改正。这是后话。

这场斗争开始之后，毛泽东由过去思考如何避免重犯斯大林"左"的错误，转向思考如何防止右的颠覆和出现修正主义。在1957年9月20日召开的中国共产党八届三中全会上，毛泽东作了题为《做革命的促进派》的讲话。讲话中提出："无产阶级和资产阶级的矛盾，社会主义道路和资本主义道路的矛盾，毫无疑问，这是当前我国社会的主要矛盾。"这一论断，显然违反了1956年党的"八大"关于我国社会主要矛盾已经不再是工人阶级和资产阶级的矛盾这一分析。[2]

关于毛泽东从整风到决心发动反右运动的过程，李维汉作了清晰的记述。他说：

在民主党派、无党派民主人士座谈会开始时，毛泽东并没有提出要反右，我也不是为了反右而开这个会，不是"引蛇出洞"。两个座谈会反映出来的意见，我都及时向中央常委汇报。5月中旬，汇报到第三次或第四次时，已经放出一些不好的东西，什么"轮流坐庄""海德公园"等谬论都出来了。毛泽东警觉性很高，说他们这样搞，将来会整到他们自己头上，决定把会上放出来的言论在《人民日报》发表，并且指示：要硬着头皮听，不要反驳，让他们放。在这次汇报之后，我才开始有反右的思想准备。那时，蒋南翔同志对北大、清华有人主张"海德公园"受不住，毛泽东同志要彭真同志给蒋打招呼，要他硬着头皮听。当我汇报到有位高级民主人士说党外有些人对共产党的尖锐批评是"姑嫂吵架"时，毛泽东同志说：不对，这不是姑嫂，是敌我。毛泽东同志长期生活于尖锐的敌我斗争环境中，政治上很敏感。早在这年1月18日省、市、自治区党委书记会议上的讲话中，他就着重考察分析了一年来国内外形势的变化，他说：一些教授中也有各种怪议论，不要共产党呀，共产党领导不了他呀，社会主义不好呀，如此等等，是不是想复辟？及至听到座谈会的汇报和罗隆基说现在是马列主义的小知识分子领导小资产阶级的大知识分子、外行领导内行之后，就在5月15日写出了《事情正在起变化》的文章，发给党内高级干部阅读。[3]

整风期间，毛泽东还对《人民日报》一个时期以来的宣传提出批评。

吴冷西回忆1957年6月7日毛泽东同他和胡乔木谈话的情形说：

毛主席看看我又看看乔木，接着就谈到人民日报任务很繁重，很需要增加领导力量。他说到，两个月前他曾经批评人民日报没有宣传他在最高国务会议上讲话的精神。他说他批评人民日报对最高国务会议无动于衷，只发了两行字的新闻，没有发社论，以后又不宣传。全国宣传工作会议甚至连新闻也没有发。结果文汇报、新民报和光明日报把旗帜抓了过去，大鸣大放。真是百家争鸣，唯独马家不鸣（按："马家"指的是马克思主义这一家）。他在上海（按：毛主席在3月下半月离京，南下天津、济南、南京、上海等地视察）发现这个情况，感觉很不妙，就回北京来查此事。他先找胡乔木谈，第二天（4月10日）又找人民日报总编辑和副总编辑谈。毛主席说，他当时说得严厉了一些，说他们不仅不是政治家办报，甚至也不是书生办报，而是死人办报。这样猛击一掌，为的是使他们惊醒过来。毛主席说，他当时列举几个例子证明他的看法。他指出《人民日报》当天的社论（按：指4月10日的社论《继续放手，贯彻百花齐放、百家争鸣的方针》）和前几天的社论（按：指4月6日的社论《教育者必须受教育》）都没有提最高国务会议和全国宣传工作会议，好像世界上根本没有发生这回事。

毛主席对着胡乔木说，中央党报办成这样子怎么行？写社论不联系当前政治，这哪里像政治家办报？乔木解释说，这件事情他也有责任。人民日报在最高国务会议后制订了宣传计划，也起草了几篇社论，但他感到写得不好，修改了几次，仍然没有把握，所以就耽误下来了。

这次谈话中，毛主席没有当场决定我去人民日报。他要我再考虑考虑，10天后再谈。他在那篇《这是为什么？》的社论上又改了几个字，要胡乔木在第二天（6月8日）《人民日报》上发表，要新华社在当天晚上向全国广播。这样我和胡乔木就各自回家了。

还不到10天，6月13日晚，毛主席的秘书电话通知我：主席要找我谈话，要我马上就去。当我到达毛主席的卧室时，胡乔木已经在座。

毛主席一开始就告诉我，中央已经决定调我去人民日报，同时还兼新华社的工作。

毛主席接着又重提他4月10日同人民日报同志的谈话。毛主席说，他在那次长达4小时的谈话结束时，曾归纳了四点意见：

一、报纸的宣传，要联系当前的政治，写新闻、文章要这样，写社论更要这样。如2月间的最高国务会议和3月间的全国宣传工作会议及其以后的发展，报纸的宣传要围绕这个当前最重要的政治来做。

二、中央的每一重要决策，报纸都要有具体布置，要制订出写哪些社论、文章和新闻的计划，并贯彻执行。2月间在最高国务会议上的讲话，当时来不及整理发表，但可以根据讲话要点写文章、社论来宣传，在这方面，人民日报有充分的条件可以得风气之先。现在这个讲话已作了多次修改，差不多了，只有几个地方还要斟酌一下，再过几天就可以发表。人民日报就要准备作系统的宣传。

三、人民日报要在现有条件下努力改进工作，包括领导工作。编委会可以扩大些，开会要讨论政治上和思想上的实质问题，可以争论。报纸的编排和文风，不要刻板，要生动活泼。文章要写得短些、通顺些，标题要醒目些，使读者爱看。

四、要吸收报社以外的专家、学者、作家参加报纸工作，要团结好他们。理论版和文艺版要设专门的编委会，请报社外的人参加，属半独立性质。

谈到这点意见时，毛主席讲了一段很长的话。他从领导的任务一是决策、一是用人讲起，评说汉代几个皇帝的优劣。他称赞刘邦会用人。他说汉高祖刘邦比西楚霸王项羽强，他得天下一因决策对头，二因用人得当。据史记载，刘邦称帝之初，曾问群臣：何以他得天下而项羽失天下？群臣应对不一。刘邦均不以为然。毛主席这时背诵《史记》中刘邦说的一段话："夫运筹策帷帐之中，决胜于千里之外，吾不如子房。镇国家，抚百姓，给馈饷，不绝粮道，吾不如萧何。连百万之军，战必胜，攻必取，吾不如韩信。此三者，皆人杰也，吾能用之，此吾所以取天下也。项羽有一范增而不能用，此其所以为我擒也。"毛主席接着说，高祖之后，史家誉为文景之治，其实，文、景二帝乃守旧之君，无能之辈，所谓"萧规曹随"，没有什么可称道的。倒是汉武帝雄才大略，开拓刘邦的业绩，晚年自知奢侈、黩武、方士之弊，下了罪己诏，不失为鼎盛之世。前汉自元帝始即每况愈下。元帝好儒学，摒斥名、法，抛弃他父亲的一套统治方法，优柔寡断，是非不分，贤佞并进，君权旁落，他父亲骂他"乱我者太子也"。

毛主席说，领导的任务不外乎决策和用人，治理国家是这样，办报纸也是这样。

毛主席这时又回过头来就调我去人民日报工作的问题对我说，你先作为乔木同志的助手去试试看。今晚就同乔木一道去上班，拿这篇文章去。

这时，毛主席递给我一篇打字稿。我看是一篇用人民日报编辑部署名的文章，题目是《文汇报在一个时间内的资产阶级方向》。这样的署名很少用，我一下子就想起了去年（1956年4月和12月）先后发表的论无产阶级专政的历史经验那两篇文章。那两篇文章在我们起草时不是用这个题目，也不是用人民日报编辑部署名，都是在差不多定稿时由毛主席提议修改并经政治局同意的。

毛主席接着说，上次批评人民日报时，我曾许下诺言，说我辞去国家主席后可以有空闲给人民日报写点文章，现在我还没有辞掉国家主席，就给人民日报写文章了。（按：毛主席要辞去国家主席职务，早在1956年八大之前就在中央内部提出过。1957年4月30日毛主席邀集各民主党派负责人商谈帮助共产党整风时又对他们讲到他想辞去国家主席。事后陈叔通和黄炎培联名写信给少奇同志和周总理，力陈不赞成毛主席辞去国家主席。毛主席把这封信批给中央政治局同志传阅，他在批语中说，他要从1958年起摆脱国家主席职务，以便集中精力研究一些重要问题。5月8日，政治局专门召开会议，讨论了陈、黄的信和毛主席的批语，一致同意毛主席的意见。此事经党内充分酝酿，1958年12月八届六中全会才作出决定。1959年4月第二届全国人民代表大会才改选刘少奇同志担任国家主席。）

毛主席最后严肃地对我说，要政治家办报，不是书生办报，就得担风险。你去人民日报工作，会遇到不少困难，要有充分的思想准备，要准备碰到最坏的情况，要有五不怕的精神准备。毛主席扳着指头说这五不怕是：一不怕撤职，二不怕开除党籍，三不怕老婆离婚，四不怕坐牢，五不怕杀头。毛主席接着逐条作了解释，讲了很长的一大段话。[4]

反右派斗争

1957年5月15日，毛泽东写了《事情正在起变化》一文，表明他下定了反击右派的决心。

毛泽东在《事情正在起变化》中提出：

几个月以来，人们都在批判教条主义，却放过了修正主义……批判教条主义的有各种人。有共产党人——马克思主义者。有括弧里面的"共产党人"，即共产党的右派——修正主义者。有社会上的左派、中间派和右派。社会上的中间派是大量的，他们大约占全体党外知识分子的70%，而左派大约占20%，右派大约占1%、3%、5%到10%，依情况而不同。

最近这个时期，在民主党派和高等学校中，右派表现得最坚决最猖狂。……现在右派的进攻还没有达到顶点，他们正在兴高采烈。党内党外的右派都不懂辩证法：物极必反。我们还要让他们猖狂一个时期，让他们走到顶点。他们越猖狂，对于我们越有利。人们说：怕钓鱼，或者说：诱敌深入、聚而歼之。

对于为什么要把"大量的反动的乌烟瘴气的言论"登在报上，毛泽东回答说："这是为了让人民见识这些毒草、毒气，以便锄掉它，灭掉它。"他最后说：

我们同资产阶级和知识分子的又团结又斗争，将是长期的。共产党整风告一段落之后，我们将建议各民主党派和社会各界实行整风，这样将加速他们的进步，更易孤立少数右翼分子。现在是党外人士帮助我们整风。过一会儿我们帮助党外人士整风。这就是互相帮助，使歪风整掉，走向反面，变为正风。人民正是这样希望于我们的，我们应当满足人民的希望。[5]

5月16日，毛泽东起草了《中央关于对待当前党外人士批评的指示》。他说：

"党外人士对我们的批评，不管如何尖锐，包括北京大学傅鹰化学教授在内，基本上是诚恳的，正确的。这类批评占90%以上，对于我党整风，改正缺点错误，大有利益。"但是，"最近一些天以来，社会上有少数带有反共情绪的人跃跃欲试，发表一些带有煽动性的言论，企图将正确解决人民内部矛盾、巩固人民民主专政、以利社会主义建设的正确方向，引导到错误方向去，此点请你们注意，放手让他们发表，并且暂时（几个星期内）不要批驳，使右翼分子在人民面前暴露其反动面目，过一个时期再研究反驳的问题。"

6月6日，毛泽东又起草了《中央关于加紧进行整风的指示》。指示要求各省市一级机关、高校及地市一级机关用大放大鸣大字报方法加紧整风。这样做，"一可以揭露官僚主义等错误缺点，二可以暴露一部分有反动思想和错误思想的人的面貌，三可以锻炼党团员及中间派群众"。"至于各民主党派及社会人士大放大鸣，使建设性的批评与牛鬼蛇神（即破坏性批评）都放出来，以便分别处理，大有好处。必须注意争取中间派，团结左派，以便时机一成熟，即动员他们反击右派和反动分子。"毛泽东认为："这是一场大规模的思想战争和政治战争，我们必须打胜仗，也完全有条件打胜仗。"

李维汉回顾了5月中旬到6月上旬，他组织工商界人士座谈会进行鸣放的一些情况。他说：

工商界人士座谈会开始于5月中旬。这时，中央要反右的方针在我脑子里已经清楚了。当时胡子婴从西北视察回来，在会上讲了上海一批工厂搬迁西北，办得不好。黄炎培从外地考察回来，也讲了一篇类似的话。我看到如果让他这样讲下去，将来要划为右派不好办，就宣布休息，请孙起孟去做黄炎培的工作，保护了他。工商座谈会期间，有人提出真正的资本家与会不多，代表性不够，于是又不断扩大规模，找了北京的吴金粹、天津的董少臣、上海的李康年等一些人到会鸣放，后来这些人都被划为右派。这个做法实际上是"引蛇出洞"，把对敌斗争的一套用于人民内部，混淆了敌我。这个教训是深刻的。

两个座谈会分别在1957年6月3日、6月8日结束，我在会上都作了总结性的发言。发言稿事先经毛主席、少奇、恩来同志看过。6月3日，我在民主党派座谈会上的讲话，还没有说要反右。我问毛主席、少奇和恩来同志要不要表示反击。恩来同志说，柯庆施在上海已经有所表示，你可以讲。毛泽东同志审阅我的发言稿时，加了一句话，说座谈会上提出的批评和意见，"有相当一部分是错误的"。6月8日工商座谈会结束时，反右的形势已经明朗，我在讲话中指出："座谈会上提出和接触到的批评和意见，大多数是正确的，是善意的；有一部分是错误的，其中一部分错误的性质是严重的"，并且批驳了反对思想改造，宣扬资产阶级分子已经没有剥削、拿定息也不是剥削，资产阶级已经没有阶级的两面性，他们同工人之间已经没有阶级区别，资产阶级分子不经过改造也能爱社会主义、不需要"脱胎换骨"的本质的改造等言论，指出："这种论调和攻击，是在反教条主义的幌子下，进行以修正主义攻击马列主义、以资产阶级思想反对工人阶级思想的斗争，这实际上就是社会主义和资本主义之间的两条道路的斗争。"这两篇发言虽然没有明确说要反右派，但实际都是准备反击的。〔6〕

反击右派的斗争，从6月8日正式发动。当天，中共发出了毛泽东起草的《组织力量反击右派分子的猖狂进攻》的党内指示，并在《人民日报》发表了毛泽东撰写的社论《这是为什么？》。在6月8日的指示中，毛泽东说：

总之，这是一场大战（战场既在党内，又在党外），不打胜这一仗，社会主义是建不成的，并且有出"匈牙利事件"的某些危险。现在我们主动的整风，将可能的"匈牙利事件"主动引出来，使之分割在各个机关、各个学校去演习，去处理，分割为许多小"匈牙利"，而且党政基本上不溃乱，只溃乱一小部分（这部分溃乱正好，挤出了脓包），利益极大。〔7〕

6月10日，毛泽东起草了《中央关于反击右派分子斗争的步骤、策略问题的指示》。指示说：

在这次浪潮中，资产阶级大多数人表现很好，没有起哄……无论民主党派、大学教授、大学生，均有一部分右派和反动分子，在此次运动中闹得最凶的就是他们……各党派中，民革、民建、九三、民进等颇好，民盟、农工最坏。章伯钧、罗隆基拼命做颠覆活动，野心很大，党要扩大，政要平权，积极夺取教育权，说半年或一年，天下就将大乱。毛泽东混不下去了，所以想辞职。共产党内部分裂，不久将被推翻。他们的野心极大，完全是资本主义路线，承认社会主义是假的。民盟右派和反动派的比例比较大，有10%以上，霸占许多领导职位。

6月中旬，毛泽东两次派他的秘书林克去高校了解情况。6月11日，他写信给清华大学校长蒋南翔和党委书记陈舜瑶，说明派其秘书林克去清华了解学校目前的动态。6月18日，毛泽东又给北师大党委书记何锡麟去信，让何接洽林克，以了解北师大动态。

6月29日，毛泽东修改中央关于争取、团结中间分子的指示稿时说：右派和极右派的人数，以北京34个高等学校及几十个机关中，需要在各种范围点名批判的，大约有400人，全国大约有4000人，你们应当排个队，使自己心中有数。

7月1日，《人民日报》发表了毛泽东写的社论《文汇报的资产阶级方向应当批判》，公开点了"章（伯钧）、罗（隆基）同盟"。一场狂风暴雨般的反右派运动在全国开展起来。

1957年7月17日至21日，中共中央在青岛召开省市委书记会议，着重讨论反右派斗争问题。毛泽东在会议期间写了《一九五七年夏季的形势》一文，从理论上对这场斗争的背景及性质作了阐述。他写道：

这一次批判资产阶级右派的意义，不要估计小了。这是一个在政治战线上和思想战线上的伟大的社会主义革命。单有1956年在经济战线上（在生产资料所有制上）的社会主义革命，是不够的，并且是不巩固的。"匈牙利事件"就是证明。必须还有一个政治战线上和一个思想战线上的彻底的社会主义革命。……这个斗争，从现在起，可能还要延长10年至15年之久。做得好，可能缩短时间。当然不是说，10年至15年之后，阶级斗争就熄灭了。只要世界上还存在着帝国主义和资产阶级，我国的反革命分子和资产阶级右派分子的活动，不但总是带着阶级斗争的性质，并且总是同国际上的反动派互相呼应的。目前的斗争，在一段必要时间之后，应当由急风暴雨的形式转变为和风细雨的形式，以便从思想上搞得更深更透。……要知道，如果这一仗不打胜，社会主义是没有希望的。

大辩论，全民性的，解决了和正在解决着革命和建设工作是否正确（革命和建设的成绩是不是主要的），是否应走社会主义道路，要不要共产党领导，要不要无产阶级专政，要不要民主集中制，以及我国的外交政策是否正确等项重大问题。很自然地要发生这样一次全民性的大辩论。苏联在20年代曾经发生过（同托洛茨基等人辩论一国能否建成社会主义），我国在50年代的第7年发生了。我们如果不能在这次辩论中取得完全胜利，我们就不能继续前进。只要我们在辩论中胜利了，就将大大促进我国的社会主义改造与社会主义建设。这是一个伟大的带有世界意义的事件。

……

批判右派这件事，整个民主党派、知识界、工商界，震动极大。应当看到他们中的多数人（中间派）是倾向于接受社会主义道路和无产阶级领导的。这种倾向，各类人程度深浅不同。应当看到，现在他们对于真正接受社会主义道路和真正接受无产阶级领导这些基本点虽然还只是一种倾向，但是，只要有了这种倾向，他们就从资产阶级立场到工人阶级立场的长距离路程中开动了第一步。如果有一年整风时间（从今年5月到明年5月）就可以跨进一大步。这些人在过去，并没有参加社会主义革命的精神准备。这个革命，对于他们，是突然发生的。共产党员中，也有一些人是这样。批判右派和整风，对于这些人，对于广大人群，将是一个深刻的社会主义教育。[8]

在这篇文章中，他还展望了社会主义中国的前景，提出：

我们的目标，是想造成一个又有集中又有民主，又有纪律又有自由，又有统一意志，又有个人心情舒畅、生动活泼，那样一种政治局面，以利于社会主义革命和社会主义建设，较易于克服困难，较快地建设我国的现代工业和现代农业，党和国家较为巩固，较为能够经受风险。总题目是正确地处理人民内部的矛盾和正确地处理敌我矛盾。方法是实事求是，群众路线。派生的方法是党内党外在一起开一些有关大政方针的会议，公开整风，党和政府的许多错误缺点登报批评。

……

必须懂得，在我国建立一个现代化的工业基础和现代化的农业基础，从现在起，还要10年至15年。只有经过10年至15年的社会生产力的比较充分的发展，我们的社会主义的经济制度和政治制度，才算获得了自己的比较充分的物质基础（现在，这个物质基础还很不充分），我们的国家（上层建筑）才算充分巩固，社会主义社会才算从根本上建成了。现在还未建成，还差10年至15年时间。为了建成社会主义，工人阶级必须有自己的技术干部的队伍，必须有自己的教授、教员、科学家、新闻记者、文学家、艺术家和马克思主义理论家的队伍。这是一个宏大的队伍，人少了是不成的。这个任务，应当在今后10年至15年内基本上解决。10年至15年以后的任务，则是进一步发展生产力，进一步扩大工人阶级知识分子的队伍，准备着逐步地由社会主义过渡到共产主义的必要条件，准备以八个至十个五年计划在经济上赶上并超过美国。共产党员、青年团员和全体人民，人人都要懂得这个任务，人人都要努力学习。有条件的，要努力学技术、学业务、学理论，构成工人阶级知识分子的新部队（这个新部队，包含从旧社会过来的真正经过改造站稳了工人阶级立场的一切知识分子）。这是历史向我们提出的伟大任务。在这个工人阶级知识分子宏大新部队没有构成以前，工人阶级的革命事业是不会充分巩固的。[9]

1958年夏季，整风和反右派运动才完全结束。在此之前，毛泽东已经开始按照上述思路，具体考虑中国的全面经济建设问题。

1957年8月1日，毛泽东起草了《中央关于进一步深入开展反右派斗争的指示》。指示说：

（一）在深入揭发右派分子的斗争中，现在一方面正向地县两级（在城市县向区级和大工矿基层）展开，一方面又必须在中央一级和省、市、自治区一级各单位深入地加以挖掘。这样，右派分子将继续发现和挖掘出来，人数将逐步增多。右派中的极右分子，即骨干分子，登报的人数，也应适当增加。不是百分之几，也不是百分之十，而是要按情况达到极右派的百分之二十、三十、四十或五十。他们既是极右派，又是实事求是地鉴定了的极右派（不是普通右派分子），多一些人在报上，揭露他们的反共反人民反社会主义的反动言行，使他们在公众面前出丑，就会越有利于教育广大群众，争取中间派，也有利于分化右派。这一点必须坚持，不要犹豫。（二）深入挖掘期间，必须实事求是，有些单位右派少，或者确无右派，就不要主观主义地勉强去找右派。（三）要准确地鉴定极右派、普通右派和中间偏右分子这三种人的界限，以免泛滥无归，陷入被动，丧失同情。此点必须注意。（四）反右斗争，必须坚持辩论方式，摆事实，讲道理。而且事实要是准确的事实，不是虚构的"事实"，讲道理要讲得使大多数人心服，切不可以强词夺理。（五）地县两级、城市区级及工厂基层的领导人经验较少，有些人鉴别水平不高，你们必须谆谆给以教育，随时检查，使他们站得稳、打得准。这是要十分注意的。（六）党内团内右派分子，只要是同党外团外右派分子政治面貌相同，即反共反人民反社会主义，向党猖狂进攻的，必须一视同仁，一律批判。该登报的，即应登报。（七）深入挖掘时期，党和政府工作中错误缺点，边整边改，取信于人，十分重要。这点请你们同样加以注意。

反右派斗争严重扩大化的后果，影响深远。一些问题，直到"文化大革命"结束后，才逐渐被人们所认识。这是沉重的一页。

薄一波回忆说：

反右派斗争及其扩大化的严重后果，在理论上的集中表现就是修改了党的八大关于主要矛盾的论断，从而中断了党的工作重心的转移，使我们党和国家长期陷入阶级斗争扩大化的迷途，阶级斗争连续不断并逐步升级，严重地干扰了社会主义经济建设，错过了不少宝贵的发展时机，影响了国家实力和人民生活水平的提高。

1956年9月召开的党的八大，在党的历史上是一次具有深远意义的代表大会。它的重大功绩之一，就是对我国社会主义改造基本完成后国内无产阶级和资产阶级的矛盾状况和主要矛盾的变化作了正确的规定和论述。八大关于政治报告的决议正确指出："我国的无产阶级同资产阶级之间的矛盾已经基本上解决"，"国内的主要矛盾，已经是人民对于建立先进的工业国的要求同落后的农业国的现实之间的矛盾，已经是人民对于经济文化迅速发展的需要同当前经济文化不能满足人民需要的状况之间的矛盾"。"党和全国人民的当前的主要任务，就是要集中力量来解决这个矛盾，把我国尽快地从落后的农业国变为先进的工业国。"然而，仅仅过了一年，在1957年9月20日到10月9日召开的党的八届三中全会上，就改变了这个论断，重提无产阶级和资产阶级的矛盾是主要矛盾。

八届三中全会是一次扩大的中央全会，出席会议的除中央委员和候补委员外，还有中央各部门和各省、市以及地、县的领导干部参加。会议的主要议题是总结前一段整风、反右派的经验，部署下一段的整风、反右派工作。9月19日，毛主席召集中央同志讨论关于三中全会问题时指出："整个过渡时期，总的矛盾是社会主义与资本主义，即工人阶级与资产阶级的矛盾。""去年所有制（指资本主义私有制——作者注）是革掉了，但人并没有革掉，没有改造。工人阶级与资产阶级的矛盾、社会主义与资本主义的矛盾是整个过渡时期的主要矛盾。"毛主席提出这个问题，当时许多同志感到不理解。9月24日的一期会议《情况简报》反映："过渡时期，国内的主要矛盾是人民内部矛盾还是敌我矛盾？许多同志觉得毛主席……又把七届二中全会的提法提出来了，这和八大决议以及一些整风文件中的提法不一致，希望中央负责同志再解释一下。"在整个会议过程中，与会同志对这个问题进行了热烈的讨论。

讨论中基本上有两种看法。一种看法认为，无产阶级与资产阶级的矛盾是主要矛盾，即同意毛主席当时的论断。

有的同志说："党的七届二中全会决议指出：革命胜利后，国内的基本矛盾是无产阶级与资产阶级的矛盾。但这一点有时被忽视了。1956年三大改造胜利，使我们产生了错觉，以致强调人民内部矛盾多，对无产阶级与资产阶级的矛盾是基本矛盾强调不足。这一点在八大也讲得不够。只提出大规模的阶级斗争已经基本结束，没有更明确地指出所有制虽已解决，但人的改造、意识形态上的斗争却没有解决。因此在今后15年到20年内，资本主义与社会主义的矛盾仍将是国内的基本矛盾。"

有的同志说："要进行社会主义建设就有社会主义和资本主义之间两条道路的斗争，这是过渡时期的主要矛盾。但是过渡时期仍有人民内部矛盾存在，而且解决这些矛盾，总不能脱离两条道路的斗争。"

还有的同志说："过渡时期既然主要是社会主义和资本主义两条道路的斗争，那么就应该说当前主要矛盾是无产阶级同资产阶级的矛盾。正确地处理这一矛盾，是顺利地解决其他各种矛盾的主要关键。"

另一种看法，不同意无产阶级与资产阶级的矛盾是主要矛盾，仍然坚持八大的基本观点。

有的同志说："虽然目前的重要任务是反右派，但不应把国内政治生活中一个时期的主要问题，作为整个过渡时期的主要矛盾。"

有的同志说："过渡时期主要是无产阶级与资产阶级之间的敌我矛盾，是不符合现在的实际情况的。因为生产资料所有制改变以后，人民内部矛盾是多方面的，而敌我矛盾比较简单。当前主要是少数资产阶级右派反党、反社会主义的问题，所以反右派斗争的性质是很重要的敌我矛盾。但这只是少数的，而大量的、经常的则是人民内部的矛盾。因此敌我矛盾不是主要的，八大决议对当前国内矛盾的分析仍是正确的，不能因为这次反右派斗争而改变这种估计。"

还有的同志说："资产阶级民主革命解决了同三大敌人的矛盾，而过渡时期社会主义改造又解决了生产资料所有制问题。在这个基础上，八大决议对我国当前主要矛盾的提法是正确的。"

在讨论过程中，持第二种看法的人不少。其中心意思就是说，虽然同资产阶级右派的矛盾是激烈的、尖锐的，但它是"一个时期的""少数的"，不应该由此断言我国社会的主要矛盾还是无产阶级和资产阶级的矛盾。应该说，这个看法是正确的。回顾起来，记得当时我还没有这个认识，而是同意第一种看法，即同意无产阶级和资产阶级的矛盾是主要矛盾。这里需要指出一点，就是毛主席这时虽然重提无产阶级和资产阶级的矛盾是主要矛盾，但他并未把无产阶级和资产阶级的矛盾看成敌我矛盾，只是认为同资产阶级右派的矛盾是敌我矛盾。他在9月19日的谈话中说："资产阶级是人民内部矛盾，但在斗争中把他们（右派）划出去一部分，为敌我矛盾。"我觉得，将"敌我矛盾"和"主要矛盾"相混同是不对的，把"个别"和"一般"相等同也是不对的，这是理论上的一种混乱。而在全会的讨论中是存在着这种情况的。

10月7日，毛主席在全会的组长会议上讲话，再次谈了他对主要矛盾的见解，对改变八大论断的原因作了说明，并对如何公开改变这一论断，发表了意见。

毛主席说：有两次革命，第一次是反帝反封建的民主革命，集中打倒国民党，对民族资产阶级和个体经济采取保护的方针，只是在党内反对资本主义思想。第二次是无产阶级的社会主义革命，推翻资产阶级，是社会主义与资本主义两条道路的斗争，这在理论上是没有问题的。社会主义革命进行了一半，私有制搞掉了，政权拿到无产阶级手里，但是上层建筑问题（政治战线与思想意识形态上）还没有解决。从1953年提出过渡时期总路线起，给了资本主义经济以严重的打击，基本上改变了所有制，反映到八大文件上是肯定基本上解决了无产阶级与资产阶级的矛盾。现在看这也没有错。基本上解决，并不是完全解决，所有制解决了，政治思想上还没有解决。资产阶级和资产阶级知识分子、富裕中农中有一部分人不服，八大没有看清楚，所以那时对阶级斗争强调得不够，因为他们表现服服帖帖；现在他们又造反，所以又要强调，青岛会议文件（指《一九五七年夏季的形势》——作者注）是一个补充（指提出了城市和农村还有社会主义和资本主义两条道路的斗争——作者注）。

毛主席指出，对过渡时期的主要矛盾是无产阶级与资产阶级的矛盾，暂时"报纸上不要发表"，还是按青岛会议的精神，只讲社会主义和资本主义两条道路的斗争。这是因为：（一）"不要引起风波"。一上报就会引起一些知识分子拿八大决议的文件与现在的讲法大搞一场争论，为了几个字又使他们闹得天翻地覆。（二）"容易放松人民内部矛盾的处理"。我们确有三大主义，现在大讲阶级矛盾是主要的，就容易把党内的几个主义都挂在无产阶级与资产阶级矛盾的账上，实际上不完全是这个矛盾。

在八大关于政治报告的决议中，对主要矛盾的"实质"有个提法，说这一矛盾的实质"也就是先进的社会制度同落后的社会生产力之间的矛盾"。讨论中，有人提出，这个提法"请三中全会考虑，可否正式予以更正"。毛主席对这个提法从一开始就是有保留的，在10月7日的讲话中他对这个问题也作了答复。他说：八大决议的那句话是不适当的，但也没有坏处，它不妨碍生产，不妨碍反右派等。同时它也反映了一个要求，要求加强物质基础。既没有害处，现在就不必去改它，否则引起麻烦、争论，将来再作适当的解释。他不止一次地指出，这个提法是拿现在同将来比，拿中国同外国比，不符合实际，等等。我觉得，毛主席在这个问题上的观点是有一定道理的，但不能认为这是毛主席修改八大关于主要矛盾论断的根据和理由。

10月7日的讲话经过传达、讨论后，10月9日，毛主席在全体会议上对主要矛盾问题作了结论。他说："无产阶级和资产阶级的矛盾，社会主义道路和资本主义道路的矛盾，毫无疑问，这是当前我国社会的主要矛盾。我们现在的任务跟过去不同了。过去主要是无产阶级领导人民大众反帝反封建，那个任务已经完结了。那么，现在的主要矛盾是什么呢？现在是社会主义革命，革命的锋芒是对着资产阶级，同时变更小生产制度即实现合作化，主要矛盾就是社会主义和资本主义，集体主义和个人主义，概括地说，就是社会主义和资本主义两条道路的矛盾。"

八届三中全会关于主要矛盾讨论的情况和毛主席的观点，基本上就是这样。毛主席的新论断为全会所接受。按照毛主席的部署，这次会议之后，一段时间内只提两条道路的斗争，暂时不提无产阶级与资产阶级两个阶级的矛盾。12月9日，毛主席到杭州，16日召集舒同、曾希圣、江渭清、刘顺元、柯庆施、叶飞、江华同志开会，周总理参加。毛主席看到江华同志12月9日在中共浙江省第二届代表大会第二次会议上的报告中讲了"社会主义同资本主义两条道路的斗争，仍然是过渡时期的主要矛盾"问题，十分高兴和重视。17日凌晨，他给中央办公厅机要室主任，他的秘书叶子龙写信说："叶子龙同志：请于今日上午八九时通知舒同、曾希圣、江渭清、刘顺元、柯庆施、叶飞、周总理七位同志看《中国共产党浙江省委员会向中国共产党浙江省第二届代表大会第二次会议的工作报告》这个文件，在下午1时以前看完。其他工作，可以移到明天上午去做。毛泽东12月17日上午2时。"接着，17日下午和18日，毛主席连续召集这些同志以及江华同志继续开会，主要讨论江华同志的报告。23日下午，毛主席又约江华、胡乔木、田家英同志，谈江华同志报告的修改问题。经过修改后的江华同志报告的第一部分"整风运动和反右派斗争"，关于国内主要矛盾问题写道："在生产资料所有制方面基本上完成了社会主义革命以后，阶级斗争并没有完全结束。资产阶级和无产阶级的斗争，资本主义道路和社会主义道路的斗争，仍然是过渡时期的主要矛盾。""社会主义同资本主义两条道路的斗争，既可以表现为敌我矛盾，也可以表现为人民内部矛盾。但是，在我国目前的条件下，前一种情况是比较少数的，后一种情况却是大量的。"按照毛主席的指示，这篇报告由《人民日报》于1957年12月28日发表，题为《坚持党的正确路线，争取整风运动在各个战线上全胜》。《人民日报》在编者按中指出，江华同志"报告的第一部分所涉及的问题不是地方性的而是全国性的。究竟什么是过渡时期的主要矛盾？怎样认识两个阶级、两条道路之间的矛盾和人民内部矛盾的关系？为什么党在一个时期强调人民内部矛盾，而在另一个时期强调阶级斗争？这些重大问题是大家所关心的。江华同志在他的报告里，根据党中央和毛主席的指示，作了正确的解答。"1957年12月25日，柯庆施同志在中共上海市第一届代表大会第二次会议上作了《乘风破浪，加速建设社会主义的新上海》的报告，其中关于国内主要矛盾问题的提法和江华同志报告中的提法基本相同。毛主席审阅了柯的报告，并作了一些修改。《人民日报》于1958年1月25日发表，并加编者按说："柯庆施同志在报告的第一部分中，根据党中央的指示，对于国内的主要矛盾，对于人民内部矛盾及其正确的处理，都作了详细的分析和阐明"，"是具有普遍意义的"。这样，通过发表江华同志和柯庆施同志的报告，毛主席关于无产阶级和资产阶级的矛盾是国内主要矛盾的观点，就公之于世了。

1958年5月，在党的八大二次会议上，少奇同志代表中央作工作报告，宣布："整风运动和反右派斗争的经验再一次表明，在整个过渡时期，也就是说，在社会主义社会建成以前，无产阶级同资产阶级的斗争，社会主义道路同资本主义道路的斗争，始终是我国内部的主要矛盾，这个矛盾，在某些范围内表现为激烈的、你死我活的敌我矛盾"，"但是在我国目前的具体条件下，上述两个阶级、两条道路的矛盾在大多数的情况下表现为人民内部的矛盾"。至此，修改八大关于主要矛盾论断的工作就算正式完成了。

毛主席和我们党为什么修改八大关于主要矛盾的论断？有国内原因，也有国际原因。从国际方面讲，波匈事件，特别是匈牙利事件，对毛主席和我们党的影响和震动太大了，仿佛中国也存在着这种现实的危险，再加上国内有极少数资产阶级右派分子利用帮助党整风的机会发动进攻，就更加重了这种危机感。由于偏重于从阶级斗争的角度去观察问题，于是就认为八大关于无产阶级和资产阶级的矛盾已经基本解决的论断不妥当了，重新提出无产阶级和资产阶级的矛盾是我国社会的主要矛盾。这种受国际事件和国内暂时情况的影响而修改党的基本理论和实践的做法，是一个很深刻的教训。实践证明，八届三中全会修改党的八大关于我国主要矛盾的论断，动摇了八大路线的根基，从此开始了对八大路线的偏离，助长了"左"的指导思想的发展。[10]

注　释

〔1〕李维汉：《回忆与研究》（下），中共党史资料出版社1986年4月版，第831—833页。

〔2〕李银桥：《在毛泽东身边十五年》，河北人民出版社1991年12月版，第224—226页。

〔3〕李维汉：《回忆与研究》（下），中共党史资料出版社1986年4月版，第833—834页。

〔4〕吴冷西：《忆毛主席》，新华出版社1995年2月版，第41—45页。

〔5〕《毛泽东选集》第5卷，人民出版社1977年4月版，第423—425，429页。

〔6〕李维汉：《回忆与研究》（上），中共党史资料出版社1986年4月版，第834—835页。

〔7〕《毛泽东选集》第5卷，人民出版社1977年4月版，第432—433页。

〔8〕《毛泽东选集》第5卷，人民出版社1977年4月版，第461—463页。

〔9〕《毛泽东选集》第5卷，人民出版社1977年4月版，第456—457，

462—463页。

〔10〕薄一波:《若干重大决策与事件的回顾》下卷,中共中央党校出版社1993年6月版,第623—632页。

二、在"大跃进"中

发动"大跃进"

在1958年3月成都会议上，毛泽东说过：1958年的劲头，开始于三中全会。在8月北戴河会议上，他又说：去年三中全会，今年南宁会议、成都会议、党代表大会，提出了破除迷信的口号，起了很大作用。因此才有大跃进。

1957年9月至10月召开的中共八届三中全会，是"大跃进"的起点。毛泽东在会上批评1956年反冒进，改变八大一次会议确认的在经济建设上既反保守又反冒进的方针，重提多快好省，并决定以讨论农业发展纲要40条为中心，推动农业的迅速发展。

在10月9日的讲话中，毛泽东说：

做事情，至少有两种方法：一种，达到目的比较慢一点，比较差一点；一种，达到目的比较快一点，比较好一点。一个是速度问题，一个是质量问题。不要只考虑一种方法，经常要考虑两种方法。

他还说：

去年这一年扫掉了几个东西。一个是扫掉了多、快、好、省。不要多了，不要快了，至于好、省，也附带扫掉了。好、省我看没有哪个人反对，就是一个多、一个快，人家不喜欢，有些同志叫"冒"了。本来，好、省是限制多、快的。好者，就是质量好；省者，就是少用钱；多者，就是多办事；快者，也是多办事。这个口号本身就限制了它自己，因为有好、省，既要质量好，又要少用钱，那个不切实际的多，不切实际的快，就不可能了。我高兴的就是在这个会议上有个把同志讲到这个问题。还有，在报纸上我也看见那么一篇文章，提到这个问题。我们讲的是实事求是的合乎实际的多、快、好、省，不是主观主义的多、快、好、省。我们总是要尽可能争取多一点，争取快一点，只是反对主观主义的所谓多、快。去年下半年一股风，把这个口号扫掉了，我还想恢复。有没有可能？请大家研究一下。

还扫掉农业发展纲要40条。这个"40条"去年以来不吃香了，现在又"复辟"了。

还扫掉了促进委员会。我曾经谈过，共产党的中央委员会，各级党委会，还有国务院，各级人民委员会，总而言之，"会"多得很，其中主要是党委会，它的性质究竟是促进委员会，还是促退委员会？应当是促进委员会。我看国民党是促退委员会，共产党是促进委员会。去年那股风扫掉的促进委员会，现在可不可以恢复？如果大家说不赞成恢复，一定要组织促退委员会，你们那么多人要促退，我也没有办法。但是，从这次会议看，大家都是想要促进，没有一篇演说是讲要促退的。要促退我们的，是那个右派章罗同盟。至于某些东西实在跑得快了，实在跑得不适合，可以有暂时的、局部的促退，就是要让一步、缓一步。但是，我们总的方针，总是要促进的。[1]

10月13日，毛泽东在最高国务会议第13次会议上谈到农业发展纲要40条时又说：

发动全体农民讨论这个农业发展纲要很有必要。要鼓起一股劲来。去年下半年今年上半年松了劲，加上城乡右派一闹，劲就更不大了，现在整风反右又把这个劲鼓起来了。我说，农业发展纲要40条是比较适合中国国情的，不是主观主义的。原来有些主观主义的东西，现在我们把它改掉了。总的说来，实现这个纲要是有希望的。我们中国可以改造，无知识可以改造得有知识，不振作可以改造得振作。

纲要里头有一个除四害，就是消灭老鼠、麻雀、苍蝇、蚊子。我对这件事很有兴趣，不晓得诸位如何？恐怕你们也是有兴趣的吧！除四害是一个大的清洁卫生运动，是一个破除迷信的运动。把这几样东西搞掉也是不容易的。除四害也要搞大鸣、大放、大辩论、大字报。如果动员全体人民来搞，搞出一点成绩来，我看人们的心理状态是会变的，我们中华民族的精神就会为之一振。我们要使我们这个民族振作起来。

计划生育也有希望做好。这件事也要经过大辩论，要几年试点，几年推广，几年普及。

我们要做的事情很多。农业发展纲要40条里头就有很多事情要做。那仅是农业计划，还有工业计划和文教计划。三个五年计划完成以后，我们国家的面貌是会有个改变的。

我们预计，经过三个五年计划，钢的年产量可以搞到2000万吨。今年是520万吨，再有10年大概就可以达到这个目标了。[2]

毛泽东的上述主张得到了与会大多数人的赞成。后来毛泽东在1958年1月南宁会议上说：三中全会，我讲去年砍掉了三条（多快好省、40条纲要、促进委员会），没有人反对，我得彩了，又复辟了。

根据八届三中全会精神，11月13日《人民日报》发表题为《发动全民，讨论40条纲要，掀起农业生产的新高潮》的社论。这篇社论第一次使用了"大跃进"一词，毛泽东十分欣赏这一提法，认为这是个伟大的发明，这个口号剥夺了反冒进的口号。他在对社论的批语中写道："建议把一号博士头衔赠给发明'跃进'这个伟大口号的那一位（或者几位）科学家。"

1957年11月，毛泽东率代表团出席苏联十月革命40周年庆典和各国共产党的两个代表会议。在庆祝十月革命40周年大会上，赫鲁晓夫在报告中提出了通过和平竞赛，在"今后15年内不仅赶上并且超过美国"的战略目标。毛泽东也提出了中国15年赶上和超过英国的行动口号。11月18日，毛泽东在莫斯科64国共产党和工人党代表会议上说：

同志们，我讲讲我们国家的事情吧。我国今年有了520万吨钢，再过5年，可以有1000万到1500万吨钢；再过5年，可以有2000万到2500万吨钢；再过5年，可以有3500万到4000万吨钢。当然，也许我在这里说了大话，将来国际会议再开会的时候，你们可能批评我是主观主义。但是我是有相当根据的。我们有很多苏联专家帮助我们。中国人是想努力的。中国从政治上、人口上说是个大国，从经济上说现在还是个小国。他们想努力，他们非常热心工作，要把中国变成一个真正的大国。赫鲁晓夫同志告诉我们，15年后，苏联可以超过美国。我也可以讲，15年后我们可能赶上或者超过英国。因为我和波立特、高兰同志谈过两次话，我问过他们国家的情况，他们说现在英国年产2000万吨钢，再过15年，可能爬到年产3000万吨钢。中国呢？再过15年可能是4000万吨，岂不超过了英国吗？那么，在15年后，在我们阵营中间，苏联超过美国、中国超过英国。

毛泽东在会上提出这个口号，事先征得了在北京的中央领导人的同意。随后在12月召开的中国工会第八次全国代表大会上，刘少奇代表党中央致辞，向全国人民公开宣布了15年在钢铁和其他重要工业产品的产量方面赶上或者超过英国的口号。12月12日，《人民日报》发表了毛泽东在莫斯科会议期间审定修改的社论《必须坚持多快好省的建设方针》。这年冬季，各省、市、自治区纷纷召开党的代表大会，以"大鸣大放大辩论大字报"形式批判右倾保守思想，同时发动和组织广大农民日夜奋战，掀起了一个以兴修水利、养猪积肥和改良土壤为中心的冬季农业生产高潮，揭开了大跃进的序幕。

1958年1月3日至4日，中共中央在杭州召开工作会议，研究讨论经济建设的领导方法问题。毛泽东在会上提出，工业、科学、文教也要搞40条，各行各业要全面规划，平衡是相对的，不平衡是绝对的，等等。毛泽东还提出了"不断革命论"。他说：

我们革命的步骤是：1．夺取政权，把敌人打倒，这在1949年就完成了。2．土地革命，1950—1952年3年基本完成了。3．再一次土地革命，社会主义的，现在讲主要生产资料集体所有，1955年基本完成，1956年有些尾巴……4．思想战线上政治战线上的社会主义革命——整风运动，这一次今年上半年就可以完成，明年上半年（还）要搞。5．还有技术革命。1—4都是属于经济基础和上层建筑性质的。土改是封建所有制的破坏，是属于生产关系的。技术革命是属于生产力、管理方法、操作方面的问题……从1958年起，在继续完成思想政治革命的同时，着重在技术革命方面，着重搞好技术革命。

关于毛泽东发动"大跃进"的动机，李银桥还为我们提供了一个生动的情节：

大约是1957年12月，警卫队一位战士探家回来，不但写了调查报告，还带回一个窝头，又黑又硬，交给毛泽东说："我们家乡的农民生活还很苦，他们就是吃这种窝头，我讲的是实话。"

毛泽东接过窝头时，我看到他的手有些抖，眼圈一下子就红了。他是非常容易动感情的。在陕北时，毛泽东就讲过："我这个人平时不爱落泪，只有三种情况下流过眼泪。一是听不得穷苦老百姓的哭声，看到他们受苦，我忍不住要掉泪。二是跟过我的通讯员，我舍不得他们离开。有的通讯员牺牲了，我难过得落泪。三是看动感情的戏也会落泪。我这个人就是这样，用过的东西旧了，都舍不得换掉……"

毛泽东一边掰一块窝头放嘴里，一边分给我们这些身边的工作人员："吃，你们都吃一块。这就是我们农民的口粮，这就是种粮的人吃的粮食呵！……"

我也分到一块，放到嘴里，确实难吃。嚼了很久才咽下去。

那天，毛泽东失眠了，嘴里不断喃喃着："为什么是这样呢？为什么？……人民当家做主了，不再是为地主种田，是为人民群众自身搞生产，生产力应该获得解放么……"

以后很长时间，毛泽东时时带着严肃深沉的思考，无论散步、吃饭还是睡觉，都在思考着这个问题。多次自言自语：

"我们是社会主义么，不该是这样。要想个办法……"

毛泽东日思夜想如何加快社会主义建设的步伐，使人民尽快过上富裕日子。他生活极为俭朴，说什么时候农民都吃到他这样的伙食，他就满意了。他也要求其他中央领导同志开动脑筋，集思广益，想出加快建设步伐的好办法。他始终有一种"一万年太久，只争朝夕"的想法。[3]

李银桥还回忆说：

1958年1月28日，毛泽东在临时召集的一次最高国务会议上讲："我们这个民族，是个大有希望的民族。"并且提出了"鼓足干劲、力争上游，15年内赶上英国"的号召。

那段时间，毛泽东多次召集政治局同志开会，研究"想个办法"，尽快使国家富强人民富裕起来。

1958年3月，中共中央在成都召开中央工作会议。毛泽东在会上提出了"鼓足干劲、力争上游、多快好省地建设社会主义"总路线的基本观点。

1958年5月，党的八大二次会议正式通过了"鼓足干劲、力争上游、多快好省地建设社会主义"的总路线。

在毛泽东的号召下，全党形成了解放思想，敢想、敢说、敢做的一种热潮。不少中央领导同志也热切希望尽快建成社会主义，纷纷开动脑筋想办法。

记得有一次毛泽东在颐年堂接待客人，谈话结束后，客人都走了。毛泽东从颐年堂出来，回菊香书屋。一位中央负责同志同毛泽东一道走着。这位中央负责同志与毛泽东边走边议论着形势和工作。大家都憧憬着社会主义美好的未来。这位负责同志说："主席，现在谭震林他们提出个大跃进口号，我看这个提法很好。"

"噢，大、跃、进？"毛泽东琢磨着。

"《人民日报》上登了。"

"嗯，这个题目很好，拿来给我看看。"

这位负责同志把报纸找来，请毛泽东看。毛泽东认真看了一遍，点点头说："嗯，这个提法很好。"他拿起笔，在上面批了话。记得大意是：提法很好。

很快，"大跃进"这个口号便在全国喊响了。

那段时间，毛泽东频繁外出视察，深入群众。他也要求全党集中更大的领导力量放在社会主义建设上，尽快地把我国建设成为一个具有现代化工业、现代化农业和现代化科学文化的伟大社会主义国家。总路线和大跃进也确实反映了广大人民群众迫切要求改变我国经济文化落后状况的普遍愿望。但是，毛泽东在号召人民破除迷信，解放思想，发扬敢想、敢说、敢做的创造精神时，也确实过分强调了主观能动性，忽视了客观经济规律，因而造成了"大跃进"中的失误。

……

那时，全国人民渴望尽快摆脱我国经济文化落后的现状，党和国家的领导人也一心一意要尽快加速社会主义建设的步伐，毛泽东也是将全部心思和精力投入这场斗争中，想探索出一条富国强民，早日实现社会主义的新路子。出发点都是好的。但是头脑有些发热，违背了客观事物的发展规律。

到了1958年底，中央在人民大会堂开会，中宣部负责同志拿来了文章清样，正式提出三面红旗、三个万岁的口号。记得文章像大字报一样写出来，三份，摆在主席台旁118厅的地毯上。在京政治局委员都去看，中宣部负责同志亲自在那里讲解。我听到说这是针对苏联修正主义提出来的。赫鲁晓夫反对我们建设社会主义的总路线、大跃进和人民公社三面红旗。我们针锋相对，喊出总路线、大跃进和人民公社万岁的口号。[4]

毛泽东发动"大跃进"，在很大程度上是借助于批评反冒进推动的。

薄一波回忆说：

反对经济建设上的冒进，是1956年初提出的，一直延续到1957年初。对这个问题，我在本书上卷第21篇中作过回顾，并提到毛主席对反冒进是有意见的。但当时他的注意力集中在国际上发生的波匈事件和对斯大林的评价问题上，对反冒进采取了保留态度。1957年下半年形势发生了很大变化：国际上波匈事件已经过去；国内反右派斗争基本结束，各级干部经过整风改善了工作作风；农村出现了冬季农田水利建设的热潮；"一五"计划提前超额完成，人心振奋。随着形势的发展，毛主席对反冒进的做法提出了批评，认为反冒进束缚了群众正在高涨起来的生产热情，给群众的积极性泼了冷水，使建设速度放慢了，阻碍了跃进局面的出现。这次批评，加速了社会主义建设总路线的形成和"大跃进"的发动，"左"的错误随之发展，对我国的经济生活和政治生活产生了很大的消极影响。

批评反冒进，主要是通过一系列会议进行的。

1957年9月、10月间在北京召开的八届三中全会，是批评反冒进的开端。10月9日闭幕会上，毛主席说：1955年来了一个高涨，1956年吃了亏，来了一个右倾，来了一个松劲。主要是扫掉了三个东西，一是多快好省，一是《全国农业发展纲要》，一是促进委员会。还说：1956年的毛病是基本建设多用了30亿元，生产了600万部不适用的双轮双铧犁。这可以组织个临时促退小组来解决，但共产党总的方针是促进而不是促退。共产党应该是促进委员会，只有国民党才是促退委员会。毛主席提出要"复辟"被扫掉的这三个东西。

全会后，通过《人民日报》社论的形式，把批评反冒进的问题逐步公开了。11月13日发表的《发动全民，讨论四十条纲要，掀起农业生产的新高潮》的社论写道："有些人害了右倾保守的毛病，像蜗牛一样爬行得很慢。""有右倾保守思想的人……认为农业发展纲要草案是'冒进'了。他们把正确的跃进看成了'冒进'。"12月12日，又发表了经过毛主席修改和政治局讨论过的《必须坚持多快好省的建设方针》的社论，批评在反冒进期间"刮起了一股风，居然把多快好省的方针刮掉了"。"有的人竟说，宁可犯保守的错误，也不要犯冒进的错误"，"于是，本来应该和可以多办、快办的事情，也少办、慢办甚至不办了。这种做法，对社会主义建设事业当然不能起积极的促进的作用，相反地起了消极的'促退'的作用"。

毛主席认为那时北京的空气沉闷，华东的空气活跃，想以地方来促北京。他于1957年12月8日离京，到华东停留将近一个月时间，并在杭州召开会议。会上，毛主席在发言中从治淮工程谈起，认为安徽人民1957年一个冬季就搞了16亿土方，超过过去7年的土方数量，说明原来的计划低了，保守了，应该批评右倾保守。还说：批评右倾，就很舒服，愈批评愈高兴，要愉快地批评右倾保守。并指名道姓地批评了恩来等同志。[5]

1958年1月11日至22日，中共中央在南宁召开了有部分中央领导人（毛泽东、周恩来、刘少奇、彭真等）和地方负责人参加的工作会议。会上毛泽东等中央领导人听取了各地的工作汇报，并对经济建设的领导方法和1958年的国民经济计划等问题进行了讨论。

在南宁会议上，毛泽东对反冒进提出了严厉的批评。会议气氛格外紧张。

参加这次会议的吴冷西回忆说：

1958年元旦过后不久，我到中央书记处的办公地点——中南海居仁堂开会。

居仁堂是一座小巧玲珑的宫殿，相传清末西太后经常在此接见外国使节，坐落在中海和南海交界处，毛主席住地丰泽园的北面。因年久失修，1961年拆除，准备重建办公楼。后来考虑到经济困难，工程一直没有开工。现在是一块平地，只在附近盖了一座毛主席晚年居住的202号楼。

书记处会议由小平同志主持，主要内容是传达毛主席在杭州会议上的讲话。会议开始不久，彭真同志递给我一个召开南宁会议的通知，是毛主席亲笔这样写的：

"吴冷西、总理、少奇、李富春、薄一波、黄敬、王鹤寿、李先念、陈云、邓小平、彭真、乔木、陈伯达、田家英、欧阳钦、刘仁、张德生、李井泉、潘复生、王任重、杨尚奎、陶铸、周小舟（已到）、史向生、刘建勋、韦国清、毛泽东，共27人，于11日、12日两天到齐，在南宁开10天会，20日完毕（中间休息2天到3天，实际开会7天到8天）。谭震林管中央，总司令挂帅，陈毅管国务院。"

我看了很吃惊，为什么通知把我的名字放在最前面？我当时是人民日报总编辑兼新华社社长，很自然地想到是不是这次会议特别同报纸和通讯社有关。我首先联想到，《人民日报》在几天前发表的元旦社论《乘风破浪》，只经少奇同志和周总理审阅定稿，没有送毛主席（他当时在杭州）审阅，是不是有什么问题？这篇社论明确提出从1958年起把重点转移到技术革命方面来，用15年时间赶上和超过英国。发表后在国内外影响很大。这是根据毛主席在莫斯科参加兄弟党会议时的几次讲话的精神写的，我想不致有什么大问题。接着我又想到，在1957年11月兄弟党莫斯科会议后，《人民日报》还发表过两篇较有分量的社论。一篇是11月18日的社论，指出随着农业合作化高潮的到来，必然会带来农业生产高潮，还会带来工业生产高潮，出现生产大跃进。这是在我们报纸社论中第一次出现"大跃进"这个后来震动国内外的名词。这篇社论是人民日报编辑部自己写的，我看大致没有什么问题。另一篇是12月12日的社论，是论述毛主席在农村合作化高潮一书的序言中提出的多快好省的建设方针。这一篇社论是经毛主席在莫斯科参加兄弟党会议时亲自修改定稿的，当然不会有什么问题。

我听了传达毛主席在杭州会议的讲话，其中谈了17个问题，都没有涉及报纸和通讯社。我问胡乔木和杨尚昆，他们说不了解开会通知的名单排列有什么特别的意义，但胡乔木的神态似乎流露他担心发生什么事情。

这个谜一直到南宁会议上才逐步解开。

1月12日，南宁会议开始，毛主席一上来就讲他新中国成立八年来一直为工作方法而奋斗，1956年"反冒进"是错误的。这里说的"反冒进"，是指1956年6月到11月中央一些同志发现不少地方和部门的基本建设规模（包括农田水利建设）过大，造成财政赤字，原材料非常紧张，因而提出反对急躁冒进。

这样，南宁会议就成为一次以批评"反冒进"为中心的议论工作方法的会议，成为同"反冒进"相对立的"大跃进"在政治上、思想上作准备的会议。

毛主席认为，一个时候搞得快一点、多一点，调整一下是可以的，但不要提出"反冒进"的口号。"反冒进"挫伤干部和群众的积极性，特别是农民的积极性，是错误的方针，是反对多快好省的方针的。他严厉地批评了国务院的政府工作报告、财政工作报告和计划工作报告，也指出《人民日报》1956年6月20日反冒进的社论（题目叫作《要反对保守主义，也要反对急躁情绪》）是非常错误的。这时我才开始悟到会议通知中毛主席点我的名的一个因由。

散会后我马上找乔木同志，问他毛主席指的《人民日报》社论是怎么回事。他说他也不完全清楚。我们商量后当天晚上就打电话回北京，要人民日报编辑部把6月20日社论的全部过程稿送到南宁，并要他们写一个关于社论起草与修改、定稿过程的简单说明。

我13日收到人民日报编辑部送来的材料后，同乔木同志一起查看整个起草过程。原来这篇社论最初是由人民日报编辑部起草的。在中宣部讨论时陆定一同志认为不能用，要重新起草。他请示了少奇同志。少奇同志要他根据政治局会议的精神亲自组织中央宣传部的同志起草。初稿由王宗一同志起草，在中宣部多次讨论、修改后由定一同志送少奇同志和周总理审阅。他们两位都作了一些修改，并提出再加斟酌的一些意见。定一同志根据这些意见又作了修改，最后送少奇同志和毛主席审定。少奇同志在个别地方作了修改后送毛主席。我们在最后定稿的清样上看到，毛主席圈了他的名字，写了"我不看了"这几个字。我同乔木商量，整个过程清楚，但不好在会议上讲，免得使事情尖锐化，因为会议从一开始空气就非常紧张了。

毛主席把《人民日报》社论的摘要在会议上印发，并且加上批语："庸俗的马克思主义，庸俗的辩证法。文章好像既反'左'又反右，但实际上并没有反右，而是专门反'左'，而且是尖锐地针对我的。"

毛主席在会议过程中，多次批评《人民日报》的社论，并且把这篇社论作为当时中央一些同志"反冒进"的证明。他逐段逐段地批判这篇社论。

毛主席指出，《人民日报》的社论是6月20日发表的，距离李先念同志在第一届人民代表大会第三次会议上的报告只有五天。那个报告是"反冒进"的，社论发挥了"反冒进"的思想。毛主席念了社论中的一段话："急躁情绪成为当前的严重问题，因为它不但存在于下面的干部中间，而且首先存在于上面的各系统的领导干部中间，下面的急躁冒进有很多是上面逼出来的。全国农业纲要40条一出来，各系统都不愿别人说自己右倾保守，都争先恐后地用过高的标准向下布置工作，条条下达，而且都要求很急。各部门都希望自己的工作很快做出成绩。中央几十个部，每个部一条，层层下达，甚至层层加重，下面便受不了。现在中央已经采取一系列措施，纠正这种不分轻重缓急、不顾具体情况的急躁情绪。"毛主席在念完这段话后说："这是说，中央已经下决心反冒进了。"

毛主席再念了社论的一段话："现在中央已经采取措施纠正这种情况了，各部门、各地方工作中的冒进倾向，有些已经纠正了，有些还没有纠正，或者纠正得不彻底，但作为一种思想倾向不是一下子所能彻底克服的，需要我们今后经常注意。"接着，毛主席评论说，这些话的意思是说还要继续"反冒进"。

毛主席说：急躁冒进究竟从何而来？《人民日报》的社论说："在反对保守主义之后，特别是中央提出又多又快又好又省的方针和发布全国农业发展纲要草案后，在许多同志头脑中就产生了一种片面性（急躁冒进）。"毛主席评论说，这一段话是尖锐地针对我的。

毛主席说：这篇社论说的是既反右又反"左"。你不能说它一点马克思主义也没有，好像有一点。社论说："右倾保守思想对我们的事业是有害的，急躁冒进思想对我们的事业也是有害的，所以两种倾向都要加以反对。今后我们当然还要继续注意批判和克服右倾保守思想的各种表现，以保证社会主义建设事业不受阻碍地向前发展。"你说这些话不对？这是对的啊！但是，这是庸俗的马克思主义。你看，这篇社论下面接着就说："但是在反对右倾保守思想的时候，我们也不应当忽略或放松了对急躁冒进倾向的反对。只有既反对了右倾保守思想，又反对了急躁冒进思想，我们才能正确地前进。"毛主席说：这篇社论的落脚点是落在反对急躁冒进，反"左"而不是反右上面。社论的作者把文章做在"但是"后面。

毛主席还说，社论引用了我在《中国农村的社会主义高潮》一书序言的话。看来作者的用意一来是不要冒犯我，二来是借刀杀人。但引用时又砍头去尾，只要中间一段，不引用全文，因为一引用全文就否定作者的观点了。我写的序言全文的主要锋芒是对着右倾保守的。社论引了我说扫盲用急躁冒进的办法是不对的这些话，用来作为反对急躁冒进的根据。社论表面上既反"左"也反右，没有重点。实际上重点落在"反冒进"上面。作者引用我的话来反对我。

毛主席说，他并不反对对某些搞过了头的东西加以纠正，但反对把一个指头的东西当作十个指头的东西来反。对过急过多的东西加以调整是必要的，但在全国范围内把急躁冒进当作主要倾向来反对就错了，这实际上是反对多快好省的方针。《人民日报》的社论反冒进，使用的是战国时代楚国一位文学家宋玉攻击登徒子大夫的手法，攻其一点，不及其余。毛主席详细地讲了宋玉的故事。起因是登徒子大夫在楚襄王面前说宋玉此人"体貌闲丽，口多微辞，又性好色"，希望楚襄王不要让宋玉出入后宫。有一天楚襄王对宋玉说，登徒子大夫说你怎么样怎么样。宋玉回答说，"体貌闲丽，所受于天也。口多微辞，所学于师也。至于好色，臣无有也。"楚襄王问：你说自己不好色，有什么理由呢？宋玉回答说："天下之佳人莫若楚国，楚国之丽者莫若臣里，臣里之美者莫若臣东家之子。东家之子，增之一分则太长，减之一分则太短；着粉则太白，施朱则太赤；眉如翠羽，肌如白雪，腰如束素，齿如含贝，嫣然一笑，惑阳城，迷下蔡。然此女登墙窥臣3年，至今未许也。"宋玉说这样一个绝代佳丽勾引他3年，他都没有上当，可见他并非好色之徒。接着，宋玉攻击登徒子说，"登徒子则不然，其妻蓬头挛耳，龂唇历齿，旁行踽偻，又疥且痔。"意思是说登徒子的老婆头发蓬蓬松松，额头前突，耳朵也有毛病，不用张嘴就牙齿外露，走路不成样子而且驼背，身上长疥疮还有痔疮。宋玉问楚襄王：登徒子的老婆丑陋得无以复加，登徒子却那么喜欢她，同她生了5个孩子。请大王仔细想想，究竟是谁好色呢？毛主席说，宋玉终于打赢了这场官司。他采取的方法就是攻其一点，尽量扩大，不及其余的方法。整个故事见宋玉写的《登徒子好色赋》。昭明太子把这篇东西收入《文选》，从此登徒子成了好色之徒的代名词，至今不得翻身。

第二天，毛主席把宋玉这篇赋印发给大家看。

在15日的会议上，毛主席谈到什么时候都要鼓干劲、争上游时又提到人民日报。他说，《人民日报》的元旦社论写得好，因为它的主要精神是鼓起干劲、力争上游、乘风破浪，这也是思想方法和工作方法的问题。

当天晚上，毛主席找我和胡乔木到他住处去谈话。他的住处离我们住的广西省政府交际处大楼不远，是经常接待越南胡志明主席的别墅式的高大平房。毛主席主持的会议就在这间大平房的客厅里举行。当我们到达那里时，毛主席开始就问元旦社论是谁写的。乔木说是人民日报的同志写的。我补充说，这篇社论经乔木同志作了较多的修改，并经少奇同志和周总理定稿。乔木说，当时毛主席不在北京。少奇同志说定稿时已打电话报告了主席。毛主席说，社论写得好，题目用《乘风破浪》也很醒目。南北朝宋人宗悫就说过"愿乘长风破万里浪"。我们现在是要乘东风压倒西风，15年赶上英国。你们办报的不但要会写文章，而且要选好题目，吸引人看你的文章。新闻也得有醒目的标题。

接着，毛主席又重提1957年春天人民日报不宣传他在最高国务会议上的讲话精神。他说，人民日报能结合形势写出这样好的元旦社论，为什么去年就成了死人办报？他对乔木说，我当时很生你的气。我先一天批评你，第二天批评总编辑、副总编辑。当时在气头上，说话有些过重，很不温文尔雅，因为不这样就不能使你们大吃一惊，三天睡不着觉。去年4月、5月、6月，实际上是我当人民日报的总编辑。你也上夜班、看大样，累得不行。后来我想这也不是办法，才找人给你做帮手。找不到别人，就派吴冷西去。这时，毛主席转向我说，当时我对你说过，如果在人民日报待不下去，就回到我这里当秘书。看来派你到人民日报去没有错。现在大家对人民日报反映比较好，认为有进步。评论、新闻都比较活泼。但是还要努力，不要翘尾巴，还是要夹着尾巴做人。〔6〕

薄一波也回忆了南宁会议的情况：

1958年1月6日，毛主席到南宁，11日至22日主持召开了南宁会议，把批评反冒进推向了高潮。毛主席原只想找9省2市的第一书记参加。周总理对毛主席说，2月份要召开一届人大五次会议，时间已经迫近，是否先在党的会议上讨论一下1958年的预算和年度计划。这样，毛主席同意陈云、富春、先念和我到会。陈云同志因病未出席。会议初步总结了第一个五年计划，讨论了第二个五年计划和1958年计划草案，并议出了《工作方法六十条》。但会议的重点是批评反冒进，为发动大跃进作准备。

会上印发了22个参考文件。其中李先念同志1956年6月15日在一届人大三次会议的报告中关于反冒进的一段话、1956年6月20日《人民日报》的社论、周总理1956年11月10日在八届二中全会上《关于1957年计划的报告》的节录，是作为被批评的反冒进的材料印发的。毛主席在会上多次讲话和听取汇报时的插话，都是集中批评反冒进的。会上气氛紧张。

1月11日晚，毛主席说：不要提反冒进这个名词，这是政治问题。一反就泄了气，6亿人一泄了气不得了。多用了人，多花了钱，要不要反？这些东西要反，如果当时不提反冒进，只讲一个指头长了疮，就不会形成一股风，吹掉了多快好省、40条纲要、促进委员会这三个东西。这些都是属于政治问题，而不属于业务问题。毛主席还尖锐地批评了1956年6月20日《人民日报》发表的《要反对保守主义，也要反对急躁情绪》的社论，说：这篇社论既要反右倾保守，又要反急躁冒进，好像有理三扁担，无理扁担三，实际重点是反冒进的。认为社论中引用《中国农村的社会主义高潮》序言的几句话来说明反冒进，"是用毛泽东来反对毛泽东"。还在这篇社论上批注："庸俗辩证法"，"庸俗马克思主义"，"尖锐地针对我"。

1月15日，我在会上作了题为《关于一九五八年计划（草案）的汇报提要》的发言。发言分为1957年计划执行结果和1958年计划草案两部分。在1958年计划草案部分，我列举了1958年计划的一些主要指标，并说明：工业总产值定为747.47亿元，比上年的628.1亿元（预计数）增长15.1%；农业总产值定为642.5亿元，比上年的603.5亿元（预计数）增长6.5%，超过"一五"计划期间的平均增长速度。应该说，这个计划不算保守。而且为了避免被说成保守，我还提出了实行"两本账"的办法，即国家一本账，为必成数；企业一本账，为期成数。毛主席当时想的是搞得更快一点，同时也由于长期积淀下来的对反冒进的不满，对我的发言并不满意，批评我是"中间派"，"假使不是偏右的话"。这个批评既是针对我在反冒进中赞成反冒进说的，也是针对我在制订1957年基本建设计划时，采取了反对计划指标偏高，也反对压得太低这一点说的。

毛主席在批评反冒进的过程中，对柯庆施同志十分欣赏，一再提到柯1957年12月25日在上海市党代会上所作的《乘风破浪，加速建设社会主义的新上海》的报告。1月15日说：这个报告把中央许多同志比下去了，中央工作的同志不用脑筋，不下去跑跑，光在那里罗列事实。还说，"大家都要学习柯老"。16日，毛主席在大会上再次拿出柯文，当众对周总理说："恩来同志，你是总理，你看，这篇文章你写得出来写不出来？"周总理回答：我写不出来。毛主席接着说，上海是中国工人阶级集中的地方，没有工人阶级建设社会主义的强烈激情，是写不出这样的好文章的。"你不是反冒进吗？我是反反冒进的！"

当时，大家心里在纳闷，这到底是批评谁？少奇同志说：主席的批评是针对管经济工作的几个人的。1月17日晚上，毛主席约富春、先念同志和我谈话，明确讲到批评主要是针对陈云同志的。周总理为顾全大局，在19日晚上作了检讨，说：反冒进是一个带方针性的动摇和错误，是一种右倾保守主义思想，是与主席的促进方针相反的促退方针。并表示，他对错误负主要责任。

2月18日，在北京召开政治局扩大会议，继续批评反冒进，但气氛缓和下来了。毛主席用比较平和的口气说：南宁会议还是要放一炮的，我看不过是小炮而已，害得一些同志紧张。先念同志现在还睡不着觉，吃安眠药，何必那么紧张。今后还是靠你们这些人办事，此外没有人。会上，陈云、先念同志和我都进行了自我批评，承担了各自在反冒进中所犯"错误"的责任。[7]

为了进一步发动"大跃进"运动，1958年3月9日至26日，中共中央还在成都召开了有中央各部门负责人和各省、市、自治区党委第一书记参加的中央政治局扩大会议（简称成都会议）。会议总结了过去几年的工作，研究了社会主义建设的有关问题，讨论通过了《关于1958年计划和预算第二本账的意见》《关于发展地方工业问题的意见》《关于在发展中央工业和发展地方工业同时并举的方针下有关协作和平衡的几项规定》《关于农业机械化问题的意见》《关于把小型的农业合作社适当地合并为大社的意见》以及《关于继续加强对残存的私营工业、个体手工业和对小商小贩进行社会主义改造的指示》等37个文件。毛泽东在会上先后作了6次讲话。

吴冷西回忆成都会议的情况说：

成都会议于3月9日召开，那是在成都郊外金牛坝宾馆举行的，各部部长和省委书记住在四层楼的宾馆，中央政治局常委住在各个小别墅。这次跟南宁会议一样，也是政治局常委的扩大会议，到会的有中央有关各部部长和东北、华北、西北、西南各省的省委第一书记。中南和华东只有个别省委书记到会，其余的将参加在武昌召开的会议。

武昌会议（4月1—9日）可以说是成都会议的下半部，主题都是传达和讨论南宁会议的精神，各省汇报本省的规划。也可以说这两个会议是南宁会议的继续。

在成都会议上，毛主席始终处于兴奋状态。他在18天的会议中，除了在听各省汇报时不断插话外，一连发表了六次长篇讲话（3月9日，10日，20日，22日，25日，26日），那气势真可谓思如泉涌、气若长虹、高屋建瓴、势如破竹。

他一开头就提出现在我国进入技术革命时代，但接着又两次提出社会主义社会仍然存在两大剥削阶级和两大劳动阶级，阶级斗争并没有结束。

他指出我国当前社会主义建设高潮的出现及其原因时，认为鼓足干劲、力争上游、多快好省地建设社会主义总路线正在创造中，还有待证明。

他分析教条主义在我党历史上所造成的危险及其产生的原因，提出要继续反对教条主义。

他大讲尊重唯物论、尊重辩证法，大讲矛盾的互相转化，大讲建设社会主义的两种方法。认为"冒进"是马克思主义的，"反冒进"是反马克思主义的，吹掉了多快好省的方针、农业40条和促进会这三个东西，担心会不会再来一次反冒进。

他提倡坚持原则与独创精神相结合，特别是批评京戏《法门寺》里贾桂式的"奴才习惯"，表扬《西厢记》里普救寺和尚惠明挺身突围请援兵，欣赏《红楼梦》里凤姐说的"舍得一身剐，敢把皇帝拉下马"的风格，称赞《苏报案》中邹容写的《革命军》把满清帝制批得痛快淋漓和章太炎指名大骂光绪帝"载湉小丑，不辨菽麦"的气概。并列举古今中外著名人物，说明总是青年人胜过老年人，学问少的人胜过学问多的人，总是后来居上。号召解放思想，破除迷信，要有六不怕的精神。

这次会议上，除了印发中央各部门和各省的工作报告及有关决议草案外，毛主席还亲自批示印发了《华阳国志》、《都江堰》、唐宋诗人有关四川的诗词五六十首、明朝人的入蜀诗十八首、《苏报案》等以及马克思主义经典作家著作的摘录。

会前我送给毛主席的《人民日报苦战三年工作纲要》草案也由毛主席批印给会议了。

毛主席在会议的第一天讲话（3月9日）时即谈道："报纸如何办？中央、省、专区的报纸如何改变面貌，办得生动活泼？《人民日报》提出23条，有跃进的可能。我们组织和指导工作，主要依靠报纸，单是开会，效果有限。"这同他在南宁会议时专门写信要刘建勋和韦国清同志抓好报纸一样，毛主席很重视办好报纸。

在会议过程中，有一次在散会的时候，可能是3月20日，毛主席讲完话从会议厅出来，我赶上前去问毛主席：这次会议讨论不讨论人民日报的23条？毛主席想了一下回答说，这次会议讨论很多问题，光印发的工农商方面文件就有两大堆，文教方面的人没有来，人民日报的问题以后有机会再讨论。

很显然，毛主席在会议过程中讲话的上述主要之点，也是人民日报宣传报道的纲目。特别是毛主席在他主持的政治局常委会议上（大约在3月15日左右）谈到总路线时，提醒我说，《人民日报》2月3日的社论题目叫作《鼓起干劲，力争上游》，这两句话很好，但还不够。广大干部和群众的干劲，在去年反击右派以后，早就"鼓起"来了，现在的问题是鼓得够不够，责任在领导。这里有一个数量问题，是鼓起3分、5分还是7分、8分？领导的责任是因势利导，使干部和群众的干劲鼓得足足的。所以我们的总路线，应该叫作"鼓足干劲、力争上游、多快好省的总路线"，这就比较完了。毛主席的这些话，连同他后来谈总路线开始形成的话，给我深刻印象是宣传要强调鼓劲，就是毛主席所说的气可鼓而不可泄。

　　还有两件事给我印象深刻。一件是毛主席在3月22日讲话中谈到"提高风格，振作精神"时，批评陈伯达过去死也不肯办一个理论刊物，胆子太小，这次才振作精神，下决心办。另一件是毛主席在3月25日讲话中批评卫生部，说他们替人民日报写的关于除四害的社论，写了很久还是没有写好，替中央起草的除四害指示根本不能用。毛主席说，卫生部不卫生，思想上并不相信四害真的可以除掉。后来还是胡乔木同地方上的同志合作，才把中央指示写成了，社论也写好了（按：指《人民日报》2月13日的社论《一定要在全国除四害》）。这两件事都说明办报纸要提高风格、振作精神。他在批判教条主义时，还指出《人民日报》过去学《真理报》，照搬洋教条一套，连标题也模仿，不独立思考，像三岁孩子一样，处处要人扶，否则就丧魂失魄。没有主见，没有独创，连中国人办报的好传统（如讲究版面的编排和标题等）也丢掉了。后来才有所改变。

　　当然，在会议过程中，毛主席也多次讲到办事要留有余地。本来，南宁会议议定的《工作方法六十条》中，曾规定：苦战3年，争取大部分地区基本改变面貌。到了成都会议，毛主席一开始就提出究竟要多久完成十年农业计划和工业计划？他开始设想：苦战3年，基本改变本省面貌，争取7年内实现农业40条，5年实现农业机械化。他请各省研究。在会议过程中，毛主席看到河南的计划是苦战一年，实现四五八、水利化、除四害和消灭文盲，辽宁要一年实现三自给（即粮、菜、肉本省自给）。他说，也许你辽宁是对的，我怀疑是错的，你是马克思主义，我是机会主义。河南今年办四件大事，有些可能做到，有些可能做不到，就算全都能做到，可不可以还是提5年做到。今年真的全做到了，也不要登报。人民日报硬是卡死。否则这个省登报，那个省登报，大家抢先，搞得天下大乱。一年完成不登报，两年完成恐怕也不要登报。各省提口号恐怕时间以长一点比较好。我就是有点机会主义，要留有余地。各省不要一阵风，不要看河南说一年完成，你也说一年完成。就让河南今年试一年，灵了，让它当第一。你明年再搞。只差一年，有什么要紧。毛主席说，此事关系重大，他到武昌时要找吴芝圃谈谈。他还说，1955年合作化高潮时周小舟看见别的省一年实现高级社，紧张得不得了。其实不要紧。李井泉就是从容不迫，四川实现高级化不是1955年，也不是1956年，而是1957年，不是也蛮好吗？

毛主席说，现在报纸宣传报道上要调整一下，不要尽唱高调，要压缩空气，这不是泼冷水，而是不要鼓吹不切实际的高指标，要大家按实际条件办事，提口号、定指标要留有余地。

毛主席这些话我虽然听到了，但是被前面所说的关于解放思想、提高风格、敢于创新等大量的议论压倒了，因而没有足够的重视。随着大跃进高潮的到来，也冲昏了头脑。

毛主席在会议结束前的讲话中还说，希望各省第一书记，恐怕还要加一个书记及其他某些同志，从繁忙工作中解放一点出来，做一些研究工作，注意一些重大的问题。比如吴冷西同志，我们谈过几次，要他学大公报的张季鸾，到处串门子，打听消息，聊聊天，看看市场，参加这样的会议。中央的报纸也好，省市的报纸也好，总主笔不能每天沉埋在那些事务工作里头，必须解放一点。如何解放法，大家去研究。总而言之，少管一点事，少管一点就能多管一点。

成都会议可以说是继续南宁会议的批判"反冒进"。毛主席看到会议开始阶段务实较多（主要是讨论"两本账"）后，提出会议最后几天务虚，整风，开思想座谈会。从3月24日上午起采取召开大组会议（差不多是全体会议），由少奇同志主持，毛主席不出席。大家漫谈思想，结果又走向总结1956年的所谓"反冒进"的教训。发言的人差不多都作了自我批评，不仅各大协作区区长都讲了（柯庆施很活跃，连插话讲了3次，总是带着教训人的口气），到会的政治局委员也讲了，周总理、少奇同志、陈云同志、小平同志都谈了经验教训，彭老总也说很受启发。

成都会议就是在大家检讨"反冒进"的空气中结束，广度和深度都超过南宁会议，是党的八大二次会议之前的思想准备会议。历史地看，经过南宁会议和成都会议，指导思想上"左"的倾向已经抬头了。这也反映在人民日报的宣传报道上。[8]

1958年3月成都会议期间，毛泽东还同当时主持山西工作的陶鲁笳谈起引黄入晋济京的远景规划。陶鲁笳回忆说：

1958年3月，在毛泽东主持的成都会议上，我汇报说：山西同北京商量，为了解决工农业缺水问题，我们有一个共同的雄心壮志，想从内蒙古的清水河县岔河口引黄河的水200个流量，100个流量经桑干河流入官厅水库，100个流量流入汾河，科技人员经过勘察，已提出了初步设想。

毛泽东听了表示同意。他说，我们不能只骂黄河百害，要改造它，利用它。其实黄河很有用，是一条天生的引水渠。他还谈笑风生地说，你们的设想，算什么雄心壮志！不过是继承古人的遗志而已。你们查查班固《汉书·沟洫志》，汉武帝时就有一个人建议从包头附近引黄河水经过北京，东注之海。

经查《汉书》果有如下记载，汉武帝时，"齐人延年上书言：河出昆仑，经中国，注渤海，是其地势西北高而东南下也。可案图书，观地形，令水工准高下，开大河上领，出之胡中，东注之海。如此，关东长无水灾，北边不忧匈奴，可以省堤防备塞，士卒转输，胡寇侵盗，覆军杀将，暴骨原野之患。天下常备匈奴而不忧百越者，以其水绝壤断也。此功一成，万世大利。"由此可见，毛泽东同志的历史知识何等渊博，而且博闻强记，令人叹服！

北京市委书记刘仁也汇报说，官厅水库的水源问题还没有解决，北京市随着城市的发展，缺水问题将越来越突出，我们想和山西合作，引用黄河的水，这是一个可靠的水源。

毛泽东说，可以设想，引用黄河之水，把桑干河修成一条运河，使轮船可以开到北京；也可以设想，把山西的汾河也变成一条运河；还可以设想，用黄河的水在内蒙古改造沙漠，那才叫雄心壮志。

接着我说，山西十年九旱，金木水火土，就是缺水，如果解决了缺水问题，旱涝都不怕，山西也和四川一样就成为"天府之国"了。我们也设想过，引黄入汾，使汾河不但可以保证太原的用水，而且可以有灌溉之利，舟楫之便。

说到这里，毛泽东问我，你们山西有个闻喜县，你知道为什么叫闻喜？我说不知道。他说，汉武帝乘楼船到了这里，正好传来在越南打了大胜仗的捷报，汉武帝就给这地方起名为闻喜。汉武帝那时就能坐楼船在汾河上行驶，可见当时汾河水量很大，现在汾河水干了，我们愧对晋民呀！山西出煤，开煤矿发电也都得用水。山西现在缺水，黄河流经山西1000多里，应该对山西有所贡献，引黄济汾是理所当然的。

经查《汉书》果有如下记载：汉武帝元鼎六年，行东，将幸缑氏，至左邑桐乡，闻南越破，以为闻喜县（注：当年闻喜县所属范围与现在不同）。

上述毛泽东远见卓识的谈话，给了山西、北京、内蒙古三省、市、自治区的领导同志极大的启示和鼓舞。1958年6月，我在北京主持过一次三省市区负责人的会议，初步确定在山西偏关修建万家寨水库的方案，并由山西、内蒙古成立了万家寨水电站工程指挥部，随后，即着手进行了施工准备，至1959年下马时，已用去费用360万元。1958年7月，北京市派了一个小组，为了引黄济京到内蒙古清水河、浑河及山西右玉、左云两县进行过勘察，山西水利部门的同志也参加了此项工作。1958年10月，山西省成立了引黄领导小组，组建了引黄入晋勘察队。经过勘察和研讨，至1959年1月，初步选定浑河引水线即在万家寨水库库区岔河口引水，引水规模初步定为100立方米/秒左右，解决工农业用水，结合区间通航。但如何给北京分水问题，经过勘察和研讨未定下来。1959年以后，此项工程就停下来了。〔9〕

成都会议以后，毛泽东乘兴从重庆登船，沿长江直下武昌，沿途畅游了名胜三峡。当看到神女峰时，还背诵了宋玉的《神女赋》。

1958年4月上旬，毛泽东在武昌召集部分省委书记汇报会，并向他们通报成都会议精神，继续批评反冒进。

随毛泽东乘船东下，并出席这次会议的吴冷西回忆说：

4月1日至9日，毛主席召集华东和中南一些省委书记到武昌开会，一方面让他们了解成都会议的情况，另一方面听取他们（主要是河南的吴芝圃和安徽的曾希圣）汇报"苦战三年"的打算。大体上每隔一天开半天会，其余的时间让大家看成都会议的文件，并由谭震林、柯庆施和陶铸介绍成都会议的情况。

毛主席在听各省汇报时，作了很多插话。

在吴芝圃谈到河南正处在全面大跃进时，毛主席说，这可能是冒险主义，也可能是马克思主义。后来，毛主席又说，河南的工作做得还是好的，不要说他们过火了，只是要压缩一下空气，做得切实些，一些口号在登报时要注意一下。

在曾希圣谈到安徽大搞水利工程时，毛主席说，现在说苦战三年改变面貌，其实三年之后还要苦战五年，才能完成40条。提口号要注意留有余地。苦战三年只能算是初步改变面貌。对于下面报上来的成绩，不可不信又不可全信。凡事有真必有假，要打个折扣才稳当一点。对工程师、科学家，要又信又不信，要相信科学，但要破除迷信。

在舒同谈到山东三年实现40条有把握时，毛主席说，今年是空前的一年，这样的大跃进在历史上未曾有过，我们没有经验。今年要看一年，明年胆子可能大一点，现在还是要小心谨慎，不要把事情说满了。

在周小舟谈到湖南也处于高潮时，毛主席分析全国出现高潮的原因：一是从前（1955年到1956年上半年）有过一个高潮；二是1956年6月起反冒进，又有了"反面经验"；三是1957年三中全会恢复了40条、多快好省和促进会；四是整风、反右调动了群众的积极性，这是最重要的。毛主席还说，他现在担心是不是会再来一个反冒进。

　　毛主席又讲了现在存在两个剥削阶级和两个劳动阶级（工人和农民）。一个剥削阶级是帝国主义和官僚资本主义、封建主义的残余，未改造好的地富反坏加上一个右派。另一个剥削阶级是民族资产阶级及其知识分子，不同于前一个剥削阶级。我们的方针是团结后一个剥削阶级，孤立前一个剥削阶级。阶级斗争依然存在，还会有反复。这里又一次流露了毛主席重提阶级斗争的想法。〔10〕

　　1958年5月5日至23日，中共八大二次会议在北京召开。这次大会的召开，标志着"大跃进"的正式发动。对此，毛泽东在1960年写的《十年总结》中说：1958年5月党代表大会制定了一个较为完整的总路线，并且提出了打破迷信，敢想、敢说、敢做的思想，这就开始了1958年的大跃进。

　　八大二次会议正式通过了毛泽东创议的"鼓足干劲、力争上游、多快好省地建设社会主义"的总路线。关于这条总路线的基本点，中央委员会的工作报告指出："调动一切积极因素正确处理人民内部矛盾，巩固和发展社会主义的全民所有制和集体所有制，巩固无产阶级专政和无产阶级的国际团结；在继续完成经济战线、政治战线和思想战线上的社会主义革命的同时，逐步实现技术革命和文化革命；在重工业优先发展的条件下，工业和农业同时并举；在集中领导、全面规划、分工协作的条件下，中央工业和地方工业同时并举，大型企业和中小型企业同时并举；通过这些，尽快地把我国建设成为一个具有现代工业、现代农业和现代科学文化的伟大的社会主义国家。"

　　关于中共八大二次会议前后制定社会主义建设总路线的情况，薄一波回顾说：

　　1958年3月11日，毛主席在成都会议上说，这条社会主义建设总路线，是在新中国成立以后8年中间逐步形成的。1959年底至1960年初，毛主席在《读苏联〈政治经济学（教科书）〉谈话记录》里论述它的形成过程时，指出：

　　由于我们没有管理全国经济的经验，所以第一个五年计划的建设，不能不基本上照抄苏联的办法。到生产资料私有制的社会主义改造基本完成以后，我们就提出了建设社会主义的两种方法的问题，在1958年正式形成了社会主义建设的总路线。

　　1956年提出《论十大关系》，提出多快好省，这是社会主义建设总路线形成的开始。1956年的跃进，出来了一个反冒进，经过了一次曲折。1957年9月（八届）三中全会恢复多快好省。1958年春南宁、成都会议上批判反冒进，形成"鼓足干劲、力争上游、多快好省地建设社会主义"这条总路线的提法。5月党的八届二次大会正式通过总路线。

新中国成立以后，由于缺乏经验，我们在经济建设中基本上是沿袭苏联的做法，但毛主席不久就发现这种做法存在不少弊端，力求在借鉴苏联经验、教训的基础上，找到一条适合中国自己情况的社会主义建设的道路。由于新中国成立以后各方面的工作进展比较顺利，尤其是农业合作化运动在很短时间内就完成了，毛主席便认为中国的社会主义建设速度也可以加快，应该比苏联搞得快一些、好一些，应该以尽可能高的速度向前发展。为此，毛主席夙兴夜寐进行研究和探索，先后作了《论十大关系》《关于正确处理人民内部矛盾的问题》的报告，提出了一系列构想和重大方针政策；主持制定了《全国农业发展纲要（草案）》；进行了对反冒进的批评。经过这些工作和活动，毛主席的主张基本上被各级领导干部所接受。广大农村在1957年冬季迅速掀起了农田水利建设的高潮。在这种形势下，制定社会主义建设总路线就提上了议事日程。

至于如何才能把建设搞得快些、好些，当时是缺乏深入研究探讨的。以为只要像战争年代那样，动员群众，大搞群众运动，就什么事情都能办好。关于这一点，党内是存在着思想认识分歧的。冒进、反冒进、批评反冒进，就是这种分歧的反映。针对这种分歧，毛主席先是提出了两种建设方法问题（即快一些、好一些的方法和慢一些、差一些的方法），后来在批评反冒进中逐步把它上升到两种建设方针、两条建设路线的高度。在1958年3月8日至26日召开的成都会议上，毛主席在一次插话中指出：社会主义建设有两条路线，一条多、快、好、省，一条少、慢、差、费。比如水利建设，一为"排、大、国"，一为"蓄、小、群"，这不是两条路线吗？他说：把水排走是大禹的路线。过去从大的出发，依靠国家（过去依靠国家修了好多水库），现在是以蓄为主，小型为主，群众自办为主。毛主席在另一次插话中又说，社会主义建设有两种办法，一种是干劲十足，轰轰烈烈，坚持群众路线；另一种是"寻寻觅觅，冷冷清清，凄凄惨惨戚戚"，这也是一条路线。在这次会上，毛主席还多次讲到要破除迷信、解放思想、振作精神，要有高屋建瓴、势如破竹的气势和姿态，要像古今中外那些创立新思想、新学派和搞出新创造、新发明的青年人那样，敢想、敢说、敢做。正是在这样一种气氛下，成都会议对总路线进行了酝酿和讨论。

3月18日，陈伯达在会上作了长篇发言，论证我国正进入"1天等于20年"的时代，经济可以高速度地发展。毛主席在他发言时插话，提到"两个速度分歧"，一是在社会主义改造速度问题上与邓子恢同志的分歧，一是在建设速度问题上同"反冒进派"的分歧。陈伯达说，1956年以来的分歧就是建设速度问题的分歧。

"鼓足干劲""力争上游""多快好省"这些词，就是在两种速度问题的争论中先后出现的。这次会上毛主席又多次提到这些词。但直到3月26日以前，总路线的正式提法还未最后形成。

最早出现的是"多快好省"。1955年10月11日，毛主席在七届六中全会上作的结论中提出：要讲有些什么好办法，可以使合作社办得又快又多又好。不久，他在中央政治局会议上，又提出社会主义经济建设也要"又多又快又好"。12月6日，毛主席在关于反右倾反保守的讲话中说：中国农民比英美工人还好，因此可以更多、更快、更好地进行社会主义（建设）。稍后，采纳李富春同志的建议，在多、快、好三个字后边加上了一个"省"字。12月14日，我在全国农具工作会议上所作的《改善企业管理，掌握新技术，为又多、又快、又好、又省地提高我国重工业的生产而奋斗》的报告中，首次传达了中央"又多、又快、又好、又省"的建设方针。1956年1月1日，《人民日报》在《为全面地提早完成和超额完成五年计划而奋斗》的社论中，提出"要又多、又快、又好、又省地发展自己的事业"，从而把"多快好省"的口号向全国发表了。后来在反冒进中，这个口号很少被提及。召开八大时，周恩来同志在修改一个文件时曾勾掉了有多快好省的一句话。但经过批评反冒进，又重新恢复了这个口号。

"鼓足干劲、力争上游"这两个词，是在1958年1月1日《人民日报》那篇《乘风破浪》的社论中第一次出现的。社论指出，不仅要"又多又快又好又省地进行各项建设工作"，而且"必须鼓足干劲、力争上游，充分发挥革命的积极性创造性"。1月上旬，毛主席在上海同复旦大学教授周谷城谈起元旦社论，周说归纳起来就是"鼓足干劲、力争上游"。这引起了毛主席的重视，认为这两个词提得好。后来在南宁会议、最高国务会议、成都会议上，毛主席多次提到这件事。在成都会议上，毛主席多次提到"鼓足干劲""力争上游"，并将它们与"多快好省"连在一起，称之为总路线。

3月25日，在成都会议上，中央将准备提交八大二次会议的《报告草稿》发给与会同志讨论。由于会议定于26日结束，与会同志没有来得及对《报告草稿》进行深入讨论，只有少数同志提出了意见。

《报告草稿》发给会议后，陈伯达又作了修改，毛主席也作了修改。陈伯达将第1页上的"我们今后的任务是要为技术革命和文化革命而奋斗"一句，改为"我们今后的任务，是要贯彻执行党中央和毛泽东同志提出的多快好省地建设社会主义、鼓起干劲、力争上游的总路线，为技术革命和文化革命而奋斗"。毛主席又将这段话改为"我们今后的任务，是要贯彻执行党中央和毛泽东同志提出的调动一切积极因素，正确地处理人民内部的矛盾，鼓足干劲、力争上游、多快好省地建设社会主义的总路线，为技术革命和文化革命而奋斗"。并批示："此件可用。略有修改。或者还须作某些修改，可由少奇同志及小平同志斟酌处理。"可见，成都会议对于总路线的形成是起了重要作用的。

社会主义建设总路线虽然提出来了，但毛主席认为还没有完全形成。他说：从1921年到1942年，用了21年时间才形成了自己的革命路线。社会主义建设总路线，是在8年中逐渐形成的，时间不算长，严格说还不算完全形成，大约再有5年就差不多了。还说：许多东西自己就是将信将疑的，比如多快好省、鼓足干劲、力争上游这些东西究竟对不对，十大关系究竟对不对，我看至少还要看5年。我们证明了的东西只有一条，就是革命。至于建设，还没有证明，只是有了初步的东西。

......

成都会议结束后，由少奇同志主持，胡乔木同志负责，对《报告草稿》进行了大的修改。4月7日少奇同志致信胡乔木同志，谈了他关于修改的一些设想。根据他的意见和成都会议上大家所谈的意见，4月17日、18日改出报告初稿，篇幅比原来的草稿增加将近两倍。初稿全文分为六个部分，在第二部分中专门论述了社会主义建设总路线。4月21日，中央政治局第46次会议决定进一步修改。5月2日，中央政治局第47次会议又对报告修正稿进行了讨论，决定提交八届四中全会讨论通过。

5月5日，少奇同志代表党中央向八大二次会议作《工作报告》，对总路线进行了系统论述，把总路线的基本点概括为：调动一切积极因素，正确处理人民内部矛盾；巩固和发展社会主义的全民所有制和集体所有制，巩固无产阶级专政和无产阶级的国际团结；在继续完成经济战线、政治战线和思想战线上的社会主义革命的同时，逐步实现技术革命和文化革命；在重工业优先发展的条件下，工业和农业同时并举；在集中领导、全面规划、分工协作的条件下，中央工业和地方工业同时并举，大型企业和中小型企业同时并举；通过这些，尽快地把我国建设成为一个具有现代工业、现代农业和现代科学文化的伟大的社会主义国家。报告提出：虽然这条路线还需要在今后的实践中继续考验，并且使它继续发展和完备起来，但是它的基本方向和主要原则是可以确定下来了。

5月8日、17日、18日、20日、23日，毛主席在会上作了五次讲话，同总路线有关的内容，主要有以下几方面：

1. 为什么要提"鼓足干劲、力争上游"？毛主席说："鼓足干劲，力争上游"，这两句是非要不可的。一个人也好，一群人也好，我们一个党也好，全国人民也好，没有一点劲，或者劲不足，那不好办事，所以，要鼓足干劲。力争上游，就是要跟先进看齐。又说："鼓足干劲、力争上游"这两个口号跟多快好省建设社会主义合起来，我看很好。这样一个提法恐怕也是一个新鲜的提法。这是反映了人民的干劲，好像大跃进中间的干劲，反映了人民要争上游。这个干劲有个量的问题。现在用"鼓足"这两个字，恐怕比"鼓起"好。鼓起，早已鼓起来了，你还要起？问题是足不足。有1分干劲，也有2分干劲，有3分干劲，有4分、5分、6分、7分、8分，至少也得个6分、7分，最后是8分、9分，10分就足了。干劲会有不同的。"鼓足干劲"，这个话是个新话。"力争上游"是从前就有的，但是现在有新鲜意义。什么叫力争上游？在我们国内，无非是争"四五八"〔指《全国农业发展纲要（草案）》规定的12年内黄河、秦岭、白龙江以北地区粮食亩产达到400斤，黄河以南、淮河以北地区亩产达到500斤，淮河、秦岭、白龙江以南地区亩产达到800斤——作者注〕。又比如，长春汽车厂增加的投资不多，而产量要比过去的设计能力增加一倍以上。鞍山钢厂，现在不增加投资，而钢产量可以提高。《农业发展纲要》提出的任务，原定12年完成，现在不要12年了。有些基本的项目，个别的省说3年可以，有些项目今年就可以完成，有些项目明年可以完成，有些项目第三年可以完成。跟外国比较，就是要在主要工业产品的产量上7年赶过英国，15年赶过美国。

对于我们的党、人民和民族来说，毛主席提倡自强不息、不甘落后的"鼓足干劲、力争上游"的精神，这在任何时候都是必要的、正确的、无可厚非的。但在这里，毛主席所做的具体解释，把它同"四五八"的发展目标联系起来，要求把原定在12年内完成的基本建设项目，一下子缩短到3年，特别是把它同加速赶英、赶美的目标联系起来，显然就不恰当了。当然，在一定的时间内，在一些经济发展的重要目标上，把国外一些发达国家作为赶超的对象，以激励大家的士气，并不是完全不可以的。问题在于赶超的时间和办法，一定要经过充分的科学论证，定得合乎实际。如前所述，开始提出是7年赶过英国、15年赶过美国，可是后来的时间越缩越短，赶英的时间最后缩为二三年。这样问题就来了，就很难避免盲目追求高指标和其他不切实际的行动了。

2．为什么总路线省略了主词？毛主席说：鼓足干劲、力争上游、多快好省地建设社会主义，这在外国人看来恐怕不大懂。这里头也没有个主词，什么人鼓足干劲？本来想前边加一句"调动一切积极因素"，把"积极因素"当作个主词。现在想，世界上也有那么一些怪事，不要主词也可以。我们这个6亿人口就是我们的主词。所谓鼓足干劲，大家知道，就是6亿人口的绝大多数的干劲（后来，少奇同志在1962年第18次最高国务会议上也曾说：我们在1958年制定总路线的时候，提的是全国人民团结起来，在中国共产党领导之下，鼓足干劲、力争上游、多快好省地建设社会主义。后来把主词去掉了，就是鼓足干劲、力争上游、多快好省地建设社会主义。谁鼓足干劲呢？应该说，全国人民是主词。以后说的时候，把主词省略了——作者注）。

3. 总路线是怎么产生的？毛主席说：多快好省是从哪里来的？就是因为群众里头出现了多快好省，工厂、农村、商店、机关、学校、军队里都出现了多快好省。既然这个合作社可以多快好省，为什么那个合作社不可以？既然这个工厂可以多快好省，为什么别的工厂不可以？这是积累了许多经验形成的，有苏联的经验，也有中国多少年的经验。毛主席又说：这次大会，反映了人民的情绪，反映了人民的干劲。人民要求鼓足干劲，力争上游，多快好省地建设社会主义。

在少奇同志报告和毛主席讲话以后，与会代表分组进行讨论，提出了一些意见。广西、河南、湖南组的代表提出，这条总路线和过渡时期总路线的关系不明确，过渡时期总路线包括了过渡时期的主要矛盾，而多快好省的总路线包括不了这个主要矛盾，两个总路线的关系究竟如何，希望加以解释；既然多快好省是指方法而言的，这条总路线可否改为："鼓足干劲、力争上游、多快好省地建设一个具有现代工业、现代农业和现代科学文化的伟大社会主义国家。"

绝大多数代表对这条总路线的提出表示拥护。从5月8日开始大会发言，口头发言的有117人，书面发言的有140人，表示完全拥护这条总路线。他们列举本地区的成绩、经验，说明总路线的正确，同时也提出了许多脱离实际的口号和指标。例如在农业方面，许多省都提出了"苦战三年，彻底改变全省面貌"；广西来宾县提出"苦战4个月，基本实现水利化"；河南长葛县提出当年要把全县112万亩土地深翻一遍，争取亩产800斤；湖北谷城县提出"争取一两年内小麦亩产1000斤"；安徽桐城县提出当年亩产达到1000斤，争取1500斤；广东汕头地区提出争取当年亩产达到1000斤，3年左右达到1500斤。在工业方面，机械工业部门提出在"二五"计划期间，机械工业的产品产量平均每年的递增率要达到50%；冶金部门提出，实现"5年超过英国，15年赶上美国"的任务，"二五"期间钢产量平均每年的递增率要达到41.5%；煤炭部门提出"二五"期间煤产量要达到7亿吨，"2年赶上英国，10年赶上美国"；铁道部门提出全民办铁路，"二五"期间修铁路3万公里，15年内全国铁路总长度要达到27万公里；纺织部门提出5年内主要纺织品产量超过英国，赶上美国；轻工部门提出造纸工业的产品产量5年超过英国；水利电力部门提出5年内全国初步实现电气化；第一汽车制造厂介绍了"苦战半个月，3万变7万"，班产百辆车的经验；包头钢铁厂提出要实现"产量增加一番，速度快一倍，投资省一半"的目标。

这些提法和说法，在今天看来，不免有许多令人哑然失笑之处，然而当时许多同志的实际思想、思想方法就是这个样子，就是这么来理解和希求多快好省的，就是这么来理解和表现敢想敢说敢做的。每当重温和思考这样的历史材料时，心情总不免感到沉重，当时怎么会发生这种不切实际的、严重忽视客观经济规律的举措呢？原因应该深深地探究，教训应该好好地找寻。但人也好，事业也好，总是从不成熟走到成熟。对于创业者们的幼稚、笨拙之处以至干出的明显蠢事，不应过多地去责怪或讥笑，重要的是把它当作历史的一部分进行严肃研究，吃一堑长一智，从中得到有益的东西，并作为殷鉴，永远记取。

……

根据会上提出的意见，起草小组对《工作报告》又进行了修改。5月22日，胡乔木同志将修改稿送交毛主席和中央领导同志。5月24日，毛主席批示："改得很好，真正势如破竹了。"〔11〕

吟就《送瘟神》

1958年6月底，毛泽东写出名诗《七律二首·送瘟神》。在诗前小序里，他说自己读罢报纸，"浮想联翩，夜不能寐"，"遥望南天，欣然命笔"。卫士封耀松回忆了毛泽东这一夜命笔作诗的情景〔12〕。他说：

这次来杭州，毛泽东住在刘庄宾馆。据说这里又叫水竹居，原为晚清刘学询别墅。背山濒水，环境幽静。1954年以来经过著名建筑师精心设计改建之后，梦香阁、望山楼、湖山春晓诸楼台水榭，尤具东方园林特色，被誉为西湖第一名园。

平日，老人家常询问我爸爸妈妈怎样？问我给家里写信没有？这次来杭州，毛泽东便说："小封啊，你回家看看吧。"他专门委托罗秘书买了东西陪我去探望父母。

从父母那里回来，我立刻赶去主席休息的房间。因为又轮我值班了。何况，今天是1958年6月30日，明天是党的生日。毛泽东要参加一个重要会议，今晚应该劝他睡一觉。

毛泽东坐在藤椅上，正在看报。我轻步走近，那是当天的《人民日报》。

"主席，我回来了。"

"唔。爸爸妈妈都好吧？"

"都很好。他们……"

我没有讲下去。因为毛泽东只瞟了我一眼便又将目光转向报纸。他的神色告诉我，他正在思考，全部精力都聚集在那张报纸上，嘴唇翕动着，像是念念有词。听不出念什么，是一串串绵长而抑扬顿挫的哼哼声，头也不时轻晃几下。工夫大了，我便有些疑惑。主席虽然用两手张开报纸，目光却并未在上面流连。淡漠的目光始终对着一个位置。莫非出了什么大事？我悄悄望报。张开的两版，既没有套红，又没有大块黑体字，似乎全是一些"豆腐块"。

然而，那报纸肯定有名堂。毛泽东将报纸精心折两折，起身踱到窗前，停步深吸一口气，又踱回桌旁在椅子上坐下，抬起手中的报纸看，很快又站起来走到床边，躺下去，上身靠着靠枕，眼望天花板。接着又站起来踱步……

他显出激动，且时时宽慰地舒口长气。

他回到床上，半躺半坐，斜靠着靠枕。他又拿起那张报纸看，头也不抬地说："你把笔和纸拿来。"

毛泽东有躺在床上看书批阅文件的习惯。我拿了一张白纸一支铅笔交给他。他将报纸垫在白纸下边，鼻子里唱歌似的哼哼两声，便落下笔去，不曾写得四五个字，立刻涂掉，摇晃着头又哼，哼过又落笔。

我从来不曾见主席这种办公法，大为诧异，却无论如何听不出他哼什么。

就这样，毛泽东写了涂，涂了哼，哼过又写。涂涂写写，哼来哼去，精神头越来越大。终于，我听清这样两句：坐地日行八万里，巡天遥看一千河……

莫非是作诗？我仍然不敢肯定。

毛泽东忽然欠起身，用手拍拍身后的靠枕。长期生活在主席身边，我已善解他的意图，忙过去抱被子，将他的靠枕垫高些，扶他重新躺好。于是，我看清了那张涂抹成一团的纸。字很草，天书一样看不懂。

"主席，你哼哼啥呀？天快亮了，明天你还要开会呢。"我借机提醒老人家。

"睡不着呀。"毛泽东撇开稿纸，指点下面的报纸，"江西余江县消灭了血吸虫。不容易啊！如果全国农村都消灭了血吸虫，那该多好呀。"

我低下头去看，那条消息是很小一块"豆腐块"。就是这样一块"小豆腐"主席也没丢掉，看到了，激动了，睡不着觉，作诗了！

毛泽东继续哼了写，写了涂；涂了又哼，哼过又写，折腾有两个多小时，轻轻一拍大腿，说："小封哪，你听听怎么样？——绿水青山枉自多，华佗无奈小虫何！……"

说实话，这两首七律诗放我面前读十遍，没有注解我也未必能说出多少道道儿。但是，我生出一种莫名其妙的美感。"日行八万里""遥看一千河""红雨随心""青山着意""天连五岭""地动三河"这样的句子，经主席那湖南口音抑扬顿挫地诵出，竟然使我着迷。朦胧中像在听一首美妙动人的抒情曲，又像漫游在神秘的童话世界中，我真心诚意地说："真好，太好了。"

毛泽东望着我："什么地方好？"

我张了张嘴，说："句句都好。"

"那你明白意思吗？"

"我……反正我听着就是好。"

"告诉你吧，是我们的人民真好，太好了。"

我说："人民好，诗也好。"

"嗯。"毛泽东欣然下床，转转腰，晃晃头，做几个扩胸动作，然后上厕所。

我说："主席睡觉吧？下午还要开会呢。"

毛泽东不语，眼睛闪闪发亮，在房间里走了走，走到窗前。哗啦！拉开了窗帘。一边朝外张望，一边自言自语："天是亮了吗？亮了！"

我也朝外望。东方的天际，火红的朝霞像山一般踊跃，浪一般翻腾。

毛泽东没有睡，走到办公桌旁，抓起毛笔，蘸了墨又写那二首诗，并且再修改一番，说："你去把秘书叫来。"

我叫来秘书。毛泽东交代："你把这个拿去誊誊。"

秘书拿走诗稿。毛泽东重又拿起6月30日的《人民日报》，重读那条豆腐块大小的消息。他一上午又没睡，接着便去参加下午的会议。[13]

当时在毛泽东身边负责警卫工作的沈同还回忆了毛泽东关心消灭血吸虫病的情况。他说：

1955年仲夏正当农忙时节，毛主席外出视察工作。一路从北向南，有时细察，有时访问，到了杭州，请来了几位同志开会。主席对身边的工作人员说，开会期间不搞其他活动，要求部分同志帮助他去了解杭州郊区农民的生活情况。

主席召集的会议开始后，我们几个同志出发，到杭州郊区的余杭地区去访问。走进一个村庄，因为是农忙时节，青壮劳力都下了大田，只遇到一个农民在家做木工，准备盖房子。我们又走到田头，群众正忙着整理稻田。在池塘边的树荫下，有一个粗壮的农民，倚着树干仰天躺在那里，只见他两手抱头，眼里满含泪水，呆望着天空。我们走近他身边，问他有什么为难的事，为什么不下田去劳动。他看看我们，摇摇头闭上了眼睛，泪水滴在胸前。这时我们才注意到，他的腹部鼓胀，颈部粗肿，可知行动困难，分明是病倒了。问他得了什么病，他只是摇头流泪。我们说明是特意来这里访问的，又问他有什么困难。他没有说话先叹气，呆了半天才说："都是我的命不好，有福不能享，谁也怪不得，没得好说的。"说完又是叹气，显出一言难尽的样子。为了弄清情况，大家都坐在他身边，等待他解说。他见我们诚恳的样子，想了想终于说出了自己的身世。

……

大家听着这个老实憨厚的农民痛诉自己悲惨的身世，都十分同情他的遭遇，劝他不要难过，要先把病治好，好日子还在后边。他说："这种大肚子病是治不好的，你们外地人不知道，这是我们这里的地方病，只要得了这种病，就是有钱也没办法治好，本地人祖祖辈辈都受这个害！"他声泪俱下，难过极了。我们向他解释：……共产党毛主席就是要给人民解除苦难的，你们这里有危害人民的地方病，毛主席一定会领导大家来消灭地方病，为人民除害，会把你们的病治好的！

他一直耐心地听着，这时他忽然抬起头来，怔怔地看着我们，很久，竟充满激情地说："你们说的都是实情，共产党、毛主席领导人民打跑了日本鬼子和国民党反动派，帮助我们穷人翻了身，我们再也不当亡国奴了，再也不受剥削压迫了，这是我头一次佩服毛主席！后来毛主席又领导大家斗倒了地主恶霸，给我们分了土地，从此我们过上了好日子，这不但救活了我们一家，也救活了全国的穷苦老百姓。这是我又一次佩服毛主席！要是毛主席又知道我们这里的人们还受着地方病的害，再想办法帮我们治好这种从来没有办法治的害人病，他老人家可真是救命的活菩萨，人民的大救星！我这一辈子都佩服毛主席了！我还要教育子孙后代都记住共产党、毛主席的大恩大德！我就盼望着这一天了！"说完他兴奋地露出憨厚的笑容。

我们带着这个农民破涕为笑的心情，回去把这件事报告了毛主席。主席说，在我国的东北、西北和江南一些地方，长期以来，都有些地方病危害人民的健康，情况很严重，血吸虫病对人民的危害更大，一定要帮助人民解除苦难，一定要消灭血吸虫病！现在要和天斗争了！

毛主席对此展开了进一步的调查研究，他先后同上海市委和华东地区几个省的省委书记座谈了解情况。据初步的调查了解，正如后来国务院《关于消灭血吸虫病的指示》中指出的那样：血吸虫病在我国流行已久，遍及南方12个省市，患病人数1000多万，受感染威胁的人口超过1亿人，对于人民的危害是极其严重的，轻则丧失劳动力，重则死亡，患病的妇女不能生育，患病的儿童影响发育，病区人口减少，生产下降，少数病区甚至田园荒芜，家破人亡。如江西省丰城县的梗头村，百年前有1000多户，到1945年只剩下2人，其中死于血吸虫病的有90%；安徽省贵池县的碾子下村，百余年前有120户，现在只有曹金雨一户4口人，其中3人仍患血吸虫病。血吸虫病已成为我国现在流行病中危害最大的一种病害，严重地影响着农业生产，危及民族的健康和繁荣。

毛主席根据调查到的这些资料，于1955年11月在杭州召开了中央会议，毛主席在会上提出："一定要消灭血吸虫病！"他指出，对血吸虫病要全面看、全面估计，它是危害人民健康最大的疾病，1000多万人受害，1亿人民受威胁，应该估计到它的严重性。共产党人的任务就是要消灭危害人民健康最大的疾病，防治血吸虫病要当作政治任务。各级党委要挂帅，要组织有关部门协作，人人动手，大搞群众运动。根据毛主席的提议，党中央决定成立血吸虫病防治领导小组，马上开展工作。

中央血吸虫病防治领导小组，于11月22日至25日在上海召开了第一次全国防治血吸虫病工作会议，参加会议的有7个省市的省、市、地、县的党政领导和防治科技人员及专家共100余人，会上传达了根据毛主席的提议，党中央关于成立血吸虫病防治领导小组的决定，经过研究，提出了7年消灭血吸虫病的大体部署，以及防治研究等具体问题。

于是，防治血吸虫病的工作，很快就在全国有血吸虫病的地区开展起来，又在这些地区纷纷组织了领导干部和医疗专家相结合的防治血吸虫病的医疗小组。边治疗，边预防，边研究，既治标，又治本，全面展开了工作。

中央防治血吸虫病研究委员会，于12月在上海举行了第一次会议，总结了几年来有关血吸虫病科学研究工作的成果，专家们研究了准备防治的各种措施，指出综合性措施是今后防治血吸虫病工作的方向。

在受害地区，党和政府进行了全民动员，利用各种报刊、广播以及农村的墙报、广播喇叭等各种宣传工具，广为宣传。深受血吸虫病之害的广大群众，都有过惨痛的亲身经历，一听说共产党毛主席派人来治血吸虫病，要为民除害，人人拍手称快，兴奋异常，都积极响应，个个争先。在防治血吸虫病医疗小组的科学指导下，各项防治工作进行得热火朝天。同时全国各地也伸出了援助之手，在人力物力等方面给予了极大的无私支援，更加鼓舞了灾区人民的信心和决心。

毛主席一直在关注着这项工作的进展情况，抓住不放，一抓到底。他一面号召、部署和检查这项工作的贯彻执行情况，一面又去向有关专家学者调查研究彻底消灭血吸虫病的意见与科学方法。

1956年2月17日，毛主席在最高国务会议上发出了"全党动员，全民动员，消灭血吸虫病"的战斗号召。

1956年3月3日，毛主席接到中国科学院水生动物专家秉志2月28日写给他的信：建议在消灭血吸虫病工作中，对捕获的钉螺应采用火焚的办法，才能永绝后患，土埋灭螺容易复出。毛主席看了非常高兴，当即指示卫生部徐运北同志照办，并请这位专家参加本年3月准备在上海召开的第二次防治血吸虫病的会议，还查询了这次会议的准备情况。

1956年，毛主席接见了广东省从事血防工作的陈心陶教授，听取了他对防治血吸虫病的意见。

1957年7月7日，毛主席在上海各界人士座谈会上，又特意向有关专家询问了防治血吸虫病的情况。

1958年，毛主席在安徽视察工作时，专门到省博物馆察看了防治血吸虫病的规划图，查询进展情况，促其实现。

周恩来总理在1957年4月20日发布了《国务院关于消灭血吸虫病的指示》。

中共中央随即于1957年4月23日发出了《中共中央关于保证执行国务院关于消灭血吸虫病指示的通知》。

全国上下总动员，消灭血吸虫病的工作进行得热火朝天，一年、两年过去，血吸虫病的发病率降低了；又过了一年，有些地方的血吸虫病患者逐渐恢复了健康；捷报频传，人民一片欢腾。

1958年6月30日，《人民日报》报道了江西省余江县首先消灭了血吸虫病的喜讯。

……

毛主席看到了《人民日报》的消息，也和全国人民一样，心情激动不已，抚今追昔，往事历历在目。多少年来，血吸虫像瘟神一样，夺去了无数同胞的宝贵生命！统治者不管人民的死活，竟害得祖国大地"千村薜荔""万户萧疏"，人民坐以待毙，好不凄惨！今天一声春雷，祖国解放了，人民做了自己国家的主人，开始了幸福的生活。在党的号召下，动员起来的广大人民群众，有了无穷的力量，多少人间的害人虫都被消灭了，现在又同大自然展开了搏斗，而且全民振臂，一举成功，终于消灭了多少年来一直在危害人民生命的血吸虫病，使得那些遭受血吸虫病魔危害的千村万户的同胞起死回生！顿时一幅新的图画又展现在眼前：绝处逢生的广大人民群众，将重整衣冠，斗志昂扬地走上建设祖国工农业生产的第一线，他们个个如生龙活虎，都有无穷的力量，银锄落处将使青山绿水间，遍地稻菽成浪；铁臂摇起可以开山辟地，击起钢花飞溅。瘟神呢，就只有死路一条了。

毛主席心潮澎湃，思绪万千，"浮想联翩，夜不能寐"。他坐也不是，立也不是，一直在踱步浮想。微风送爽，不觉已是旭日临窗。他凭窗遥望南天，要歌颂这人间奇迹，于是以诗言志，欣然命笔，一挥写成《送瘟神》七律二首的不朽诗篇。他歌颂人民力量的伟大，歌颂人民在共产党的领导下，万众一心，气势如虹，把被瘟神践踏了的八万里大好河山，培育成春风杨柳万千条的神州大地。人民是不可战胜的。[14]

北戴河会议前后

毛泽东在追求经济建设的多与快的同时，也开始逐渐追求所有制上的大与公。1958年3月成都会议上，他提出了小社并大社问题，并变成中央的决定和实践，形成小社并大社的热潮。

关于人民公社构想的发端形成，薄一波回忆说：

1957年冬到1958年春，全国出动几千万到上亿的劳动力，大搞农田水利基本建设，从而揭开了"大跃进"的序幕。正是因为农田水利基本建设等群众运动的发展，促使毛主席和其他中央领导同志萌生出改变农村基层组织结构的思想火花。

……

1956年秋后，一些地方出现闹退社、分社风潮。后来查明某些社规模过大，难于管理，吃"大锅饭"严重，是酿成风潮的原因之一。有鉴于此，党中央在1957年9月14日发出《关于整顿农业生产合作社的指示》和《关于做好农业生产合作社生产管理工作的指示》，指出："大社、大队一般是不适合于当前生产条件的。""除少数确实办好了的大社以外，现在规模仍然过大而又没有办好的社，均应根据社员要求，适当分小。""生产队是合作社的基本生产单位，一般以20户左右为宜。""社和生产队的组织规模确定之后，应该宣布今后十年内不予变动。"但是，在经历了批评反冒进的曲折之后，现在遇到了因农田水利建设大规模开展带来的新问题，加之许多地区进行了撤区并乡工作，因此，毛主席就重新考虑合作社的规模问题了。1958年1月南宁会议上，听说广西出现并社现象时，毛主席就说："可以搞联邦政府，社内有社。"后来正式提出并大社的主张。

有关部门根据毛主席的意见，起草了《关于把小型的农业合作社适当地合并为大社的意见》（以下简称《意见》），指出："我国农业正在迅速地实现农田水利化，并将在几年内逐步实现耕作机械化，在这种情况下，农业生产合作社如果规模过小，在生产的组织和发展方面势将发生许多不便。为了适应农业生产和文化革命的需要，在有条件的地方，把小型的农业合作社有计划地适当地合并为大型的合作社是必要的。"《意见》于3月20日在成都会议通过，4月8日经政治局会议批准，作为中央意见正式下达。4月12日，《人民日报》头版头条，以《联乡并社发展生产力》为题，报道了福建闽侯县在3月间，把城门、下洋、龙江3个乡合并为1个乡，把23个农业生产合作社合并为1个社的消息，并用《编辑的话》的形式，将《意见》中的主要观点公开发表。

这以后，各地迅速开始了小社并大社的工作。辽宁、广东两省最快。辽宁于5月下半月，即将9272个社合并为1461个社，基本是一乡一社，平均每社约2000户，最大的为18 000多户。紧接着，河南、河北、江苏、浙江也相继完成并社。河南由38 286个社合并为2700多个社，平均每社4000户左右；北京郊区农村，由原来的1680个社合并为218个社，平均每社1600户。

在1958年1月间的杭州会议、南宁会议上，毛主席提出地方工业的产值几年（3年、5年或10年）超过农业产值的问题。国家经委根据毛主席的意见，起草了《关于发展地方工业问题的意见》，第一次正式提出农业生产合作社办工业问题。该《意见》于3月23日在成都会议通过，也于4月5日经政治局会议批准，作为中央意见正式下达。农业社办工业，就已突破了农业生产合作这个名称的限制，实际上就提出了给农村主要的合作经济组织另找名称的问题。

随着以大搞农田水利建设为中心的农业生产高潮的掀起，地方工业遍地开花，带来了农村劳动力紧张。一些地方为着尽可能地腾出劳动力用到工农业生产上去，于是出现了简易的公共食堂和托儿所。为了让青年农民学习农业技术，吉林延边、河南登封、湖南浏阳等地的农村办起了"农业大学"。正是在这种情况下，中央领导同志酝酿了新的农村基层组织结构问题。少奇同志1958年11月7日在第一次郑州会议的一段回忆和陆定一同志在八大二次会议的发言，介绍了中央领导同志最早关于这个问题的酝酿情况。

少奇同志在第一次郑州会议上说：

公社这个名词，我记得，在这里（郑州火车站），跟吴芝圃（时任河南省委第一书记）同志谈过。在广州开会（少奇等同志去广州向毛主席汇报八大二次会议准备情况，时间估计可能是1958年4月底——作者注），在火车上，有我、恩来、定一（时任中央宣传部部长）、邓力群，我们四个人吹半工半读，吹教育如何普及，另外就吹公社，吹乌托邦，吹过渡到共产主义。说建设社会主义这个时期就为共产主义准备条件，要使前一阶段为后一阶段准备条件。我们搞革命就是这样的，开始搞前一步的时候，就想到下一步，为下一步创造条件。我们现在建设社会主义，就要为共产主义创造一些顺利条件。还吹空想社会主义，还吹托儿所、集体化、生活集体化，还吹工厂办学校、学校办工厂、半工半读。要邓力群去编空想社会主义，要定一编马恩列斯论共产主义。下了火车，在这个地方，大概有十几分钟，跟吴芝圃同志说，我们有这样一个想法，你们可以试验一下。他热情很高，采取的办法也很快（吴芝圃插话：那个时候，托儿所也有了，食堂也有了，大社也有了，还不叫公社），工农商学也有了，就是不叫公社。乡社合并是老早就有的。陆定一回去，马上就编了那本书。八大二次会议，我去讲了一个半工半读和生活集体化。后头要北京试验，要天津（泛指河北省，因为当时天津市属河北省，是河北的省会——作者注）试验。公社就是这样来的。事实上已经有了，他们叫大社。陆定一同志在八大二次会议发言里边讲了这个东西。

陆定一同志在八大二次会议发言的日期，是5月19日，题目叫《马克思主义是发展的》。18日晚，他在推敲经大会秘书处已经铅印好的发言稿时，在结尾的部分，新加了这样一段话：

毛主席和少奇同志谈到几十年以后我国的情景时，曾经这样说，那时我国的乡村中将是许多共产主义的公社。每个公社有自己的农业、工业，有大学、中学、小学，有医院，有科学研究机关，有商店和服务行业，有交通事业，有托儿所和公共食堂，有俱乐部，也有维持治安的民警，等等。若干乡村公社围绕着城市，又成为更大的共产主义公社。前人的"乌托邦"想法，将被实现，并将超过。我们的教育方针和其他教育事业，也将朝这个目标发展。

虽然陆定一同志这段话也包括少奇同志在火车上"吹"的那些内容，但主要是转述毛主席在广州向他们四位谈的内容。

政社合一是人民公社一个重要的特征。对此，少奇同志说："乡社合并是老早就有的。"他究竟指的是些什么事？不清楚。就现在看到的材料，他的话不是没有根据的。在合作化过程中，东北有些地方曾出现村政府和合作社合署办公，一个机构、两块牌子的现象。在浙江舟山群岛的蚂蚁岛，还正式出现过一个乡社合一的渔业生产合作社。1955年初，民政部曾把这些做法作为"以社代政"或"政权消亡论"的错误倾向加以批评。当时主管民政工作的副总理陈毅同志于1955年4月14日在全国第三次民政工作会议的讲话中，说民政部的批评是"文不对题"。中央同意陈毅同志意见，转发了陈毅同志讲话的全文。此外，1956年冬，陈伯达曾到福建莲塘乡搞乡村调查。1957年1月7日向党中央、毛主席写过一个报告，就农村工作提出过许多意见，其中，涉及农村基层经济政权组织的意见有两条：一、"可以把乡（或村）和社合在一起，使合作社成为真正的基层；乡（或村）中的行政工作，可以由一个合作社的副社长兼任，他不必脱离生产，也不拿专薪，或者只由政府给些少补贴"；二、"可以考虑把供销合作社和信用合作社合并到农业生产合作社，作为农业社的供销部和信用部"。中央批转了陈伯达的报告。虽在批语中指出：乡政权设在合作社一起和基层供销社、信用社并入农业社这两个问题，"因牵涉较广必须慎重考虑"，但并没有否定陈伯达的建议。另据胡乔木同志回忆：1958年2月、3月间，毛主席和陈伯达谈过一次话，说乡社合一，将来就是共产主义的雏形，什么都管，工农商学兵。

各地并起来的大社，初期叫法多种多样。在河南省有的叫集体农庄，有的叫农场，有的叫社会主义大院或社会主义大家庭。别的省情况也差不多。例如辽宁省盖平县花园坨乡由7个社、18 024户合并而成的一个大社称为"太阳升共产主义农场"。四川省成都市郊区第一批由24个农业社并起来的4个大社都称为"国营农场"。北京市顺义县400多个农业生产合作社合并而成的8个大社，分别叫"红旗""卫星""七一""火箭""东风""东方红""先锋"和"红星"合作农场。

6月间，一些地方出现了以"公社"命名的大社。……

公社这个名称，原出于欧洲中世纪，是当时西欧实行自治的城镇。大多数公社的特点是：其公民或市民宣誓互相保护或帮助。法国资产阶级大革命成功后，雅各宾派中的一些派别，曾主张在法国恢复公社制度。伟大的空想社会主义者罗伯特·欧文和他的学生们，于1824年至1828年在美洲购置土地，进行未来理想社会的试验，就把他们理想社会的基层组织叫作公社。欧文的公社是由2000人到3000人组成的工、农、商、学相结合的生产和消费单位。在公社内部，纯粹个人日用品以外的一切东西都变为公有财产。产品按需分配，每个人可在公社仓库领取必需的物品。

马克思、恩格斯的文献，也常把他们设想的共产主义社会的基层组织称为公社。19世纪中叶，在欧洲其他一些派别的共产主义者也使用公社这个概念，因此，共产主义也常称为公社主义。这里需要说明的是：1871年巴黎公社的革命者，把自己政权称为公社，并不是在共产主义的意义上，而只是在城市自治的传统意义上，使用公社这个概念的。因为巴黎公社革命者并不信仰共产主义，他们并没有接受马克思主义。十月革命后的苏俄，出现了三种形式的农业合作组织：农业公社、农业劳动组合、共耕社。1919年12月3日到10日，俄共（布）中央召开了第一次全俄农业公社和农业劳动组合代表大会。4日列宁在代表大会讲话称："农业公社是个很响亮的名称，是与共产主义这个概念有联系的。"

前已提到，陆定一同志在1958年4月底去广州的火车上，接受编辑《马克思、恩格斯、列宁、斯大林论共产主义社会》一书的任务后，回到北京即组织中央宣传部的同志全力突击，6月间初稿编成。收入初稿的第一条语录，就是恩格斯1845年2月8日《在爱北斐特的演说》中描绘共产主义社会概况的几段话。这条语录就有两个地方提到共产主义社会的基层组织叫作公社。这部书的编出，对毛主席最后决定把新合并起来的大社叫作人民公社起了不小的促进作用。因此，在后来的北戴河会议上，毛主席向与会同志一再推荐这本书。

7月1日，《红旗》第3期出版。上面有陈伯达的短文：《全新的社会，全新的人》，赞扬湖北省鄂城县旭光农业社"把一个合作社变成一个既有农业合作又有工业合作的基层单位实际上是农业和工业相结合的人民公社"。他借题发挥,透露了人民公社的名称。

后来在第一次郑州会议上,谈到人民公社的起源问题时,陈伯达也有一段回忆。他说:人民公社,我没有感性知识,主席要我们到天津(当时河北的省会)去,到天津后,跟安国、徐水、定县、正定几个县委的同志谈了一下。安国的同志说过这个问题:他们有5万亩洼地要搞成稻田。他们说,既然调了很多劳动力,大家协作,把洼地变成稻田,就不如搞一个大社。

......

嵖岈山卫星农业社,是1958年4月20日由嵖岈山附近27个高级农业生产合作社合并而成的。共6566户,30 113人。《红旗》杂志常任编辑李友九同志带着任务于当年7月17日到达这里时,已改名为卫星人民公社。据李友九8月8日给总编辑陈伯达的信称:"他们这里并大社,原来也只是为了并大一点,好搞建设。到郑州一汇报,谭震林同志和他们讲了一番'工、农、商、学、兵'办'公社'的道理,回来就叫成公社了。""公社这个名词群众还不习惯,有写成'共社'的,有写成'工社'的。"李友九随信给陈伯达寄去《嵖岈山卫星人民公社试行简章(第二次草稿)》一份,并说明这份简章是他和河南省委书记处书记史向生、省委农村工作部副部长崔光华、信阳地委书记路宪文,在这里"大汇合、大研究"之后写成的。陈伯达收到后,即将《简章》草稿的复制件和李友九的信转报毛主席。毛主席当即对《简章》作了修改,批示:"请各同志讨论,似可发各省、县参考。"1959年7月23日,毛主席在庐山会议讲话中说:"我在河南调查之后,叫河南同志跟红旗杂志合作,搞了一个卫星公社的章程,我得了那个东西,如获至宝。你说我小资产阶级狂热性,也有一点,不然我为什么如获至宝呢?"

7月16日出版的《红旗》第4期,刊载了陈伯达"七一"前夕在北京大学的讲演稿:《在毛泽东同志的旗帜下》。文章讲道:"毛泽东同志说,我们的方向,应该逐步地有次序地把'工(工业)、农(农业)、商(交换)、学(文化教育)、兵(民兵,即全民武装)',组织一个大公社,从而构成我国社会的基本单位。"这里透露的内容,较之陆定一同志在八大二次会议上的发言、谭震林同志在6省市农业协作会议结论中透露的内容更具体更鲜明了。

最先得到关于人民公社信息的河南省,7月间,在并大社的基础上,迅速掀起了人民公社化热潮。据8月13日河南省委向中央的电话汇报,全省已建立公社1463个,占计划数的52.42%。新乡地委8月10日向中央和省委汇报,已办起354个人民公社,平均每社5345户,其中:7月18日成立的修武县人民公社是一县一社,共29 193户。

8月4日、5日，毛主席视察徐水、安国。在徐水，他称赞"组织军事化、行动战斗化、生活集体化"，称赞农民上山炼铁，问粮食多了怎么办？可考虑让农民一天干半天活；另外半天搞文化，学科学，闹文化娱乐，办大学、中学。在安国提出：粮食多了，每人每年可吃六七百斤，土地实行轮作。这说明，此时毛主席的头脑里，已经在思考着粮食多了怎么办的问题。从安国回保定的汽车上，他问陪同视察的保定地委书记李悦农：是不是一乡一社，是不是搞万人公社？说在平原地区8000人搞一个公社不要紧，社里工农商学兵都有。要搞全民武装，给民兵发枪。还说，县也要并大一点，并到几十万人的大县。头少了好领导。还称赞河北省委提出的大地园田化的口号。毛主席走后，8月6日，中央农村工作部副部长陈正人同志到达徐水，传达了中央关于在徐水搞共产主义试点的指示。几天之内，全县248个农业生产合作社宣布转变为人民公社。8月22日，徐水县制定了《关于加速社会主义建设向共产主义迈进的规划（草案）》，规定1959年基本完成社会主义建设并开始向共产主义过渡，1963年进入共产主义社会。8月23日，《人民日报》发表长篇报道，宣称："徐水的人民公社将会在不远的时期，把社员们带向人类历史上最高的仙境，这就是'各尽所能，按需分配'的时光。"

8月6日下午4时20分，毛主席到达河南新乡县七里营公社。在公社办公室门口，看到公社牌子，他点点头说："人民公社名字好。"在视察公社棉田时，对陪同视察的河南省委第一书记吴芝圃同志说："吴书记，有希望啊！你们河南都像这样就好了。""有这样一个社，就会有好多这样的社。"

9日，毛主席到达山东。当山东省委书记处书记谭启龙、裴孟飞同志在汇报中提到历城县北园乡准备办大农场时，毛主席说："还是办人民公社好，它的好处是，可以把工、农、商、学、兵结合在一起，便于领导。"

毛主席视察三省的消息，特别是8月13日的报纸发表关于"还是办人民公社好"谈话的消息后，全国各地迅速掀起了办人民公社的热潮。[15]

对"人民公社好"的由来，李银桥回忆说：

人民公社也是在这种敢想、敢说、敢做的情况下产生出来的。我个人认为，它既是全国人民精神振奋，掀起社会主义建设高潮的产物，也是党内"左"倾错误思想进一步发展的产物。是一次悲壮的探索，为今天的社会主义建设提供了沉重的经验教训。

党的八届五中全会之后，我跟随毛泽东外出视察工作。在河北徐水，毛泽东在抗洪现场听取了县委书记张国忠的汇报。汇报中，张国忠谈到民兵以连队出现在抗洪抢险的第一线，这种军事化的形式很解决问题。

毛泽东听后频频点头，说："还是军事化好。"

以后，这成了一条经验。遇有特殊情况，特别是在抢险救灾等战斗中，民兵连总是出现在第一线。

离开河北徐水以后，到了河南省七里营。地方负责同志向毛泽东汇报了人民公社，说这是一件新生事物。毛泽东很感兴趣，频频点头说："好么，那好么。人民公社好。"

当时，有位记者在场，一直是跟在我们身边。他听到这句话，记下来了。谁也没料到，第二天就在《人民日报》头版头条上用大字标题登出了"人民公社好"。

毛泽东外出视察一般就住在专列上。他起床后的第一件事便是喝茶看报。那天他刚拿起报纸看，忽然失口喊道："哎呀，糟糕。捅出去了！事先没讨论呢，政治局还没有讨论呢……"

果然，"人民公社好"公开发表之后，有人提出这个问题，有反映。毛泽东在小范围内作了解释："这个话我是讲了，是我不慎重。也不能全怪记者。但是已经捅出去了，怎么办呢？"〔16〕

逄先知对人民公社的勃兴，有如下一段评述：

1958年夏，人民公社一出现，就引起毛泽东极大的兴趣和关注。这是因为，人民公社本是毛泽东想象中的农村乌托邦，他没有想到，他的乌托邦被陈伯达在北京大学讲了出来，这个讲话又被发表在由陈伯达任主编的党中央理论刊物《红旗》上（《红旗》是毛泽东提议创办并在他的再三督促下问世的），也就不胫而走，人民公社居然堂而皇之地成为当年中国农村的"新生事物"。〔17〕

在农村兴办人民公社的同时，国家经济体制上也发生了前所未有的大变动，中央向地方大规模放权。薄一波回忆说：

1958年2月18日，毛主席在中共中央举行的春节团拜会上说："今年是一个很大的生产高潮。以前没有解放，一部分上层建筑一些环节有错误、缺点，生产关系上不完善，因为整风，就改善了，改掉了，破坏了不好的，建立了比较好的，……这样，群众就高兴了。高兴了，就来了一个生产高潮。现在农村里头搞了几个月，城市里头也搞了几个月，现在正在大来！"他在讲到经济管理体制问题时说："中央集权太多了，是束缚生产力的。这就是上层建筑与经济基础的关系问题。我是历来主张'虚君共和'的，中央要办一些事，但是不要办多了，大批的事放在省、市去办，他们比我们办得好，要相信他们。""一个工业，一个农业（本来在地方），一个财，一个商，一个文教，都往下放。"地方只要"有原材料，你就可以开厂；有铁矿，有煤炭，就可以搞小型钢铁厂。化学肥料厂、机械厂，各省都可以搞。而且地方又有地方，它有专区，比较大的市镇，有县的工业。所以，有中央的工业，有省的工业，有专区的工业，有县的工业。这样就手脚多，大家的积极性多。单是我们北京这一个方面积极，人太少了"。毛主席的这番话，中心意思是打破中央和中央部门管得过多、统得过死的局面，以利调动地方各方面的积极性，以利因地制宜地发展经济，以利增强经济的活力，这在原则上无疑是必要的和正确的。遗憾的是，后来在实际做法中并未达到这样的目的，在改进经济管理体制的工作中出了不少违背客观规律的问题。

在春节团拜会的那天，《人民日报》还发表了由毛主席撰写的《反浪费反保守是当前整风运动的中心任务》的社论。社论里有这样两段话："在十五年赶上英国和苦战三年改变面貌的伟大号召的鼓舞下，群众不能不要求生产和工作的大跃进，不能不反浪费反保守。""要通过和结合反浪费反保守的斗争，彻底改进干部和群众的关系，提高全体职工群众的社会主义觉悟，打破那些妨碍生产力迅速发展的陈规，精简机构，改善生产管理和劳动组织，改进生产技术，降低生产费用，以便贯彻执行多快好省的方针，促进生产的大跃进。"

1958年一年内，中共中央和国务院召开了多次会议，中心议题都是经济工作和改进经济管理体制，并先后作出一批改进体制的决议、规定。这些会议和作出的决议、规定，基本精神是：加快经济的发展速度，加快和扩大管理权限下放的步伐，促进国民经济的"大跃进"。这里，我只记述几个重要规定的主要内容。

4月11日，中共中央和国务院发布《关于工业企业下放的几项规定》。提出："为了加快我国社会主义建设的速度，提早实现工业化，在工业管理体制方面决定作如下改变：国务院各主管工业部门，不论轻工业或者重工业部门，以及部分非工业部门所管理的企业，除开一些主要的、特殊的以及'试验田'性质的企业仍归中央继续管理以外，其余企业，原则上一律下放，归地方管理。"

6月2日，中共中央作出《关于企业、事业单位和技术力量下放的规定》。规定了下放企业、事业单位和技术力量的17条具体办法，主要是尽快更多地下放。如规定："轻工业部门所属各企业、事业单位除四个特殊纸厂和一个钢网厂外全部下放。重工业部门所属各企业、事业单位大部下放，下放的单位占全部的60%—70%。各工业部门下放的单位和产值，除军工外，均占全部的80%左右。"按照上述要求，中央部直接管理的1165个企事业单位，下放885个，下放比例为76%。其中，下放比例最高的是纺织部，全部下放；轻工业部次之，达96.2%；再次是化工部，达91%；机械部民用部分为81.7%；冶金部为

77.7%；煤炭部为74.1%；水利电力部为72.5%；其他部都在60%以上。《规定》还要求："下放企业、事业单位和技术力量的交接工作，应该一律于6月15日以前完成。"

在不到半个月的时间内，要求把中央各部门管理的近900个企事业单位下放到省、市、区，并完成交接工作，可见当时改进管理体制的决心是非常之大的。单从改变企事业单位隶属关系的手续来说，那是容易办到的。但是，要协调好人、财、物和产、供、销的关系，就需要做大量细致的工作，如不能理顺关系，就会产生中央部门和省、市、区之间的相互掣肘，给企业造成困难。为了解决这个矛盾，中央曾于1958年2月6日作出《关于召开地区性的协作会议的决定》，即在全国划分为东北、华北、华东、华南、华中、西南、西北7个协作区，分区"举行定期性的和不定期性的会议"，"使各省、市、自治区互通情报，交流经验，互相协作，彼此支援，调节矛盾，互相评比，以便在中央方针政策和统一规划的领导下，促进社会主义建设事业的共同发展"。6月1日，中央又作出《关于加强协作区工作的决定》，指出："为了适应社会主义建设事业发展的新形势，除了充分发挥中央各部、委和省、市、自治区的积极性以外，还必须充分发挥协作区的积极作用，以便根据我国幅员广大、资源丰富、人口众多的特点，进一步地在中央集中领导下，按照全面规划，逐步形成若干个具有比较完整的工业体系的经济区域，保证农业以较快的速度发展，巩固工农联盟。""不但对于财政经济工作要实行分级管理的制度，而且对于建设计划，特别是经济计划工作，还应当采取全面规划、分级平衡、点面结合、以点带面的方针。"决定成立7个协作区委员会，每年至少开4次会议；委员会下设经济计划办公厅，为办事机构，并接受国家计委和国家经委指导。6月10日，中央又发出《关于成立财经、政法、外事、科学、文教小组的通知》，规定这些小组直属中央政治局和书记处，负责领导各方面的工作。财经小组由12人组成，陈云同志为组长，李富春、薄一波、谭震林同志为副组长，李先念、黄克诚、邓子恢、聂荣臻、李雪峰、贾拓夫、王鹤寿、赵尔陆同志为组员。

协作区委员会成立后，虽然开过一些会议，但它是个协调机构，解决不了多少实际问题。中央财经小组成立后，面对企业迅猛下放的局势，也遇到一些棘手的问题。6月下旬，我到东北地区作调查，在大连看了20个工厂，将实地考察中发现的问题整理成书面材料，于7月9日上报毛主席和党中央。7月30日，中央将我的报告命题为《薄一波同志关于当前企业间生产协作问题的意见》，批转各省、市、区和中央各部委研究。我在报告中反映："由于工农业生产的大跃进和国营企业的大部分下放，以及地方企业产品产量猛烈地增长等原因，企业之间原有的产品协作关系，目前正处在以条条为主，转变为以块块为主的过渡时期。从今后发展趋势来看，这种转变是肯定的、必要的。原封不动地保持原有的协作关系将很困难，但是一下子打乱原有的协作关系也会妨害今年下半年和明年生产跃进计划的完满实现。"我提到的问题有："（1）有的由于本企业生产任务的增加和原材料供应的困难，对外协作拖延了交货期，妨害了对方生产计划的完成，这是比较多的现象；（2）有的不愿签订年初合同外的跃进部分的协作件；（3）有的不愿签订明年的协作合同。"我提出解决问题的方针是："在新的协作关系还没有建立起来之前，不打乱原有的协作关系，但应积极创造条件，逐步地过渡到以地区为主的协作关系。"还提出了9条具体办法，主要是要求各协作区和各省、市、区把组织协作的工作抓起来，要求企业维护原有的生产协作关系。除此而外，没有也不可能提出更有效的解决办法。

由于企业下放过猛，加之下半年开展的全民大办钢铁运动，不仅打乱了企业间原有的生产协作关系，而且出现了各地大上基本建设项目，大量增加职工，以及平调国营企业设备、材料的问题，从而导致计划失控，工业生产秩序混乱。尽管中央在作出下放企业决定的前后，也曾发出《关于改进物资分配体制问题的意见》《关于改进计划管理体制的决定》，要求加强全国和地区的平衡工作，生产资料必须按计划任务统一调拨；还发出《关于立即停止招收新职工和固定临时工的通知》等一些控制性的规定，但冲破计划、盲目大干快上的势头有增无减。

......

1959年7月2日，毛主席在庐山会议上分析了当时的经济形势和存在的问题，认为"大跃进的重要教训之一，主要缺点是没有综合平衡"。他在谈到体制问题时说："现在有些半无政府主义。'四权'过去下放多了一些、快了一些，造成混乱，应该强调一个统一领导，中央集权。下放的权力，要适当收回。对下放要适当控制，反对半无政府主义。"还说："过死不好，过活也不好。现在看来，不可过活。"[18]

1958年8月17日至30日，中央政治局在北戴河举行扩大会议。会议对实际生活中已经严重为害的浮夸和混乱现象，不仅没有作任何努力来加以纠正，反而正式加以支持。高估产造成农业大增产的假象。中央有关部门和许多地方的领导人对大跃进兴高采烈，对超乎寻常的大幅度增产的假象深信不疑，致使会议竟然预计1958年粮食产量可达6000亿—7000亿斤（1957年为3700亿斤），要求1959年达到8000亿—10 000亿斤。会议正式决定1958年钢产量要比1957年翻一番，达到1070万吨，1959年达到2700万—3000万吨。会议通过的第二个五年计划指标，比3个月前八大二次会议通过的，又普遍翻了一番。会议作出《关于在农村建立人民公社问题的决议》，认为这是"指导农民加速社会主义建设，提前建成社会主义并逐步过渡到共产主义所必须采取的基本方针"；规定人民公社实行政社合一、工农商学兵相结合的原则；强调公社目前还是采取集体所有制，不忙于改为全民所有制，但是快则三四年、慢则五六年或者更长一些时间就可以实现向全民所有制的过渡；并说"看来，共产主义在我国的实现，已经不是什么遥远将来的事情了"。这次会议把大跃进和人民公社化运动迅速推向高潮，以高指标、瞎指挥、浮夸风、"共产风"为主要标志的"左"倾错误严重地泛滥开来。

1958年要达到1070万吨的指标，是毛泽东在北戴河会议前和会议中直接抓的情况下定下来的。在这次会议讲话中毛泽东说：6月间，我问王鹤寿，钢是否可能翻一番？问题是我提出的，实现不了，我要作检讨。1980年薄一波曾回忆了这件事的过程：

1958年6月、7月间毛主席对我说：现在农业已经有办法了，办法就是"以粮为纲，全面发展"。我现在就是要拿农业来压工业，农业问题解决了，你们工业怎么办？毛主席的意思，是要我把1957年提出的赶上英国的最高年产量2200万吨的口号具体化。我没有多加思考，就回答：那工业就是"以钢为纲"，带动一切吧。毛主席说：对，很对！就按照这个办。于是就把这个口号拿出来了。今天检查，这个口号不对头，我有责任。

……

有几位地方上的负责人极力主张（钢铁）翻番。毛主席很高兴。我心里不踏实，怕完不成，就向毛主席建议把"1070"写到公报上。毛主席赞成。当时我就通知起草公报的胡乔木同志，说毛主席说了，把"1070"写到公报上。我的意思是，大家都这样主张，就得大家负责任，写到公报上有"将军"之意。事实证明，我的这个建议是错误的。[19]

北戴河会议采纳毛泽东的建议，决定以1070万吨钢作为当年目标时，时间已过8个月，而钢只生产出400万吨，要在后4个月完成700万吨极为困难。鉴于这种情况，毛泽东在会上也发出了"夕阳无限好，只是近黄昏"的感叹。但他最后还是定下了1958年生产1070万吨钢的决心，认为这是关系全国人民利益的大事。为了保证完成钢的指标，他在提出其他措施之外，还规定了一条纪律：对完不成任务的人，不拼命干、搞分散主义的人，一警告，二记过，三撤职留任，四撤职，五留党察看，六开除党籍。

谢春涛在《大跃进狂澜》一书中认为，在北戴河会议上，毛泽东还提出了一些有重大影响的"左"的观点（会议予以肯定）：

在人民公社问题上，会议提出了取消"资本主义残余"等错误观点。毛泽东在讲话中指出，人民公社的社会主义因素比合作社多，要逐步取消自留地和私养牲畜等资本主义残余，搞公共食堂、托儿所、缝纫组，实行工资制度。他还认为，吃饭不要钱，穿衣不要钱，就是共产主义。这种认识，完全是空想的共产主义。它不但导致了人民公社化运动中对社员自留地等的取消，影响了他们的生活，而且，更为严重的是，还直接导致了"共产风"的泛滥，公共食堂等的大办，使各地纷纷大搞庸俗的、空想的"共产主义"，降低了共产主义在人们心目中的标准，严重挫伤了广大群众的社会主义积极性。

在分配制度方面，会议错误地把工资制称为"资产阶级法权"，表示要予以破除。毛泽东说，实行供给制，这是马克思主义的作风。二万五千里长征、土地革命、解放战争，不是靠发薪水取得胜利的，而是靠政治挂帅、靠供给制取得胜利的。他认为，新中国成立后由供给制改为工资制，是受资产阶级影响，是一个倒退。它助长了人们的资本主义思想，如争等级、争待遇等。他指出，这是资产阶级法权，应该加以批判和破除。要经过几年准备，逐步取消工资制，恢复供给制。这里，毛泽东明确表现了他对军事共产主义的欣赏，以及对于马克思所说的"资产阶级权利"的误解。他把按劳分配原则中体现的、只能在共产主义社会实行按需分配原则时取消的"资产阶级权利"，认为在社会主义阶段就应取消、破除，企图把在革命战争年代起过积极作用的军事共产主义的做法搬到和平建设的年代来实行。这一思想认识，无疑是错误的。它不但导致了我国几十年来在分配制度方面平均主义、"吃大锅饭"等错误做法，而且，也成了毛泽东日后发动、领导"文化大革命"的一个重要的思想理论根源。

在人口问题上，会议提出了"人多是好事"的观点。认为，现在我国不是人多，而是人少；人多是一件好事，在我国不存在人口太多、粮食不够吃的问题。由于这一错误认识，1958年对马寅初提出的应控制人口增长的正确主张进行了错误的批判，忽视了对于控制人口增长政策的制定，直接引起了50年代末、特别是60年代初我国人口的骤增，给我国国民经济的发展和人民生活水平的提高，造成了沉重压力和负担。

在法制问题上，会议也提出了十分有害的观点。认为，由于群众的共产主义觉悟大大提高，党的决议和政策就基本可以维持社会秩序，而不需要民法和刑法一类法律。基于这一认识，1959年召开的二届人大一次会议撤销了司法部，人大常委会也撤销了法制局。此后，一直强调人治，忽视重视法治。[20]

北戴河会议后，毛泽东又外出视察。李银桥回忆了视察中的一些情景：

北戴河会议后，我又跟随毛泽东外出视察，专列驶入河南省。可以看出，北戴河会议虽然有了决议，毛泽东对形势并不是很放心。毕竟是在探索道路，他总有些担心。

专列停在郑州，毛泽东听取河南省委书记和中央办公厅下放干部工作团领导的汇报后，对大跃进和人民公社怎么也放不下心，反复问："有什么问题没有？不要只说成绩，我想知道有什么问题没有？"

问过七八遍，没有反映问题，只是说好。毛泽东提出召开一个座谈会，要和基层的同志直接谈谈。于是，叶子龙去荥阳，把正在田野里弄土高炉大炼钢铁的十几名工作队员用火车接到郑州来。这些同志一身煤黑和矿灰，洗也没洗就上了专列。毛泽东、谭震林、廖鲁言等同志在专列会客室里同这些来自第一线的工作队员开了座谈会。

大家仍然是一片声地说好。也不是报喜不报忧，只是大多数人当时为革命激情所促使，很少能冷静地想问题。

毛泽东扭头发现了中南海摄影组的胡秀云，便盯着她认真问："小胡，你说说，有什么问题没有？"

胡秀云说："反正我看妇女挺高兴的。原来围着锅台转，现在吃大食堂，解放了。"

毛泽东笑着又问："你是不是吹牛呢？大锅菜炒出来就是不如小锅菜炒出来香么。"

工作队员们都愣住了。当时全国的形势像一锅沸腾的开水，毛泽东说的这句话如果换成别的人说，无疑是泼凉水的行为，会挨批，会戴"右倾"帽子的。

胡秀云大概是受了什么鼓励，忽然冒出一句："我就是纳闷，怎么晚上亩产还是400斤，到早晨就成1000斤了？有些干部一个比一个能吹。"

许多人脸色都变了。只有毛泽东仍是一脸微笑，扭头望望河南省委书记吴芝圃，又望望谭震林和廖鲁言："你们到底是放卫星啊还是在放大炮？"

没有谁正面回答这句提问，都有些尴尬。幸亏有人拿了大食堂做的面包请毛泽东和中央领导同志们品尝，才消除了尴尬气氛。

面包是用白面玉米面混合起来烤制的，大家都说不错。拿面包来的同志说："社员们就是吃这种面包。"

对于大食堂，毛泽东一方面认为是新生事物而加以支持；另一方面又始终不放心，走到哪里总要问问，想知道真实情况。我跟随毛泽东来到武汉后，有一位党的负责同志提出大办食堂的好处，汇报了一些优越性。毛泽东听后很感兴趣，叫他们把食堂问题写个材料拿来看看。据说这位负责同志马上叫湖北省委一位副秘书长执笔写了。材料送来，毛泽东阅后批了，发下去了。[21]

李银桥还回忆了毛泽东与李达争论的经过：

毛泽东的活动安排，接见什么人，一般是由叶子龙及高智和罗光禄两位机要秘书负责安排。李达曾求见主席，毛泽东接见他几次，做过几次较长时间的谈话。

毛泽东与人谈话，不喜欢听面面俱到没有特色的长篇汇报，不喜欢汇报者罗列材料。他要求汇报者要善于动脑筋想问题。

毛泽东喜欢个别交谈，以便交心谈心。在武汉，他喜欢和王任重同志谈心，认为他有朝气，能深入群众；也愿意和李达谈心，和李达主要是谈哲学。

李达是湖南零陵人，号鹤鸣。他比毛泽东大6岁，是马克思主义哲学家，中国共产党的创始人之一；当时任武汉大学校长。

李达对毛泽东很敬仰，每次见到毛泽东都显得很激动，眼里闪着兴奋喜悦的波光，不像一个年近七十的老人。毛泽东对李达这样的老同志也是很尊重，谈话时既严肃又亲切。

毛泽东一生手不释卷，博览群书。像朱德、陈毅的诗词，郭沫若、李达的文章，他都注意看，并谈出意见。他让王任重请李达到东湖宾馆见面，谈文章，谈哲学。

1958年，毛泽东特别强调解放思想，鼓励人们有所发现、有所发明、有所创造。他与李达谈话是畅所欲言的，从来不掩饰自己的观点和想法。同李达谈文章时，他曾坦率地说："我们年纪都大了，你比我还要大6岁。人老了思想不能老。你现在写的东西就不如过去写的有生气了。你那个《辩证唯物主义和历史唯物主义》尽是抄书本上老生常谈的东西，没什么创造性，缺少自己的新见解。"

李达感谢主席关心他的工作和文章，说保持革命热情确实很重要，特别是对于老人。

毛泽东又说了不满意自己过去写的文章。他特别赞赏"活到老，学到老"的精神，他说他还要重新写一些文章，特别是为青年写一些文章。

在一次谈心中，毛泽东说到他在成都会议上提出的"头脑要热又要冷"的话，说对于群众的革命热情一定要爱护，要保护。但是领导干部一定"要热又要冷"，光热不冷会出乱子。由此谈下去便谈到了哲学上。

李达说武汉大学的学生搞党史调查时，看到一些口号，不符合唯物主义的观点。他举了一些例子。大意是：只有想不到的事，没有做不到的事。

实际生活中，毛泽东是不全同意这种说法的。比如在天津新立村，人家汇报亩产10万斤，他就摇头说靠不住。在湖北，王任重同志也向主席汇报过类似情况。毛泽东问王任重："有什么新闻吗？"王任重说："朋兴乡有一块试验田，亩产水稻上万斤。"毛泽东摇头说："我不信。"王任重说："王部长亲自来验收的。"他说的是省农村工作部长。毛泽东还是摇头说："靠不住，谁验收也靠不住。除非派军队站岗放哨，单收单打，看住人不往里掺假才能算数。"

但是，在讨论问题时，毛泽东是不愿意有人否定群众敢想、敢说、敢干的革命热情和积极性的。他不慌不忙说："这个口号同世间一切事物一样，也有两重性。一重性是讲发挥人的主观能动性，这是有道理的。另一重性，如果说想到的事就能做到，甚至马上就能做到，那就不科学了。"

李达认为这个口号在现在不能谈两重性；谈两重性，在现在的形势下就等于肯定这个口号。

毛泽东与列宁一样，是喜欢争论问题的，他问："肯定怎么样？否定又会怎么样？"

两位老人就肯定、否定争论起来。争论中，毛泽东举了红军长征的例子，说明精神力量的作用，讲了红军就是依靠这种精神力量克服了按常理无法克服的困难，终于夺取了胜利；也举了各种发明创造，就是因为有了"敢想"，想飞就终于发明了飞机，想日行千里就发明了汽车火车。

李达坚持说，肯定这个口号就是认为人的主观能动性是无限大，就是错误。人的主观能动性的发挥离不开一定的条件。一个人要拼命，"以一当十"可以，最后总有个限制、终有寡不敌众的时候。"一夫当关，万夫莫开"是要有地形做条件，人的主观能动性不是无限大的。

争论到后来，有些激烈，和普通人一样，是就问题论问题的争论激烈，并不是对着人来。

李达说："现在人们不是胆子太小，而是太大了，头脑发烧。主席脑子发热一点，下面就会不得了，就会烧到40摄氏度、41摄氏度、42摄氏度！这样中国就会遭难。主席信不信？"

人在争论中是不好控制情绪的，毛泽东虽然激动，但是还是控制住自己了，停了停，缓和语气说："还是我在成都会议说过的那句话，头脑要热又要冷。"

送走李达后，毛泽东在屋里踱步吸烟，又坐在沙发里喝茶默想。

后来，他讲了这样意思的话："孔子说过，六十而耳顺。我今年65岁，但还不够耳顺。听了鹤鸣兄的话很逆耳，以后我要同他多谈谈。"

毛泽东多次与李达谈话，还请他吃过饭。

后来，毛泽东在湖北农村视察中，有人汇报"挑灯夜战"，说是劳民伤财，夜里干了，白天就没劲了。

毛泽东也是冷静地说了要"有张有弛，劳逸适度"的话，要求领导干部既要爱护、保护群众的热情，又要积极引导讲科学，适当降降温。[22]

毛泽东一方面为"大跃进"中人民群众焕发出来的冲天干劲所鼓舞，另一方面也对各方面来的汇报、报道有所警觉。

李银桥回忆说：

在全国掀起大跃进的高潮后，毛泽东也有一定的警惕，注意了不要热昏头脑。就我所见，毛泽东在鼓励群众破除迷信，解放思想，敢想、敢说、敢干的同时，也适当地泼过一点冷水。但是，从总的指导思想上来看，他还是有些急于求成的。他的思想影响了党内许多同志，过度高涨的热情也反过来影响着他。

1958年8月13日，毛泽东去天津新立村参观稻田。有关领导同志和社领导汇报说，亩产10万斤。

毛泽东摇头撇嘴，表示不相信。他说："不可能的事。"他指着一位领导同志说："你没种过地。这不是放卫星，这是放大炮。"

新立村的同志用电灯为水稻照明，用鼓风机朝水稻里吹风，说就是亩产10万斤。毛泽东摇头，说："吹牛，靠不住！我是种过地的。亩产10万斤？堆也堆不起来么！"

有些同志为了证明亩产10万斤，让小孩子往水稻上站。毛泽东仍然摇头，说："娃娃，不要上去。站得越高，跌得越重哩。"

可是，报纸上还是登出了亩产突破10万斤大关的消息。有些人是很敢说敢吹的。有人敢写亩产突破2万斤大关，马上就有人写出突破5万斤大关的消息。报纸上一宣传，下面的浮夸风就更加严重，接着就出现了突破10万斤大关的消息。现在听来像笑话，那时就愣有人热衷此事。[23]

视察大江南北

北戴河会议开完10天左右，毛泽东让张治中随他一起视察湖北、安徽、江苏、浙江、上海等地。张治中的秘书余湛邦对这次视察有生动的回忆：

在1958年8月下旬北戴河会议期间，有一天，毛泽东请张治中全家到他的住处吃饭、谈话、看电影。分手时张对毛说："过两天我要回北京去了，主席有何吩咐？"毛说："不忙，我还有话和你说，稍等一等。"

可是，1天、2天、3天、10多天过去了，毫无消息，张老和我都感到纳闷，又不好问。直到9月上旬，毛泽东才请张治中去说："我想到外地视察去，你可愿意同行？"张喜出望外地答："那太好了，能够有这个难得的机会！"毛主席说："我今年月月都有会议，这次北戴河又开了半个月紧张的会，有点累了。我这次出去要好好地休息几天，什么公事也不谈，什么文件也不看。"毛主席接着说："我还打算到长江、钱塘江游泳，你能不能参加？"张说："我不会游，只能在海上带着汽圈泡一泡，还得有人跟着。"毛幽默地说："那你做个'观潮派'吧。"说着两人哈哈大笑起来。

张治中回到住处，把事情告诉我："这回你要好好准备。我每天紧跟在毛主席身边，你利用速记把他讲的话每句都记下，并留意环境和采访群众，到晚上我们把材料凑在一起，就可以成为一篇宝贵的日记。"

9月10日上午8时，毛泽东、张治中分坐两机由北京飞武汉，11时40分到达。是日晴空万里，天气特佳。一下飞机，张治中就关怀地问毛泽东："您昨晚恐怕又没睡觉吧？"毛主席回答："昨晚开了五个会，今天清晨又接见新疆参观团，没有睡。"张说："那您好好地先睡一觉吧。"毛主席说："不，天气热，我们马上到长江去。"说着就登车。张和曾希圣、王任重同车随行。他们在船上吃中饭，中饭很简单：一碟炒青菜，一碟肉片黄瓜，一碟炒小鸡，一碗冬瓜汤。张、曾、王和毛主席夫妇共5人用餐。饭后，毛主席忙着要下江游泳，他笑着问张和曾："你们可下水？"张、曾同声抱歉地说："不能奉陪了。"毛说："好吧，你们都当'观潮派'吧！"

毛主席非常注意锻炼身体，尤其是爱好游泳，这是大家熟知的。当船驶到长江大桥附近，毛主席就沿着船上扶梯下水，先埋头水中三四次，让水浸漫全身，然后两手撒向后方，两脚一蹬，用仰泳的姿态出发。跟着，陪游的同志纷纷下水。毛主席游得非常自然轻松，时而仰泳，时而侧泳，但仰泳的时候较多，有时还潜到水里再钻出来，连潜几次又仰身水面。仰泳时动作很柔和，两手像一双小桨般在水里慢慢荡着，双脚轻轻踢水。有时交手胸前只动动腿，有时又只动动两手，两脚不动，脚尖还露出水面……他仰面放目，悠然地欣赏着广阔的天空，正如他的《水调歌头·游泳》中所写："胜似闲庭信步"，"极目楚天舒"。从大桥顺流而下，游了有六七里地，毛主席才余兴未尽地慢慢游向船来，上船时，红光满脸，精神焕发。张治中对毛主席说："下午没有什么活动，可以睡觉了吧？"毛笑着说："我游泳了就算是睡了觉了。"

从9月10日至15日，毛主席6天内在长江游了6次。15日那一天，他畅游长江后，傍晚又到东湖游泳，游兴真高呀！

当时，国家一级游泳运动员赵锦清、陈鄂屏、陈廷兰正和我们住在一起，毛主席会见了他们并指示："要走出游泳池。在江河游泳有逆流，可以锻炼意志和勇敢。"还提出："全国江河这样多，能不能都利用起来游泳呢？全国6亿人口，能不能有3亿人都来游泳呢？"

15日，我们坐江峡轮离武汉，16日到达安徽的安庆江面。当时，正刮着六级大风，江上波涛汹涌，水流像射箭般往前直蹿，水面上浮着一些草根木片，一眨眼就漂过去了。毛主席说要下江游泳。张治中关怀地说："今天风浪这样大，不要游了吧？"毛主席说："试试看。"说着就下江去了。我们眼看着他老人家和险恶风浪搏斗了将近20分钟，感到既不放心，又由衷敬佩，不禁想起他老人家的话："长江，别人都说很大，其实大并不可怕。世界上有些大的东西，其实并不可怕！"

还是在武汉，中共湖北省委组织了一个舞会，毛泽东对张治中说："今晚大家跳舞去。"张说："我不会。"毛主席笑了一笑说："看来你的文化程度很低，连舞都不会跳！"晚上，张还是去了，开始是观舞，后来江青请张跳，张情不可却，跳了。休息时毛主席对张治中说："你也下海了，可见你的文化程度有所提高了。"张说："我跳舞是三不管：不管音乐，不管舞伴，不管步子。"江青说："你不是跳得挺好嘛！"

毛泽东无论走到哪里都能和群众打成一片，到了工厂，主动和工人握手；到了地里，和农民谈得挺欢；住在宾馆招待所，和服务人员招呼握手；到了饭馆，和厨师、服务员问短问长。人家递他一杯茶、一条手巾，必随声道谢。离开住处时，他常和全体职工拍照，临别必说："谢谢你们的服务。"到了芜湖，招待所在山上，饭厅在山腰，他不要服务员送饭送菜，自己跑到饭厅，同大家一道吃。他常常还邀上三两位职工，边吃边谈，了解情况和问题。

由马鞍山去南京火车上，江苏省委书记江渭清来迎接。刚坐定，毛泽东就笑问江书记："你借文白先生的3000元到底还了没有？"大家觉得很奇怪。原来，张治中在抗战期间任湖南省主席，江当时是青年，写信给张，说我是共产党人，要抗日打游击，没钱，请你资助。张一想：此人真有胆识，而且对我如此信任，就批给他3000元。这一经过是毛从张治中谈话中听到的。

当时在座的，还有罗瑞卿、曾希圣等。毛指着张治中问大家："你们可知道他为什么字文白？"大家说不知道。毛说："他青年时当过警察，取字警魄。后来警察不当了，警魄的字也不用了，遂从警字中取一'文'字，魄字中取一'白'字，故字'文白'，看来他还是个简化汉字的创始人呢！"大家听了都笑了。

毛主席到了杭州，浙江党政领导人来见。毛为张一一介绍，第一位是书记江华，毛说："他不姓江。原名黄春浦，江华是干革命时取的。"介绍书记霍士廉时他说："是霍去病的霍，霍去病在汉代名声功劳最大，不幸27岁上就死了。霍书记大概是霍去病的后裔吧？"介绍到副省长吴宪时他说："此人口气真大，口衔天宪！"大家听了都笑了。

9月19日凌晨，在合肥，我正在酣睡。砰！砰！砰！一阵急促的打门声把我惊醒，来人说是要我亲收文件。开灯一看，原来是毛主席送给张治中的文件，封面亲署"凌晨4时"字样。我不敢迟延，立即把张老唤醒，让他亲拆。像这样的事，我在北京已经碰到过多次了。

毛主席习惯在夜里工作，我是早听说过的，到这次一起出来，愈加证实这种情况。原来，他老人家日里活动频繁，到深夜12时才开始审阅文件、开会、研究问题。

9月21日，由南京坐火车经上海去杭州。在南京经过一整天的紧张活动，张治中在11时就睡了。睡梦正酣，叶子龙同志来说："主席有请。"张忙披衣到主席座车上去。毛问张："你大概是夜梦初醒吧？"张说："刚睡不久。"一看手表，快凌晨1时了。原来，毛主席利用经上海之便，要视察上钢一厂。

第二天到杭州前，张治中对毛主席说："您经年累月没有很好休息，这次到杭州多休息几个星期吧。"毛说："看情况吧。我只要睡三天就可以恢复过来，最多5天。"最后还笑着说："这几天怎样活动，你自己安排，我们暂时'分道扬镳'吧。"可是事后，张治中问叶子龙、徐光禄同志，才知道他老人家还是每天睡四五个小时，只有两天睡到6个小时，每天审阅的文件，并不比在北京时少。

夜晚，是万物休息的宝贵时刻；睡眠，是人们紧张劳动后的必要休整。当夜幕低垂、万籁俱寂的时候，人们正在酣睡，但是毛主席却在紧张地工作。每当我凌晨收到他老人家给张老的信件、文件时，常常禁不住心潮起伏，热泪盈眶。他老人家是为了8亿人民睡得更好，自己才彻夜不眠的呀！

毛主席在某次最高国务会议上提出，每个国家干部原则上每年都要到下面走走，多作些实际调查研究。他老人家在这方面率先实行。

光是1958年，毛主席外出就有六七次，先后召开南宁会议、成都会议、武昌会议，8月到了河北、河南、山东视察，举行北戴河会议，这次又视察湖北、安徽、南京、上海、杭州，还要计划去陕西、甘肃、青海、宁夏、云南、贵州等省，真是马不停蹄，人不离甲。

9月20日，由安徽去南京途中，江渭清书记汇报工作，张治中、罗瑞卿、曾希圣在座。毛主席提到军队改革问题时说："当官不当兵，不到连上来，怎能知道兵的情形、基层的情形？怎能指挥他们？"

到南京，正好军区开代表大会，许世友司令员等出迎。毛主席问："你们对于各级军官每年下连当兵看法怎样？"许世友答："我们一定这样办。"毛又问："你们正在开会，好不好对此作出决议？"许答："当然可以，我们也正准备这样做。"

这次视察，主要是到工厂、矿山、农村、学校、部队，为的是多多与人民群众接近，深入了解地方情况，群众越多的地方越要去。9月15日，毛主席视察安庆第一中学，校址小，学生多，颇为拥挤。列队迎候时，人们集中在左侧的路上，人多秩序较差，校领导人请毛主席从右侧的路先到校本部，主席指指左边说："不，应该从左边走！"

21日经上海，晚饭时毛主席边吃边听汇报，对血吸虫的防治问题问得很详细。最后他指示："这种病对人民群众的危害非常大，一定要从根本消灭它。如果有1000万人患了，就有9000万人受到威胁，如同我们现在10人一桌吃饭，其中1人得病，其余9人也会受到威胁一样！"

毛主席视察工厂、农村时，工人、农民都在进行生产。他们看到毛主席来了，惊喜若狂，争着把一双双沾满油渍、泥土的手伸过来。毛主席毫不在乎，热情地和大家握手。由武汉坐船去安庆，中饭后他就应江峡、航川两船职工的要求，在甲板上合影留念。离开黄石市时，因为天气不好，需要立即上船赶路，他老人家已走出门口，但一听说群众请求合影留念，马上停下来，从容地照了相才上船。

在武汉时，有一天，王任重请毛主席、张治中到著名豆皮店"老通成"吃小吃。刚一进门，服务员、厨师、干部都拥上来招呼。毛主席和他们一一握手问好。坐下，服务员送上脸巾，毛主席接过时说："谢谢。"饭后上车时又举手向大家说："谢谢大家的服务。"

到芜湖，适逢雨天。毛主席不要服务员送饭送菜，步行下山到饭厅和大家共餐，还请来两位工勤同志一道吃，边吃边谈，了解一些情况。饭厅中间小桌上摆了一个大饭桶，每人面前放了一个空碗。服务员跑过来要为主席盛饭，主席不肯，自己端着碗到饭桶去盛，盛了大半碗。张治中接着也自己盛，却盛了个满碗，鼓得高高的。毛主席对大家说："你们看他盛的。"曾希圣说："真像个窝窝头。"毛主席要来了一小碟盐腌生辣椒，尝了尝说："很好，大家来尝尝。"张说："我怕辣，不敢吃。"主席说："我见了辣椒就想吃。"

9月12日在武汉，刚好武汉军区召开党代表大会，毛主席接见党代表后，坐车到大操场和大家照相。张治中对同车的曾希圣说："这是党代表大会，我不是党员，不必参加了吧？"曾希圣也说："我也不准备参加。"可是汽车停下来后，看到毛主席站在那里等候。陈再道司令员和叶子龙跑到张、曾面前说："主席等你们一起照相呢。"张、曾赶快走到主席面前，张说："我不要照了吧？"主席说："为什么？1956年八大时我们不是邀请了许多党外朋友参加了照相吗？"张治中一想，觉得也对，他当时不但参加了，照相了，而且还作了书面发言。陈司令员补上一句："你是国防委员会的副主席呀！"张就只有"恭敬不如从命"了。

毛主席十分好学。9月10日从北京上飞机时，张治中就留心看到毛主席的两箱书被搬上了飞机。一路上，毛主席还沿线借书，到了合肥，毛主席就向省上借来《安徽省志》、朱熹注的《楚辞》，还向张治中介绍说："这是好书，我介绍你有空看看。"

毛主席有手不释卷的习惯，白天看，深夜看，住下来看，在车上也看。有一回，毛主席在专列上聚精会神地看书，连张治中走进来都没察觉。张站在毛主席身后问："您这样聚精会神地看，是什么书？"毛主席说："这是有关炼钢铁的书。"张说："连这种技术性的书您也要看吗？"主席回答："是呀！人的知识面要宽些，你是人大代表，也该看。"

毛主席读的书很广泛，历史、地理、哲学、文学、艺术、工业、农业……总之，自然科学、社会科学、应用科学，只要是有关阶级斗争、生产斗争、科学实验的，古今中外，三教九流，无所不看。这次在紧张的视察中，他每天仍然抽时间来学英文。

9月13日，毛主席视察武钢，先由韩宁夫副总经理简要汇报基本情况和一号高炉的构造产量。毛主席不断地提问题，有些韩副总经理回答了，有些一时还回答不上来。韩笑着说："主席如再深入地问下去，我更答不上来了。"这话引起大家的笑声。

在武汉时，长江流域规划委员会办公室主任林一山向毛主席汇报长江三峡的工程规划，谈到许多有关的科学技术问题。当时在座的有张治中、王任重等，毛主席听得津津有味，但生怕张、王听不懂，常常回过头来加以解说。

毛主席不但好学渊博，而且也谦虚踏实。在参观武汉大学化学系师生办的许多小型工厂时，毛主席一个一个看，一样一样问。他看到一个牌子上写满了30多个工厂的名字，就一个个念下去，念到"活性氧化铝厂"，就问站在一旁的学生："为什么叫活性？"那个学生作了解释。他老人家听了后笑着说："你讲了这些，我还是不懂。"他到了硅胶厂，看到有防潮硅胶、吸附硅胶，就问："什么叫防潮和吸附？"一位同学也作了解释。毛主席说："你们的化学反正我搞不清楚。"这不是客气，而是谦虚踏实。

毛主席体魄十分康健，精力十分充沛，这是怎样得来的？张治中和我根据20天来沿途的观察，认为除了他对中国人民解放事业和对世界无产阶级解放事业的坚定信心和自小注意身体锻炼之外，还发现他生活上有一些特点。

第一，他老人家对日常生活安排得好，工作、学习、锻炼、娱乐、休息、营养等都尽量照顾到，而且随具体情况不同而适当调整，既多样，又不呆板，又能行得通。上述六种活动中，有重心，有配合。重心是工作和学习。工作包括处理国内外大事、开会、视察、参观、访问、接见、谈话、检查工作等，是生活的主体。锻炼是自小养成的习惯。毛泽东小时在家门口的池塘游，长大后在湘江、长江、邑江、钱塘江游，这次视察中七游长江，号召全国人民参加游泳，利用全国江河。在视察紧张进行中，娱乐不断，主席对戏剧、歌舞、音乐、电影、相声、杂耍，具有广泛浓厚的兴趣。在这次视察中，汉戏《打鸟》看了两次，对庐剧《牛郎织女笑开颜》十分欣赏；在武汉听相声，听到说诸葛亮不管春夏秋冬、天冷天热、在家出外，手里都拿着一把羽扇，乐得忍俊不禁。在休息中，他老人家的消极性休息——睡眠很少，但对积极性休息——包括游泳、娱乐、看书等则时间甚多。

第二个突出因素是生活丰富多彩，既多样，又统一。在锻炼中，游泳、体操、冷水浴、爬山、跑步、散步，样样都爱。在娱乐中，戏曲、音乐、歌舞、电影、相声、杂耍，无一不喜欢。在学习中，更是涉猎广博，古今中外，三教九流，无所不晓。谈起话来，上下几千年，纵横千万里……总之，他老人家是那样地热爱生活，热爱工作，热爱人民。生活如此丰富多彩，对身体和精神当然起到良好的作用。

第三个突出因素是吃得简单，摒弃甘脆肥浓，更不要山珍海味。在新中国成立前的战争生活中，吃的简单艰苦不用说，就是新中国成立以后，仍然维持艰苦朴素的作风，经常以麦片、挂面为主食，炒青菜连根下锅，偶尔吃一碗红烧肉，就看作特别滋补。这次视察中的第一天，毛主席和他人在长江船上吃中饭，如上文所说的，5个人总共吃一碟炒青菜、一碟肉片黄瓜、一碟炒小鸡、一碗冬瓜汤。他在武昌住下来时，早餐有时是油条面包，中饭有时一小碟青菜、一小碟香肠。张治中看见了关心地问："主席吃得这么简单？"他老人家却说："吃得很够了嘛，很舒服嘛！"

此外，毛主席日常生活中还有两个特点：一是穿得朴素，一是住得随便。战争时期，毛主席穿的和战士一样，衣服常有补丁，后来添了一件老羊皮袄。灰布上衣已经洗到发白，脚上穿的是粗布白袜和黑布鞋。新中国成立以后改善了些，但他还是维持过去艰苦朴素的作风。这次外出视察，他穿的那一套服装就是大家惯见的灰呢中山服。在黄石港游泳后上船，他换穿了一件旧浴衣，向岸上群众挥手致意。张治中站在主席后右侧，发觉了几处补丁，便问主席警卫员："主席穿的浴衣是什么时候买的？"警卫说："我在延安时就看他穿过了！"

毛主席谈笑风生，既幽默又风趣，在大家谈问题时偶然插入三五句，就使得气氛活跃，满座生春。

有一回，大家谈到工作时要尊重群众习俗。毛主席插话说："两个山东人为了意见不合，大抬其杠，乃至动武，正打得不可开交，来了一个过路人，手上提着一大捆雪白的大葱。这两人马上停了手，迎着过路人走去。"在座的人问："为什么？"主席说："原来他们是山东人，酷好吃大葱，兴趣比打架还要大。"引得大家都笑了。

在武汉时，有一天，武钢公司党委书记兼总经理李一清和长江流域委员会办公室主任林一山向毛主席汇报工作。李书记汇报完毕，时间已经不早，天气又很闷热，毛对林说："你谈的是长江的事，我们到长江去谈吧。"马上转到船上，谈完了毛主席就下江游泳，跟着到"老通成"吃晚饭。一进店门毛就对王任重说："你们可不要告诉人说我到'老通成'来吃豆皮，不然别的馆子会贴我的大字报，说我偏心了！"当服务员端馒头来时，毛主席又说了一个陕北的笑话："一位名法学家是南方人，吃惯了大米。他后来到陕北来工作，也入了党。陕北不产大米，我们让他吃小米和馒头，他很不高兴地说：'我进了党连饭都没的吃了！'"引得大家大笑。

在合肥参观农具改良展览会时，看到一具"二龙戏珠运土器"，曾希圣说："这是我们几个负责人搞的。"毛主席看了表演后，感到满意说："你们也有发明权呢！"毛主席看了安徽许多轻工业品，比上海不差，尤其金笔，比上海产的还要好，就说："看来你们有一支侦察队，把别人的好东西都偷来了，你们是存心要抢上海的生意吧？"参观时，一位女解说员谈得头头是道，很详细。毛说："噢！你倒很有研究，知道得那么多！"毛主席特别注意看除四害部分，看到捕鼠的方法和器具很多，便逐一看表演，大感满意说："这对老鼠真是大为不利咧！"

有一回，江渭清书记向毛主席汇报江苏省工农业生产时，说到1957年的台风给江苏带来的巨大损失，毛主席插话说："你们要知道，台风有时也有好处呢。楚汉相争时，刘邦从关中出兵，一路上很顺利，一直打到徐州，正在和文武官员置酒庆祝的时候，项羽突然率领三万精骑来袭。刘邦措手不及，大败落荒而逃。项羽尾追不舍，正在万分危急的时候，忽然阵前刮起一阵巨大的台风，顿时飞沙走石，天日无光，刘邦才得侥幸保全性命，逃回洛阳去了。"

到武汉的第二天，毛主席面江而立，将下长江游泳，张治中为我介绍说："这是我的秘书余湛邦同志。"毛主席回过头来，温和的眼光落在我的脸上说："噢！"跟着向我伸手。我迈进两步，双手紧紧握着他那温暖的手，心突突地跳，行动既紧张又拘谨。当时船上机器轰隆，人声嘈杂，我顾虑他老人家没听清楚我的名字，就补充说："我叫余湛邦。"毛主席听了微微抬起头，似在沉吟。我又想到我的名字既不好念又不好写，容易被人弄错，同时我的广东腔咬字不准，因而又补充说："是湛江市的湛，联邦的邦。"毛主席跟着问："是干钩于吗？"我马上心里责备自己："多疏忽，怎么只提名而不道姓？"

就赶快答："是人禾余。"大概是我的紧张而拘谨让他老人家看出来了，他温和而又带点幽默地对我说："yú姓很多，有干钩于，有人禾余，有人则俞，有口人则喻，有虞姬的虞。"说到这里，用手指着江水，"还有水里的鱼。"最后补上一句："其鱼甚多咧！"

毛主席风趣的话语，平易近人的态度，马上解除了我的紧张和拘谨。我想，毛主席这一特点使得他很容易接近群众，也很容易使群众在他面前畅所欲言，因而他能够经常地听到群众的声音。

在这次视察中，张治中还就视察问题、世界观问题、个人崇拜问题、对形势的看法等向毛泽东请教，二人进行了深入的谈话甚至争论。

毛泽东在与张治中交往中，也是无话不谈。由于张曾读过十年线装书，是个儒将，所以谈文史的时候比较多。

在合肥时，张治中和曾希圣、罗瑞卿在毛泽东处聊天，毛向张介绍看《楚辞》，因而由《楚辞》谈到《论语》，谈到《论语》的朱注，谈到朱熹。由朱熹谈到程颢、程颐、谈到周敦颐，谈到宋、明理学的四个学派，谈到客观唯心主义，谈到中国古代具有朴素、原始的唯物主义思想的人物。谈到朱熹时，毛主席对张治中说："朱夫子是你们安徽人。"张说："朱夫子被江西抢去了，婺源县现在划归江西。"毛说："婺源虽然划归江西，但不能因此改变朱夫子的籍贯，七八百年来他一向被认为是安徽人嘛。"

由黄石港坐船到安庆时，毛泽东问曾希圣："安庆对岸是什么地方？"曾答："是东流、贵池。"毛于是由贵池谈到和韩信、彭越同时的大将黥布在贵池打仗的故事，谈到黥布到洛阳去见汉高祖刘邦，谈到朱洪武，谈到曹操，谈到诸葛亮，谈到包拯。

在另一次谈话中，又由《三国演义》谈到《三国志》，谈到陈寿，谈到刘备、孙权、周瑜、鲁肃、吕蒙、陆逊，由陆逊谈到他的儿子陆抗，孙子陆机、陆云。

有时从历史谈到形势，如谈曹、刘、孙就大谈赤壁之战；谈刘备入川时的情况，是干部少而弱，南方干部多，北方干部太少；谈到了对曹操、刘备的评价。

有时从历史谈到文学，谈到陆逊时就谈到陆机、陆云都是晋代文学家，陆机的《文赋》是很有名的，具有原始唯物的观点，可惜冗长了些。

更多的时候是从历史谈到人物和地理，如说曹操并不姓曹，关羽并不姓关，吕蒙是行伍出身，诸葛亮是湖北南阳人，原籍是山东人等。谈到《三国志》时，就谈《鲁肃吕蒙合传》说："吕蒙是行伍出身的，以后孙权劝他念书，做了东吴的统帅。我们的高级军官中许多是行伍出身的，不可不看《鲁肃吕蒙合传》。"

杭州是此行视察的终点站，专列火车未到站前，毛泽东对张治中说："杭州是大家多次到过的，你的观感如何？"张说："新中国成立后经过整顿当然不同。"毛说："有两大缺点：一是湖水太浅，水草太多；二是坟墓太多，与鬼为邻。不过，我虽然批评它，还是喜欢它。"

毛主席与张治中的交谈给我留下最深印象的还有以下几次。

第一次是9月15日，毛泽东坐江峡轮由武汉去安徽途中，毛、张作了长时间的谈话，其中有关视察的一段：

"还是到外头来多看多得到一点东西，老住在北京实在不好。"毛泽东说。

"您今年外出，这回是第五次了吧？"张治中问。

"是呀，但是5月、6月、7月三个月没出来，2月、3月、4月都在外，先后召开了南宁会议、成都会议、武昌会议，8月到河北、河南、山东打了一个转。"毛泽东答。

"最好全国各省区都去一次，您还有哪几处没去过？"张又问。

"西北三省——陕、甘、青，四个自治区——新疆、内蒙古、宁夏、西藏，华北的山西，西南的云南、贵州，都没有去。"毛泽东扳着指头数了一下。

"还是准备去吧？您如不去，有人会说您'偏心'了。"张治中笑着说。

"我不可能见到所有的人。"毛泽东笑了一笑。

"到西北最好是春秋两季。"张治中建议。

"夏天也好。"毛泽东说。

第二次是关于世界观和对时局看法的谈话。

1958年5月22日毛泽东给张治中的信曾说：

"我的高兴不是在你的世界观方面，在这方面我们是有距离的，觅暇当约大驾一谈。"同年9月19日在离合肥去马鞍山的列车上，同座有罗瑞卿、曾希圣等，他们谈起这件事。

"您说在世界观方面我们有距离，指的是哪些地方？"张治中问毛泽东。

"你在《六十岁总结》曾说，对阶级斗争的观念是模糊的，而在今年写的《自我检查书》上怎么没有提到？你对阶级斗争没搞清楚吧？"毛泽东说。

"《六十岁总结》上所说的是1924—1948年时期，我当时虽然主张联俄、联共、扶助农工，但对阶级斗争的观念是模糊的。不过从1949年我在北京住了9个月，报上看到的，报告会上听到的，又读了《干部必读》一些书和您的好些著述，我已初步地认识到阶级斗争的必要性，所以才能把过去的错误、缺点检查出来。如果我对阶级斗争的必要性毫无认识，我就检查不出来了。"张治中解释说。

"噢。"毛泽东露出微笑，但又跟着说，"你在《六十岁总结》上说你'从1949年起就已经感到高兴了'，我不相信。"

"可能是彼此处境不同，感觉上就会有差别吧？"张治中答。

"我就没有感到高兴过，舒服过。我1955年走了几个省份，看到农业合作化已经超过半数户口了，我才有点高兴。可是1956年刮起一阵歪风，说是冒进了，赶快后退，我又不高兴了。到今年，看到工农业发展的情况，我才真正感到高兴。"毛泽东说。

"我不能完全同意您的意见，这是您我所处地位不同之故。您说在1955年之前并不感到高兴和舒服，这是因为共产党建立了政权，您就要考虑怎样把国家搞好，怎样建设社会主义，这千斤重担落在您的肩上，您自然不容易感到高兴而舒服了。而我，是从旧社会来的，在反动统治下，钩心斗角，尔虞我诈，贪污腐化，昏庸无能，眼看国家这样败坏下去，怎么得了！所以一直在苦闷中生活，感到无能为力。但是到了1949年，眼看在共产党和您的英明领导下，一切都有了办法，我就如同黑暗中看到光明，在精神上得到解放，心情自然高兴而舒服了。"张治中作了详细的解释。

谈话中，两人各抒己见，各谈感受，体现出他们关系上的坦率、真诚而亲切。

第三次是由上海返京的列车上有关个人崇拜的谈话。

"我想有几句话对您说一说。"张治中郑重地对毛泽东说。

"你请说吧。"毛看张有点煞有介事的态度后说。

"我这次沿途所见，您好像处处存着一种戒心。"张说。

"什么戒心？"毛问。

"您好像随时随地存在着怕造成个人崇拜的戒心。"张治中说。

"噢。"毛不语，继续听。

"您是中国的列宁，不是中国的斯大林。拿您和列宁比，都是领导共产党、领导人民革命，推翻反动统治，取得了建立社会主义国家的伟大胜利。但列宁在革命胜利后仅七八年就去世了。而您领导革命胜利后身体是那样健康，全国人民都希望您再领导30年，直到社会主义建成和进入共产主义，这是和列宁不同的。"

"是的，列宁是死得太早了。"毛泽东略表同感。

"为什么说您不是中国的斯大林？因为斯大林在继承列宁之后，由个人专断而发展为个人崇拜，越到晚年越发展，以致犯了严重的错误。而您在领导民主革命以至现在，始终采取民主的作风，经常以'谦虚使人进步，骄傲使人落后'教导大家，强调群众路线，强调民主集中制和集体领导，所有一切言论措施都是正确的、英明的，没有独断专行，怎么会发生个人崇拜？今天中国建设成就如此巨大，人民生活改善如此迅速，今昔对比，饮水思源，人民群众都一致归功于共产党和您的正确、英明领导，这就很自然地流露出真诚热烈的爱戴，这怎能说是个人崇拜？"

为什么张治中会滔滔不绝地说这番话？原来他是深有感触的，还是视察到武汉的时候，毛泽东挑了武钢企业作为第一个视察单位，在高炉出铁后会见了苏联专家组。

"武钢的建成是中国人民的巨大胜利。"专家组长对毛泽东祝贺。

"这是我们共同的胜利。"毛泽东说。

"武钢的现代化设备是当前世界一流的，将来修建的平炉也是世界一流的。"专家组长说。

"这得力于你们的帮助。"毛泽东谦逊地说。

"我从事冶炼工作35年了，当总工程师也25年了，从未见过你们这样好的干部和工人。"专家组长说。

"这是由于得到你们的教育和帮助。"毛泽东说。

"我们愿意把我们所知的一切都贡献出来。"专家组长说。

"谢谢你们，这太好了！"毛泽东高兴地说。

毛泽东到合肥时，受到30万群众极其热烈的欢迎。张治中对毛泽东说："今天群众对领袖拥戴热爱的情景，实在使人感动。"毛泽东说："这是他们感到自己已经当家做主了，是国家的主人了。"张治中又说："如果没有共产党和您的英明领导，国家就不能这么快强大，人民生活就不能这么快改善。新中国成立前人们大都愁眉苦脸，而今天人人都笑逐颜开，这就是最大的转变。"毛泽东说："是的，他们都已经看到社会主义的光明前途，看到自己美好的前景了。"

张治中认为，毛泽东之所以处处谦逊踏实，处处把人民摆在前头，悬在心中，也就是警惕着个人崇拜的出现，这是张治中提出上述问题的出发点。

毛、张推诚相交、无话不谈，但也不是没有争论的时候。在视察途中的20天，张治中把每天所见所闻，特别是毛泽东的言论行动都写成日记，到杭州后整理成册，约4万字，题名《真挚、亲切、爽快、率直、英明、伟大的人民领袖》，送请毛泽东审阅，要求发表。

"你的日记我是不看的，尽在吹我。"毛泽东说。

"我的日记还是想请您看看，我想发表。"张治中说。

"我不看，你就不能发表。"毛笑着说。

"我有言论自由权。"张振振有词地说。

"你写的是我的事情，我不答应，当然不能发表。"毛稍停又说，"萧三也写过一篇东西，我也曾不让他发表。"

"我写的都是亲身的见闻，是实事求是的，有一句说一句，没有一点夸大。您看了之后能不能发表再说，如果既不看又不让发表，那我不服。"张力图转圜地说。

"好，我再考虑考虑，但是你只能说服，不能压服！"毛泽东最后说。

"最近人民出版社出版了两本《毛主席在群众中》，里面搜集了几十篇在报刊上的文字，出版后大受欢迎，大家争相购阅，您看到没有？别人发表那么多东西，都没有给您看过，我写的日记给您看了反倒发表不成，现在反而被动了，您不让我发表了。看来我不该拟了这个书名，使您看成是对您的吹嘘。"张继续为此找理由。

"凡是说到我的，我向来不看。"毛泽东说。

"我的日记发表不发表没有多大关系。您认为不该发表，我当然听从您的。"张看事情僵住了，没有多大的发表希望，只好这样说。

列宁说过："友谊建立在同志中，巩固在真挚上，发展在批评里。"毛泽东与张治中的友谊也正是这样。他们从长久的认识与共同契合中，也常常展开批评，互提意见。[24]

金门炮战

北戴河会议及会后，毛泽东除了推动大炼钢铁运动和人民公社化之外，还亲自指导了金门之战。1958年12月与协作区主任谈话时，毛泽东曾作自我批评说：北戴河会议，我犯了一个错误，想了1070万吨钢、人民公社、金门打炮三件事，别的事没有想。

时任福州军区第一政治委员的叶飞，详细回忆了金门之战的经过及毛泽东的精心指挥。叶飞写道：

大规模的炮击金门，是在1958年8月23日开始的。这是震惊世界的炮战，在斗争策略的运用上又是史无前例的一战。

炮击金门，是中央1958年北戴河会议时决定的。我没有参加这次北戴河会议，留在福州。我记得当时福建正是刮台风的时候，部队、机关都在帮助农民抢收粮食、作物，我也在下面工作。突然通知我接电话，而且明确说要我到作战室去接从北京来的保密电话。一接电话，原来是总参谋部作战部长王尚荣。他告诉我，中央决定炮击金门，指定要我负责指挥。那时福州军区新任司令员是韩先楚，已经到任接替我的工作。我虽然仍兼军区第一政委，但工作的重点主要是地方了。这是一个重大的军事行动，应该由军区司令员指挥，为什么要我来指挥呢？我有点疑问，就问王尚荣："到底是不是中央决定要我指挥的？"他答："是中央决定。"我又问："是不是毛主席的决定？"王尚荣感觉到我有怀疑，就说："刘培善同志在这里，你可以问问他。"刘培善接过电话说："是的，是毛主席决定要你指挥。"我说："韩先楚司令员现在北京，应该由韩司令员指挥啊！"刘说："那你就不用问了。"我只好回答："既然这样，那行，我接受命令来指挥。"

我接受任务后，立即召开省委会议，安排工作，决定江一真代替我主持省委日常工作；并立即组织前线指挥所。第二天，我即由福州乘车奔赴厦门，同去的有副司令员张翼翔和副政委刘培善，张兼任前线指挥所参谋长。此时，皮定均副司令员在南京军事学院学习，不在福州。7月19日我们一行到达厦门，迅速展开多项准备工作，24日前完成了一切作战部署。7月27日收到毛主席致彭（德怀）、黄（克诚）信（注：此时国防部长彭德怀主持军委工作，黄克诚为总参谋长）：

"睡不着觉，想了一下。打金门停止若干天似较适宜。目前不打，看一看形势。彼方换防不打，不换防也不打。等彼方无理进攻，再行反攻。中东解放，要有时间，我们是有时间的，何必急呢？暂时不打，总有打之一日。彼方如攻漳、汕、福州、杭州，那就最妙了。这个主意，你看如何？找几个同志议一议如何？……如彼来攻，等几天，考虑明白，再作攻击。以上种种，是不是算得运筹帷幄之中，制敌千里之外，我战则克，较有把握呢？不打无把握之仗的原则，必须坚持。如你同意请将此信电告叶飞，过细考虑一下，以其意见见告。"

毛主席信上所说，"中东解放，要有时间"，指的是1958年7月14日伊拉克人民发动革命，推翻了旧统治集团，美帝国主义直接出兵入侵黎巴嫩，随后英国又侵入约旦。同时，美帝国主义于7月15日宣布其远东地区陆海空军进入戒备状态。中东形势骤然紧张，成为世界矛盾的焦点。美、英、法介入后，苏联也有所动作。世界进步舆论都声援中东人民的反侵略斗争。蒋介石集团企图乘机扩大事态，于7月17日宣布所属部队处于"特别戒备状态"。金门、马祖与台湾国民党军先后进行军事演习，同时加强空军对大陆侦察活动和袭击准备。

我接到毛主席电报后，立即找张翼翔、刘培善商议，觉得各项准备工作比较紧张，加之福建沿海遭受台风袭击，连续暴雨十九天，冲毁大小桥梁43座，公路铁路塌方情况严重；部队在阴雨中昼夜作业，疲劳过度，疾病丛生；特别是空军进入福建前线的转场尚未完成，海军入闽部队尚在调动中，认为推迟炮击时间较为有利。当即复电表示：根据前线情况，准备工作做得充分些再进行炮击，较有把握。

由于推迟了炮击时间，又进行一个月的准备工作，完成了地面炮兵的集结和展开，炮兵对金门炮击的所有目标，都进行了现场交叉测量、观察，把目标都一一标在作战图上；也完成了空军的紧急战斗转场、海军舰队和岸炮部队的入闽部署，制订了炮兵、空军、海军协同作战方案，一切作战准备都就绪了。同时，对部队进行了形势任务和斗争方针政策的教育。

首先，空军以逐步推进的方式转场入闽。由于福建的几个机场已抢修完毕，第一批转场部队于7月27日顺利进驻连城、汕头机场，尔后逐步向漳州及沿海机场推进，至8月13日进驻龙田机场止，基本上完成了第一线机场的转场任务。

炮击金门的序幕是空战。没有这场空战，就不能掌握福建前线的制空权，就没有下一步的炮击。当时沿海机场的飞机起飞，不能朝大海方向，只能往后飞，升空后再掉头。如果朝前起飞，就飞到台湾海峡上空了。我空军要在福建前线站住脚，首先必须战胜敌人的空军，不然，掌握不了制空权。为了加强福建前线空战的指挥，原志愿军空军司令员聂凤智调任福州军区空军司令员。海军进入福建后，彭德清也调来任厦门海军基地司令员。7月的一天，空军进入福建。看到我们自己的飞机飞临福州上空，人民欢欣鼓舞，机关办公的、工厂做工的、学校上课的，全从屋子里出来，很多人爬到屋顶上欢呼。因为人民群众以前吃够了敌人空袭的苦头，天天有警报，不得安宁。在福建前线的空战中，美国自己的飞机不来，只是掩护台湾蒋军空军基地，在台湾海峡上空巡逻飞行，掩护蒋军飞机在第一线作战。我们的飞机每次只能出动一半，另一半保护机场。国民党空军没有这个顾虑，不要留机动飞机守机场，机场由美国空军保护，所以蒋军的飞机一批接一批地飞来。这场争夺制空权的空战持续了半个多月，甚为激烈。空战后期，国民党空军使用了响尾蛇空对空导弹。空战中，我们有两架飞机不明不白地被打落了，开始我们不知道是怎么被击落的，后来才弄清是新式武器干的。国民党空军损失50多架，大约占它总数的1/3。我们损失20多架。空战后，敌人老实了。制空权被我们掌握了，为大批炮兵开进厦门，为炮击金门打下了基础。

炮兵调来约3个师，还有一个坦克团。这次调动都是晚上行动，重炮加上坦克，夜间通过福州开往厦门，轰轰隆隆，连街道都颤动了。空军、海军、大批炮兵和坦克进入福建，老百姓高兴极了，纷纷议论，都认为这一次不但是要解放金门，而且一定是要解放台湾了。

8月上旬，地面炮兵全部进入了阵地。海军130岸炮部署在厦门对岸角尾。炮兵阵地从角尾到厦门、大嶝、小嶝，到泉州湾的围头，呈半圆形，长达30多公里，大金门、小金门及其所有港口、海面都在我远程火炮的射程之内。我们能把炮兵阵地摆得那么开，那么密集，在厦门前沿就部署了一个炮兵师，主要就是因为空战的胜利，我们掌握了制空权。

一切都准备好了，只等待北京来命令。

8月20日，北京来电话，要我立即去北戴河。我乘坐专机飞到徐州上空时，北边正在下大雨，是雷区，不能飞越，于是绕道开封。谁知道开封以西以北也是雷区，这样飞机只好在开封降落。第二天上午，继续飞行，中午即到了北戴河。

21日下午3点钟，毛主席找我去他的住处。我知道这是要我去接受命令了。我一见到主席，就详细汇报了炮击金门的准备情况，炮兵的数量和部署，和实施突然猛袭的打法。彭老总、林彪也参加了，总参作战部长王尚荣也在座。地图没有挂在墙上，而是摊在地毯上。毛主席一面听我汇报，一面看地图，精神非常集中。汇报完了，他突然提出这么一个问题："你用这么多的炮打，会不会把美国人打死呢？"那时，美国顾问一直配备到国民党部队的营一级。主席一问，我即回答说："哎呀，那是打得到的啊！"听我这么一说，主席考虑了十几分钟，然后又问："能不能避免打到美国人？"我回答得很干脆："主席，那无法避免！"主席听后，再也不问其他问题，也不作什么指示，就宣布休息。这是主席要进一步考虑问题了。

晚饭后，王尚荣拿了一张条子给我，那是林彪写给主席的。林彪这个人很会捉摸主席的意图，他知道主席很注意能否避免打到美国人的问题，所以写了这个条子。条子的内容是，他看到主席很重视这个问题，因此提出，是否可以通过王炳南（正在华沙同美国进行大使级谈判）给美国透露一点消息。林彪此人也有点莫名其妙，告诉美国人就等于告诉台湾，这怎么行呢？看到条子，我很吃惊，便问王尚荣："主席把这信交给我看，有没有什么交代？是不是要我表态？"王尚荣同志说："主席没说什么，只说拿给你看。"这关系到最高决策问题，既然没有要我表态，我就一句话也没说。

第二天，继续开会。主席下决心了，看来没有理睬林彪的建议。主席说："那好，照你们的计划打。"并要我留在北戴河指挥，跟彭老总一起住。

毛主席交代我跟彭老总一起住，把我弄紧张了。我怎好和彭老总一起住呢？主席究竟是什么意思，我不懂，也不好问。彭老总也没派参谋来叫我住到他那里去。晚上我散步后回到房间里，正在发愁，恰好王尚荣来，他说："老兄，主席不是交代你住到彭老总那里吗？"我说："我哪好去住啊？！"他知道我为难，就说："我替你想个办法，把专线电话架到你的房间里。"这下就解决问题了。我们商定，前线直接同我通话，我再通过他转报主席，主席的指示也由他转告我。我问："彭老总那里怎么报告呢？主席交代我同他住一起的呀！"他说："你不要管了，此事由我办。"这位作战部长真会处理问题。

所以，炮击金门是在北戴河指挥的，也可以说是毛主席直接在指挥。前线则由张翼翔、刘培善代我指挥。

8月23日中午12时，炮击开始。第一次急袭，所有炮兵阵地同时向金门开火，一个小时密集发射了几万发炮弹。火力的猛烈和密集，后来有人评论："与攻击柏林的炮火差不多，甚至有过之而无不及。"从纪录片上看，整个金门岛都笼罩在一片硝烟之中。蒋军猝不及防，死伤惨重。我们的炮火打得很准，一下子摧毁了敌人的许多阵地，特别是集中火力猛击金门胡琏的指挥所，打得非常准确，可惜打早了5分钟！后来得到情报，我们开炮的时候，胡琏和美国总顾问刚好走出地下指挥所，炮声一响，赶快缩了回去，没有把他们打死。[25] 要是晚5分钟，必死无疑。在阵地上的美国顾问被打死了两人。对此，美国人一直没有吭声。

毛主席决定大规模炮击金门，是不是就要解放金门、马祖呢？当时，不但中国人，包括福建前线我们这些人，还有台湾蒋介石，而且外国人，包括美国艾森豪威尔本人在内，都没有搞清楚。毛主席这一重大决策，是同当时不可一世的美帝国主义进行较量，是一个有国际、国内重大意义的战略行动，这是当时一切中国人、外国人都没有弄明白的。毛主席选择这个时机大规模炮击金门，摆出我军要解放台湾的姿态，一是警告蒋介石，二是同美帝国主义进行较量，把美国的注意力吸引到远东来，以调动当时正在侵略中东的美国第六舰队，支援中东人民的斗争。

福建前线我军实施对金门大规模炮击时，美国总统艾森豪威尔在华盛顿3天睡不着觉，摸不清我军此举的意图。他从我空军入闽，在空战中已击败了蒋介石空军，牢牢地夺取了福建前线的制空权；我海军入闽，已基本控制了福建沿海的制海权；大批炮兵及坦克部队调入福建，鹰厦铁路已修通，福建前线包括汕头等地已修建了大批空军作战基地等种种迹象判断，我军这次大规模炮击金门的行动，绝不只是要解放金门、马祖，而是要大举渡海解放台湾的前奏，于是下令将地中海美第六舰队一半舰只调到台湾海峡，和第七舰队会合，加强第七舰队，中东局势由此缓和下来了。艾森豪威尔不是毛主席的对手，完全被毛主席调动了。《使美八年纪要》的作者沈剑虹（时任蒋介石的英文秘书）在书中写道："1958年，即该约[26]生效后第4年，中共即掀起台湾危机，试探中美共同防御条约及'台海决议案'的效能。当时8月间，对金门实施持续猛烈炮轰，同时公开扬言要攻占台湾及把美国逐出西太平洋。""试探"一词，倒是用得很贴切。杜勒斯于9月4日发表声明，公开要扩大美国在台湾海峡地区的侵略范围，对中国人进行军事挑衅和战争讹诈。美国从中东的第六舰队调来一半舰只，加上从本国和菲律宾调来的，美军在台湾海峡就有航空母舰七艘、重巡洋舰三艘、驱逐舰四十艘。美国第46巡逻航空队、第1海军陆战队航空队和其他好几批飞机也调来台湾，美国第一批陆战队3800人已在台湾南部登陆。美军司令部还公然扬言，要在8日的演习中以舰炮封锁我沿海岛屿。我军实行对金门大规模炮击，就这样把美帝国主义的注意力从中东转移到远东来了，地中海紧张局势趋向缓和。

我国外交部于9月4日发表领海线声明，宣布我领海线为12海里，向全世界宣告保卫我领海不受侵犯的坚强决心。福建前线部队用实际行动证明了我国人民的这一坚强决心。

8月下旬，我由北戴河回到厦门前线。此时大、小金门蒋占岛屿，包括金门唯一的港口料罗湾和海面，全部在我炮火射程之内，完全被我炮火封锁，截断了金门和台湾的海上通道。金门蒋军的补给全靠台湾从海上运输，以海军护航，我军炮火即转向攻击其海上运输线，专门打它的海上运输船只。蒋军舰只受到严重打击，不断被我海岸炮炮火击沉击伤，最后，金门海上运输线完全被我截断了。金门不但弹药补给中断了，粮食、燃料的补给也中断了，储备的炮弹在半个月炮战中消耗得差不多了，储备粮只有一个月，也消耗差不多了，频频向台湾告急。蒋介石即请求美军护航，以恢复金门的海上补给线。9月7日，美军以美舰护航，组成一支海上大编队。美国军舰配置在海上编队左、右两侧护航，把蒋军舰只和运输船只夹在中间，美舰和蒋军舰只相距仅两海里，由台湾向金门开来。美蒋联合编队从台湾一出动，我们在雷达上就看得一清二楚。情况复杂化了，美军已经卷入，怎么办？打不打？如果一打，势必会把美舰一起打上，这就可能把美国拖下水，同美军发生直接冲突。所以，打不打美蒋海军联合编队，事关重大，不是一个单纯的军事行动，这不是前线指挥员有权可以作出决定的，这只能由中央、最高统帅毛主席才能作出决定。我就立即请示毛主席。毛主席回答：照打不误。我又请示：是不是连美舰一起打？毛主席回答：只打蒋舰，不打美舰。并且交代要等美蒋联合编队抵达金门料罗湾港口才打，要我们每一小时报告一次美蒋联合编队的位置、编队队形、航行情况，到达金门料罗湾时，要等北京的命令才能开火。我为了准确执行只打蒋舰、不打美舰的命令，又请示：我们不打美舰，但如果美舰向我开火，我们是否还击！毛主席明白回答，没有命令不准还击。命令是由总参作战部长王尚荣以直达军用专线电话向我转达的。我接到这个电话，极为吃惊，恐怕电话传达命令不准确，铸成大错，再问王尚荣：如果美舰向我开火，我是不是也不还击？回答是毛主席命令不准还击，清清楚楚。这样我就说：明白了，我严格按照毛主席的命令执行。这一下我就极为紧张了，因为要严格执行毛主席的命令，只打蒋舰，不准打美舰，这很不好办。美舰和蒋舰相距仅两海里，如果哪一个炮群瞄不准确，稍有误差，就会打到美舰。至于如美舰向我开炮，我不予还击，这倒还比较好办。我为了准确执行毛主席的命令，就亲自向31军及各炮兵群下达命令：待美蒋联合编队抵达金门料罗湾港口，北京下了命令后才开炮；各炮群只打蒋舰，不准打美舰；如美舰向我开火，我不予还击！各炮群接到我这个命令，都吃惊了，纷纷追问。我又把毛主席的命令再复述一次，并问各炮群是否都听清楚了，明白了。各炮群回答听清楚了，明白了，按毛主席的命令严格执行。我又交代把美蒋海军联合编队的队形、美舰蒋舰在编队中的位置及其相互距离、航速、预计到达金门料罗湾港口的时间，一一详细通报了31军及各炮群，要他们立即作好一切准备，以便一接到开火命令，都能准确无误地执行。同时，也将情况通报了空军、海军。这一切都安排就绪了，我才松了一口气。

9月7日中午12时整，美蒋海军联合编队抵达金门料罗湾港口，运输船只开始在料罗湾港口码头上卸下补给物资，我立即将这一情况直报北京。北京接到我的电话后，毛主席即下令开火。我迅即命令各炮群按预定作战方案开炮，专打蒋舰，不打美舰。全线所有炮群接到命令，即以突然的密集火力攻击蒋舰及其运输船只，集中攻击料罗湾港口码头。没想到我军一开炮，美舰丢下蒋舰及运输船只于不顾，立即掉头向台湾方向逃去。美国军舰一走，蒋舰及所有运输船只便孤零零地完全暴露在我军面前，遭受了我军猛烈炮火的狠打。这时，金门蒋军和在料罗湾的蒋舰纷纷向台湾告急。台湾问："美国朋友呢？美国军舰呢？"蒋舰回答："什么朋友不朋友？美国军舰已经掉头跑了！"大骂"美国人混蛋"。他们更急了，使用报话机通话，连密码都不用了，我们的侦听机听得清清楚楚。蒋舰被我击沉三艘、击伤数艘。台湾即下令蒋舰返航。这一场惊险的战斗就这样戏剧性地宣告结束。这是我军大规模炮击金门以来，同美帝国主义第二个回合的较量。

金门炮战，美军已经介入，这次美蒋编成联合编队，美舰护航，但一旦遭我一阵猛烈炮火攻击，我空军、海军尚未出动，美舰竟然不敢向我开火，丢下蒋军掉头就跑，这是出乎我的意料的。当时我在厦门云顶岩前线指挥所里，还准备应付美舰向我军开火呢，当从望远镜里看到美舰在我猛烈炮火之下溜走的情形时，真感意外。当时我一下还不明白毛主席命令的意图所在，我只是严格地按照毛主席的命令执行。事后我才明白，原来毛主席命令只打蒋舰，不打美舰，并且规定如美舰向我开火，我军也不予以还击，这一切都是在试探美国所谓美蒋共同防御条约的效力究竟有多大，美军在台湾海峡的介入究竟到了什么程度。经过这一次较量，就把美国的底全都摸清楚了。美国虽然貌似凶恶强大，在全世界到处横行霸道，不可一世，其实也是一只纸老虎。所谓美蒋共同防御条约也是有一定限度的，只要涉及美国自身的利益，要冒和我军发生直接冲突的危险，他们就不干了，就只顾自己，不顾别人了，如此而已。如果要问：福建前线我军对美蒋联合编队敢于照打不误，其意义何在呢？取得了什么胜利呢？这次较量的意义和胜利，不在于击沉、击伤蒋军多少舰只，而在于把貌似凶恶强大的美国的底牌摸清楚了。这些认识，是在攻击了美蒋联合编队的战斗以后，我才领悟过来的。从此以后，我就更进一步意识到福建前线面对台湾海峡，不只是我方和蒋方双方的斗争，而是我方、蒋方和美方三方的尖锐复杂的斗争。既是军事的，也是政治的，外交的斗争，稍有不慎和失误，就会造成严重后果。我就更加小心谨慎从事了。这时台湾海峡的形势已经非常清楚，蒋介石千方百计想拖美国下水，而我们则力求避免同美国发生直接冲突，美国也极力避免同我们发生直接冲突，这就是当时台湾海峡非常微妙的三方形势。

这里要补述一下福建前线海军的作战。福建前线海军在这次炮击金门中，除使用岸炮外，只使用了轻型舰艇。9月以后，台湾海峡又受季节风的影响，风力经常在五至七级，涌大浪高，限制了海军轻型舰艇的活动，但是在这次炮击的过程中，福建前线海军在厦门海域协同作战，还是取得了很好的战果。高速炮艇协同鱼雷快艇，首战就击沉国民党海军的红字号猎潜舰，接着又击伤永字号舰二艘，击沉、击伤中字号舰各一艘……这一阶段的海战，对海军的锻炼是很大的。

这里再叙述一下炮击金门战斗中的一个插曲。8月底，韩先楚司令员陪同军委空军司令员刘亚楼、炮兵司令员陈锡联也到达厦门视察。韩先楚到厦门以后，就向我提出使用空军轰炸金门。我考虑到毛主席并没有即行登陆解放金门的指示，炮击金门的作战方案并没有涉及使用空军轰炸，如果我军不实行登陆解放金门，那么现阶段没有使用空军轰炸的必要，特别是如果要空军轰炸金门，不但要使用轰炸机，还要使用战斗机掩护，这样的空军编队在金门上空作战，就很难避免同美国空军冲突。我这时已经意识到毛主席的意图，力求避免同美军发生直接冲突，所以我不同意韩先楚使用空军轰炸金门的意见。但既然司令员提出建议，我为了尊重他，就建议把我们两人的意见报告军委和毛主席。韩先楚也同意。第二天王尚荣打电话给我，说："电报收到了，送给毛主席看了，毛主席完全同意你的意见。"我把王尚荣回答的电话记录拿给韩先楚看，他就不再坚持自己的意见了。韩先楚刚到福建，可能不大了解情况。其实，在炮击金门的整个过程中，美国和我方都力求避免发生直接冲突，特别是双方都尤其注意严格管制自己的空军活动。美军在台湾海峡中线划定一个分界线，美机在台湾海峡上空巡逻飞行，地面指挥严禁其飞越划定的分界线。经常发生美军飞机越过分界线的事，其地面管制站总是立即大骂。当时我们在福建前线的监听站都备有懂英语的人值班，所以听得清清楚楚。而我们也严格管制我空军只在我沿海空域飞行巡逻，绝对不准越出规定的飞行空域，保持空中和美军的距离，以避免同美国空军发生直接冲突。

1949年10月我军攻击金门失利以后，厦门前线和蒋占岛屿大、小金门一直处于对峙状态。厦门和小金门的距离只有2000多米，我前沿阵地大、小嶝岛和大金门距离最近，不到1000米。蒋军以一个兵团的重兵防守金门。在厦门海堤未修建以前，我们也一直以一个军的兵力防守厦门。双方对峙，经常进行炮战。在朝鲜停战以前，即从1950年至1953年，金门蒋军的炮兵火力占优势，加上此时我空军尚未入闽，我国海军处在初建阶段，亦未入闽。因此，在这3年时间里，蒋军不断以海军袭扰福建前线沿海地区，封锁了厦门港、福州马尾港；蒋军空军经常空袭厦门、福州，特别是对厦门的空袭更为频繁，已习以为常；金门蒋军自恃炮兵占优势，更经常炮击厦门，厦门全岛，包括鼓浪屿完全在金门蒋军炮兵火力的控制之下。厦门军民经常遭受蒋军炮击和蒋机轰炸，有时日夜数次，几乎成为家常便饭，这个英雄城市经受住了血与火的考验，农民照样种地、工人照样做工、学生照样上课，毫无畏惧，不愧为英勇顽强的人民。当时厦门完全成为一个战时的城市，国内其他地方的人到厦门，提心吊胆，看到厦门人民勇敢沉着，在战火下保持着正常的社会生活秩序，既吃惊，又钦佩。所以，福建前线和金门之间的炮战，并不是1958年才开始的。

1958年8月下旬开始的对金门的大规模炮击，持续了一个多月，我军的目的已经达到，把美国在地中海的第六舰队调到了台湾海峡，中东紧张局势趋向缓和；攻击美蒋海军联合编队之战，又把美帝国主义的底摸得清清楚楚了。到了这个时候，在我们面前就提出了一个问题：大规模炮击金门的战斗是否还要继续进行下去呢？下一步的文章怎么做呢？顺理成章的是，下一步就只有登陆解放金门了，如果金门解放，那么马祖的解放也就没有什么问题了，顺手牵羊就是了。此时金门已被我军炮火封锁了1个多月，海上补给线已断，金门蒋军的粮食供应已发生危机，弹药也已消耗得差不多，金门的防御工事也已被我军炮火摧毁得差不多，可以说是已到了弹尽粮绝之日。此时如果我军发动登陆，金门唾手可得。所以，福建前线我们这些人，都在焦急地等待毛主席下命令了。我们都摸不透毛主席下一步的意图何在，总以为下一步的文章就是实行登陆、解放金门了。出乎我们意料，在国庆节后的第五天，即10月6日北京发表了国防部文告。文告全文如下：

台湾、澎湖、金门、马祖军民同胞们：

我们都是中国人。三十六计，和为上计。金门战斗，属于惩罚性质。你们的领导者们过去长时期间太猖狂了，命令飞机向大陆乱钻，远及云、贵、川、康、青海，发传单，丢特务，炸福州，扰江浙。是可忍，孰不可忍？因此打一些炮，引起你们注意。台、澎、金、马是中国领土，这一点你们是同意的，见之于你们领导人的文告，确实不是美国人的领土。台、澎、金、马是中国的一部分，不是另一个国家。世界上只有一个中国，没有两个中国。这一点，也是你们同意的，见之于你们领导人的文告。你们领导人与美国人订立军事协定，是片面的，我们不承认，应予废除。美国人总有一天肯定要抛弃你们的。你们不信吗？历史巨人会要出来作证明的。杜勒斯 9 月 30 日的谈话，端倪已见。站在你们的地位，能不寒心？归根到底，美帝国主义是我们的共同敌人。13 万金门军民，供应缺乏，饥寒交迫，难为久计。为了人道主义，我已命令福建前线，从 10 月 6 日起，暂以 7 天为期，停止炮击，你们可以充分地自由地输送供应品，但以没有美国人护航为条件。如果护航，不在此例。你们与我们之间的战争，30 年了，尚未结束，这是不好的。建议举行谈判，实行和平解决。这一点，周恩来总理在几年前已经告诉你们了。这是中国内部贵我两方有关的问题，不是中美两国有关的问题。美国侵占台澎与台湾海峡，这是中美两方有关的问题，应当由两国举行谈判解决，目前正在华沙举行。美国人总是要走的，不走是不行的。早走于美国有利，因为它可以取得主动。迟走不利，因为它老是被动。一个东太平洋国家，为什么跑到西太平洋来了呢？西太平洋是西太平洋人的西太平洋，正如东太平洋是东太平洋人的东太平洋一样。这一点是常识，美国人应当懂得。中华人民共和国与美国之间并无战争，无所谓停火。无火而谈停火，岂非笑话？台湾的朋友们，我们之间是有战火的，应当停止，并予熄灭。这就需要谈判。当然，再打 30 年，也不是什么了不起的大事，但是究竟以早日和平解决较为妥善。何去何从，请你们酌定。

中华人民共和国国防部长

1958 年 10 月 6 日上午 1 时

这份文告的发表，标志着金门炮击进入了新的斗争阶段，即以政治斗争、外交斗争为主的阶段，打打谈谈，打打停停，半打半停。

文告发表以后，金门前线炮声沉寂，但台湾海峡风浪依然。台湾当局和美国政权慌了手脚！

台湾当局一则说这是"骗局"，一则说这是"发动新攻势前的喘息"，一则说这是要"无条件投降"，一则说这是"离间中美合作的关系"，诸如此类，不一而足。真是心慌意乱、语无伦次。

这是"骗局"吗？不是，因为炮击千真万确地停止了。

这也不是"喘息"，因为人民解放军并不打算攻占金门。

这也不是要他们"无条件投降"，因为我们国防部长明明说是"建议举行谈判，实行和平解决"……又怎么会是"无条件投降"？

至于说到"离间"，实际上台湾当局和美国人的关系本来就不美妙。我们只要求美国人休管我们中国人内部的事情，休想骑在中国人头上拉屎撒尿。蒋介石也心里有数，寄人篱下，仰人鼻息，滋味很不好受。

美国人的反应如何呢？

先提"停火"，后提"永久停火"。实在荒唐！正像毛主席说的："无火而谈停火，岂非笑话。"

10月6日国防部文告宣布暂停炮击金门一个星期，以没有美军护航为条件，是给金门蒋军以补充给养的机会，也是给台湾当局以考虑和平解决的机会。一星期届满后，为了再让金门军民得到充分补给，并给台湾当局以充分的时间去考虑，10月13日，我国防部再次发布命令，对金门炮击再停两周。文告全文如下：

福建前线人民解放军同志们：

金门炮击，从本日起，再停两星期，借以观察敌方动态，并使金门军民同胞得到充分补给，包括粮食和军事装备在内，以利他们固守。兵不厌诈，这不是诈。这是为了对付美国人的。这是民族大义，必须把中美界限分得清清楚楚。我们这样做，就全局说来，无损于己，有益于人。有益于什么人呢？有益于台、澎、金、马一千万中国人，有益于全民族六亿五千万人，就是不利于美国人。有些共产党人可能暂时还不理解这个道理。怎么打出这样一个主意呢？不懂，不懂！同志们，过一会儿，你们会懂的。待在台湾和台湾海峡的美国人，必须滚回去。他们赖在这里是没有理由的，不走是不行的。台、澎、金、马的中国人中，爱国的多，卖国的少。因此要做政治工作，使那里大多数的中国人逐步觉悟过来，孤立少数卖国贼。积以时日，成效自见。在台湾国民党没有同我们举行和平谈判并且获得合理解决以前，内战依然存在。台湾的发言人说：停停打打，打打停停，不过是共产党的一条诡计。停停打打，确是如此，但非诡计。你们不要和谈，打是免不了的。在你们采取现在这种顽固态度期间，我们是有自由权的，要打就打，要停就停。美国人想在我国的内战问题上插进一只手来，他们叫作停火，令人忍俊不禁。美国人有什么资格说这个问题呢？请问他们代表什么人？什么也不代表。他们代表美国人吗？中美两国没有开战，无火可停。他们代表台湾人吗？台湾当局没有发给他们委任状，国民党领袖根本反对中美会谈。美国民族是一个伟大的民族，其人民是善良的。他们不要战争，欢迎和平。但是美国政府的工作人员，有一部分，例如杜勒斯之流，实在不大高明。即如所谓停火一说，岂非缺乏常识？台、澎、金、马整个地收复回来，完成祖国统一，这是我们六亿五千万人民的神圣任务。这是中国内政，外人无权过问，联合国也无权过问。世界上一切侵略者及其走狗，通通都要被埋葬掉，为期不会很远。他们一定逃不掉的。他们想躲到月球里去也不行。寇能往，我亦能往，总是可以抓回来的。一句话，胜利是全世界人民的。金门海域，美国人不得护航。如有护航，立即开炮。切切此令！

中华人民共和国国防部长

1958 年 10 月 13 日上午 1 时

但是，台湾当局坚持顽固态度，拒不接受和谈，并邀请杜勒斯到台湾策划进一步实施"美蒋共同防御条约"，美国军舰在我停炮后又一度进入金门水域，公然违反我们暂停炮击的条件。因此，我国防部于10月20日发布恢复炮击的命令。

炮击金门逐步发展成为政治斗争和外交斗争，而且变成一个长期的斗争了。在军事上的斗争形式，就是单日打，双日不打。这种奇特的战争方式一直延续到70年代末。为了了解它的由来，这里再摘录10月25日我国防部长的《再告台湾同胞书》：

台湾、澎湖、金门、马祖军民同胞们：

我们完全明白，你们绝大多数都是爱国的，甘心做美国人奴隶的只有极少数。同胞们，中国人的事只能由我们中国人自己解决。一时难于解决，可以从长商议。美国的政治掮客杜勒斯，爱管闲事，想从国共两党的历史纠纷这种事情中间插进一只手来，命令中国人做这样，做那样，损害中国人的利益，适合美国人的利益。……如不遂意，最毒辣的手段，都可以拿出来。你们知道张作霖将军是怎样死去的么？东北有一个皇姑屯，他就是在那里被人治死的。世界上的帝国主义分子都没有良心。……同胞们，我劝你们当心一点儿。我劝你们不要过于依人篱下，让人家把一切权柄都拿了去。我们两党间的事情很好办。我已命令福建前线，逢双日不打金门的飞机场、料罗湾的码头、海滩和船只，使大金门、小金门、大担、二担大小岛屿上的军民同胞都得到充分的供应，包括粮食、蔬菜、食油、燃料和军事装备在内，以利你们长期固守。如有不足，只要你们开口，我们可以供应。化敌为友，此其时矣。逢单日，你们的船只、飞机不要来。逢单日我们也不一定打炮，但是你们不要来，以免受到可能的损失。这样，1个月中有半月可以运输，供应可以无缺。你们有些人怀疑，我们要瓦解你们军民之间官兵之间的团结。同胞们，不，我们希望你们加强团结，以便一致对外。打打停停，半打半停，不是诡计，而是当前具体情况下的正常产物。不打飞机场、码头、海滩、船只，仍以不引进美国人护航为条件。如有护航，不在此例。蒋、杜会谈，你们吃了一点亏，你们只有代表"自由中国"发言的权利了；再加上小部分华侨，还许你们代表他们。美国人把你们封为一个小中国。10月23日，美国国务院发表10月16日杜勒斯预制的同英国一家广播公司所派记者的谈话，杜勒斯从台湾一起飞，谈话就发出来。他说，他看见了一个共产党人的中国，并且说，这个国家确实存在，愿意同它打交道，云云。谢天谢地，我们这个国家，算是被一位美国老爷看见了。这是一个大中国。美国人迫于形势，改变了政策，把你们当作一个"事实上存在的政治单位"，其实并非当作一个国家。……国民党朋友们，难道你们还不感觉这种危险吗？出路何在？请你们想一想吧。……世界上只有一个中国，没有两个中国。这一点我们是一致的。美国人强迫制造两个中国的伎俩，全中国人民，包括你们和海外侨胞在内，是绝对不容许其实现的。现在这个时代，是一个充满希望的时代，一切爱国者都有出路，不要怕什么帝国主义者。当然，我们并不劝你们马上同美国人决裂，这样想，是不现实的。我们只是希望你们不要屈服于美国人的压力，随人俯仰，丧失主权，最后走到存身无地，被人丢到大海里去。我们这些话是好心，非恶意，将来你们会慢慢理解的。

中华人民共和国国防部长

我在这一章里引用的几篇以国防部长名义发表的文告，都是毛主席亲自撰写的。这些文告不仅是值得后人传诵的绝妙文章，更可以从中看出毛主席高瞻远瞩的战略眼光和伟大胸怀。今天重读这些文章，仍然值得海峡两岸的中国人深思。

从此以后，炮击金门不但变为单日打，双日不打，而且炮击实际上只是一种象征性的，虽然双方并没有什么正式的协议，实际上成为一种不成文的默契。我们对金门打炮，不打阵地和居民点，只打到海滩上。金门蒋军的回炮，同样也只打到我们的海滩上。后来又发展到逢年过节，停止3天炮击，让金门军民平安过节。金门方面也照此办理。美蒋完全被毛主席的高明策略牵着鼻子走，打炮也演变成美蒋我三方之间一种特殊的对话，一种不在谈判桌上进行的谈判。这真是古今中外战争史上的奇观。

毛主席决定不拿下金门，现在看来有一个重要原因，就是要留下一个"对话"的渠道。后来讲"三通"，其实前线和金门之间早就用各种特殊的形式"通"了。

从1958年9月7日以后，我国政府对于美国侵犯我国领空、领海不断发出严重警告，1960年5月25日，我国外交部又提出了第一百次警告。美国在远东地区，不断举行大规模的军事演习，有的演习公然宣布是针对中国的。这年4月，美国太平洋地区武装部队总司令费耳特公然说："始终存在着在台湾问题上同共产党中国人发生一场有限战争的危险。"这是公开的军事挑衅和战争威胁。

从1955年8月1日开始的中美大使级会谈，已过了五年，到这时也正举行了一百次会议。其间，在1957年底美国政府就曾经违反协议，中断会谈达半年之久，只是由于我国采取了严正态度，并且对美国在台湾海峡地区玩弄"战争边缘政策"的军事挑衅，进行了针锋相对的斗争，才迫使美国不得不又一次回到谈判桌上来。

与此同时，美国还千方百计地玩弄制造"两个中国"的阴谋，不断放风，提出所谓"中华福摩萨国""托管"台湾等永远霸占中国领土台湾的荒谬主张，妄想把台湾变成它侵略中国和远东地区的"不沉的航空母舰"。

就在这个背景下，美国总统艾森豪威尔在1960年6月17日到19日"访问"台湾。艾森豪威尔的亚洲之行，实在不顺利。他被日本人民宣布为"不受欢迎的人"，他的"先行官"挨了一顿下马威，自己也吃了"闭门羹"。菲律宾受美国控制已久，那里的人民也起来反对他。

当然，蒋介石集团对艾森豪威尔的访问是抱有希望的，除了会谈和宴会外，还让这位"瘟神"在总统府广场对台北市民发表演讲。当时担任艾森豪威尔翻译的沈剑虹在《使美八年纪要》一书中写道："美国总统艾森豪威尔1960年访华之行，使中美两国关系达到第二次世界大战之后的高潮。他是历来第一位在任内访问我国的美国总统。"

毛主席决定，在艾森豪威尔到达台湾的前夕和离开台湾的时候，在金门前线举行反美武装示威。并由我们把毛主席起草的"告台、澎、金、马军民同胞书"，以"中国人民解放军福建前线司令部"的名义公开播发。"告同胞书"指出：

"艾森豪威尔要到你们那里'访问'了。来者不善，善者不来。……杜勒斯虽然死了，美国并吞台湾的心并没有死。艾森豪威尔的政策就是杜勒斯的政策。"

文告庄严宣称：

"为了支持亚洲各国人民反对艾森豪威尔强盗旅行的正义斗争，为了支持台、澎、金、马爱国同胞反对艾森豪威尔强盗旅行的正义斗争，为了表示伟大的中国人民对艾森豪威尔的蔑视和鄙视，我们决定：按照单日打炮的惯例，在6月17日，艾森豪威尔到达台湾的前夕和6月19日艾森豪威尔离台湾的时候，在金门前线举行反美武装示威，打炮'迎送'。美国的武装力量，近来不断向我们威胁和挑衅。我们这个决定，完全是为了向美帝国主义示威。"

并且警告国民党军队：

"在炮轰期间，你们务必躲在安全地带，不要出来，以免误伤。你们的船，在这两天也要注意，切勿驶近炮轰地带，以免危险。倘若有人不遵我们劝告，甘心为虎作伥，胆敢扰乱伟大的反美武装示威，必遭严惩，勿谓言之不预！"

9月17日，我福建前线所有火炮一齐开火，正是当时报纸所形容的：万炮齐发轰"瘟神"。轰得艾森豪威尔在海峡对岸心惊肉跳，夜不成寐，于是提前结束在台访问，匆忙走上归途。

朝鲜停战以后，彭德怀同志就任国防部长，主持中央军委工作。他是最积极主张解放金门、马祖的，并为此做了许多工作。

彭德怀同志于1954年来福建前线视察，这是他第一次到福建前线，随同来的有黄克诚和陈赓以及总参谋部人员。那次彭德怀在福州只住了3天，听取军区关于福建前线情况的汇报后，立即驱车前往厦门前线，由我陪同。他到厦门，是专门为了研究解放金门的问题。他听了我们关于解放金门的准备工作汇报，特地亲自登上厦门云顶岩指挥所，对金门进行仔细的观察。就在这次视察中，彭德怀指示要作好解放金门的准备，决定准备空军入闽，并为此而决定抢修鹰厦铁路，修建福建前线足够使用的空军机场。正因为如此，所以在1958年炮击金门战斗的后期，一切条件都已经具备，并且都已经成熟了，我们都认为炮击金门的下一步文章，也是最后一步的文章，就是实施登陆，解放金门了。哪知道以后北京接连发表国防部文告，炮击金门变成长期化、经常化，单日打，双日不打，逢年过节还宣布放假三天，停止炮击。解放金门一事就此搁下，再也不提了。当时我们很不理解，以后毛主席提出"绞索政策"，我们才明白了。

"绞索政策"的含义是什么呢？毛主席告诉我们，金门、马祖是套在蒋介石脖子上的"绞索"，而更重要的也是套在美帝国主义脖子上的"绞索"。这是美帝国主义自己套上的，因为它霸占台湾不放，同蒋介石签订共同防御条约，这个条约就是一个"绞索"。美帝国主义自己套上了，我们为什么要帮助蒋介石和美帝国主义把套在他们脖子上的"绞索"解开呢？后来我从福建前线的斗争中，特别从1958年这场大规模炮击金门的战斗中，才更进一步深刻理解毛主席"绞索政策"的意义。

毛主席1958年9月8日在最高国务会议上公开讲："中国领土台湾，黎巴嫩以及所有在外国的军事基地，都是套在美帝国主义脖子上的绞索。不是别人，而是美国人自己制造这种绞索，并把它套在自己脖子上，而且把绞索的另一端交给了中国人民、阿拉伯人民和全世界一切爱和平反侵略的人民。美国侵略者在这些地方停留得越久，套在他脖子上的绞索就将越紧。"

我军大规模炮击金门以后，美国人也发现了金门、马祖是他的一个大包袱，想扔掉它，几次压迫蒋介石退出金门、马祖，但是蒋介石不干，同美帝国主义闹独立性。蒋介石有他的想法，他不从金门、马祖撤退，其用意就是拖住美国不放。我们不解放金门、马祖，不让蒋介石扔掉这个包袱，也就不让美国人把这根绞索从自己脖子上脱掉。毛主席的政略、战略和外交策略真是高明，我们开始是不懂的，以后我们才懂。

1960年美国进行总统选举，肯尼迪和尼克松在竞选演说中提到金门、马祖问题，成为他们的一个辩论题目。肯尼迪在辩论时说："如果能说服蒋介石，把防线划到台湾和澎湖周围，则美国卷入战争的机会将减少很多。"可见美国有些人以后也慢慢懂得这个道理了。

金门、马祖问题就是这样一个错综复杂的微妙问题。[27]

当时负责新闻报道工作的吴冷西，从另一个侧面回忆了毛泽东对炮击金门的指导过程：

1958年8月，政治局常委在北戴河召开中央工作会议。这次会议，原定着重讨论工业问题，后来又增加人民公社问题。

会议8月17日开始。我因事晚去几天。中央办公厅20日来电话催我赶快去。我21日乘中办的班机到达北戴河，同胡乔木同志住在一座别墅。那是北戴河中区中央负责同志的别墅区，都是新中国成立前达官贵人和洋人的旧别墅，只有毛主席的住处是新建的高大平房。

我到达北戴河的第三天，8月23日中午，福建前线的人民解放军炮兵部队就万炮齐轰仍被国民党军占据的金门、马祖及其附近小岛。

当晚，我参加了毛主席召开的政治局常委会议才知道：7月中旬美军入侵黎巴嫩，英军入侵约旦，企图镇压伊拉克人民武装起义后，中央即考虑在福建前线采取行动，以支持阿拉伯人民的反帝斗争，又打击蒋介石集团在金门、马祖一带经常骚扰我福建沿海的气焰。蒋介石早在7月17日就宣布台湾、澎湖、金门、马祖全线处于"紧急戒备状态"，表明了他们将有所行动。我空军于7月底开进福建前线，同国民党飞机连续作战，并夺取了福建沿海的制空权。炮兵增援部队也陆续到达。与此同时，全国展开了支援伊拉克、阿拉伯人民反对美英帝国主义侵略中东的集会和示威游行。

毛主席在会议上说，今天开炮，时机选择得当。联合国大会三天前通过决议，要求美、英军队退出黎巴嫩和约旦。美国人霸占我台湾更显得无理。我们的要求是美军从台湾撤退，蒋军从金门、马祖撤退。你不撤我就打。台湾太远打不到，我就打金、马。这肯定会引起国际震动，不仅美国人震动，亚洲人震动，欧洲人也震动。阿拉伯世界人民会高兴，亚、非广大人民会同情我们。

这时，毛主席对着我说：找你快来参加会是要你了解这突发事件。你的任务是要新华社迅速、广泛收集国际反应，重大反应要用电话传到北戴河来。报道和评论暂时不搞，观察几天再说，这是纪律。要告诉新华社、人民日报和广播电台的编辑部。服从命令听指挥，部队如此，新闻宣传单位亦如此。

毛主席又说，前几天在工作会议开始时他讲了八个国际问题，这些问题多年来一直在脑子里转来转去，逐渐形成一些看法、观点，思想就开朗了。但是这些观点在对外宣传中不能不分时间、地点和盘托出，要有所区别。比如，我说大战打不起来，但军事工作中要有打起来的准备，宣传工作中要讲战争危险，号召反对帝国主义侵略政策和战争政策，维护世界和平。又如谁怕谁多一点，我说帝国主义比我们多怕一点，但宣传上应讲我一反对战争，二不怕战争。又如我说帝国主义制造紧张局势有刺激世界人民觉醒的有利的一面，但宣传上要强调反对帝国主义制造紧张局势，争取缓和国际紧张局势。诸如此类，这个世界上坏事太多，我们如果整天愁眉苦脸，就在精神上被压垮了。我们要学会用分析的方法，看到坏事有两重性，看到紧张局势固然是坏事，但它又可以促使许多人觉醒起来，下决心同帝国主义斗争，这又是好事。这样看问题，我们就可以在思想上获得解放，不至于老是觉得包袱沉重。

毛主席说：这次炮轰金门，老实说是我们为了支援阿拉伯人民而采取的行动，就是要整美国人一下。美国欺负我们多年，有机会为什么不整它一下。现在我们要观察各方面的反应，首先是美国的反应，再确定下一步的行动。我们现在处于主动，可进可退，游刃有余。美国人在中东烧了一把火，我们在远东烧一把火，看他怎么办。我们谴责美国在台湾海峡制造紧张局势。这不冤枉它。美国在台湾有几千驻军，还有两个空军基地。美国最大的舰队第七舰队经常在台湾海峡晃来晃去。美国在马尼拉还有一个很大的海军基地。美国海军参谋长帕克不久前（8月6日）说，美国部队随时准备在台湾海峡登陆作战，像在黎巴嫩那样。这就是证明。

过了两天，8月25日下午，毛主席又主持召开政治局常委会议，地点是北戴河海滩游泳场的休息室。毛主席刚下海游泳回来，穿着睡衣就主持开会。除了少奇同志、周总理、小平同志外，还有彭老总、王尚荣（总参作战部长）、叶飞（福州军区政委），胡乔木和我也参加了。

毛主席一开始就说：我们在这里避暑，美国人却紧张得不得了。从这几天的反应看，美国人很怕我们不仅要登陆金门、马祖，而且准备解放台湾。其实，我们向金门打了几万发炮弹，是火力侦察。我们不说一定登陆金门，也不说不登陆。我们相机行事，慎之又慎，三思而行。因为登陆金门不是一件小事，而是关系重大。问题不在于那里有95 000名蒋军，这个好办，而在于美国政府的态度。美国同国民党订了共同防御条约，防御范围是否包括金门、马祖在内，没有明确规定。美国人是否把这两个包袱也背上，还得观察。打炮的主要目的不是要侦察蒋军的防御，而是侦察美国人的决心，考验美国人的决心。

中国人就是敢于在太岁头上动土,何况金、马以至台湾一直是中国的领土。

　　毛主席又说:凡事要抓住时机。去年开始反击右派是抓住了卢郁文事件,批判《文汇报》是抓住了《新民报》作了自我批评。这次炮打金门,就是抓住美军登陆黎巴嫩。既可以声援阿拉伯人民,又可以试探美国人。看来美国人左右为难,处于东西难以兼顾的境地。但是我们宣传上目前暂不直接联系金门打炮,而要把主要锋芒对着美国到处侵略,谴责它入侵中东,也谴责它霸占我国领土台湾。最近美国国务院发表一个反华备忘录,我们人民日报就可以以此为由头,历数美国侵略中国的罪行,驳斥备忘录对我们的诬蔑攻击。联合国大会通过决议要求美英军队从黎巴嫩和约旦撤退一事,也可以组织评论,要求美军从它在全世界许多国家的基地包括我国台湾撤退。现在宣传上要打外围战,等美国、蒋介石以及世界各国的动向摸清楚之后,再开始就炮打金、马问题发表评论。届时我国政府也要发表声明或文告。现在要养精蓄锐,引而不发。

　　彭老总在会上提出,金马前线官兵艰苦奋斗、英勇作战,可以写些通讯报道,但要注意保密。大家同意前线记者可以先作准备,发表时机另议。

　　以上中央关于组织评论和通讯的指示,当晚我用保密电话告诉了在北京的人民日报副总编辑,但没有谈及中央决定炮打金、马的意图和设想,这在当时是最高军事机密。

　　8月27日,毛主席在中央工作会议上讲话,主要还是谈他在会议开始讲的国际问题,也谈到人民公社。在会议休息时,毛主席把乔木和我找去,谈了人民日报的宣传。他说,人民日报和新华社对国际问题应该有研究,形成一定看法,不要临时抱佛脚,发表感想式的意见。对许多国际问题都要有基本的看法,应该有比较深刻的评论。现在报刊上有些评论是感想式的,搞新闻工作,光务实、不务虚不好。要经常找有关同志吹一吹,有了看法,有了意见,就要找机会、找题目,加以发挥。毛主席还说,人民日报在一个时期应有一定的方向,宣传要有重点,抓住当前的主要任务。今年年初报纸宣传方向比较明确。《从梅林看全国》的社论写得不错。最近一个时期,宣传上就显得杂一些,编辑条理差,把一些东西堆在一起,看不出方向,缺乏思想的鲜明性和一贯性,评论和消息配合不够。现在中央已决定今年钢铁产量翻一番,大办人民公社,大办民兵。报纸就要跟上。《人民日报》的版面要调整,要突出工业,首先是钢铁工业。工业消息放在一版和二版,农业放到三版去。毛主席要胡乔木和我研究一下,北戴河会议结束后回北京布置。

　　这以后几天,北戴河中央工作会议集中讨论钢铁翻一番和人民公社问题。但毛主席仍然十分注意各方对炮打金门的反应,特别是美国的动向。他的秘书几次打电话给我，查问新华社印发的《参考资料》中刊出的美国动向的后续消息。我在这期间也要求新华社每天上午打电话汇报当天收到外国通讯社的要闻，重要的我都向毛主席和周总理报告了。

中央工作会议8月30日结束后，毛主席回北京召开最高国务会议。在最高国务会议开始前一天，9月4日，毛主席召开了政治局常委会议，主要是讨论炮打金门后的形势。会上大家分析，艾森豪威尔和杜勒斯都讲了话，美当局已下令把地中海的军舰调一半到太平洋来，同时又提出在华沙恢复中美会谈。看来，美方估计我们准备解放台湾，他们想守住台湾，是否也固守金门、马祖，似乎尚未下决心。艾、杜的讲话都含糊其词。美国人还是怕打仗，未必敢在金门、马祖同我们干起来。我们这次炮打金、马的火力侦察已达到目的，不仅美国人紧张起来，全世界人民也动员起来了。但是，会上大家也认为，我们现在的方针还不是马上登陆金门，而是把绞索一步步拉紧，进一步对美国施加压力，然后相机行事。大家同意周总理提出的采取宣布我领海为12海里的办法，使美国军舰不敢迫近属于我领海范围的金门、马祖。毛主席认为，美舰入侵我领海，我有权自卫，但也不一定马上打炮，可以先发出警告，相机行事。毛主席说，我们还准备另一手，通过即将在华沙恢复的中美会谈，以外交斗争配合福建前线的斗争。有武戏又有文戏。我们还有一手，就是宣传斗争。这时毛主席对胡乔木和我说，现在要大张旗鼓地谴责美国在台湾海峡制造紧张局势，要求美国军事力量撤出台湾和台湾海峡；强调台湾及沿海岛屿是中国领土，炮打金、马是惩罚蒋军，是中国内政，任何外国不得干涉。人民日报、新华社、广播电台是舆论机关，评论可以讲得激烈一点，当然也要适当，不要说过头话。以上这些关于宣传工作的意见，我都向人民日报和新华社作了布置。

毛主席9月5日到8日召开最高国务会议。原定会议主要议程是讨论第二个五年计划（特别是1958年钢铁产量翻一番的指标）和人民公社问题。毛主席在5日和8日讲了两次话。他除了讲到国内问题外，着重讲了国际问题，大体上也是他在北戴河会议中讲的八个问题。其中谈到绞索问题时，毛主席说：我们炮打金、马，美国人紧张起来，杜勒斯似乎要钻进金、马绞索，把台、澎、金、马全都包下来。这也好，给套住了。我们什么时候要踢他一脚就踢他一脚。我们主动，美国人被动。蒋介石过去给我们捣乱，主要是从福建这个缺口来的。金、马在蒋军手里，实在讨厌。卧榻之侧，岂容他人酣睡。但是，我们现在不是马上登陆金、马，只是试试美国人，吓吓美国人，但有机会就打。机会来了为什么不把金、马拿回来。其实，美国人心里也怕打仗，所以艾森豪威尔公开讲话时没有说死要"共同防御"金、马，有点想脱身的味道。他们想采取脱身政策也可以，把金、马11万蒋军撤走就是。赖着不走，就让蒋军待在那里，也无碍大局，美国人给套住就是了。

毛主席在8日讲话过程中，忽然问吴冷西到会了没有。我答应到了。毛主席说：今天的讲话要发新闻，你先作准备。我同乔木商量，感到什么内容可以发表很费斟酌，最后确定先写有关绞索的部分。我起草了新闻稿，也给乔木看了。散会之后，毛主席和其他政治局常委还留在勤政殿的休息室。我把新闻稿给毛主席审阅。毛主席边看边谈边改。他说，可以只发表关于绞索部分，其他问题只是内部交换意见，至少目前不宜公开发表。绞索问题也不宜联系金、马来谈。用国家主席身份讲话，不宜直接联系金、马，不同于写社论、做文章。当然也不能写我们对金、马的方针，这是军事机密。但对即将恢复的中美会谈，要表个态，可以说寄予希望，不管将来结果如何。我们现在一手打炮、一手谈判，一武一文。打炮是火力侦察，今天打了3万发，配合天安门群众大会，大造声势。谈判是外交侦察，摸清底细。两手比一手好，保持谈判渠道是必要的。毛主席审改了新闻稿后，交我要新华社当晚发出，人民日报第二天（9月9日）见报。

这里还可以补充一个插曲，就是在最高国务会议期间，9月6日，赫鲁晓夫对我炮打金门摸不着头脑，害怕引发世界大战，特派葛罗米柯到北京来探询究竟。周总理和毛主席先后把我方意图告诉葛，并说明不会打大仗，万一中美之间打起来，中国也决心单独承担，不会拖苏联下水。赫鲁晓夫得知后立即写信给艾森豪威尔，警告美国当局在台湾海峡慎重从事，并声明一旦中国遭到侵略，苏联准备随时援助。真是虚惊一场，空放一炮。

在最高国务会议之后，毛主席即离开北京，从9月10日至28日先后视察了湖北、安徽、江苏、上海等地，29日回京。第二天，9月30日，毛主席的秘书通知我说毛主席有事找我。我马上赶到中南海丰泽园。当我走进菊香书屋的四合院的东厢房时，毛主席一个人正在书房里看字帖。他招呼我坐下后说，他这次外出巡视，看到各地群众干劲很大，尤其是大办钢铁、大办民兵。他为新华社写了一篇关于他巡视大江南北的新闻稿。稿子正在打字，稍等一会就好。毛主席说，这次特别请张治中将军一起视察。张治中将军原是蒋介石的亲信，1949年初国共和谈破裂后站到我们这边来的。张治中在沿途视察时除了关心工农业飞跃发展外，还特别关切台湾海峡的形势。他对我们迟迟不登陆金门很不理解，主张这次解放台湾做不到，但无论如何要把金门、马祖拿回来。他说这是机不可失，时不再来。

毛主席说：其实我们也不是不想拿下金门、马祖，但这个问题不单是同蒋介石有关，特别是要考虑美国的态度，切不可以鲁莽从事。美国人也害怕跟我们打仗。我宣布12海里领海后，美国军舰开始不承认，多次侵入我领海线，但不敢驶过他们承认的8海里领海线。后来经我多次警告，美舰也不敢入侵我12海里线了。美国空军虽然有时也飞到大陆内地侦察，但在台湾海峡，美国飞机开始时经常侵入我领空，后来也不敢越过海峡的中线。有一次，美舰为国民党运输船队护航，向金门运送弹药、给养。当这个联合舰队抵达金门港口时，我下令猛烈炮击，美舰马上掉头逃跑，国民党船队遭殃。可见美国也是纸老虎。但是，它又是真老虎。目前美国在台湾海峡集中了美国所有12只航空母舰中的6只，重巡洋舰3只，驱逐舰40只，航空队2个，实力相当强大，不可轻视，需要认真对待。因此我们现在的方针是打而不登，断而不死（意即只打炮不登陆，封锁金门，断其后援，但不致困死）。

毛主席又说，在华沙恢复的中美会谈，经过几个回合的互相侦察，大体上可以判断美国人要保台湾但不一定保金门，而且有迹象显示美国人企图以放弃金、马换取我承认其霸占台湾。这需要研究对策。张治中将军的主张恐怕不宜采纳。人民日报和新华社现在要在宣传上来个暂停，待中央决策后再说。

新闻稿打印出来以后，毛主席要我看看有什么意见。我看到稿子的末尾专门提到张治中将军陪同视察。我对整个稿子没有什么意见，只觉得末尾一段文字可能引起外界由张治中而联想到同国民党有什么关系。根据毛主席的意见，这个新闻稿新华社当晚广播，《人民日报》在国庆日的头版头条地位登出。

国庆节刚过，毛主席连续召开政治局常委会议，讨论台湾海峡形势。从10月3日至13日，几乎天天开会。在3日、4日两日的会议上，主要是分析杜勒斯9月30日的谈话。杜勒斯在这次谈话中，明显地要制造"两个中国"，提出要求中共和台湾当局"双方放弃使用武力"，同时又批评台湾当局不应该把那么多的军队放在金门、马祖，认为这是"不明智和不谨慎的"。当记者问他，如中共方面做某些让步，那么美国对台湾的政策是否有所改变时，杜勒斯说："我们在这些方面是灵活的。""如果我们必须应付的局势有所改变，我们的政策也会随之改变。"

周总理在常委会议上指出，杜勒斯的谈话，表明美国想趁目前这个机会制造两个中国，要我们承担不用武力解放台湾的义务。以此为条件，美国可能要台湾放弃所谓"反攻大陆"的计划，并且从金门、马祖撤退。杜勒斯这个政策，一句话就是以金、马换台、澎，这同我们最近在华沙中美大使级会谈中侦察美方底牌的情况是一致的。美方在会谈中说的甚至比杜勒斯更露骨。少奇同志和小平同志都认为，中美双方都在摸底，在华沙如此，在金门亦如此。现在双方都比较了解对方的意图了，美国人也知道我们并不想在最近时期解放台湾，也并不想同美国迎头相撞。公平地讲，在台湾海峡对峙中，双方都比较谨慎。我们在8月、9月间火力侦察是对的，迫使美国人不得不考虑怎么办。同时，我们只打蒋舰，不打美舰，海空军都严格遵守对美舰、美机不开火的命令，这也是谨慎的，克制得当的。至于在宣传上我们大张旗鼓地谴责美国侵略我国领土台湾，抗议美舰美机侵犯我领海领空，不仅动员了全国人民，而且动员了国际舆论，支持了阿拉伯人民，也对美国当局造成强大压力，这是做得对的。

毛主席在会上说，侦察任务已经完成，问题是下一步棋怎么走。他说：对于杜勒斯的政策，我们同蒋介石有共同点，都反对两个中国，他自然坚持他是正统，我是匪；都不会放弃使用武力，他念念不忘反攻大陆，我也绝不答应放弃台湾。但目前的情况是，我们在一个相当时期内不能解放台湾，蒋介石"反攻大陆"连杜勒斯也说"假设成分很大"。剩下的问题是对金、马如何？蒋介石是不愿撤出金、马的，我们也不是非登陆金、马不可。可以设想，让金、马留在蒋介石手里如何？这样做的好处是金、马离大陆很近，我们可以通过这里同国民党保持接触，什么时候需要就什么时候打炮，什么时候需要紧张一点就把绞索拉紧一点，什么时候需要缓和一下就把绞索放松一下，不死不活地吊在那里，可以作为对付美国人的一个手段。我们一打炮，蒋介石就要求美国人救援，美国人就紧张，担心蒋介石给他闯祸。对于我们来说，不收复金、马，并不影响我们建设社会主义。光是金、马蒋军，也不致对福建造成多大的危害。反之，如果我们收复金、马，或者让美国人迫使蒋介石从金、马撤退，我们就少了一个对付美、蒋的凭借，事实上形成两个中国。

大家同意毛主席提出的设想，让蒋军继续留在金、马，使美国当局背上这个包袱，时不时挨上我们一脚，提心吊胆。周总理估计，美国人可能在中美会谈中提出三个方案。第一方案：要我们停止打炮，蒋方减少金马兵力，美方声明金马在美蒋共同防御范围之内；第二方案：要我们停止打炮，蒋方减少金马兵力，美方声明共同防御限于台、澎；第三方案：要我们停止打炮，蒋方从金、马撤退，双方承担互相不使用武力的义务。这三个方案都不能同意，因为三者的实质都是制造两个中国，使美国霸占台湾合法化。但中美会谈以继续下去为有利，可以拖住美国人，力求避免美方或其他西方国家把台湾海峡问题提到联合国去。对亚非朋友也要把问题说清楚，免得他们不明真相，给我们帮倒忙。大家都赞同周总理的估计和想法。

毛主席最后说，方针已定，还是打而不登，断而不死，让蒋军留在金、马。但打也不是天天打，更不是每次都打几万发炮弹，可以打打停停，一时大打，一时小打，一天只零零落落地打几百发。但我们在宣传上仍要大张旗鼓，坚持台湾问题是中国内政，金、马打炮是中国内战的继续，任何外国和国际组织都不能干涉；美国在台湾驻扎陆空军是侵犯中国领土、主权，美舰云集台湾海峡是蓄意制造紧张局势，都必须完全撤退；反对美国制造两个中国，反对美国霸占台湾合法化；我们和蒋介石通过谈判解决金、马以至台、澎问题。毛主席说，以上这些原则，在舆论宣传上可以鲜明提出，在华沙会谈中可以外交辞令些，但也不离原则。所有这些，都要在我政府发表正式声明之后才公开宣传。人民日报目前可以"停火"几天，准备充足弹药，一声令下就排炮轰击。

在4日的会议后，毛主席5日下令我军暂停打炮两天，并亲自起草了6日发表的以国防部长名义发布的《告台湾同胞书》。文告一开始就提出"我们都是中国人。三十六计，和为上计"，并指出大家都同意台、澎、金、马是中国领土，都同意一个中国、没有两个中国。文告说，台湾领导人同美国人订立的《共同防御条约》应予废除。美国人总有一天要抛弃你们。杜勒斯9月30日谈话已见端倪。归根结底，美帝国主义是我们的共同敌人。文告正式建议举行谈判，和平解决打了30年的内战，并宣布福建前线暂停炮击7天，以便金门军民获得供应品，但以没有美国人护航为条件。

毛主席起草的这个文告，是炮打金门形势的重大转折，即以军事斗争为主转入以政治斗争（包括外交斗争）为主。

观察两天之后，毛主席于8日下午又召集政治局常委开会。大家一致指出，《告台湾同胞书》发表后反应强烈，有些西方报刊甚至说这是台湾海峡两方关系以至中美关系发生戏剧性变化的预兆。美舰已停止护航，也不再入侵我金门领海。只有蒋介石的国防部认为是中共的"诡计"。毛主席当时问我，《人民日报》的社论准备得怎样。我说已写好一篇专攻美国人的。毛主席说，先要做国民党的工作，要写一篇着重对蒋介石说话，同时也给美国人出难题。可以说明并非诡计，阐述我对台的一贯政策，这次是又一次伸出手来。还可以挑一下美蒋关系，说寄人篱下不好受，搭美国船不可靠。然后批杜勒斯的所谓停火，要美国人过五关（停止护航，停止侵犯中国领海领空，停止军事挑衅和战争威胁，停止干涉中国内政，从台、澎撤退美国全部武装力量）。毛主席要我当天晚上写好，他夜里等着看。他要我不必等散会就回去写。

我从中南海出来，回到人民日报社，到对面的一家饭馆吃了一碟炒面当作晚餐，接着就在办公室赶忙起草社论。由于已有毛主席的提示，写起来比较顺手，午夜过后不久就赶了出来，排出清样送毛主席审查已是9日凌晨两三点了。毛主席果然当夜审阅并修改了社论，主要是修改社论的最后一段，重新改写为："看来，问题尚有待于观察和考验，离解决之期尚很远。帝国主义到底是帝国主义，反动派到底是反动派。且看一看他们究竟怎样动作吧！"毛主席在清样上批示："不算好，勉强可用。"签名后写的时间是10月9日6时。

我在10月9日上午收到毛主席退回来的社论稿，同时接到毛主席秘书林克打来的电话，说毛主席交代要把杜勒斯8日宣布美舰停止护航加进社论中，并说发表时间可以推迟一天。我看了毛主席的修改稿后，感到社论原来的题目很不醒目，于是根据毛主席修改过的最后一段最后一句，把题目改为"且看他们怎样动作"。由于这个题目比较特别，加上社论的文体又比较接近《告台湾同胞书》的风格，这篇社论10月11日发表后曾被误认为是毛主席的大手笔。

过了两天，10月13日，《人民日报》又发表题为《休谈停火，走为上计》的社论。这是根据周总理4日在政治局常委会上的意见写的，并经周总理最后审定。内容主要是批驳美国人要求在金马前线停火，说明中美之间根本没有战争，停火从何而来，并要求美国撤走在台湾和台湾海峡周围的全部美国海、陆、空军事力量。这篇社论，正好配合毛主席起草的10月13日发表的国防部命令。国防部命令宣布再暂停打炮两周，仍以没有美舰护航为条件，如有美舰护航，立即开炮。

几天之后，艾森豪威尔下令把增援到太平洋的第六舰队那部分舰只调回地中海，并派杜勒斯到台湾去同蒋介石会谈。人民日报编辑部不明就里，写了一篇题为《咎由自取》的社论，说杜、蒋"唱双簧戏"。10月21日发表后，周总理当天上午就打电话来严厉批评我们说的不符合事实，也不符合中央的方针。当天下午，毛主席主持政治局常委会议时也批评我们的社论，对中央的方针理解片面，摇摇摆摆，不适当地强调了美蒋一致。毛主席说，这次杜勒斯跑到台湾去，是要蒋介石从金、马撤兵，以换取我承诺不解放台湾，让美国把台湾完全掌握在自己手中。蒋介石不答应，反要美国承担"共同防御"金、马的义务。两人吵了起来，结果各说各的，不欢而散。这完全不是"唱双簧戏"。毛主席请周总理专门找我谈一次，然后另写一篇社论，重新评论杜蒋会谈。

毛主席在常委会上说，美蒋关系存在着矛盾。美国人力图把蒋介石的"中华民国"变成附庸国甚至托管地，蒋介石拼死也要保持自己的半独立性，这就发生矛盾。蒋介石和他的儿子蒋经国还有一点反美积极性。美国逼得急了他们还是要反抗的。过去大骂胡适，罢黜孙立人，就是例证，因为他们捣乱的靠山是美国人。最近台北发生群众打砸美国大使馆更是例证。美国在台湾的驻军，蒋介石只同意美国派出团一级单位的兵力，不同意派师一级单位的兵力。我炮打金门开始后，蒋介石只同意美国增加海军陆战队3000多人，而且驻在台南。毛主席说：我前几天说过，我们同蒋介石有一些共同点。这次杜勒斯同蒋介石吵了一顿，说明我们可以在一定意义上联蒋抗美。我们暂不解放台湾，可以使蒋介石放心同美国人闹独立性。我们不登陆金门，但又不答应美国人的所谓"停火"，这更可以使美蒋吵起架来。过去一个多月中我们的方针是打而不登，断而不死。现在仍然是打而不登，断而不死更可以宽一些，以利于支持蒋介石抗美。

会上大家都同意毛主席这些意见。周总理还提出，"断"和"打"是相关的，既然"断"要放宽些，那么"打"也得放松。毛主席说，我们索性宣布，只是单日打炮，双日不打炮，而且单日只打码头、机场，不打岛上工事、民房，打也是小打小闹，甚至连小打也不一定打。从军事上看，这似乎是开玩笑，中外战史上从未有过，但这是政治仗，政治仗就得这样打。毛主席说，现在我们手里只有手榴弹，没有原子弹，打金、马蒋军好办，但跟手里有原子弹的美国人打仗，就不是好办法。将来大家都有原子弹了，也很可能都不打原子弹。

会议快结束时，少奇同志和小平同志提出是否发表一个正式声明，宣布双日不打、单日打。毛主席说，恐怕有这个必要。他同时还要我注意，前面说的那篇社论要在正式文告后才发表。

10月25日，毛主席起草的以国防部长名义发布的《再告台湾同胞书》的文告指出：10月23日美国国务院发表的杜勒斯谈话，一面说这位美国老爷终于看到了一个"共产党中国"，并愿意同它打交道，一面又说台湾那个所谓"中华民国"是一个"事实上存在的政治单位"。美国人的计划是第一步孤立台湾，第二步托管台湾。文告说："中国人的事只能由我们中国人自己解决，一时难于解决，可以从长商议。""我们并不劝你们马上同美国人决裂，这样想是不现实的。我们只是希望你们不要屈服于美国人的压力，随人俯仰，丧失主权，最后走到存身无地，被人丢到大海里去。"文告宣布：已令福建前线解放军逢双日不打金门机场、码头、船只、海滩。逢单日，你们的船只、飞机不要来，我们也不一定打炮。

文告登报的当天（10月26日），毛主席找我和田家英谈话，除了要我们去河南调查人民公社的情况外，也谈到炮打金门、马祖。他说，在炮打金、马过程中，我们和美国人都搞边缘政策。美国集中了那么多的军舰，而且侵入我领海，给蒋介石船队护航，但又从不开炮；我们也是一万、两万发炮弹那么打，美舰护航时更大打，但只打蒋船队，不打美舰队，不过炮弹就落在美舰附近，吓得他们掉头就跑。双方在台湾海峡对峙，同时又在华沙会谈。美国人在这个战争边缘，我们在另一个战争边缘，双方都在战争的边缘，都不越过这边缘。我们用战争边缘政策对付美国人的战争边缘政策。《聊斋志异》中写了很多不怕鬼的故事，其中有一篇名《青凤》，说的是狂生耿去病夜读于荒宅，"一鬼披发入，面黑如漆，张目视生。生笑，染指砚墨自涂，灼灼然相与对视。鬼惭而去"。你不怕鬼，鬼也无可奈何。炮打金、马的经过也是这样。

可以说，这些话是毛主席对金、马事件的总结。

毛主席还对我说：你们要善于抓动向。看来现在还不大懂。美国人想从金、马脱身，杜勒斯谈话就显露了这个动向，你们没有抓住。你们编辑部也不大会写文章。接着，他拿当日发表的《再告台湾同胞书》为例，谈了如何写文章的几点意见：

1．文章要有中心思想，最好是在文章的开头就提出来，也可以说是破题。文告一开头就提出绝大多数人爱国，中国人的事只能由中国人自己解决。这个思想贯穿全篇。整个文告，从表面上看，似乎写得很拉杂，不连贯，但重在有内在联系，全篇抓住这个问题不放，中间虽然有穿插，但贯彻这个中心思想。《红楼梦》中描写刘姥姥进大观园就是这样写的。

2．文章要形象化。文告中不说"沿海岛屿"，而说"大金门、小金门、大担、二担大小岛屿"，不仅仅说"供应"，而具体说"包括粮食、蔬菜、食油、燃料和军事装备在内"，这就形象地给人深刻印象。你们写文章偏于抽象，一般化，缺乏生动性，看了留不下具体印象。

3．文章要有中国气派、中国风格。两篇告台湾同胞书的文体就是这样。中国文字有自己独特的文法，不一定像西洋文字那样严格要求有主词、谓语、宾词。其实西洋人说话，也经常省去主词或宾词的。你们的文章洋腔洋调，中国人写文章没有中国味道，硬搬西洋文字的文法。这可能是看惯了翻译过来的西方文章。其实翻译也有各种译法，严复的译文就是中国古文式的，林琴南的译文完全是意译，都和现在的白话文译文大不相同。

从这以后，金、马事件告一段落，福建前线炮声零落，而台湾海峡风浪依然。

在整个金、马事件过程中，毛主席直接指挥军事、外交、宣传三条战线，真可谓运筹帷幄之中，制敌千里之外。[28]

注　释

〔1〕《毛泽东选集》第5卷，人民出版社1977年4月版，第472—473，474—475页。

〔2〕《毛泽东选集》第5卷，人民出版社1977年4月版，第494页。

〔3〕李银桥：《在毛泽东身边十五年》，河北人民出版社1991年12月版，第229—230页。

〔4〕李银桥：《在毛泽东身边十五年》，河北人民出版社1991年12月版，第230—234页。

〔5〕薄一波：《若干重大决策与事件的回顾》下卷，中共中央党校出版社1993年6月版，第635—637页。

〔6〕吴冷西：《忆毛主席》，新华出版社1995年2月版，第46—54页。

〔7〕薄一波：《若干重大决策与事件的回顾》下卷，中共中央党校出版社1993年6月版，第637—640页。

〔8〕吴冷西：《忆毛主席》，新华出版社1995年2月版，第60—65页。

〔9〕陶鲁笳：《毛泽东谈引黄入晋济京问题》，《党史文汇》1991年第6期。

〔10〕吴冷西：《忆毛主席》，新华出版社1995年2月版，第66—68页。

〔11〕薄一波：《若干重大决策与事件的回顾》下卷，中共中央党校出版社1993年6月版，第658—671页。

〔12〕李银桥在《在毛泽东身边十五年》第234页也回忆了这一情景，但认为毛泽东作此诗时是在"北京万寿路新六所一号楼"，不是封耀松所说的在杭州。

〔13〕权延赤：《红墙内外——毛泽东生活实录》，昆仑出版社1992年4月版，第20—23页。

〔14〕沈同：《在毛主席身边的日子里》，中央文献出版社1993年12月版，第21—28页。

〔15〕薄一波：《若干重大决策与事件的回顾》下卷，中共中央党校出版社1993年6月版，第728—740页。

〔16〕李银桥：《在毛泽东身边十五年》，河北人民出版社1991年6月版，第232—233页。

〔17〕逄先知：《毛泽东和他的秘书田家英》，中央文献出版社1989年12月版，第27—28页。

〔18〕薄一波：《若干重大决策与事件的回顾》下卷，中共中央党校出版社1993年6月版，第796—802页。

〔19〕《中国社会主义经济建设问题》，第7、9页。

〔20〕谢春涛：《大跃进狂澜》，第82—84页。

〔21〕李银桥：《在毛泽东身边十五年》，河北人民出版社1991年6月版，第241—243页。

〔22〕李银桥：《在毛泽东身边十五年》，河北人民出版社1991年6月版，第243—246页。

〔23〕李银桥：《在毛泽东身边十五年》，河北人民出版社1991年6月版，第237—238页。

〔24〕余湛邦：《张治中与中国共产党》，中共中央党校出版社1991年10月版，第166—185页。

〔25〕金门和澎湖防卫部的三名中将副司令官当场被击毙。

〔26〕指美国同台湾当局签订的所谓"共同防御条约"。

〔27〕《叶飞回忆录》,解放军出版社1988年11月版,第649—680页。

〔28〕吴冷西:《忆毛主席》,新华出版社1995年2月版,第73—92页。

三、反思与自责

纠"左"的起步

在北戴河会议后3个月的人民公社化和大炼钢铁高潮中，毛泽东先视察了南方几省市，然后又视察了河北、河南等省的一些农村，发现在公社化运动中存在许多混乱现象，"与秋冬季大办钢铁同时并举，乱子就更多了"。

在暴露出的问题面前，毛泽东的头脑开始冷静下来，号召人们做"冷静的促进派"，并派专人到各地实地调查。

吴冷西回忆说：

1958年10月26日上午，毛主席秘书通知我，说毛主席要找我和田家英谈话。我原以为，大概是谈发表毛主席的《论帝国主义和一切反动派都是纸老虎》。因为毛主席一个星期以前写信给我，要我把《世界知识》杂志发表的毛主席论纸老虎的一组论述加以转载，转载时可以另写编者按语，并要我就此同陆定一同志商量。我同定一同志商量结果，认为毛主席的论述，还可以再增加一些，重写按语。于是我找田家英同志帮忙增加一些毛主席的论述，主要是1957年和1958年的论述，并一起草拟了人民日报编辑部的按语，排出清样后送毛主席审定。所以我想毛主席找我们是谈这件事。

当我到达毛主席卧室时，田家英已在座，手里拿着我们编好的关于纸老虎的言论的大样和按语。田家英先给我看了经毛主席修改过的按语，主要是修改按语最后一段。毛主席还要我们对几段论述作一些调整。

处理完此事后，毛主席对我们说，今天找你们来是谈另一方面的问题，谈国内问题。

接着，毛主席就直截了当地提出，他想派我和田家英到地方上去作一次短期的调查研究。地点他已经选好了，就是河南新乡地区的一个县（修武县）和一个公社（新乡县的七里营公社）。他要我们各自带几个助手，分别先后去修武县和七里营公社，了解公社化后的情况，时间一个星期。他将在11月初离京去郑州，在那里开一个小会，作为12月初在武昌召开八届六中全会的准备。他要我们11月5日在新乡搭乘他的专列去郑州。

毛主席说，中国今年出了两件大事，一是大跃进，一是公社化。其实还有第三件大事，这就是炮打金门。他说，大跃进是他发动的，公社化是他提倡的。这两件大事到8月间北戴河会议时达到高潮，但那时他的心思并没有全花在这两件大事上，很大一部分精力被国际问题吸引去了。早先是同赫鲁晓夫大吵了一顿（赫鲁晓夫7月底到8月初访华），不久又炮打金门。毛主席说，他在这段时间想了许多国际问题。他列举了一连串问题，如戴高乐上台、黎巴嫩事件、紧张局势、封锁禁运等，究竟是好事还是坏事，谈了他的独特见解。毛主席对我说：你们办报的要经常研究国际问题，多同一些有见解的人交换看法，慢慢形成比较符合实际的观点，遇到国际上突发事件，就不致惶惶无主或临时抱佛脚。

毛主席说：现在来谈国内问题，你们办报的也要心中有数。这就要调查研究，掌握第一手材料。北戴河会议迄今已有两个月。国庆节前我去大江南北走马看花，除了给你们新华社写了一条新闻（按：指毛主席自己写的巡视大江南北的新闻，登在10月1日报纸上）外，感到还有很多问题需要认真研究。

毛主席说：大跃进和公社化，搞得好可以互相促进，使中国的落后面貌大为改观；搞得不好，也可能变成灾难。你们这次下去，主要是了解公社化后的情况。北戴河会议时我说过公社的优点是一大二公。现在看来，人们的头脑发热，似乎越大越好，越公越好。你们要去的修武县，全县已成了一个公社。我还要派人去了解山东寿张县，听说那里准备苦战三年进入共产主义（按：后来派陈伯达到遂平调查，因为陈已去过寿张了）。

毛主席说，我们共产党人的最终目标是建立共产主义社会，这是没有问题的。现在的问题在于：什么是共产主义社会，现在并不是人人认识一致，甚至在高级干部中也各说各的，其中有不少胡话。因此公社化过程中的具体做法，真是八仙过海，各显神通。你们这次下去调查，要带两本书，一本是中国人民大学编辑的《马恩列斯论共产主义社会》，一本是斯大林写的《苏联社会主义经济问题》。出发前要把这两本小册子通读一遍，至少把人民大学编的那一本看一遍，要你们的助手也这么办。

毛主席郑重地说，他的意思不是要我们搞本本主义，按图索骥，对号入座，也不是要我们照本本去宣传，而是想使我们对马、恩、列、斯关于共产主义说过什么话有个大致的了解，下去调查中面对眼花缭乱的实际情况能够保持冷静的头脑。特别当记者的，不能道听途说，人云亦云，要深入实际，调查研究，实事求是，心中有数，头脑清醒，做冷静的促进派。报纸宣传影响大，人家头脑发热，搞报纸宣传的也头脑发热，那就坏事了。

这是在大跃进中我第一次听到毛主席说要做"冷静的促进派"。回想从1958年初的南宁会议起，毛主席的多次谈话，给我强烈的印象就是报纸要促进，不要促退。

毛主席这次谈话涉及的问题较多，时间也较长，一直到中午过后。他留我和田家英吃午饭。饭厅就在北房五开间的中间堂屋。可能是预先告诉了大师傅，加了两个菜，一个是小砂锅炖狗肉，一个是红烧狮子头，其他四个菜是湖南腊肉、豆豉炒辣椒、西红柿炒鸡蛋、麻婆豆腐，都是毛主席常吃的。比较特别是一个莼菜汤，每人一个烤得半焦的玉米，这是最后吃的，也是毛主席的习惯，有时代之以烤红薯。毛主席喜欢吃饭时喝一两杯酒。这天喝的是茅台酒，第一杯是主席请我们喝，第二杯是我和田家英一同祝毛主席健康。

毛主席在吃饭过程中还向我们交代：下去调查时不要各级领导作陪，要找生产队长就只找生产队长，不要公社书记、大队长参加；要找群众谈话就不要找干部参加；要找县委书记也只请他本人来谈，因为人多了谈话就有顾虑（同级干部如此，上级干部更如此）。找群众谈话要有各个阶层的人物，尤其要注意中农的态度。还可以找下放干部谈话，他们可能顾虑较少。总之要了解各种人的真实想法。助手中可以选一两位女同志，那样同农村妇女谈话比较方便。他吩咐我们下去不要张扬，我带的一组用新华社记者的名义，田家英那一组则用中央办公厅工作人员名义。

从毛主席住处出来，我同田家英商量一下，就分头找人组成调查组。我在北京挑选了3位记者，又请河南分社选一位记者在新乡等候，正好两男两女，连我在内一共5人。

我和田家英等一行10月28日夜乘火车离京南下，第二天抵新乡下车。我们同新乡地委商定，当天下乡，田家英一组留在新乡去七里营公社调查，我带的一组先去修武县，四天为期，然后调换，我回七里营公社，田家英去修武。

……

11月5日，毛主席乘专列南下，在新乡稍停。田家英也从修武回来。下午，我同他一起到毛主席专列上去。毛主席正在听新乡地委和几位县委同志的汇报，他叫我们到郑州后再向他汇报。我同田家英晚上商量好：到郑州向毛主席汇报时，可以先扼要介绍一下修武和七里营的情况，然后着重谈所看到的公社化后的问题，特别是所有制和供给制的问题，主要是修武县委书记提出的问题和七里营的16包的问题。

11月6日，我们随毛主席到郑州。当晚毛主席就要我们到专列上去汇报（他外出视察工作时常食宿在专列上，有时甚至开会也在专列上）。我们按原来计划先扼要介绍情况。由于我先到修武，我着重汇报了修武县委书记提出的问题。

我谈到：修武县委书记虽然说一县一社是全民所有制，但他认为公社和国家的关系不同于国营工厂和国家的关系，公社的产品不能全部由国家调拨，国家也不能供给公社需要的所有生产资料和生活资料。他提出：如果公社实行同国营工厂一样的全民所有制，那么，有两个问题他担心不易解决：一是遇到灾年，国家能否跟平年一样拨给公社所需的生产资料和生活资料；二是遇到丰年，国家能否全部收购公社的产品。我说，这位县委书记既怕灾年饥荒，又怕丰年谷贱伤农。我还谈到修武县委书记怀疑他们实行的低标准的供给制能否叫作按需分配。我说这只能算是很勉强的"温饱"。

毛主席详细询问了县里同国家的经济关系，互相间进行哪些交换。我汇报说，修武县同国家的经济往来主要有两种，一是纳税，主要是农业税即公粮，工商税不多；二是交换，主要是向国家交售统购的粮、棉、油料等农副产品，和向国家购买生产资料和生活资料，这两种交换都是商品交换，现金结算的。

毛主席对供给制也很关心，在田家英汇报时详细询问了七里营公社的16"包"的具体内容，并提出这样低标准的平均分配是否必要和能否持久。田家英谈到，七里营的16"包"，是新乡地区包得最多的，但标准仍然很低。"食"是吃饭不要钱，都吃公共食堂，据估计一年需42元（菜肉未计）。"衣"一项是一年每人21尺布、2斤棉花、2双布鞋（因妇女上山炼铁、下大田，不织不做了），共18元钱，医药费每人每年以2元为限。产妇补助1斤红糖、20个鸡蛋，殡葬和结婚各补助10元。看戏不要钱，那年只看了1次戏，6次电影。田家英和我都认为这只能说是平均主义，不能说是"按需分配"，更不能说是已经进入共产主义社会了。

毛主席在我们汇报中间不断插话，有些是提出问题，有些是发表评论。

毛主席谈到修武一县一社时指出，一县一社恐怕太大了，县委管不了那么多具体的事，而且全县各地生产水平很不平衡，平均分配会损害富队富社的积极性。我们现在还是搞社会主义，还是要按劳分配。凡是有利于发展生产的就干，一切不利于发展生产的就不要干。供给制只能搞公共食堂，而且要加强管理，粗细粮搭配，干稀搭配，农忙农闲不同，要学会勤俭过日子，不能放开肚皮大吃大喝，那样肯定维持不下去。其他只搞些公共福利事业，不要采取"包"的办法，量力而为。延安时期的供给制，是属于战时共产主义的办法，是不得已而为之，不能作为分配方式的榜样，所以全国解放后就改为工资制了。

谈到修武说的全民所有制，毛主席说，修武不同于鞍钢，产品不能调拨，只能进行商品交换，不能称为全民所有制，只能叫作集体所有制，千万不能把两者混同起来。修武县委书记提出的问题，表明他实际上是不赞成搞全民所有制的。县里的产品不能全部调拨给国家，不可能也不必要。他作为一县之长，不能不慎重考虑。尤其是国家对于县，在平常年景也不能完全保证按照县里的需要调给生产资料和生活资料，遇到灾年更加不能保证，这也是明摆着的。他提出的问题使我们想到：如果生产力没有高度发展，像北戴河会议关于人民公社的决议中指出的，产品极为丰富，工业和农业都高度现代化，那么，生产关系上从集体所有制过渡到全民所有制，分配方式从按劳分配过渡到按需分配，是根本不可能的。这两种所有制的接近是一个很长的历史过程。

当我们汇报到有些公社搞集体住宿时，毛主席很生气地说：那种搞法不是给国民党对我们的诬蔑帮了忙吗？凡是这样胡搞的地方我都支持群众起来造反。这些干部头脑发昏了，怎么共产党不要家庭呢？要禁止拆散家庭，还是一家人大、中、小结合为好。

谈到群众大炼钢铁的干劲很大，地里庄稼没有人收时，毛主席说：1070万吨的指标可能闹得天下大乱。从北戴河会议到年底只有4个月，几千万人上山，农业可能丰产不丰收，食堂又放开肚皮吃，这怎么得了？这次郑州会议要叫大家冷静下来。

毛主席在我们结束汇报时说：你们这次下乡调查才一个星期，但发现了坐在北京办公室里想都想不出的问题，是不是头脑比一个星期前冷静一些了？是不是发现许多实际做法违反了马克思主义的基本原理？在群众运动发动起来以后，一定要注意保持冷静头脑，善于看出运动中过激的苗头。毛主席说：这次我派陈伯达到遂平去，他回来却向我宣传要取消商品交换，实行产品调拨。他过去到过寿张，很欣赏那里苦战三年向共产主义过渡。我们有些同志读了不少马列主义的书，但临到实际问题，马列主义就不知道哪里去了。毛主席说，看来很有必要读一点书。他打算在郑州会议上同到会的同志一起读一本书，就是斯大林写的《苏联社会主义经济问题》，一面读书，一面联系当前我国的经济问题，边读边议，使大家头脑清醒起来。

毛主席还特意对我说，人民日报和新华社天天作报道，发议论，尤其要注意头脑冷静。要当促进派，但要当冷静的促进派，不能做冒失的促进派。毛主席还说，他对报纸宣传还有一些意见，过几天空一点时再谈。

毛主席从11月6日起主持郑州会议，对关于人民公社若干问题的决定初稿和15年至20年规划纲要草案，提了许多意见。前一个文件是陈伯达主持起草的，毛主席批评他急于过渡，讳言商品生产和商品交换，要重新写。后一个文件提出1972年要生产2亿吨钢，毛主席指出这个草案缺乏根据，但不必修改，可在北京召集一些高级干部议论一下（后来就搁置起来了）。

从11月8日到10日，毛主席带领与会同志逐章逐段阅读斯大林的小册子，上午和下午都边读边议。他指出：现在有几十万以至几百万干部头脑发热，有必要组织大家学习这本书和另一本书《马恩列斯论共产主义社会》，以澄清许多糊涂观念，保持头脑清醒，否则，急于过渡，搞产品调拨，农民会起来造反的。毛主席在读斯大林的小册子过程中，讲了很多很重要的意见。郑州会议根据毛主席的建议，决定县以上的干部普遍学习这两本书。[1]

从1958年11月第一次郑州会议开始，毛泽东开始认真纠正已经觉察到的错误。

严文在《纠"左"的起步》一文中写道：

1958年11月2日至10日，毛泽东在郑州召开部分中央领导同志、大区领导同志和部分省市委书记参加的工作会议，即第一次郑州会议。这次会议距8月北戴河中央政治局扩大会议仅两个多月。在北戴河会议上，确定了当年生产钢1070万吨，比上年钢产量翻一番；通过了《关于在农村建立人民公社问题的决议》，决定在全国农村普遍建立人民公社。会后，在全国范围内很快形成了大炼钢铁和人民公社化运动的高潮。这时，毛泽东视察了河北、河南等省的一些农村，发现在公社化运动中存在许多混乱现象，开始着手研究纠正当时已经初步觉察到的错误。第一次郑州会议，就是在这种背景下召开的。

会议认真研讨了公社化运动中出现的问题，毛泽东在会上多次讲话。在肯定总路线、"大跃进"和人民公社的前提下，他提出了一些纠正"左"倾错误的意见。

一、划清社会主义与共产主义、集体所有制与全民所有制的界限，肯定我国社会现阶段是社会主义，肯定人民公社基本上是集体所有制。针对当时普遍存在混淆两个社会发展阶段和两种所有制的情况，毛泽东在11月10日的讲话中提出：什么叫建成社会主义？要不要划分一条线？他明确指出：大线是社会主义与共产主义；小线是集体所有制与全民所有制。关于人民公社的性质，他认为，公社是实行两个过渡的产物。目前的社会主义到共产主义的过渡——即社会主义集体所有制到全民所有制的过渡；将来的社会主义全民所有制到共产主义全民所有制的过渡。现在看来，尽管这种说法并不准确，但明确提出划清两个社会阶段和两种所有制的原则界限，对于澄清当时存在的混乱思想，遏制严重泛滥的"共产风"，是有重要的积极意义的。

二、指出取消商品生产是违背客观经济规律的，强调社会主义的商品生产要大发展。由于混淆了两个社会阶段和两种所有制的界限，当时有一些人认为商品生产、商品交换没有存在的必要，陈伯达就是其中的代表。因而，在他们起草的文件中对商品生产避而不谈。毛泽东在会上的讲话多次批评这种取消商品生产的错误意见。11月9日，毛泽东在讲话中强调：现在还是要利用商品生产、商品流通、价值法则来作为一种有用的工具。我们国家是个商品生产不发达的国家，现在又很快地进到了社会主义，社会主义的商品生产、商品交换还要发展。这是肯定的，有积极作用。10日，毛泽东在会议上讲述斯大林的《苏联社会主义经济问题》一书时说：有的同志读马克思主义教科书时是马克思主义者，一碰到实际问题就要打折扣。避开使用还有积极意义的资本主义范畴——商品生产、商品流通、价值法则等来为社会主义服务，第36条〔指会议起草的《十五年社会主义建设纲要四十条（1958—1972年）》的第36条——作者注〕的写法就是证明，尽量用不明显的词句来蒙混过关。他分析了一些人害怕商品生产的思想，强调发展社会主义商品生产的必要性，指出：现在我们有些人大有消灭商品生产之势，有不少人向往共产主义，一提商品生产就发愁，觉得这是资本主义的东西，没有区别社会主义与资本主义商品的差别，没有懂得利用其作用的重要性。这是不承认客观法则的表现。有一些"可怜的马克思主义者"要剥夺农村的中小生产者，我国也有这种人。有些同志急于要宣布全民所有，废除商业，实行调拨，那就是剥夺。商品生产不能与资本主义混为一谈。为什么怕商品，无非是怕资本主义。不要怕，我看要大大发展。商品生产看它同什么经济相联系，商品与资本主义相联系，就出资本主义；和社会主义相联系，就不是资本主义，就出社会主义。不要怕，不会引导到资本主义，因为已经没有了资本主义的经济基础。商品生产可以乖乖地为社会主义服务。毛泽东的这些话是在32年前讲的，在大力发展社会主义商品经济的今天，我们读起来仍然感到亲切，富有启迪。

三、建议读两本书，用马列主义理论来澄清思想混乱，统一思想认识。为了使全党特别是党的各级干部了解马、恩、列、斯关于共产主义社会的论述和社会主义经济的理论，以澄清当时不少干部的模糊认识，统一全党思想。在会议期间，毛泽东于11月9日给中央、省市自治区、地、县四级党委委员写了一封信，建议读两本书，一本是斯大林的《苏联社会主义经济问题》，一本是《马恩列斯论共产主义社会》。信中指出："要联系中国社会主义经济革命和经济建设去读这两本书，使自己获得一个清醒的头脑，以利指导我们伟大的经济工作，现在很多人有一大堆混乱思想，读这两本书就有可能给以澄清。有些号称马克思主义经济学家的同志，在最近几个月内，就是如此。他们在读马克思主义政治经济学的时候是马克思主义者，一临到目前经济实践中某些具体问题，他们的马克思主义就打了折扣。"在会上，毛泽东和与会同志一起，阅读和讨论了《苏联社会主义经济问题》一书。11月10日，他讲了对这本书的读后感。他说：这本书我过去也看过一遍，不大感兴趣，现在一看就不同了，现在要来搞清这些问题。我看，这个一、二、三章里头有许多值得注意的东西。他还逐章逐段谈了自己的意见。毛泽东常用读书的办法来解决人们的思想认识问题，令人感悟到颇有高屋建瓴之势。

第一次郑州会议起草过两个文件，一是《十五年社会主义建设纲要四十条（1958—1972年）》，一是《郑州会议纪要》，后改名为《郑州会议关于人民公社若干问题的决议》。根据毛泽东的意见，这两个文件都没有定稿下达，而后提交武昌会议和八届六中全会修改、审议。11月12日，毛泽东致信邓小平说："郑州会议就是一个为武昌会议准备文件的会议。"由于对当时的经济发展形势仍然存在不切实际的估计，继续坚持工农业生产的一些高指标，对"大跃进"和公社化运动中问题的严重性还缺乏足够认识，尽管毛泽东在会上提出了一些很好的思想和主张，但第一次郑州会议仅仅为纠正"左"倾错误开了个头。[2]

"压缩空气"

11月21日至27日，中共中央在武昌召开政治局扩大会议。会议在批评"共产风"的同时，着重讨论了解决高指标和浮夸风的问题，为八届六中全会作了进一步的准备。毛泽东在会上又就一些重要问题作了讲话。严文对毛泽东提出的重要思想概述如下：

毛泽东在会上的讲话，除了重申他在第一次郑州会议上论述过的关于建成社会主义问题和商品生产问题的观点外，还提出了一些重要的意见。

一、强调要"压缩空气"，把根据不足的高指标压下来。11月21日，毛泽东在会上就压缩工农业生产的高指标问题说：我们在这一次唱个低调，把脑筋压缩一下，把空气变成固体空气。先搞少一点，如果行有余力，情况顺利，再加一点。这有点泼冷水的味道，右倾机会主义了。23日，他在会上第二次讲话又强调说：我们的脑筋正在这里压缩空气。物质不灭，空气还是那么多。但是，压缩成液态或者固态，使它凝结一点。关于生产指标问题，他说：以钢为纲，带动一切，究竟什么指标为好？北戴河会议后两个半月的经验，对我们是一个很好的经验，就想到恐怕明年搞到2700万到3000万吨难于办到。我们是不是可以用另外一种办法，把指标降低，只翻一番，不翻两番？今年搞到1100万吨，明年翻一番，是2200万吨，有没有把握？你说我服是可以的，你打我通是可以的，但是你得打我才能通，你得说我才能服，你们现在说的那些根据我还不能服。我不仅准备做机会主义，我已经是机会主义。我就是站在机会主义的立场，为此而奋斗，不牵累别人，将来算起账的时候，不打你们，打我。因为我在这里反冒进，从前别人反我的冒进，现在我反人家的冒进。

尽管这次会议压缩后的指标仍然是过高的，但这些话反映了毛泽东当时反对不切实际的高指标的要求。

二、指出人民公社有两种可能性，要么亡，要么不亡。毛泽东在21日讲话时提出：人民公社还是要议一下，总得有那么个决议，或者搞个指示。杜勒斯、蒋介石他们都说，我们不搞人民公社还不会亡，一搞这个东西，就一定会亡。你不要一定说他没有道理，你搞得不好，它一定不亡？！总有两种可能性，要么亡，要么不亡。毛泽东还讲述了他当时的矛盾心态。他说：这一向，在我的脑筋里头，十五个吊桶打水，七上八下。就是刚才讲的那些问题，究竟这样好还是那样好？经过这一次讨论，如果是多数人，比如10个人里头有六七个人，说是那一种办法比较好，那个办法就比较可靠了。

三、批评弄虚作假的浮夸风，提出经济工作要越搞越合乎实际。在23日的讲话中，毛泽东提出，决议中要专门写一条反对作假的问题。他说：要专把作假搞一条，工作方法写一条。工作方法跟作假混在一起，这个东西人家就不注意。因为现在横竖是放卫星，要有名誉，他没有那个东西，结果他就撒谎。我看，没有一项里头没有假，有真必有假。这也许是世界上人之常情。如果说没有假，哪有真呢？真是因为有假比较才叫真。问题是我们自己也相信那些东西。我看，我们的经济事业是要越搞越细密，越搞越合乎实际。毛泽东诙谐地说：这个东西跟作诗是两件事。什么"端起巢湖当水瓢，哪里缺水哪里浇"。我就没有端过，大概你们安徽人是端过的。那个巢湖怎么端得起？！要懂得作诗同搞经济、办事有区别。因此，毛泽东强调要讲实话。他说：现在有一种空气，只讲成绩多，就脸上有光，得到奖励。一定要讲实话，比如讲尾巴在牛屁股后面，这是个老实话，动物的尾巴总是在后面的。

四、强调破除迷信不要把科学破除了。毛泽东在23日的讲话中指出：破除迷信，现在有一些把科学也破除了。破除迷信不要把科学破除了。比如第一条科学，人是要吃饭的。这不是科学？！这是自然规律、客观法则，存在于人的思想意识之外的，没有一处地方证明人可以不吃饭。他强调指出：凡迷信一定要破除，凡真理、凡科学，一定要保护。

五、指出有一部分资产阶级法权的残余，我们要保护它，使它为社会主义服务。在23日的讲话中，毛泽东说：资产阶级法权，只能破除一部分。三风五气、老爷架子、工资过大过高的悬殊、猫鼠关系，这些东西要破除，彻底破除，扫得越干净越有利。另一部分，工资等级、上下级的关系、国家还带有一点强制性,则不能马上破除。社会主义时期,有一部分资产阶级法权的残余,现在有用。因为它有用,我们要保护它,要使它为我们服务,为社会主义服务。现在资产阶级法权有用的这一部分,你给它破得体无完肤,总有一天我们要陷于被动。陷于被动,我们要扶起来,承认错误。

从这里可以看出,毛泽东对于资产阶级法权并不是一概否定,而是有具体分析的。

毛泽东在武昌会议上提出的这些思想和主张,为党的八届六中全会继续纠正"左"倾错误,作了比较充分的思想准备,对进一步纠正浮夸风、"共产风"等错误起了重要作用。[3]

在武昌会议期间,毛泽东于11月25日对云南省委关于处理部分地方发生浮肿病问题的报告,作了一个批语。批语说:

这是一个有益的报告,是云南省委写的,见《宣教动态》145期。云南省委犯了一个错误,如他们在报告中所说的那样,没有及时觉察一部分地方发生的肿病问题。报告对问题作了恰当的分析,处理也是正确的。云南工作可能因为肿病这件事,取得教训,得到免疫力,他们再也不犯同类错误了。坏事变好事,祸兮福所倚。别的省份,则可能有一些地方要犯云南那样的错误。因为他们还没有犯过云南所犯的那样一种错误,没有取得深刻的教训,没有取得免疫力。因而,如果他们不善于教育干部(主要是县级,云南这个错误就是主要出于县级干部),不善于分析情况,不善于及时用鼻子嗅出干部中群众中关于人民生活方面的不良空气的话,那他们就一定要犯别人犯过的同类错误。在我们对于人民生活这样一个重大问题缺少关心、注意不足、照顾不周(这在现时几乎普遍存在)的时候,不能专门责怪别人,同我们对于工作任务提得太重,密切有关。千钧重担压下去,县乡干部没有办法,只好硬着头皮去干,少干一点就被叫作"右倾",把人们的心思引到片面性上去了,顾了生产,忘了生活。解决办法:(一)任务不要提得太重,不要超过群众精力负担的可能性,要为群众留点余地;(二)生产、生活同时抓,两条腿走路,不要片面性。

吴冷西回忆起武昌会议期间毛泽东在小范围内的交谈。他说:

毛主席在郑州会议告一段落后(郑州会议原来是为武昌会议作准备),就在11月11日乘火车继续南下。我和田家英也跟随前往。在专列上,毛主席11日又邀集河南11个县委书记(信阳、南阳、洛阳、开封、商丘、登封等)座谈,11日晚又专门同遂平县委同志谈话,对公社供给制询问得很详细。县委书记谈到现在最苦恼的是全国来参观的人太多,每天少则五百多人,多则三千多人,难以应付。13日毛主席又找信阳地委谈话,特别称赞他们没有拆散家庭,又特别关照他们要保证社员有8小时睡眠、4小时吃饭的时间。

毛主席14日到达武昌，住东湖宾馆。他要我和田家英参加湖北省委书记王任重和张平化同志主持的座谈会。这些座谈会从14日接连开到20日，实际上是调查会。14日毛主席听取了王任重同志汇报湖北全省的情况和恩施、孝感、沔阳、襄阳等县公社化的情况。接着由麻城、鄂城、黄冈、枣阳等县的县委书记以及一些公社党委书记和钢铁厂厂长、下放干部先后作了汇报。毛主席没有到场的我们事后都向他汇报了。我们着重向他反映了县委特别是公社书记、钢铁厂厂长汇报中提到办大社中，富队和贫队之间的矛盾，群众对"军事化""食堂化"抵触甚大，大办钢铁中好铁只有两三成，干部作风浮夸、粗暴等问题。后来我和田家英都感到，毛主席要我们参加一系列的调查会，一个重要的用意是要我们上一堂调查研究的课，既了解实际情况，又学习实事求是。

武昌会议从11月21日开始，这是政治局扩大会议。除政治局成员外，有中央一部分部长和各省、市、自治区党委第一书记参加，毛主席在会议第一天作了长篇讲话，谈到了许多重大问题：如社会主义社会和共产主义社会之间还是要画线加以区别，不要急于过渡到共产主义，新40条（按：指在郑州起草的15—20年规划纲要草案）根据不足，北戴河会议决议说人民公社在五六年或更多一点时间过渡到全民所有制太快了，1958年吹得太厉害，现在要压缩空气，长时期内要发展商品生产和商品交换，明年任务要减轻等。

11月22日晚上，毛主席把我和田家英找去谈话，主要是谈宣传上要压缩空气、实事求是的问题。他特别提醒我：办报的、做记者的，凡事要有分析，要采取实事求是的正确态度。

毛主席的谈话是从11月22日下午，他找各大协作区组长谈话说起的（中央1954年撤销中央局一级组织后，1958年6月又基本上按原中央局管辖的省、市、自治区划分为七大协作区，每区设组长和副组长一二人）。看来毛主席对下午的会议很有感触，他跟我们谈话时仍处于亢奋状态。毛主席原想同各大区组长商量降低1959年的生产指标，首先是钢的指标。原来的指标是1958年8月北戴河会议确定的。毛主席设想可否把钢产量的指标从3000万吨减为1800万吨。他原想说服他们，结果反而是各组长力图说服毛主席维持原来的指标。毛主席说，他们都想打通我的思想，我硬是想不通，因为他们缺乏根据。他们有的大区明年要增加钢产两倍，有的省要增加四倍，有的省要增加十几倍，有的省竟然要增加三十倍。这怎么能叫人相信？

毛主席还说，中央已有12个部长写了报告，指标高得吓人，似乎要立军令状。但我看完不成也不要杀头。铁道部长说1959年要修2万公里铁路。周总理主持制订的第二个五年计划草案，规定5年内才修2万公里，他夸下海口要一年完成，怎么完成得了呢？如果真的完成了，我甘愿当机会主义者。

毛主席又说，其实1800万吨钢的指标不是机会主义，能否完成还是个问题，因为今年（1958年）预计炼出的1000万吨出头的钢产量中，好钢只有850万吨，看来郑州会议读了几天书并没有解决思想问题，大家头脑还是发热。1958年钢铁翻一番就使得6000万人上山，闹得天下大乱。明年再来个翻一番以至翻几番怎么得了？

毛主席说，一定要压缩空气。空气还是那么多，只不过压缩得体积小些，不要虚胖子，要结实些。我看明年要减任务，工业这样，农业也这样。去冬今春修了500亿土方水利工程，今冬明春就不要再搞500亿土方了，要减下来。

谈到这里，毛主席说明他找我们来是为了把压缩空气的精神赶快告诉人民日报和新华社的记者、编辑。他说，现在宣传上要压缩空气，不要再鼓虚劲，要鼓实劲。自己不要头脑发热，更不要鼓动人家头脑发热。

毛主席说，做新闻宣传工作的记者和编辑，看问题要全面。要看到正面，又要看到侧面；要看到主要方面，又要看到次要方面；要看到成绩，又要看到缺点；这叫作辩证法、两点论。现在有一种不好的风气，就是不让讲缺点，不让讲怪话，不让讲坏话。任何事情都有两面性。好的事情不是一切都好，也还有坏的一面，反之，坏的事情不是一切都坏，也还有好的一面，只不过主次不同罢了。听到人家都说好，你就得问一问是否一点坏处也没有？听到人家都说坏，你就得问一问是否一点好处也没有？大跃进当然是好事，但浮夸成风就不好。

毛主席问我们：你们看虚报好还是瞒产好？他自己回答：我看瞒产比虚报好。没有打那么多粮食，你硬是充胖子，虚报了产量，结果国家按报的产量征购，多购了过头粮，受害的是农民。瞒产少报，当然也不好，但我很同情。粮食丰收，干部要实报，农民想少报一点，无非想多留点，多吃点。多少年来，中国农民不得温饱，想多吃点不算犯罪。瞒产了粮食还在，虚报了没有粮食。虚夸危害很大。

谈到这里，毛主席又讲起故事来。他说，天下事有真必有假。虚夸古已有之。赤壁之战，曹营号称83万人马，其实只有二三十万，又不熟水性，败在孙权手下，不单是因为孔明借东风。安徽有个口号，说"端起巢湖当水瓢，哪里缺水哪里浇"。那是作诗，搞水利工程不能那样浪漫主义。

毛主席还说，大跃进中有些虚报是上面压任务压出来的，问题的危险性在于我们竟然完全相信下面的报告。有位县委书记强迫农民浇麦，下令苦战三昼夜，结果农民夜里在地头挂起灯笼，让小孩子放哨，大人睡觉。那位县委书记看见点亮了灯笼，就以为已经浇麦了。鉴于虚夸作假成风，我们对下面送来的报表不能全信，要打折扣，恐怕要打它三分虚假，比较稳当。否则，按虚报的数字来订生产计划很危险，订供应计划更危险。

毛主席强调，做新闻工作，无论记者或编辑，都要头脑冷静，要实事求是。下去采访，不要人家说什么你就报道什么。要自己动脑筋想想，是否真实，是否有理。

毛主席谈到，据一些省委反映，人民日报在大跃进中搞各省进度表（如水利工程完成土石方进度表）、放"卫星"（粮食和钢铁的高产"卫星"）等报道方法，对各地压力很大，结果"你赶我追"，大搞虚夸。这要引以为戒。

毛主席讲了上面这些话之后，又归纳为三点意见。他说：第一，要实事求是，报道时要弄清事实真相。不是新闻必须真实吗？一定要查清虚与实，是虚夸、作假还是真实、确实。新闻报道不是作诗写小说，不能凭想象虚构，不能搞浪漫主义。

第二，现在要下明矾，把混乱的思想加以澄清。听说《人民日报》有一篇社论讲到人民公社从集体所有制过渡到全民所有制时把时间缩短了，说三四年五六年就行了，不要北戴河决议上写的"或者更长一些时间"那半句话了。毛主席说，那半句话是我特意加上的，当时想法是谨慎一点好。现在看来还是太急了。你们删去那半句话就更急了，不知是听了哪一位政治局委员的意见。毛主席说：这半年大家头脑都发热，包括我在内，所以要下明矾，要压缩空气，说泼点冷水也可以，但要注意保护干部和群众的积极性。有错误，领导承担责任就是，不要责怪下面。

第三，要考虑国际影响。今年我们宣传上吹得太厉害，不但在国内搞得大家头脑发昏，而且国际影响也不利。毛主席说：我在成都会议上就曾经说过，不要务虚名而得实祸，现在就有这个危险。杜勒斯天天骂我们，表明他恐慌，害怕我们很快强大起来。美国人会想到是不是对中国发动预防性战争。这对我们不利。何必那样引人枪打出头鸟呢？何况我们的成就中还有虚夸成分呢？即使真的有那么多的成绩，也不要大吹大擂，还是谦虚一点好。中国是个大国，但是个大穷国。今年大跃进，即使根据现在汇报的数字，全国农民年平均收入也只有70元上下，全国工人每月平均工资也只有60元左右。现在有些县委不知天高地厚，说什么苦战三年就可以过渡到共产主义。这不是发昏说胡话？说是"穷过渡"，马、恩、列、斯哪里说过共产主义社会还是很穷的呢？他们都说过渡到共产主义社会的必要条件是产品极为丰富，否则怎么能实行按需分配呢？有些同志要"穷过渡"，这样的"穷共产主义"有什么优越性和吸引力呢？

毛主席说，现在人民公社搞的供给制，不是按需分配，而是平均主义。中国农民很早就有平均主义思想，东汉末年张鲁搞的"太平道"，也叫"五斗米道"，农民交五斗米入道，就可以天天吃饱饭。这恐怕是中国最早的农民空想社会主义。我们现在有些同志急于向共产主义过渡，这非常危险。北戴河会议规定了过渡到共产主义的五个条件，哪一条也不能少，缺一条也不能向共产主义过渡。

谈到这里，毛主席很动感情地说：反正我不准备急急忙忙过渡。我今年65岁，即使将来快要死的时候，也不急急忙忙过渡。

毛主席强调，过渡要有物质条件、精神条件，还要有国际条件，不具备条件，宣布过渡也没有用。要划两条线：一条线是集体所有制和全民所有制的区别，一条线是社会主义社会和共产主义社会的区别。不要轻易宣布向全民所有制过渡，更不要轻易宣布向共产主义社会过渡。

毛主席还说，我们的大跃进和人民公社化，不仅把杜勒斯吓了一跳，也把赫鲁晓夫吓了一跳。不过看来赫鲁晓夫还比较谨慎，他现在只讲12年内准备向共产主义过渡的条件，并没有说到时就要过渡。我们有些同志头脑发热，想抢在苏联前头过渡，这很不好。苏联同志建设社会主义已搞了41年，我们才搞9年，就想当先锋，还不是头脑发昏？人有少青中老，水有溪河湖海。事情都有一定的量度，有相对的规定性，从量变到质变要有一个过程，不能随意想过渡就过渡。

毛主席说，他在郑州批评了陈伯达主张取消商品生产和商品交换，还批评起草新40条（按：指15—20年规划纲要草案）的同志想入非非，要生产2亿吨到4亿吨钢。现在有些同志说解放思想、破除迷信，实际上把科学也破除了。毛主席说，凡是迷信一定要破，凡是科学、真理一定要坚持。资产阶级法权，一部分要破除，如官僚主义、脱离群众、等级森严、娇骄二气，非破不可。但还有相当一部分不能破除，如工资制度、国家强制、上下级关系等，还得保持。如果把这些必要的、有用的部分也破得体无完肤，就会天下大乱，总有一天要承认错误，还要赔礼道歉。

毛主席说，新华社和人民日报的记者和编辑，头脑都要冷静，多开动自己的脑筋，独立思考，不要人云亦云，随声附和。要调查，追根问底。要比较，同周围比较，同前后左右比较，同古今中外比较。唐朝有位太守，他审理案件，先不问原告和被告，而先要了解原告和被告周围的人和环境，调查好了才去审问原告和被告。这叫作勾推法，也就是比较法。记者和编辑要学会这种调查研究的工作方法，其实这也是思想方法，实事求是的方法。记者，特别是记者头子——这时毛主席指着我说，像你这样的人，头脑要清醒，要实事求是。

毛主席同我和田家英这次谈话谈得很直率，有时甚至相当激动。看来可能是经过下午同各大区组长的谈话，思想相当活跃，滔滔不绝，一直谈到深夜。

最后，毛主席要我尽快把这个精神告诉记者，并问我用什么方法可以快些。我告诉他：新华社正在北京召开全国分社会议，主席的意见可以向会议传达。毛主席先提出可否把会议搬到武汉来开，接着又考虑到临时安排不便，而且中央在政治局扩大会议之后接着要开六中全会，要来很多人。田家英提出，中央办公厅每天有专机来往京汉之间，可以明天回去传达，后天回来开会。我看可行，毛主席也同意这么办。

这样，我23日飞回北京，当天向参加国内分社会议的同志和新华社、人民日报部主任以上干部作了传达。当时我考虑到毛主席谈话中涉及一些重大决策与具体的人和事，没有全部向大家传达，而且传达时要求大家只记总的精神和要点，不要作详细记录。所以后来新华社和人民日报档案中都没有完整的记录。幸好毛主席22日深夜谈话的主要之点，有些在21日中央政治局扩大会议中已讲过，有些在23日会议中也讲了。

毛主席这次谈话，还没有从根本上解决大跃进和人民公社化中"左"的指导思想问题。以后召开的八届六中全会仍然表现了要求过急、过高的"左"的思想倾向。例如全会通过的1959年计划，规定钢产量为1800万—2000万吨，虽然比北戴河会议减少了900万—1000万吨，但仍然太高（1959年6月颐年堂会议才根据陈云同志的建议降为1300万吨）；粮食产量指标仍为10 500亿斤，并未比北戴河会议规定的减少。关于人民公社的决议只批评了两个急于过渡的思想倾向，仍然没有解决人民公社的根本问题。但是，历史地看问题，毛主席从1958年11月初郑州会议起就开始注意纠正大跃进和人民公社化中他认为是"左"的偏向，这次谈话比较鲜明地反映了他当时的思想。无论如何，毛主席的这次谈话，对于我国新闻工作，实际上也关系其他工作，仍然具有重大意义。

武昌会议后，毛主席回到北京。1959年1月间，我向主席汇报人民日报和新华社都按照他11月22日谈话精神作了检查，并采取改进的措施。毛主席说：最近暴露了去年工作中的许多缺点，坏事可以变成好事。今年的工作有可能比去年做得好。我们工作中不可能不犯错误，有些错误别人犯过了，自己还会犯，这样才能取得教训。你们记者检讨了错误，改了就好，但不要泄气，得到教训就行。[4]

中共中央政治局扩大会议结束后，紧接着在武昌召开八届六中全会（11月28日至12月10日）。全会审议通过了毛泽东主持起草的《关于人民公社若干问题的决议》。决议比较集中地体现了第一次郑州会议以后毛泽东和党中央纠正"左"倾错误的认识成果，解决了人民公社两个外部的界限问题。如重申社会主义和共产主义、集体所有制和全民所有制的区别，强调大力发展生产力，批评企图否定商品生产和按劳分配的错误观点等。

12月9日，毛泽东在六中全会上讲了12个问题。讲到"一些党内外的争论问题"时，他说：最近围绕人民公社这个问题，有各种议论。对于这个问题，有一大堆思想搞不清，一人一说，十人十说。大体上有几说，一说就是要性急一点，纷纷宣布自己是全民所有制，纷纷宣布两年或三年或四年进入共产主义。缺点是太急了一点。我们这一回这个决议，主要的锋芒是向着急这方面的，就是说，不要太急了，太急了没有好处。在讲到"研究政治经济学"时，他说：为了我们自己的事业，当前的工作，来研究这个经济理论问题（就是政治经济学），比较平素我们离开实际专门看书要好得多，容易看懂。在目前研究这个问题，有很大的理论意义和现实意义。在讲到"两种可能性"时，他再次强调：我们总是讲两种分析。一个事物中间总是有两种对立的东西。现在我们看一下公共食堂、托儿所、人民公社，这些东西会不会巩固？看来是会巩固的。但是，要料到，有些东西要垮掉。巩固和垮掉，这两种可能性都存在。从毛泽东的这些话来看，他一方面对人民公社的巩固是有信心的，希望它巩固，力求它巩固；另一方面，他又担心人民公社中间的某些东西会垮掉，或者说要作垮掉的思想准备。毛泽东还讲到他不担任共和国主席问题，希望大家赞成。他还说："世界上的事情就这么怪，能上不能下。估计到可能有一部分人赞成，一部分人不赞成。群众不了解，说大家干劲冲天，你临阵退却。要讲清楚，不是这样，我不退却。"会议讨论通过了《同意毛泽东同志提出的关于他不作下届中华人民共和国主席候选人的建议的决定》。在1959年4月的二届全国人大上，中共提名经大会选举，由刘少奇担任了下届国家主席。

在八届六中全会前后，王稼祥曾向毛泽东提出过不赞成人民公社一平二调做法的意见。毛泽东赞赏王稼祥敢提不同意见的精神。朱仲丽回忆了这件事以及毛泽东65岁生日的宴会。她写道：

在1958年夏季以后，表面上，一切轰轰烈烈，到处放"卫星"，宣传粮食如何如何高产。党的领导同志已担心粮食吃不完怎么办，而且已经开始同外国共产党的领导人谈论这个问题。人们还开始议论中国是否有可能大大提前进入共产主义社会，好像这个问题不是幻想，而是一个具有充分现实可能性的理论问题和实践问题。在这样灼热的空气下，从事外交工作的稼祥，在会见别国共产党领导人时，显然不能不谈及成为当前的重要话题——大跃进和人民公社等问题。所以他不能不抽出时间来阅读大跃进、人民公社等材料和文章，听取中联部同志去农村参观回来的汇报。同时，他也开始下农村参观和实地考察。他最初参观的地方，是京郊通县的宋家庄人民公社，听了公社领导汇报，看了田间作物、大食堂、托儿所、养老院及社员家庭等。他不难看出，建立在落后生产力基础上的这些设施，到处显露着贫穷的痕迹，不过是经不起一阵风的空架子。回到家里，他沉默着，想了许多。11月下旬到12月上旬，他利用到武汉参加武昌会议和中共八届六中全会的机会，参观了不少工厂和人民公社。我也跟他一道去参观，在武昌近郊一个人民公社里，参观麦地时，发现有一块地，筑上了几十堆像坟堆似的圆锥形的土堆子，上面长了小麦的幼芽。我们一时感到奇怪，问主人为什么这样搞，回答是这些圆锥形的面积合起来比一块平地的面积要大得多，就能多种麦子，单位面积产量也会增加。我们回到召开会议的武昌洪山宾馆，他坐在沙发上对我说："我们这些农民既可爱又愚笨，为了响应党的号召，为了破除迷信、解放思想，如此地敢想敢做怎么行。那么多的土堆子，如何浇水？如何耕种？又如何施肥？太荒唐了！"

此前，稼祥对农民的情况做了多方面的了解，他的司机回家探亲，反映了很多农村出现的严重情况。他还从其他渠道了解了许多情况，这些和官方宣传的完全不同。他又想到了苏联在实行农业集体化以前，曾经试办过农业公社，不仅把生产资料公有化，而且把每个社员的生活资料也公有化了，结果，犯了"左"的错误，斯大林不得不出来纠正。今日中国的人民公社，颇类似苏联当年办农业公社的情况。他形成了自己的一套观点，他知道这些观点是与党中央、毛主席的看法唱反调的。武昌会议和八届六中全会是要纠正一些"左"的东西，但很多现实的和根本性的问题并没解决。他一直在考虑，为了维护党的事业，他要提出自己的看法，以及采取什么方式。我发现，从他到武昌后，一直陷入思考。早上比平时醒得更早，一时握笔伏案，一时把写好的纸揉成团撕碎。武昌会议是11月21日至27日召开的，接着在11月28日至12月10日召开了八届六中全会。他在武昌会议期间写了自己的意见，八届六中全会开始后，他希望有的同志能站出来提出不同意见。然而，会议开了3天，竟无一名中央委员持不同的见解。晚上，他对我说："会议对国内的形势估计过高，我应该将我心中所想的毫不保留地向党组织陈述，作为一个党员，这是起码应做的。明知不对，又不站出来讲话，这不是一个共产党员的态度。"

我问："你考虑成熟了吗？你向党提出你的观点，效果会如何？"

他不吱声。

"如果无效，你就不要提了。现在可不像战争年代那么简单，复杂呀！能不提就不提吧！"我劝阻他。

"我不怕为此而丢乌纱帽，该说就说。"稼祥的话音由犹豫变为坚定。

我又叮嘱："你还是小心一点儿为好。"

他整夜不曾入睡，第二天吃过早饭，便用口头方式找到一位党中央负责同志，正式陈述了自己的意见：不赞成人民公社的一平二调三收款及其他一些做法，不赞成国民经济计划的高指标。他认为，目前，我国不是"各取所需"的时代，仍是按劳取酬的经济基础，过渡不能操之过急。他把自己的观点说完后，诚恳地希望这位负责同志转告毛主席和常委。

他回到房中对我说："已把意见告诉上面了，只等消息，不管接受与否，自己已完成了一个党员应做的事。"

第二天，由一位常委传达了毛主席的回答。毛主席说："这么多的中委在会上没有一个人提出异议，独稼祥提出了不同的意见，那好！组织几个人开个小会，叫他详细说说他的看法。"

稼祥回道："我的意见全部提出，党中央认为对的就请考虑，党中央认为不对，可以随时处分我。至于在小组会上再谈一次，就不必了。"

稼祥坚持不再在小组会上谈论他自己的观点，这是极为明智的。会后如何对待稼祥提出的意见，我很是不安。显然党中央和毛主席没有接受稼祥的意见。

不管怎样，稼祥做了一件他应做的事。

会议中间——12月26日晚上，洪山宾馆热闹非凡。人人心中明白，今晚为什么搞这个宴会。

我找到了我的座席时，吓了一跳，我有什么资格坐在第二桌？第一桌不都是中央常委和几位政治局的首长吗？再细看，原来第二桌席位上全是几位夫人的名字，其中有邓颖超、蔡畅、王光美、张洁清等。看来，是把女同志集中在一桌，这倒很有趣。

毛主席、刘主席、周总理、朱委员长等领导都笑呵呵地来了，就坐在我们桌子的旁边。

"我们应当推选一位代表向毛主席敬酒。"

"赞成。"几个人同时说。

"派谁？"

"王光美！"

"好极了！"

"不，我不会喝！"王光美回答。

有人提出："请仲丽代表我们向主席敬酒。"

"不，我坚决不！"我说。

"就是你了！"王光美说。

王光美话音刚落，只见毛主席举着酒杯，朝我们这一桌走来，我们全体起立，手中酒杯往毛主席的杯子上碰，"当啷""叮当"地响个不停。原来，毛主席听见我们女将在嚷着派代表向他敬酒，难分难解，特来解围的。当然，也是来凑凑热闹。

毛主席和我来碰酒的时候，我轻声地说："主席，祝你健康长寿！"

今天这个宴会，是毛主席办公室的工作人员和中央办公厅一块儿商量定的，没有请示他。今天是他65岁生日。他心中一高兴，就听其安排了。

会议结束后，我们回到北京，稼祥心里仍很忧虑。到1959年2月，党中央政治局在郑州召开了扩大会议，主要解决人民公社所有制和"共产风"问题，研究了整顿人民公社的方针和方法。稼祥才算转忧为喜。〔5〕

八届六中全会期间，毛泽东写了题为《关于帝国主义和一切反动派是不是真老虎的问题》的文章（写作日期为1958年12月1日）。他在文章中说：

同世界上一切事物无不具有两重性（即对立统一规律）一样，帝国主义和一切反动派也有两重性，它们是真老虎又是纸老虎。……从本质上看，从长期上看，从战略上看，必须如实地把帝国主义和一切反动派，都看成纸老虎。从这点上，建立我们的战略思想。另一方面，它们又是活的铁的真的老虎，它们会吃人的。从这点上，建立我们的策略思想和战术思想。向阶级敌人作斗争是如此，向自然界作斗争也是如此……一方面，藐视它，轻而易举，不算数，不在乎，可以完成，能打胜仗。一方面，重视它，并非轻而易举，算数的，千万不可以掉以轻心，不经艰苦奋斗，不苦战，就不能胜利。

文章还联系到"大跃进"说：

头脑要冷又要热，又是统一性的两个对立面。冲天干劲是热。科学分析是冷。在我国，在目前，有些人太热了一点。他们不想使自己的头脑有一段冷的时间，不愿意做分析，只爱热。同志们，这种态度是不利于做领导工作的，他们可能跌筋斗，这些人应当注意提醒一下自己的头脑。另有一些人爱冷不爱热。他们对一些事，看不惯，跟不上。〔6〕对这些人，应当使他们的头脑慢慢热起来。〔7〕

五十六字诀

党的八届六中全会闭幕以后，全国各地农村贯彻全会精神，整顿人民公社。毛泽东仍然以主要精力继续研究人民公社和"大跃进"中的问题，以期进一步解决。1959年1月底2月初，党中央在北京召开了省、市、自治区党委书记会议。2月2日，毛泽东在会上的讲话，对社会主义经济建设问题，发表了一些发人深省的重要意见。他说：我们对于搞经济建设还是小孩子，虽然我们现在年纪不小了。应该承认这一点：向地球作战，向自然界开战，这个战略战术，我们就是不懂，就是不会。要正面肯定这是我们的错误，就是没有注意。他还说：从总的看，不论我们定的这些指标、这些主观愿望、这些计划适合不适合，都是我们从实践中找经验。这一场战争，我们经验不足。关于客观规律、按比例，这个问题我是没有解决的，这个问题我不懂。现在我们似乎在这里接触这个问题了。请大家接触这个问题，研究研究，究竟什么叫按比例发展。毛泽东的这一席话是坦率而真诚的。

2月下旬，毛泽东到河北、山东、河南三省调查研究。他发现，由于公社化，国家同农民的关系紧张，不少生产队瞒产私分，公社内部的所有制也有问题。于是，他提议并主持在郑州召开中央政治局扩大会议，即第二次郑州会议。会议从2月27日至3月5日，主要议题是人民公社问题。会议结果是，同意毛泽东在会上的讲话，制定了整顿和建设人民公社的方针，起草了《关于人民公社管理体制的若干规定（草案）》，形成了包括上述三个内容的《郑州会议记录》，下发全党。毛泽东在会上多次讲话，中心思想是强调从调整公社内部的所有制入手，进一步解决公社化运动带来的一系列问题。

毛泽东在第二次郑州会议上说：

1958年，我们在各个战线上取得了伟大的成绩。不论在思想政治战线上，工业战线上，农业战线上，交通运输业战线上，商业战线上，文化教育卫生战线上，国防战线上，以及其他方面，都是如此。特别显著的，是工业和农业生产方面有了一个伟大的跃进。1958年，在全国农村中普遍地建立了人民公社。

人民公社的建立使农村中原来的生产资料集体所有制扩大了和提高了，并且开始带有若干全民所有制的成分。人民公社的规模比农业生产合作社大得多，并且实现了工农商学兵、农林牧副渔的结合，这就将有力地促进农业生产和整个农村经济的发展。广大的农民，尤其是贫农和下中农，对于人民公社表现了热烈的欢迎。广大的干部在人民公社运动中做了大量的有益的工作，他们表现了作为一个共产主义者的极大的积极性，这是非常宝贵的。没有他们的这种积极性，要取得这样伟大的成绩是不可能的。我们的工作中不但有伟大的成绩，同时也不可避免地带来一些缺点。在一个新的、像人民公社这样前无古人的几亿人民的社会运动中，人民和他们的领导者们（一千多万不脱产、半脱产和脱产的干部）都只能从他们的实践中逐步取得经验，对于事物的本质只能一步一步地加深自己的认识，一步一步地揭露事物的矛盾，从而一步一步地去解决这些矛盾。工作是一步一步地趋于完全的，不可能一次就做好。没有实践，不可能有深刻的认识，不可能有日趋完全完善的方针、政策和具体办法。这是马克思主义的认识论。有谁要说一个广大的社会运动能够完全没有缺点，那他就不过是一个空想家，或者是一个观潮派、算账派，或者简直是敌对分子。我们的成绩和缺点的关系，正如我们所常说的，是十个指头中九个指头和一个指头的关系。有些人怀疑或者否认1958年的大跃进，怀疑或者否认人民公社的优越性，显然是完全错误的。

人民公社现在正在进行整顿巩固的工作，已经或者正在辩论1958年有无大跃进和人民公社有无优越性两个问题。各级党委在整社工作中，按照六中全会的方针，采取了首先肯定大跃进的成绩，肯定人民公社的优越性，然后自然地引起人们讲出自己工作中的缺点或者错误，并且迅速改正这些缺点或者错误。这样一个解决问题的秩序是适合我国现时的情况的，我们正是这样做了。这样做，既保护了干部和群众的积极性，又帮助干部和群众改正了他们的缺点。就干部来说，百分之九十几都是好的，都是应当坚决地加以保护的。

现在我来说一点人民公社的问题。我认为人民公社现在产生了一个矛盾，可以说是一个尖锐的严重的矛盾。这个矛盾，已经被许多同志感觉到了，但是还没有深刻的认识。矛盾的性质还没有被揭露，因而还没有被解决。而这个矛盾，我认为，必须迅速地加以解决，才有利于调动广大人民群众的积极性，才有利于改善我们和基层干部的关系，这主要是县委、公社党委和基层干部之间的关系。

究竟是什么样的一种矛盾呢？大家看到，目前我们跟农民的关系在一些事情上存在着一种紧张状态。大家看到，1958年农业大丰收以后，粮食棉花油料生猪等农产品的收购至今还有一部分没有完成任务。再则全国，除灾区外，几乎普遍地发生瞒产私分和大闹粮食、油料、生猪、蔬菜"不足"的风潮，其规模之大，较之1953年和1955年那两次粮食风潮，有过之无不及。同志们，请你们想一想，这究竟是怎么一回事呢？我认为，我们应当透过这些现象看出问题的本质，即主要矛盾在什么地方。这里面有几方面的原因，但是我以为主要地应当从我们对于农村人民公社所有制的认识和我们所采取的政策方面去回答问题。

农村人民公社所有制要不要有一个发展过程？是不是公社一成立，马上就有了完全的公社所有制，马上就可以消灭生产队的所有制呢？我在这里说的生产队，有些地方是生产大队，有些地方叫管理区，总之大体上相当于原来的农业生产合作社。现在，许多人还没认识到公社所有制必须有一个发展过程，在公社内，由队的小集体所有制到社的大集体所有制，需要一个过程。这个过程要有几年时间才能完成。这是一种客观事物的必然运动、必然过程，人们要违反它，是不可能的。这种客观事物的必然运动，刺激人们的感觉，迟早要反映到人们的头脑里面来，迟早会被人们所理解，承认它，做出结论，制定方针、政策、办法，符合客观世界的运动，引导运动前进。自由是必然的认识。必然性是盲目的，当人们还不认识它的时候，人们就感觉不自由，被客观盲目性所统治，人们当了物质的奴隶。反过来，感觉了、反映了、分析了、揭露了、认识了这个客观事物，人就有了自由了。到矛盾被克服、问题被解决的时候，人就更加自由了。不是物控制人，而是人控制物。不是人为物的奴隶，而是物为人的奴隶了。现在，我们的人误认为人民公社一成立，各生产队的生产资料、人力、产品，就都可以由公社领导机关直接支配。他们误认社会主义为共产主义，误认按劳分配为按需分配，误认集体所有制为全民所有制。他们在许多地方否认价值法则，否认等价交换。他们在公社范围内，实行贫富拉平，平均分配；对生产队的某些财产无代价地上调；银行方面，也把许多农村中的贷款一律收回。"一平、二调、三收款"，引起广大农民的恐慌。这就是我们目前同农民关系中的一个大矛盾，一个大问题。

公社成立了，我们有了公社所有制。如北戴河决议和六中全会决议所说，这种一大二公的公社有极大的优越性，是我们的农村由社会主义的集体所有制过渡到社会主义的全民所有制的最好的形式，也是我们由社会主义社会过渡到共产主义社会的最好的形式。这是毫无疑问的，这是完全肯定了的。如果对于这样一个根本问题发生怀疑，那就是完全错误的，那就是右倾机会主义。问题是目前公社所有制除了有公社直接所有的部分以外，还存在着生产大队（管理区）所有制和生产队所有制。而生产队所有制，在几年内，还是整个公社所有制的基础。要基本上消灭这三级所有制之间的区别，把三级所有制基本上变为一级所有制，即由不完全的公社所有制发展成为基本上完全的、基本上单一的公社所有制，需要公社有更强大的经济力量，需要各个生产队的经济发展水平大体趋于平衡，而这就需要几年时间。我说基本上完全，基本上单一，就是说，永远也不会有绝对的百分之百完全与单一，永远还会有差别。"物之不齐，物之情也。"我们的宇宙永远是一个统一的复杂的宇宙。事物的多样性，这是辩证法。绝对完全，绝对单一，这是形而上学。这一点也要讲清楚。

目前的问题是必须承认人民公社有一个必不可少的发展过程，而不是什么向农民让步的问题。事情是客观世界强迫我们一定要这样做，只能这样做，不许可别种做法，无所谓让步不让步，是如实遵守客观法则去办事，不可能违反它。在没有实现农村的全民所有制以前，农民总还是农民，他们在社会主义的道路上总还有一定的两面性。我们只能一步一步地引导农民脱离较小的集体所有制，通过较大的集体所有制走向全民所有制，而不能要求农民和基层干部一下子完成这个过程，正如我们以前只能经过几年时间一步一步地引导农民脱离个体所有制而走向农业生产合作社的集体所有制一样。由不完全的公社所有制走向基本上完全、基本上单一的公社所有制，是一个把较穷的生产队基本上提高到较富的生产队的生产水平的过程，又是一个逐步扩大公社的积累，逐步发展公社的工业，逐步实现农业机械化、电气化，逐步实现公社工业化和国家工业化的过程。目前公社直接所有的东西还不多，如社办企业、社办事业，由社支配的公积金、公益金等。虽然如此，我们的伟大、光明的前途，我们的希望，也就在这里。因为公社年年可以由队抽取积累，由社办企业的利润增加积累，加上国家的投资，其发展将不是很慢而是很快的。富队发展，穷队也发展。穷队由于穷，他们会特别努力，如像许多穷得要命的合作社，经过努力，发展了，几年之间，赶上和超过了富社那样。我认为富社富队有希望，穷社穷队更有希望。谁能说不会是这样的呢？

关于国家投资问题，我建议国家在十年内向公社投资几十亿到一百几十亿元人民币，帮助公社发展工业，帮助穷队发展生产。

公社有了强大的经济力量，就可以实现基本上完全的公社所有制，也就可以进而实现全民所有制。时间大约需要两个五年计划，急了不行，欲速则不达。这也就是北戴河决议所说的，将需要三四年、五六年或者更长一些的时间，然后，再经过几个发展阶段，在15年、20年或者更多一些的时间以后，社会主义的公社就将发展成为共产主义的公社。

六中全会的决议写明了集体所有制过渡到全民所有制和社会主义过渡到共产主义所必须经过的发展阶段，但是没有写明公社的集体所有制也需要有一个发展过程，这是一个缺点。因为那时我们还不认识这个问题。这样，下面的同志也就把公社、生产大队、生产队三级所有制之间的区别模糊了，实际上否认了目前还存在于公社中并且具有极大重要性的生产队（或者生产大队，大体上相当于原来的高级社）的所有制，而这就不可避免地要引起广大农民的不满和反对。从1958年秋收以后，全国性的粮食、油料、生猪、蔬菜"不足"的风潮，就是这种不满的一个集中表现。一方面，中央、省、地、县、社五级党委（如果加上管理区就是六级党委）批评生产队、生产小队的本位主义，瞒产私分；另一方面，生产队、生产小队却几乎普遍地瞒产私分，甚至深藏密窖，站岗放哨，以保卫他们的产品。我以为，产品本来有余、应该向国家交售而不交售的这种本位主义，确实是有的。犯本位主义的党员干部，是应该受到批评的。但是，有很多情况，并不能称之为本位主义。即令本位主义属实，应该加以批评，在实行这种批评之前，我们也应该首先检查和纠正自己的两种倾向，即平均主义倾向和过分集中倾向。所谓平均主义倾向，即否认各个生产队和各个个人，由于生产和劳动的情况有所差别，从而他们的收入也应当有所差别。而否认这种差别，就是否认按劳分配、多劳多得的社会主义原则。所谓过分集中倾向，即否认生产队的所有制，否认生产队应有的权利，任意把生产队的财产上调到公社来。同时，许多公社和县从生产队抽取的积累太多，公社的管理费又包括相当大的甚至很大的浪费。例如有一些大社竟有成千工作人员不劳而食或半劳而食，甚至还有脱产的文工团。上述两种倾向，都包含有否认价值法则、否认等价交换的思想在内，这当然是不对的。凡此一切，都不能不引起各生产队和广大社员的不满。

目前我们的任务，就是要向广大干部讲清道理，经过充分的酝酿和讨论，使他们得到真正的了解。然后，我们和他们一起，共同妥善地坚决地改变这些倾向，克服平均主义，改变权力、财力、人力过分集中于公社一级的状态。公社在统一决定分配的时候，要承认队和队、社员和社员的收入有合理的差别，穷队和富队的伙食和工资应当有所不同。工资应当实行死级活评。公社应当实行权力下放，三级管理，三级核算，并且以队的核算为基础。在社与队、队与队之间要实行等价交换。公社的积累应当适合情况，不要太高。必须坚决克服公社管理中的浪费现象。只有这样，我们才能够有效地去克服那种确实存在于一部分人中的本位主义，巩固公社制度。这样做了以后，公社一级的权力并不是很小，仍然是相当大的；公社一级领导机关并不是没有事做，仍然有很多事做，并且要用很大的努力才能把事情做好。

为了说明等价交换这个在社会主义时期仍然不能违反的经济法则，我想说一下我们的历史。公社在1958年秋季成立之后，刮起了一阵"共产风"。主要内容有三条：一是穷富拉平；二是积累太多，义务劳动太多；三是"共"各种"产"。所谓"共"各种"产"，其中有各种不同情况。有些是应当归社的，如大部分自留地。有些是不得不借用的，如公社公共事业所需要的部分房屋、家具和食堂所需要的用具。有些是不应当归社而归了社的，如部分的猪、鸡、鸭归社而未作价。这样一来，"共产风"就刮起来了。即是说，在某种范围内，实际上造成了一部分无偿占有别人劳动成果的情况。当然，这里面不包括公共积累、集体福利资金、经社员同意和上级党组织批准的某些统一分配办法如粮食供给制等，这些都不属于无偿占有性质。无偿占有别人劳动的情况，是我们所不许可的。看看我们的历史吧。我们只是无偿剥夺了日德意帝国主义的、封建主义的、官僚资本主义的生产资料，和地主的一部分房屋、粮食等生活资料。所有这些都不是侵占别人劳动成果，因为这些被剥夺的人都不是劳动者，他们的所得，都是从剥削别人的劳动而来的。对于民族资产阶级的生产资料，我们没有采取无偿剥夺的办法，而是实行赎买政策。因为他们虽然是剥削者，但是他们曾经是民主革命的同盟者，现在又不反对社会主义改造。我们采取赎买政策，就使我们在政治上获得主动，经济上也有利。同志们，我们对于民族资产阶级这样的剥削阶级所采取的政策，尚且是如此，那么，我们对于劳动人民的劳动成果，又怎么可以无偿占有呢？同志们，价值法则依然是客观存在的经济法则，我们对于社会产品，只能实行等价交换，不能实行无偿占有。违反这一点，终究是不行的。

我们指出这一点，是为了说明勉强把穷富拉平、任意抽调生产队的财产是不对的，而不是为了要在群众中间去提倡算旧账。相反，我们认为旧账一般不应当算。无论如何，较穷的社、较穷的队和较穷的户，依靠自己的努力、公社的照顾和国家的支持，自力更生为主，争取社和国家的帮助为辅，有个三五七年，就可以摆脱目前比较困难的境地，完全用不着依靠占别人的便宜来解决问题。我们穷人，就是说，占农村人口大多数的贫农和下中农，应当有志气，如像河北省遵化县鸡鸣村区被人称为"穷棒子社"的王国藩社那样，站立起来，用我们的双手艰苦奋斗，改变我们的世界，将我们现在还很落后的乡村建设成为一个繁荣昌盛的乐园，这一天肯定会到来的。谁要是不相信，就请看吧。

除了平均主义倾向和过分集中倾向以外，目前农村劳动力的分配也有很不合理的地方。这就是用于农业的劳动力一般太少，而用于工业、服务业和行政工作的人员一般太多。这后面三种人员，必须加以缩减。公社人力的分配是一个重大问题。争人力，是目前生产队同社、县和县以上国家机关的重要矛盾之一。必须按农业、工业、运输业、服务业和其他各方面的正当需要，加以统筹，务使各方面的劳动分配达到合乎正当需要的平衡。公社和县兴办工业是必要的，但是不可以一下子办得太多。各级工业企业都必须节约人力，不允许浪费人力。服务业方面的人员，凡是多了的，必须减下来。行政人员只允许占公社人数的千分之几。文教事业的发展，应当注意不要占用过多的劳动力。公社不允许有脱产的文工团、体育队。

我们必须把安排人民生活、安排公社积累和安排国家需要这三个方面的工作，同时统筹兼顾。这样，才算真的做到了全国一盘棋。否则所谓一盘棋，实际上只是半盘棋，或者是不完全的一盘棋。一般说来，1958年公社的积累多了一点。因此，各地应当根据具体情况，规定1959年公社积累的一个适当限度，并且向群众宣布，以利安定人心，提高广大群众的生产积极性。

人民公社一定要坚持勤俭办社的方针，一定要反对浪费。在粮食工作方面，鉴于最近的经验，今后必须严格规定一个收粮、管粮、用粮的制度，一定要把公社的粮食收好、管好、用好。社会对于粮食的需要总是会不断增长的，因此，至少在几年内不要宣传粮食问题"解决"了。

最近各省都有干部下去当社员，这个办法很好。我提议各级干部分期分批下放当社员，少则一个月，多则一个半月。一部分干部可以下厂矿当工人。这个办法在去年已经行之有效，今年要更好地加以推广。总之，一定要不断地巩固我们同广大群众的联系。

采取以上所说的方针和办法，我以为，我们目前同农民和基层干部的关系一定会很快地改善。广大农民从公社运动和1958年的大跃进已经得到了巨大的利益，他们坚决要求继续跃进和巩固公社制度。这个事实，不是任何观潮派、算账派所能推翻的。我们的干部在过去一年中做了很多很好的工作，得到了伟大的成绩，广大群众是亲眼看到的。问题只是我们在生产关系的改进方面，即是说，在公社所有制问题方面，前进得过远了一点。很明显，这种缺点只是十个指头中一个指头的问题。而且这首先是由于中央没有更早地作出具体的指示，以致下级干部一时没有掌握好分寸。如我在前面所说过的，这种情况在人民公社化这样一个复杂的和史无前例的事业中是难以避免的。只要我们向广大群众公开说明这一点，并且在实际行动中克服过去一段时间内工作中的缺点，那么，主动权就完全掌握在我们手里，广大群众就一定会同我们站在一起。必须估计到，一方面，那些观潮派、算账派将会出来讥笑我们；另一方面，那些地主、富农、反革命分子、坏分子，将会进行破坏。但是，我们要告诉干部和群众，当这些情况出现的时候，对于我们丝毫没有什么可怕。我们应该沉得住气，在一段时间内，不声不响，硬着头皮顶住，让那些人去充分暴露他们自己。到了这种时候，广大的群众一定会很快分清是非，分清敌我，他们将会起来粉碎那些落后分子的嘲笑和敌对分子的进攻。经过这样一个整顿和巩固人民公社的过程，我们同群众的团结将会更加紧密。在伟大的中国共产党的领导下，五亿多农民一定会更加心情舒畅，更加充满干劲。我们一定能够在1959年实现更大的跃进。人民公社的事业，一定能够在巩固的基础上蒸蒸日上。胜利一定是我们的。[8]

为了纠正上述两种倾向，毛泽东提出十四句话，作为整顿和建设人民公社的方针，即："统一领导，队为基础；分级管理，权力下放；三级核算，各计盈亏；分配计划，由社决定；适当积累，合理调剂；物资劳动，等价交换；按劳分配，承认差别。"

这次郑州会议经过热烈讨论，同意毛泽东的意见和方针，制定了《关于人民公社管理体制的若干规定（草案）》。

在第二次郑州会议上，毛泽东对人民公社问题的认识又前进了一步。他提出的一些思想观点和方针政策，触及了一些实质性问题。针对当时有些同志对他讲的"那一套道理，似乎颇有些不通，觉得有些不对头"，他在3月1日给刘少奇、邓小平等同志写了一封信，说明他的思想观点形成的过程。他说："我的这一套思想，是1月、2月两个月内逐步形成的。到天津、济南、郑州，跟三省同志们交换意见，对我有极大的启发。因此到郑州，就下定了决心，形成了这一套思想。

虽然还有些不完善，还有些不准确，还有些需要发展和展开，需待今后再观察、再交换意见、再思再想。"毛泽东请胡乔木把这封信在会上宣读一遍。在会上讲话时，毛泽东还主动承担了责任。他说："这首先是由于中央没有更早地作出具体的指示，以致下级干部一时没有掌握好分寸。"尽管当时纠"左"还不彻底，但这种自我批评精神是难能可贵的。

这次会议结束后，各地立即召开干部会议，传达贯彻会议精神，整顿人民公社。

在全国农村贯彻第二次郑州会议精神进行整社过程中，毛泽东以党内通信的形式，对各地提出的重大问题及时予以指导。

当时在这样一个问题上存在不同意见，即是以生产队还是以生产大队为基本核算单位。3月15日，毛泽东就此问题写了一份党内通信。他在信中说：

各省、市、区党委第一书记同志们：

我到武昌已5天，看了湖北六级干部大会的材料，同时收到一些省、市、区的材料，觉得有一个问题需要同你们商量一下。河南文件已经送给你们，那里主张以生产大队为人民公社的基本核算单位和分配单位。我在郑州就收到湖北省委3月8日关于人民公社管理体制问题和粮食问题的规定，其中主张"坚决以原来的高级社即现在的生产队为基本核算单位。原高级社已经分为若干生产队的，应该合为一个基本核算单位，不得再分。少数原高级社，规模很小，经济条件大体相同，已经合为一个生产队的，只要是这些社的干部和社员愿意合为一个基本核算单位，可以经过公社党委审查决定，并报县委批准"。我到武昌，即找周小舟同志来此，和王任重同志一起，谈了一下。我问小舟：你们赞成河南办法，还是赞成湖北办法？他说，他们赞成河南办法，即以生产大队（管理区）为基本核算单位。因为他们那里一个生产大队大体上只管6个生产队。而这6个生产队，大体上是由3个原来的高级社划成的，即一个社分为两个队。后来又收到广东省委3月11日报告，他们主张实行三定五放。三定中的头一定"是定基本核算单位，一律以原来的高级社（广东全省原有23 000个高级社，平均每社320户左右）为基础，有些即大体相当于现在的生产队（或大队），有些在公社化后分成二三个生产队的，可以立即合并，成为一个新的队，作为基本核算单位。原有的高级社如果过小，一个自然村有几个社的，即虽不在一个村，而经济条件差距不大，经群众同意，也可以合并，作为社的基本核算单位"。这样，河南、湖南两省均主张以生产大队（管理区）为基本核算单位，湖北、广东两省均主张以生产队即原高级社为基本核算单位，究竟哪一种主张较好呢？或者二者可以并行呢？据王任重同志说，湖北大会这几天正辩论这个问题，两派意见斗争激烈。大体上，县委、公社党委、大队（管理区）多主张以大队为基本核算单位，生产队（即原高级社）支书绝大多数或者全体主张以生产队为基本核算单位。我感觉这个问题关系重大，关系到3000多万生产队长、小队长等基层干部和几亿农民的直接利益问题，采取河南、湖南的办法，一定要得到基层干部的真正同意，如果他们觉得勉强，则宁可采用生产队即原高级社为基本核算单位，不致使我们脱离群众，而在目前这个时期脱离群众，是很危险的，今年的生产将不能达到目的。河南虽然已经作了决定，但是仍请省委同志在目前正在召开的县的五级干部会议上征求基层干部意见，如果他们同意省的决定，就照那样办，否则不妨改一改。《郑州会议记录》上所谓"队为基础"，指的是生产队，即原高级社，而不是生产大队（管理区）。总之，要按照群众意见办事。无论什么办法，只有适合群众的要求，才行得通，否则终究是行不通的。究竟如何办，请你们酌定。

毛泽东

1959年3月15日于武昌[9]

为了讨论生产小队（相当于原初级社）部分所有制问题，3月17日，毛泽东又写了一封党内通信，要求党的干部"一定要每日每时关心群众利益，时刻想到自己的政策措施一定要适合当前群众的觉悟水平和当前群众的迫切要求。凡是违背这两条的，一定行不通，一定要失败"。

提倡海瑞精神

1959年3月25日至4月5日，在上海先后召开了中央政治局扩大会议和八届七中全会。主要议题是：检查人民公社的整顿工作，进一步降低主要生产指标。上海会议（3月25日至4月1日）形成了一个《关于人民公社的18个问题》的会议纪要。八届七中全会（4月2日至5日）通过了这个会议纪要、《1959年国民经济计划草案》和《关于国家机构和人事配备的方案》。

在这两次会议期间，毛泽东写了一些批语、党内通信，并在会上讲了工作方法问题。

3月29日，毛泽东写了一封党内通信，就城市工作中的群众路线谈了看法。他说：

城市，无论工矿企业、交通运输业、财政金融贸易事业、教育事业及其他事业，凡属大政方针的制定和执行，一定要征求基层干部（支部书记、车间主任、工段长）、群众中的积极分子等人的意见。一定要有他们占压倒多数的人到会发表意见，对立面才能树立，矛盾才能揭露，真理才能找到，运动才能展开。总支书记、厂矿党委书记、城市区委书记、市委市政府所属各机关负责人和党组书记、中央一级的司局长同志们，我们对于这些人的话，切记不可过分相信。他们中的很多人几乎完全脱离群众，独断专行。上面的指示不合他们胃口的，他们即阳奉阴违，或者简直置之不理。他们在许多问题上，仅仅相信他们自己，不相信群众，根本无所谓群众路线。有鉴于此，尔后每年一定要召开两次五级，或者六级，或者七级的干部大会，每次会期10天，上层基层，夹攻中层，中层干部的错误观点才能改正，他们的僵化头脑才能松动，他们才有可能进步，否则是毫无办法的。听他们的话多了，我们也会同化，犯错误，情况不明，下情不能上达，上情不能下达，危险之至。每年这样的大会开两次，对于我们也极有益处，可以使我们明了情况，改正错误。这里说的是城市问题，乡村问题同样如此，我在前次通信中已经大体说过了。[10]

《关于人民公社的18个问题》是在毛泽东的主持下，由田家英执笔起草的。这个文件比第二次郑州会议决议又有所前进。文件决定"旧账"要清算、要退赔，规定生产小队也应有部分的所有制和享有一定的管理权限。

公社化和大炼钢铁运动中平调生产队和农民的物资、劳力等，被称为"旧账"。第二次郑州会议规定"旧账一般不算"，而毛泽东在上海会议期间，根据各地整社中农民的要求，又决定"旧账一般要算"。3月30日，毛泽东在山西省各县五级干部会议情况报告上写了一段批注，说明算账的必要性。他说：

旧账一般不算这句话，是写到了郑州讲话里面去了的，不对，应改为旧账一般要算。算账才能实行那个客观存在的价值法则。这个法则是一个伟大的学校，只有利用它，才有可能教会我们的几千万干部和几万万人民，才有可能建设我们的社会主义和共产主义。否则一切都不可能。对群众不能解怨气。对干部他们将被我们毁坏掉。有百害而无一利。一个公社竟可以将原高级社的现金收入四百多万元退还原主，为什么别的社不可以退还呢？不要"善财难舍"。须知这是劫财，不是善财。无偿占有别人劳动是不许可的。

4月3日，毛泽东又对王任重关于湖北省麻城县五级干部会议情况报告写了一个批注，说明算账的好处。他写道：

此件极好，每一个县、社都应这样做。算账才能团结；算账才能帮助干部从贪污浪费的海洋中拔出身来，一身清净；算账才能教干部学会经营管理方法；算账才能教会5亿农民自己管理自己的公社，监督公社的四级干部只许办好事、不许办坏事，实现群众的监督，实现认真（真正的）民主集中制。

同日，毛泽东又对谭震林关于省六级干部会议和县五级干部会议情况来信作了批语，继续阐述算账的必要性。他在批语中说：

各县、社4月不开大会。原定5月开社、队代表大会，可以考虑在5月上旬或中旬到县里开，彻底解决3月会议没有彻底解决的权力下放、算清账目、包产指标三个问题，然后选举公社各级党的领导机关和社、队管理机关。就算账这个问题来说，3月省、县大会我们缺乏精神准备。郑州说的是一般不算，应翻过来，一般要算。有些省已经翻过来了，如湖北，但也没有翻透。说的是县、社要向生产队算清过去几个月大调大抓的账，解决大集体与小集体间的矛盾，这当然是要首先解决的。还有一个必须随着解决的矛盾，生产队干部与生产小队干部、全体社员群众间的矛盾，小集体与社员的矛盾。这个问题，如麻城县那样大规模解决，是最近几天才提出来的，才进入我们的认识领域。这是一个以贪污形式无偿占有别人劳动的问题，是一个普遍的问题，也是一个历史的问题，并非最近才发生，但只有在1957年才能解决，只有在现在才能建立真正的群众监督。像这样一个群众性的大问题，没有省的决心、县的直接领导，我看是不能解决的，因此我建议5月的会到县里开。是否如此，请你们委员会讨论一下。

《关于人民公社的18个问题》指出："基本队有制、部分社有制的情况不能很快改变"，人民公社应"一般是以相当于原来高级农业生产合作社的单位作为基本核算单位"，同时，又要有"生产小队的部分所有制"。生产小队是包产单位，向生产队实行包产、包工、包成本和超产奖的办法。规定小队也应有部分所有制和一定的管理权限，这是第一次。

在上海政治局扩大会议上，毛泽东讲了工作方法问题。在八届七中全会上，他又进一步讲了工作方法问题，共16条：

一、多谋善断。二、留有余地。三、波浪式前进。四、实事求是。五、要善于观察形势。六、当机立断。七、与人通气。八、解除封锁。九、一个人有时胜过多数。十、要历史地观察问题。十一、凡是看不懂的文件禁止拿出来。十二、权要集中。权力集中在常委会和书记处。由他挂帅。十三、要解放思想。十四、关于批评。十五、集体领导。十六、和各部的联系，特别是和工业部的联系要加强。

毛泽东在中共八届七中全会上，多次称赞陈云反对高指标，提出了正确意见。1958年12月武昌会议确定的主要生产指标：钢为1800万吨，煤为3.8亿吨，粮为1050亿斤，棉为1亿担。当时陈云向胡乔木提议不要公布，胡乔木不敢向毛泽东报告陈云的意见，还是在公报内公布了。1959年1月，陈云再次提出，四大指标难以完成。但是这些正确意见没有被重视和采纳。在八届七中全会上，毛泽东严厉批评了公布四大指标的做法，多次讲到陈云提出的正确意见。4月5日，他在会上说：1月25日的会议是我建议召开的，会前我找了几个中央同志谈工业问题，陈云同志表示了非常正确的意见。他还说：去年武昌会议的公报，陈云同志提议，四大指标是不是不写，被顶回去了。

八届七中全会决定把钢的生产指标降为1650万吨。毛泽东对这个指标还不放心。陈云没参加上海会议。毛泽东在会后委托陈云就落实钢铁指标进行研究。经过系统周密的调查研究，陈云于5月11日在政治局会议发言中提出，将当年的钢产指标由1650万吨落实为1300万吨。5月15日，陈云就钢铁指标问题致信毛泽东。信中说：

参加研究钢铁指标问题的多数同志的意见，把今年钢材生产的可靠指标，定在900万吨……把将来超过900万吨的数量作为奋斗和争取的目标。冶金部参加会议的同志，认为钢材数量定为900万吨（即钢的数量定为1300万吨）太少了，会使下面泄气。今年究竟能够可靠地生产多少钢材和多少钢，议论是不一的，不仅在北京如此，各省市的同志也有不同的意见。但就全局看来，为了安定生产秩序，为了使计划不再变动太多，我认为以900万吨钢材来分配较为可靠……说把生产数字定得少一点（实际是可靠数字），会泄气，我看也不见得。正如少奇同志在政治局讲的，定高了，做不到，反而会泄气。[11]

毛泽东和党中央同意了陈云的建议，1959年的实际钢产量结果为1387万吨。

毛泽东后来还多次称赞过陈云。1959年庐山会议前期，他说：陈云同志老早就提出，安排好市场再安排基建。那个时候有个同志不赞成陈云同志的这个意见，现在看来，陈云同志的意见是对的。1962年初召开的7000人大会上，毛泽东在讲话中说，做经济工作他不如陈云同志。据邓力群回忆，第一次整理的讲话稿中还有这些话，后来修改稿愈改愈少，改到最后这段话就被全部删掉了。[12]

陈云是当时中共中央主管经济工作的副主席，衷心拥护毛泽东的领导，但不唯上，不唯书，只唯实，唯的是全国人民的最高利益和客观规律。因此，在1957年以后毛泽东日益脱离中央集体领导、个人专断作风日益严重的情况下，陈云又曾几次受到毛泽东的批评，有些时候曾被免去对经济工作的领导权力。

然而，毛泽东对陈云多次对"大跃进"中高指标提出不同意见是肯定的。陈云在1958年北戴河会议上建议，不要公布1958年粮食和钢铁的指标，以免陷入被动。毛泽东后来谈及此事，赞扬陈云："真理有时掌握在少数人甚至一个人手里。"

在八届七中全会讲话中，毛泽东要求干部："要有坚持真理的勇气，不要连封建时代的人物都不如。"他还号召"要有像海瑞批评嘉靖皇帝的勇气"。

解放军总政治部副主任肖华当时在军队干部中传达《工作方法16条》时说：

在封建社会，还有海瑞这样的人，不怕杀头，敢于批评嘉靖皇帝。我们有些高级干部就是怕失掉选票，就是没有这种勇气。这个故事很深刻，后人写了海瑞传，叫作"大红袍"，就是写海瑞的故事。主席把这本书介绍给周总理看。主席说：我们又不打击又不报复，为什么不敢大胆批评，不向别人提意见？明明看到不正确的，也不批评不斗争，这是庸俗，不打不相识嘛。只报好事不报坏事，去年的浮夸就是报喜不报忧。下面有严重问题不报上来，报上来的都是好的。如果根据报上来的情况制定方针政策，那就危险得很，就会犯大错误。〔13〕

关于毛泽东在八届七中全会上提倡海瑞精神，时任湖北省委副秘书长的梅白回忆道：

1959年4月初，在上海锦江饭店举行了八届七中全会。

会前，我到毛主席那里去，主席便问我："你认不认识海瑞？"又说："我希望中国能多出几个海瑞。"我问："是不是'钓鱼'？"他说："不是。刚才我同一位女同志跳舞，问她，上海的工作情况如何。她说：我是大学教授，不能讲。我说：你不问政治？她答：不是不问，而是不敢问。我问柯庆施怎么样。她说：更不敢讲。又问她：我怎么样？她说：你英明伟大。看来，这位大学教授对我们的信任，是很有限度的。"

第二天，毛泽东在会上讲了海瑞。会后，他对我说："讲海瑞，我很后悔。可能真正出了海瑞，我又受不了。少奇等是在我身边多年的战友，在我面前都不敢讲话。"他还说："我把问题交给少奇、恩来他们办，自己退到二线。但过一段后又'不安分'，实际上还是一线。"他又说："我想把整个中国要紧的事情办定，建设社会主义从欧洲到中国还不是很清楚的，我们不能吃人家吃过的馍馍。活着，多搞一点，比少搞一点好。我有信心，但是大家想的是否一样，我有顾虑。"毛泽东又谈到人定胜天的问题，他说："这一点是我同四川的农民，从成都到武汉沿路的同志，同党内一些同志，同鹤鸣兄的分歧。四川的老百姓一怕老天爷，二怕瞎指挥。我毛泽东管不了老天爷，马克思也管不着。但是我提倡'人定胜天'，一方面要'听天由命'，另一方面要'人定胜天'，要充分发挥人的主观能动性，上井冈山时只有几个人，可是后来建立了新中国。我们要尊重科学。……张文伯先生在湖北时建议我少过问具体事，多考虑方向性的问题，不要以个人的意志代替大多数人的思考，但我不放心。"

会后，毛泽东讲了希望党内多出海瑞式的人，毛泽东又问我："今天讲海瑞，反应如何？"我说："有突如其来之感，你先打了招呼，我不感突然。会有海瑞的，出了海瑞时，请主席沉住气。"他说："1958年12月26日你写信给我，实际上是否定三面红旗，我打击你没有？你同我唱对台戏，我保护了你。"我笑着说："我只是奉你的命令及时反映情况，没有下结论，你抓不住我的辫子。"他又问："你有顾虑？"我说："有。"他还问我："你敢当海瑞吗？"我回答说："我不敢。何必呢？"我同主席直来直往，是因为有历史原因，是他把我当作"小伢子"，是他多次要我对他讲真话，我就讲了，从来未剋我，我的胆子就大了些。[14]

八届七中全会以后，毛泽东和党中央继续采取措施，纠正"大跃进"和公社化运动中的错误。为了纠正农村工作中的高指标、瞎指挥和浮夸风等错误倾向，1959年4月29日，毛泽东又写了一封党内通信，就包产不要太高、密植不要太密、要节约粮食、播种面积要多、要机械化、要讲真话等问题，向全国六级干部提出了重要意见。关于讲真话问题，他说："老实人，敢讲真话的人，归根到底，于人民事业有利，于自己也不吃亏。爱讲假话的人，一害人民，二害自己，总是吃亏。应当说，有许多假话是上面压出来的。上面'一吹二压三许愿'，使下面很难办。因此，干劲一定要有，假话一定不可讲。"信的末尾一段写道："同现在流行的一些高调比较起来，我在这里唱的是低调，意在真正调动积极性，达到增产的目的。如果事实不是我讲的那样低，而达到了较高的目的，我变为保守主义者，那就谢天谢地，不胜光荣之至。"尽管这封信纠"左"，还不彻底，信中关于农业机械化的设想也不可能那么快，但是它对抵制"左"倾错误的广大基层干部和农民群众给予了很大支持，对解决当时农业生产中存在的一些问题起了很大作用。

关于毛泽东这封通信的作用，逢先知在追述田家英当时在四川农村调查活动时有所反映。他写道：

1959年4月初，田家英从四川农村赶到上海参加中央工作会议和紧接着召开的八届七中全会。人民公社问题是会议主要议题之一。在毛泽东主持下，由田家英执笔，起草了《关于人民公社的18个问题》。这个文件比第二次郑州会议决议又有所前进。毛泽东对这个文件比较满意。会议结束，田家英又返回四川农村，在大丰公社贯彻执行《18个问题》的规定。不久，毛泽东写给六级干部的信即4月29日党内通信下达了。田家英阅读之后，欣喜若狂。特别是对合理密植和要说真话这两条，更是百分之百地拥护。当时正要插秧，高度密植还是合理密植，两种相反的意见争论激烈。部分干部（他们是忠实执行上级命令的）和一些青年农民为一方，主张高度密植；有经验的老农为一方，主张合理密植。前者占了上风。如田家英说的，有些人好像着了魔，不根据条件，一个劲儿地搞高度密植，怎么说也不行。这一回好了，有了毛主席的指示，有了武器，可以解决问题了。但是，某些持极"左"观点的人却截然相反，他们不让向下传达这封信。拥有至高无上权威的毛泽东亲自下达的意见，居然可以被人封锁，可见极"左"思潮所形成的阻力之大。田家英认定，毛泽东的信符合实际情况，表达了农民群众的意愿，他毅然突破封锁，立即组织向全公社广播这封信。这封信在农民和基层干部中引起巨大反响。大丰公社大部分没有按上级要求的密植程度插秧，农民有了积极性，很快完成插秧任务。[15]

为了进一步纠正"共产风"的错误，根据毛泽东的提议，从1959年5月7日至6月11日，中共中央连续发出三个指示，决定恢复自留地制度，允许社员喂养家禽家畜，宣布房前屋后的零星树木归社员所有。6月11日的中央指示说："经验证明，禁止搞这些家庭副业，一切归公的简单办法，是有害的，也是行不通的。"

6月13日，中共中央批准了国家计委党组的报告，发出了《关于调整1959年主要物资分配和基本建设计划的紧急指示》，要求缩短战线。在6月中央政治局的一次会议上，毛泽东指出，"大跃进"的重要教训是没有搞好综合平衡，是权力下放太多，强调要搞好国民经济各部门的平衡，要适当收回下放的权力。

为了巩固第一次郑州会议以来连续纠"左"的成果，进一步统一全党的认识，毛泽东还在6月间召开了颐年堂会议，使这次纠"左"的努力达到了顶点。

吴冷西回忆说：

6月12日到13日，毛主席在颐年堂召开政治局扩大会议。毛主席在会议开始就提出，1959年的计划指标曾多次开会调整。这次会议还要决定降低指标，因此应当各抒己见，应当左思右想。不管过去说过什么大话，都允许翻来覆去。周总理根据他和各位副总理下去调查的情况，在会上详细分析了当时的经济形势，认为陈云同志建议把钢产指标降为1300万吨是实事求是的。富春同志、先念同志也就计划和财政、市场问题作了说明。廖鲁言也提出1959年粮食指标从8000亿斤降到6000亿斤。

毛主席在两天的会议上讲了两次话，并多次插话。他说，去年的大跃进，对破除迷信起了很大作用。但是，不讲时间、空间和条件，主观主义大为发展，没有把主观的能动性和客观可能性结合起来，只讲主观能动性，而且无限扩大，这点必须坚决纠正。

毛主席还说，他过去没有摸工业，只抓了农业，去年才开始接触工业。在这种情况下，犯错误可以说是必然的。人的认识要经过多次反复才能找到比较正确的道路。他强调要总结去年的经验。他认为去年的经验对于今后搞经济建设是十分宝贵的。他指出：去年我们至少有三大错误：第一，计划过大，指标过高，勉强去完成，必然破坏比例关系，经济失调；第二，权力下放过多，结果各自为政，政策也乱了，钱也花多了；第三，公社化过快，没有经过试验，一下子推开，大刮共产风，干部也不会当家。现在粮食供应紧张，主要是虚报产量，还有是吃饭不要钱，敞开肚皮，吃多了。

毛主席说，多快好省还是可以做到的，但太多太快就不行。去年我们只注意多快，不注意好省。什么是多快也不甚了了。现在钢的指标降到1300万吨，仍然是多快，因为去年只有810万吨好钢，今年增长60%，这样的速度在苏联也从未有过。综合平衡我们讲过多次，但还是不容易做到。事非经过不知难啊。权力下放过多的情况要扭转过来。人权、工权、财权、商权都应该收回来，由中央和省市两级专政，不能再往下放了，否则就乱了，没有办法控制了。今年粮食生产可以订6000亿斤的计划，能收到5000亿斤就很好，因为估计去年只有4800亿斤。但粮食消费计划只能按4000亿—4500亿斤的收成来安排。

毛主席还说，大跃进本来是好事，但四大指标（钢、铁、粮食和棉花指标）订高了，结果天天被动。经济工作我们究竟有没有经验，群众路线究竟怎么样，都值得我们重新考虑。过去一年头脑发热，现在冷静下来就是了。人不要不如猪，撞了墙就要转弯。我们搞社会主义建设没有经验，一定会出现许多新问题，应当有充分的思想准备。我过去只注意人和人的关系，没有注意人和自然的关系。过去搞民主革命，忙不过来，打仗占了大部分时间。后来搞社会主义革命，主要精力是搞阶级斗争。去年北戴河会议才开始搞经济建设，特别是抓工业。看来，我第一次抓工业，像我1927年搞秋收起义时那样，第一仗打了败仗。不仅我碰了钉子，在座的也碰了钉子。现在不是互相指责、互相埋怨的时候，而是要认真吸取经验教训，赶紧把过高的指标降下来，尽快把生产计划落实。

毛主席在会上的两次讲话和多次插话，表明他对去年工作中的错误考虑得比较多，并且作了坦率的自我批评。我特别注意到他讲到第一次抓工业像秋收起义时那样，头一仗打了败仗。他详细地讲到他在秋收起义时在田里躲了一夜，第二天还不敢到处走动，因为四面都有地主的"民团"，第三天才找到了起义队伍。他说，当时非常狼狈。因为从来没有带过队伍打仗，没有经验。抓工业也没有经验，第一仗也是败仗。据我记忆，从去年（1958年）11月郑州会议到武昌会议到上海会议，毛主席曾多次作过自我批评，但像这次会议上这样的自我批评还是第一次。这两天会议开下来，大家心情都比较舒畅，而且开始有一种感觉，认为毛主席已经作了这样的自我批评，我们自己也得承担自己那一部分的责任，周总理和富春同志发言时就有这样的表示。

毛主席在会议上还谈到报纸宣传问题。他说：现在我们宣传上遇到困难。去年是那样讲的，今天又怎么讲？现在《人民日报》和《内部参考》是两本经。人民日报和新华社搞两面派。公开报道尽讲好的,《内部参考》讲不好的。当然,《内部参考》还是要办,不好的事情还是有个地方讲。但公开报道老是这样只讲好的,不是办法。去年说了许多大话、假话,应该逐步转过来。自己过去立的菩萨,现在自己不要再拜了。现在计划已经确定,方针已经明确。宣传有准绳了。过去报纸上说的虚夸的数字、过高的指标,现在根本不去理它,转过来就是。关于如何转,这个问题请中央书记处研究。

根据毛主席的意见,彭真同志14日召集书记处会议(小平同志在5月间摔伤了腿,住院治疗)。会上大家议论了宣传上怎样转的问题。比较一致的意见是,宣传上应该转,但要逐步地转,不能急转弯,而且报纸公开宣传也不能把工作中的问题和盘托出,还要内外有别。最后决定,由乔木、周扬和我准备一个文件,书记处再讨论决定。我们三人在15日和16日一起讨论和修改原由中央宣传部起草的关于宣传上如何转的问题的通报(草案)。17日彭真同志再召开书记处会议讨论这个通报(草案),作了一些修改后就准备以中央名义下发。彭真同志把修改后的通报送给少奇同志审批。少奇同志认为,通报本身没有什么大问题,但此事关系重大,需要由毛主席召开政治局会议讨论通过。

6月20日,毛主席召开政治局会议,讨论宣传上如何转的问题。少奇同志在会上比较系统地讲了几点意见:

第一,报纸、通讯社和广播电台应当认真总结去年宣传工作的经验教训。他说,报纸上去年放了许多"卫星",失信于人。我们去年浮夸风刮得厉害,下面怎样讲我们就怎么报道,表面上似乎"密切联系实际",其实是跟着下面走,犯了尾巴主义的错误,结果走向反面,完全脱离实际。人民日报宣传虚夸,基本上是反映了中央一些同志那个时候的思想和作风,所以不能完全怪报纸。但是,报纸也有责任,记者、编辑加油加醋,以致错上加错。因此报纸编辑部自己应当总结经验教训,不能只怪别人。反右斗争之前,有人曾要求报纸"独立负责",不受党组织的领导。这些人发表了许多右派言论。同时还有另一种倾向,就是太死板,没有生气,教条主义。这也不是中央的意见。半年来报纸对工作中的许多问题不报道、不宣传,这是有意识这样做的,是中央决定暂时不要说的。但长此下去也不是办法。

第二,目前宣传要转变过去一个时期的状况,但也不能马上转,不能全面地转,而是要逐步转。这里有两条路线斗争的问题。报纸要讲一些事情,又要不讲一些事情,就是要有计划地讲,既不要浮夸,也不要泄气。基本上讲正面的,也讲一部分缺点,讲一些困难。讲困难也是为了鼓劲,动员群众去克服困难。所以宣传上既要防"左",又要防"右"。现在宣传上的困难在于过去公布了一些虚夸的数字,因而一直很被动,要变被动为主动,得有一个过程,因为实际工作的转变要有一个过程。政策方针和计划指标已经确定，这是转变的前提，但还得有时间落实和贯彻。所以我们在宣传上只能逐步地转，逐步地讲，不能一下子和盘托出。从对外宣传上说，还要考虑一些兄弟党过去一直为我们说了许多好话，如果我们一下子来一个180度大转弯，会使兄弟党很被动。1956年赫鲁晓夫大反斯大林的做法，使兄弟党被动，又被敌人利用，我们不能那样干。中央报纸也好，地方报纸也好，在宣传中要有对敌斗争观念，不要不管三七二十一，什么都在报纸上捅出来。

第三，关于工作中的缺点，在宣传上应该讲这些缺点已经或者正在怎样改正，从这样的角度去宣传。不能把所有缺点都讲出来，只能讲百分之一，讲典型的、有教育意义的。这是我们历来的做法。因为我们的工作中主流是好的，缺点只是支流。比方说产品的数量和质量的关系，过去强调数量是必要的，没有数量，质量无从说起。我们从无到有，开始只能着重数量，有了数量以后就要抓好质量。过去我们的缺点是只抓数量不抓质量。报道缺点不能用纠偏的态度，不能泄气，不能给群众泼冷水。当然，在讲缺点过程中，一点不泄气也困难，泄了以后可以再鼓。从全局来讲，主要还是鼓劲。

第四，根据过去10年的经验，经济建设是波浪式发展的，这可以说是一条规律。发展的速度不可能年年一样。因为人们做计划、定指标不会一下子就完全客观实际，不可能那么准确，总会有多有少、有快有慢。上半年慢了，下半年就快一点。上半年快了，下半年就慢一点，这是合理的，正常的。但是我们搞的是计划经济，应该预先估计到可能出现的问题，尽可能预作安排，这样就可以避免大起大落、大波大浪，避免经济工作的严重失调。去年大跃进是史无前例的，我们没有这样的经验。一般说，当时估计增长19%是可能的，但再高的增长究竟能够达到多少，这就心中无数。经过去年的大跃进及其后的大失调，我们就可以认真地研究所谓有计划、按比例的发展速度究竟怎样才适当。平衡是运动中的平衡，运动的幅度究竟有多大才比较合适，这是我们今后需要研究的问题。犯了错误，可以取得教训，可以把事情办得好一些。去年的经验教训是全民性的、非常丰富也非常深刻的，因而是十分宝贵的。总结这些经验教训就是最大的成绩，没有理由悲观失望。

少奇同志的讲话，主要是谈宣传问题，也涉及对去年工作中缺点错误的总的分析。

会议结束前，毛主席也讲了话。他说，现在我们名声不大好，别人看不大起我们，这也有好处。去年大吹大擂，不但敌人，帝国主义和反动派，而且还有我们的一些朋友，都对我们有些害怕，现在不大怕了。还是不叫别人害怕为好。我们不能务虚名而得实祸。我的感觉，去年北戴河会议后，从9月到今年5

月，一直是被动的。去年11月开始发现问题。这是在郑州会议的时候，一些同志起草了一个15年（1958—1972年）建设纲要，目标是年产4亿吨钢。我当时就问，要那么多钢干什么，有什么用，能不能生产那么多？那个时期就发现大家喜欢高指标。后来又发现陈伯达起草的一个文件，绝口不讲商品交换，甚至连"商品"两字也不提。我感到一些同志思想中对社会主义经济究竟要不要商品经济，是只搞产品交换还是有商品交换，都糊涂了。于是建议大家读斯大林的《苏联社会主义经济问题》一书，目的是想使大家对社会主义经济有一个比较符合实际的看法，知道社会主义经济还是商品经济。但是，当时许多同志思想并没有转过来。武昌会议还是高指标，还没有认识平调农民是剥夺农民。第二次郑州会议才解决三级所有、队为基础的问题。高指标从武昌会议、北京会议到上海会议，一降再降，都没有降到实处。可见认识错误不是那么容易可以做到的。人们的思想符合实际要有一个过程。现在人家说我们去年成绩没有公布的那么大。这不要紧。我们现在不要同人家争论成绩的大小，明年再看。去年讲了大话，也可能有七分是真的，三分是假的，也可能是二八开，究竟如何，现在不必争论。

毛主席在谈到宣传问题时说，现在宣传上要转，非转不可。总的说，反右斗争起，《人民日报》比过去好，老气没有了，但去年吹得太凶、太多、太大。现在的问题是改正缺点错误。如果不改，《人民日报》就有变成《中央日报》的危险，新华社也有变成中央社的危险。我看《人民日报》，只看一些新闻和一些学术文章，对其他的东西不大有兴趣，它们吸引不了我。不过《参考资料》和《内部参考》我每天必看，这两种刊物，应该让更多的人看到。记者协会办的《新闻工作动态》也不错，反映了新闻界的一些思想动向，可以看。但公开的宣传，不论新华社或《人民日报》或广播电台，都要来一个转变，不能像目前这样王顾左右而言他。

毛主席提出，关于当前报刊宣传的通报，可以不用中央通报的形式，而用乔木、周扬、吴冷西他们三个人的意见的形式，再加上一个中央通知，说明中央同意他们的意见，并且提出6月底前召开一次报纸宣传工作会议，要各省报总编辑、新华分社社长和中央一级报刊、新华总社、广播事业局的负责人参加。会议同意毛主席的建议。

毛主席最后还说，报纸办得好坏，要看你是政治家办报还是书生办报。我是提倡政治家办报的，但有些同志是书生，最大的缺点是优柔寡断。袁绍、刘备、孙权都有这个缺点，都是优柔寡断，而曹操则是多谋善断。我们做事情不要独断，要多谋；但多谋还要善断，不要多谋寡断，也不要多谋寡要；没有抓住要点，言不及义，这都不好。听了许多意见之后，要一下子抓住问题的要害。曹操批评袁绍，说他志大智少，色厉而内荏，就是说没有头脑。办报也要多谋善断，要一眼看准，立即抓住、抓紧，形势一变，要转得快。

会议结束后，大家先后离开颐年堂，毛主席叫我留下，同时招呼少奇同志过来一起谈话。毛主席对少奇同志说：你刚才讲报纸宣传的意见很好。《人民日报》去年出了很多乱子，要加以改进，是不是请你抓一抓《人民日报》。少奇同志说：现在我管的事情很杂，也很少接触《人民日报》，管不了，还是请主席直接管好。毛主席看少奇同志这么讲，就对我说：以后有事情要请示，你可以找少奇同志，也可以找总理，也可以找我，但多找他们两位，日常的工作由小平同志主持的中央书记处管。谈到这里就散了。我离开颐年堂，少奇同志在门口对我说：《人民日报》要办好，要多听各方面的意见。毛主席说的多谋善断，你们首先要多谋，然后也要善断。对于比较重要的问题，你们可以而且应该提出自己的意见，但最后还是中央来断。这样可以避免至少可以少犯错误。

颐年堂会议可以说是从1958年11月第一次郑州会议开始的整个纠"左"进程的顶点。这次颐年堂会后，中央各部门即重新安排1959年的计划，实事求是，认真落实。关于报刊宣传，会后也将中央的通知和我们三人的意见发出。但是，后来中央考虑到时间紧迫，7月初即召开庐山会议，决定暂缓召开全国报刊宣传会议。而庐山会议的结果，不但这个宣传会议没有召开，连那个关于目前报刊宣传的意见，也无疾而终。更重要的是，从郑州会议开始的纠"左"进程中断了，比1958年1月南宁会议更为严重的反右倾斗争展开了。[16]

回韶山

1959年6月，毛泽东回到阔别32年之久的故乡韶山。

李银桥回忆说：

1959年6月，毛泽东在罗瑞卿、王任重和周小舟陪同下回韶山。住在韶山宾馆。

他看了看故居。在门口，他站住脚环顾周围，大概是回忆幼时的生活吧，深深吸了一口气，忽然指着门前的水塘对我说："我小时候就在这个塘子里游泳，那时候还没见过长江。"

我们跟随毛泽东去看望一些老人，有和毛泽东同辈的，也有比他辈分高的。有个长胡子老头，毛泽东一见面就说："30年没见你们了，我是来看望你们的。"他们坐下来聊了许多他小时候的事。

毛泽东访问了几户农民，在街上转一圈，还去小水库里游了泳。岸上围了许多群众。

毛泽东一边在水里自在地游泳，一边向乡亲们招呼道："都下来游泳啊！"

乡亲们有的摇摇头，有的说："我们不会啊！"

"不会就学呀！"毛泽东看一看我们，冲岸上说，"他们都喜欢蛙式、蝴蝶式。我给你们表演一个新名堂！"

于是，他一会儿仰游，像躺在床上睡觉歇息，舒坦轻松；一会儿"坐凳子"，真像坐在竹凳上，从容自如；又点燃了烟抽……岸上的乡亲们，又是赞叹，又是高兴，笑得合不上嘴。

毛泽东游完，上岸后稍微休息一下，就开座谈会，了解家乡的生产和乡亲们的生活情况。

毛泽东的激动和不平静是显而易见的。夜里他睡不着，靠在床栏上，用报纸垫底，上面放一张白纸，用铅笔在上面写了涂，涂了又写，嘴里念念有词。他作诗时才会这样。

哼来哼去，折腾有两个多小时，他停住笔，抑扬顿挫地吟诵出那首《七律·到韶山》：

> 别梦依稀咒逝川，
> 故园三十二年前。
> 红旗卷起农奴戟，
> 黑手高悬霸主鞭。
> 为有牺牲多壮志，
> 敢教日月换新天。
> 喜看稻菽千重浪，
> 遍地英雄下夕烟。

吟罢，又拿笔写了一行字：1959年6月25日到韶山。离别这个地方已有32周年了。

"小封啊，"毛泽东招呼值班卫士封耀松说，"你去把秘书叫来。"

封耀松叫来了秘书。毛泽东吩咐秘书说："你把这个拿去誊一誊。"

第二天早晨，毛泽东7点钟起床，围绕村子转。我们以为是散步，跟在后面随行。毛泽东转着转着就转到对面一个山坡上。

山上有个孤零零的坟包。毛泽东走到坟前便低下头去默立。这时我才明白，那是毛泽东父母的合葬墓。

警卫局沈同副处长忙去旁边撅来一把青翠的松柏枝，递给我。这时，毛泽东对着坟墓深深地鞠下躬去，前后三鞠躬，眼圈有些红了。

我等毛泽东鞠完躬，便将松枝递给他。他接过松枝，恭恭敬敬放在坟头上，又默立片刻，然后才离开。

整个过程，大家都没有说话。

离开父母的坟后，毛泽东视察了韶山冲所有的稻田。他发现对面山腰樟树丛冒起一股青烟，一个短发妇女正用耙子把草丛中的枯枝败叶搂出来，放进火里焚烧，便走了过去。

短发妇女闻声猛回头，看见是毛泽东，便抱起孩子一面大声喊着"毛主席来了！"一面把我们带进一栋干净宽敞的堂屋里。

毛泽东像到了自己的家一样，坐在竹凳子上，抽着烟，亲切地同大家拉起家常来。他先问："这栋房子住几家？"又问他小时候的好朋友土地老倌和四道士有没有后代。

大队党支部书记指指短发妇女介绍说："她就是四道士的儿媳妇。"

毛泽东高兴地问她："我怎么没见过你？"

她回答："你老人家1927年就走了。我是1931年生的，所以没有见过呀！"

毛泽东又问："你是哪里人？姓什么？"

"我是如意亭的。姓汤。"

毛泽东摇摇头："如意亭没有姓汤的。"

"我小时候从宁乡逃难来的。"

毛泽东点点头，发现她穿着解放鞋，便问她爱人是不是解放军，当得知当过志愿军时，就说："你是军属啊！他在外面打美国鬼子，你在家里打美国鬼子，你们俩都打美国鬼子。"

那妇女说："我一定听您老人家的话，搞好生产，多打粮食，支援国家建设。"

毛泽东又问："今年每亩能收多少稻谷？"

这一回，在场的人你看看我，我看看你，一时不知怎么回答好。因为当时到处都在"放卫星"，亩产千斤，双千斤，甚至上万斤的有的是。他们怎么说呢？

正在为难之时，有人爽爽快快地回答说："亩产800斤。"

毛泽东摇摇头："能产800斤？依我看，平均亩产500斤就谢天谢地了。要实事求是，要计划种田，要科学种田。"说着，看看大家，又风趣地说："我看见韶山的稻田绿化了。但山上树不多。韶山人多山多地少，要腾出田来种庄稼。"

大伙点点头："感谢毛主席……"话没说完，就被毛泽东打断了："不要感谢我，要感谢人民。人民团结起来力量大。"〔17〕

对毛泽东故乡之行，沈同也作过如下的回忆：

1959年6月25日，毛主席视察工作途经长沙，应当地主人的邀请，顺便探望了阔别32年的故乡——湖南省湘潭县韶山冲。

……

毛主席一行从长沙乘火车在刚修筑的铁路上行了一段，因不能直达韶山，便改乘汽车，经过一个小时左右的行程，汽车在村口停下。毛主席下车，站在路边，深情地凝望着故乡的山水和旧居，一路疲劳顿时消失，昂首阔步朝村里走去……少时离家驱虎豹，今日游子回故乡，情意深长。

毛主席回乡的消息不胫而走，乡亲们兴高采烈，奔走相告。主席首先邀请了亲友故旧、长辈老人与同辈友好相聚便餐，意在叙旧。大家相会情绪热烈，围坐了3桌。征人回乡，故旧重逢，抚今思昔，促膝畅谈。怀念故人往事，谈论今日英雄壮举，语言亲切情意浓，游子返乡尽是情，语不尽言，气氛十分感人。

饭后，毛主席走访亲友和乡邻，看望了几家农户和烈属。他和主人一起坐在条凳上，吸烟拉家常，主妇们也抱着孩子围在一起互相问寒问暖，谈论生产和生活情况，情感丰富，亲切自然，大家不时被主席幽默的话语引得开怀大笑。

毛主席还到小学校去看望了孩子们。刚走到校园里，有一个小学生看见了毛主席，就大喊起来，正在上课的师生们立刻蜂拥跑出教室，把主席团团围住，拉着主席的手，亲切异常。主席的这些"老乡"只是在照片上见过毛主席，还从未目睹过这位"少小离家老大回"的亲人。老师搬来凳子，孩子们拉着毛主席坐下，有个孩子把自己的红领巾解下来给主席戴上，大家围着主席问这问那，主席应接不暇。当他们看到随行的同志拿着照相机准备照相时，孩子们和主席挤得更紧，两个孩子偎在毛主席的怀里，两边的孩子抱着主席的胳膊，还有个孩子在主席身后踮起脚尖，搂着主席的脖子，主席有些招架不住了，但他还是不想离开。毛主席几时能有这样的闲情逸致，来尽情享受孩子们的温存热爱呢？！正所谓"时人不知余心乐，将谓偷闲学少年"，乐亦在其中了！

毛主席参观了他的旧居。此前毛主席曾对有关同志作过专门交代，他的旧居不许花钱修饰。当看到故居旧貌依然，主席很满意。毛主席以主人的身份，向大家介绍哪间屋子是谁住的，哪件家具是做什么用的，为什么要放在那个地方，哪件用具放的位置不对了，墙上镜框里的相片都是什么人，是什么时间拍的。有时看着说着，睹物生情，主席就陷入了沉思……故人已逝，游子能不惆怅！然而，毛主席胸怀开阔，他诅咒那逝去的年代，被压迫受迫害的何止千家万户，不革命不牺牲怎么会有今天！

走到打谷场上，主席向我们讲起小时候帮助家里收割庄稼的情景。边讲边走，到了屋前的池塘边，塘边青草茂盛，池水清澈，一如当年，他会心地笑了，回想孩提时代，小伙伴们一丝不挂，在池塘里尽情嬉水，犹如翻江倒海，竟把一池清水闹成了泥汤，多么开心。

入夜，毛主席余兴未减，难以入眠，在大厅里往来踱步沉思……阔别故乡32年了，哪个游子不思乡！往事依稀如梦，面对故园思亲人，别是一番滋味在心头。回首当年，"风华正茂，挥斥方遒"，而今故人何在？昔日那些在奴役中觉醒起来的农民兄弟和自己的亲人，在党的领导下，人们"卷起农奴戟"，出生入死，奋不顾身地去反抗那些"高悬霸主鞭"的统治者。有多少革命烈士用鲜血和生命，才换来了今天人民自己当家做主的国家。"为有牺牲多壮志，敢教日月换新天"，胜利来之不易啊！今天，奋发图强的劳动人民，前赴后继，已在建设自己可爱的河山，"喜看稻菽千重浪，遍地英雄下夕烟。"这才是英雄本色。

毛主席只顾踱步沉思，行无所止。我怕他跌撞，陪他漫步。晚上10点，乡村惯例停电，他似乎毫无察觉，待我提起马灯，他才"啊"了一声，又同我谈起了白天的情景，一时满怀激情，索来纸笔，挥笔写成《七律·到韶山》这首情感四溢、生动感人的诗篇，抒发当时的心情。

次日清晨，毛主席起得很早，未吃早饭，便出门径自向故居前的一座小山走去。人们以为主席是在散步，但是看来目标明确，道路熟悉，直奔小山。山上林木葳蕤，杂草丛生，一条时隐时现的羊肠小道，曲曲弯弯直达山顶，昨晚我去查看，毛主席父母的坟墓在这座山上。游子返乡，居室空空，思念亲人，扫墓寄托哀思，当在情理之中。毛主席很爱他的母亲，可是扫墓未带祭品，我沿路采集了些鲜艳的花草和松枝，未到山顶就编成了一个小花圈，随行的同志还笑我好兴致。毛主席到了墓前，准备行礼，才感到墓前空空，没有祭品，我递过刚编好的花圈，主席高兴了，便接过花圈献在墓前，然后肃穆地行了三鞠躬礼。随行的同志们也自动地向这位人民的母亲行了礼。同行的公安部长罗瑞卿，还对我表扬了一番，他对毛主席这次回乡探视，感到情节动人，意义深长。在十年动乱后，他任军委总参谋长期间，还写了篇回忆毛主席的文章，追记往事，仍情意绵绵。

毛主席了解到故乡修建了水库（水府庙水库），他喜出望外地说，这是百年大计嘛，一定要去看看。毛主席一行来到水库边，放眼望去，水面宽阔，比起儿时嬉水的池塘，不知要大多少倍。变化真大呀！他情不自禁地赞了一声。毛主席察看过水库的情况，走下大堤，兴致勃勃，就动员随行的同志会同当地的一些青年一起下水游泳。许多青年一见主席下了水，高兴得了不得，都立刻脱光衣服，一丝不挂地跳下水去。有个小伙子见我划着小船随行，向我喊道，脱光了下吧，都是自己人。毛主席天真地笑了起来。他大概是想起了童年时代在池塘里嬉水的情景了吧！于是他带着队，游过了宽广的水面，进入狭长的深谷，两岸林木成荫，十分幽静，大家游得尽兴而归。上了岸，主席说，水这么清凉，游得可真舒服啊。

毛主席要走了，乡亲们扶老携幼，妇女抱着孩子，来给他送行。毛主席勉励乡亲们，要奋发图强，努力生产，使家乡的生产建设再上一层楼。送行的人越来越多，惜别之情越来越浓。于是，我们在旧居前的广场上组织了大合影，拥挤的人群才有了秩序，随时入列者仍络绎不绝。主席一行朝村外走去，乡亲们依依难舍，送了一程又一程，毛主席不断回头招手，情真切，意绵绵。走得很远了，我们请主席上了车。汽车开动了，乡亲们仍在招手呼唤，汽车开得很远了，人们还立在路边眺望，久久不肯离去。[18]

注 释

〔1〕吴冷西：《忆毛主席》，新华出版社1995年2月版，第93—97页，100—104页。

〔2〕严文：《纠"左"的起步》，载《党的文献》1990年第4期。

〔3〕严文：《纠"左"的起步》，载《党的文献》1990年第4期。

〔4〕吴冷西：《忆毛主席》，新华出版社1995年2月版，第105—114页。

〔5〕朱仲丽：《彩霞伴我》，北方妇女儿童出版社1989年7月版，第152—155页。

〔6〕在这句之后，原文还有"观潮派，算账派，属于这一类"。1961年9月16日，毛泽东在审阅一本干部学习材料中收录的这段话时，删掉了这11个字。——原注

〔7〕《毛泽东著作选读》下册，人民出版社1986年8月版，第806—807，808—809页。

〔8〕《党的文献》1990年第4期。

〔9〕《党的文献》1990年第4期。

〔10〕《党的文献》1990年第4期。

〔11〕《陈云文选》（1956—1985年）第130页。

〔12〕邓力群：《向陈云同志学习做经济工作》，第14页。

〔13〕丛进：《曲折发展的岁月》，河南人民出版社1989年12月版，第178—179页。

〔14〕梅白：《在毛主席身边的日子里》。

〔15〕逄先知：《毛泽东和他的秘书田家英》，中央文献出版社1989年12

月版，第31—32页。

〔16〕吴冷西：《忆毛主席》，新华出版社1995年2月版，第133—142页。

〔17〕李银桥：《在毛泽东身边十五年》，河北人民出版社1991年6月版，第249—254页。

〔18〕沈同：《在毛主席身边的日子里》，中央文献出版社1993年12月版，第100—104页。

四、庐山会议

"神仙会"

庐山会议大致分三个阶段：1959年7月上半月为第一阶段，即8月初毛泽东说的"神仙会"；7月下半月为第二阶段，会议由纠"左"急转为反右，气氛格外紧张；8月上半月为第三阶段，即八届八中全会。

所谓"神仙会"，主要指会议气氛轻松，一方面是会上可以畅所欲言，因为纠"左"反映了大多数与会者的心愿；另一方面是会场外赋诗谈词，看戏观景，等等。毛泽东当时轻松自信的心境，是促成"神仙会"的主要因素。

上庐山之前，毛泽东一路视察了河北、河南、湖北、湖南四省。卫士长李银桥对毛泽东离开故乡赴庐山的行程和"神仙会"期间毛泽东的若干活动，作了如下忆述：

从韶山出来，毛泽东乘专列北上。当专列行驶在湖南空旷的山野中时，毛泽东突然吩咐停车。他外出视察常有这种一时兴起的临时停车。

毛泽东走下火车，深深吸吮山野清新的空气，呼吸之声可闻。头缓缓转动，凝神四望，目光停在一个石岗上。岗上有松，可以听到啁啾鸟鸣。他向小石岗走去。他喜爱松树，喜欢散步。

铁道路基下有条小路，向右蜿蜒着伸向石岗。他没有走那条路，而是踏着野草碎石从左边向石岗走去。他不喜欢循规蹈矩。我们卫士和警卫人员紧随着毛泽东走，另有一些工作人员选择了那条小路。毛泽东走的是没有路的野地，出现了带刺的荆棘。有人怕扎破裤子，犹豫了。

"主席，那边有路，走那边吧。"摄影组的胡秀云建议。

"路是人走出来的。"毛泽东继续在荆棘里拔步，说，"我这个人哪，从来不肯走回头路，办后悔事。"

胡秀云明智地转向那条小路去。毛泽东望望她的身影，又转望身边的卫士们："你们怎么办？"

"我们跟主席走。"

"那好，我们就试一试。"毛泽东把大手比画一下，概括了心里想的一切意思。我朦胧感觉，这一幕与现实生活中发生的一切似乎有着某种关联。但它到底与什么事有关联呢？

毛泽东登上那座小山岗，对早已到达的人们说："你们说说，咱们谁的收获大？"

专列开到武汉，毛泽东又一次畅游了长江。在武汉，毛泽东舍车乘船顺流而下，直驶九江。

隔一天——7月1日[1]，我们跟随毛泽东坐车上了庐山，住进一幢二层小楼里。当年蒋介石曾经在这里住过。

毛泽东上山后，为庐山的风光陶醉，诗兴大发，上庐山的当天就挥毫写下了《七律·登庐山》：

> 一山飞峙大江边，
> 跃上葱茏四百旋。
> 冷眼向洋看世界，
> 热风吹雨洒江天。
> 云横九派浮黄鹤，
> 浪下三吴起白烟。
> 陶令不知何处去，
> 桃花源里可耕田？

江西省委书记杨尚奎和他的夫人水静来看望毛泽东。毛泽东请他们帮卫士封耀松介绍个对象。

毛主席说："水静啊，我身边几个小伙子都是不错的，总想选择个漂亮点的，帮帮忙吧？"

水静说："就怕你的小伙子看不上哪，都长得这么精神。"

毛泽东指指封耀松说："帮他找一个吧，你这儿老表很多么。"

水静想了想说："你们楼里的小郑好不好？"

我跟着凑热闹："好啊，江西老表好啊，谈谈看嘛！"

毛泽东也笑着提高了声音说："我看也很好，水静，你就当个红娘吧！"

事后，毛泽东还多次问过封耀松："见过面了吧？""谈得怎么样？"后来封耀松还真和小郑谈成了。

由此可见，7月2日开会后，毛泽东一直轻松愉快。尽管他在紧张考虑大跃进和公社化的后果及前途，在考虑同苏联赫鲁晓夫之间出现的矛盾，在考虑自己队伍中出现的不同观点和态度，但他始终信心十足，坚信前途是光明的。整个会议的气氛都是轻松愉快的，一到傍晚，首长们或参加舞会，或观看演出，或三三两两散步，欣赏庐山的真面目。毛泽东刚写作的《到韶山》和《登庐山》两首诗交给周小舟、胡乔木订正，结果就传了出来，大家互相传抄吟诵，气氛十分融洽。[2]

据梅白（时任湖北省委副秘书长，也参加了庐山会议）回忆，7月4日毛泽东还同湖北省委几位同志谈明代杨椒山的诗。他写道：

这一天是7月4日，毛主席对王任重、刘建勋和我说："我今天有一点点空闲，请你们3位与我共进晚餐如何？"我们当然都很高兴。于是我随王、刘到毛主席在庐山的住处吃饭。席间，主席兴致很高，除说了国内国际的一些事以外，还谈到了《红楼梦》。最后，他们说到干部问题时，我就避开了。

后来，王任重、刘建勋去开会。我一个人在外间削苹果。主席笑着说："你看我。"原来他吃苹果不削皮，并说：维生素都在皮里，只要洗干净也是很卫生的。

主席谈吐很随便。这时，他又谈起诗，并念道："遇事虚怀观一是，与人和气察群言。"接着问我："你晓得这是哪个的作品？"我说："是不是明代杨继盛的诗？"主席高兴地笑了："是的，这是椒山先生的名句。我从年轻的时候，就喜欢这两句，并照此去做。这几十年的体会是：头一句'遇事虚怀观一是'难就难在'遇事'这两个字上，即有时虚怀，有时并不怎么虚怀。第二句'与人和气察群言'难在'察'字上面。察，不是一般的察言观色，而是要虚心体察，这样才能从群言中吸取智慧和力量。诗言志，椒山先生有此志，乃有此诗。这一点并无惊天动地之处，但从平易见精深，这样的诗才是中国格律诗中的精品。唐人诗曰：'邑有流亡愧俸钱'，这寥寥7字，写出古代清官的胸怀，也写出了古代知识分子的高尚情操。写诗就要写出自己的胸怀和情操，这样才能引起读者的共鸣，才能使人感奋。……"

主席越说越高兴。我怕影响他的工作和休息，起身告辞，踏月而归，彻夜无眠。

庐山会议前期，毛泽东的指导思想是总结经验教训，继续纠正"左"倾错误。

为开好庐山会议作准备，1959年6月15日，毛泽东召开部分领导同志参加的会议，研讨工业、农业和市场问题。与会同志认为，"大跃进"中的主要问题是，对综合平衡、有计划按比例地发展经济抓得很不够。毛泽东说：一些指标定得那么高，使我们每天处于被动地位。讲了多少年有计划按比例发展，就是不注意，就是不讲综合平衡。明年的指标切记不可定高，今后7个月，主要是搞好综合平衡。6月29日、7月2日，毛泽东在庐山同各协作区主任谈话时再次指出："大跃进"的重要教训之一就是没有搞好综合平衡，这是经济工作中的根本问题。只有搞好农业本身农、林、牧、副、渔之间的平衡，工业内部各个部门、各个环节之间的平衡，工业和农业之间的平衡，才可能正确处理整个国民经济的比例关系。在这次谈话中，他首次提出以农、轻、重为序安排国民经济计划。他认为陈云关于"先市场、后基建"的意见是对的，把衣、食、住、用、行安排好，这是六亿五千万人民安定不安定的问题。毛泽东的这些意见都很中肯，切中当时经济工作中的弊端。

庐山会议于7月2日正式召开。毛泽东为会议规定的基调是三句话：成绩很大，问题不少，前途光明[3]。并提出了19个问题，供会议研讨。

直接参加庐山会议全过程的李锐，对毛泽东提出的19个问题及其形成作了详细叙述：

6月29日在船上，毛主席同各大区负责人柯庆施、李井泉、林铁、欧阳钦、张德生等座谈，征求对形势的看法，谈了准备在庐山讨论的问题。刘少奇和朱德是6月30日上山的。周总理是7月1日上山的。陈云和邓小平因健康原因没有上山。7月2日开过一次常委会，确定了要讨论的18个或19个问题。其中国际形势一题，是旅途中同总理通电话时，总理建议加上的。

我的记录本上载明：7月3日，中南组开会，首先传达下述19个问题；是组长口头传达，并无文件。所记内容同别组的传达，详略与题目次序小有差异，后来我又对照别组的文本补记了一些。

一、读书。鉴于许多领导同志不懂得社会主义经济发展规律，工作中还有事务主义，所以应当好好读书。8月份用一个月时间来读书，或者实行干部轮训。中央、省市、地委一级读《政治经济学（教科书）》下卷（第三版）。此书总结了苏联经验，但有缺点，如和平过渡，通过议会之类，革命必须通过武装斗争（1957年右派无一根枪，还要进攻）。山东、河北建议：给县、社干部编3本书：一本，《好人好事》，大跃进中敢于坚持真理，不随风倒、不谎报、不浮夸的例子。如河北王国藩，山东菏泽的一个队；一本，《坏人坏事》，犯错误的，专门说假话的，违法乱纪的，各省找几个例子；一本，从去年到现在中央各种指示文件（加省市的）。3本书10万字左右，10天读完，还要考试。县社领导能读《政治经济学》的也可以读。使大家冷一下，做冷锅上的蚂蚁，不要做热锅上的蚂蚁。

二、形势。是好是坏？有些坏，但还不到"报老爷，大事不好"程度。八大二次会议方针政策对不对？要坚持。总的说来，湖南省委有三句话，他们说得巧妙：成绩伟大，经验丰富（实际是问题不少），前途光明。去年一年经验主要是：综合平衡，群众路线，统一领导，注意质量。最重要的是综合平衡，要注意质量，宁肯少些，但要好些、全些（各种各样产品都要有）。农业十二项：粮棉油麻烟茶糖菜丝果药特。工业有轻有重。过去"两小无猜"，把精力搞小高炉、小转炉，其他都丢了。去年大丰收，今年又大春荒。一路看了河南、河北、湖南、湖北4个省，可以代表全国。今年夏收，估产普遍偏低，这是一个好现象。去年许多事是一条腿走路，不是两条腿。我们曾批评过斯大林一条腿走路，自己提出过要两条腿，反而一条腿了。大跃进中包含某些错误与消极因素，现在虽然存在些问题，但包含积极因素。去年情况本来很好，但带来一些盲目性，只想好的一面，没想到困难一面。现在形势好转，盲目性少了。何时能彻底好转？争取明年五一节。去年脑子发热，但热情宝贵。有些问题还没完全弄清楚：为何粮紧？缺肉？似乎促进派腰杆不硬了。总之，怪话不少，要让人说。

三、任务（或分成两个问题，即今明年任务，4年任务）。工、农、轻、重、商、交各方面，过去是两条腿，去年丢掉一条，重挤掉了农、轻，也挤掉了商。如果当时重视一下农、轻，就好了。今年钢是否1300万吨？能超过就超，不能超就算了。钢明年只能增400万吨，达到1700万吨（或6、7、8三个数：1600万吨、1700万吨、1800万吨）。以后几年也是年增400万吨，2300万吨就超过英国。一定要确保质量，不要追求太多数量了。今后应由中央确定方针，再交业务部门算账。粮食去年增产有无三成？今后是否每年三成，即1000亿斤。1964年搞到10 000亿斤。恢复农业40条。指标比原定的稍高一点，还是12年达到。两个口号不变。15年内主要产品赶超英国要坚持。总之要量力而行。人的脑子逐渐实际，要让下面去超过。

去年做了件蠢事，好几年的指标要在一年内达到。像粮食指标，恐怕要4年才能达到。过去安排是重轻农，现在是否改农轻重。这样提，不会违反马克思主义，重工业是不会放松的。这几年农业第一，成立农机部。过去陈云同志提过，先安排好市场，再安排基建。黄敬不赞成。现在看来，陈是对的。衣食住用行安排好了，就不会造反，这是6.7亿人安定不安定的问题。日子过得舒服，才利于建设，便于积累。赞成成立三机部，搞农业机械，还成立农业研究院。过去土改时说过："炮是要打人的，人是要吃饭的，路是要脚走的。"如果忘了这些，不好办事。现在实际挂帅的是农，其次是轻。农业问题，一曰机械，二曰化肥，三曰饲料。农、轻、重，把重放到第三位，放它4年（准备犯4年错误）。不提口号，不作宣传。工业要支援农业，明年化肥，农用钢材，这次会议定一下。

有两种积极性：盲目性和实事求是。还是要讲一切行动听指挥，不拿群众一针一线（不搞一平二调）。总的看，10年来群众生活提高了，文化水平也提高了。共产主义风格有两种：一种真搞共产主义，另一种（这是多数）是权利归他是共产主义，否则是资本主义。山东有的地方发现抢粮之事，这很好，可引起注意。搞社会主义是会坚持到底的，不会一日或忘的。美国如打来，我们最坏退到延安，但还会回来的。

四、体制。有些半无政府主义。人、财、商、工四权下放了，现在要适当收回；对下要适当控制，要收回来归中央、省市两级。强调集权，统一领导。统得不可不死，不可过死。

五、食堂。按人定量，分配到户，自愿参加，节余归己。在这几个原则下把食堂办好，不要一哄而散。能保持30％也是好的，形式可多种多样。太分散的户不办，吃饭基本要钱，一部分不要钱。四川是老小不要钱。湖北是半供给制。供给部分要少，三七、四六。供给制不要否定。食堂与供给制是两回事。按月发工资，大部分办不到。

六、学会过日子。湖北农民批评干部：一不懂生产，二不会过日子。要留余地，富日子当穷日子过。要增产节约。今年不管增产多少，粮食按4800亿斤标准过日子。去年湖北的错误，是穷日子当富日子过了，放过"卫星"的县过得最差。

七、恢复三定：定产、定购、定销，三年不变。增产部分征四留六。自留地不增税。

八、恢复农村初级市场。

九、综合平衡，大教训之一。三种平衡：农业本身（农林牧副渔等）；工业内部；工业与农业。整个国民经济的比例关系，是在新的基础上的综合平衡。无综合平衡，即无群众路线。

十、生产小队改为半核算单位。四川的问题在于原高级社小，现叫生产队。生产、生活的核算放在一起好，否则浪费很大，反正归管理区。一改，怕影响生产，弄个"半"字。

十一、农村党团作用。党不管党，都由生产队长包办代替了。无支委会，无组织领导作用。

十二、宣传问题。去年浮夸，怎样说法？1959年的四大指标定高了，现在陷于被动。上海会议时，即有人提出利用人大会议改，失了点时机。找个适当时机改过来，是否人大常委会开个会。粮食以后是否不公布绝对数。

十三、质量问题。争取一两年内解决。煤炭的含硫量超过了允许的标准（0.07％），出口退货，名誉不好。

十四、对去年的估计：有伟大成绩，有不少问题，前途是光明的。缺点只是一二三个指头的问题。许多问题要等较长的时间才能看得出来。看出问题，才能鼓起劲来。跃进公路，修了这么多也没垮台。秦朝、隋朝很快就垮了。

十五、群众路线，有没有？有多少？

十六、全国协作关系。破坏了原来协作关系。协作区搞些调查研究，计委的派出机关。（大区搞体系，公社工业化，工厂综合化。）

十七、团结问题，统一思想。河南120万基层干部，40万犯错误。3600人受处分，是个分裂。

十八、国际问题（列了个题目）。对资产阶级不易一次认清，界限要分清。同蒋介石打了10年，讲统一战线时，一切都忘了。

（第三个问题分为两个问题，则为19个问题。）[4]

正式会议开始后，分六个大组座谈（按大区分组，如中南组、华东组等）。与会者依照毛泽东规定的会议方针和问题，进行了较为热烈的讨论，各种见解陆续摆了出来。许多人对"大跃进"和人民公社化的错误作了进一步的批评。彭德怀在西北大组会上连续作了7次发言，坦率地讲了不少看法。朱德着重批评了公共食堂的做法，认为参加公共食堂要实行自愿的原则。

7月10日晚，毛泽东召集各组组长开会，针对各组讨论中出现的一些不同的甚至对立的意见，讲了一番话。第二天，李锐听到了关于毛泽东讲话的如下传达：

对形势的看法如不能一致，就不能团结；要党内团结，首先要把问题搞清楚。龙云说我们人心丧尽，天安门工程如秦始皇修长城。党内天津的科局长对去年有议论，他们不了解全面情况。"得不偿失"，可举几十、几百、上千件，无非头发夹子、菜、肉、蛋不够，有的买不到了。对这些同志要讲清道理，不要骂人，要帮助他们认识整个形势。上海有一个党委书记，否认1958年的大跃进，辩论之后，杀头也不承认大跃进好。后来到家乡调查，仍增了产。可以不杀头，进行教育。龙云多活10年好，否则到阎王处还造谣。

去年4件事：1959年要搞3000万吨钢；基建1900多项；粮食翻番；办了人民公社。而实际产量不高，计划偏大，项目多了，引起各方不满。不管右派左派，党内党外，要是说缺点，确实有，都承认。因为总不能说粮不紧张，肉多了，计划不高，基建不大吧。承认有些被动，但并非全面被动，也不会垮台。公社没垮嘛，垮一部分也不要紧，再办起来就是。食堂情况也并不比公社好，垮一大部分、垮一部分都好，我都支持。有人说就是总路线搞坏了，从根本上否定大跃进，即否定总路线。所谓总路线，无非多快好省，多快好省不会错。不能说1958年只有多快而无好省，也有又多又快又好又省的，要作具体分析。

有这么一些中国人，说美国一切都好，月亮也是外国的好，如黄万里的诗，总还想读的。对苏联也是早晚市价不同，斯大林一死，什么都不好了；卫星一上天，又变过来了。农业发展，通过合作社到公社，我们总是增产的；不管增多增少，合作社、公社化总是推动了生产的。苏联集体化后，很长时间粮食减产。

打仗，没有从来不打败仗的将军。打三仗，一败二胜，就建立了威信；如果一胜二败，就建立不起来。对去年一些缺点、错误要承认。从一个局部、一个问题来讲，可能是一个指头或七个、九个指头的问题；但从全局来讲，是一个指头与九个指头，或三个指头与七个指头，最多是三个指头的问题。成绩还是主要的（彭老总说一个指头多一点），没有什么了不起。对公社和农村广大干部，要继续整顿和教育。河南200万干部，只有3600人恶劣，对干部要有分析，对坏人则不讲团结。

北戴河会议后，一部分问题被动，特别是四大指标，当时不公布就好了。自己立个菩萨自己拜，很被动。当时人心高涨，心是好的。从郑州会议、武昌会议、上海会议、庐山会议，逐渐认识客观实际，腰杆才硬起来；但有一部分软，还被动。像打仗一样，有缴获，有损失，一个连打得剩六七十人，有所得有所失。总账不能说得不偿失，有的问题是得不偿失，这属于缺点错误部分。斯大林讲过，关于规律，人们适应时感觉不到，一破坏才感觉到了。去年破坏一部分规律，才提高了认识。人的经验从两方面来：成功与失败。如打仗，首先从胜仗来，其次从败仗来。经济建设亦如此，要从成功与失败两方面学习，这样才能认识与掌握客观规律。我们要接受斯大林遗产，要读《苏联社会主义经济问题》这本书。斯大林在世时，对一些大问题，多年来思想才得到统一认识；但有些问题仍未得到解决，如农业问题。斯大林到赫鲁晓夫，可划个界。赫鲁晓夫使农业得到恢复与发展。我们要快一点，因为找到了一条正确道路。发现缺点快，纠正也快。苏联的长短腿（指工业与农业）几十年没有解决，我们要真正用两条腿走路。多快好省，也是两条腿，还有五个并举，但执行中未能全按这样来做。小洋群代替小土群，对小土群也不要全部否定。

张奚若讲的四句话：好大喜功，急功近利，否定过去，迷信将来。陈铭枢讲的四句话：好大喜功，偏听偏信，轻视古典，喜怒无常。偏听偏信，就是要偏。资产阶级、小资产阶级、无产阶级、左中右，总有所偏。同右派作斗争，总得偏在一边。

北戴河以来，虽然一些事情搞得不好，但总是抓工业了（按：这是就他自己和某些过去从来不大过问工业的地方领导干部而言）。一年中有很多经验，我负有责任。1953年批评一波，后来批评计委，这次自己负了责任。南宁会议后搞地方工业规划，听湖北汇报，说过去太保守，只有70个亿。当时说过，这可能是主观主义，但总比不搞好，因为原来没有什么地方工业，搞了点东西，就是检讨起来，也有个根据。

一年实践，抓了工业，取得这么多经验，同过去只听"训话"，走过场，让签字画押，总算是不同了。一年来有好的与坏的经验，有成功的与错误的经验；不能说光有坏的、错误的经验。

（总理插话：副主席〔按：指当时应中国邀请前来观察全民炼钢运动的苏联部长会议副主席兼国家计委主席扎夏季科。他回国后向苏联领导人谈中国观感，有批评性意见。不知道是他没有向中国方面全部谈出他的真实看法呢，还是周总理没有转述批评性部分。〕谈了两条：高速度发展，大跃进，超过苏联，对社会主义阵营有好处，缺点、错误发现快，纠正也快。苏联一教授说我们发明"大跃进"这个词好。）

《苏联社会主义经济问题》《政治经济学（教科书）》，苏联经验写了书。以前他们有公社问题，斯大林讲过，办食堂就是公社。斯大林吃亏就在说一切都很好。苏联1936年宪法，《苏联社会主义经济问题》这本书，否认矛盾；否认缺点错误，就不能前进。我们这一年来的会议，总是把问题加以分析，加以解决。大家要记住：坚持真理，修正错误。经常分析问题，脑子不要僵化，不要要求人家硬相信我们这一套。党的方针政策正确与否，不在制定之时，而在执行之后。过去的革命路线，实践证明是正确的。现在的建设路线，要再看10年。有些得不偿失的问题，要付一定学费。（少奇插话：大办钢铁花了20多亿，全民学了，值得。）许多事要取得经验，总得出学费。

宣传问题。关于已公布的指标改不改？两种意见：一种，这回改，1958年、1959年的都改；一种，现在不改，一律不改，明年再改，甚至等1962年计划一起改，正式发公报。也有一种意见，1958年不改，1959年就不好说实话了。到底如何改好？五年计划改不改，要不要？明年拿不拿出来？已经有过一个二五计划，实行中无非超过。可以党内搞个二五指标，此事也难以肯定。

农业40条，赞成搞；人代大会还没通过。500斤、600斤、1000斤（即黄河以北、以南及长江以南亩产指标），是否改500斤、600斤、900斤，高寒地区在外。

李锐接着写道：

从这篇讲话看到，当时毛主席的思想确实是要大家冷静下来，要承认去年确实出现了失误，存在不少问题，有待一个个解决。讲话中还提到彭德怀的看法，可见对彭尚无戒心。那时的大问题是必须将各种指标落到实处。例如7月5日，有关粮食问题的一段近千字批语，就是如此。陈国栋关于下年度粮食分配调整意见的报告，认为必须把粮食分配放在稳妥可靠的基础上，留有余地；仍应继续贯彻执行"瞻前顾后、以丰补歉、细水长流、计划用粮"的原则；认为全国约需4300亿斤原粮才能过日子。除1958年至1959年销售了1020亿斤外，历年销量都没有超过840亿斤，因而提出1959年至1960年度销售指标855亿斤（比上海会议定的少120亿斤）。毛主席批示，此数似乎也略多了，可否调整到800亿或810亿—820亿斤。"告诉农民，恢复糠菜半年粮。""手里有粮，心里不慌，脚踏实地，喜气洋洋。"他基本上同意陈国栋的报告，要"各大区区长主持讨论，细致地讨论，讨论两至三次"。

综观7月10日这个讲话，仍是19个问题的精神，是想使讨论尽快结束，大家取得一致意见。庐山会议原来传说开半个月左右，即7月16日大体要结束，这次讲话前后，就安排写《会议纪要》了。

7月11日夜晚，毛主席找周小舟、周惠谈话，当他们谈到在小组会上我的发言被人顶住，马上就通知我也去参加。我一进门，主席就笑着说："我们来开个同乡会。"可见气氛之融洽。谈话完全是四个人轻松愉快地交谈，有时相互插话。我的记录本上分别记了些简单要点，现照抄如下：

周小舟谈：农业是根子。粮食"高产"引起钢铁高潮。（主席说：也不尽然。）刮共产风不能怪公社书记，主要怪上面。哪里有什么万斤亩。上有好者，下必甚焉。（关于万斤亩，上海会议时，我问过主席为何轻信。他说，钱学森在报纸上发表过一篇文章。说是太阳能利用了百分之几，就可能亩产万斤，因此就相信了。）"书记挂帅"权力太大。去年传主席的话，有些乱传，更增加了紊乱。谭老板（谭震林）有的讲话和文件，湖南压下了，没有向下传。湖南的密植，偏稀一些，因此没有失收的问题。会议还有压力问题，还是不愿多谈多听缺点。周惠也插了话，都说许多问题应当摊开来谈，互相交锋，才有好处。谈到这个问题，我们就建议，最好将大区组打烂，各组人员互相穿插，这样更便于交流情况、交换意见，免得一个地区总是唱一个调子。这个意见当时主席就欣然接受，随后就通知了秘书处，从16日以后，人员就打乱平分，但组长没动，仍分6个组。

南宁会议之后，我有多次同主席单独谈话的机会，从未感到过拘束，心里有什么就说什么，这次还是照旧。我主要谈冶金部的问题。关于各地大炼钢铁中的情况，如指标落实及质量等问题，冶金部一风不透，问不出消息；不如计委内部，还能及时知道点实情。今年4月上海会议之前，我就是从计委廖季立处问到钢铁若干实情（1959年2000万吨绝对不可能完成），以及自己从其他方面特别是电力平衡上感到问题的严重，向主席写了第二封信（第一封信是1958年6月华东计划会议时写的，对那次会议泼了冷水），明确提出钢的产量必须下降，落实指标，这样才免于影响全局；对钢铁还提出"宁肯少些，但要好些"。关于综合平衡问题，这时我谈到苏联经验，以及列宁、斯大林的说法，随手将1959年第9期《宣教动态》（中宣部内部刊物）送上，请主席过目。上面有一篇引证苏联经验和斯大林语录的文章，社会主义如果发生经济危机会比资本主义严重得多，因为社会主义是集中计划体制。我说，去年是唯心主义、小资产阶级急性病大发展的一年，敢想敢干起了许多副作用。"以钢为纲""三大元帅"等口号不科学。主席当即表示同意说，以后可不提这些口号了。主席在湖南视察时，一路大概同王任重等发表过感想：去年计划搞乱了。"国乱思良将，家贫思贤妻"，即指陈云而言（这句话随后柯庆施等都知道了）。我这时乘机建议，财经工作还是由陈云同志挂帅好（南宁会议以后，陈云只担任建委主任，历次中央会议很少发言）。二周也当即附议。主席于是向我们讲，"国乱思良将，家贫思贤妻"，这是《三国志·郭嘉传》上的话。曹操打袁绍，吃了大败仗，于是想念郭嘉。说陈云当总指挥好，陈有长处也有短处（短处大概是指对群众运动注意不够之类，我的记录本上没有记具体内容）。

毛主席谈的主要内容如下：提倡敢想敢干，确引起唯心主义，"我这个人也有胡思乱想"。有些事不能全怪下面，怪各部门，否则，王鹤寿会像蒋干一样抱怨：曹营之事，难办得很。说到这里，主席自己和三个听者，一齐哄堂大笑起来，久久不息。说关于敢想敢干，八大二次会议是高峰，还有钱学森的文章，捷报不断传来，当然乱想起来。"许多事我都要负责，有些也真负不了。"关于公社的由来，主席说：在河南七里营，记者问我"公社好不好？"我说"好"，谁知都登上报了："人民公社好"。接着谈到乱传讲话，传得快。我们说，还是形成文字为好。主席说，讲得不对，文字也一样不好。钢翻一番，谁知道当成了法律，党比人代会厉害得多。（主席似乎忘记了，对大炼钢铁执行不力者，北戴河会议还内定了六条纪律：警告；记过；撤职留用；留党察看；撤职；开除党籍。）北戴河规定翻一番，索性登报，是薄一波和乔木的建议。接着谈到自己的性格，回忆起江西时代的往事。一次向毛泽覃大发脾气（或者还要动手打人），毛泽覃回嘴：共产党又不是毛氏宗祠。"我这人40以前肝火大，总觉得正义、真理都在自己手里；现在还有肝火。"郑州会议后，开始右倾。去年是几件事都挤在一起了（承认粮食、钢铁、公社化等几大跃进不对头）。关于下面讲了假话，可以转告大家，心情也不要那么沉重。打麻将十三张牌，基本靠手气（意指客观规律不易弄清），谁知道搞钢铁这么复杂，要各种原材料，要有客观基础，不能凭手气。（这以后反复讲了钢的问题，我再三提到，二五计划轮廓要定下来，否则不好办事。）搞到六七年，十年计划，明后年再看，能达到2100万—2400万吨就很好了。今年1月开政治局会，关于钢指标，陈云讲2000万吨不易完成，同陈云意见原来一致，不知为什么他后来要检讨。去年的问题就是抓了个"两小无猜"，别的忘记了，这是本末倒置。去年农业是否增产了三成，还很怀疑。全国各地很不平衡，有各种灾情，有丰收有歉收，一填平补齐，三成很不易得。还谈到他自己就是个对立面，自己常跟自己打架；有时上半夜想不通，下半夜想通了。

毛主席这夜同我们的谈话，对纠"左"的许多看法，比头天在组长会的讲话还要明确，关于对粮食与钢铁的增产和高指标的看法，同我们是很接近的。因此，我们3人从主席处出来，都觉得心情舒畅，真正向老人家交了心，尤其小舟大胆讲了"上有好者，下必甚焉"，这句话直接批评了主席，不仅丝毫没有引起反感，反而更加谈笑风生了。

这时，主席似已多日没有找下面的人个别谈过话，大家都在摸风向，不知主席的意图何向。我比较谨慎，许多人向我打听（包括总理的秘书），我都没吱声。刘澜波同我住隔壁房，我也没有向他透露什么。这是从田家英那里得来的经验：常有反复之变，不可轻易传话。可是后来才知道，小舟随意向人流露了高兴之情（罗瑞卿曾陪毛主席一起到湖南，小舟向罗讲了"上有好者"的话），于是有的话就传到柯庆施这些人耳朵里去了，他们正在窥测方向。他们对去年的所作所为，兴风作浪，迎合抬轿，不仅没有丝毫内疚，认真检讨，反而触动不得，一触即跳，过于护短，过于护身。他们打着保卫总路线、拥护毛主席的旗帜，将"神仙会"变为"护神会"，将中国继续推向大灾大难之中。[5]

静川在《彭德怀在庐山》一文中，描述了庐山会议的主要人物之一——彭德怀在会议前后的一些情况：

彭德怀是在并无思想准备的情况下奉命上庐山开会的。

1959年4月24日至6月13日，彭德怀率领中国军事代表团，先后对苏联及东欧各国进行了近50天的友好访问。回到北京的第二天，他便不顾旅途疲劳到旃坛寺国防部大楼去办公。总参谋长黄克诚向彭德怀询问了一些他所访问的八国的情况和观感。然后向他汇报了国内经济形势和当前部队思想情况。使彭德怀感到担心的是国内非常严峻的经济形势。黄克诚向他汇报时说，全国不少地方灾情严重，特别是甘肃省，有的地方已经断粮，外出逃荒的群众越来越多。……

彭德怀听完后，再也坐不住了。他背着手，在室内踱来踱去。1958年8月北戴河会议之后，彭德怀花了3个半月的时间，先后到黑龙江、吉林、辽宁、内蒙古、青海、甘肃、陕西、湖北、湖南、江西和安徽等十多个省，实地考察了人民公社化运动、人民生活、炼铁等，看到了"大跃进"的成就，也发现了许多急需解决的重大问题。甘肃省是他亲自考察过的省份，就在几个月之前，省委领导和下面干部还告诉他，粮食问题已经解决，全省每人平均可占有粮食1500斤。现在怎么忽然变成了严重缺粮省？

他为自己当时未能了解真实情况而感到惭愧。

黄克诚还汇报说，现在中央正采取应急办法，从别的地方往甘肃运粮，但是运输力量又很缺乏。

彭德怀焦虑地问："部队还能抽出一部分车辆来帮助运粮吗？"

"能抽的都已经抽了。不光抽了车辆，海军还抽了部分舰只到重庆帮助运粮。空军也抽了。如果再抽会影响战备。"黄克诚解释着。

好长一段时间两人谁也不说话。他们搜索枯肠，在寻找着既不影响战备又能帮助群众度过灾荒的办法。最后，还是彭德怀下了决心，断然说："还要抽。部队再困难也要再抽运输力量来帮助地方运粮。"

在回国的最初几天里，彭德怀阅读了大量中央文件和各地送来的有关"大跃进"和人民公社化运动的材料。他发现国内形势远不像他在国外从报纸上看到的报道那样乐观。全国的粮食、日用品、建筑材料、电力、运输……处于全面紧张状态，而且日益严重。

彭德怀回国后不几天，接到中央办公厅通知：中央决定7月2日在江西庐山召开政治局扩大会议。政治局委员，各省、市、自治区党委第一书记，中央和国家机关一些部、委的负责同志，参加会议。

彭德怀沉思良久。他想让黄克诚去庐山开会，他留下值班。彭德怀所以有这个念头，是出于两种考虑：一是黄克诚是书记处书记，对地方和军队的情况都比较熟悉，研究问题比自己更方便；二是他出访归来，正计划写一本关于建军经验的书。另外，尽管他身体好，毕竟是61岁的人了，回国以后他感到很疲劳，也想休息一下，抽空看看出访期间积压下的文件和材料，并且想写一点东西。

当彭德怀找到黄克诚把自己的想法告诉他以后，一向不避辛劳的黄克诚却出乎意外地没有立刻表态。这位以稳重老练著称的总参谋长考虑得更多一些，他想到在不久前的上海会议上，毛泽东曾点名批评了彭德怀，口气严厉而且突如其来，使彭德怀一连几天迷惑不解，郁郁不乐。黄克诚对毛泽东和彭德怀两个人的性格和处事方式都是很熟悉的。若因彭德怀不去庐山开会而引起毛泽东的误解，那就不好了。想到这里，黄克诚用非常恳切的口吻说："彭总，你是政治局委员，你怎么能不去呢？还是我留下来值班，你去开会的好。"

无论是彭德怀还是黄克诚，都没有预料到庐山将会发生什么事情，他们当时考虑的只是两个人中一个上山，一个留守，谁去谁留的问题罢了。

彭德怀是7月2日早晨到达庐山的。和他一起到达的有贺龙、李富春、习仲勋、陆定一、康生、张闻天、贾拓夫等。他们从北京出发，乘一组专列先到武汉，然后换乘江轮到九江，由九江登岸乘汽车上山。在火车上，彭德怀一直埋头阅读这一时期中央发的重要文件、内部资料和群众来信。50多天的八国之行，与国内隔绝，他需要了解的情况太多了。

在火车上，保健人员发现彭德怀吃饭很少，两顿饭都是只吃几口就把碗筷一放，回自己包厢去了。在包厢里，他长时间地凝视着窗外，闷坐不语。保健护士不安地问他："是不是病了？"彭德怀轻轻摇摇头。"是在车上睡眠不好？"彭德怀又摇了摇头，接着用手指了指窗外说："你看看他们……叫人怎么还能吃得下去！"

这时护士才注意到，在列车停靠的站台外边，拥挤着许多人，他们衣衫破烂，蓬头垢面，有的背着肮脏的行李卷儿，有的妇女怀里还抱着吃奶的孩子。他们一个个面带菜色，用手把着站台边的白色栅栏，向列车这边张望着。显然，他们是被保卫人员赶到站外的灾民。

保健人员被彭德怀那关心人民疾苦的感情深深触动了，泪水顿时模糊了视线。

带着出访后的疲劳，怀着一颗沉重的心，彭德怀登上了"葱茏四百旋"的庐山。

1959年的庐山会议，是党的两次重要会议的总称。7月2日至8月1日是中央政治局扩大会议；8月2日至8月16日是八届八中全会。原计划只开中央政治局扩大会议。

毛泽东把第一阶段的庐山会议称作"神仙会"。上山之前，与会人员得悉会议的议题主要是继续纠正经济工作中"左"的错误，传达毛泽东提出的19个问题。上山以后，毛泽东在接见一些负责同志时，也明确地说过："这次会议主要是纠'左'，要搞一个文件。"

当时，毛泽东把国内形势概括为这样三句话："成绩伟大，问题不少，前途光明。"毛泽东提出的19个问题，特别是他对国内形势的概括，切合实际，使初上庐山的彭德怀对会议满怀希望，以极大热情参加了小组会的讨论。

会议初期，气氛轻松、融洽，正如毛泽东说的"有点神仙会的味道"。白天开会，晚上看戏、看电影、跳舞、填词赋诗。

但是，这"神仙"般的生活只继续了不长的时间。随着讨论的深入，思想认识上的差异和分歧逐渐显露出来。会议气氛开始发生变化，由轻松、融洽，变得紧张、压抑。这种变化虽然是缓慢的，却是明显的。

认识分歧是从对毛泽东概括形势的三句话那中间四个字的不同解释开始的。对毛泽东所说的"问题不少"究竟应该怎么看？

庐山开会的时候，全国城乡的经济情况，开始有所缓和，但没有根本好转。从1958年冬到1959年7月，毛泽东为了纠正"大跃进"和人民公社化运动中的错误，多次召开了中共中央政治局扩大会和中央全会，制定了一些方针政策，采取了一些具体措施，获得了一些成效。概略情况是：

在1958年8月北戴河会议以后的两个多月里，毛泽东开始觉察到公社化运动中的一些错误。11月2日至10日在郑州召开的有部分中央领导人和地区领导人参加的会议上，毛泽东针对当时普遍存在的混淆社会主义和共产主义、混淆集体所有制和全民所有制的情况，提出必须划清这两种界限，批评了一些人要废除商品和货币的错误主张。

同年11月21日到27日，在武昌召开的中央政治局扩大会议和六中全会上，毛泽东又提出"压缩空气"，要把根据不足的高指标降下来。全会通过了由毛泽东主持起草的《关于人民公社若干问题的决议》，批判了要公社立即实行全民所有制和认为中国农村很快就能进入共产主义的错误思想。

随后，在1959年2月27日到3月5日，中央政治局在郑州又召开一次扩大会议（即第二次郑州会议）。毛泽东在讲话中，提出农村人民公社的生产队所有制是所有制的基础。他还在一个批语中批评了"只顾国家和公社大集体，而不顾生产队小集体和社员个人（全国共有几亿人口之多），公社积累过多，社员分配过少，社办、县办工业过多因而抽去人力过多，使生产队人力过少，妨碍农业任务完成等'左'倾冒险主义思想"。

3月25日到4月5日，在上海召开的中共中央第七次全会上再次降低了1959年的钢铁生产指标。

接着，5月、6月间，中共中央又连续发出指示，决定恢复农村自留地制度，允许社员私人喂养家禽家畜，宣布房前屋后的零星树木归社员私有。在一次有少数中央领导人参加的会议上，毛泽东、周恩来、李富春都指出，"大跃进"中的主要问题是综合平衡。毛泽东说，一些指标定得那么高，使我们每天处于被动地位。工业也好，农业也好，指标都是我们同意的，都有一部分主观主义，对客观的必然性认识不够。

从上述一系列的会议和讲话中可以看出，毛泽东已经从思想上指出了"左"的问题，对于某些政策进行了逐步调整。但是，由于当时所有的调整工作仍然是在肯定"大跃进"和人民公社化运动的前提下进行的，因而这种纠"左"的工作也是很不彻底的。修改后的指标仍然偏高；公社中仍然保留着供给制、公共食堂等许多"左"的做法，仍然严重危害着人民生产和生活的正常秩序。在这样一种形势面前，便产生了彭德怀和一部分人主张认真总结经验教训，迅速扭转紧张局势的强烈要求。

对当时形势，特别是对存在的问题上的不同看法是：

一部分同志认为，1958年"大跃进"和人民公社化的伟大成就要充分肯定，缺点和错误只不过是"一个指头"或"不到一个指头"的问题，而且经过去年下半年以来中央一系列的会议采取措施后，缺点错误已经纠正，问题已经基本解决了。持这种观点的同志，他们大半是些"实力派"，是毛泽东说的"封疆大吏"。他们不喜欢听别人谈"大跃进"中的问题和缺点，认为那样就会否定"大跃进"的成绩，是"给伟大的革命群众运动泼冷水"。

另外一部分同志则认为，"大跃进"和人民公社化运动虽然取得了很大成绩，但也暴露出不少问题，有些问题性质是严重的，值得重视。中央虽然开了一系列的会议，制定了一些措施来纠正"大跃进"和公社化运动中的缺点错误，如批评"共产风"、"浮夸风"、生产上的比例失调、干部作风中的简单粗暴、强迫命令等，但收效甚微，有的地方还在发展，还需要下大力才能解决。持这种看法的同志认为，1958年的"大跃进"，有许多经验教训值得好好总结。把成绩讲够，把缺点讲透，不是给群众运动泼冷水，而正是为了更好的前进。这样做不但不会否定已经取得的成就，相反，只有如此，才能真正克服缺点，纠正错误，把今后工作做得更好。

彭德怀是属于持后面这种观点中的一个。

彭德怀登上庐山，对闻名遐迩的匡庐胜境无心领略。"今日登临固宜乐，其奈天下有忧何！"在山上，他除了去毛泽东住处参加会议以外，就是整天翻阅中央和各部、委的文件，以及参加小组会议的讨论。

会议是按照当时的行政大区编组的，共分为6个组，彭德怀参加的是西北组。从7月3日到7月10日的8天中，他先后作了7次发言和插话。因为是党的会议，讨论的问题又是关系着党和国家命运、关系着亿万群众切身利益的大事，彭德怀以他一贯的风格，直言不讳，发言开门见山，不拐弯抹角，有的话直涉毛泽东，他也不加回避。

"解放以来，一连串的胜利，造成群众的头脑发热，因而向毛主席反映情况只讲可能和有利的因素。在大胜利中，容易看不见、听不进反面的东西。"

"我们党内总是'左'的难以纠正，右的比较好纠正。'左'的一来，压倒一切，许多人不敢讲话。"

"人民公社，我认为办早了一些，高级社的优越性刚发挥，还没有充分发挥，就公社化，而且没有经过试验。如果试验上一半年再搞，就好了。"

"要找经验教训，不要埋怨，不要追究责任。人人有责，人人有一份，包括毛泽东同志在内。我也有一份，至少当时没有反对。"

"现在是不管党委集体领导的决定，而是个人决定；第一书记决定的算，第二书记决定的就不算。不建立集体威信，只建立个人威信，是很不正常的，是危险的。"

"成绩是伟大的，缺点是一个短时间（9月至11月）发生的，而影响不只3

个月。换来的经验教训是宝贵的，要把（认识）问题搞一致，就团结了。"

　　4个月前，在上海会议上，毛泽东在关于工作方法的讲话中，曾号召大家敢于发表不同意见，学习海瑞批评嘉靖皇帝的勇气。他说，明朝皇帝搞廷杖，甚至当众把人打死，还是有臣下敢进言。无非是五不怕：不怕撤职、不怕开除党籍、不怕离婚、不怕坐牢、不怕杀头！当时尽管海瑞对皇帝攻击得很厉害，他对皇帝还是忠心耿耿的。会后，彭德怀返回北京，一直到出国访问，大约半个月的时间里，他的案头总是放着一本线装的《明史·海瑞传》，批阅文电之余，便拿起仔细阅读。在讲到以上一些话的时候，他脑子里是否想到了海瑞呢？人们不得而知，但是，他从毛泽东号召讲真话、学海瑞中受到了鼓励，是可以肯定的。

　　在上海开会期间，他和陈云同住在瑞金二路五号，同席进餐，饭后一起散步，交谈过不少问题，而且对许多问题的看法比较一致。在修改和调整当年的钢铁生产指标中，毛泽东在会上多次称赞陈云关于这方面的正确意见，并说有时候真理是在一个人手里。

　　会后即行委托陈云领导中央财经小组研究落实钢铁生产指标的问题。彭德怀对陈云坚持实事求是、不随声附和而又勇于直言的精神，一直是很佩服的。

　　彭德怀在小组会上言人所不敢言，有人赞同，有人为他捏一把汗，还有人冷眼旁观。彭德怀仍然照直说下去：

　　"毛主席家乡的那个公社，去年搞的增产数，实际没有那么多嘛。我去了解了，实际只增产了13%。我又问了周小舟，他说那个公社增产只有14%，国家还给了不少贷款和帮助。"

　　"毛主席和党中央在全中国人民心目中的威信之高，是全世界找不到的。但滥用这种威信是不行的。去年乱传毛主席的意见，问题不少。"

　　"过日子，国家也要注意，风景区、人工湖可以慢点（搞），浪费很大。好多省都给毛主席修别墅，这总不是毛主席让搞的。"

　　"什么'算账派''观潮派'……帽子都有了，对于广开言路有影响。有些人不说真话，摸领导人的心理。"

　　彭德怀的发言，引起了有些人的极大不快，这是不难想象的。

　　彭德怀不仅在小组会上直言不讳，当着毛泽东的面也不隐讳自己的观点。在毛泽东主持的一次常委会上，当有人说到1958年全国土法炼铁，地方已补贴20余亿元，国家还要补贴20余亿元时，彭德怀插话说："这个数字好大，比一年的国防费开支还要多。用这笔款去买消费物资，把它堆起来，恐怕会有庐山这样高。"

　　毛泽东说："呃，不会有这样高。"彭德怀接上说："那就矮一点吧，总而言之不少！"

在庐山，经常和彭德怀见面的有政治局候补委员、外交部副部长张闻天，他们两人的住所只相隔一条甬道。还有中共中央候补委员、湖南省委第一书记周小舟，湖南省委副书记周惠，水电部副部长李锐等。周、李二人在不同时期当过毛泽东的秘书，被毛泽东称为"秀才"。他们对国内经济形势的看法，和彭德怀相近。特别是周小舟，曾向彭德怀反映了许多关于"大跃进"和人民公社化运动中的情况和问题。7月12日，周小舟去看彭德怀，谈到粮食问题时，周说："去年粮食产量造了假！是压出来的。一次上报说粮食数字不落实，第二次上报又说不落实，连造了几次数字，下面干部就摸清了一个底——要虚报，不要实报。"

彭德怀愤怒起来："乱弹琴！只能有多少报多少，不能虚报也不能少报，怎么能这样胡来！"

"做不到，上面压力太大。"周小舟为难地摇摇头。过一会儿他又对彭德怀说，"现在农民在公共食堂吃大锅饭，就要大锅大灶，烧柴禾也不节省，劳力也不节省。小锅小灶，妇女、弱劳力都可以煮饭，现在非强劳力不可。搞了公共食堂，家里用点热水也不方便，群众对公共食堂有意见。"

"这些问题，你该照实向主席反映一下。"

"我昨天向主席谈了一些。"

周小舟把头天晚上他和周惠、李锐在毛泽东处谈话的情况，向彭德怀详细谈了，建议说："彭总，主席对我们的意见是能听得进去的，你也找机会同主席当面谈谈吧。"

"我这个人脾气不好，当面谈容易谈崩。"彭德怀诚恳地说，"军队方面也常反映一些社会情况，我都送给主席看了。"

在山下，彭德怀常常把部队反映的一些问题转呈毛泽东，他总希望帮助毛泽东了解一下工作中的问题。

彭德怀在西北小组会上的发言，没有如实地反映到毛泽东那里去。会议印发的《简报》中，把彭总意见中那些言辞最尖锐的部分，特别是直接涉及毛泽东的一些话都删去了。发现这种情况，彭德怀很不满意。其实，负责整理《简报》的工作人员是出于好心。

7月10日，毛泽东在各组长的联席会议上讲话。

毛泽东情绪乐观，态度轻松，对于城乡仍然存在着的紧张局势，很少提及。他说，从全局来说，还是九个指头和一个指头的问题，算总账不能说得不偿失。他认为"大跃进"和人民公社化运动中发生的问题，经过郑州会议到庐山会议，已逐步解决了。他还一再提出坚持农村公共食堂和社员分配中的供给制。在工农业生产计划指标上，他的设想也仍然是过高的。

毛泽东显然是过于乐观了，他的讲话与当时全国城乡出现并日益发展的严峻形势相距甚远。

就在7月10日前后，毛泽东指定胡乔木等七人成立一个起草文件的小组，负责把各组对他在会议开始提出的19个问题的讨论意见加以集中、整理，写出庐山会议议定的记录（草案），印发各组研究修改，准备最后定稿，然后作为中央文件下发到全党贯彻执行。

按照毛泽东的设想，再用几天时间把《议定记录》修改好，通过一下，印发下去，庐山会议就可以按期结束了。许多人看出这种趋势，会上不再谈什么缺点、问题，研究经验教训的空气也淡薄了。办公厅的工作人员已在筹划下山的路线和交通问题。

庐山会议的结果与彭德怀原来对会议的期望显然存在很大距离。特别是听到会议将于7月15日按时结束的消息后，他更加着急，开了这么多天会，问题并未很好解决，难道就这样结束了？

彭德怀看到，什么"高产卫星""小高炉"等都不过是事物的表面，只有从党对经济工作的指导思想上去找找根源，总结经验教训，才能在今后工作中避免失误，才能使仍然严峻的形势得到扭转。可是听了毛泽东在组长联席会上的讲话，感到他并没有看到问题的严重性。会议如果就这样草草结束，已经发展得相当严重的"左"的错误就不可能得到纠正，去年"大跃进"造成的那些严重后果，可能还会恶化。人民已经很深重的痛苦，还会加重。"群众迫切希望我们做的，我们没有做，还要我们这些共产党人干什么！"这是彭德怀在当时焦急心情下说的话。

7月12日上午，彻夜未眠的彭德怀踩着晨露向毛泽东住的"美庐"走去。经过一夜的反复思索，他决心去找毛泽东面谈，把自己对当前问题的看法、想法统统告诉他，希望他能在会议上把当前存在的严重问题，再着重讲一讲。凭着他的崇高威望，扭转这些问题并不困难。事有不巧，"美庐"的警卫人员告诉彭德怀：主席昨晚一夜没有睡，刚刚躺下。彭德怀只好悻悻而归。这可能是一次对于中国历史进程至关重要的阴差阳错。

当晚，彭德怀从周恩来总理处开会回来，同随行参谋王承光说："这次会议开了10多天，味道不大。小组会上尽谈一般性的问题，听不到有思想性的发言。我在西北小组会上讲的一些意见，简报上也没有看到，恐怕也不会引起大家注意。"

随行参谋没有说话。过了一会儿彭德怀又说："去年大跃进的经验很丰富，发生的问题也不少，本应该认真研究一下，可是在会议上，到现在还没有人讲这个问题。我有些意见又不好在小组会上讲，想给主席写封信，请主席在会上讲一下。只要主席讲一次，就会起很大的作用。"

这是彭德怀第一次明确表露给毛泽东写信的动机。

在此之前，7月11日，周小舟到176号去看望彭德怀，两人也曾谈到写信问题。彭德怀在笔记中记下的情况是这样的：周小舟向彭德怀问了一些他出访八国的情况后，话题转到这次会议上，彭德怀问周小舟："你们小组对于国内形势讨论得怎样？"

周小舟说："不怎么样。讨论不容易展开。"

周小舟还谈到在小组会上发言时，只要一谈缺点和问题就会被人打断的情况。

彭德怀说："西北小组讨论得还不错。我还有些不成熟的意见不便在小组会上讲，打算把没有讲完的意见，写一封信给主席。"

周小舟说："你同主席当面谈谈不好吗？"

彭德怀说："当面谈固然很好，不过我说话总是不容易说完全，又好顶撞。主席对问题的看法很尖锐，看得很深，对问题没有很好研究时，当面谈不仅浪费他的时间，有时还容易引起误会。"

周小舟说："那你就写信也好，把你在西北小组会上的插话加以充实，写给主席看看，也就很好了。"

彭德怀笑着说："你当了我的参谋了。"

7月13日中午，彭德怀拿着拟好的提纲，把参谋王承光叫来，向他口述了他给主席写信的内容，让王承光起草初稿。然后，彭德怀做了修改，交王承光誊清，成为二稿。7月14日中午，彭德怀又对二稿仔细做了修改，交王承光誊抄清楚后，彭德怀签上了自己的名字，下午5点半左右，王承光奉彭德怀之命，把信送给毛泽东的秘书高智。

这就是触发了一场政治大风暴的所谓彭德怀给毛泽东上"万言书"的简单过程。

彭德怀在庐山会议上接受批判时，为了保护王承光，一直坚持说这封信是自己花了一夜的工夫写成的。王承光在抄信时，把彭德怀信中说大炼钢铁"有得有失"错抄成"有失有得"，为此，毛泽东曾特别指责说，把"得"放在后面，"失"放在前面，是经过仔细斟酌的。即使在这种情况下，彭德怀也没有作一句解释和辩驳。他这样做，目的都是为避免株连身边的工作人员。

信送上去之后，彭德怀如释重负，静待毛泽东的回音。

彭德怀估计毛泽东看完信后会找他去谈谈，或把信拿到中央常委会上去议一议。

毛泽东对那封信的处理方式，却完全出乎彭德怀的意料。[6]

一石激起千层浪

彭德怀7月14日的上书，打破了"神仙会"的平静。7月16日毛泽东将此信冠以"彭德怀的意见书"的标题，批示印发全体与会同志。从此，会议转入对这封信的讨论，进而展开了反"右倾"的错误批判。

在《彭德怀自述》一书中，作者谈了写信给毛泽东的动机、过程和结果。他说：

从7月1日起，除参加会议外，就是坐在室内看中央部门有关财经的文件、群众来信、会议简报。到7月12日晚，在我的思想上已形成目前国家计划工作严重比例失调，毛主席的两条腿走路的方针没有贯彻到各方面实际工作中去的看法。这也就是我7月14日那封信的主要内容。本决定13日晨向主席反映。去时，警卫员说，主席刚睡。我就去西北小组参加会议了。13日晚饭后，就开始写那封信（实际上，7月12日晚腹稿已成），7月14日晨将写成的信，送给主席亲收。16日中央办公厅印发出来了，我于18日参加小组会时，说明这封信只是写给主席个人参考的，请求中央办公厅收回我这封信。可是20日前后，张闻天、周小舟还有其他人发了言，都说基本上同意我那封信。黄克诚18日晚或19日晚才到庐山。他在小组会上的发言，我未看到。毛主席于7月23日上午批判了我那封信是反党性质的纲领，说在写这封信之前，就有人发言支持，形成有唱有和，这不是反党集团又是什么呢？自主席批判了我那封信以后，会议的空气就变了，我的情绪也是紧张的。

为了表白我当时写信的动机和愿望，故在这里再次把我对当时国内形势及一些具体问题的观点说明一下（成绩就不详细谈了）。

……

这些问题，在庐山会议初期，到会同志并没有推心置腹地谈出来。鉴于以上这些情况，就促使了我给主席写信的念头。

他还说：

1959年7月14日我写给主席的那封信，主要是将我在西北小组会上不便讲的一些问题，提要式地写给主席。这些问题是涉及执行总路线、大跃进和人民公社的一些具体政策问题，以及某些干部的工作方法问题。在这些问题上，我当时认为主要是产生了一些"左"的现象，而右的保守思想也有，但那只是个别的或者是极少数的。我当时对那些"左"的现象是非常忧虑的。我认为当时那些问题如果得不到纠正，计划工作迎头赶不上去，势必要影响国民经济的发展速度。我想，这些问题如果由我在会议上提出来，会引起某些人的思想混乱，如果是由主席再重新提一提两条腿走路的方针，这些问题就可以轻而易举地得到纠正。正如在1958年秋，人民公社刚成立不久，曾有一些人对于人民公社的所有制问题和按劳分配原则问题在认识上有些模糊，但是经过主席的开导，那个问题很快得到了纠正。既纠正了偏差，又没有伤害同志们的积极性，我对此非常满意。所以我7月14日给主席写信的目的，就是为了尽早地纠正当时存在的那些问题，也正是为了维护总路线、大跃进和巩固人民公社，并没有什么"阴谋篡党""反对毛泽东同志"的目的。那封信，只概括地提出了几个比较突出的问题，并没有论述那些问题产生的原因，同时我也论述不出许多的原因，我想，横直是写给主席自己作参考的信，他会斟酌的。[7]

以下是彭德怀1959年7月14日给毛泽东的信的全文：

主席：

这次庐山会议是重要的。我在西北小组有几次插言，在小组会还没有讲完的一些意见，特写给你作参考。但我这个简单人类似张飞，确有其粗，而无其细。因此，是否有参考价值请斟酌。不妥之处，烦请指示。

甲、1958年大跃进的成绩是肯定无疑的。

根据国家计委几个核实后的指标来看，1958年较1957年工农业总产值增长了48.4%，其中工业增长了66.1%，农副业增长了25%（粮棉增产30%是肯定的），国家财政收入增长了43.5%。这样的增长速度，是世界各国从未有过的。突破了社会主义建设速度的成规，特别是像我国经济基础薄弱，技术设备落后，通过大跃进，基本上证实了多快好省的总路线是正确的。不仅是我国伟大的成就，在社会主义阵营也将长期地起积极作用。

1958年的基本建设，现在看来有些项目是过急过多了一些，分散了一部分资金，推迟了一部分必成项目，这是一个缺点。基本原因是缺乏经验，对这点体会不深，认识过迟。因此，1959年就不仅没有把步伐放慢一点，加以适当控制，而且继续大跃进，这就使不平衡现象没有得到及时调整，增加了新的暂时困难。但这些建设，终究是国家建设所需要的，在今后一两年内或者稍许长一点时间，就会逐步收到效益。现在还有一些缺门和薄弱环节，致使生产不能成套，有些物资缺乏十分必要的储备，使发生了失调现象和出现新的不平衡就难以及时调整，这就是当前困难的所在。因此，在安排明年度（1960年）计划时，更应当放在实事求是和稳妥可靠的基础上，加以认真考虑。对1958年和1959年上半年有些基本建设项目实在无法完成的，也必须下最大决心暂时停止，在这方面必须有所舍，才能有所取，否则严重失调现象将要延长，某些方面的被动局面难以摆脱，将妨碍今后4年赶英和超英的跃进速度。国家计委虽有安排，但因各种原因难于决断。

1958年农村公社化，是具有伟大意义的，这不仅使我国农民将彻底摆脱穷困，而且是加速建成社会主义走向共产主义的正确途径。虽然在所有制问题上，曾有一段混乱，具体工作中出现了一些缺点错误，这当然是严重的现象。但是经过武昌、郑州、上海等一系列会议，基本已经得到纠正，混乱情况基本上已经过去，已经逐步地走上按劳分配的正常轨道。

在1958年大跃进中，解决了失业问题，在我们这样人口众多、经济落后的国度里，能够迅速得到解决，不是小事，而是大事。

在全民炼钢铁中，多办了一些小土高炉，浪费了一些资源（物力、财力）和人力，当然是一笔较大损失。但是得到对全国地质作了一次规模巨大的初步普查，培养了不少技术人员，广大干部在这一运动中得到了锻炼和提高。虽然付出了一笔学费（贴补20余亿）。即在这一方面也是有失有得的。

仅从上述几点来看，成绩确是伟大的。但也有不少深刻的经验教训，认真地加以分析，是必要的有益的。

乙、如何总结工作中的经验教训。

这次会议，到会同志都正在探讨去年以来工作中的经验教训，并且提出了不少有益的意见。通过这次讨论，将会使我们党的工作得到极大好处，变某些方面的被动为主动，进一步体会社会主义经济法则，使经常存在着的不平衡现象，得到及时调整，正确地认识"积极平衡"的意义。

据我看，1958年大跃进中所出现的一些缺点错误，有一些是难以避免的。如同我们党30多年来领导历次革命运动一样，在伟大成绩中总是有缺点的，这是一个问题的两个方面。现时我们在建设工作中所面临的突出矛盾，是由于比例失调而引起各方面的紧张。就其性质看，这种情况的发展已影响到工农之间、城市各阶层之间和农民各阶层之间的关系，因此也是具有政治性的，是关系到我们今后动员广大群众继续实现跃进的关键所在。

过去一个时期工作中所出现的一些缺点错误，原因是多方面的。其客观因素是我们对社会主义建设工作不熟悉，没有完整的经验。对社会主义有计划按比例发展的规律体会不深，对两条腿走路的方针，没有贯彻到各方面的实际工作中去。我们在处理经济建设中的问题时，总还没有像处理炮击金门、平定西藏叛乱等政治问题那样得心应手。另一方面，客观形势是我国一穷（还有一部分人吃不饱饭，去年棉布平均每人还只18尺，可缝一套单衣和两条裤衩）二白的落后状态，人民迫切要求改变现状。其次是国际形势的有利趋势。这些也是促使我们大跃进的重要因素。利用这一有利时机，适应广大人民要求，加速我们的建设工作，尽快改变我们一穷二白的落后面貌，创造更为有利的国际局面，是完全必要和正确的。

过去一个时期，在我们的思想方法和工作作风方面，也暴露出不少值得注意的问题。这主要是：

1. 浮夸风气较普遍地滋长起来。去年北戴河会议时，对粮食产量估计过大，造成了一种假象。大家都感到粮食问题已经得到解决，因此就可以腾出手来大搞工业了。在对发展钢铁的认识上，有严重的片面性，没有认真地研究炼钢、轧钢和碎石设备，煤炭、矿石、炼焦设备，坑木来源，运输能力，劳动力增加，购买力扩大，市场商品如何安排等。总之，是没有必要的平衡计划。这些也同样是犯了不够实事求是的毛病。这恐怕是产生一系列问题的起因。浮夸风气，吹遍各地区各部门，一些不可置信的奇迹也见之于报刊，确使党的威信蒙受重大损失。当时从各方面的报告材料看，共产主义大有很快到来之势，使不少同志的脑子发起热来。在粮棉高产、钢铁加番的浪潮中，铺张浪费就随着发展起来，秋收粗糙，不计成本，把穷日子当富日子过。严重的是相当长的一段时间，不容易得到真实情况，直到武昌会议和今年1月省市委书记会议时，仍然没有全部弄清形势真相。产生这种浮夸风气，是有其社会原因的，值得很好地研究。这也与我们有些工作只有任务指标，而缺乏具体措施是有关系的。虽然主席在去年就已经提示全党要把冲天干劲和科学分析结合起来，和两条腿走路的方针，看来是没有为多数领导同志所领会，我也是不例外的。

2. 小资产阶级的狂热性，使我们容易犯左的错误。在1958年的大跃进中，我和其他不少同志一样，为大跃进的成绩和群众运动的热情所迷惑，一些左的倾向有了相当程度的发展，总想一步跨进共产主义，抢先思想一度占了上风；把党长期以来所形成的群众路线和实事求是作风置诸脑后了。在思想方法上，往往把战略性的布局和具体措施、长远性的方针和当前步骤、全体与局部、大集体与小集体等关系混淆起来。如主席提出的"少种、高产、多收""15年赶上英国"等号召，都是属于战略性、长远性的方针，我们则缺乏研究，不注意研究当前具体情况，把工作安排在积极而又稳妥可靠的基础上。有些指标逐级提高，层层加码，把本来需要几年或者十几年才能达到的要求，变成1年或者几个月就要做到的指标。因此就脱离了实际，得不到群众的支持。诸如过早否定等价交换法则，过早提出吃饭不要钱，某些地区认为粮食丰产了，一度取消统销政策，提倡放开肚皮吃，以及某些技术不经鉴定就贸然推广，有些经济法则和科学规律轻易被否定等，都是一种左的倾向。在这些同志看来，只要提出政治挂帅，就可以代替一切，忘记了政治挂帅是提高劳动自觉、保证产品数量质量的提高，发挥群众的积极性和创造性，从而加速我们的经济建设。政治挂帅不可能代替经济法则，更不能代替经济工作中的具体措施。政治挂帅与经济工作中的确切有效措施，两者必须并重，不可偏重偏废。纠正这些左的现象，一般要比反掉右倾保守思想还要困难些，这是我们党的历史经验所证明了的。去年下半年，似乎出现了一种空气，注意了反右倾保守思想，而忽略了主观主义左的方面。经过去年冬郑州会议以后一系列措施，一些左的现象基本上纠正过来了，这是一个伟大的胜利。这个胜利既教育了全党同志，又没有损伤同志们的积极性。

现在对国内形势已基本上弄清楚了，特别是经过最近几次会议，党内大多数同志的认识已基本一致。目前的任务，就是全党团结一致，继续努力工作。我觉得，系统地总结一下我们去年下半年以来工作中的成绩和教训，进一步教育全党同志，甚有益处。其目的是要达到明辨是非，提高思想，一般的不去追究个人责任。反之，是不利于团结，不利于事业的。属于对社会主义建设的规律等问题的不熟悉方面，经过去年下半年以来的实践和探讨，有些问题是可以弄清楚的。有些问题再经过一段时间的学习摸索，也是可以学会的。属于思想方法和工作作风方面的问题，已经有了这次深刻教训，使我们较易觉醒和体会了。但要彻底克服，还是要经过一番艰苦努力的。正如主席在这次会议中所指示的："成绩伟大，问题不少，经验丰富，前途光明。"主动在我，全党团结起来艰苦奋斗，继续跃进的条件是存在的。今年明年和今后4年计划必将胜利完成，15年赶上英国的奋斗目标，在今后4年内可以基本实现，某些重要产品也肯定可以超过英国。这就是我们伟大的成绩和光明的前途。

顺致

敬礼！

彭德怀

1959年7月14日

毛泽东在接到彭德怀的信的最初几天里，虽然很不满意，但并没有立意发起一场反击。李银桥回忆了毛泽东接信后的最初反应：

毛泽东看过这封信后，带着苦笑的表情说："彭老总批给我看的尽是消极材料，尽给我送消极材料。"接着他说出几位中央首长的名字，说："他们送的材料积极。"

3天之后，大会秘书处把彭德怀的信印发给大家。于是在继续讨论《会议纪要》的同时，讨论《彭德怀同志的意见书》。〔8〕

7月16日上午，毛泽东找几位中央常委谈了会议进行问题，决定会议再延长一周，通过《议定记录》，并通知彭真、黄克诚、薄一波、安子文等立即上山，参加讨论。

7月17日下午至晚上，毛泽东找了周小舟、周惠、胡乔木、田家英和李锐5

人去谈话。李锐回忆这件事时写道：

如果要说得形象一些，当时庐山会议的形势，正是密云不雨，气压很低；或者如每天常见的窗外景观：云雾缭绕，不识庐山真面目也。

正是在这个关键时刻，7月17日下午5点到夜10点，毛主席又找周小舟、周惠、胡乔木、田家英和我5个人去谈话。其中4人是《议定记录》的起草人，胡与田不消说，在身边已10多年，其他3人，应当说，当时也是很受信任的或看重的。这次谈话，还是主席谈得多，也谈得很融洽，最初还议论了他的《到韶山》《登庐山》那两首诗。一起吃晚饭，喝茅台，还敬了酒。下面是主席谈话的要点，按记录本上一条条记的（括号中的话是笔者加的）：

关于总路线，真有70%拥护就不得了。真正骨干有30%也不得了了。大部分人是随大溜的。

昨天晚上我谈了（大概是指常委会上）现在的情况，实质是反冒进，我是反冒进的头子。我要有几个右派朋友（这里讲的右派，很可能是虚的即打引号的，但也可能是实的即不打引号的。近30年之后，写到这里，笔者也无法肯定是虚是实，请读者和史家来研究。据笔者回忆，当时的意思是虚指的，也许毛主席本人当时也确定不了。当然，按照后来历史的发展事实本身，来确定这种含混不清的说法，也无不可）。我是机会主义的头子。我要找唱反调的人通讯。计委这次来了反对派的人（指贾拓夫、韩哲一、宋平），正面有富春一个人就够了。只让签字不行，还得了解情况和问题。工业系统是独立王国，谁也进不去。我是成事不足，败事有余；孙悟空偷桃子，只有这个办法，开庐山会议之类。过去不懂得管理经济之复杂。革命是捣乱，而且敌人有隙可乘（这是承认管理经济比革命难）。

六个地区大组人员打乱（这是11日夜谈话时，我们3人的建议），使之不成体系，免得谈来谈去一个腔调，问题展不开。国务院那么多部组成的，还不包括省，任何一个工厂总办在一个省（之所以搞大跃进提出"以钢为纲"，实际上也可以说是对国务院工作不满的一种表现——抓不住"主要矛盾"。在成都会议时，乔木同我谈过这个问题）。权力集中很不容易。过去司令部、政治部有矛盾（指井冈山时期），权力好不容易集中在前敌委员会。（这是说明自己为何要亲自抓经济的道理。）中央红军8万多人，到吴起镇剩7000人。开干部会，说比过去强了，因为干部经过了这样艰苦的锻炼，当时许多人不同意我的看法（说这个话的意思，还是指1958年虽吃了亏，但取得经验，队伍得到锻炼）。接着反复讲1300万吨来之不易（这是当时1959年落实的年产钢指标，有人说是否右倾机会主义了）。就是不能完成，也不要如丧考妣。只要真正鼓足了干劲，指标没有完成也没有关系。成绩讲够很重要。他们（指各省头头们）

在当家。"人为财死，鸟为食亡"，人都有保卫自己劳动果实的本能。李井泉是挑担子的人，容易有脾气。我提倡过密植，现在是中间偏右派。

关于密植这段话，是由田家英的插话引起的。1959年初，田在四川他舅舅的家乡蹲点，才了解到许多真实情况。关于1958年稻子平均亩产千斤，原来都是一个口径，但食堂经常吃稀饭，菜里见不到一点油荤。后来才查清楚，亩产只有580斤。这个现象在四川是普遍存在的。上海会议时，家英就告诉过我，他在家乡如何饿肚子。上海会议后，他又到四川调查，发现省委规定的"双龙出海、蚂蚁出洞"（只有行距，没有棵距）的高密植，社员都接受不了。这时正逢毛主席的《党内通信》下达："插秧不可太稀，也不可太密。"他就据此在蹲点的公社，号召不要过于密植。在省委召开的会议上，他反对高度密植，同李井泉有过很大争论。最后省委还是决定，全省继续实行高度密植，只是让他所在公社可以稀一点。早在1958年10月，家英在新乡七里营公社调查时，就发现过小麦产量浮夸，食堂伙食很差，社员体质下降，劳动生产率低等情况，同时还根据修武县委书记的意见，反映了公社所有制存在的种种问题。在四川将近半年的调查，使他对农村五风的情况，有了更多的感性的了解。在西南组开会时，谈到下面受压而虚报产量这些问题时，他受到组长的批评，以致讲不下去。上山时，他领导的工作组交来真假罗世发的材料。这些当时他都直率地谈了。主席不能不相信在自己身边工作了10多年的人讲的真话，但又还得维护那些最忠实地、勇敢地执行总路线的地方负责人的威信，认为他们是身挑重担的人。

主席接着说：现象与本质有时不容易看清楚。万人检查团（这是大跃进时各地流行的造声势的方法）是形式主义，不能深入了解情况，群众不会当众说真话。称赞《宣教动态》《外事动态》办得好（这两个内部刊物都反映了1958年以来的某些真实情况），应当办《经济动态》。关于粮食产量的估计，比7月11日夜谈的更为谨慎。主席说真正高产的恐怕只有5%，一般水平的是95%，而我们做工作，只能立足于95%。因此，年增产30%是不大可能的。

谈到粮食问题时，小舟又说到全民炼铁，各种高指标，其根子在粮食估产高了。主席认为也不尽然，接着又谈到平衡是相对的，不平衡是绝对的道理。谈到这个问题时，乔木一言未发，他是不同意这种理论的。主席颇同意乔木提出的，各工业部长们下去当几年厂长的建议。说孔夫子的职业为道士，做过会计，管过田地。也同意我们说的，政治挂帅，不能代替具体的经济工作。我们又提到还是由陈云同志挂帅好。我还说到三委（计委、经委、建委）工作要统一。乔木说，少奇的意见，还是由陈云主管计委工作为好。他还反映了少奇的一个说法：有人在观测中央仍有两派（促进与促退或左与右）。主席说，富春是依靠王鹤寿的。接着又谈到袁绍之优柔寡断，不会用将。《曹操传》《郭嘉传》中对此都有反映。

之后又谈到不要怕乱的问题。周惠说，还是学生不上街、群众不打扁担的好。主席说，乱了才好。1957年汉阳学生闹事，当时估计全国各地市1万、2万、3万学生想闹事不等，也不过几百万人吧。意思很显然：大乱了才好大治。乔木当场表示不同意这个说法：脓疮需要有白血球去攻，但全身溃烂了，白血球失去平衡，就不行了。

此时彭总的信刚发出。主席从彭信谈到洛川会议旧事，说华北军委分委发的小册子，不同意中央在洛川会议定的游击战为主的战略方针。这个小册子曾为王明所利用。

……

这是7月17日，彭总的信刚刚印发。从这天谈话内容以及情绪来看，特别是饭桌上频频举杯，谈笑风生，应当说主席还没有完全转向"左派"，还没有立意发起一场反击。但对彭的信（及彭本人），自然有他自己的看法。按照黄克诚后来同我谈过的，他们两人相互成见很深，有许多历史上的疙瘩没有解开。上海会议上主席作报告批评了一些人的时候，讲过一句话："彭德怀是把我恨得要死的。"以此作为印证，黄的说法是有根据的。

……

主席这次找我们几个人再次谈话，关于彭的信并没有多说，只是顺便提到洛川会议，应当说是含有深意的：让我们知道，彭德怀这个人同他在历史上不一路，启发我们这些"不知世事"的人，不要倒到彭那一边去。同11日夜的谈话相比较，这时无疑有变化了：在密切注意形势的发展，在防止彭的信出来之后，形势可能向右发展。光几个"秀才"们讲点偏激的话，讲点不爱听的话，无关大局（有时还有好处）。[9]

李锐还谈到，7月18日他同田家英、胡乔木等谈到彭德怀的信，都觉得信的内容很好。但胡乔木却讲了这样一句：这封信可能惹出乱子。

黄克诚在庐山会议后期也被打成"彭、黄、张、周反党集团"成员，蒙受不白之冤。他回忆说：

彭德怀于6月底收到庐山开会的通知。在此以前，他在上海会议上受过毛主席的批评，心中不快。当大跃进刚刚开始时，他也曾兴高采烈，积极得很。但他在接触实际以后，几个月就改变了看法。而我则是从一开始就持保守态度，对大跃进有怀疑、有保留。

后来彭出国访问，回国后非常认真地看了内部参考消息，把自己认为严重的情况都圈出来，送给主席看，数量颇多。他在会前去了一趟湖南，和周小舟、周惠谈了不少话，他们的看法基本相同。我也和他谈过一些国内情况，可能加重了他的忧虑情绪。彭德怀收到庐山会议的通知后，他不想去，让我替他去。我说：中央通知你去，没通知我，我怎能替你去呢？我又问他：你是不是受了批评，心里不舒服？彭说：也不是不服气，就是感情上觉得别扭。他后来还是去开会了。在会议中他对就事论事不满，对没有尖锐的意见不满，认为纠"左"的措施不力，因而写出了那份有名的"意见书"。

庐山会议开了半个月，我还在北京守摊子。彭真和林彪也未去庐山，似乎都没想到会出什么大问题。我还是把这个会当成一般的政治局扩大会议，研究当前工作问题的会议，还在北京准备了两个有关工业工作的文件，打算送给中央考虑。第一个文件是关于钢铁工业的，主要说：我国现已有1000万吨钢的产量，目前应着重质量，不要追求数量，并举了苏联和日本作例子。苏、日这两个国家在第二次世界大战时期，钢的年产量都不甚高，但在战争中都显示了很大的威力。这说明有一定的数量时，就应特别重视质量。第二个文件则是关于无线电工业的，现称电子工业，但当时尚无此称谓。军委非常重视军事工业，国家设二机部专管军工。开军委会时陈毅、聂荣臻、贺龙等几位元帅都主张不能削弱对军事工业的领导，我就根据会议精神起草了一个加强对无线电工业领导的文件。

此时，国内经济情况已有些乱了。河北、山东都有饥馑发生，青海也在闹饥荒，云南逃向缅甸的人相当多。我感到问题严重，心里非常不安。庐山会议开了半个月后，中央通知我去开会，我有点意识到会议上分歧严重。彭德怀7月14日写给毛主席的"意见书"已打印出来，看来可能要受批评。但我对有关党和国家命运的重大问题，确有很多意见，和彭德怀的看法基本相同，很希望有机会向党中央提出。彭真打电话给我，让我和他一起去。

我记得是7月17日到达庐山。上山后刚进住房，彭德怀就拿着他写给毛主席的信给我看。我仔仔细细看了一遍，说：这封信提的意见我赞成，但信的写法不好，语言中有些提法有刺激性，你那样干什么？他说：实际情况那么严重，会上没有人敢说尖锐的话，我就是要提得引起重视。我说：你总是感情用事，你和主席共事多年，应该互相了解较深，这些话何不与主席当面交谈，何必写信。

当天晚上或第二天早晨，周小舟、周惠、李锐三人到我住处看我。谈起来，他们意见一致，都认为：不改变"左"的方针不行，而且感到会议有压力，不能畅所欲言。我因刚来，不了解情况，就说：不要急，先看一看。随后我又和李先念谈了谈，先念也认为当时的做法太过了，一定要改变才行。

接着，我又和谭震林谈，他是激进派，意见就完全相反了。而且他还问我：你为什么先去看先念，不先来找我，你受先念影响了。我说：我和先念有些看法相同，不能说是受他影响。我就阐述了自己的意见，因而和谭震林吵起来。我和谭一向关系很好，知道他性格直爽、态度鲜明，有话当面争吵，不会存在心里，所以丝毫没有顾虑，和他争论得非常激烈。谭发火说：你是不是吃了狗肉，发热了，这样来劲！你要知道，我们找你上山来，是搬救兵，想你支持我们的。我说：那你就想错了，我不是你的救兵，是反兵。这"反兵"二字，是针对谭震林说的"搬救兵"而言，说明我和他意见相反，后来却被人引为我"蓄意反党"的证明。

18日到19日开小组会，讨论彭德怀的那封信，不少人发言同意彭的意见。我也在19日发言，比较全面地阐述了自己的观点，支持了彭德怀的意见。当时组里除罗瑞卿、谭震林二人外，其他同志似乎都对我表示有同感。谭、罗发言批评我，我又反驳他们，争论了一通。这篇发言本应有详细记录在简报上印发，但因我乡音太重、说得太快，记录同志记不下来，整理时感到为难，就要求我自己整一个书面发言给他们。但形势变化很快，几天就形成了斗争局面；我已无时间和精力来整理这个材料。所以简报中就只有一个简单的发言记录。致使有些同志后来感到诧异，怎么庐山会议被斗争的主要角色之一，连个较全面的发言都没有呢？

我最担心的是粮食问题，几亿人民缺粮吃可不得了。会议上把粮食产量数字调整为7000亿斤，说是：6亿人口，人均产量超过千斤，粮食过了关。我说：不过，这个数字不符合实际情况。有人质问：这话是谁说的？我说：是我说的，而且你也说过。我那时态度还是很强硬。

7月23日，毛主席召开大会讲话，这个讲话造成极大的震动，扭转了会议的方向。

我记得主席讲话的内容主要是：一、现在党内外都在刮风。有些人发言讲话，无非是说：现在搞得一塌糊涂。好呵！越讲得一塌糊涂越好！我们要硬着头皮顶住；天不会塌下来，神州不会陆沉。因为有多数人的支持，腰杆子硬；我们多数派同志，腰杆子就是要硬起来。二、说有"小资产阶级狂热性"。我有两条罪状：一是大炼钢铁，1070万吨是我下的决心；一条是搞人民公社，我无发明权，但有推广权。1070万吨钢，9000万人上阵，乱子大了，自己负责。其他一些大炮，别人也要分担一点。各人的责任都要分析一下，第一个责任者是我。出了些差错，付了代价，大家受了教育。对群众想早点搞共产主义的热情，不能说全是小资产阶级狂热性，不能泼冷水。对"刮共产风""一平二调三提款"也要分析，其中有小资产阶级狂热性，主要是县、社两级，特别是公社干部。但我们说服了他们，坚决纠正。今年3月、4月间就把风压下去，几个月就说通了，不办了。三、我劝另一部分同志，在紧急关头，不要动摇。做工作总会有错误，几十万个生产队的错误，都拿来说，都登报，一年到头也登不完。这样，国家必定垮台，帝国主义不来，我们也要被打倒。我劝一些同志，要注意讲话的"方向"，要坚定，别动摇。现在，有的同志动摇了，他们不是右派，却滑到右派边缘了，离右派只有30公里了。

主席的讲话，支持了左派，劝告了中间派，警告了"右派"，表明主席已经把会上意见的争论，作为党内路线斗争来看待了。

主席这样做不是偶然的。当时党内外的确是意见很多，甚至很激烈。主席在讲话中就曾提到：江西党校的反应是一个集中表现。7月26日批发的《李云仲的意见书》，更是直言不讳地批评了党的错误。李是搞计划工作的司局级干部，熟悉情况，信中列举了许多事实和数字材料，说明问题的严重性。这信是在6月上旬直接寄给主席的。主席对这封信写了长达两三千字的批示。批示中肯定了他敢于直言，对计划工作的缺点，批评得很中肯；但又说，李云仲认为从1958年第四季度以来，……党犯了"左倾冒险主义""机会主义"的错误，这一基本观点是错误的，几乎否定了一切。

这些在毛主席心里留下了阴影。由于党中央在这个时期一直和主席一致，从第一次郑州会议以来，开了许多会议，不断纠正错误，情况有所好转。主席颇有信心，认为照这样做下去，不要很长时间就能够解决问题。所以庐山会议前半个月被称为"神仙会"，提了十几个问题来讨论研究，发言虽有分歧，却无重大交锋，气氛并不紧张。但在表面的平静下，却隐藏着"左""右"之争。"左"的方面气势高，不愿听人谈问题严重，有人甚至在会上打断别人的发言。"右"的方面则想把缺点、错误谈够，要求对情况的严重性有充分认识，认为不如此不能真正解决问题，同时对会上不能畅所欲言，感到压抑。这种情况主席是知道的，但也认为是正常的。这时，讨论已近结束，《会议纪要》已在起草讨论，准备通过《议定记录》，会议就结束了。

就在此时，彭德怀写了他的意见书，于14日送给主席。他正是因为会议即将结束，而又感觉并未真正解决问题，自己的意见亦未能畅述而写的。这封信对毛主席起了强刺激作用，免不掉又要亢奋失眠。主席自己在会上说，吃了三次安眠药睡不着。在神经过度兴奋的状态下，仔细琢磨的结果，就把这封信和国内外各种尖锐的反对意见，都联系起来；把彭总当作了代表人物，而且是在中央政治局里的代表人物。认为他的矛头是指向中央政治局和主席的，于是认为路线斗争不可避免。7月23日的讲话宣告了会议的性质已经改变，会议将扩大延长。

主席的讲话对我们是当头一棒，大家都十分震惊。彭德怀会后还曾向主席说，他的信是供主席参考，不应印发。但事已至此，彭的解释还能有什么用？我对主席的讲话，思想不通，心情沉重：彭德怀负担更重，我们两人都吃不下晚饭。虽然住在同一栋房子里，但避免交谈。我不明白主席为什么忽然来一个大转弯，把"纠左"的会议，变成了反"右"。反复思索，不得其解。

当晚，周小舟打电话来说，他们想和我谈谈。我觉得这时应谨慎一些，不同意他们来，但小舟很坚持，我也就让步了，来就来吧。三人中，小舟最激动，李锐已意识到在这个时间来我处不好，可是未能阻住小舟。谁想得到，这次谈话竟成了"反党集团"活动的罪证呢。

小舟、周惠、李锐到来后，表现非常激动，说：我们都快成了右派了。我劝他们说：别着急，主席支持左的，也不会不要右的。小舟问：主席这样突变，有没有经过政治局常委讨论？又问：主席有没有斯大林晚年的危险？我说：我认为不会。又说：有意见还是应直接向主席提出，我们现在这样谈论，不好。小舟才平静下来，又谈了些湖南的情况。他们正准备走时，彭德怀拿着一份军事电报走过来，小舟又说：老总，我们离右派只30公里了。彭说：着急有什么用。李锐催着小舟走，说太晚了。实际上，他大概是觉得，这些人还是早点离开这里为妙。周惠一向比较谨慎，没说什么话，他们就走了。他们出门时，正巧碰见罗瑞卿，罗持反"右"的观点，自然就注意了这件事。后来，这天晚上的谈话就成了逼我们交代的一个重要问题。

23日主席讲话后，各小组下午就开始讨论主席讲话。那时发言尚较缓和，对彭信的批判虽轻重不同，均未离开信的内容，有人说得厉害些，有人则还作些自我检讨。

7月26日传达了主席的指示：要对事，也要对人。这成了会议的另一个转折点。批评的火力大大加强，而且目标集中在人了。除了对彭总外，所谓"军事俱乐部""湖南集团"的提法也都出来了。"左"派柯庆施等人气势很汹，温和派也被迫提高了调子。彭德怀和我们这些人就只有作检讨的份。我在26日作了检讨，谈到19日的发言是嗅觉不灵；谈到自己思想方法上有多考虑困难和不利因素的老毛病；也谈到自己只认为彭信有些地方用词不妥，而认识不到问题的严重性；等等。这当然也有违心之论，但还不算太过。

7月26日除传达了主席说的"对事也要对人"的指示外，还印发了主席对李云仲信的批示，说得更严重了：党内外出现了右倾思想。右倾活动，大有猖狂进攻之势。这样一说，谁还敢当中间派呢？自此，批判、斗争不断加热。既然对人，那就得追查组织、追查目的，还要追查历史来进行斗争了。

7月30日，主席通知我、小舟、周惠、李锐四个人去谈话。谈话时主席显得火气不大，所以我们也较敢说话。这次谈话，主席给我戴了几顶帽子，说我：一是彭德怀的政治参谋长，二是湖南集团的首要人物，三是军事俱乐部的主要成员；还说我与彭德怀的观点基本一致，与彭德怀是"父子关系"；又谈到过去的三军团的历史问题，说不了解我的历史情况等。

我答辩说：我和彭德怀观点基本一致，只能就庐山会议这次的意见而言。过去我和彭德怀争论很多，有不同意见就争，几乎争论了半辈子，不能说我们的观点都是基本一致，但我们的争论不伤感情，过去打AB团时，有人要打我，彭还帮我说过话，不然我那次就可能被整掉了。我认为我们的关系是正常的，谈不上什么父子关系。

主席说：理性和感情是一致的东西，我自己总是一致的。看来我不了解你和彭的关系，也不了解你这个人，还得解开疙瘩。

我又说：我当彭的参谋长，是毛主席你要我来当的。我那时在湖南工作，并不想来；是你一定要我来。既然当了参谋长，政治和军事如何分得开？彭德怀的信是在山上写的，我那时还没有上山，怎么能在写"意见书"一事上当他的参谋长？我在湖南工作过多年，和湖南的负责同志多见几次面，多谈几次话，多关心一点湖南的工作，如何就能成为"湖南集团"？至于"军事俱乐部"，更是从何谈起呢？

谈话还涉及当年东北战场"保卫四平"问题和长时期炮打金门、马祖的问题，我都表示了反对的意见。主席说："保卫四平"是我的决定，难道这也错了？我说：即使是你的决定，我认为那场消耗战也是不该打的。至于炮轰金门、马祖，稍打一阵示示威也就行了。既然我们并不准备真打，炮轰的意义就不大，打大炮花很多钱，搞得到处都紧张，何必呢？

主席笑笑，说：看来，让你当个"右"的参谋，还不错。

周小舟、周惠、李锐都说：会议上空气太紧张，叫人不能说话，一些问题不能辩论清楚。

主席说：要容许辩论、交锋，让大家把话说出来、讲完讲透。小舟等又说："湖南集团"的提法，有压力，希望能给以澄清。主席说：可能是有点误会。又说：我和你们湖南几个人，好像还不通心，尤其和周小舟有隔阂。

主席又把话引到他在遵义会议前，怎样争取张闻天、王稼祥等。主席要小舟"不远而复"。主席谈遵义会议，分明是要我们回头，与彭德怀划清界限，希望我们"实迷途其未远，觉今是而昨非"。但我们的思想问题没解决，又都不会作伪，所以我们的表现可能使主席失望。

这次谈话，尽管主席对我的指责颇重，但空气不紧张，能让我们说话，感觉不到压力；即使说的话让主席不满，他表示不同意时，态度也不严厉。所以我们的心情较好。我甚至还有点轻松感：到底有个机会，把话直接向主席说了。

7月31日和8月1日两天，毛主席在他住处的楼上，召开政治局常委会议，批判彭德怀。连中午都不休息，午饭就是吃包子充饥。参加的人员有少奇、恩来、朱总、彭总、林彪、贺帅、彭真等同志，又通知我和二周及李锐四人列席。

主席主持会议，讲话最多，从历史到理论，长篇大套，我无法记述。讲理论，主要是说彭不是马列主义者，思想中有不少封建的、资本主义的东西，是个经验主义者。其中也提到：彭是劳动人民出身，对革命有感情；要革命还是好的，寄予希望。讲历史则是批彭德怀在几次路线斗争中所犯的路线错误，说彭和他的关系是三分合作，七分不合作。彭说是一半对一半。主席仍说是三七开。

谈到彭的"意见书"时，主席说：信上说"有失有得"，把"失"放在"得"的前面，反映了彭的灵魂深处。又说：我们没有经验，没有"失"如何能"得"，胜败兵家常事，要保护群众的革命积极性，不能泼冷水，气可鼓不可泄，要反右倾。又说彭：你讲"小资产阶级狂热性"，主要锋芒是向着中央领导，你是反中央、攻击中央。你的信是准备发表的，目的是用来争取群众、组织队伍。你要按照你的面貌改造党和世界。以前历史上许多重要问题，你都没写信，这次写那么长。对你那些挑拨的话要顶回去。

彭说：我过去在江西也给中央写过长信提意见，这次信是供你考虑，并没想发表。

主席又说：你过去挨了批评，心里怀恨。我们同在北京，连电话都难得打，打几次，没打通，就"老子跟你不往来"。在香山你找我，因我睡觉习惯特殊，警卫员说未起床，你就拂袖而去，不谈了。高、饶事件你陷得很深，你以后会怎样，也难说。

彭说：我过去追随王明、博古路线，1934年1月、2月间就转过来了，曾和黄克诚谈过，还得请主席来领导。我今年61岁，以后还能有什么呢？

朱总司令发言温和，主席说是"隔靴搔痒"。

林彪发言说彭是"野心家""阴谋家""伪君子"；说彭自己有一套纲领、路线，独断专行，攻击主席，用心很深等。这个发言很厉害，以后成了定性的基调。

其他同志多是举个例子，说明彭德怀有问题，表示同意主席意见。

毛主席还说道：整人就是要整得他睡不着觉，要触及灵魂深处。说彭：你组织性、纪律性很差，你有个说法："只要有利于革命，专之可也。"打朱怀冰等，时机紧迫，还可说："专之可也。"打百团大战，为何也不先报告请示一下？人们说你是伪君子，你历来就有野心。我66岁，你61岁，我会死在你前头，许多同志都对你有顾虑，怕难于团结你。

主席最重要的话是说：你们这回是站在右倾的立场上，有组织、有准备的进攻，其目的是动摇总路线、攻击中央领导。毛主席甚至还提到解放军跟不跟他走的问题。

我不能不表态说几句话，我说：我和彭相处久了，许多事都看不清楚。中央苏区后期，他说过还是要请主席来领导，我认为他不是不能辨别正确和错误。他的个人英雄主义我有感觉，今天的会使我认识更全面。希望彭能冷静地听取批评，常委领导同志讲的话，都是好意帮助，等等。

会后，主席把我们四个列席的人留下，又谈了一阵，要我们别再受彭的影响。特别对周小舟寄予希望，要他"迷途知返"。这一串的会议给我的感觉是：主席要教育和争取我们回头。虽然我被认为是彭的亲信，绝对脱不了身，但那时似还没有要定为"反党集团"的迹象。

8月2日开中央全会。

主席讲话着重谈路线问题；谈党内有分裂倾向，右倾机会主义向党猖狂进攻；谈允许犯错误的人改正错误，一看二帮、批评、改正、团结等。

接着就是各组开批斗会，批"军事俱乐部"进入高潮。康生是批斗中最积极的人，又是发言，又是插话，又是整理材料送主席，拼命地表现他自己。林彪的作用也越来越重要。8月4日由少奇同志主持一个会，向新上山的中央委员通气，林彪第一个发言，长篇大论地指责彭，占了一大半时间。

原来小组会是按地区分组，后来就扩大了。我原在西北张德生负责的那个组，以后薄一波、罗瑞卿、谭震林、乌兰夫、蒋南翔、田家英等十几个人都参加了这个组。到中央全会时期，又合编两个大区的人为一个组，人数很多，林伯渠、吴玉章等也都到这个组来了。我平生受过无数次斗争，感到最严重、使我难以支持的，还是庐山会议这一次。我一向有失眠症，经常吃安眠药，但最多不过两粒，这时每晚吃到六粒，还是不能入睡。

开始我的态度还很强硬，有人说我是彭的走狗，我气得要命，说：你杀了我的头，我也不承认。对不合理的批评，就和批评者辩论。慢慢地，我意识到讲理、辩论都没用，就尽可能多听少说，多沉默，少争论。但我的检讨总是不能令人满意。

这时，有位中央领导同志找我谈话，谈了两次。他以帮助我摆脱困境的善意，劝我对彭德怀"反戈一击"。我说："落井下石"得有石头，可是我一块石头也没有。我决不做诬陷别人、解脱自己的事。

但人们总以为我知道彭德怀的许多秘密，不满足于我只给自己戴帽子，逼着我交代彭的问题。我实在没办法，只好找彭的秘书来帮我回忆，还是搞不出什么东西。彭还在碰巧能单独说话时，劝我别那么紧张。我说：右倾机会主义还不要紧，"反党"可就要紧了，我确实是很紧张。彭说：我这个人一辈子就想搞"富国强兵"，没什么别的想头。又劝我别悲观，似乎他还比我乐观些，但也不便多说，马上就走开了。

大约在8月10日，组里正在追问7月23日晚上周小舟、周惠、李锐到我那里到底谈论些什么。这时罗瑞卿带着李锐到我这组来参加会议。我马上紧张起来，心想一定是那天晚上他们说的话被揭露了[10]。这里最关键的问题是议论毛主席像"斯大林晚年"那句话。我深知他们当时很冲动，又都是一贯忠于革命事业的正直诚实的人，所以并不认为这话有什么了不起。但后来会议情况变得紧张、严重，我也明白这话必被误解。早些时候，我曾劝过周小舟：23日晚你们出门便碰见罗瑞卿，定会引起注意，你们说过的这句话很容易被认为是反对毛主席，最好你们自己先向主席坦白说明情况。小舟说：不行了，晚了，现在去说，只会惹出祸来。因此，我也只能保持缄默。但这件事在我心里是个疙瘩。说不得，说了会加害无辜；不说又是在隐瞒，作为一个中央委员，也觉得良心上不安。而且，越拖得久，不是越显得"心虚"，显得事情严重吗？组里正在穷追此事，我想，人家指明问那天晚上的事，我是中央委员，怎么能对组织隐瞒，只好如实说了那晚的前后经过，并说明我认为说话人并无不良用心，只是一时的冲动失言。

这就像爆发了一颗炸弹，全组立时哗然。我的解说毫无用处。他们又追问是谁说的。我当时并没对这话特别在意，实在记不清哪一个讲的。这时看到李锐，以为他说了些事，心想以他的为人，一定会自己承担责任，于是就说：可能是李锐说的，但也记不准了。后来周小舟自己承认是他说的。

这个"斯大林晚年"问题一出，会议就像烧开了的水一样，沸腾起来，似乎"反党集团""湖南集团"等均由此得到了确证。我前一段在组会上那么理直气壮地辩论，现在看来，都成了瞪着眼睛说谎话，证明我这个人非常不老实，完全不可信任。于是，"阴谋家""野心家""伪君子"的帽子都给我戴上了。身处此境，真是百口莫辩，跳进黄河洗不清，心里的那种痛苦，实在没法形容。可是还得开会，还得检讨，一次又一次，总是被认为不老实。

其他几个人也和我处于同样境地。听说彭德怀和张闻天也这么议论过毛主席，同样被揭露了。这就使参加会议的同志都愤慨起来。

毛主席在党内的威信崇高，得到大家衷心拥护。到此时，那些在批"右倾"时内心里还对我们抱有同情的人，也改变了态度。毛主席当然更加重了"党内有阶级斗争"的看法。他以前着重在批斗彭德怀的右倾，还对我们做了许多争取工作。到这时，就完全认定我们是个"反党"集团了，只把周惠区别出来，说是沾了点边。按党内地位，我应排在张闻天之后，但我既是军事俱乐部的主要成员，又是联结湖南集团的纽带，罪状严重，所以把我名列第二，放在张闻天之前，说成是"彭、黄、张、周反党集团"。李锐是毛主席的兼职秘书，因而参加了庐山会议，又因和我们观点相同，也陷入此案，但由于不是中央委员，没有和我们一道并列点名。

主席这时已确认我们是有组织、有目的、有计划地进行反党活动。常委也同意这个判断，于是在作决议之前，主要任务就是要我们认罪。

为此，请了几位老师做彭的工作，又让陶铸来做我的工作。我相信陶能理解我们，于是对陶毫无隐瞒，把上山前后的种种情况都和他讲了。我说：我们只是对当前情况看法相同；对主席23日讲话感到震惊；个别人在冲动中说了错话，又因怕被误解而不敢坦白交代；根本不存在反党活动，我无法认账。陶铸第一次没有完成任务，第二次又来和我谈，说：不管你们主观上怎么想，但客观上表现出来的是有组织的反党活动；大家看法一致，你否定有什么用呢？我仍然不服地说：如果形迹可疑，就能定罪，那何必要我承认？陶铸又没有解决问题，于是第三次来谈。这次他对我责以大义，说：你总得为党、为国家大局着想才是。现在中央领导、各部门、各地区的主要领导都聚集在此，7月开了一个月政治局扩大会议，8月开中央全会也半个月了，再拖下去，对工作大大不利。目前事已至此，你不承认，大家通不过，最后还是得承认，何必再拖下去呢？我反复思考，现在处境确实困难，主席性格之强，我所深知。而且中央全体，除我们几个人外，都站在主席一边。个人受委屈、被冤枉毕竟是小事。听说彭德怀表示，他想通了，要什么，就给什么。我也只好照陶铸说的，"顾大局"吧。

冤枉自己也是不容易的事。叫我承认右倾，我可以心甘情愿，因为我心里从没赞成过总路线、大跃进、人民公社运动。但要我承认反党，而且是有组织、有目的、有计划的反党，可太难了。实逼处此，硬着头皮违心地认账后，心中耿耿，无日得安。

彭、黄、张一个个被劝认账后，在大会上都做了检查，只有小舟没做。于是，八届八中全会在总理、彭真主持下，写出了决议草案。写成后又要我们签字承认。这字好难签，但我们已经是不得不签了。

我们这样违心认罪，除了听从一些与我们关系好的同志劝告，要我们顾大局，暗示应牺牲自我外，还有一个因素，这个因素不仅影响我们，而且还影响许多中央政治局的领导同志和与会的成员。许多年来，在内战、长征中，主席的英明、正确已为全党所公认。抗日战争、解放战争和抗美援朝更使全党钦服主席的领导高明。他不时力排众议，而结果常常证明他正确。所以我们已习惯于认为：主席比我们都高明，习惯于服从主席的决定，习惯于接受主席的批评，尽管心里有不同意见，也接受了。虽然这一次实在不能接受，也不应该接受，也强迫自己接受了。

等我冷静下来时，我认识到：违心地作检查，违心地同意"决议草案"，这才是我在庐山会议上真正的错误。使我后来一想起就非常痛苦。

中央领导多数仍希望只限于批评这几个人，不要扩大。

彭德怀出身于贫苦的劳动人民家庭，全心全意地要改造旧社会，军功极大，地位很高，而从不忘本。他从小就是反抗性极强的人，而且总是带头为首。说他有个人英雄主义，入党后已改得很多了。说他桀骜不驯、好犯上，那也只是在他认为不对的时候。他耿直，讨厌捧场，新中国成立后对歌功颂德看不惯。看不惯就要说，而且说得很难听，从不怕得罪人。这样的性格，如何能不遭疑忌？

早有一次，主席对彭开玩笑似的说：老总，咱们定个协议，我死以后，你别造反，行不行？可见主席对彭顾忌之深，而彭并未因此稍增警惕，依然我行我素，想说就说。他性格刚烈，遇事不能容忍，不大能适应人类社会的复杂性。水至清则无鱼，人至察则无徒，所以不易和领导及周围同志搞好关系。从主席批评彭的话中，可以看出他们两人在生活方式上也是格格不入，相处得不很愉快，多有误会。

毛主席建党、建军、新中国成立的伟业，彭德怀身经百战的功勋，都是昭昭卓著的。两个人都十分忠诚于革命事业。谁能料到：他们竟因为某些观点的分歧和性格的差异，发生了一系列的矛盾，形成颇深的成见。加以庐山会议时，上述种种因素，以致发展到不能相容的地步。庐山会议这一场悲剧有偶然的因素，但实非偶然。这个事件对我国历史发展的影响巨大深远。这不是一个人或几个人的悲剧，而是我党的悲剧。从此，党内失了敢言之士，而迁就、逢迎之风日盛。[11]

当年在国防科委担负领导工作的万毅将军，因为一个偶然的原因来到庐山会议会场，不幸卷入，也蒙受了不白之冤。

李维民在《万毅将军在庐山会议》一文中写道：

7月16日，毛泽东在彭德怀信上加了《彭德怀同志意见书》的题名，批示："印发各同志参考。"同时决定会议讨论的时间延长一周，并且通知留住北京的彭真、黄克诚、薄一波、安子文立即上山参加讨论。还转告林彪，如果他身体情况允许，也请他一起上山。宋任穷和万毅也被留下来参加会议。原来按大区编配的6个组，组长没有变动，组员改为各地区穿插编配。

毛泽东的批示，小组的重新划分，与会人员的增加，预示着会议的气氛开始发生变化，但是万毅没有觉察到这一点。他参加小组讨论的第一天（7月17日上午），毛泽东的批示和彭德怀的信正好发下来要大家讨论。当时，人们还不理解毛泽东要大家讨论的用意，更没有想到这会演变成一场阶级斗争的风暴。所以在17日至22日的6天讨论中，大多数人赞同彭德怀的一些看法，许多人还说了不少相似的事例。在第六组中，张国华讲了他爱人回江西探亲时，看到农村中出现的问题；手工业管理局局长邓洁讲了手工业中的一些问题。董必武和聂荣臻在第六组参加讨论，对彭德怀的信也没有提出批评。据万毅记忆，只有一位青海省委书记，不同意彭德怀的意见，说他们那里的小麦亩产7000多斤。万毅不知道，在毛泽东的批示发出之后，以柯庆施为首的一些"左派"分子，虽然在公开场合讲话不多，但已在积极准备发难了。万毅不是那种善于看风使舵的人。他没有反复推敲毛泽东批示的真正用意，也没有留意已经日益紧张的气氛。

7月22日上午，小组讨论已进入第6天，不好抢先发言的万毅，在小组会上作了第一次发言。他直率地讲到，在大跃进中"虚报浮夸的作风在滋长，夸大主观能动作用。如'人有多大胆，地有多大产'的增产无限论等"，他认为这"是搞精神第一性"。他说："对于重点与一般，注意多快忽视好省。"他还讲道："没有认真掌握主席久已强调的'一切经过试验''由点到面'逐步发展的工作方法。有的有抢先思想，比如'吃饭不要钱'的口号，在北戴河会议上有人提出是作为今后考虑的，但是有的就抢先实行，加上报纸一宣传，就变成较普遍的行动。放'卫星'你比我高，我想比你更高。有的口号的提出慎重考虑不够，如有的说'粮食基本过关''放开肚皮吃饭'等。"

在万毅的发言中，最关键的，也是后来成为他的最主要罪状的，是这样一段话："彭德怀同志把自己考虑到的问题提出来，对于此次会议深入讨论有推动作用。提出意见，精神是好的，是赤胆忠心的。从肯定成绩、提出问题到纠正缺点来看，基本精神都是对的。但是有的问题说得简单一些，如果再多说几句，多加分析就清楚了。"

他怎么想，就怎么说。对于当时已遭到非难的彭德怀的信，他表示"我基本同意彭总的信"。他万万没有料到，这个表态竟酿成他20年坎坷的遭遇。不过，万毅的发言，开始并没有引起人们特别的注意，因为当时大多数人都是和他的看法相似，只是表态可能没有那么鲜明。在其他小组，讨论的情况和万毅所在的第六组差不多。黄克诚在第五组，周小舟（湖南省委书记）在第二组，赵尔陆（一机部部长）在第四组，都讲了一些与彭德怀的观点相同的看法。特别是张闻天21日在第二组的长达3小时的发言，系统地阐述了大跃进以来的成绩和缺点，经验和教训，观点最为鲜明，分析最为透彻，阐述最为精辟。就连周恩来总理，当时也以为彭德怀的信"没有什么"，没有料到会引起一场大祸。

然而，就在万毅发言后的第2天，庐山风云突变。7月23日早晨，与会人员临时得到通知，听主席讲话。当人们来到小礼堂时，气氛还和往常一样。但是表情严肃的毛泽东，只讲了几句话，就使人们警觉起来。他的讲话是这样开头的："你们讲了那么多，允许我讲个把钟头，可不可以？吃了三次安眠药，睡不着。我看了同志们的发言记录、文件和一部分同志谈了话，感到有两种倾向：……"他虽然讲道："一种是触不得，大有一触即跳之势。……只愿人家讲好话，不愿听坏话。"但是，很快便把话锋转向另一种倾向。他说："现在党内外都在刮风。……所有右派言论都出来了。江西党校是党内的代表，有些人就是右派、动摇分子。……这一回是会内会外结合，可惜庐山地方太小，不能把他们都请来。像江西党校的人、罗隆基、陈铭枢，都请来，房子太小嘛！"对于大跃进以来出现的种种问题，毛泽东不以为然。他说："无非是一个时期猪肉少了，头发卡子少了，没有肥皂，比例有所失调，工业农业商业交通都紧张，搞得人心也紧张。我看没有什么可紧张的。我也紧张，说不紧张是假的。上半夜你紧张紧张，下半夜安眠药一吃，就不紧张了。……说我们脱离了群众，我看是暂时的，就是两三个月。……小资产阶级狂热有一点，不那么多。……想早点搞共产主义。对这种热情如何看法？总不能全说是小资产阶级狂热性吧。我看不能那样说。有一点，无非是想多一点、快一点。"毛泽东的这段话，显然是针对彭德怀的信。因为那信中提到了"小资产阶级狂热性"。毛泽东越说越严厉："人不犯我，我不犯人，人若犯我，我必犯人，人先犯我，我后犯人。这个原则，现在也不放弃。"他在这里引述的是对敌斗争的原则，而不是对人民内部不同意见采取的"知无不言，言无不尽，言者无罪，闻者足戒"的原则。毛泽东严厉警告说："他们重复了1956年下半年、1957年上半年犯错误的同志的道路，自己把自己抛到右派边缘，只差30公里了。"

富有政治经验的中央委员和省、部级领导干部，听到这里，很自然会联想起毛泽东两年前（1957年）发动的反右派斗争。在前一天刚刚表示过基本同意彭德怀信的万毅，听了毛泽东的讲话，感到十分震惊。而对彭德怀来说更是晴天霹雳。这位敢于横刀立马的彭大将军，此时真有些坐不住了。散会以后，当万毅走出小礼堂时，亲眼看到这样一幕：彭德怀站在门外，当毛泽东走出小礼堂后，他立刻迎上去，贴近毛泽东，恳切地说："主席，我是你的学生，我说得不对，你可以当面批评教育嘛！为什么要这样做呢？"毛泽东没有停下脚步，把脸一沉，甩手走开了。此时，万毅近在咫尺，对彭总的话听得一清二楚。而林彪恰好站在万毅身旁，手里拉着一棵小树的树枝，从他那木然的表情里，看不出他是漫不经心还是幸灾乐祸。

在个人崇拜盛行、党内民主生活遭到破坏的那个年代，毛泽东的一篇讲话，完全改变了会议的内容和气氛，使本来要纠正"左"的错误的庐山会议，变为一场批判以彭德怀为代表的"右倾机会主义"的斗争。彭德怀一下子成为众矢之的。万毅因为同意彭德怀的信，很快也成为被批判的对象。23日以后，以批彭为主要内容的小组讨论又持续了一周。

　　8月1日，中央政治局扩大会议结束。8月2日接着召开中共八届八中全会。出席会议的中央委员和候补中央委员共147人，列席15人，人数几乎相当于前一个会议的两倍，会场移到庐山人民剧院。毛泽东在会议开始时作了长篇讲话。他说明会议议题有两个：一是修改1959年生产指标，这个问题比较简单；二是路线问题，这是此次中央全会的主题。他说：上庐山后，有部分人要求民主，要求自由，说不敢讲话，有压力。当时摸不着头脑，不知所说的不民主是什么事。前半个月是"神仙会"，没有紧张局势。后来才了解，有些人所以觉得没有自由，是认为松松垮垮不过瘾。他们要求一种紧张局势，要求有批评总路线的自由，就是要攻击总路线、破坏总路线，以批评去年为主，也批评今年的工作。说去年的工作都做坏了。1957年不是有人要求大民主、大鸣、大放、大辩论嘛？现在有一种分裂的倾向。去年八大二次会议我说过，危险无非是：一、世界大战；二、党内分裂。当时还没有明显的迹象，现在有这种迹象了。

　　毛泽东的一席话，把彭德怀的问题上升到分裂党的路线斗争高度。按照这个调子，各小组分别对彭德怀、黄克诚、张闻天、周小舟等进行批判。批判的内容已经不只是彭德怀的那封信，而是向纵深方向延伸开去。一方面是清算彭德怀、张闻天等人几十年来在党内历次斗争中所犯的"路线错误"；另一方面是追查"军事俱乐部"成员和对那些在前段会议期间发表过"错误"言论的人进行揭发、批判。万毅就是其中的一个。[12]

　　7月20日，毛泽东找各组组长（大区负责人）谈话，说耳朵是听话的，口是讲话的，好的就接受，不好的硬着头皮顶住。他还说，要印发《阿Q正传》，使大家受点启发，不要像阿Q一样，自己的缺点、毛病动不得，一触即跳。

　　李锐当时还听说，毛泽东同王任重在庐山水库划船时，谈到彭信中的"小资产阶级狂热性"问题，说"现在我不发言"。[13]

　　可见，毛泽东这时对彭德怀的信以及许多支持彭信的言论虽然反感，但还没有恼怒，他还准备硬着头皮听下去。

　　终于，毛泽东被张闻天7月21日下午的长篇发言给激怒了。

　　张闻天同彭德怀一样，对"大跃进"和人民公社化运动的"左"倾错误有着深刻的认识，但都感到"神仙会"上问题还没有讲透，缺点还没有摆够。因而，张闻天对彭德怀的信非常赞赏，甚至张本人也曾经准备给毛泽东上书。对于张闻天准备写信和作长篇发言的动机和过程，他当时的秘书萧扬回忆说：

……

然而，在领略匡庐风光的同时，闻天同志心中不免有一丝牵挂和忧虑。庐山会议本来的宗旨是继续纠"左"，总结"大跃进"和人民公社的经验。毛泽东同志一上山说了三句话："成绩伟大，问题不少，前途光明。"闻天同志在山上接触了一些同志，觉得不少同志确实感到"问题不少"，但是又感到要在会上真正把问题讲透，也不容易。毛泽东同志号召读书，会上发了苏联《政治经济学（教科书）》第三版，闻天同志确实读了。政治经济学的原理，闻天同志本来就很熟悉。他本来就认为问题正在于没有按照经济规律办事。在这一段时间里，关于小高炉炼钢是无效劳动，国民经济比例失调，按劳分配原则不容破坏之类的经济问题，闻天同志确实同我谈过不少。但是他这时所想的，已经远远不仅是个经济规律的问题了。

就在这几天，或稍后几天，闻天同志向我讲过骄傲的问题。他说：现在就是骄傲了，这几年搞得不错，就不知自己有多少力量了。就像当年斯大林所说，胜利冲昏头脑，不过不说罢了。闻天同志还谈过集体领导问题。他说，现在有些意见不好提，集体领导搞不起来。这次虽是政治局扩大会议，但是我们这种人也不知道怎样开法。我后来得知，闻天同志在上山前和上山后和彭老总的接触中，也涉及过这些问题。在山上，彭老总一次来访闻天同志未遇，见我独自在看苏联的《政治经济学（教科书）》，便问我看书后对国内形势有何感想。我答，去年的浮夸比较严重。彭老总沉吟了一会儿说，有人虚报，也有人愿听，听得进。彭老总和闻天同志的忧虑是共同的。

7月10日左右，闻天同志对我说，我们来合和，给毛主席写一封信吧。闻天同志就是这样民主的。他不以长者自居，更不摆首长架子，对我这个年龄比他小三十岁，革命经历更无法相比的小秘书，说话总是这样平等的。他解释说，讲话多一句少一句容易出毛病，还是写成文字好推敲。他交给我一个简单的提纲，又同我谈了谈要写些什么。内容大体上就是后来他在小组会发言中讲的那些，包括对缺点的估计，政治和经济的关系，精神和物质的关系，三种所有制的结合，经济工作中的民主集中制，党的民主作风，等等。闻天同志要我写得具体些，才能使问题形象化，使人感到问题的严重性。遵照他的意见，我写了一个稿子。但是，以我的水平要表达他的深刻思想，显然是力不能胜的。闻天同志觉得，我写的稿子太空洞，也许还觉得它没有修改的基础，就把它搁下了。后来在下庐山前夕，闻天同志把它撕毁了。

7月16日，彭老总给毛主席的信印发。围绕着这封信，会上隐约存在的两种意见的对立逐渐尖锐而且强烈起来。对彭老总的批评和非难在逐步升级，形势对彭老总是很不利的。闻天同志和一些同志一样，因为会议中这种不愿讲缺点的空气而感到受压抑。彭老总对此大概也是不满意的。有一天，记得是会后饭前，彭老总同闻天同志站在闻天同志的屋外。我在屋里，没有听到他们开头的谈话。但是后来彭老总的声调激昂起来："……那列宁、斯大林论党就要少一条，毛泽东论党就要少一条！"彭老总大概是在说怎么能没有批评和自我批评。除了和彭老总的接触，闻天同志同周小舟、胡乔木、田家英、吴冷西、李锐等同志也有来往。

彭老总的信印发后两三天，闻天同志下决心在小组会上发言了。这回是他自己动手，写了一个详细提纲。32开的白纸，用圆珠笔密密麻麻写了五六张，还用红铅笔作了好几种醒目的记号。我只帮他从会议文件中找了几个数字。

在闻天同志准备提纲的过程中，田家英同志来了一个电话，我请闻天同志接话筒。打完电话后，闻天同志告诉我，田家英要他别讲某个问题，因为上面有不同看法。但是，闻天同志却说："不去管它！"说完即匆匆离去，继续准备提纲。作为一个小秘书，我也向闻天同志表示了我的担心：从会议的气氛来看，闻天同志这个发言是不合潮流的，后果怕很难说。但是闻天同志还是按他原先准备的发了言。他那些话久已郁结在胸，不能不表而出了。

7月21日上午，闻天同志把发言提纲最后准备完毕，站起身来对我说："我准备的就是这样了。"当天下午，闻天同志毅然而又自信地走向华东组的小组会场，神态仍像往常一样安详。华东组组长是柯庆施，会上已有华东局的两位同志担任记录。但是闻天同志仍要我跟去，以便会后能迅速地将他的发言整理成文。

那天下午的会，只有闻天同志一人发言，他足足讲了三个钟头。会上的气氛确实相当紧张。闻天同志的话多次被打断。有几位同志在不同的问题上插话。插话或长或短，都是表示不同意闻天同志的意见。闻天同志毫不让步，只是重复自己的观点，或者就像不曾被打断那样，按照原来的思路继续发言。我第一次见到这种场面，不免为闻天同志捏把汗。但是，闻天同志还是一口气把话讲完了。会议最后，柯庆施说："洛甫同志把意见都说出来，这是好的。"至于闻天同志所讲意见是否正确，柯庆施没有说。但是他在闻天同志发言过程中插过话，其反对闻天同志的立场是很鲜明的。

对闻天同志来说，这篇发言如骨鲠在喉，不吐不快。他坚信自己是正确的，能够站得住。会开下来，我不无忧虑地表示担心他的发言可能会遭人批评。他说：有可能，但也不一定。他表示，他的发言组织得相当严密，不好攻。那天晚饭以后，他让我把他的发言提纲送给彭老总看，后来我知道，彭老总赞扬这篇发言"讲得很全面"。可见彭老总对这篇发言也是有信心的。闻天同志还对我说，他这篇发言也许能够导致会议讨论些问题，也就是说，能使会议认真总结"大跃进""公社化"运动的经验教训，这正是他发言的初衷。可惜，闻天同志提到的逻辑的严密，以及他不曾提过的事实的确凿和理论的正确，都是按照常理而言的。在不正常的情况下，这篇发言只能得到完全相反的评价。[14]

毛泽东终于决定发起猛烈反击。7月23日上午，毛泽东召集全体会议，并作了严厉的长篇讲话。当事人李锐对此回忆如下：

7月23日早晨，通知大家开会，听主席讲话（据传，其他常委也同大家一样，是临时得到通知的）。动身之前，我曾同刘澜波谈到对主席讲话的一种估计。

刘澜波和我住隔壁房，我们不在一个小组。我在会外的活动以及主席找我们两次谈话，我都避免跟他交谈。我们在延安就认识，1952年我转业主管水电工作后，我们之间先后是上下级与正副职的关系，我视他如兄长，能谈点私房话。在怀念刘澜波的文章中，我曾写道："7月23日之前，柯庆施等率领的'左派'很活跃，刘很担心我卷入被攻击的靶子中。当时对于彭德怀的信有各种谈论，'左派'认为彭的矛头是对着毛主席的。他和我一起估计形势的发展，问我的看法。我说，主席讲话，可能是'左右'两边各打五十板子。我当时心情很沉重，还有点愤激的情绪。刘也表现得跟我一样心情沉重。"

下面，是主席讲话的全文，当时我作了详细记录，现在参照别人的记录予以整理：

你们讲了那么多，允许我讲个把钟头，可不可以？吃了三次安眠药，睡不着。

我看了同志们的发言记录、文件，和一部分同志谈了话，感到有两种倾向：一种是触不得，大有一触即跳之势。吴稚晖说，孙科一触即跳。因之，有一部分同志感到有压力，即是不让人家讲坏话，只愿人家讲好话，不愿听坏话。两种话都要听。我劝这些同志要听坏话。嘴巴的任务，一是吃饭，二是讲话。长了耳朵，是为了听声音的。话有三种：一种是正确的，二是基本正确或不甚正确的，三是基本不正确或不正确的。两头是对立的，正确与不正确是对立的。好坏都要听。

现在党内外都在刮风。右派讲，秦始皇为什么倒台？就是因为修长城。现在我们修天安门，一塌糊涂，要垮台了。党内这一部分意见我还没有看完，集中表现在江西党校的反应，各地都有。所有右派言论都出来了。江西党校是党内的代表，有些人就是右派、动摇分子。他们看得不完全，有火气。做点工作可以转变过来。有些人历史上有问题。挨过批评。例如广东军区的材料，也认为一塌糊涂。这些话都是会外讲的话。我们这一回是会内会外结合，可惜庐山地方太小，不能把他们都请来。像江西党校的人，罗隆基、陈铭枢，都请来，房子太小嘛！

不论什么话都让讲，无非是讲得一塌糊涂。这很好。越讲得一塌糊涂越好，越要听。"硬着头皮顶住"，反右时发明了这个名词。我同某些同志讲过，要顶住，顶一个月，两个月，半年，1年，3年，5年，8年，10年。有的同志说"持久战"，我很赞成。这种同志占多数。在座诸公，你们都有耳朵，听嘛！难听是难听，要欢迎。你这么一想就不难听了，为什么要让人家讲呢？其原因在神州不会陆沉，天不会塌下来。为什么呢？因为我们做了一些好事，腰杆子硬。我们多数派同志们腰杆子要硬起来。为什么不硬？无非是一个时期猪肉少了，头发卡子少了，没有肥皂，比例有所失调，工业农业商业交通都紧张，搞得人心也紧张。我看没有什么可紧张的。我也紧张，说不紧张是假的。上半夜你紧张紧张，下半夜安眠药一吃，就不紧张了。

说我们脱离了群众，我看是暂时的，就是两三个月。群众还是拥护我们的。现在群众和我们结合得很好。小资产阶级狂热性有一点，不那么多。我同意同志们的意见：问题是公社运动。我到遂平详细地谈了两个钟头。嵖岈山公社党委书记告诉我，7月、8月、9月三个月，平均每天3000人参观，10天3万人，3个月30万人。徐水、七里营听说也有这么多人参观。除了西藏都有人来看了。到那里去取经的，其中多是县、社、队干部，也有省、地干部。他们的想法是：河南人、河北人创造了真理，有了罗斯福说的"免于贫困的自由"，想早点搞共产主义。对这种热情如何看法？总不能说全是小资产阶级狂热性吧。我看不能那样说。有一点，无非是想多一点、快一点。3个地方3个月当中有3个30万人朝山进香，这种广泛的群众运动，不能泼冷水，只能劝说：同志们！你们的心是好的，但事实上难以办到，不能性急，要有步骤。吃肉只能一口一口地吃，不能一口吃成一个胖子。这些干部率领几亿人民，至少30%是积极分子；30%是消极分子（即地、富、反、坏、官僚、中农和部分贫农）；40%随大流。30%是多少人？是一亿几千万人。他们要办公社，办食堂，搞大协作，非常积极。他们要搞，你能说这是小资产阶级狂热性？这不是小资产阶级，是贫农、下中农、无产阶级、半无产阶级。随大流的也可以。不愿意的只有30%。总之，30%加40%为70%，3.5亿人在一个时期内有狂热性，他们要搞。

到春节前后，有两个多月，他们不高兴了，变了。干部下乡都不讲话了，请吃地瓜、稀饭，面无笑容。因为刮了"共产风"，"一平二调三提款"。对刮"共产风"也要分析，其中有小资产阶级狂热性。这是些什么人？主要是县、社两级干部，特别是公社干部，刮大队和小队的，这是不好的，群众不欢迎。我们说服了这些干部，坚决纠正。今年3月、4月间，就把风压下去了，该退的退，社与队的账算清楚了。这一个月的算账教育是有好处的。极短的时间，使他们懂得了平均主义不行。听说现在大多数人转过来了，只有少数人还留恋"共产"，还舍不得。哪里找这样一个学校、短期训练班，使几亿人、几百万干部受到教育？不能说你的就是我的，拿起就走。从古以来没有这个规矩，1万年以后也不能拿起就走。拿起就走，只有青红帮，青偷红劫，明火执仗，无代价剥夺人家的劳动。这类事，自古以来是"一个指头"。宋江立忠义堂，劫富济贫，理直气壮，可以拿起就走。宋江劫的是"生辰纲"，是不义之财，取之无碍，刮自农民归农民。我们长期不打土豪了。打土豪，分田地，都归公。那也可以，因为是不义之财。现在刮"共产风"，取走生产大队、小队之财，肥猪、大白菜，拿起就走，这样是错误的。我们对帝国主义的财产还有三种办法：征购，挤垮，赎买。怎么能剥夺劳动人民的财产呢？只有一个多月就息下这股风，证明我们的党是伟大的、光荣的、正确的。今年3月、4月或加5月，有几亿农民、几百万干部受了教育，讲清了，想通了。主要是干部，不懂得这个财是义财，分不清界限。干部没有读好政治经济学，没有搞通价值法则、等价交换、按劳分配。几个月就说通了，不办了。十分搞通的未必有，九分通，七八分通。教科书还没有读，叫他们读。公社一级不懂一点政治经济学是不行的。不识字的可以给他们讲课。梁武帝有个宰相陈庆之，一字不识，强迫他作诗，他口念，叫别人写，他说你们这些读书人，还不如老夫的用耳学。当然，不要误会，我不是反对扫除文盲。柯老（柯庆施）说，全民进大学，我也赞成，不过15年不行，得延长。南北朝时有个姓曹的将军（按：梁朝的曹景宗），打了仗回来作诗："去时儿女悲，归来笳鼓竞。借问过路人，何如霍去病？"还有北朝斛律金《敕勒歌》："敕勒川，阴山下，天似穹庐，笼罩四野。天苍苍，野茫茫，风吹草低见牛羊。"这也是个一字不识的人（按：此歌乃敕勒民歌，"本鲜卑语，易为齐言"，是一篇翻译作品）。一字不识的人可以做宰相，为什么我们公社的干部、农民不可以听政治经济学？我看大家可以学。不识字，讲讲就懂了，他们比知识分子容易懂。《政治经济学（教科书）》我就没有看，略微看了一点，才有发言权。要挤出时间，全党来个学习运动。

他们（指省以下各级地方干部）不晓得作了多少次检查了，从去年11月郑州会议以来，大作特作，六级会议、五级会议都要检讨。北京来的人哇啦哇啦，他们当然听不进去：我们作过多次检讨，难道就没有听到？我就劝这些同志，人家有嘴巴嘛，要人家讲嘛。要听听人家的意见。我看这次会议有些问题不能解决，有些人不会放弃自己的观点，无非拖着嘛，1年、2年、

3年、5年。听不得坏话不行，要养成习惯，我说就是硬着头皮顶住。无非是骂祖宗三代。这也难。我青年时代也是听到坏话就一股火气。人不犯我，我不犯人；人若犯我，我必犯人；人先犯我，我后犯人。这个原则，现在也不放弃。现在学会了听，硬着头皮顶住。听他一两个星期，劝同志们要听，你们赞成不赞成，是你们的事。如果我错，我作自我批评。

第二方面，我劝另一部分同志，在这样的紧急关头，不要动摇。据我观察，有一部分同志是动摇的。他们也说大跃进、总路线、人民公社都是正确的，但要看讲话的思想方向站在哪一边，向哪一方面讲。这部分人是第二种人，"基本正确，部分不正确"的这一类人，但有些动摇。有些人在关键时是动摇的，在历史的大风大浪中不坚定。党的历史上有4条路线：陈独秀路线、立三路线、王明路线、高饶路线。现在是一条总路线，站不稳，扭秧歌。蒋帮叫我们做秧歌王朝。这部分同志扭秧歌，他们忧心如焚，想把国家搞好，这是好的。这叫什么阶级呢？资产阶级还是小资产阶级？我现在不讲。南宁会议、成都会议、二次党代大会讲过，1956年、1957年的动摇，对动摇分子，我不赞成戴帽子，讲成是思想方法问题。如果讲有小资产阶级狂热性，反过来讲，那时的反冒进，就是资产阶级的冷冷清清凄凄惨惨切切的泄气性、悲观性了。那些同志是要搞社会主义，没经验，一点风吹草动，就以为冒了，反冒进。（讲到这里，偏过头对坐在旁边的总理说）总理，你那次反冒进，这回站住脚了，干劲很大。受过那次教训，相信陈云同志来了也会站住脚的。那次批周、陈的人，取其地位而代之。不讲冒了。可是有反冒进的味道，比如"有失有得"，"失"放在前面，这都是仔细斟酌了的。如果要戴高帽子，这回是资产阶级动摇性，或降一等是小资产阶级动摇性，是右的性质，受资产阶级影响，屈服于帝国主义压力之下。

一个生产队一条错误，七十几万个生产队七十几万条错误，要登报，一年登到头也登不完。这样结果如何？国家必垮台。就是帝国主义不来，人民也要起来革命。办一张专讲坏话的报纸，不要说一年，一个星期也会灭亡的。登七十万条，专登坏事，那就不是无产阶级党了，而是资产阶级党了，章伯钧的设计院了。当然在座的没有人这样主张，我这是夸大其词。假如办十件事，九件是坏的，都登在报上，一定灭亡，应当灭亡。那我就走，到农村去，率领农民推翻政府。你解放军不跟我走，我就找红军去。我看解放军会跟我走的。

我劝一部分同志，讲话的方向问题要注意，讲话的内容要基本正确。要别人坚定，首先自己要坚定；要别人不动摇，首先自己不要动摇。这又是一次教训。他们还不是右派，是中间派。我所谓方向，是因为一些人碰了钉子，头破血流，忧心如焚，站不住脚，动摇了，站到中间去了，究竟中间偏左偏右，还要分析。他们重复了1956年下半年、1957年上半年犯错误的同志的道路，自己把自己抛到右派边缘，只差30公里了。现在他们这种论调，右派欢迎。这种同志采取边缘政策，相当危险。这些话是在大庭广众当中讲的，有些伤人。但现在不讲，对这些同志不利。

我出的题目中加一个题目，团结问题。还是单独写一段，拿着团结的旗子：人民的团结，民族的团结，党的团结。我不讲，对这些同志是有益还是有害？有害，还是要讲。我们是马克思主义政党，第一方面的人要听人家讲，第二方面的人也要听人家讲，两方面的人都要听人家讲。我说还是要讲嘛。一条是要讲，一条是要听人家讲。我不忙讲，硬着头皮顶住。我为什么现在不硬着头皮顶了呢？顶了20天，快散会了，索性开到月底。马歇尔八上庐山，蒋介石三上庐山，我们一上庐山，为什么不可以？有此权利。

食堂问题。食堂是个好东西，无可厚非。我赞成积极办好，自愿参加，粮食到户，节约归己。如果在全国能保持三分之一，我就满意了。一讲，吴芝圃就很紧张，不要怕。河南等省有一半食堂还在，试试看，不要搞掉。不是跳舞有四个阶段吗？"一边站，试试看，拼命干，死了算。"有没有这句话？1/3农民，1.5亿，坚持下去就了不起，第二个希望，一半左右，2.5亿。多几个河南、四川、湖北、云南、上海等等。取得经验，有些散了，还得恢复。《红旗》登的一个食堂、败而复成。食堂并不是我们发明的，是群众创造的。河北1956年就有办的，1958年搞得很快。曾希圣说，食堂节省劳力，我看还节省物资。如果没有后面这一条，就不能持久。可否办到？可以办到。我建议河南同志把一套机械化搞起来，用自来水，不用人挑水。现在散掉一半左右有好处。总司令，我赞成你的说法，但又跟你有区别。不可不散，不可多散，我是个中间派。河南、四川、湖北等是左派。可是有个右派出来了：科学院昌黎调查组，说食堂没有一点好处，攻其一点，不及其余。无论什么人都有缺点。孔夫子也有错误。我看过列宁的手稿。改得一塌糊涂；没有错误，为什么要改？食堂可以多一些，再试试看，试它一年、两年，估计可以办成。人民公社会不会垮台？现在没有垮一个，准备垮一半，垮七分，还有三分。要垮就垮。食堂、公社办得不好，一定要垮。要做工作。办好公社，办好一切事业。

许多事情根本料不到。不是说党不管党吗？计委是计划机关，现在却不管计划。还有各个部，还有地方，一个时期不管综合平衡，地方可以原谅。计委和中央各部，10年了，忽然在北戴河会议后不管了，名曰计划指标，等于不要计划。所谓不管计划，就是不要综合平衡，根本不去算，要多少煤、多少铁、多少运力。煤铁不能自己走路，要车马运。这点真没有料到。我、总理、少奇，根本未管。自己开脱一下：我不是计委主任。去年8月以前，主要精力放在革命上，对建设也根本外行。在西楼时讲过，不要写"英明领导"，没有领导，哪来英明。1958年、1959年主要责任应当说在我身上（过去说周、陈）。实在是一大堆事未办。"始作俑者，其无后乎。"我无后乎？大跃进的发明权是我，还是柯老？钢铁指标柯老讲600万吨，我6月讲1070万吨。北戴河会议发公报，薄一波建议，也觉得可行。从此闯下大祸，9000万人上阵。始作俑者，应该绝子灭孙。补贴80亿，搞小土群、小洋群。"得不偿失""得失相等"等说法，即由此而来。看了许多讨论发言，铁还可以炼。浪费是有一些，要提高质量，降低成本，降低含硫量，为真正好铁奋斗。共产党有个办法叫抓。共产主义者的手，一抓就抓起来了。钢铁要抓，农林牧副渔，粮棉油麻丝茶糖药烟果盐杂，农中有12项，要抓，要综合平衡。不能每一个县都一个模子，有些地方不长茶、不长甘蔗，要因地制宜。不能到回民地区去买卖猪。党不管党，计委不管计划，不管综合平衡，根本不管，不着急。总理着急。无一股热气、神气，办不好事。李逵太急。列宁热情磅礴，实在好，群众很欢迎。

有话就要讲。口将言而嗫嚅，无非是各种顾虑。上半个月顾虑甚多，现在展开了，有话讲出来了，记录为证，口说无凭，立此存照。有话就讲出来嘛，你们抓住，就整我嘛。不要怕穿小鞋。成都会议上我说过，不要怕坐班房。不要怕杀头，不要怕开除党籍。一个共产党员，高级干部，那么多的顾虑，就是怕讲得不妥受整。这叫明哲保身。病从口入，祸从口出，我今天要闯祸。两部分人不高兴：一部分是触不得的，一部分是方向危险的。不赞成，你们就驳，说主席不能驳，我看不对。事实上纷纷在驳，不过不指名。江西党校那些意见就是驳。始作俑者，其无后乎。我有两条罪状：一个，1070万吨钢，是我下的决心。其次，人民公社，我无发明之权，有推广之权。北戴河决议也是我建议写的。当时发现嵖岈山这个典型，如获至宝。我在山东，一个记者问我："人民公社好不好？"我说好，他就登了报。小资产阶级狂热性也有一点，你们赞成了，也分点成。但始作俑者是我，推不掉。人民公社全世界反对，苏联也反对。还有总路线是个虚的，实的见之于农业、工业。至于其他一些大炮，别人也要分担一点。你们放大炮的也相当多，如谭老板（谭震林），放的不准，心血来潮，不谨慎。共产党讲快，在河南讲起，江苏、浙江的记录传得快，说话把握不大，要谨慎一点。长处是一股干劲，肯负责任，比那凄凄惨惨切切要好。但放大炮，在重大问题上要谨慎一点。我也放了三大炮：公社、钢铁、总路线。彭德怀说他粗中无细。我是张飞，粗中有点细。公社我讲集体所有制，到共产主义全民所有制，两个五年计划太短了点，也许要二十个五年计划。

要快之事，马克思也犯过不少错误。欧洲革命说是就要来了，又没来，反反复复，他死了好多年，到列宁时候才来。那不是急性病，小资产阶级狂热性？巴黎公社起义之前，马克思反对，起义爆发之后，马克思就赞成了，但他估计会失败，看出这是第一个无产阶级专政政权，只存在3个月也好。要讲经济核算的话，划不来。

我们现在的经济工作，是否像1927年那样的失败？苏区缩小到1/10了？不能这样讲。刮了一次共产风，全国人民受教育。现在要研究政治经济学。

如果讲责任，富春、鹤寿有点责任，谭老板有点责任，第一个责任是我。柯老，你有没有责任？你要搞600万吨，是我要搞1070万吨，9000万人上阵，第一个责任是我。同志们，自己的责任都要分析一下。有屎拉出来，就舒服了。〔15〕

毛泽东讲完话后即散会。彭德怀在门口遇到毛泽东，说他的信是给主席个人写的，没让大家来讨论。后来彭德怀回忆说：

"7月23日上午，主席在大会上讲话，从高度原则上批判了那封信，说它是一个右倾机会主义的纲领；是有计划的、有组织的、有目的的。并且指出我犯了军阀主义、大国主义和几次路线上的错误。听了主席的讲话，当时很难用言语形容出我沉重的心情。回到住所以后，反复思索主席的讲话，再衡量自己的主观愿望与动机，怎么也是想不通。当时抵触情绪很大。"〔16〕

毛泽东的讲话，也使他周围的人产生了极大忧虑。7月23日晚，周小舟、周惠、李锐都感到不能接受毛泽东的讲话。周小舟认为，按照讲话精神发展下去，很像斯大林晚年，没有集体领导，只有个人独断专行。然后3人来到了黄克诚住处。黄克诚也是思想不通，心情极为沉重的。正巧彭德怀有事找黄克诚，也来到黄的住处。彭德怀事后回忆说：

回到住所后，参谋同志送来军委转西藏军区电报，是要求增派运输车辆。我即拿着电报想同黄克诚同志商量一下，推开黄的门时，听到黄克诚同志说："你们不要激动，事情会弄清楚的，主席是不会错的。"我进到黄的室内时，见到在座的有周小舟、周惠、李锐3人。周小舟同志即对我说："老总呀！我们离右派只有50步了。"我说，50步也不要着急，把一些模糊观点弄清楚也是好的。仅停片刻，没有谈及别的，我即回自己办公室去处理电报。当晚，怎么也睡不着，直至天晓还在想：我的信是给主席作参考的，为什么成了意见书呢？为什么能成为右倾机会主义的纲领呢？为什么说是有计划、有组织、有目的呢？那位同志的话虽对，但怎样才是对党对人民有利呢？是保留自己的看法呢，还是作检讨呢？〔17〕

巨星的陨落

毛泽东决定对彭德怀进行批判，并将彭、黄、张、周定为"反党联盟"，是历史上的一大错案。一颗巨星从此陨落。

何定在《巨星的陨落与重新升起》一文中写道：

1959年7月14日，在江西省庐山举行的中共中央政治局扩大会议上，彭德怀给党的主席毛泽东写了一封信，陈述他对当时"大跃进"和人民公社化运动中"左"的错误的意见。23日，毛泽东在会议上发动了对彭德怀和同他意见一致的张闻天、黄克诚、周小舟、周惠、李锐等人的批判。8月2日，毛泽东在庐山主持召开中共八届八中全会，批判彭德怀等人的所谓右倾机会主义和反党分裂活动。16日，全会通过了《中国共产党八届八中全会关于以彭德怀同志为首的反党集团的错误的决议》，撤销了彭德怀的国防部长的职务。

一颗巨星在中国的政治舞台上陨落了。

1959年，在经济建设实行"大跃进"和农村实行人民公社化中，"左"的错误已十分严重，但后果尚未完全显露出来。当时，深受人民爱戴的老一辈革命家大部分健在，在党的济济人才中，在人民解放军功勋赫赫的将帅中，减去一个彭德怀，似乎看不到有大的影响，然而就像天空上突然飘来一朵阴云，预示着一个黑暗的时期——10年"文化大革命"将要到来。

庐山会议后，彭德怀蒙受的恶名是令人生畏的："右倾机会主义分子""野心家""阴谋家""伪君子""反党集团的头子""里通外国分子"等。但彭德怀这颗中国革命的巨星并未真正陨落，随着"文化大革命"造成的民族灾难日益被人们所认识，大胆的反思冲决樊篱，越来越伸向庐山会议这段历史。在政治舞台上陨落的那颗巨星从人们的心幕上重新升起。1978年12月，党的十一届三中全会终于为彭德怀昭雪平反，人民群众对彭德怀表达了一种特殊的敬仰和怀念之情。

庐山会议上，彭德怀的《意见书》和其后由中央委员会作出的关于以彭德怀为首的反党集团的决议，不仅仅是被批判的彭德怀等人的悲剧，也是批判者毛泽东晚年的一幕悲剧，尽管当时是以胜利的喜悦结束的；联系到它和以后10年动乱的内在历史因缘，它同时又是一场时代的悲剧。这个悲剧在庐山会议上发生有其偶然性，而就彭德怀个人来说，在当时的历史条件下，即使不上庐山，也难以逃脱悲剧的命运。

庐山会议之初，主旨是在纠"左"。参加会议的人许多也是抱着这个态度而来的，但纠"左"的指导思想是很不彻底的，是在基本肯定"大跃进"和人民公社化的前提下来纠"左"的，钢铁和粮食生产指标仍然过高，仍然在鼓吹大办公共食堂，吃饭不要钱。因为盲目乐观地估计"形势大好"，会议开得也比较轻松，缺乏对当时已经十分严峻的经济形势的严肃认识。

会议预定15日结束，彭德怀正是看到这个问题，感到许多同志包括毛泽东本人对"左"的错误认识不足，纠"左"措施不力，担心"左"的错误会造成更大的危害，才在14日给毛泽东送去了那封著名的《意见书》。

彭德怀在党内素称直爽，刚正敢言，毛泽东曾称他是张飞，他也常以张飞自况。他与毛泽东有31年"生死与共"（彭德怀语）的历史。1928年平江起义后，他即率部队上井冈山，此后一直在毛泽东的直接领导下战斗。在长期曲折、复杂的革命斗争中，他受到过毛泽东的批评，也受到过毛泽东的高度赞扬。毛泽东的诗句"谁敢横刀立马，惟我彭大将军"，是何等热情，又何等真实。彭德怀个性倔强，参加革命之初，思想尚不成熟，对毛泽东的正确思想有的认识不够深刻，有的认识较迟，但在革命的曲折发展中，他对毛泽东的敬佩之情越来越深厚而不可动摇。在苏区，在遵义会议上，在反对张国焘的分裂活动中，他都坚决拥护毛泽东的正确领导。他能够向毛泽东坦然表示自己对问题的看法，常常向毛泽东提出对工作的建议，也和毛泽东发生过一些争论。

抗日战争期间，彭德怀在1937年中共中央12月会议上，曾不赞成毛泽东提出的"独立自主的山地游击战"，会后和毛泽东继续争论。毛泽东一方面批评并说服彭德怀，指出八路军的战略方针必须基本的是游击战，同时也考虑彭德怀等意见中的合理因素和华北抗战的实际经验，在基本的是游击战后又加上一句"不放松有利条件下的运动战"，从而使八路军的战略方针更臻完善。

在西北解放战争中，1947年4月，毛泽东根据青化砭之捷，指示彭德怀采取在敌人"正面及两翼三面埋伏"的作战部署。彭德怀和副政委习仲勋等认真研究，根据敌情变化，复电提出这种部署"已不可能"，对敌应采取长期疲困、消耗，寻找弱点、打其分散和增援之敌的战术。毛泽东不仅同意彭德怀的意见，而且赞许他这种善于根据敌情变化独立作出判断的态度。

在抗美援朝时期，为解决第四次战役的指导方针问题，彭德怀曾从朝鲜紧急回国，不顾毛泽东已经就寝，警卫人员阻拦，闯门而入。毛泽东也立即披衣起坐，仔细听取彭德怀的报告，接受了彭德怀的意见。彭德怀在党中央的核心领导人物中确是爽直敢言，能够和毛泽东展开争论的一个具有鲜明个性的人物。彭德怀的这个特点，在长期的共同革命斗争中，虽不免有使毛泽东不快之处，但毛泽东对他仍然总是委以重任。从1945年"七大"整风以后，彭德怀常说，他对毛泽东的认识经历了一个三部曲：开始把毛泽东视为革命队伍中的一位大哥，以后认为他是自己的老师，到抗日战争中逐渐坚定地认识到毛泽东是中国人民和中国共产党的英明领袖。彭德怀在庐山会议后回顾自己和毛泽东的关系时说，这是"真诚的，发自内心的"。

新中国成立后，这种关系有了变化。在毛泽东因其思想和领导使中国革命获得辉煌的胜利而成为全党全军全国人民的伟大领袖的同时，对毛泽东的个人崇拜也渐渐产生了。毛泽东曾经规定不给领导人做寿送礼，不以人名来命名地名、工厂、学校等，这是十分英明的。但《东方红》的歌声在其后28年中响遍中国大地。1951年7月1日，彭德怀在朝鲜听到志愿军庆祝建党30周年时唱了《国际歌》和《东方红》，他"感到《东方红》这歌中有一句——'他是人民大救星'，这同《国际歌》的——'全靠自己救自己'（原歌词译文——编者注），似乎有些抵触"。他觉得改为"他是人民的好领导""领导我们向前进"更好些（见彭德怀笔记）。尽管这个想法他并未向别人谈起过，仅仅在以后的关于唱歌的建议中透露了这一心迹，竟成为他后来受批判的罪状之一。他和毛泽东等中央领导人都住在中南海，但去见毛泽东需要先打电话约定时间，日常的接触割断了，称呼也起了变化，过去是老彭、老毛，现在"称呼主席，觉得不习惯"（据彭德怀回忆）。毛泽东1959年4月在上海会议上号召在座的中央委员提意见时，要他们学习海瑞给皇帝提意见的榜样。事情在发生变化，毛泽东在党内处于至高无上的地位，而和过去的战友拉开了一个大的距离。彭德怀感到了这样一种趋向，内心不赞成、不习惯。他认为，毛泽东是英明的领袖，但也是人。"毛泽东同志有百分之九十九点九是正确的，难道就没有百分之零点一的错误吗？"这是彭德怀在延安整风时说过的一句话。

在庐山会议上，他看到要真正扭转当时的局面，关键在毛泽东，他决定写一封信把意见提给毛泽东。毛泽东对彭德怀的信的处理方式完全出乎彭德怀意料之外。3天后，这封信被冠以《彭德怀同志的意见书》的标题发到各组讨论。讨论中多数人基本同意彭德怀的看法，完全同意和基本反对的都只有几个人。23日，毛泽东召集会议，说："现在党内外夹攻我们。"党外之攻指1957年的"右派"言论，党内之攻是指彭德怀的《意见书》和那些同意彭德怀看法的发言。

毛泽东23日的发言，除批判彭德怀的意见外，把问题提高到"你独裁，不如我独裁"，"人民解放军跟你走，我就上山打游击"的与彭势不两立的程度。他还提出，反"左"必出右，现在不是反"左"而是反右。于是形势急转，会议转入批右，批彭、黄、张、周，并为此而举行了八届八中全会。

在23日被召上山的林彪，提出要"相信党，相信毛主席"，"只有中央和毛主席的一套正确"，"只有毛主席能当大英雄"。

为了维护党的团结，彭德怀作了违心的检讨。

庐山罢官后不久，在北京，毛泽东邀彭德怀共餐，并希望彭承认错误。彭德怀默默不语。

"彭德怀也是海瑞"（毛泽东语）。1959年因此而批判彭德怀，今天人们却因此而怀念彭德怀。海瑞的刚直不阿是值得景仰的。不同的是，海瑞是中国历史上忠君的榜样："文死谏"。彭德怀却是对"忠君"思想的反叛，他基于对人民和党的高度责任感，敢于与正在一步步被神化、"君"化了的领袖据理力争。

1959年10月，彭德怀从中南海迁居北京西郊吴家花园，一边读书、反省，一边开荒种地，心情处于极度的痛苦与矛盾之中。

在八届八中全会上，彭德怀作了检讨，承认自己犯了"右倾机会主义"错误，检讨自己在7月14日写的信是向总路线"进行了攻击"，"打击了广大干部和群众的积极性，损害了党中央和毛泽东同志的威信"，是"对轰轰烈烈的建设社会主义群众运动大泼冷水"。然而这个检讨是违心的。他在一则笔记中写道："其实，这些检讨是言不由衷的"，"我在小组会上作了言不由衷的检讨后，心情十分不安，多么难过呵！真如万箭穿心似的。"使他更加难过的是，他清楚地看到"庐山会议时'左'的现象虽然纠正了一些，但浮夸、虚报、对群众的强迫命令，不仅存在，而且还在发展，蒙蔽着真相，使一世英明伟大的毛主席也难以洞察。这一下不仅在政治上要打死一些人，而且会打出一个大马鞍形"（见彭德怀笔记）。而毛泽东的看法是："采纳你的意见，会混乱一个时期，又要来纠正。"

彭德怀的这种心情，和一些关心他的同志对他的劝告南辕北辙。这些战友劝告他，为了大局——党的团结、毛泽东的威信，不仅要任劳，而且要任怨。而他的苦恼却在于："今天不是耐怨的问题，而是是非问题。"这个是非是关心着他的战友们尚未深刻意识到的另一个大局：国民经济的灾难性前景。然而为了防止这种灾难前景的一封信，引出了"团结"或"威信"这样的另一个大局。为了引出的问题，又不得不牺牲本意要解决的问题。真理只得向谬误低头了。

在吴家花园，彭德怀更加焦虑地看到，毛泽东在全国进一步发动了一场声势浩大的反右倾机会主义运动，全党全国都在批判彭德怀，从中央机关到地方各级，揪出了不少大大小小的右倾机会主义分子。1960年4月，在全国继续"大跃进"的声浪中，彭德怀重读了八届八中全会的决议。

经过半年的学习与反省，他看到了什么呢？他看到的是，大反右倾使本来已经存在的"左"倾错误更加严重。他满腔愤懑、违心检讨、委曲求全对党对人民并没有带来好的结果。他的许多看法，无处可诉，无人可诉，只能诉之笔端，诉之未来。他无保留、无顾忌地写下了对那个曾被誉为具有"重大意义"的八届八中全会决议的看法。今天读来，他写下的这个看法，竟是我们迄今看到的对那个已被历史证明错误了的决议的第一个直接的批判。

他写道：1958年北戴河会议，对于发展工矿企业、农业交通运输和文化教育事业等，都是高指标的，超过了客观的可能性，主要原因有三：第一是对粮食、棉花、钢铁这样的基本产品的估产过高而导致"全民大办钢铁"等各种"大办"和"吃饭不要钱"，到庐山会议时，比例失调已成为突出矛盾，既不正视事实之严重，又不悬崖勒马进行有效调整，而想从反右倾机会主义打开一条出路。结果事与愿违，愈陷愈深，人民付出很大代价，然后才能改正这个错误。第二是对社会主义建设缺乏经验，在取得伟大胜利后骄傲自满。他认为：我们在社会主义经济建设中，严重的教训是，关于社会主义经济法则，即对有计划按比例的法则重视不够。1958年以后，在某些问题上忽视了这一法则，恰当地说，理论上承认它，实际对有计划按比例重视得很不够。第三是对"一穷二白"的现实情况缺乏全面认识。在穷字方面的反映，即穷则思变，应是全国绝大多数人民的行动要求，人民群众这种要求是正确的，共产党应当积极领导群众尽可能以快的速度发展国民经济，适当地满足群众的要求。同时也应当看到我国工业落后，科学技术落后，因此工农业生产水平都很低。要改变我国落后面貌，无疑需要几十年，至少也需要五个五年计划的时间，才能改变国民经济的全部落后面貌，而不是什么三年苦战就可以做得到的。这可以说明，在社会主义建设时期资金积累、物资分配必须适当，生产关系和生产力必须相适应。

他认为，从1958年下半年起，我国生产关系的变革远远地走在了生产力发展的前面。这是错误的。

在彭德怀的笔记中可以看到，他对当时盛行的许多错误口号和做法都提出批评，如对"三年苦战改变落后面貌""'左'比右好""'左'是方法问题，右是立场问题""矫枉必须过正""成绩和缺点只是九个指头和一个指头的问题"等。对于当时各种大办、大搞群众运动，他尖锐指出："这不是群众运动而是运动群众。"对于要求工人劳动不计报酬，取消计件工资，商店实行无人售货，农村推行公共食堂，把富队和穷队拉平，等等。他都认为是政策上的"左"的蛮干，是"党的各级机关的有些领导同志一意孤行，脱离群众，违反社会主义阶段现在时期的经济法则，企图跳进共产主义的主观主义的问题"。

当我们读到彭德怀当年写下的这些看法时，不禁要想，如果他的这些意见当时能为毛泽东所接受，能够及时纠正当时的错误，我们的国家就会少受多少损失，我们的人民就会少受多少痛苦！不幸的是，彭德怀当时却处在举国上下党内党外的批判之中。

有人说，庐山会议本来是要反"左"的，因彭德怀突然向党中央进攻，因此中央不能不调动力量，反对以彭德怀为首的右倾机会主义反党集团。彭德怀在重读八届八中全会决议后写道："这真是一种奇怪的逻辑。如果真的当时中央是反'左'，那么我的《意见书》和在西北小组会上一开始就有一些发言，也是反'左'，那么我同中央意见就是一致了。为什么把我的《意见书》当作右倾机会主义反党纲领来反对呢？"

事实是，庐山会议初期，毛泽东的本意虽是要反"左"，但在毛泽东说来，并不是心甘情愿的。他认为："群众兴高采烈，叫下马，血淋淋的。"他当时已对需要降低经济指标感到不快，看作是一种"泄气"。他提出的对当时形势的总看法是："成绩伟大，问题不少，经验丰富，前途光明。"而其中的"问题不少"，不过是十个指头中的一个指头问题。尽管会议初期毛泽东和彭德怀都反"左"，但确实存在着原则性的分歧，这种认识上的分歧也可从当时两个人的心情上看出来。

1958年和1959年，毛泽东和彭德怀都有故乡之行。尽管时间相去不远，地点都在湖南，其感受是大不相同的。毛泽东在《到韶山》诗中写下了"喜看稻菽千重浪，遍地英雄下夕烟"的名句，他看到的是故乡的一片丰腴和大搞群众运动的景象。彭德怀不是诗人，但深深印在他脑海里的是另一首诗中描绘的景象："谷撒地，薯叶枯，青壮炼铁去，收获童与姑，来年日子怎过？请为人民鼓咙胡。"（鼓咙胡，《古诗源》注："不敢公言，私咽语。"）这是平江县一个红军残废战士在递给他的一张纸条上写的。在重读八届八中全会的决议的笔记中，彭德怀引录了这首诗，并深深感叹说："这是群众多么沉痛的呼声！"

在乌石、韶山两个公社和平江县参观之后，彭德怀就"为人民鼓咙胡"，小声说了一点话。他发现这几个地方实际收获的粮食没有公布的数字多，有的作了假。他感到："这样的造假数字真是令人可怕的。"（彭写的《八万言书》中的话）在株洲与薄一波讨论之后，彭就给中央写信建议，把当年的征购粮从1200亿斤减到900亿斤。庐山会议上的《意见书》已是他第二次"为人民鼓咙胡"了。他是在对"左"的错误造成的严重局面深怀忧虑中登上庐山的。而毛泽东称第一阶段的会议为神仙会，即兴吟诗：冷眼向洋，热风吹雨，追思陶令，问询桃源。两者也是大异其趣的。

其实，1958年9月，彭德怀开始到各地视察时，他对"大跃进"和人民公社化是十分热衷的。走的地方多了，才渐渐发现了问题。到了湖南，他就有意识地寻根究底，弄清真实情况。而他一旦采取了求实的态度，就完全同情群众遭受的"大跃进""共产风"之苦。群众也把心里话和事情真相通通倾泻在他的面前：为实行"共产主义"，新居民点还没建立起来就拆房子；为放"卫星"，生产指标层层加码；打人成风；劳动中不照顾妇女生理特点；等等。不少农民到彭德怀处申诉告状。

彭德怀在《意见书》和重读八届八中全会决议的笔记中，对"左"的错误能具慧眼，就是本着这种彻底的求实态度和对人民疾苦不能忍受的切肤痛感。说起来简单，历史却为此付出了多么沉重的代价！

1960年11月，党中央发布了《关于农村人民公社当前政策问题的紧急指示信》，同时提出对国民经济实行"调整、巩固、充实、提高"的八字方针，开始纠正"左"的错误。1962年形势迅速好转，彭德怀感到由衷的高兴，认为这封信的精神基本上是好的，只在公共食堂等问题上解决得还不彻底。1962年9月，他给毛泽东写信，要求回乡作一段调查，得到批准。为革命征战辛劳半世，他实在不堪忍受闲居隐逸的生活。他认为，他和毛泽东的意见已在实践中趋向一致。

他没有料到，在经过一段短暂的经济复苏之后，一个更大的"左"的狂潮席卷全国，又造成10年灾难。他终于没有能够活到我们党彻底纠正"左"的错误的那一天。[18]

逄先知也回忆说：

庐山会议的这场斗争，是田家英一生中经历的第一次大的政治风浪。在这次错误进行的党内斗争中，他没有"揭发"别人，而且还保护了同志。他对一些善于窥测政治气候，寻机显示自己很"革命"或者在"大跃进"中一贯表现极左，而对别人乱批乱揭的人，是很厌恶的。当然，由于主客观条件的限制，在那一边倒的政治大潮中，田家英对庐山会议的是非不可能像后来认识得那样清楚，对三面红旗也不可能否定，他向毛泽东当面作了检讨，得到毛的谅解。毛泽东对他说："照样做你的秘书工作。"

田家英在庐山会议上作检讨，是在极左思潮的强大压力下不得已而为之。事后他向人表示，他在第一次庐山会议时的检讨是言不由衷的。那时，他确实感到，毛泽东已离开了他曾经全力提倡和实行的实事求是的原则，头脑已经不那么很清醒了，听不得不同意见的情绪也越来越明显。田家英还多次向我流露他在会议后期的心情，感到已无回天之力了。

显然，田家英在庐山会议期间的遭遇并不是个别的。在庐山会议前期，参加会议的多数人意见是基本一致的，到了后期，他们也都不得不进行这样那样的检讨，但是形式可能很不一样。

田家英在庐山会议上被毛泽东保护过关了。会议之后，毛泽东特地让田家英参加他所领导的苏联《政治经济学（教科书）》第三版读书小组，从1959年12月10日到1960年2月9日，历时2个月。这表明，毛泽东对田家英仍是信任的，但是毋庸讳言，他们之间在政治上已经开始出现裂痕。[19]

八届八中全会于8月16日闭幕。同日，毛泽东写了《机关枪和迫击炮的来历及其他》一文，提出："庐山上出现的这一场斗争，是一场阶级斗争，是过去10年社会主义革命过程中资产阶级与无产阶级两大对抗阶级的生死斗争的继续。"并说："在中国，在我党，这一类斗争，看来还得斗下去，至少还要斗20年，可能要斗半个世纪。总之要到阶级完全消灭，斗争才会止息。"

八届八中全会最后通过《关于以彭德怀同志为首的反党集团的错误的决议》《为保卫党的总路线，反对右倾机会主义而斗争》等文件。决议中决定把彭德怀、黄克诚、张闻天、周小舟等同志分别调离国防、外交、省委第一书记等工作岗位，但仍然保留他们的中央委员、候补中央委员、中央政治局委员、政治局候补委员的职务。

八届八中全会后，全党、全军、全国开展了历时半年左右的"反右倾"运动。到1961年，有很多干部和群众受到批判、处分和其他处理。据1962年进行甄别平反时的统计，几年中被作为重点批判对象或被划为右倾机会主义分子的党员干部，有300余万人之多。

庐山会议"反右倾斗争"的后果极为严重。在经济上中断了纠"左"的工作，新的"大跃进"又在全国兴起，并部署由基本队向基本社过渡，导致共产风重新刮起，还强化了人民公社的公共食堂制度，直接造成连续3年严重的经济困难；在政治上阶级斗争理论不断升级，由社会发展到党内，又逐步指向中央领导层，最终产生"党内走资本主义道路的当权派"和"中央出修正主义"的判断。

会见贺子珍

庐山会议前期，毛泽东还亲自安排同贺子珍见面。尽管他早已同江青结了婚，但仍在尽自己所能关心贺子珍的生活。这是两位曾经倾心相爱，并且共过患难的战友之间的崇高情谊。

当年受毛泽东委托接贺子珍上山的水静（江西省委第一书记杨尚奎的夫人）回忆说：

一辆"吉姆"径直驶进"180"院子，缓缓地停在台阶下面。已经在那里等候的毛主席贴身卫士封耀松，为我们打开车门，小心翼翼地扶出贺子珍大姐。我利索地跳下车，与小封一左一右地把大姐搀进屋，直上二楼。楼上共有三间房，毛主席住了两间，外面是会客室和办公室，里间是毛主席的卧室。紧靠楼口右侧有一间小房，是卫士的值班室。小封送大姐进里间时，我便到值班室稍事休息。

我靠在沙发上，长长地嘘了一口气，总算把大姐顺利地接来了。然而，这次会面会有什么样的结果呢？难说呀！我一边品味小封给我泡好的云雾茶，一边漫无边际地作出种种猜测。最终我默默地摇摇头，更坏的结果是不可能的了，喜剧性的结果也不会有。因为行前我听到主席自言自语地说过一句话，而对贺子珍大姐的现状我又非常了解。

我在好几年前就认识她了，而最近的一年多交往更加频繁，因为现在她就住在南昌。

……

小封走进值班室，给我换了一杯水，接了一个电话，又出去了。我看看手表，主席和贺子珍已经谈了半个多小时了。我为大姐暗暗祝福，希望他们能够谈得来，因为毕竟20多年没有见面了，而且她的身心健康又受到了很大的损害。至于主席，据我了解，他对大姐一直是很关心的，在一些事情上，还是很尊重的。10年患难夫妻留下的感情不是可以轻易抹去的，或者说，是永远抹不掉的。

贺子珍到江西之后，她的亲生女儿娇娇，多次到南昌来看她。据娇娇说，每次都是主席让她来的，而且总要带些贺子珍喜欢吃的东西和难买的药品。

有一回，娇娇带了一个年轻小伙子一同来看妈妈，看那神态，我估计他可能是娇娇的男朋友。娇娇已经二十二三岁了，到了谈朋友的年龄了。

一般说来，母女之间的感情是最为深厚的，何况娇娇是贺子珍的唯一亲骨肉，且又在异国落难时朝夕相处，相依为命。所以娇娇一来，贺子珍便显得非常高兴，而这一次则似乎有些兴奋。我去看她时，她主动告诉我：那个小伙子叫孔令华，是娇娇的同学。

"他们相爱了很长时间，现在要结婚。"大姐笑嘻嘻地对我说，"主席写信来，让他们征求我的意见。"

"那是应该的。"我说，"女儿出嫁，不能没有母亲的意见。"

"嘿，他们彼此相爱，而且主席也同意了，我还能有什么意见？"她开心地笑道。停了一会儿，她又说，"小孔各方面都好，就是有点胃病。"

我说："那不要紧，在饮食上注意一点，很快就可以治好的。"

"我也这样想。"她点点头说，"主席考虑问题总是很周到的，身体是很重要的条件，他不会想不到。"

　　毛主席是个坚强的人，轻易不落泪，但是，为贺子珍就落过两次泪。一次是1937年底，贺子珍执意要去苏联，主席怎么劝说都没有用，终于走了，于是他哭了。另一次是1954年，贺子珍在广播中听到他的声音，引爆了在心中积抑多年的思念、痛苦与悲伤，严重损坏了神经系统，导致了精神分裂症。得知这个消息后，他又落泪了。这种眼泪，应该说是一种压缩在心的深层的被液化了的感情。

　　据我所知，主席曾多次给贺子珍写信，有时贺子珍还亲口告诉我，主席让娇娇带信来了，并且也会谈及信中的某些内容，如嘱咐她治好病、养好身体，征求她对女儿婚姻的意见等。这些一般听过就算了，但有一回在她身边的一位近亲告诉我一件事，却使我感触至深。那位近亲说，娇娇每次来南昌，都带了主席的亲笔信，而且信的抬头总是"桂妹"两个字，这是因为贺子珍是在1909年桂花飘香的日子出生的，小名就叫桂花。可以想象，一声"桂妹"，足以使贺子珍回到几十年前井冈山苍松翠竹所掩映的脉脉柔情之中。由此我又想到毛主席的著名的词作《蝶恋花·答李淑一》，"吴刚捧出桂花酒"句中的"桂花"，是不是贺子珍这枝桂花呢？我想是的。这首词里的杨、柳、桂都是用以喻人的，杨、柳分别指杨开慧、柳直荀两位烈士，已为世人所知，但人们却忽略了桂是何人。因为文艺评论家们从未提及，这也许是因为他们不知道贺子珍的小名，或者有碍于江青的忌讳吧。

　　至于贺子珍对毛主席的感情，更是一往情深、至死不渝。在苏联时，同志们都已经知道主席和江青结婚，有的便向她表示爱意。当她回国之前，又有人重提此事。她毫不考虑地说："我一生只爱过一个人，他就是毛泽东。我不会有第二次爱情了。"

　　互相思念而又不能相见，是十分痛苦的，贺子珍的病，就是这棵扭曲的感情之树的苦果。那么毛主席呢？难道就不难受吗？我曾经对尚奎说："主席为什么不跟贺子珍见一面呢？这对他来说是件非常容易的事。"尚奎摇摇头，很严肃地说："你不要把见见面这种事看得太简单了。毛主席是全党全国的领袖，他的一举一动都应该是人民的表率；他也要受中央的约束，而他的纪律性是很强的。再说，一旦江青知道了，即使只是见见面，也会大吵大闹，那影响多坏呀！"我仔细想了想，尚奎说的是有道理的。作为一个领袖，他的感情要受到多方面的制约，从这一点来说，远不如普通老百姓自由。

　　然而，毛主席到底也是人，并不是神，而且是一个感情极为丰富的人，他终于决定撇开一切有形无形的障碍，和贺子珍这位曾和他共同度过了最艰难的历史时期的妻子，共同经历了10年峥嵘岁月的战友——尽管现在她已经不是他的夫人——见上一面。

这个使人振奋的消息，是尚奎告诉我的，同时交给我一个不同寻常的任务……

"水静，你马上收拾一下，今天下午就动身回南昌。"7月7日中午，尚奎郑重地对我说。

"什么事？怎么这么急？"我问。

"去把贺子珍同志接到庐山来，和朱旦华一道去。"尚奎说得很严肃，"毛主席要见她。"

我瞪大眼睛看着他，半天才反应过来。这本来是情理中的事，一旦成为事实，又觉得有些突然了。

"啊，这可太好了！"我几乎叫了起来。

"你听我说，"尚奎做了一个制止我大声说话的手势，说道，"这是一个特殊任务，主席强调要绝对保密。汽车上山之后，不要到这边别墅区来，要直接开到我们安排好的住处去。"又如此这般地作了许多具体的交代。

下午2点多钟，我便和朱旦华同志一道乘车下山。在车上，我们商量了一下用什么理由请贺子珍上山，并且统一说话的口径，以免节外生枝。因为尚奎叮嘱：在见到主席之前，不要让大姐知道是主席要见她，主要是怕她过于激动而触发旧疾。并且说，这也是主席亲自交代的。

不到6点，我们便到了南昌。车过八一桥，便直向三纬路贺大姐的住所驶去。

大姐恰好在厅堂休息，一见我们进屋，又是让座，又是倒茶，非常热情。在问过大姐的生活起居之后，我便"言归正传"了。

"大姐，今年南昌太热，省委请你到庐山去休息几天。"我用一种传达指示的口气说，"我们俩刚从庐山下来，省委特地派我们来接你。"

大姐很高兴，说了一些感谢省委关心之类的话。见她欣然同意，我心里一块石头才落了地。

"那就请你准备一下，大姐。"我说，"明天下午3点我们来接你好吗？"

第二天，我们准时把车开到大姐住处，大姐上车后，我们便向庐山飞驰。一路之上，我们和大姐尽谈些轻松、高兴的事，说说笑笑，非常愉快。汽车在成熟中的田野起伏，只觉得芬芳扑鼻，满眼金辉。一片丰收的景象，跟着我们风驰电掣，更使我们心花怒放。几乎在不知不觉间，便到了庐山牯岭。

按照尚奎事先的安排，我们把车子直接开到特地为大姐准备的住处：涵洞左侧的"28"号房。这里附近只有几幢房子，都没有住与会议有关的人员，服务员也只有一人，不会引起别人注意。

朱旦华已经回到自己的住处，只留下我陪同贺子珍大姐。我们住的房间，摆了两张床，电话、卫生间一应齐全。吃过饭，安排好大姐休息之后，我先给尚奎挂了电话，报告我们到达的消息。尚奎叫我陪着大姐，不要随便离开。接着，我又和主席联系上了。

"客人的情况怎么样？"主席问道。他好像有些激动。

"一切都好。"我回答说。

"那好，你等着我的安排。"主席说。

次日中午，我趁大姐午睡的机会，独自乘尚奎的车，到了"180"。主席坐在沙发上吸烟，正在等我。我把如何接大姐上山的事，简略汇报了一下，并且告诉主席，大姐情绪很好，记忆力也还可以，能回忆许多往事。

"很好。"主席点点头说，"今天晚上9点钟，你坐尚奎同志的车，送她到我这里来。"

"好的。"我说。

"这里已经安排好了，身边的几个同志都有事下山去了，只有小封留下值班。"主席又说，"门哨认得尚奎同志的车号，不会过问的，开进来就是了。"

我想起旦华是原毛泽民的夫人，她们之间的感情会更亲近些。而且我又是和旦华一同接大姐上山的，便问主席："要不要找朱旦华同志一道陪大姐来！"

"不用了，你一个人就可以。"主席回答说。

显然，主席很谨慎，想要尽量缩小知情面。一切问清楚了，我便起身告辞："主席，如果没有别的事，我就走了。"

主席紧锁着眉头，使劲抽着烟，心事重重的样子。他没有直接回答我的问话，像自言自语似的说："咳，希望能一拍即合。"

我不知道主席这句话的内涵，也不敢多问，只是说："再见，主席，晚上9点我一定陪大姐来。"

待我赶回"28"号时，大姐午睡还未醒。

我很困，但是睡不着，直到我坐在"180"值班室等候大姐时，仍然处在一种十分兴奋的状态之中。

"铃、铃、铃……"

清脆的铃声把我从回忆中拽了出来。这是主席召唤小封。我看看手表，已经过了1个多小时了，我捉摸，也许谈得不错吧，要不怎么谈这么久呢。人哪，总是把事情往好处想。

一会儿，小封把贺大姐扶进值班室，让大姐坐下，然后对我说："主席请你去一下。"

我走进主席房间时，只见他手里夹着烟，脸色很不好。

"不行了，脑子坏了，答非所问。"他像是对我说，又像是自言自语。

我盯着他苍白的脸，不知说什么好。

"她很激动，你要注意她的情绪。"他夹着烟的手朝我点了一下，说，"明天你就送她下山，下山以前，你一步也不要离开她。现在她已经知道我在山上，怕她出去碰到熟人，那不好。延安时期的熟人很多呀，有些就住在你们附近。"

我已经注意到了，在离"28"号不远的河南路，就住了不少参加会议的领导人和工作人员，康生也住在那里。我想，主席考虑问题真周到，连这样一些细枝末节都了解到了。

"主席，请放心，我保证不会离开她一步。"我说。

"还有一件事，最好回去就办。"主席加重语气说，"她拿走了我三小瓶安眠药，很厉害的，吃多了会出事。你要想办法从她手里拿下来。"

"好，我会办妥的。"我说。

我很清楚，这是一件颇为棘手的事。我怎么开这个口呢？大姐是很敏感的，如果说话不当，引起她的怀疑，那就糟了。要是不能从她手里拿下来，后果更为严重。主席睡眠不好，有个吃安眠药的习惯，他吃的安眠药是高效的，如果服用不当，特别是在精神失常的时候，肯定要出问题。否则，主席也不会这么着急呀。

从主席房间出来，到陪大姐回住所，我脑子不停地转，可就是想不出一点办法。

大姐一直处于兴奋状态，睡到床上了，还一直说个不停，如果突然插进一个毫不相干的安眠药问题，非得把事办砸不可。于是，我只好在一旁静静地躺着，偶尔说一两个字表示我在听。至少她现在还没有想到吃安眠药，真要吃了，我再制止不迟。两张床相隔不过二三尺，彼此的一举一动，互相都看得清清楚楚。

当她又一次提到主席的生活时，我不经意地问了一声："大姐，你觉得毛主席的变化大吗？"

"别的都和以前一样，就是老多了。"她回答说，"我看他很疲倦，烟抽得很厉害，安眠药也吃得很多。"

听她提到了安眠药，我灵机一动，立即抓住这个话题不放。

"是呀，主席太忙了，休息不好，听说要吃两次安眠药才能入睡哩。"我紧接着说，"尚奎也是这样，工作一紧张，没有安眠药就睡不着觉。"我像忽然想到似的说，"对了，听说大姐在主席那里拿了几瓶安眠药是吗？能不能给我看看，主席吃的是哪一种，我好给尚奎搞一点。”

大姐待人一向很客气，而且我们之间交往很多，已经建立了感情，所以听我这么一说，马上找出那三瓶安眠药，侧过身子递给我，说："你看嘛，就是这种。"

"这种呀，我还没见过哩。"我接过药瓶，边看边说，然后坐了起来，侧过身去说道，"哎，大姐，这药给我好不好？我给尚奎吃吃看，不知效果好不好。"

"好嘛，你拿去就是了。"大姐说。

我暗暗地嘘了一口气。

第二天一早我给小封挂了一个电话，告诉他安眠药已经拿到了，请主席放心。[20]

近年来，这段曾经鲜为人知的往事被披露出来，成了文学作品的热门话题，也被蒙上了一层神秘的色彩，以致以讹传讹。

水静根据自己的亲身经历，对一些误传作了澄清。她写道：

近些年来，由于种种原因，说的人越来越多了，贺子珍成了一些文章作者的热门题材，许多报告文学陆续问世。关于贺子珍庐山见毛主席一事，成了必不可少的章节。我也曾接待过几个作者的采访，所以好几个作品里都有水静的名字。我认为，写老一辈革命家，写贺子珍这样的老同志，写他们走过的坎坷道路，写他们对生活的态度，是应该提倡的好事。但是，必须严肃认真，必须实事求是。遗憾的是，有些作者却没有遵循这个起码的原则。

我早就想对这个问题表示自己的看法了。因为，一些作品中既然提到我的名字，实际上是告诉读者，我是材料的提供者。既如此，对于其中真伪，我就不能保持缄默。再则，作为一个知情人，我有责任把真相告诉人们，以正视听。

本着对事不对人的态度，我觉得至少有几桩事情需要澄清。

一、贺子珍到达庐山之后，接触面极窄，顺序为我、朱旦华、"28"号房服务员、司机、卫士小封和毛主席，除此之外，没有见任何人。尚奎和省委其他负责同志都没有去看她，为的是缩小知情面。而有的文章却任意给贺子珍"增加"护士、女伴，还"设计"了包括彭德怀在内的交谈对象，显然是与事实不符的。

二、贺子珍会见毛主席的那个晚上，"180"里面只留下了小封一人值班，连卫士长李银桥都出去了。我陪大姐进屋时，没有见到任何别的人。大姐到室内与主席谈话，我一直在值班室等候，也不见任何人来访。可是有的文章却说，贺子珍听到彭德怀用"雷鸣般的吼声"和毛主席"争吵"。彭德怀出来的时候，还"很紧""很久"地与贺子珍握手。这是根本没有的事。

三、有的文章还写道，毛主席那天晚上请贺子珍吃了饭，喝了酒，然后又趁着"皎洁"的"明月"，陪贺子珍观赏庐山夜景。所有这些，包括每一句对话，每一个细节都是毫无根据的，连一点影儿都没有的事。

四、这次庐山会议期间，江青一直在北戴河避暑，是主席亲口说的，而且有据可查。而有些文章却说，当时江青正在杭州，接到庐山一个秘密电话，便立即赶来，大闹一番。其实这年江青根本没有上庐山。有的文章还说，王光美"邀了蔡畅、邓颖超、康克清、曾志、郝治平、水静等夫人，打算到美庐（即'180号'房）来向'江大姐'问候"，结果吃了闭门羹；于是第二天又再次去拜会。这是很荒谬的。1961年庐山会议时，江青才上了庐山。王光美与江青的关系已是众所周知的了，她会组织这种"夫人造访团"吗？而蔡、邓、康、曾这些德高望重的大姐，会一而再地结伴去"问候"那个"江大姐"吗？就是像我和佳楣、胡明、余叔这批较为年轻的夫人，也不愿和江青往来，觉得她太傲慢了，而夫人们之间的交往，应该是建立在平等的基础之上。因此，一些作者的那种写法，不仅无视事实，且有损于几位大姐和夫人们的声誉。

五、贺子珍患有精神分裂症，平时，头脑很清楚，记忆力也蛮好。一旦发病了，便畏惧、怀疑，总觉得有人在害她。这一点是无须回避的，否则，好多事就说不清楚；同时，这也不会损害大姐的形象。有的作者是出自好意而隐讳，这还情有可原；而有的则是基于某种政治褒贬的需要，那就不足取了。〔21〕

注　释

〔1〕应为29日。

〔2〕李银桥：《在毛泽东身边十五年》，河北人民出版社1991年6月版，第257—260页。

〔3〕这是湖南省委第一书记周小舟对1958年工作作总结时得出的结论。毛泽东对湖南印象较好，对周小舟这三句话颇为称赞，并予以采纳，作为庐山会议的方针。

〔4〕李锐：《庐山会议实录》，春秋出版社、湖南教育出版社1989年5月版，第26—32页。

〔5〕李锐：《庐山会议实录》，春秋出版社、湖南教育出版社1989年5月版，第72—82页。

〔6〕静川：《彭德怀在庐山》，载《党的文献》1990年第5期，第24—

30页。

〔7〕《彭德怀自述》，人民出版社1981年12月版，第269—270，275—276页。

〔8〕李银桥：《在毛泽东身边十五年》，河北人民出版社1991年12月版，第261页。

〔9〕李锐：《庐山会议实录》，春秋出版社、湖南教育出版社1989年5月版，第87—93页。

〔10〕平反后才知道罗瑞卿带李锐来小组会，是为了高岗的事，黄克诚当时是误会了。——原注

〔11〕《黄克诚自述》，人民出版社1994年10月版，第248—262页。

〔12〕李维民：《万毅将军在庐山会议》，载《炎黄春秋》1995年第3期。

〔13〕李锐：《庐山会议实录》，春秋出版社、湖南教育出版社1989年5月版，第94页。

〔14〕《回忆张闻天》，湖南人民出版社1985年7月版，第313—316页。

〔15〕李锐：《庐山会议实录》，春秋出版社、湖南教育出版社1989年5月版，第164—176页。

〔16〕〔17〕《彭德怀自述》，人民出版社1981年12月版，第276—277页。

〔18〕何定：《巨星的陨落与重新升起》，载《党的文献》1988年第5期，第29—33页。

〔19〕逢先知：《毛泽东和他的秘书田家英》，中央文献出版社1989年12月版，第37页。

〔20〕水静：《特殊的交往》，江苏文艺出版社1992年9月版，第208—209，213—221页。

〔21〕水静：《特殊的交往》，江苏文艺出版社1992年9月版，第226—228页。

五、主权之争

赫鲁晓夫首次访华

1953年3月5日斯大林逝世，由苏共中央书记马林科夫接任部长会议主席。9月，苏共召开中央全会，赫鲁晓夫当选为苏共第一书记。

第二年我国5周年国庆前夕，赫鲁晓夫率苏联政府代表团于9月29日抵京。对赫鲁晓夫这次访华的过程，当时担任翻译的师哲作了如下回忆：

赫鲁晓夫率苏联政府代表团于9月29日到达北京。代表团成员由部长会议第一副主席布尔加宁、部长会议副主席米高扬、全苏工会主席什维尔尼克、文化部部长亚历山大罗夫、真理报总编辑谢皮洛夫、莫斯科市委书记福尔采娃、乌兹别克加盟共和国建材部部长纳斯里金诺娃、苏共中央工作人员斯捷潘诺夫和大使尤金十人组成。亚历山大罗夫是文学家，谢皮洛夫是哲学家，这两个人是赫鲁晓夫在理论、宣传上的左右手。后来他们不同意赫鲁晓夫反对斯大林，认为这种做法不仅诬蔑斯大林，而且诬蔑共产党，甚至列宁。赫鲁晓夫因此将这两个人从中央赶走。他也想赶走苏斯洛夫，但是苏斯洛夫资格老，弄不掉。

1953年3月5日斯大林去世，由苏共中央书记马林科夫接任部长会议主席。10天之后，马林科夫被解除中央书记的职务，实际上就由赫鲁晓夫负责党中央的工作。

9月，苏共召开中央全会，在会上赫鲁晓夫当选为苏共第一书记。

……

赫鲁晓夫亲自率政府代表团参加我国国庆5周年的庆典活动，10月2日参加苏联经济及文化建设成就展览会的开幕式，10月3日开始与我国领导人会谈，10月12日会谈结束，发表了《中华人民共和国和苏联政府关于中苏关系和国际形势各项问题的联合宣言》及《关于对日本关系的联合宣言》，同时签署了7个文件：（1）苏军从旅顺口海军根据地撤退，1955年5月31日之前将该基地交由中国完全支配。（2）将1950年、1951年创办的4个中苏股份公司中的苏联股份自1955年1月1日起完全交给中国。这4个公司是在新疆境内开采有色及稀有和贵重金属的公司，在新疆境内开采和提炼石油的公司，在大连建造和修理轮船的公司和民航公司。在这些公司中的苏方股份用我国出口货物在数年内还清。（3）签订中苏科学技术合作协定。（4）中苏修建兰州——乌鲁木齐——阿拉木图铁路并组织联运的协定。（5）中苏蒙修建集宁到乌兰巴托铁路并组织联运的协定。（6）苏联为中国提供5.2亿卢布长期贷款的协定。（7）帮助中国新建15个工业企业和扩大原有的141项企业的供应范围的议定书。这样在第一个五年计划期间苏联共援建我国156项大型企业。这一切都已公布于报端，不再详述。

10月3日，在中南海颐年堂举行了中苏两国最高级会谈。中方参加会谈的有毛主席、朱德副主席、刘少奇委员长、周恩来总理及陈云、彭德怀、邓小平、邓子恢、李富春5位副总理。苏方有赫鲁晓夫、布尔加宁、米高扬。我和费德林担任翻译，我负责俄译中，费德林负责中译俄。

在会谈中，毛泽东首先发言。他说：今天我们可以谈谈，交流一下意见。一般地说，我们之间的问题或意见都是随时提出，随时解决，没有积累下什么问题。今天我们有这个极好的机会，再交换点意见。国际形势总的说来对我们是有利的。首先是各国人民积极地行动起来了，抬起头来了。帝国主义的威风被煞下去了好多，不再像以前那样嚣张、盛气凌人、轻举妄动。实际上，他们的日子越来越不好过了。

赫鲁晓夫接着说，帝国主义却没有睡大觉，而是天天在蠢蠢欲动，在图谋不轨，想达到他们的罪恶目的。诚然，他们的气焰的确没有以往那么嚣张，但他们确实还在活动着。

毛主席说，十根指头被切去了一两根，而且切去的是大拇指，手力毕竟不如从前了，大大削弱了，甚至是减去了一半的力量。总之，形势是好了，对我们是有利的。自然，我们在任何时候也不应放松自己的警惕性。我们现在有一个和平建设时期，应充分利用它，进行经济建设，大力发展生产力。不过，这个时期究竟有多长很难说，因为这不是由我们的主观愿望所能决定的。如果我们能有20年的和平建设时期来发展经济，那么，战争的危险性就会减少很多，甚至可能打不起来了。过二三十年后，如果帝国主义要打，那就是结束帝国主义存在的时候了。但究竟是经过一场大战来结束战争，还是由于人民力量、和平力量强大，从此战争打不起来，这还要看看。

接着，双方分别介绍了自己国内的一般形势、中心工作及其进展、成绩、缺点和生产发展、各项建设等情况。苏方介绍说，他们的工作一般还比较顺利，但没有达到预期的指标和进度。

赫鲁晓夫主动问道：你们对我方还有什么要求？

毛主席答道：关于这方面的事，双方的专家们天天在接触和交谈。他们相互协作，交换意见，协商解决问题，事情能办通。我们对原子能、核武器感兴趣。今天想同你们商量，希望你们在这方面对我们有所帮助，使我们有所建树。总之，我们也想搞这项工业。

赫鲁晓夫听到这里愣住了，因为他不曾考虑过这个问题，思想毫无准备。他稍停了一下说：搞那个东西太费钱了。我们这个大家庭有了核保护伞就行了，无须大家都来搞它。须知那东西既费钱费力，又不能吃，不能用。生产出来后还得储存起来，不久又过时了，还得重造，太浪费了。我们的想法是，目前你们不必搞这些东西，还是集中力量搞经济建设，发展与国计民生有关的生产，改善人民的福利。提高人民的生活水平比搞原子弹好。假使目前要搞核武器，把中国的全部电力集中用在这方面是否足够还很难说。那么，其他各项生产事业怎么办？国计民生怎么办？但如果你们十分想办这件事，而且是为了进行科研、培训干部、为未来新兴工业打基础，那么我们可以帮助先建设一个小型原子堆。这比较好办，花钱也不太多。这是一个比较切实可行的办法。借这个条件培训干部，也可以派一些有基础的人员到苏联学习、实习和深造。你们以为如何？

毛主席回答：也好，让我们考虑考虑再说。

赫鲁晓夫说：我们听说，中国劳动人民在新中国成立后，生活上都有了保障，这是可喜的一面。但人的欲望是无止境的，要求是与日俱增的。我经常想，你们这么多的人口，如果人们在衣食住行方面都伸手向国家要，我看很难应付得了。然而不管怎样，这的确是国家应该解决好的首要问题。在西方，这个问题如果不能摆在首要位置加以妥善解决，那日子是过不好的，甚至是过不下去的。

毛主席说：我们之间在对外方面和国际活动中，多进行磋商，协调步调，一致对外；在对内方面和生产建设上，则互相帮助，互通有无，互相协作，这不很好！

赫鲁晓夫等苏方客人听后喜形于色，很满意。他们兴高采烈，气氛也随之活跃起来。

会谈中，服务员端上了湖南腊肉、松烟熏制的火腿、烤面包和茶水等。客人们觉得这些食品的味道既非常独特，又十分鲜美，不一会儿便将它们一扫而光。宾主双方就这样愉快而满意地度过了一个上午。

会谈结束时，毛主席问道：你们是否准备到我国某些地方，特别是南方去看看？

赫鲁晓夫答道：一定要出去走一走，看一看。你们这里的一切对我们都是生疏的、新鲜的。我们想去的地方很多，但看来只能在沿海的南北方走走。

毛主席高兴地说：那你们就到各地去走走看看，随你们的便，愿意去哪儿都可以，就像在你们自己家里一样。我们也不准备做什么特殊安排。我喜欢自由自在、随心所欲地去活动，不喜欢被别人牵着鼻子走。

毛主席知道赫鲁晓夫对中国不大放心，因而决定对赫鲁晓夫的参观游览不作规定和安排，由他们随意与我方干部往来。

在这次会谈之后，中苏双方又进行了3次会谈。在这些会谈中，双方再三表达了互助合作和团结友好的愿望。两党对国际问题的意见也是完全一致的。正如联合公报中所讲的，"会谈是在真诚友好和互相谅解的气氛中进行的。"在这个时期，中苏友谊确实进入了高潮。

……

10月12日，苏联代表团在苏联展览馆（即北京展览馆）举行答谢宴会。这次宴会经他们精心安排，具有相当的规模。宴会前，周总理前去万寿路宾馆拜会赫鲁晓夫，告诉他我方主要领导人，包括毛主席，都将出席他们的招待会。周总理还向他谈了到东北等地参观游览的安排事宜，并征询了他的意见。

离开赫鲁晓夫的寓所后，总理驱车直奔展览馆宴会厅。

我们走进大厅，还未来得及浏览，赫鲁晓夫和毛主席的汽车也几乎同时到了。他们在正厅中握手、寒暄，并交谈起来。摄影记者把这个场面摄入镜头，变成了一张艺术高超的照片，广为流传。

当毛主席从门厅进入宴会厅时，迎面走来了福尔采娃、谢皮洛夫、亚历山大罗夫。他们向毛主席问好，然后要求同毛主席合影，毛主席欣然满足了他们的要求。[1]

师哲还回忆说：

在旅途中，赫鲁晓夫曾谈到他想邀请中国参加东欧经互会组织，说这是沟通欧亚经济合作、互相协助、互相配合、互相发展和加速经济繁荣的渠道之一。他说：从欧亚各国的情况看，无论是经济结构、体系、发展条件及速度，还是具体要求和生活条件，都有相当大的差距。在经济领域互相配合、互相协作的设想是好的，但在实际上应如何具体实现，目前还没有一个成熟的考虑。不知道毛泽东有什么看法，有机会很想同他交换一下意见。

我一回到北京，就把上述情况向毛主席作了汇报。主席听后马上回答说：他这个想法不实际。他们同我们之间的差距太大，困难很多，如果稀里糊涂挂上钩，将来的麻烦会不堪设想。

过了两天，赫鲁晓夫会见毛主席时，正式提出了他的那个想法。毛主席不容置疑地回答说：没有这个必要，这对中国的发展建设没有多大实际意义。相反，可能麻烦很多，纠缠不清，还会妨碍建设的进展。

赫鲁晓夫听后，立即改变了腔调，完全否定了自己原来的想法。他说：中国是个大国，具备独立发展的一切条件，而且发展前途广阔。不像东欧那些小国，虽然有发展各项经济和工业企业的能力，却常常受到这样或那样的条件限制。如人力和物力资源、销售市场等，无法独立自主地大规模发展若干部门的工业生产，如汽车、航空、航海、大型机器工业。他们只能通过经互会的协作，进行平衡和调剂，互通有无，同舟共济。如果东欧各国都独立自主地发展各自的全套工业，用不了多久，产品就会充斥市场，互相竞争、互相排挤，从而使自己陷入不堪设想的境地。[2]

赫鲁晓夫后来回顾这次访华时说：

自我第一次认识毛泽东起，我就认定并告诉我们的同志，他绝不会听从于国际共运内部超过他自己的党之上的任何别的共产党，他绝不会容忍这样的事。要是斯大林多活几年，我们和中国的争吵还会早些时候出现，而且会采取关系完全破裂的形式。

我记得1954年我从中国回来以后曾告诉过我的同志："同中国人的冲突恐怕难以避免了。"我是根据毛泽东的各种言论得出这个结论的。在我访问北京时，气氛是典型的东方式的。每个人都殷勤、巴结到了令人难以相信的程度，但我还是看穿了他们的虚伪。我到北京以后，毛泽东和我互相热烈拥抱，互相亲颊。我们经常在一个游泳池旁躺着，像最要好的朋友那样谈论着各种各样的事情。但这实在甜得有点令人恶心。当时的气氛是令人作呕的。另外，毛泽东讲的某些事情引起了我的戒备。我始终也没有搞清楚他讲的到底是什么意思。我当时想，这大概是因为中国人的性格和思想方法有点特别吧！[3]

苏共"二十大"前后

1956年2月14日至26日，苏共第20次全国代表大会在莫斯科召开。这是斯大林去世后召开的第一次苏共全国代表大会，中共派以朱德为团长的代表团出席了大会。

在大会闭幕前夕，赫鲁晓夫作了题为《关于个人崇拜及其后果》的秘密报告，全盘否定斯大林。他在作这个报告时，没有邀请各国共产党代表团参加，事后才向中共代表团通报了报告的内容。

这篇报告很快就由西方媒体传播出来，在全世界引起轩然大波。东欧一些社会主义国家发生动荡，以至产生波兰和匈牙利事件。西方政界则抓住斯大林问题大做文章，对"秘密报告"如获至宝。

毛泽东获悉"秘密报告"，及时作出反应，接连主持起草了《论无产阶级专政的历史经验》（"一论"）和《再论无产阶级专政的历史经验》（"再论"）两篇理论文章，旗帜鲜明地表明了中共的原则立场，稳定了人心。

吴冷西回忆说：

1956年3月17日，晚饭后，我乘车从国会街的新华社总部出发，沿着华灯初上的西长安街东驶，由新华门进入中南海。汽车沿着南海西岸往北开。沿湖灯光水影，很是别致。北京3月，寒冬将尽。我在丰泽园下车时，已感早春在即。

……

我从南面走过一个不大的门廊，进入开阔的庭院。东西两面是厢房和回廊，北面是高大的正堂，这就是颐年堂。毛主席经常在这里召开中央书记处和政治局会议。这是我第一次来参加毛主席亲自主持的中央书记处会议。党的"八大"前的中央书记处，相当于"八大"后的中央政治局常委会。

在这以前，我作为新华社社长，曾经常参加少奇同志主持的政治局会议（在中南海西门附近的西楼会议厅）和邓小平同志主持的秘书长会议（在丰泽园北面的居仁堂），也参加过毛主席主持的党的中央全会和中央工作会议（一般在怀仁堂）以及最高国务会议（大多数在勤政殿），但从未到颐年堂参加过他主持的中央书记处会议，这是党的最高领导核心会议。

颐年堂由中央一个大厅，东西两个小厅组成，均以紫檀木雕刻装饰。大厅约70平方米，正面是一个镏金的大屏风，中间摆着足够二三十人开会的大长桌，铺着深绿色的呢绒。整个布置朴素大方。毛主席召开政治局会议就在这里。政治局委员和列席会议的有关负责人一般达20多人。西边的小厅，一般是毛主席召开中央书记处会议和后来的中央政治局常委会议的地方，那里有12张沙发围成一圈。东边的小厅一般是毛主席请客人吃饭的地方。我先后几次陪斯特朗等美国朋友出席毛主席的便宴就在那里。

颐年堂东边有一小门，通毛主席的住所菊香书屋。毛主席来颐年堂开会时，走出菊香书屋的西门，便到颐年堂的东门。

毛主席主持这次书记处会议，议题是赫鲁晓夫在苏共"二十大"上的反斯大林报告。这个报告是在苏共"二十大"的最后一次秘密会议上作的。我党参加苏共"二十大"的代表团没有参加那次会议。苏共中央是在会后派人向我代表团通报的。所谓通报就是只向我们把报告宣读一遍就拿走了。但是，在苏共"二十大"结束不久，西方通讯社就陆续透露了这个报告的内容。《纽约时报》在3月10日发表了报告的全文，距苏共"二十大"结束不到半个月。新华社收到《纽约时报》后马上组织大量人员翻译，译出一部分即印出一部分，全部译完后再装订成本，按照中共中央办公厅开列的名单，分送中央负责同志。这是新华社一贯的做法。我们广泛收集各外国通讯社的电讯和报刊文章，尽到了中央耳目的职责。毛主席和周总理多次说过，新华社汇集这些材料的每日两大本《参考资料》（上午版和下午版），是他们每天必读的。

当我到达颐年堂时，杨尚昆（时任中央办公厅主任）、胡乔木（中央宣传部副部长）、张闻天（外交部常务副部长）、王稼祥（中央联络部部长）已经坐在西边小厅里，少奇同志、周总理、朱总司令、小平同志、彭真同志也陆续到来。

毛主席在8点左右来到颐年堂。毛主席刚坐下就问我赫鲁晓夫报告全文已分发给哪些同志。我向他报告，已分发了所有政治局同志和有关负责同志。他接着又问大家看了没有，好几位中央负责同志都说看到了但没有看完。毛主席也说，他刚开始看，很费力，还没有看完。他问大家看了有什么意见。

小平同志接着谈了我党代表团在莫斯科参加苏共"二十大"时听到苏共中央联络部一位联络员通报赫鲁晓夫秘密报告的情况。他说，当时只听翻译读了一遍，感到内容很乱，逻辑性差，说了一大堆关于斯大林破坏法制、肃反中杀错了很多人、对苏德战争毫无准备、在战争中靠地球仪指挥等，还讲了一个南斯拉夫问题，其他政策性的问题无甚印象。当时，他向苏共中央联络员表示，此事关系重大，要报告中央，没有表态。他说，现在再看全文，还没有看完，印象还是不好。现在全世界都议论这个报告，许多兄弟党已表示了态度，恐怕我们党也要表态，采取什么方式可以考虑。

会上大家议论纷纷。首先对苏共事先不同兄弟党商量就批判斯大林这位国际共产主义运动的重要人物很不满，认为这是对各国党的突然袭击，使他们在毫无准备的情况下出现严重混乱；同时认为赫鲁晓夫报告中全盘否定斯大林是严重错误。

毛主席说，我们党从一开始就对苏共"二十大"有保留的。我们《人民日报》发表了两篇社论。第一篇是根据大会开始时赫鲁晓夫的公开报告写的。那时我们不晓得他会大反斯大林，从大局考虑给予支持。但社论中只谈了和平共处与和平竞赛问题，没有谈和平过渡问题，因为我们对这个问题有不同意见。苏共"二十大"结束的第二天，中央收到代表团发来电报，报告赫鲁晓夫大反斯大林，但不了解详细内容，不好仓促发表意见。所以在第二篇社论中，我们采取王顾左右而言他的方针，只讲他们的第六个五年计划，笼统地表示支持。

毛主席说，赫鲁晓夫的秘密报告值得认真研究，特别是这个报告所涉及的问题以及它在全世界所造成的影响。现在全世界都在议论，我们也要议论。

现在看来，至少可以指出两点：一是他揭了盖子，一是他捅了娄子。说他揭了盖子，就是讲，他的秘密报告表明，苏联、苏共、斯大林并不是一切都是正确的。这就破除了迷信。说他捅了娄子，就是讲，他作的这个秘密报告，无论在内容上或方法上，都有严重错误。是不是这样，大家可以研究。大家昨天才拿到全文，还没有看完。希望仔细看一看，想一想，过一两天再来讨论。

17日晚上的书记处会议就这样结束。可以说，对赫鲁晓夫的秘密报告，毛主席的两点意见作了"破题"。

《人民日报》1956年4月5日发表的《关于无产阶级专政的历史经验》一文，是由毛主席主持的中央政治局会议多次讨论和修改写成的。

在3月17日的中央书记处会议后，毛主席在3月19日和3月24日先后召开了中央政治局会议，全体政治局委员都出席了会议，列席的除上次参加中央书记处会议的王稼祥、杨尚昆、胡乔木和我外，又增加了陆定一、陈伯达、邓拓、胡绳等。

在这两次中央政治局扩大会议上，大家就赫鲁晓夫报告的内容及其影响、斯大林的错误、中苏两党的关系、个人迷信等问题展开了讨论。少奇同志对斯大林主要的错误作了系统的发言，周总理讲了斯大林同我党历史上几次重大错误有关，小平同志着重谈了反对个人迷信问题，王稼祥同志详细分析了赫鲁晓夫报告内容矛盾百出。

毛主席也谈到了斯大林在抗日战争开始时支持王明的"一切通过统一战线""一切服从统一战线"的右倾路线，在抗日战争结束后又要中国党不要反击国民党发动的内战，在他1949年底访苏期间开始时不愿签订中苏友好同盟条约，直到中国志愿军抗美援朝后才相信中国党是国际主义的共产党。

毛主席在会上着重讲了四点意见：

第一，共产主义运动，从马克思和恩格斯发表《共产党宣言》算起，于今只有一百年多一点。无产阶级专政的历史，从十月革命算起，还不到40年。实现共产主义是空前伟大又空前艰巨的事业。不艰巨就不能说伟大，因为很艰巨才很伟大。在这艰巨斗争的过程中，不犯错误是不可能的。因为我们走的是前无古人的道路。我历来是"难免论"。斯大林犯错误是题中应有之义。赫鲁晓夫同样也要犯错误。苏联要犯错误，我们也要犯错误。问题在于共产党能够通过批评和自我批评克服自己的错误。

第二，社会主义社会，仍然存在着矛盾。否认存在矛盾就是否认唯物辩证法。矛盾无所不在，无时不在。斯大林的错误正证明了这一点。有矛盾就有斗争，只不过斗争的性质和形式不同于阶级社会而已。

第三，斯大林犯过严重错误，但他有伟大功绩。他在某些方面违背马克思主义的原则，但他仍然是一位伟大的马克思主义者。他的著作虽然包含某些错误，但仍然值得我们学习，只不过在学习时要采取分析的态度。

第四，赫鲁晓夫这次揭了盖子，又捅了娄子。他破除了那种认为苏联、苏共和斯大林一切都是正确的迷信，有利于反对教条主义。不要再硬搬苏联的一切了，应该用自己的头脑思索了。应该把马列主义的基本原理同中国革命和建设的具体实际结合起来，探索在我们国家里建设社会主义的道路了。至于赫鲁晓夫秘密报告的失误，我们要尽力加以补救。

会议结束前，毛主席提出，对于赫鲁晓夫大反斯大林，我们党应当表示态度，方式可以考虑发表文章，因为发表声明或作出决议都显得过于正式，苏共还没有公布赫鲁晓夫的秘密报告而且此事的后果仍在发展中。政治局全体成员表示赞成。

毛主席最后说，这篇文章可以以支持苏共"二十大"反对个人迷信的姿态，正面讲一些道理，补救赫鲁晓夫的失误；对斯大林的一生加以分析，既要指出他的严重错误，更要强调他的伟大功绩；对我党历史上同斯大林有关的路线错误，只从我党自己方面讲，不涉及斯大林；对个人迷信作一些分析，并说明我党一贯主张实行群众路线，反对突出个人。他说，文章不要太长，要有针对性地讲道理。他要求一个星期内写出来。

会议决定由陈伯达执笔，中宣部和新华社协助。会后，我帮助陈伯达收集和整理一些西方国家官方人士和共产党的议论。

文章的初稿在3月29日写出。小平同志要陈伯达邀集陆定一、胡乔木、胡绳和我一起讨论。我们在3月29日和30日开会议论，最后又由陈伯达修改，4月1日送毛主席和中央其他同志。

4月3日下午，少奇同志在西楼会议厅主持召开政治局扩大会议。会议开始时，少奇同志说，毛主席委托他召开这次会议，要大家充分讨论如何修改。大家在会上提了很多意见，主要的有：

（1）少奇同志提出，文章在谈到错误不可免时，应补充领导人的责任是力求使某些个别的、局部的、暂时的错误不至于变成全国性的、长时期的错误。还要指出剥削阶级无法克服它的错误直到最后灭亡，无产阶级能够克服自己的错误不断前进。

（2）少奇同志提出，斯大林的错误不能统统归结为个人崇拜，从根本上说还是主观不符合客观，脱离实际和脱离群众，是思想方法问题。现在翻译用"个人崇拜"这个词，从贬义上说，用"个人迷信"更贴切，但现在报上已习惯用"个人崇拜"，不改也可以。（按：这篇文章发表时仍用"个人崇拜"，后来写《再论无产阶级专政的历史经验》才改用"个人迷信"。）

（3）周总理提出，谈到反对教条主义时，只讲中国党自己反对教条主义，避免使人认为我们广泛号召反教条主义。但可以批判斯大林提出的中间势力是基本打击方向的观点，并说明中国党受王明路线统治时曾因搬用这个观点吃了大亏。

（4）小平同志提出，对个人崇拜应多加分析，强调我党一贯提倡群众路线和集体领导，反对个人突出和独断独行。

（5）朱总司令认为对斯大林的历史功勋，还要写得充实些。全文的主要锋芒不是针对苏联，而是回击帝国主义。

除以上意见外，会上还提了许多文字上的意见。

会议结束时，少奇同志要求起草小组赶快根据大家意见修改，改完后重排清样，将修改的地方画出送毛主席审阅。

会后，陈伯达、陆定一、胡乔木、胡绳和我，连夜修改，于4月4日凌晨打出清样送毛主席。

毛主席在审阅过程中作了多处重要修改。一是明确指出斯大林的主要错误，并且指出产生这些错误是由于他思想方法上的主观主义和片面性，脱离实际和脱离群众，违背群众路线和集体领导；二是加强了关于社会主义社会仍然存在矛盾一段；三是在有关中国党历史上的路线错误段落中，突出了两次王明路线和新中国成立后高饶反党集团；四是强调应以历史的观点看待斯大林，对他的正确方面和错误方面作全面的分析，明确指出斯大林是伟大的马列主义者，是一个犯了几个严重错误而不自觉其为错误的马列主义者。我们应从中吸取教训。

4月4日下午，毛主席召开中央书记处会议。他首先解释他对稿子的修改，然后征求大家还有什么意见。会上少奇同志、周总理、朱总司令和小平同志都提了一些修改意见，毛主席要我们在会上边讨论边修改。会议讨论结束不久，我们就修改完毕，因为这些意见大多数是属于文字性质的，实质性的意见在上次政治局会议已经谈过，而且已吸收在稿子中了。

在会议快结束的时候，毛主席还说了一番话。他说，发表这篇文章，我们对苏共"二十大"表示了明确的但也是初步的态度。议论以后还会有。问题在于我们自己从中得到什么教益。他认为最重要的是要独立思考，把马列主义的基本原理同中国革命和建设的具体实际相结合。民主革命时期我们在吃了大亏之后才成功地实现了这种结合，取得了中国新民主主义革命的胜利。现在是社会主义革命和建设时期，我们要进行第二次结合，找出在中国怎样建设社会主义的道路。这个问题我几年前就开始考虑，先在农业合作化问题上考虑怎样把合作社办得又多又快又好，后来又在建设上考虑能否不用或者少用苏联的拐杖，不像第一个五年计划那样照搬苏联的一套，自己根据中国的国情，建设得又多又快又好又省。现在感谢赫鲁晓夫揭开了盖子，我们应从各方面考虑如何按照中国的情况办事，不要再像过去那样迷信了。其实，过去我们也不是完全迷信。有自己的独创。现在更要努力找到中国建设社会主义的具体道路。

应当说，当时毛主席自己正在实践他自己提出的任务。他在1956年初找中央十几个部的同志谈话。他根据这些调查研究，在这篇《论无产阶级专政的历史经验》一文完成后不久，就发表了著名的《论十大关系》的讲话；在《再论无产阶级专政的历史经验》一文完成之后，1957年2月又发表了《关于正确处理人民内部矛盾的问题》的讲话。

毛主席看了我们的修改，将文章的题目改为《关于无产阶级专政的历史经验》，并且在题目的下面加上"（这篇文章是根据中国共产党中央政治局扩大会议的讨论，由人民日报编辑部写成的）"，不用社论的形式，改用"人民日报编辑部"署名。这种方式很特别，更加引人注意。

毛主席决定这篇文章由新华社在当天晚上广播，《人民日报》第二天（4月5日）发表。因为米高扬将在4月6日率苏联政府代表团到达北京。[4]

"再论"对"一论"作了重要补充。这种补充，并不是中共中央和毛泽东在斯大林问题上的原则立场有了变化，而是因为其间国际共运形势发生了十分重要的变化，出现了波兰、匈牙利事件等一系列政治动荡，西方集团则趁机压制苏联在一系列问题上让步。后来，毛泽东曾把这段时间称作"多事之秋"。

对毛泽东在波匈事件中的态度，吴冷西回忆说：

1956年10月20日上午，我接到中央办公厅会议科通知，要我参加下午在颐年堂召开的政治局会议。这是党的"八大"以后我第一次参加新选出来的中央政治局会议。

我估计这次会议可能讨论苏联和波兰的紧张关系。因为在这之前三四天，从10月17日开始，外国通讯社就传说，苏波关系突趋紧张，波境苏军调动频繁，苏波边境地区苏军向波兰东部移动，苏联波罗的海舰队正向波兰海域前进，华沙空气非常紧张。

当时任中央办公厅主任的杨尚昆同志（他在"八大"被选为中央委员，一中全会被选为中央书记处候补书记）18日曾打电话通知我，要新华社注意收集这方面的消息，迅速报告中央。从这一天起，我布置新华社社长办公室、参考资料编辑部、国际部、对外部一天24小时加强值班，一有重要消息，马上报告总理办公室和中央办公厅，然后译出，打清样送中央领导同志。

20日我得到中央办公厅的会议通知后，马上到参编部去了解当天收到的最新消息，下午3时提前到达颐年堂。除新选出的政治局委员和候补委员大部分到会外（林彪、林伯渠、刘伯承、康生因病长期请假），王稼祥、胡乔木、杨尚昆、田家英和我列席。

毛主席主持会议。他身穿睡衣，一开始就说明：苏共中央给我党中央发来一份电报，说波兰反苏势力嚣张，要苏军撤出波兰。苏联根据华沙条约有权利驻兵波兰，有义务保卫东欧社会主义国家的安全。苏联不能允许反苏事件继续发展，准备调动军队来解决问题。苏共在通知中表示想知道我们党对此有何意见。毛主席说，看来苏联要对波兰实行武装干涉，但还没有下最后决心。情况很严重，很紧急，所以召开政治局会议，讨论如何答复苏共中央。

毛主席接着问我：有什么新消息？我汇报当天上午收到外国通讯社的消息，说波兰军队已动员，保安部队也处于紧急状态，华沙工人也纷纷拿起武器。同时从斯德哥尔摩、赫尔辛基传出消息，苏联军舰已到达波兰港口格但斯克港外，原驻在苏联西部和民主德国东部的苏军也在调动中。

毛主席听后说，现在情况非常紧急，我们要早定方针。儿子不听话，老子打棍子。一个社会主义大国对另一个社会主义邻国武装干涉，是违反最起码的国际关系准则，更不用说违反社会主义国家相互关系的原则，是绝对不能允许的。这是严重的大国沙文主义。

这时会上议论纷纷。大家一致认为这是亲痛仇快的严重事件。我党中央一定要坚决反对，尽最大努力加以制止。大家一致建议中央采取紧急措施，向苏共中央发出严重警告，表明我党中央坚决反对苏联武装干涉波兰。

在会议进行中，我又接到我的秘书从新华社打来的电话，说外国通讯社报道苏联一个代表团到达华沙与波兰谈判。（后来才知道这个代表团是以赫鲁晓夫为首，包括苏共中央主席团的主要成员。）我马上把这个消息告诉毛主席。毛主席说，事不宜迟，我们应马上警告苏方，坚决反对他们对波兰动武。会议一致同意这个决定。毛主席即说，会议到此结束，马上约见苏联驻华大使。他要胡乔木和我留下作陪。

毛主席这时仍穿着睡衣，乔木建议他是不是换穿中山装。毛主席说，就这样也没什么关系。

约半个小时后，毛主席在菊香书屋的卧室里接见苏联大使尤金。尤金原是毛主席的朋友，过去两人多次在一起讨论哲学问题。现在两人都表情严肃，尤金似乎预感到这次紧急接见非比寻常。

毛主席直截了当地对尤金说：我们的政治局刚才开过会，讨论了你们中央发来的通知。我们政治局一致认为，苏联武装干涉波兰是违反无产阶级国际主义原则的。中共中央坚决反对苏共中央这样做，希望你们悬崖勒马。如果你们不顾我们的劝告，胆敢冒天下之大不韪，中共中央和中国政府将公开谴责你们。就是这几句话，请你立即打电话告诉赫鲁晓夫同志。情况紧急，时间无多，谈话就此结束。请你赶紧去办。

尤金满头大汗，连声"да"！"да"！迅速退走。

最后，毛主席对我们说：你们也没事了。新华社要密切注意情况发展，有新消息随时报告。

20日整夜，我守候在新华社办公室，直到21日凌晨6时（那是华沙时间20日午夜）才回家睡觉。

从这时起，几乎每天下午或晚上，毛主席都在他卧室召集政治局常委会议。苏共中央21日来电邀请我党派代表团去莫斯科，参加苏共中央和波党中央会谈。常委决定派少奇同志和小平同志于22日前往，任务是调解；方针是着重批评苏共的大国沙文主义，同时也劝说波党顾全大局；方式是只分别同苏共或波党会谈，不参加他们两党会谈。代表团22日晨即乘苏方派来的专机去莫斯科。从此每天周总理都同代表团通电话，代表团也来电报告会谈进展情况。每天毛主席召开常委会，决定给代表团的指示。经过激烈的辩论和耐心的说服，代表团终于完成了劝和的任务。苏波双方一致同意：尽快举行两党正式会谈，改善和加强波苏关系，苏联政府单独发表改进社会主义国家关系的宣言（即10月30日发表的宣言），承认苏联过去在这方面的错误，并决心加以改进。我党代表团同苏波两方商定，一旦苏方发表宣言，我政府将发表声明予以支持。这就是我国政府于11月2日发表的声明。

然而，无独有偶，国际形势的发展不以人们意志为转移。正当苏波两党在我党从旁劝说下趋向和解之际，又发生了匈牙利事件。从10月下旬起，匈牙利局势混乱，军警同示威群众不断发生冲突。反革命分子乘机挑拨；国外帝国主义势力也大肆鼓噪，情况越来越复杂而紧张。匈牙利政府出于无奈，邀请驻匈境内苏军协助恢复秩序。这时，国内外反革命势力进一步策动匈牙利军队叛乱，到处发生反革命复辟。在这严重的局势面前，苏共领导决定从匈牙利撤出苏军。我代表团在莫斯科获悉此事后，在向北京报告苏波达成协议的同时，也报告了苏共决定撤退驻匈境苏军。

毛主席在10月30日晚召开常委会时，除同意中国政府发表声明支持苏方外，还特别电告我代表团：立即约见苏共中央主席团，声明受中共中央委托，反对苏军从匈牙利撤退。少奇同志在10月31日会见苏共中央主席团全体成员时，严厉地指出：苏共这个决定是对匈牙利人民的背叛。苏共中央如果抛弃社会主义匈牙利，将成为历史罪人。苏共中央当时仍坚持要撤退驻匈境苏军。第二天，11月1日，赫鲁晓夫在送少奇同志去飞机场的汽车上，眉飞色舞地告诉少奇同志：苏共中央主席团开了一整夜的会，最后决定苏军仍然留在匈牙利，帮助匈牙利党和人民保卫社会主义。在我党代表团上飞机之前，苏共中央主席团全体成员到机场热烈欢送，纷纷感谢中国党先在波兰问题上帮助他们，现在又在匈牙利问题上帮助他们。

11月2日晚，毛主席在颐年堂召开政治局会议，听取刚从莫斯科回北京的少奇同志和小平同志汇报。我在南苑机场参加迎接代表团后就直奔颐年堂。这次会议同几次会议的严肃紧张完全不同。整个会议过程洋溢着兴高采烈的气氛。少奇同志首先汇报赫鲁晓夫送他去飞机场路上在汽车上的谈话和上飞机前热烈的欢送场面。然后，他和小平同志着重谈了访苏10天的观感。

少奇同志指出，这10天的活动中，感到苏联同志的大国沙文主义由来已久，表现十分突出，由此而引起兄弟党对他们的强烈不满。东欧国家的民族主义情绪也由来已久，于今尤烈。苏共"二十大"大反斯大林带来的恶劣影响，现在已相当充分地暴露出来。

小平同志说，波兰同志在莫斯科向我们诉苦，情绪激动，有时简直有点像我们土改时贫雇农"吐苦水"。从波兰和匈牙利的情况看，已经出现了否定苏联的一切以至否定十月革命的倾向。各自夸大民族特性，否定国际共性。苏共领导人虽然开始感到过去大国主义一套不灵，但并未觉悟到必须改辕易辙。我们帮人要帮到底，今后还需要向两方面多做工作。

这次会议时间不长。因代表团长途飞行劳累，毛主席宣布暂时休会，改日再开。

11月4日，毛主席又在颐年堂召开政治局会议，讨论匈牙利局势。这时，苏军已重新返回布达佩斯，协助匈牙利政府恢复秩序。

会上，周总理首先谈了当前西方世界利用匈牙利事件大肆反苏反共，各兄弟党内出现动摇分子以至变节分子。总理认为，苏共领导人表现软弱无力。我们党应作中流砥柱，力挽狂澜。

毛主席在会上强调：我们早就指出，苏共"二十大"揭了盖子，也捅了娄子。揭了盖子之后，各国共产党人可以破除迷信，努力使马列主义的基本原理同本国革命和建设的具体实际相结合，寻求本国革命和建设的道路。我们党正在探索，其他兄弟党也没有解决。捅了娄子的后果是全世界出现反苏反共高潮。帝国主义幸灾乐祸，国际共产主义队伍思想混乱。我们要硬着头皮顶住，不仅要顶住，而且要反击。

毛主席说，苏共"二十大"后，我们4月间曾经写过一篇"关于无产阶级专政的历史经验"的文章，回答当时已经暴露出来的问题。现在，经过半年之后，事实证明我们的观点是正确的，但又出现许多新的问题需要回答。可以考虑再写一篇文章。

毛主席提出这个问题后,会上发言活跃,大家纷纷提出当前需要回答的问题,有一些是西方宣传机器污蔑攻击的问题,有一些是属于国际共产主义队伍内部的问题。大家还发表了不少好的见解。

毛主席说,赫鲁晓夫秘密报告泄露后,各兄弟党先后发表声明和文章,或作出决议。我们已收集起来出版两本集子。这些都是正式表达他们的观点的,我们可以仔细研究。还有最近波兰和匈牙利问题发生后又有许多材料需要研究,看看有哪些主要问题需要回答和如何回答,以后再开会讨论。

毛主席在会议结束时交代胡乔木、田家英和我,要我们预先准备,开过二中全会(11月10日至15日举行)之后再议。

在二中全会期间,在一次会议中间休息的时候,我到政治局常委休息室去,毛主席正同常委议论铁托在普拉(南斯拉夫西部沿海城市)的演说(11月11日),胡乔木也在座。毛主席叫我要新华社把铁托的讲话全文译出来(当时在《参考资料》上只刊出西方通讯社的摘要报道),并要胡乔木和我研究起草文章回答。铁托在普拉的演说中,从匈牙利事件讲起,大肆攻击所谓"斯大林主义"和所谓"斯大林主义分子",并号召把各国党的"斯大林主义分子"赶下台。[5]

1956年11月25日起,毛泽东连续召开中央政治局常委会议,研究半年来国际共运出现的新情况。在与会者的发言中,以及毛泽东本人的思考中,"再论"的基本框架逐渐酝酿成熟,其中包含了不少在原有基础上根据变化了的情况引发出的更加深入的思考。正确处理人民内部矛盾这个命题,就是毛泽东在这个期间形成并明确提出的。

吴冷西回忆说:

从11月25日起,毛主席差不多每天都召开政治局常委会议。会议大多数在菊香书屋毛主席卧室举行,有时也在颐年堂西边小会议厅。在毛主席卧室开会时,毛主席通常都是穿着睡衣,靠着床头,半躺在床上。中央其他常委在床前围成半圆形。一般习惯是,靠近床头右边茶几坐的是小平同志,他耳朵有点背,靠近便于听主席说话;依次从右到左是彭真、少奇、总理、王稼祥、张闻天、陈伯达、胡乔木等,我坐在最左边,靠着毛主席床脚的小书桌。一般都是10人左右。这些常委会,朱总司令一般不参加,他年纪大,早睡早起,会议多在晚间召开;陈云同志主持经济工作,一般也不参加。(林彪那时还不是"八大"选出的常委,没有参加,1958年5月五中全会增选为常委后,长期请病假,很少参加常委会议。我参加的常委会议一次也没有见过他。)

在11月25日、27日、28日、29日这4天的常委会议上,广泛议论当前国际形势，从匈牙利事件到英法侵略埃及（10月底），从东欧党到西欧党，从铁托到杜勒斯，认真研究对各种现象和观点如何分析和回答。大家认为，英法侵略埃及激起全世界人民反对，苏军帮助匈牙利平息叛乱，两台锣鼓一起敲，都是好事。现在帝国主义和反动派极力攻击苏联，共产党内也有人把英法侵略埃及和苏联帮助匈牙利混为一谈，不分敌我，不分是非。一些国家的共产党员发生动摇甚至变节。这些是坏事。但是坏事也不见得完全没有一点好处。一旦思想混乱得到澄清，动摇分子吸取教训，变节分子离开了党，党的队伍不是更弱而是更强了。

大家还认为，铁托提出的反对"斯大林主义"和"斯大林主义分子"完全搬用了西方资产阶级的污蔑，是完全错误的。这种污蔑，是帝国主义分裂共产党、分裂社会主义阵营的阴谋。毛主席指出，所谓斯大林主义，无非是斯大林的思想和观点。所谓斯大林主义分子，也无非是指赞同斯大林的人。那么请问，斯大林的思想和观点怎样？我们认为斯大林的思想和观点基本上是符合马克思列宁主义的，虽然其中有些错误，但主要方面是正确的。斯大林的错误是次要的。因此，所谓斯大林主义，基本上是正确的；所谓斯大林主义分子，基本上也是正确的，他们是有缺点有错误的共产党人，是犯错误的好人。必须把铁托的观点彻底驳倒，否则共产主义队伍就要分裂，自家人打自家人。斯大林主义非保持不可，纠正它的缺点和错误，就是好东西。这把刀子不能丢掉。

经过4天的讨论，毛主席把大家意见归纳为以下的要点：

第一，十月革命的道路是各国革命的共同道路，它不是个别民族现象，而是具有时代特征的国际现象。谁不走十月革命道路，谁就不是马克思主义者。

第二，各国有不同的具体情况，因此各国要用不同方法解决各自的问题。这正如每个人的面目不一样，每棵树长的也不一样。要有个性，没有个性，此路不通。但条条道路通莫斯科。所有道路都有它们的共性，这就是苏联的基本经验，即十月革命的道路。

第三，苏联建设时期，斯大林的基本路线、方针是正确的，应加以明确的肯定。他有缺点、错误是难免的，可以理解的。斯大林过分强调专政，破坏了一部分法制，但他没有破坏全部法制，破坏了部分宪法，但没有破坏全部宪法，民法、刑法也没有全部破坏，专政基本上还是对的。民主不够，但也有苏维埃民主。有缺点，有官僚主义，但他终究把苏联建设成为一个工业化的国家，毕竟打败了希特勒。如果都是官僚主义，都是官僚机构，能够取得这么大的成功吗？说苏联都是官僚阶层是不能说服人的。

第四，区别敌我矛盾，不能用对待敌人的方法对待自己的同志。斯大林过去对南斯拉夫犯了错误，把对待敌人的方法对待铁托同志。但后来苏共改正了，用对待自己同志的方法对待铁托同志，改善了苏南关系。现在铁托同志不能采取过去斯大林对他的方法对待犯错误的同志。在我们共产党人之间，在社会主义社会内部，存在着矛盾，这是人民内部矛盾，不能用处理敌对矛盾的方法处理。

毛主席说，文章的题目可以考虑用"全世界无产者联合起来"，这是马克思、恩格斯在《共产党宣言》中提出的口号，现在仍有重大现实意义。我们的目的是加强全世界工人阶级和共产党人的团结。

这时毛主席以深沉的语调说了一大段话。他说：现在还是离不开斯大林问题，我一生写过三篇歌颂斯大林的文章。头两篇都是祝寿的，第一篇在延安，1939年斯大林60寿辰时写的；第二篇在莫斯科，是1949年他70大寿时的祝词；第三篇是斯大林去世之后写的，发表在苏联《真理报》，是悼词。这三篇文章，老实说，我都不愿意写。从感情上来说我不愿意写，但从理智上来说，又不能不写，而且不能不那样写。我这个人不愿意人家向我祝寿，也不愿意向别人祝寿。第一篇我抛弃个人感情，向世界上第一个社会主义国家的领袖祝寿。如果讲个人感情，我想起第一次王明"左"倾路线和第二次王明右倾路线都是斯大林制定和支持的，想起来就有气。但我以大局为重，因为那时欧战已经爆发，苏联为和缓苏德关系而同希特勒德国签订了互不侵犯条约，受到西方国家舆论的攻击，很需要我们支持。因此那篇文章写得比较有生气。抗日战争结束后，国民党发动内战，斯大林要我们不要自卫反击，否则中华民族会毁灭。新中国成立之后，斯大林还怀疑我们是不是第二个铁托。1949年我去莫斯科祝贺斯大林70大寿，不歌颂他难道骂他吗？我致了祝词，但斯大林仍对我们很冷淡。后来我生气了，大发了一顿脾气，他才同意签订中苏友好互助同盟条约。斯大林去世以后，苏联需要我们支持，我们也需要苏联支持，于是我写了一篇歌功颂德的悼文。斯大林一生，当然是丰功伟绩，这是主要的一面，但还有次要的一面，他有缺点和错误。但在当时情况下，我们不宜大讲他的错误，因为这不仅是对斯大林个人的问题，更重要的是对苏联人民和苏联党的问题，所以还是理智地那样写了。现在情况不同了，赫鲁晓夫已经揭了盖子，我们在4月间的文章，就不单是歌功颂德，而是既肯定了斯大林主要的正确方面，又批评他次要的错误方面，但并没有展开讲。现在要写第二篇文章，就是进一步把问题讲透，既肯定他的功绩，也分析他的错误，但又不是和盘托出，而是留有余地。

毛主席最后说，以上意见请大家考虑。过几天再来讨论。他交代胡乔木先起草一个提纲给他看看。

过了3天，12月2日晚上，毛主席又召开政治局常委会。会议在颐年堂西边小会议厅举行。毛主席一上来就系统地提出他对整篇文章的设想。他说，文章的题目可以仍然是"全世界无产者联合起来！"也可以考虑同4月间写的文章衔接，用《再论无产阶级专政的历史经验》，表明我们的观点是一贯的，是4月间文章的续篇。

毛主席又说，胡乔木拟的提纲使他的想法进了一步，整篇文章可以更富理论色彩，但政论的形式不变。接着他提出以下要点：

（一）要讲世界革命的基本规律、共同道路。先讲一定要遵循十月革命的基本规律，然后讲各国革命的具体道路，讲马列主义基本原理同各国革命具体实际相结合。二者不可偏废，但十月革命的基本规律是共同的。

（二）讲清楚什么是"斯大林主义"，为什么把共产党人分为"斯大林分子"和"非斯大林分子"是错误的。应明确指出，如果要讲"斯大林主义"，那它就是马克思主义，确切地说是有缺点的马克思主义。所谓"非斯大林主义化"就是非马克思主义化，就是搞修正主义。

（三）讲清沙文主义。大国有沙文主义，小国也有沙文主义。大国有大国沙文主义，小国对比自己小的国家也有大国沙文主义。要提倡国际主义，反对民族主义。

（四）首先要分清敌我，然后在自己内部分清是非。整篇文章可以从国际形势讲起，讲苏波关系、匈牙利事件，也讲英法侵略埃及事件。要分清两种事件的性质根本不同，说明当前反苏、反共浪潮是国际范围的阶级斗争尖锐化的表现。要区别敌我矛盾和我们内部是非两者性质不同，要采取不同的方针和不同的解决办法。

（五）既要反对教条主义，也要反对修正主义。要指出，斯大林的著作仍然要学，苏联的先进经验还要学，但不能用教条主义的方法学。可以讲中国党吃过教条主义的大亏，不讲别人如何。我们党一贯反对教条主义，同时也反对修正主义。苏共"二十大"大反斯大林的某些观点和做法，助长了国际范围内·修正主义的泛滥。

（六）文章从团结讲起，以团结结束。没有理由不团结，没有理由不克服妨碍团结的思想混乱。

毛主席最后说，整篇文章包含着肯定与否定这两个方面，肯定正确的，否定错误的。对敌对营垒好办，问题是内部是非，要讲究方法。比如对斯大林和铁托，都要加以批评，达到团结的目的，我们的批评要合乎实际，有分析，还要留有余地。这里用得着中国古人做文章的方法。一个叫作"欲抑先扬"，一个叫作"欲扬先抑"。所谓"欲抑先扬"，就是说，你要批评他的错误时，先肯定他的正确方面，因为批评的目的还是要他变好，达到团结的目的。对铁托适宜采取这个方法。对于斯大林，现在全世界都骂斯大林，我们要维护他，但方法宜于"先抑后扬"，即在论述他的功绩以回答对他全盘否定时，先要讲斯大林有哪些错误，这样才能说服人，使人易于接受。

会议结束前，毛主席在征求大家意见后，指定胡乔木和我起草这篇文章，田家英也参加，在12月12日前写出初稿。

会后我们3人先商量好分工，分头各写一部分，然后由胡乔木通篇修改一遍。由于事前议论多时，又有毛主席揭示要点，写起来比较容易，终于在12月11日印出了初稿。

12月13日下午，毛主席主持政治局会议，讨论初稿。大家对初稿意见较多，主要是：正面阐述不充分，辩解过多。

大家认为，正面论述中对十月革命的共同道路没有讲清楚，不能给人以鲜明的深刻的印象。会上大家建议把苏联的基本经验明确概括为几条，作为十月革命的基本规律和共同道路。

对于铁托，大家认为文中多处引用他的普拉演说，然后加以反驳，给人印象不仅太重视了铁托，而且显得我们似乎很被动。毛主席指出，其实我们不过是以铁托演说为由头，批判当前国际上比较流行的谬论。铁托提出反斯大林主义，当然应当批判，但他的话不宜引用过多。

大家还指出，对斯大林的评价，应比4月间的文章讲得深一些，要分析错误的原因，要进一步讲思想原因，还要讲社会历史原因。

大家也认为，文章对教条主义和修正主义都讲得不充分，这一部分应多费些笔墨。少奇同志提出，修正主义者现在大讲"社会主义民主"，其实他们是不要无产阶级专政。也有把马克思主义当作教条主义加以反对的，要把这个问题说透。

大家还认为，在加强团结方面，应充分利用苏联10月30日的对外关系宣言，大讲社会主义国家和各国共产党关系准则，要展开讲独立、平等、互不干涉内政等，讲爱国主义和国际主义相结合。

会上这些意见，比较原则，也比较重要。胡乔木、田家英和我，经过四五天的努力，拿出修改稿。

毛主席在12月19日、20日两天的下午和晚上连续召开政治局会议讨论修改稿。政治局和书记处的大多数成员都出席了。会上大家发表了很多意见，有原则性的，也有文字表述的。主要的意见集中在以下五个问题上：

第一，关于匈牙利事件，不宜写得太细，不必在文章中就这个问题展开辩论，否则就转移了文章的重心，减弱了文章的理论价值。对于匈牙利事件是否可以避免，这个问题的提出和分析显得脱离现实，过于"事后诸葛亮"。须知，匈牙利事件是由各种内外因素形成的，是国内外反革命势力利用群众的不满，煽动闹事直至策动叛乱。工人、学生和其他群众是无罪的。如果匈牙利党始终坚强，不自乱阵脚，10月23日的事件也许可以避免，也许可以不用请求苏军协助平叛。华沙条约有规定可以派兵援助，这也要看具体情况，不是什么时候都要派兵。但是，有些重要因素却不是匈牙利党自己可以决定的，国外帝国主义势力和国内反革命势力是匈牙利党指挥不了的，阶级斗争是不以人们意志为转移的客观存在。总之，对匈牙利事件，只作总的性质论定就行，不必为每一件事情辩论。

第二，关于苏共"二十大"，应该肯定这次大会有积极意义，批判斯大林的错误是对的，但是赫鲁晓夫全盘否定斯大林是错误的。不肯定斯大林的正确方面，就造成了右倾危险。结果果然来了修正主义思潮的大泛滥。因此对苏共"二十大"应有分析。当前的问题是教条主义还没有肃清，又来了修正主义思潮，而且来势凶猛。毛主席强调，文章的主要锋芒是反对修正主义，捍卫马列主义的基本原则，捍卫十月革命的共同道路。

第三，文章要从当今世界两大基本矛盾——帝国主义阵营和社会主义阵营的矛盾讲起，分清敌我矛盾和人民内部矛盾。毛主席反复谈到，4月间的文章中讲了社会主义社会存在矛盾，现在的文章要进一步讲分清两类性质不同的矛盾应当采取不同的方法解决，指出社会主义国家之间和共产党之间的矛盾应当采取处理人民内部矛盾的方法解决，以便协同一致地反对帝国主义侵略势力。文章的出发点是站在社会主义立场上向帝国主义斗争，在这个大前提下讨论各国共产党之间的内部是非问题。

第四，要充分论述苏联革命和建设的基本经验是各国革命和建设的共同道路。先要明确指出苏联的基本经验是合乎马克思主义基本原理的，是正确的，然后又指出苏联在建设社会主义过程中有曲折，有错误。要批评教条主义不承认有错误，不接受教训，不纠正错误，不考虑历史和民族的特点而全盘照搬。也要批判修正主义只讲苏联的错误，不讲苏联的建设基本上是成功的，不讲它的基本经验是值得学习的，从而否定一切。

第五，关于斯大林问题。当前全世界议论纷纭繁杂，但焦点都离不开斯大林问题。对苏联的评价，也就是对斯大林的评价。文章应毫不含糊地肯定斯大林的伟大功绩，因为这是历史事实。当然也要指出他有唯心主义、形而上学的思想方法和个人专断的工作方法所造成的不少错误。现在世界上议论最多的，一是肃反扩大化，一是大国沙文主义。但无论在对待反革命分子问题上或对外关系方面，斯大林都有他正确的方面。人杀多了，但对那些真正的反革命分子是杀对了，错在扩大化，错杀了好人。在对外关系方面，多数情况下，斯大林还是实行国际主义的，他援助兄弟党和兄弟国家，援助全世界被压迫民族和人民。大量历史事实都证明这一点。当然在这方面也无须掩饰他有大国沙文主义的错误。苏联政府10月30日声明已自己承认了。在这里，文章特别要讲清楚斯大林的错误不是社会主义制度造成。当然应当承认社会主义制度很年轻因而不完善，但制度不是万能的，它要人们运用，运用的结果因各人的思想方法和工作方法的不同而不同。因此要着重分析斯大林的错误在思想方法和工作方法上的原因，然后讲社会根源。

毛主席特别指出，对斯大林要作认真分析，第一，先讲他的正确方面，不能抹杀；第二，再讲他的错误，强调必须纠正；然后，第三讲实事求是，不能全盘否定，这叫作"三娘教子"，三段论法。对他犯错误的社会原因，如搞社会主义没有先例，国内外情况复杂等，但不宜过分强调。因为列宁在世时的社会条件不比斯大林好，但他没有犯斯大林那样的错误。同样的社会条件下，有人可能多犯错误，有人可能少犯错误。这里，个人的因素，个人主观是否符合客观，起着重大作用。赫鲁晓夫一棍子把斯大林打死，结果他搬起石头打了自己的脚，帝国主义乘机打他一棍子，无产阶级又从另一边打他一棍子，还有铁托和陶里亚蒂也从中间打他一棍子。斯大林这把刀子，赫鲁晓夫丢了，别人就捡起来打他，闹得四面楚歌。我们现在写这篇文章，是为他解围，方法是把斯大林这把刀子捡起来，给帝国主义一刀，给修正主义一刀，因为这把刀子虽然有缺口，但基本上还是锋利的。

这两天政治局会议，讨论得比较详细和深入。根据大家的意见，乔木同志精心设计了修改方案，先按原来的分工分头修改。然后由乔木同志凭他擅长的逻辑思维和辞章功力通改一遍。

12月22日，毛主席主持政治局常委会议，对修改稿提了一些意见后，认为基本可以，决定提交政治局再加讨论。

12月23日和24日，毛主席又在颐年堂主持政治局会议，讨论经过修改的稿子。会上采取读一段讨论一段的方法，原则性的意见和文字上的意见都在读完一段之后提出来。因为大家都认真斟酌、仔细推敲，意见还是不少。归纳起来有以下几个方面：

关于反对教条主义和修正主义问题。大家强调：教条主义还相当顽固，一定要继续反。各国革命基本点相同，但各有民族特色，应有自己的具体道路，不能照搬苏联那些具有民族特色的做法，更不能照搬那些已证明为错误的做法。毛主席说：人家犯了的错误你还要犯吗，人家丢掉不要的坏东西你还要捡起来吗？今后不要迷信苏联一切都是正确的了，凡事都要开动自己的脑筋想一想了。别人有无教条主义，我们不讲，只讲我们自己要吸收我党历史上犯教条主义错误的教训。大家又认为，修正主义也不能听任泛滥。他们集中攻击无产阶级专政和民主集中制，其结果必然导致瓦解社会主义国家和共产党。匈牙利事件，不是因为实行无产阶级专政，而恰恰是因为无产阶级专政软弱无力，没有肃清反革命势力，也没有能力制止反革命势力挑动群众闹事。斯大林的错误，恰恰在于他没有执行民主集中制，实行个人专断，不是因为民主集中制本身不对。在这些问题上，要批判修正主义，讲清楚无产阶级专政包括在人民内部实行民主和对阶级敌人实行专政两个方面。

关于加强社会主义阵营和国际共产主义运动的团结问题。大家认为，赫鲁晓夫大反斯大林以来，在不少人心目中，社会主义阵营是否以苏联为首，国际共运是否以苏共为中心，都成了疑问。文章中对大国沙文主义要批判，但对苏联为首和苏共为中心应加肯定。因为这是历史形成的事实和当前的现实的需要。当然，文章也应说明，"为首"和"中心"不是领导者与被领导者的关系，不是父子党的关系，要强调相互之间独立、平等、互不干涉内政、互相帮助和支援。要讲清国际主义和爱国主义相结合。可以稍微点一下有些党的同志对待苏联、苏共不公平。

关于从历史长河的观点来考察当前国际共产主义运动的问题。大家指出，在4月间的文章中，提到国际共运的历史还比较短，比较年轻，前途光明。现在这篇文章还可以把这个观点进一步发挥，说明国际共运发展中遇到暂时的挫折并不奇怪，资产阶级革命在历史上也经过多次复辟而后取得成功，无产阶级在经过不可避免的波折之后会变得更加强大。要使人看了文章之后信心倍增。

毛主席在这两天会议上着重讲了两个问题。一是上层建筑与经济基础的矛盾，生产关系与生产力的矛盾。他说，上篇文章讲社会主义社会存在矛盾，现在的文章要进一步讲这些矛盾不仅存在，而且在一定条件下可能从非对抗性矛盾转化为对抗性矛盾，苏波关系和匈牙利事件都证明了这一点。二是我们要为苏联两个阶段的历史辩护，不仅要维护苏联革命阶段的伟绩，还要维护苏联建设阶段的伟绩。苏联的革命和建设，不仅是一国的民族现象，而且是具有时代特点的国际现象。它的伟大意义远远超出了一国范围，是马克思主义和国际共运的财富。既然苏联的革命与建设取得伟大的成就，如果说它是斯大林主义的，那么，这个斯大林主义就是好的主义，斯大林主义分子就是好的共产党人。

提交政治局会议讨论的修改稿中，有一段专门讲和平过渡问题，因为这个问题是赫鲁晓夫在"二十大"的正式报告中提出来的，我们党一开始就对他的观点有不同意见。几次会议上对这一段都没有意见。但毛主席考虑再三，认为这个问题是中苏两党的重要分歧之一，在目前情况下，中苏要共同对敌，不宜向全世界公开这个分歧，最后还是决定删去了这一段。毛主席说，要留有余地，以后还有机会提出来。

政治局会议最后原则通过这篇文章，要求我们根据两天会议提出的意见修改后，提交政治局常委最后审定。会议还同意毛主席建议文章的题目为《再论无产阶级专政的历史经验》。

两天会议之后，胡乔木、田家英和我抓紧用一天一夜的时间在乔木家中共同对稿子逐段修改。因为毛主席交代，这篇文章要在今年内发表，把1956年的事作个了结。

12月27日下午，毛主席召开政治局常委会，讨论我们再度修改的稿子。常委提了一些意见，大多是文字上的。毛主席已在稿子上修改了三四段。毛主席最后说，两篇文章都是围绕斯大林问题。这个问题的争论还没有完，估计本世纪内、甚至21世纪还有争论，因为这是关系到马列主义基本原理问题，我们要准备长期论战。

毛主席要我们马上动手修改，修改一段送他一段，今晚要定稿，明日登报，今年的事今年了。我们三人在会议结束后没有回家，就在中南海食堂吃了饭，立刻到毛主席住所背后的居仁堂（当时是中央书记处的办公楼），开始工作。我们修改完一段，由田家英给毛主席送一段。毛主席一直在卧室等着我们修改的稿子，随到随看随定稿。就这样紧张地工作了一个通宵。最后我们三人一同到毛主席卧室，把最后几段送毛主席审定。毛主席只改了几个字，对最后的结束语特别满意。他交代，要马上将修改处告诉翻译同志，中文已定稿，译文也可定稿。他还确定，新华社于28日晚发稿，中英文广播也同时播出，《人民日报》在12月29日见报。

我们从毛主席卧室出来，已是上午9点多了。迎面一阵寒风，倒也觉得凉爽。[6]

在"一论"和"再论"之间，毛泽东曾经会见率苏共代表团出席中共八大的米高扬，同他坦率地谈了对中苏两党历史问题的一些看法。

担任谈话翻译的师哲回忆说：

在大会结束前几天的一个下午，散会后我刚回到家，就被突然叫到政协礼堂的小会议室（"八大"主席团的临时餐厅）。我走进餐厅，只见杯盘狼藉、剩菜剩饭堆放满桌，只有毛泽东、米高扬、马列三人围坐在桌旁，正在谈话。我向他们致意后，就坐在一旁。

马列忽然问我："盲动主义"这个词怎么译？

我向他解答了。蓦地，主席回过头来，要我继续翻译。本来我想说，让马列继续翻译，我从旁协助，但我发现谈话气氛有点异乎寻常，而且从主席的神情可以看出，他似乎有不寻常的话要谈，所以我没有讲出口来。

我到达时，毛主席正谈到我党各个时期的斗争、关于党内"左"右倾机会主义的表现和各种不正之风给党带来的危害，特别是对党的正确路线的干扰与冲击、对正确的同志进行的打击等。我就是接着这样的话题翻译下去的。以后的话题不时涉及国际方面，包括苏联在内。谈话中，毛主席带着不满的口气说：对当年共产国际和苏共的做法我们是有一些意见的，过去我们不便讲，现在就要开始讲了，甚至还要骂人了。我们的嘴巴，你们是封不住的。

毛主席谈话的主要内容是：

中国党在它发展的各个阶段，由于最初时期的幼稚和缺少经验，老是左右摇摆，时而犯右倾错误，时而犯"左"倾错误，但"左"倾机会主义路线统治时期较长，因而它给党带来的危害和损失也最大。特别是第三次"左"倾路线使我们的革命根据地，即苏区，损失了90%，党组织以及党在白区即国民党统治地区的工作也遭受到严重损失，以致临时中央被迫于1933年初撤离上海，迁入江西中央根据地。

这都是由于不相信自己，而一味盲听盲从盲动的结果，也由于国际共产主义运动中出现的好似老子党与儿子党之分的不正常的党与党之间的关系的结果。不管口头上怎么称作兄弟党，事实上一个党竟可以凌驾于其他党之上，形成了老子党与儿子党的局面，破坏了兄弟党之间的正常关系。我发号施令，你得听话、服从，不管我说得对不对。国际共产主义运动中这种要一个平等的兄弟党听从另一个兄弟党的话，服从另一个兄弟党的政策、策略和利益，跟着另一个兄弟党的屁股后面跑的坏习气、坏传统，是一种极为严重的不正之风。试想，怎么可以根据一个党的具体条件、具体需要、具体利益出发而制定出来的方针、政策，就是绝对正确的，而去要求处在另一种情况、环境条件下的党去听从，或照搬、硬套呢？怎么可以以一个党的利益替代另一个党的利益呢？客观实际、血的教训已证明这种做法是极端错误的，对革命是有百害而无一利的。

"左"倾机会主义分子的最严重、最根本的错误是打击、排挤正确领导，否定、抛弃从实际出发制定出来的正确路线，使革命一而再，再而三地蒙受损失，最后不得不丢开了革命根据地，跑了二万五千里。敌人教育了我们党员中的顽固分子。挫折和损失才使他们的头脑清醒过来。符合实际的话，对革命是有益的话，过去他们是听不进去的。他们把耳朵拉得长长的，只听外国的话，不相信自己的眼睛和大脑，也不愿倾听其他同志的正确意见和劝告。

听不进正确意见，这固然是由于他们的愚昧无知、一味盲从、只相信别人，不相信自己，同时也夹杂着许多不正之风：主观主义、教条主义、宗派主义、经验主义，而后者（指经验主义）又作了前者（指教条主义）的俘虏，实际上起了帮凶的作用，亦即起了削弱党的战斗力的作用。

我们党在它的成长过程中，在革命发展的曲折道路上，不仅要对付强大、狡猾而凶恶的中外敌人（帝国主义和国内封建势力与反动派），在极其艰苦条件下进行斗争，而且还要与党内各种机会主义者、投机分子、愚昧无知作斗争，不断端正我们前进的方向，因而我们每前进一步都要付出双倍的努力和代价。

我们党的幼稚、缺乏经验，主要表现为一些人的无知、愚顽和刚愎自用。他们不相信自己而只一味听从别人的、远处的、外来的、奇异的、不切实际而耸人听闻的东西。只要是外来的，不管正确与否，对我国革命有用与否，不分青红皂白，他们都一概当作圣物接受下来，照搬、照套、照用、照行，却不管其后果如何。这种盲从行为的责任当然不能由别人来负，而应由我们自己负责。但对这种盲从、盲目听信别人所造成的后果，却不能不说清楚、讲明白。不说清楚，不讲明白，怎么吸取经验和教训呢？盲目听信和服从别人，这确实是幼稚无知的表现。

披虎皮、拉大旗，借以吓人，是另一种幼稚无知的表现。对此，我们在实际工作中不能不加注意、不加分析、不加思考，并且还要从中找出所以然来。空吼空叫、虚张声势、讲大话、借势凌人等也都是幼稚无知的表现。这些幼稚无知于实际毫无裨益，只能贻害无穷。他们简直不懂得干革命是要老老实实、诚诚恳恳、脚踏实地、实事求是、埋头苦干，来不得半点虚假，才能做出成绩，获得成功。一切浮夸、说大话、弄虚作假，都是有害无益的。

但是，当我们党一旦克服了这些弱点，走上正确的康庄大道，就可以显示出不可限量的强大力量。这就是我国革命胜利、稳步前进的可靠保障，也是在实践中付出了高昂代价后而获得的宝贵经验。但更可贵的是现在人们开始懂得了这点，重视了这点。这真是用血汗换来的，用无数的牺牲换来的最宝贵、最值得珍惜的收获。固然，要革命就难免有牺牲。但是由于自己的愚蠢、无知和主观上的种种错误而造成的损失，即本来可以避免，而仅仅由于自己的疏忽、盲目轻信而使革命蒙受的重大牺牲，是最令人痛心的。我们今天活着的人，对牺牲在我们前头的人，心里感到特别沉痛的原因也就在这里。

这些教训和经验是不能不予以认真检查和总结的。只有对以往走过的道路、所遇到的事件、所犯的错误或成功作个认真负责的检查和总结，从中吸取应有的教训，得出正确的结论，对革命才会有益，才有助于革命事业的进一步发展。

关于这一切，我们将要在适当的时候、适当的场合，讲明我们自己的观点和以高昂代价得来的经验教训。这就是说，我们要发言，要讲话，还要写文章，或许还要骂人。我是说，假如没有地方讲话，就写文章；假如憋不住气了，就会骂人的。我们有这个民主权利，就要使用它，谁也封不住我们的嘴。我们中国有一句古话，叫作"不平则鸣"。我们要说话，要写文章，也就是本着这个意思而来的。总之，气不平，理不顺，就要出气，就要讲道理。

毛主席讲了很长一段大道理。米高扬没有发表任何意见，也没有表明自己的态度、看法，而只是认真地倾听。他究竟听懂了多少，明白了多少，无从知晓。不过我想，米高扬从毛泽东的一些用语的措辞上，如"老子党""儿子党"，"一方发号施令，另一方得俯首帖耳、唯命是从"，"往往危言耸听，借以吓人"，以及"过去我们憋了满肚子气，有气无处出；现在就要出气了"等，总可以体会到什么的。可以肯定，对毛泽东谈话的基本精神，米高扬还是能够领会的。但是，我估计，他既不深知我们两党之间往来关系的历史，也未认真读过《论无产阶级专政的历史经验》一文。

这次谈话的内容和所涉及各个方面的问题自然是毛主席早已筹思好了的。遗憾的是，我在思想上、精神上事先毫无准备，只是在谈话中才揣摩、体会其语意之所指。这次谈话的具体时间是1956年9月下旬，亦即在1956年4月5日发表《关于无产阶级专政的历史经验》一文之后，又在1956年12月29日发表《再论无产阶级专政的历史经验》之前。我想，这两个文件也可以帮助研究人员联系起来，推敲和探讨毛泽东当时的思想情况，以及他当年所关注的问题。

写到这里，我想起50年代初期，毛泽东一再地想向斯大林、莫洛托夫谈他的心事，或者说是内心的积郁吧，但都没有如愿。这回同米高扬的谈话很可能包括了他原来想对斯大林、莫洛托夫讲的若干内容。

我党"八大"同1954年五周年国庆的时间相距并不远，仅仅两年。但是这两年间，在国际共产主义运动中发生了很多重大的事件，政治气氛因此发生了很大、很深刻的变化。这些变化不仅影响中苏两党两国的关系，而且也影响了世界革命的进程和世界政治格局的变化。[7]

第二次访苏

毛泽东对赫鲁晓夫的"秘密报告"所造成的严重后果十分不满，为日后中苏两党论战埋下了隐线。但是，毛泽东和中共中央从团结的大局出发，始终真心诚意地维护苏共中央的威信，真诚地希望尽自己所能帮助苏联摆脱困境。正是出于这样的考虑，毛泽东决定于1957年11月再次访苏，使中苏关系达到了最高点。

卫士长李银桥在回忆录中透露，毛泽东开始时并不想去苏联。他写道：

1957年11月2日，毛泽东率领中国共产党代表团，去苏联参加莫斯科会议。

开始，毛泽东本不想去参加这次会议。那天在汽车上，周恩来对毛泽东说："赫鲁晓夫来电报了，约请主席去莫斯科。"

毛泽东听了，没有作声。

周恩来劝道："你是党魁么，还得去。"接着，周恩来又告诉毛泽东："铁托也要到莫斯科参加会议。"

"嗯，那就去吧。"毛泽东说。

"那就定下吧？"

"好。"

行前，毛泽东对我说："你去一个，张仙朋去一个，你们准备一下。我的衣服就不做什么了，你们的衣服可以做两套去。"

我和张仙朋按规定每人做了500元钱的制服和大衣，毛泽东就是多少年来一直穿着的那套衣服，就这样到了莫斯科。[8]

当时随行的翻译李越然对毛泽东此次访苏作了详细的回忆。其中回忆了行前毛泽东对赫鲁晓夫的评论。他写道：

"你了解赫鲁晓夫这个人吗？"毛泽东忽然问我。

"不太熟悉，只是跟总理和彭真同志出访时，和他接触过几次。给我的印象是思想敏锐，很精明，比较开朗，有时容易锋芒外露。据说这个人脾气是比较暴躁的。"

"赫鲁晓夫有胆量。"毛泽东不无赞赏地说，"不过这个人也能捅娄子，可能日子不大好过，是多灾多难的。"毛泽东的举止总是高度的镇静，走路很慢，步伐稳健。他时常停立在一个地方沉思着什么。[9]

毛泽东率领的中国党政代表团的主要任务，一是参加苏联十月革命40周年庆典，二是出席世界各国共产党和工人党在莫斯科举行的代表会议。代表团主要成员有：宋庆龄、邓小平、李先念、乌兰夫、陈伯达、杨尚昆、胡乔木等。

1957年11月2日上午8时，毛泽东登机赴苏。下午3点左右，飞机抵达莫斯科。李银桥回忆了刚到莫斯科的一些情况。他写道：

在机场，举行过简单的欢迎仪式后，赫鲁晓夫陪毛泽东乘车进莫斯科。路上，赫鲁晓夫告诉毛泽东："铁托不来了。他说腰疼。"

毛泽东停顿一下，说："他是'政治腰疼'。"

毛泽东住在克里姆林宫里过去沙皇住过的房间。但是，毛泽东郑重对我们讲过:"我不是皇帝,我是国家主席,是人民的公仆。"

毛泽东住下后,去拜访了越南共产党主席胡志明。两位领袖一见如故,非常亲密,用中国话互相问候交谈。[10]

在莫斯科,中国代表团出席了11月6日苏联最高苏维埃庆祝十月革命40周年大会,毛泽东讲了话。他说:

苏联的面貌在40年间完全改变了。在革命以前,俄国的经济力量和技术力量曾经是比较落后的。现在苏联已经成为世界上第一等强大的工业国家。苏联人民的生活水平不断地提高。苏联的教育、科学、文化事业的发展规模远远超过了资本主义国家。苏联建立了世界上第一个原子能发电站,制成了世界上第一批喷气式客机,制成了世界上第一批洲际弹道火箭,发射了世界上第一个和第二个人造卫星。全世界公认:苏联两次发射人造卫星的成就,开辟了人类征服自然界的新纪元。所有这些,不但是苏联人民的骄傲,而且是全世界无产阶级的骄傲,而且是全人类的骄傲。对此感到不高兴的,只是一些反动派。

苏联共产党创造性地运用马克思列宁主义的理论来解决实践中的任务,保证了苏联人民的建设事业不断取得胜利。苏联共产党第二十次代表大会为苏联的共产主义建设所提出的奋斗纲领,就是一个范例。苏联共产党中央委员会在克服个人崇拜,在发展农业,在改组工业和建设的管理,在扩大加盟共和国和地方机构的权限,在反对反党集团、巩固党的团结,在改善苏联陆海军中党和政治工作等问题上所采取的明智措施,将毫无疑问地促成苏联各种事业的进一步巩固和进一步发展。

毛泽东还指出:

中国共产党所领导的人民革命,从来就是十月革命所开始的世界无产阶级社会主义革命的一个组成部分。中国革命有自己民族的特点,估计到这些特点是完全必要的。但是不论在革命事业中和社会主义建设事业中,我们都充分地利用了苏联共产党和苏联人民的丰富经验。中国人民感到幸运,因为有十月革命和苏联社会主义建设的经验,使自己可以减少或者避免许多错误,可以比较顺利地进行自己的事业,虽然中国人民面前的困难还很多。

事情很明显,在十月革命以后,各国无产阶级的革命家如果忽视或者不认真研究俄国革命的经验,不认真研究苏联无产阶级专政和社会主义建设的经验,并且按照本国的具体条件,有分析地、创造性地利用这些经验,那么,他就不能通晓作为马克思主义发展新阶段的列宁主义,就不能正确地解决本国的革命和建设的问题;那么,他就会或者陷入教条主义的错误,或者陷入修正主义的错误。我们需要同时反对这两种错误倾向,而在目前,反对修正主义的倾向尤其是迫切的任务。

......

社会主义各国的政府和人民是和平的新生活的建设者。我们完全不需要战争，并且坚决反对新的世界大战。苏联、中国和其他社会主义国家一贯地为和缓国际紧张局势而努力。苏联在裁军问题上，在禁止制造、使用和试验大规模毁灭性武器的问题上，所一再提出的建议，代表着社会主义各国的共同主张，同时也符合世界各国人民的利益。我们坚决主张，社会主义国家和资本主义国家实行和平竞赛，各国内部的事务由本国人民按照自己的意愿解决。我们坚决主张，一切国家实行互相尊重主权和领土完整、互不侵犯、互不干涉内政、平等互利、和平共处这样大家知道的五项原则。

......

中国的社会主义建设得到了苏联的多方面的兄弟般的援助。在庆祝十月社会主义革命四十周年的时候，请让我们对于给予中国这种友好援助的苏联共产党、苏联政府和苏联人民，致以衷心的谢意！

中华人民共和国早在成立的初期，就同苏联缔结了友好同盟互助的条约。这是两个伟大社会主义国家的伟大同盟。我们同苏联和整个社会主义阵营共命运，同呼吸。我们认为，增强以苏联为首的社会主义各国的团结，是一切社会主义国家的神圣的国际义务。[11]

庆典结束后，毛泽东率代表团出席了11月14日至16日举行的12个社会主义国家共产党和工人党代表会议，又出席了16日至19日举行的64个共产党和工人党代表会议。在这两个会议上，毛泽东于11月14日、16日和18日共作了3次讲话。

在11月14日的讲话中，毛泽东主要谈了"以苏联为首"的问题。他说：

我想谈一谈"以苏联为首"的问题。我们这里这么多人，这么多党，总要有一个首。就我们阵营的内部事务说，互相调节，合作互助，召集会议，需要一个首。就我们阵营的外部情况说，更需要一个首。我们面前有相当强大的帝国主义阵营，它们是有一个首的。如果我们是散的，我们就没有力量。即使党的一个小组，如果不举出一个小组长，那么这个小组也就开不成会。我们面前摆着强大的敌人。世界范围内的谁胜谁负的问题没有解决。还有严重的斗争，还有战争的危险。要防备疯子。当然，世界上常人多，疯子少，但是有疯子。偶然出那么一个疯子，他用原子弹打来了你怎么办？所以，我们必须有那么一个国家，有那么一个党，它随时可以召集会议。为首同召集会议差不多是一件事。既然需要一个首，那么，谁为首呢？苏联不为首哪一个为首？

对于毛泽东提出的这个意见，南斯拉夫党是断然不同意的。波兰党第一书记哥穆尔卡开始也不赞成，后经毛泽东做了工作，就同意了。

11月16日，毛泽东在讲话中评价了会议通过的《社会主义国家共产党和工人党代表会议宣言》。他说，他认为这个宣言是好的。"我们用了一个很好的方法达到目的，这就是协商的方法。坚持了原则性，又有灵活性，是原则性、灵活性的统一。这么一种进行协商的气氛现在形成了。在斯大林的后期不可能。"他还说："这个宣言是正确的。它没有修正主义或者机会主义的因素。""我们力求和平，力求团结，看不见冒险主义。"

在11月18日的讲话中，毛泽东谈了形势问题和团结问题。

谈到形势问题时他指出：

现在我感觉到国际形势到了一个新的转折点。世界上现在有两股风：东风，西风。中国有句成语：不是东风压倒西风，就是西风压倒东风。我认为目前形势的特点是东风压倒西风，也就是说，社会主义的力量对于帝国主义的力量占了压倒的优势。

毛泽东列举了10件大事论证他的见解，如美苏钢产量、中国革命、朝鲜战争、越南战争、苏伊士运河事件、苏联两颗卫星上天等。其中谈到对核战争问题的看法时，他说："问题要放在最坏的基点上来考虑。""我和一位外国政治家辩论过这个问题。他认为如果打原子战争，人会死绝的。我说极而言之，死掉一半，还有一半人，帝国主义打平了，全世界社会主义化了，再过多少年，又会有27亿，一定还要多。我们中国还没有建设好，我们希望和平。但是如果帝国主义硬要打仗，我们只好横下一条心，打了仗再建设。"毛泽东还谈了纸老虎问题。

谈到团结问题时，毛泽东着重讲了团结问题上的辩证方法。他说：

在团结问题上我想讲一点方法问题。我说对同志不管他是什么人，只要不是敌对分子、破坏分子，那就要采取团结的态度。对他们要采取辩证的方法，而不应采取形而上学的方法。什么叫辩证的方法？就是对一切加以分析，承认人总是要犯错误的，不因为一个人犯了错误就否定他的一切。列宁曾讲过，不犯错误的人全世界一个也没有。我就是犯过许多错误的，这些错误对我很有益处，这些错误教育了我。任何一个人都要人支持。一个好汉也要三个帮，一个篱笆也要三个桩。这是中国的谚语。中国还有一句谚语，荷花虽好，也要绿叶扶持。你赫鲁晓夫同志这朵荷花虽好，也要绿叶扶持。我毛泽东这朵荷花不好，更要绿叶扶持。我们中国还有一句谚语，三个臭皮匠，合成一个诸葛亮。这合乎我们赫鲁晓夫同志的口号——集体领导。单独的一个诸葛亮总是不完全的，总是有缺陷的。你看我们这十二国宣言，第一、第二、第三、第四次草稿，现在文字上的修正还没有完结。我看要是自称全智全能，像上帝一样，那种思想是不妥当的。因此，对犯错误的同志应该采取什么态度呢？应该有分析地采取辩证的方法，而不是采取形而上学的方法。我们党曾经陷入形而上学——教条主义，对自己不喜欢的人就全部毁灭他。后来我们批判了教条主义，逐步地多学会了一点辩证法。辩证法的基本观点就是对立面的统一。承认这个观点，对犯错误的同志怎么办呢？对犯错误的同志第一是要斗争，要把错误思想彻底肃清；第二，还要帮助他。一曰斗，二曰帮。从善意出发帮助他改正错误，使他有一条出路。

对待另一种人就不同了。像托洛茨基那种人，像中国的陈独秀、张国焘、高岗那种人，对他们无法采取帮助态度，因为他们不可救药。还有像希特勒、蒋介石、沙皇，也都是无可救药，只能打倒，因为他们对于我们说来，是绝对地互相排斥的。在这个意义上来说，他们没有两重性，只有一重性。对于帝国主义制度、资本主义制度在最后说来也是如此，它们最后必然要被社会主义制度所代替。意识形态也是一样，要用唯物论代替唯心论，用无神论代替有神论。这是在战略目的上说的。在策略阶段上就不同了，就有妥协了。在朝鲜三八线上我们不是同美国人妥协了吗？在越南不是同法国人妥协了吗？

在各个策略阶段上，要善于斗争，又善于妥协。现在回到同志关系。我提议同志之间有隔阂要公开谈判。

毛泽东最后表示赞成苏共中央解决莫洛托夫问题。他说：

我还要讲几句。我赞成苏共中央解决莫洛托夫问题，这是个对立面的斗争，事实证明它是不能统一，它是一方排斥一方。莫洛托夫集团举行进攻，乘赫鲁晓夫同志到外国去了，措手不及，来一个突然袭击。但是我们赫鲁晓夫同志也不是一个蠢人，他是个聪明人，立即调动了队伍，举行反攻，取得胜利。这个斗争是两条路线的斗争：一条是错误的路线，一条是比较正确的路线。斯大林死后这四五年，苏联的内政、外交有很大的改善，这就证明赫鲁晓夫同志所代表的路线比较正确，而反对这样的路线是错误的。莫洛托夫同志是一位老同志，有很长的斗争历史，但是这一件事他是做错了。苏共党内这两条路线的斗争带着对抗的性质，因为是互不相容，互相排斥，一个排斥一个。处理得好，可以不出乱子；处理得不好，有出乱子的危险。

斯大林领导苏联党做了伟大的工作，他的成绩是主要的，缺点错误是第二位的。但是他在一个长时间内发展了形而上学，损害了辩证法。个人崇拜就是形而上学，任何人不能批评他。我看苏联的40年是一个辩证法的过程。列宁的辩证法。斯大林有许多形而上学观点。这些观点见之行动，达于极点，势必走到它的反面，再来一个辩证法。我很高兴赫鲁晓夫同志在十月革命四十周年纪念会上讲了社会主义社会存在着矛盾。我很高兴苏联哲学界产生了许多篇文章谈社会主义社会的内部矛盾问题。有些文章还谈到了社会主义和资本主义的矛盾问题。这是两类性质不同的矛盾问题。

对于毛泽东的讲话,尤其是11月18日的讲话,并非每个党的代表都完全同意,作为"阵营之首"的苏共中央领导人,则更有异议。参加会议亲自听了毛泽东讲话并注意观察会场情形的南斯拉夫驻苏大使米丘诺维奇,在1957年11月19日的日记中写道:

毛一度在没有特别准备的情况下谈到,苏联党的领导中发生了"两个不同集团"之间的冲突,"以赫鲁晓夫为首的一派取得了胜利"。翻译就是这样翻他的话的。……

毛泽东在讲话中,把莫洛托夫、马林科夫、卡冈诺维奇反党集团同被他称为另一集团的苏联共产党等同起来,而且他是在世界各国共产党会议上的发言中说这番话的,这使得有几百人在场的格奥尔基大厅变得死一般的寂静。米高扬示威性地从椅子上站了起来,脸上露出一副绝不是友好的表情……[12]

在这个会议上,赫鲁晓夫等对毛泽东讲话中关于核战争的看法不太满意。赫鲁晓夫后来回忆这件事时说:

在会议进行期间,已经出现了某些迹象,表明这种摩擦可能会采取何种形式表现出来。当出席会议的80多个代表团谈到热核战争的可能性时,毛发表了一次演说……那时,除了毛以外,大家都在想着如何避免战争。我们的主要口号是:"继续为和平与和平共处而斗争!"可是突然来了个毛泽东,说我们不应该害怕战争。[13]

此外,还有中国代表团在签署社会主义国家共产党和工人党代表会议宣言的同时,向苏共交了一份《关于和平过渡问题的意见提纲》,也是苏共领导人极为不满的一件事。在起草会议宣言时,苏共原提出的草案采用苏共"二十大"的提法,只提从资本主义向社会主义和平过渡,根本不提非和平过渡,并把和平过渡解释为"在议会中争取多数,把议会从资产阶级专政的工具,变为人民政权的工具"。中共代表团不同意这个论点。经过争论,会议最后通过的宣言作了重大修改。同时,中共代表团又通过《关于和平过渡问题的意见提纲》,全面阐述了中共对这个问题的观点,作为备忘录,提交苏共存案备查。双方在这个问题上的分歧,日后也发展成为两党关于国际共运论战的内容之一。

在会议期间,毛泽东于11月17日会见了在莫斯科的中国留学生、实习生。人民日报驻莫斯科记者对此作了如下报道:

毛主席首先向留学生、实习生问好,然后向他们说:世界是你们的,也是我们的,但归根结底是你们的。你们青年人朝气蓬勃,正在兴旺时期,好像早晨八九点钟的太阳,希望寄托在你们身上。毛主席非常有风趣的话引起了大家的笑声和掌声。

接着毛主席在讲话中给大家谈了当前国际形势，他首先指出，十月社会主义革命是人类历史上一个转折点；两个人造卫星上了天，68个国家的共产党到莫斯科来庆祝十月革命节，这是一个新的转折点。社会主义力量超过了帝国主义力量。我们社会主义阵营要有个头，这个头就是苏联，敌人也有一个头，就是美国。如果没有头，力量就会削弱，毛主席说，世界的风向变了。社会主义阵营和资本主义阵营之间的斗争不是西风压倒东风，就是东风压倒西风。现在全世界共有27亿人口，社会主义各国的人口将近10亿，独立了的旧殖民地国家的人口有7亿多，正在争取独立或者争取完全独立以及不属于帝国主义阵营的资本主义国家人口有6亿，帝国主义阵营的人口不过4亿左右，而且他们的内部是分裂的。那里会发生"地震"。现在不是西风压倒东风，而是东风压倒西风。毛主席说到这里，大厅里响起了一阵暴风雨般的掌声。

然后毛主席又谈了国内的情况。他说：真正的彻底的社会主义革命不是一朝一夕可以成功的。在我国真正的社会主义革命的胜利，有人认为在1956年，我看实际上是在1957。1956年改变了所有制，这是比较容易的，1957年才在政治上、思想上取得了社会主义革命的胜利。他说，现在右派是打垮了，我们工作中的缺点还是有的。这次整风是件很大的事，我们要认真地改。世界上怕就怕"认真"二字，共产党就最讲"认真"。

最后，毛主席再次祝贺大家，向大家说，世界是属于你们的。中国的前途是属于你们的。

……

毛主席走到后院的学生俱乐部，那里聚集着大礼堂容纳不下的中国留学生。毛主席向他们问好。这时几百双眼睛望着毛主席，好像同时在说：我们刚才只能从麦克风里听到你的讲话，现在再给我们讲两句吧！"我只给你们讲三句，"毛主席望着大家微笑地说，"第一，青年人既要勇敢又要谦虚；第二，祝你们身体好、学习好、将来工作好；第三，和苏联朋友要亲密团结。"[14]

随从毛泽东去莫斯科的卫士张仙朋，回忆了11月17日毛泽东会见中国留学生的情景。他说：

1957年11月17日晚，我亲自听了毛主席在莫斯科会见我国留学生和实习生的谈话。

这次会见是在莫斯科大学的礼堂。大家为了聆听毛主席的教诲，很早就来到了这里。当毛主席红光满面健步登上讲台时，台下立时沸腾起来，爆发出经久不息的掌声。毛主席看到台下欢腾的青年一代，心情非常兴奋，不断挥手向大家致意。台下传来衷心的问候："毛主席身体好吧！"毛主席笑着说："还可以。"又是一阵热烈的掌声。接着毛主席问："有没有湖北人？"台下人群中答道："有。"毛主席风趣地说："我游过你们的长江。"毛主席又问："有没有湖南人？""有。"毛主席又说："我游过你们的湘江。"毛主席再问："有没有广东人？""有。"毛主席又说："我游过你们的珠江。"

随后，在雷鸣般的掌声中，毛主席发表了著名的谈话。毛主席说："世界是你们的，也是我们的，但归根结底是你们的。你们青年人朝气蓬勃，正在兴旺时期，好像早晨八九点钟的太阳。希望寄托在你们身上。""世界是属于你们的，中国的前途是属于你们的。"礼堂里震耳欲聋的掌声一阵接一阵。当时，莫斯科的天气是冰冷冰冷的，但中国留学生和实习生的心，却像火一样地热。

毛主席从莫斯科大学回来后，对我说："明天要开大会，我要在会上讲话，今天争取早点睡觉。现在我还得看个文件，过一会儿，你就来催我。"一个小时后，我去催主席睡觉，他说还没睡意，让我陪他说说话。当他听说我还在写日记时，就要我的日记看。主席翻看了我的几篇日记，随即拿起钢笔在我的日记本上写了几首古典诗词，两首是王昌龄的《从军行》，一首是辛弃疾的《摸鱼儿》，还向我讲解了诗词的意思。这时，已是下半夜了，我看主席有些困倦，又劝他休息。他摇摇头，又继续看我的日记。我11月7日写一则《心愿》，其中有"当明月刚入晨霞，毛主席方才睡下。但愿他，梦中无忧，醒后精神焕发……"的句子。主席看到这里，不禁笑了，诙谐地说："这是你的心愿，那好吧，现在就睡觉。"我给他关灯时，他又关切地说："你也抓紧去睡。今天晚上开会我讲话，你也去听听。"〔15〕

11月20日，苏方安排毛泽东和宋庆龄副主席在克里姆林宫同苏联各界著名人士会见。同日，苏共中央主席团在克里姆林宫叶卡捷琳娜大厅为各国党的代表团举行隆重的送别宴会，气氛非常热烈。毛泽东与赫鲁晓夫在主宾席正中并坐。

毛泽东祝酒说："谢谢苏共中央和苏联政府的邀请。谢谢今天招待我们这么多好吃的东西。我们开了两个很好的会，大家要团结起来，这是历史的需要，是各国人民的需要。"毛泽东略一停顿，用诗词比喻了共产党人的团结。他说："中国有首古诗：两个泥菩萨，一起都打碎，用水调和，再做两个。我身上有你，你身上有我。"

宴会厅响起热烈掌声。赫鲁晓夫举起酒杯，一边喝彩，一边在毛泽东的酒杯上碰出清脆的一声响。

毛泽东在第二次访苏期间，在各种场合同赫鲁晓夫的交谈是比较多的。他从历史的需要和当时形势的需要出发，站在各国人民利益的高度，对赫鲁晓夫既有适当的支持，也有中肯的批评。

　　毛泽东还讲："赫鲁晓夫有胆量，敢去碰斯大林"，"尽管他们采取的方法不好，可是揭了盖子，搬掉了多年来压在人们头上的大石头"，"这确实需要点勇气"。同时认为，"赫鲁晓夫这个人也能捅娄子"，"多灾多难"，"可能日子也不太好过"。

　　当时也在苏联访问的海军司令员萧劲光大将回忆说：

　　11月7日是苏联十月革命40周年的纪念日。中共中央决定由毛泽东主席率领党政代表团赴莫斯科参加庆祝活动。党政代表团的主要成员有宋庆龄、邓小平、李先念、乌兰夫、杨尚昆、胡乔木、陆定一等同志。同时，还派出了军事友好代表团。军事友好代表团是10月下旬组成的。团长彭德怀，副团长叶剑英，成员有总参谋长粟裕、总政治部主任谭政、装甲兵司令员许光达、空军司令员刘亚楼、炮兵司令员陈锡联、总后勤部长洪学智、总政副主任刘志坚、军委办公厅主任肖向荣、空军副司令员刘震等同志和我。

　　我们军事友好代表团组成后，先到东北地区参观了苏联帮助援建的大型工业项目，这对代表团的南方人来说也是适应一下北方的气候。代表团于11月初抵达莫斯科，此时，莫斯科的天气已经是滴水成冰了，比起北京来更是寒冷异常。

　　我们代表团到达莫斯科之时，毛主席率领的中国党政代表团和其他各社会主义国家的代表团也都先后到达。6日，中国党政代表团和军事友好代表团参加了庆祝十月革命40周年纪念大会。会上，毛主席讲了话。主席的讲话获得了阵阵热烈掌声。7日上午，在红场上举行了盛大的阅兵典礼，我们军事友好代表团成员都参加观礼。阅兵式上展现了苏军的建设成就，特别是各式导弹，使我们代表团成员们大开眼界。这使我更加感到由列宁缔造的第一个社会主义国家在战后十余年的恢复和建设中，尤其是与我1952年访苏看到的情况相比，近几年国防力量发展的速度确实是惊人的，昔日那种落后的景象已一扫而光了。相比之下，我们虽然取得了不小的成绩，但差距仍然是很大的。当时我曾暗下决心，一定要努力奋斗，尽快缩短差距。红场阅兵的当天晚上，苏联领导人在克里姆林宫举行盛大招待会。毛主席率领的中国党政代表团和彭德怀、叶剑英率领的中国军事友好代表团，还有中国劳动人民代表团的全体成员均参加了此次盛大国宴。

　　……

　　我们军事代表团在苏联期间，正值毛主席率中国代表团参加莫斯科64国共产党和工人党会议。当时，我和空军司令刘亚楼到毛主席的住处看望了他老人家。记得主席正在吃饭，他指着桌子上的牛排问：你们吃不吃？我说我已经吃过饭了。之后，毛主席问我：你还晕船吗？问刘亚楼：你还晕飞机吗？我说好多了。毛主席风趣地说：海军司令晕船，空军司令晕飞机，这就是我的干部政策。后来才知道，在这次莫斯科会议上，毛主席率领的中共代表团与苏联领导人赫鲁晓夫发生了重大矛盾，为争取在马克思列宁主义基础上的无产阶级国际团结做了大量工作。

结束在苏联访问之后，我们于12月1日返回北京。

回到北京后，我即将这次访问苏联期间与苏海军方面商谈的情况向海军常委们作了汇报。大家一致认为，尽快获得新技术对于我们海军建设来说已成为极为重要的问题，而且事不宜迟，越快越好。于是，我们经过认真讨论研究、仔细论证之后，在1958年4月，以我、政委苏振华、副司令员罗舜初3人的名义向国防部长彭德怀和军委写了报告。我们在报告中提出：目前，苏联已有若干的舰艇，如潜艇、鱼雷艇、反潜艇的动力和结构已有新的改进，已试验成功几种潜艇、鱼雷艇用的火箭、导弹武器。在我国第一个五年计划期中，苏联所供给的五种舰艇基本由新的设计所代替。在目前的情况下，我们基本上已不宜继续按照这些老资料进行建造，而急需获得苏联建造新的舰艇设计图纸及建造各种新的机械武器的资料，以便使我们少走弯路，避免某些不必要的浪费，并尽早获得较新较现代化的装备，可携带火箭、导弹的潜艇、快艇。同时建议以我国政府名义向苏联政府提出请求。

彭德怀和军委其他领导同意我们的意见并很快将报告转呈周总理。总理十分关心海军建设，对我们所提建议给予了很大的支持。他亲自给苏联领导人赫鲁晓夫发了电报。总理在电报中提出：希望苏联政府对我国海军建设上给予新的技术援助。在可能的条件下，有计划地有步骤地供给我们建造新型的战斗舰艇和可以携带火箭、导弹武器的舰艇的设计图纸，以及制造这些舰艇的有关机械部件、材料、无线电技术器材和新武器等设计图纸、必需的计算资料。

9月8日，苏联领导人赫鲁晓夫给总理回电，同意给我国今后海军建设事业提供技术援助，并提议派代表团进行商谈。

根据赫鲁晓夫致总理的电报，我们进行了认真讨论研究，确定了代表团赴苏谈判的原则，应本着毛主席的指示精神，以自力更生为主、争取外援为辅的方针，凡自己能够解决的问题，自己解决。新的海军尖端武器，目前我们尚不能解决，须请求苏联给予技术援助，并拟定了代表团赴苏商谈的主要内容及代表团成员名单。经报请总理批准后，于1958年11月派出了以海军政治委员苏振华为团长，一机部副部长张连奎、二机部副部长刘杰、海军副司令员方强为副团长的专家代表团赴苏谈判。

代表团在苏振华领导下，在苏联期间经过三个多月的紧张工作，与苏方人员进行了数次商谈后，其中一些重大问题及时报告了军委和中央领导，并经毛主席和周总理批准，于1959年2月4日与苏联签订了海军技术协定，这就是海军通常所说的"二·四"协定。[16]

长波电台和共同舰队风波

1958年是中苏关系破裂的开端。毛泽东后来说过：事实上同苏联闹翻是1958年，他们要在军事上控制中国，我们不干。

1957年11月彭德怀率军事代表团赴莫斯科，主要的目的是想与苏方把1955年以来同赫鲁晓夫商谈的中苏军事合作的某些主要问题落实下来，以加速国防现代化。其中主要包括建立中国原子能工业、生产原子武器、原子武器运载工具即导弹，建立军事航空工业及舰艇建造等。赫鲁晓夫与彭德怀谈话，基本同意了彭的要求，并商定，由双方有关军事部门协商解决，原则上决定苏联在远东的海、空军将同中国合作。

但是，赫鲁晓夫却将中国希望合作的愿望当作插足中国的机会。

1958年4月，苏联国防部长马利诺夫斯基致函彭德怀，提出在中国建立用于潜艇舰队海上通讯联络的长波电台，苏联出费用7000万卢布，中国出3000万卢布，建成后归苏联控制，6月，中共中央复电苏方，表示建台可以，一切费用由中国负担，可以共同使用，但所有权为中国。

7月，苏驻华大使尤金在答复中国希望苏联提供原子潜艇问题时，又提出了要搞中苏共同舰队的意见，同刘少奇谈了又同毛泽东谈。毛泽东当场拒绝了这一无理要求，他生气地说：打起仗来，苏联军队可以过来，中国的军队也可以到苏联去，我们是同盟国，可是搞共同舰队，就是要控制，要租借权。提出所有权各半，是政治问题。要讲政治条件，半个指头也不行。你们可以说我们是民族主义，又出现了第二个铁托。如果你们这样说，我也可以讲，你们要把俄国的民族主义扩大到中国的海岸。毛泽东要尤金大使把他的话如实地向赫鲁晓夫汇报，不要粉饰。

赫鲁晓夫收到尤金的报告后，急忙于7月31日来到中国，同毛泽东会谈。当时负责翻译工作的李越然，回忆了毛泽东同赫鲁晓夫这次会谈的整个过程。会谈中毛泽东断然拒绝了长波电台和共同舰队的提议。两人还谈了国际形势及中国正在展开的"大跃进"等问题。李越然写道：

1958年7月29日，阎明复从居仁堂那边给我打来一个电话。他是中办翻译组长。我在国务院外事办公室，地点在中南海丙区，就是紫光阁那边。

"李兄，有要紧事情。"我比明复年龄大些，他称我李兄，"你赶紧过来。"

"什么事？"我问。

"有重要工作。你赶紧过来，杨主任找你。"

我赶到居仁堂，明复同志向我介绍情况：

苏联方面通过驻华大使尤金求见毛泽东，表达了苏联领导的一个意思：希望与中国搞个联合舰队。尤金第一次来谈，毛泽东便严肃地问他："你们是什么意思？为什么要这么个搞法？"尤金解释不清。毛泽东有些恼火，谈话的情绪是激烈的。

尤金把毛泽东的反应即刻报告了莫斯科。接到尤金的报告后，赫鲁晓夫决定自己来北京。

他走得相当匆匆，直至到莫斯科机场前，才通知中国大使去送行。

阎明复告诉我说："尤金两次来，都没有讲清楚，主席很火。赫鲁晓夫马上就要到，杨主任让你参加翻译工作，所以找你来。"

我们一道来到中共中央办公厅主任杨尚昆办公室。杨主任把主席和尤金的谈话过程又介绍一遍。

听了情况介绍，我预感到将有一场大的争论。

隔一天，7月31日，赫鲁晓夫便来了。我随毛泽东到南苑机场，参加迎接的还有刘少奇、周恩来、邓小平等中央领导人。

在候机室等候时，气氛比较严肃，不像过去那么轻松愉快。大家很少说话，毛泽东也不像过去喜欢和尤金谈论哲学，这次没多少话谈。

赫鲁晓夫乘坐的"图104"客机缓缓落下，我方领导人迎上去。没有红地毯，没有仪仗队，也没有拥抱。毛泽东只是同赫鲁晓夫握手致意，互相寒暄着走进会客室。

在会客室稍坐片刻，毛泽东一般介绍一下国内情况，记得只说了一句："我们现在确实是出现了大跃进，农村形势很好。"

刘少奇同志接过来说："我们现在发愁的不是粮食不够吃，而是粮食多了怎么办？"

赫鲁晓夫露出一种异样的笑容，眯细了眼说："那好办，粮食多了你们不好办，可以给我们。"

没多谈，宾主便乘车从南苑直接驶入中南海。

毛泽东陪赫鲁晓夫走进颐年堂，邓小平和杨尚昆参加会谈，刘少奇和周恩来没参加。

"路上还好吧？"毛泽东随便问一声。

"还好。"赫鲁晓夫点头，"你健康吧？"

"自我感觉良好。"毛泽东请赫鲁晓夫坐下，自己也坐下，点燃一支烟后，说，"尤金向我讲了，你们有那么个意思，但说不清你们究竟是出于什么考虑。所以我想听听你的想法。你自己来了，这很好，我们欢迎。我们一起谈谈好。"

回忆这次会谈，大致的内容如下：

"尤金没讲清楚。"赫鲁晓夫首先埋怨尤金，说他可能没有听明白苏联领导的意思。然后说明自己的想法。意思是：根据一项协定，苏联的飞机可以在中国的机场停留加油。现在苏联的远程潜艇开始服役了，而且苏联的舰队现在正在太平洋活动，而他们的主要基地在符拉迪沃斯托克（海参崴）。此前中国已经提出要求，请苏联把潜艇的设计图纸交给中国，并教会中国同志建造潜艇的技术。现在台湾海峡局势紧张，美国第七舰队活动猖狂，苏联舰队进入太平洋活动是为了对付美国的第七舰队。远程潜艇服役后，需要在中国建一个长波电台云云。赫鲁晓夫打着手势讲了有十几分钟，加上我们翻译，就讲了有半个多钟点。毛泽东神色肃穆地静听。赫鲁晓夫以为毛泽东听得仔细，越讲情绪越高，有些得意。

突然，毛泽东抬手做个果断而简洁的打住的手势，只说了一句话："你讲了很长时间，还没说到正题。"

赫鲁晓夫一怔，随即显出尴尬："是呀是呀，你别忙，我还要继续讲，继续讲下去……"他强作笑脸，有些不自然。"尤金告诉我了，您很火。尤金没讲清楚。我们只是有个想法，想跟你们商量……"

毛泽东不耐烦赫鲁晓夫的遮遮掩掩，绕山绕水，便语锋犀利地直戳要害："请你告诉我，什么叫共同舰队？"

"嗯、嗯，"赫鲁晓夫支支吾吾，憋出一句显然是不着边际的解释，"所谓共同嘛，就是共同商量商量的意思……"

"请你说明什么叫共同舰队。"毛泽东抓住要害不放。

"毛泽东同志，我们出钱给你们建立这个电台。这个电台属于谁对我们无关紧要，我们不过是用它同我们的潜水艇保持无线电联络。我们甚至愿意把这个电台送给你们，但是希望这个电台能尽快地建起来。我们的舰队现在正在太平洋活动，我们的主要基地……"

毛泽东越听越恼火，愤然立起身，指着赫鲁晓夫的鼻子，声色俱厉："你讲的这一大堆毫不切题。我问你，什么叫联合舰队？"

我见此情景，在译语的使用上力求准确地表达主席的情感，使赫鲁晓夫充分感到问题的严肃性。

赫鲁晓夫脸涨红了。看得出，他心里很不是滋味，可又不能自圆其说，始终处于答辩地位，仍然搪塞道："我们不过是来跟你们共同商量商量……"

"什么叫共同商量，我们还有没有主权了？你们是不是想把我们的沿海地区都拿去？"毛泽东愤怒之中不乏自信的嘲意，"你们都拿去算了！"

陪同赫鲁晓夫参加会谈的苏联副外长费德林用俄语从旁提醒赫鲁晓夫："毛泽东可真动火了！"

赫鲁晓夫耸耸他的双肩，一双细小而敏锐的眼睛眨两下，锋芒稍纵即逝，摊开了两只胖而小的手，带着鼻音嘟囔着："我们没有这个意思，不要误解。我们在家里已经商量过了，现在是和我们的中国同志商量，就是要共同加强防御力量……"

"你这个意思不对。"毛泽东重新坐下，他至此还没有附和过赫鲁晓夫一句。去年的莫斯科会议上，毛泽东还注意选择一些有共同点的问题谈谈。这次不然，抓住要害不放。"你明明是搞联合舰队！"

赫鲁晓夫皱起眉头，提高一些音调："我们只不过是来跟你们一块商量商量，没想到引起你们这么大误解。"说着，赫鲁晓夫愤怒地连连摇头，"这就不好商量不好办了。"

毛泽东去年对哥穆尔卡说过："苏联有多少力量，你我有多少力量？"中国海军创建不到10年，还只处于沿海防御阶段，怎么可能平等地和苏联搞什么联合舰队？何况，苏联如果在中国搞海军基地，这是关系到国家主权的大问题！中国自己的事要自己做主，任何外国的一兵一卒也不许在中国的土地上立足。这是我们党一贯的鲜明立场。

赫鲁晓夫曾多次责怪埋怨尤金不会办事，现在这样收场他大约也感到不好下台，想了想，又建议："毛泽东同志，我们能不能达成某种协议，让我们的潜水艇在你们的国家有个基地，以便加油、修理、短期停留等？"

"不行！"毛泽东断然拒绝，把手从里向外拂开，"我不想再听到这种事！"

"毛泽东同志，大西洋公约组织国家在互相合作和供应方面没有什么麻烦，可是我们这里竟连这样的一件事情都达不成协议！"赫鲁晓夫微露愤懑，他在不高兴或愤怒时，眼睛便眯细成一条线，目光像被聚光之后凝成犀利的一束。

毛泽东反而坦然了，甚至轻悠悠地吸起了香烟。大概他的目的达到了：弄清苏联人的真实想法，并且抓住时机把态度明确告诉他们，涉及主权的大事，是不行的！

赫鲁晓夫已经不再眯眼，表情恢复了平和。毕竟是位大国领导人，他的意志也足够坚强，他忽然一笑："为了合情理，假如你愿意的话，毛泽东同志，你们的潜艇也可以使用我们的摩尔曼斯克作基地。"

"不要！"毛泽东吮吮下唇，淡淡一笑，换了一种慢条斯理的声音说，"我们不想去你们的摩尔曼斯克，不想在那里搞什么名堂，也不希望你们来我们这儿搞什么名堂。"经过这场激烈的争论，结果赫鲁晓夫表示："你们不理解，我们也不提了。"

"不同意就不同意吧。"赫鲁晓夫不再抱任何希望，但是心里又憋得发胀，兀自用抱怨的口气嘟哝着，"为什么要这样误解我们呢？毛泽东同志，你是知道的，我们苏联是对你们中国做出了许多援助的。1954年我到这里来，我们把旅顺港归还中国，放弃了在新疆成立的联合股份公司中的股份，这比你和斯大林所签协定规定的日期提前了25年，而且我们还增加了对你们的经济援助……"

"这是另一个问题。"毛泽东口气也变得缓和了，"我们感谢你们的援助，但这是另一个问题。"

在颐年堂的这次会谈是一下飞机就开始的，可见毛泽东的重视。他对中国的主权问题毕生都格外珍重。

第二天，毛泽东在游泳池等候赫鲁晓夫，准备第二次会谈。

我先到了，见毛泽东已经换了游泳裤，穿了一件浴衣正在做准备活动。我走过去问候，在谈起昨天的现场气氛时，主席说："对赫鲁晓夫这个人，该碰的地方就得碰碰他，当然也不是什么都去碰他。"

这是室外游泳池，白瓷砖在阳光下亮得耀眼。旁边摆了藤椅。藤桌上有茶水和香烟，藤椅摆放的格式是准备会谈的样子。

刘少奇、周恩来、邓小平等中央首长来了，他们显然也是来参加会谈的，阵容比昨天大。毛泽东随便穿一件浴衣，光脚踩一双拖鞋，另外三位首长衣着整齐。

毛泽东聊天中照例是讲辩证法，那段时间他经常讲辩证法："我们都要学点唯物论、辩证法。这里可有学问哩！客观事物复杂着呢，一切都处于运动中，一切都在变化，一成不变的东西是没有的……"

聊天一般毛泽东讲的多些，其他人偶尔插几句话。

赫鲁晓夫到了。

毛泽东就那么穿着浴衣，踩着拖鞋同他握手寒暄几句。赫鲁晓夫知道毛泽东有夜里工作的习惯，问："你睡了会儿吗？"

毛泽东不加掩饰地说："心里有事，睡不着。"

他们在藤椅上坐下来，开始第二次会谈。

关于建长波电台和共同舰队的问题已经在昨天被毛泽东断然拒绝了，今天未再谈这个事，转而谈国际形势，对于国际形势的看法双方不是分歧很大，反对帝国主义双方是共同的。赫鲁晓夫既然不再要求建联合舰队，无求于人便主动许多，谈话口气也比昨天大了。

谈到苏共"二十大"批判斯大林的事，赫鲁晓夫对中共就此事所做的反应不满，说："你们为什么往我们后院抛石头？"

毛泽东微笑着，心平气和又十分坚定地说："我们不是抛石头，我们是抛金子。"

赫鲁晓夫表现出同样的坚定，断然道："别人的金子我们是不要的！"

毛泽东仍然是面带微笑，平声静气："不是你要不要别人的金子的问题，是我们要助你们一臂之力！"

赫鲁晓夫没再说什么。

从国际形势又谈到中国国内形势，谈到中国的"大跃进"。

赫鲁晓夫摇头说："你们这个大跃进，我们还是不理解。我们认为有超越阶段，忽视规律的情况。"

从大跃进谈到人民公社。毛泽东说："人民公社一大二公。大，就是联合的生产合作社多，人多力量大；公，就是社会主义因素比合作社多，把资本主义的残余逐步去掉。这是人民群众自发搞起来的，不是我们从上面布置的。"

赫鲁晓夫仍然摇头。"这些我们就搞不清楚了，只有你们自己清楚。总之你们这儿搞的一切都是中国式的，你们比我们更清楚。"讲到这里，赫鲁晓夫将话锋一转，说，"对亚洲，对东南亚，应该说你们比我们清楚。我们对欧洲比较清楚。如果分工，我们只能多考虑考虑欧洲的事情，你们可以多考虑考虑亚洲的事情。"

这种近乎"划分势力范围"的谈话，自然又遭到毛泽东的反对。他做个手势说："这样分工不行，各国有各国的实际情况，有些事你们比我们熟悉一些，但各国的事情主要还是靠本国人民去解决。每个国家都有各自的实际情况，别的国家不好去干涉。"

赫鲁晓夫无奈地望着毛泽东，无论如何，他们始终谈不到一起。

"今天就谈到这里吧？"毛泽东提议，"我们游游泳，凉快凉快。"〔17〕

8月3日，赫鲁晓夫返回莫斯科。毛泽东到机场送行。

"长波电台"和"共同舰队"事件，集中反映了苏共的大国主义和老子党作风恶习未改。在中苏两党的长期历史积怨没有得到彻底了结之前，这一事件的发生无疑起了雪上加霜的作用，严重地伤害了中国人民的民族感情。

这一事件受挫，也使赫鲁晓夫大为恼火。他在东西方的多方斡旋中稳住了阵脚之后，自认为可以无求于中国，便采取了政治高压和经济高压并用的惯技，企图使中共和毛泽东就范，从而导致了中苏两党、两国关系的破裂。

中苏破裂

1959年9月底10月初，赫鲁晓夫来中国出席国庆10周年招待会，并同毛泽东等中国领导人举行会谈。这次会谈不但未能解决双方任何分歧，反而加深了矛盾。

关于1959年这次会谈，毛泽东在1963年回顾说，1959年赫鲁晓夫在印度问题上对我们施加压力，他们单独发表了一个声明，名义上是中立，实际上是偏袒印度，谴责中国。他从戴维营回来就来教训我们，那一次也是谈得不欢而散。

中苏关系在1959年继续走下坡路。

6月20日，苏共中央致函中共中央，以当时苏联与美国等西方国家正在日内瓦谈判关于禁止试验核武器的协议，怕西方国家知悉苏联正在新技术方面援助中国，"有可能严重地破坏社会主义国家为争取和平，缓和国际紧张局势所作的努力"为"理由"，提出中断向中国提供原子弹样品和生产原子弹的技术资料，从而单方面撕毁了1957年10月15日签订的国防新技术协定。停止向中国提供原子弹样品和资料，实质上是赫鲁晓夫对1958年毛泽东拒绝苏方在中国建立长波电台和共同舰队要求的报复，同时也是赫鲁晓夫即将访问美国，同艾森豪威尔总统会谈进行交易的需要。

9月，苏联在中印边界冲突问题上将中苏分歧公开化。1959年中国发生西藏武装叛乱事件后，达赖喇嘛逃往印度。中国边防军平叛作战进驻山南边境要地。印军于8月越过麦克马洪线的实际控制线，向北面中国西藏境内推进，与中国边防部队发生了武装冲突。苏联为了其自身南亚战略的需要，不顾事实真相与是非，由塔斯社于9月9日发表关于中印边境事件的声明，对中印冲突表示遗憾，从而把中苏分歧公开于世。

当时，印度已经取得独立，得到苏联的全力支持和援助。毛泽东在处理中印问题时，十分谨慎，力避使冲突升级和扩大化。苏联则利用这一事件大做文章，企图陷中国于被动。

吴冷西回忆说：

1959年4月19日是星期日，天和日暖，我大清早就同家人一起去香山郊游，中午在香山饭店吃饭和休息。

......

正在这时候，服务员来要我接电话。我一时有些纳闷，怎么电话打到香山来找我了？我接上电话，才知道是中南海总机打来的，说毛主席的秘书罗光禄同志找我说话。这时我心里想，中南海的总机话务员真了不起，居然能打听到我在香山饭店。罗光禄同志的电话很快接通，他通知我说，毛主席要我马上回城参加会议。这样一来，午睡不成了，我马上坐车回城，直奔中南海。这时已是下午3点多了。

当我走进颐年堂的时候，毛主席冲着我说：一说曹操，曹操就到。你到哪里去了？上午通知下午3点开会，找了半天才找到你。我赶忙说：我一清早上香山去了，刚才接到开会的通知就马上回来。

毛主席接着说：昨天（4月18日）印度官员散发了一个达赖喇嘛关于西藏叛乱的《声明》，我们要抓住这个机会开始反击，找你来是要你立即起草一篇评论。我问：评论着重讲哪些观点？毛主席说，刚才同总理他们议了议，可以着重从三个方面批驳所谓"达赖喇嘛声明"：

第一，《声明》从"西藏独立"说起，反映了英帝国主义历来的梦想，要把西藏从中国分裂出去。

第二，《声明》说人民解放军在西藏违反1951年关于西藏和平解放的十七条协议，但又举不出任何事实。我们要指出，过去8年中，西藏地区的一切政治制度、社会制度和宗教制度，仍然同和平解放以前一样，没有任何改变；西藏内部的事务，几乎没有一件不是经由原西藏地方政府负责进行的；中央人民政府还宣布1962年以前不进行民主改革。

第三，《声明》歪曲了3月10日至19日发动叛乱的经过。我们可以根据达赖喇嘛3月10日以后给中央驻藏代表谭冠三将军的三封信来说明：达赖喇嘛是被反动分子包围，并在3月17日被劫持走的。《声明》中也说是"顾问们认识到"达赖喇嘛及其家属和官员"离开拉萨成为十分紧迫"。

周总理还补充说，《声明》行文不用第一人称"我"，而用第三人称"他"，完全不是西藏文体，而是像英皇诰示那样的文体；《声明》用的某些观念和词句也是外国的；散发这声明的又是印度官员。我们要指出，这些都表明《声明》不是达赖喇嘛本人的，而是别人强加于他的。评论中可以揭露这点。

少奇同志还谈到，评论要提出质问：现在发表这个声明，究竟想干什么？可以点出他们这样做是下决心同中国对抗。

会上还提出有关西藏叛乱和中印关系的一些其他意见。最后毛主席提出，时间不早，会议至此结束。他要我当天晚上把评论起草出来，他夜里等着看。

我散会后即回新华社起草评论，晚饭后继续写，完稿并打出清样送中南海，已是20日凌晨3点多了。

第二天（4月20日）下午，毛主席找我和胡乔木一起到他家里去，先把他修改过的清样给我们看，其中主要是加了一段话，即："现在西藏的这一个叛乱班子，完全是英国人培养起来的。印度的扩张主义分子继承了英国的这一份不光彩的遗产，所以这个班子中的人们的心思，是里通外国，向着印度，背着祖国的。你看，他们双方是何等亲热呵？简直是卿卿我我，难舍难分。"毛主席还要胡乔木和我对评论中的某些措辞再斟酌修改。胡乔木和我在主席的卧室里当场作了一些修改，然后请主席审定。毛主席看了我们的修改，最后提出，这篇评论要今天马上发表，而且可以署名为"新华社政治记者评论"，这样的形式会引起人们的重视。题目仍然是《评所谓"达赖喇嘛的声明"》，由新华社今晚先发，《人民日报》第二天（4月21日）登在第一版头条位置。以达赖名义发表的《声明》也全文发表。我赶紧回新华社布置翻译和发稿。

隔了一天，4月22日，毛主席又在他家里召开政治局常委会议，我也列席了。毛主席在会上说，现在宣传上集中反击印度的反华言行。《人民日报》的版面要调整，集中反映有关西藏叛乱的问题，宣传我们迅速平定叛乱以及目前正在采取的民主改革措施。印度官方的和非官方在西藏叛乱问题的反华言行，都要陆续发表。国际上支持我们的言论也要发表。从3月17日起，尼赫鲁仅在议会中就发表了五六次讲话，我们一直保持沉默，为的是看看他要走多远，有意后发制人，现在可以回答他了。人民日报要抓紧写出评论尼赫鲁讲话的文章，经中央讨论后发表。

毛主席这里提出人民日报抓紧起草的文章，是4月初在杭州一次常委会议上指示我着手准备的。

本来，早在3月10日，西藏少数上层反动分子策动在拉萨聚众闹事，中央得报后指示中央驻西藏工作委员会加强戒备，严阵以待，不打第一枪。毛主席当时不在北京（他在第二次郑州会议后即于3月上旬南下武昌），他在3月12日至15日连续三次打电报向中央提出他的看法，认为拉萨上层反动集团可能认为我们软弱可欺，闹事可能扩大，我们不得不准备提前实行民主改革。他建议我们在西藏军事上采取守势、政治上采取攻势，分化上层、教育下层，准备应对爆发叛乱，并请中央考虑对达赖可能出走采取何种措施。他还赞成中央以中央驻藏代表谭冠三将军名义写信答复达赖在3月10日以后的三次来信，宽大为怀，希望达赖实践历次诺言，与中央同心。

少奇同志于3月17日召开政治局会议，讨论西藏藏军积极准备叛乱的紧急情况和毛主席的建议。会上，少奇同志和小平同志讲到，我们和平解放西藏已经8年。过去没有进行民主改革，主要是等待上层人物觉悟。现在一些上层人物要叛乱，这逼得我们不得不进行改革。当前首先是准备坚决平息叛乱，改组西藏地方政府，改组藏军，实行政教分离，然后全面实行民主改革。会上大家同意中央常委的意见并讨论了对达赖本人的方针。比较一致的意见是：最好设法使达赖留在拉萨，如果做不到，他硬是出走，这也没有什么不得了。因为现在我们工作的立足点已不是等待原来西藏地方政府的一些上层分子觉悟，而是坚决平叛，全面改革。对此，少奇同志、周总理和小平同志着重加以解释。周总理还指出，这次事件同印度当局有关，英国和美国政府在幕后很积极，支持印度当局，把印度推到第一线。叛乱的指挥中心在印度的噶伦堡。在会议结束前，中央得悉达赖已离开拉萨，当即决定增调部队入藏，准备对付可能发生的叛乱，但方针仍是绝不打第一枪。

3月19日晚，西藏叛国集团发动叛乱。中央即指示驻藏人民解放军于3月20日进行坚决反击，迅速平定叛乱，并开始实行民主改革。

毛主席从武昌到上海，先开政治局常委会，然后于3月25日至4月5日召开政治局扩大会议和七中全会。我3月23日到达上海时，大家议论集中于西藏叛乱。会议的第一天，毛主席宣布这次会议着重讨论人民公社和1959年工农业生产计划指标问题，同时要小平同志把中央常委对西藏叛乱和中印关系的意见向会议通报。小平同志传达中央常委的意见是：

第一，要理直气壮，坚持平息叛乱。因为8年来中央和入藏部队执行和平解放西藏的协议，而西藏上层叛乱集团却撕了协议，背叛祖国，武装反抗中央，进攻人民解放军。

第二，要声讨西藏上层叛乱集团，但对达赖还要留有余地，还是用"叛乱集团劫持达赖"的说法，同时宣布由班禅出任西藏自治区筹备委员会的代理主任（原主任为达赖）。

第三，现在我们的口号是建设民主和社会主义的新西藏。要重新起草西藏自治区章程，要进行民主改革，要建设社会主义，这些都要理直气壮地宣传。

第四，现在暂不公开点印度当局（尼赫鲁为代表）的名。毛主席说让它多行不义。中国古语说，"多行不义必自毙"，现在让印度当局多行不义，到一定时候我们再跟它算账。尼赫鲁关于西藏叛乱的一些讲话，也暂不报道，因为报道了就要反驳，现在还不到跟他辩论的时候。要看一看再说，这是留有余地。与此相关，印度噶伦堡是这次叛乱的指挥中心，也暂且不提。这同样也是因为提了就要同印度政府交涉（后来在3月28日的新闻公报中只提到1955年的叛乱分子的活动中心是噶伦堡，印度官方即多方辩解）。

小平同志传达后，就指定我同有关同志起草一个新华社关于西藏叛乱事件的新闻公报。我们起草后经乔木同志修改即送中央常委审阅。毛主席于27日在草稿上作了多处修改，并请其他常委同志以及乔木和我在文字上再加斟酌。新华社在3月28日广播了这份公报，《人民日报》29日刊出。这以后，毛泽东多次批示要我注意印度官方的反应，并考虑加以报道。

上海会议结束后，毛主席到杭州。我随周总理也去杭州，任务是参加修改准备在第二届全国人民代表大会第一次会议上，周总理作的政府工作报告和李先念副总理的预算报告。4月8日，毛主席在杭州西湖的西南岸刘庄别墅，召开中央常委会议。会上，大家对周总理的报告稿意见不多，很快就定稿了。毛主席在会上强调要马上准备对西藏叛乱事件以及印度当局的态度发表评论。他指出，此事国内国外都很关心，估计这次全国人民代表大会中大家要议论。毛主席说，《人民日报》要着手准备一篇比较充分的、把问题展开来讲的社论。现在英国、美国和印度都在吵吵嚷嚷，搞反华大合唱，支持西藏上层叛乱集团，反对我们平叛。我们要沉着应战，要准备在宣传上加以反击。回北京后就着手准备。

4月13日回到北京后，周总理具体布置我着手起草评论，他由此想到并确定成立一个国际问题宣传小组，由我和乔冠华（当时是外交部部长助理）负责，吸收张彦（中央外事办公室副主任）、姚溱（中宣部国际宣传处长）和浦寿昌（总理的外事秘书）等参加，直接归他和小平同志领导，每周或半月在人民日报社开会，讨论有关国际问题的报道和评论，有问题直接向他请示。目前集中力量研究和起草有关西藏叛乱和印度当局态度的报道和评论。由于在上海会议时毛主席指示发表尼赫鲁3月30日的讲话（4月3日在《人民日报》作了详细报道），我先把《人民日报》一篇观察家评论修改好，经周总理审定后于4月15日发表，题目是《不能允许中印友好关系受到损害》。这篇评论，只讲了帝国主义和印度非官方攻击我平叛的言论，而对尼赫鲁演说中说"不可让中印关系恶化"，表示欢迎。但评论中引了《印度快报》对尼赫鲁演说的评论，说尼"在送鲜花方面非常慷慨，右手向西藏大扔鲜花，左手向中国大扔鲜花"，说尼要"保持这两方面的微妙的平衡，那显然是他最为难的时刻"。

4月15日，毛主席主持召开最高国务会议。会议主要讨论第二届全国人民代表大会第一次会议和第三届人民政协第一次会议的议程。毛主席在会上作了长篇发言，其中谈到西藏叛乱问题。4月18日第二届全国人民代表大会第一次会议开幕，人民政协会议也同时举行。西藏叛乱事件成了这两个会议议论的中心之一。

接着就是前面提到的毛主席4月22日在中央政治局常委会上提出在宣传上

集中反击印度方面在西藏叛乱事件上的反华言行。我参加会议后回来赶忙向人民日报社和新华社传达和布置。当天夜里,我想到前些时候人民日报和新华社对印方的反华言论极为克制,现在开始反击,应当有一篇解释的文章,于是赶写了一篇题为《予诽谤者以打击》的文章,在23日《人民日报》的国际版发表。4月24日又发表了两篇短评。

4月25日,毛主席给乔木同志、彭真同志和我写了一封信,信是这样写的:

"乔木、冷西、彭真同志:

'帝国主义、蒋匪帮及外国反动派策动西藏叛乱,干涉中国内政',这个说法,讲了很久,全不适当,要立即改过来,改为'英国帝国主义分子与印度扩张主义分子,狼狈为奸,公开干涉中国内政,妄图把西藏拿了过去'。直指英印,不要躲闪。全国一律照18日(按:应为3月20日)政治记者评论的路线说话。今日请乔木、冷西召集北京各报和新华社干部开一次会,讲清道理,统一规格。请彭真招呼人大、政协发言者照此统一规格,理直气壮。前昨两天报纸好了,声势甚大。也有缺点:印度、锡兰、挪威三国向我使领馆示威,特别是侮辱元首这样极好的新闻,不摆到显著地位,标题也不甚有力。短评(按:指《人民日报》4月24日两篇短评)好,不用'本报评论员'署名,则是缺点。昨天评论,《人民日报》的评论(按:指《予诽谤者以打击》)不如光明的评论(按:指《光明日报》4月24日题为《清醒点,印度扩张主义者!》)有力,一个是女孩子,一个是青壮年,我有这种感觉。请注意:不要直接臭骂尼赫鲁,一定要留有余地,千万千万。但尼赫鲁廿四日与达赖会面后放出些什么东西,我们如何评论,你们今天就要研究,可以缓一两天发表。

毛泽东

一九五九年四月廿五日上午六时"

乔木同志和我25日上午看到毛主席的信后,马上照办,召开了会议,统一宣传口径,并研究了尼赫鲁和达赖的谈话。据印度报业托拉斯报道,达赖告诉尼赫鲁,他写给谭冠三的三封信是真的。尼赫鲁说,印度仍然实行和平共处原则。我们后来根据尼赫鲁会见达赖前后几次谈话,4月27日以"本报评论员"名义发表了题为《读尼赫鲁总理的谈话》的评论。国际宣传小组26日讨论毛主席的信时,大家都有这样的感觉:在形势转换的关键时刻,我们的思想总赶不上毛主席。人民日报如此,外事部门也未能例外。

4月25日晚,毛主席又召开常委会议,讨论反击印度反华言行问题。胡乔木和我都列席了。毛主席一上来就问我,文章写得怎样。我回答说正在修改。接着,毛主席提出他的进一步的想法。他说,我们反击印度的反华活动,着重同尼赫鲁大辩论。现在我们对尼赫鲁,要尖锐地批评他,不怕刺激他，不怕跟他闹翻，要斗争到底。其实也不会完全闹翻。我们的方针是以斗争求团结。现在形势对我们有利，叛乱已迅速平定，他再闹也闹不到哪里去，他对西藏局势无能为力。这次斗争只是笔战、舌战，但对澄清是非极为必要，对内对外都是如此，大辩论有极大好处。但是，斗争要有理、有利、有节。有理，就是对尼赫鲁的几次讲话要加以分析，反驳他时要充分讲道理，把西藏叛乱的原因、我平叛和改革的性质、印方过去的干涉、我们为维护中印友好关系的努力等，都讲得清清楚楚。有利，就是有利于印度人民弄清事实真相，有利于围绕西藏叛乱事件的国际斗争，有利于我在西藏平定叛乱和民主改革，也要有利于维护中印友好关系和争取尼赫鲁同我们实行和平共处五项原则。有节，就是要留有余地，对尼赫鲁要有分析，好的要肯定，只批评他不好的，不要把话说绝，还要讲究必要的礼貌，既尖锐又委婉，不谩骂，要给尼赫鲁下楼的台阶。为了表明我们的忍耐和后发制人，新华社和《人民日报》要充分发表印方的反华谬论，也要充分反映西藏人民对平叛和改革的热烈拥护。要发表读者来信和历史资料，充分说明我平叛、改革的正确和外国干涉的无理。

毛主席说，尼赫鲁原来对形势估计错误，误以为我对叛乱没有办法，有求于他。确实我驻藏部队数量很少，入藏时连地方干部共有五万人，1956年撤出三万多人，只留下一万多人。西藏地方很大，边境线很长，没有那么多军队驻守，也很难全都守住，叛乱分子自由进出。但人民解放军还是顶用的，这次驻藏部队稍微增加一点，很快就把叛乱平息了。所以现在印度当局很被动，我们很主动，是反击的好时机。人大、政协正在开会，会上发言理直气壮，声讨西藏上层叛乱集团，反对英帝国主义分子和印度扩张主义分子干涉中国内政。但我们不是执意要跟印度闹翻，不怕闹翻不等于以闹翻为目的，我们是以斗争求团结。对达赖也不是当作叛国者，还是采取争取他回来的方针，人大还要选他当副委员长，跟班禅一样。他是否回来，那是他自己的事。但我们表示这样的态度对国内国外都有必要。因此《人民日报》的文章还是要高举团结的旗帜，这样对内对外都有利无害。

会上其他常委都谈了自己的看法，都同意毛主席的意见。大家都要求抓紧时间把文章写出来。最后毛主席决定，起草小组加以扩大，由胡乔木领头，要我先修改出一个初稿，然后交乔木修改，再提交政治局扩大会议讨论。

这以后的几天，我同人民日报社和国际宣传小组的同志集中时间修改文章，于4月30日修改完毕，即送乔木同志。乔木在5月1日修改了一整天，当晚由中央办公厅印出分送毛主席和中央政治局委员以及有关同志。

5月2日下午，毛主席召开政治局扩大会议，讨论乔木的修改稿。会上毛主席和其他同志讲了不少意见，主要有以下六点：

一、文章应以评论尼赫鲁4月27日的讲话为主。他此前在议会上发表的六次讲话可不涉及，以免分散力量。

二、要高屋建瓴，从西藏人民早已盼望改革农奴制度讲起，一下子把尼赫鲁置于反对社会进步的地位，因此要用相当文字分析西藏的社会制度和政治制度的野蛮和落后。

三、要揭穿尼赫鲁打着"民族感情"和"宗教感情"的幌子干涉中国内政，说明我国政府的民族政策和宗教政策以及在西藏和平解放8年来执行十七条协议。

四、要指出印度历来对中国西藏地区的野心和干涉，着重揭露1950年我进军西藏时和这次叛乱事件中印度政府的所作所为，并联系英帝国主义侵略西藏的历史以及印度扩张主义分子继承了英国人的衣钵。

五、要指出尼赫鲁本人前后自相矛盾，肯定他说过的好话，批评他的坏话，指出他一时承认西藏是中国一部分，一时又要把西藏变为中印缓冲区；一方面同中国一起倡导和平共处五项原则，另一方面又以种种借口干涉中国内政。

六、评论全篇贯彻维护中印友好，并以此收尾。周总理特别指出，要引用尼赫鲁1954年10月访华时说过的好话。

毛主席在会议快结束时，同意会上对文章题目提出的意见，把题目改为《西藏的革命和尼赫鲁的哲学》。他要乔木和我当晚好好想想大家的意见，第二天用一天的时间修改，4日再送政治局扩大会议讨论。

5月3日一整天，乔木同志和我同浦寿昌（周总理的外事秘书）一起修改稿子。乔木同志胸有成竹地提出了系统的修改意见，并亲自动笔进行修改。我同浦寿昌同志从旁提些意见请他斟酌。我们从上午9点到夜里9点，完成了全稿的修改。午餐和晚餐都在乔木同志家中。

5月4日下午，毛主席再次召开政治局扩大会议，讨论《人民日报》评尼赫鲁讲话的文章。会上大家只提了一些有关个别提法和词句的意见，因为原则意见上次会已提过，并经乔木同志巧妙地综合在一起了。毛主席最后提出，政治局原则上通过这篇文章。署名仍同1956年两论无产阶级专政的历史经验的文章一样，写明是"人民日报编辑部根据中央政治局扩大会议讨论写成的文章"。为慎重起见，他还要我们在第二天再认真从头到尾通改一遍，随修改随送他看。这样，乔木同志同我和浦寿昌同志，5月5日再通读通改一遍。修改不多，毛主席在晚饭前就最后审定了。我在这一天清早，已布置新华社翻译，所以定稿后即迅速中、英文同时播出，《人民日报》5月6日登出。

5月6日夜，毛主席的秘书打电话给我，说毛主席指示：新华社、人民日报、中央人民广播电台从5月7日起一律暂停发表印度和其他外国对西藏问题的言论，也一律暂停发表批评印度、英国等的反华言行的评论，看看印度及其他方面的反应再说。全国各报也照办，由我告诉中宣部发出通知。因此从5月7日起，舆论界一片风平浪静，外交部则开始了一连串的中印之间的"照会战"。

　　《西藏的革命和尼赫鲁的哲学》一文的发表，在国内外引起强烈的反应。一位外国报纸驻北京记者在报道中评论说："这是一篇马列主义的杰作，它抓住了问题的本质，态度鲜明而坚定，又始终贯彻中印友好的方针。"印度的报界纷纷发表社论。《政治家报》的社论说，《人民日报》文章的"大部分是以温和的和相当说理的态度来说明中国在西藏问题上的立场"。《国民先驱报》的社论说"《人民日报》文章要求停止印度人和中国人在西藏问题上的争论，它的语气是友好的"。"中国人保证说，民主、繁荣的西藏自治区，必然会成为巩固和加强中印友谊的一个因素，而不会成为、也不可能成为对印度共和国的任何威胁。这种保证将会为人们所接受。"当然，也有一些报纸仍然对《人民日报》的文章横加指责。至于尼赫鲁总理本人，他5月8日在议会中讲话时说："来自中国的言论对大家所知道的事实提出了异议。我对于来自中国的一些有关印度的言论，也不认为是事实。我有时怀疑我们继续进行这种争论会不会有什么用处。"对于尼赫鲁这种似乎他是旁观者的态度，英国《泰晤士报》社论说："尼赫鲁不会再来反驳，而会注意中国方面关于恢复友好关系的说法。"香港一家报纸评论说，文章"说情又说理，委婉又强硬，确实使尼赫鲁颇难回答的"。

　　毛主席在看到了各方反应之后，于5月11日上午召开政治局常委会议。他说，对尼赫鲁应该有一个正确的方针。尼赫鲁是中间派，不同于右派。他像任何人一样，是可以分析的。他有两面性，有好的一面，又有坏的一面。《人民日报》的文章肯定了他好的一面，但着重批评他坏的一面。这是因为他在前一时期放了很多毒，我们这样做是必要的。但是，要记住，经过这样一次批评以后，我们还是要看到他还有好的一面，他做过好事的一面，所以还应该争取他，给他下楼的机会，不要把事情做绝。

　　毛主席又说，对达赖目前宜采取不予理睬的方针。不管他发表什么声明，我们都暂不理睬，看一个时期再说，这也是留有余地。因为他毕竟是一位宗教领袖，毕竟在西藏和平解放初期表现还可以，后来到北京当人大副委员长，表现也可以。就是说，达赖有过好的一面。因此，将来他如果想回来，我们还是采取欢迎的态度。只有一个条件，就是他回来之前要发表一个声明，宣布他过去在噶伦堡和其他什么地方说过"西藏独立"之类的话是不对的，一律作废，这样就可以回来。这个条件不算苛刻。我们既往不咎，是够宽大的了。

毛主席还特别对我说，今后关于西藏问题的宣传，数量要减少，正面的和反面的各占一半，不要说一切都好，也不要说一切都坏，总的分量要减少。

在这以后，毛主席和中央同志的主要精力，又重新回到纠正大跃进时期工作中"左"倾的错误了。[18]

1959年，是赫鲁晓夫自认为春风得意的一年。他在访美期间，同美国总统在华盛顿和戴维营多次会谈，达成某些谅解，便开始到处宣传所谓"戴维营精神"，并抱着迫使中国服从其妥协的战略需要的企图，出席中国的国庆庆典活动。这不能不受到坚持独立自主的中国共产党人尤其是毛泽东的抵制。

在会谈中担任翻译的李越然回忆说：

1959年，我参加国庆10周年翻译组的工作。全体工作人员集中于水电部招待所，进行紧张的筹备。9月底，阎明复突然打来电话："李兄吗？主任让我们赶紧回去，参加中苏谈判。赫鲁晓夫要来。"

我同阎明复去见杨尚昆同志。杨主任介绍说：赫鲁晓夫访问美国，同美国总统搞了戴维营会谈。回国途中来北京参加我国国庆10周年的活动，主要目的还是会谈。这次来的规模比较大，苏斯洛夫先到，赫鲁晓夫随后就到，估计会有大的争论，要作好思想准备。

9月27日，苏斯洛夫到达北京，陈云同志去迎接。在汽车上，苏斯洛夫说："中国的大跃进、人民公社是超越社会主义发展的阶段的。"

9月30日，赫鲁晓夫到达时，毛泽东、刘少奇、周恩来、朱德等中央主要领导人都去机场迎接了。赫下榻在钓鱼台。当天晚上，赫鲁晓夫在大会堂国宴上发表讲话说："不要用武力去试验资本主义的稳固性……"

和1958年那次一样，赫到中国的当天便在颐年堂举行了会谈。这次会谈参加的人比较多。中方有政治局常委们及外交部长陈毅元帅。苏方参加的有赫鲁晓夫、苏斯洛夫、波诺马廖夫和葛罗米柯。

赫鲁晓夫介绍他访美的情况，他亮晶晶的眼睛带着发现新大陆的神情和语气说："这次我到美国去是亲眼看了，他们是真富，确实很富。"毛泽东无笑无怒，表情从容地说："去看一看我们还是赞成的，我们不反对。"

赫鲁晓夫兴致很高地介绍了戴维营会谈的情况。他用肯定的口气说："现在资本主义国家政府的领导人已经表现出一些以现实主义态度来了解世界上的既成形势的倾向。在我同艾森豪威尔交谈的时候，我有了这样的印象：得到不少人支持的美国总统是明白的，必须缓和国际紧张局势。"

毛泽东说："你们跟美国人谈，我们不反对。问题是你们有些观点，什么三无世界呀，戴维营精神呀，这怎么可能呢？事实不是这样吗？！"

赫鲁晓夫继续说："许多资本主义国家的领导人士越来越不得不考虑现实，重新建立国际关系。因为在我们的世纪里，除了根据和平共处的原则，是无法成功地解决两个制度之间的关系问题的。"接着，赫鲁晓夫再次向毛泽东表示："希望你们考虑释放唐奈与费克吐两名飞行员。"

"不行。"毛泽东简短果断地回答，"这个事儿不能商量。"

"这两个人是执行侵入我领空的间谍侦察飞行任务的。"陈毅插话，赫鲁晓夫把目光转向陈毅。陈毅说："至于俘虏的其他五名飞行员，我们早已放他们了。"

这次会谈中赫鲁晓夫的发言最多也最长，是关于中印边界问题。

赫鲁晓夫说："尼赫鲁是主张中立和反帝的，社会主义国家应当积极同他搞好团结。苏联不同意采取任何疏远或削弱尼赫鲁在国内地位的政策。"

陈毅马上顶一句："我们对民族主义者的政策是既团结又斗争，而不是采取迁就主义的态度！"

赫鲁晓夫对"迁就主义"的说法很恼火，脸孔涨红了，提高声音说："指责我们是迁就主义，这没有根据。"

"你们塔斯社5月9日的声明，就是证明。"陈毅无须提高嗓门，因为他自来就是声音洪亮，"在中印边境问题上，你们采取了偏袒印度的立场！"

"我们是提醒你们注意团结尼赫鲁。"赫鲁晓夫做个不值得的表情，"你们为了那么块不毛之地跟尼赫鲁搞冲突，那里有什么？那是很不值得的！"赫鲁晓夫又讲了半天他在苏联——阿富汗边界纠纷中如何让步等。

当时林彪插过一句话："社会主义国家办事是有个原则的嘛，不讲原则就不好谈了。"

"8月份发生的郎久事件，是印度单方面越过有争议的麦克马洪线的实际控制线，再向北面中国西藏境内推进，而和中国边防部队发生一些冲突。"陈毅激愤地指出，"但你们由塔斯社发表公开声明，偏袒印度，指责中国。"

赫鲁晓夫竟说什么："西藏与印度毗邻。西藏本身不能对印度构成任何威胁，而中国却为西藏去同印度冲突，难道这是明智的吗？"

"你讲这话是什么意思？"陈毅质问，"你是不是让中国放弃西藏的领土主权？"

赫鲁晓夫发觉自己说走了嘴，东拉西扯起一些遮掩的话题："西藏问题你们不慎重，不该让达赖喇嘛跑走。你们，你们就不应该让他跑掉……"

毛泽东表示说："这么大的边境线我们怎么能看住他呢？"

赫鲁晓夫用抱怨口气说："你们让他跑了，结果又闹了边境冲突，和中立的印度交了火。"

周恩来严肃而平静地问："赫鲁晓夫同志，你完全是文不对题，达赖叛逃，印度入侵，这明明是对中国的进犯怎么能说放跑了他呢？"

赫鲁晓夫面向周恩来说："您是世界著名的大外交家，怎么会不理解团结尼赫鲁的意义呢？"

周恩来说："我们对尼赫鲁做了大量的团结工作，同他一起倡议和平共处五项原则。而他利用达赖反华，挑起边界事件。面对外来的进犯，能讲团结嘛？"

赫鲁晓夫自知理亏，一转话题，又说什么周恩来1957年1月到莫斯科去教训了他等。

周恩来反驳他，指出他当时咒骂兄弟党的领导人，违反了兄弟国家共处的准则。

"没有！"赫鲁晓夫企图赖账。

我坐在毛泽东身边，悄悄报告说："主席，当时他说的话都是我翻译的，我可以做证吗？"

"可以。"毛泽东点头。

我站起身用俄语说："赫鲁晓夫同志，你是说过的，当时翻译就是我。"我将当时的场景、参加人，及每人的讲话内容说了一遍。

赫鲁晓夫喃喃道："我记不清了，记不清……"突然话题又转了，说："你们炮击金门就没和我们打招呼，这符合兄弟国家相处的准则吗？"

"我通知你们了。"陈毅当即驳斥，"你问葛罗米柯，我是不是通知你们了？"

葛罗米柯支支吾吾实际上默认了。

赫鲁晓夫费尽力气而未能摆脱困境。

陈毅对赫鲁晓夫说："炮击金门这是我们内部的事情，那是中国的领土！中印边境，明明他们是侵略，你却在偏袒。炮击金门，你难道还要替蒋介石和美帝国主义指责我们吗？"

赫鲁晓夫几乎是咆哮，冲着陈毅喊道："怎么，比军衔，你是元帅，我只是个中将。但我是苏共的第一书记！你对我不礼貌……"

"你是第一书记不错，但你说的对我可以听，你说的不对，我当然要反驳。"

赫鲁晓夫望一眼毛泽东，双手一摊："你看，你看，你们全体政治局常委都在这里，你们几个人，我这才几个人？这种谈判是不公平不对等的！"云云。

始终沉默的毛泽东微微一笑，声音低沉缓慢："我听了半天，你给我们扣了好些顶帽子。没有看住达赖呀，没有团结尼赫鲁，不该打炮，大跃进也不对，又说我们要标榜马列主义的正统派等。那么我也送你一顶帽子，就是右倾机会主义。"

会谈就这样不欢而散。

晚上天安门有庆祝活动，赫鲁晓夫没有参加。

第二天国庆检阅，赫鲁晓夫在天安门城楼上对毛泽东说："关于生产原子弹的事，我们决定把专家们撤回去。"

毛泽东从容道："需要是需要，也没什么大关系。技术上能帮助我们一下更好，不能帮就由你们考虑决定。"

赫鲁晓夫离京时，毛泽东到机场送行。在贵宾室，主席对赫说："我向你解释一下，我们的人民公社不是从上面布置下去的，是群众自发搞起来的，应该支持。我们认真地研究过你们集体农庄的章程和制度，我们这里的情况不同，要通过实践取得经验，总结经验……"

赫鲁晓夫再次表示："这一切都是中国式的，我们搞不清，这是你们自己的事。"[19]

离开北京后，赫鲁晓夫在海参崴说中国像"公鸡好斗那样热衷于战争"。回到莫斯科后，在最高苏维埃会议上，他还说美国总统，"也像我们一样在为保障和平而操心"，戴维营会谈"开辟了人类历史的新纪元"，"没有战争的时代开始了"，1960年要成为"没有武器、没有军队、没有战争的世界"的一年。他还说"世界已经进入了谈判解决主要的国际争端以建立持久和平的阶段"，要求他国服从于苏联同美国搞裁军和禁止核武器试验协议的谈判。

进入60年代以后，中苏分歧急剧扩大、激化，终于导致了中苏两党关系的中断以及国家关系的紧张化。

1960年2月上旬，在莫斯科召开了华沙条约国政治协商高级会议。会议通过的宣言，说裁军是当今世界的主要问题，苏联在联合国14届大会上提出的全面彻底裁军的建议，"反映了华约缔约国和所有社会主义国家的立场"。中国代表（作为观察员）康生讲了话（讲稿是在国内起草并经中央审定的），2月6日，中国发表了康生的发言。这个发言声明，凡是中国没有参加的有关裁军的国防协议和其他一切国际协议，对中国都没有任何约束力。这一声明的发表，使赫鲁晓夫十分恼火。

4月，我国发表了3篇文章，纪念列宁诞辰90周年，公开批判南斯拉夫"现代修正主义"，并对苏共的一些论点和做法作了不点名的批判。实际上，毛泽东在1960年1月至3月间已得出苏联主要领导人是"半修正主义"[20]的看法，苏共也发表文章对我党进行了批评。

对于这些越来越明显的严重分歧,中苏两党及各兄弟党从各自的立场出发,都企图设法解决它。苏共提出召开一次社会主义各国兄弟党的代表会议,我党未同意,主张经过充分准备后再开。后经协商,决定利用6月间罗马尼亚工人党"三大"的机会,趁各国兄弟党代表团来到布加勒斯特时,就已经出现的分歧和召开兄弟党会议问题,内部交换意见,但不作决定和不发表任何正式文件。

但是,在6月布加勒斯特会议上,苏共领导对中共搞突然袭击。赫鲁晓夫带头发难和直接指挥,对我党展开了猛烈的围攻,从我党的理论观点到我国的内外政策,特别是对4月发表的3篇文章,进行了全面的批驳和指责。赫鲁晓夫等攻击我们党说,在时代问题上重复列宁的论述是"教条主义";说中共"拒绝和平共处""希望战争""观火""制造紧张局势",是"左倾冒险主义";说中共进行"托洛茨基式的分裂活动";等等。由于苏共历来的地位和威信,绝大多数党跟着苏共跑,只有阿尔巴尼亚党支持我党。中共代表团一时处于十分孤立的地位。但我代表团进行了针锋相对的反击。

在布加勒斯特会议上,赫鲁晓夫没能压服得了中共,反而受到中共的严厉批评。出于恼怒和报复心理,苏共领导人把思想理论上的分歧扩大到国家关系方面,对中国施加压力。7月16日,苏联政府照会中国政府,片面决定在一个月内撤退全部在华的苏联专家,撕毁两国间的几百项协议和合同,接着又赶回我国驻苏使馆的工作人员,挑起边界纠纷,使中苏两国关系面临严重恶化和全面破裂的状态。

9月,中苏举行了内部会谈,苏方同意中共关于经过充分准备开好各国党代表会议的建议,在81国党代表会议之前,首先在10月间在莫斯科举行了26国起草委员会会议,为即将在11月间举行的世界各国兄弟党会议准备文件,我党代表团团长仍是邓小平。

11月初,利用十月革命43周年的机会,召开了世界81国兄弟党代表会议。我党由刘少奇率领代表团参加。会议通过《各国共产党和工人党代会议声明》,论述了时代、世界社会主义体系新的发展阶段、战争与和平、民族解放革命、世界舞台上新的力量对比、世界共产主义运动等问题。这个会议的召开和《声明》的一致通过,使自1959年10月起激化了11个月的中苏两党矛盾缓和了下来,出现了改善关系的转机。

但是,不久之后,随着1961年10月苏共"二十二大"的召开,中苏两党的矛盾重新加剧,并且日益发展,这一发展又导致了整个国际共运的进一步分裂。中国党走上了坚决反对苏共领导人的所谓"修正主义"之路。

1963年7月14日，苏共中央公开发表了《给苏联各级党组织和全体共产党员的公开信》。随后，苏联所有宣传舆论工具都投入了反华争论。中共中央则从1963年9月至1964年7月，陆续发表了9篇评苏共中央公开信的文章（即"九评"）。双方进行了一场规模空前的关于国际共产主义运动的公开大论战。两党关系陷入僵局。

注　释

〔1〕师哲：《在历史巨人身边》，中央文献出版社1991年12月版，第568—576页。

〔2〕师哲：《在历史巨人身边》，中央文献出版社1991年12月版，第580—581页。

〔3〕《赫鲁晓夫回忆录》，东方出版社1988年2月版，第665—666页。

〔4〕吴冷西：《忆毛主席》，新华出版社1995年2月版，第1—10页。

〔5〕吴冷西：《忆毛主席》，新华出版社1995年2月版，第10—17页。

〔6〕吴冷西：《忆毛主席》，新华出版社1995年2月版，第17—31页。

〔7〕师哲：《在历史巨人身边》，中央文献出版社1991年12月版，第608—613页。

〔8〕李银桥：《在毛泽东身边十五年》，河北人民出版社1991年12月版，第226—227页。

〔9〕李越然：《外交舞台上的新中国领袖》，解放军出版社1989年12月版，第138页。

〔10〕李银桥：《在毛泽东身边十五年》，河北人民出版社1991年12月版，第227页。

〔11〕1957年11月7日《人民日报》。

〔12〕（南）韦利科·米丘诺维奇：《莫斯科的岁月》，生活·读书·新知三联书店1980年9月版，第453—454页。

〔13〕赫鲁晓夫：《最后的遗言》，东方出版社1988年5月版，第394—395页。

〔14〕1957年11月20日《人民日报》。

〔15〕《毛泽东的哲学活动——回忆与评述》，中央党校科研办公室编，1985年11月，第296—297页。

〔16〕《萧劲光回忆录》，解放军出版社1987年5月版，第174—181页。

〔17〕李越然：《外交舞台上的新中国领袖》，解放军出版社1989年12月版，第166—175页。

〔18〕吴冷西:《忆毛主席》,新华出版社1995年2月版,第115—131页。

〔19〕李越然:《外交舞台上的新中国领袖》,解放军出版社1989年12月版,第178—183页。

〔20〕"半修正主义"一词,出现在毛泽东的批语:《关于反华问题》(1960年3月22日)。

六、"乱云飞渡仍从容"

哲人的沉思

庐山会议之后，毛泽东重新陷入沉思。

他以哲人的目光，审视这风云变幻的世界，思考着中国的未来。

1959年11月，毛泽东在杭州召开的一次小范围的会议上，提出防止西方和平演变战略的警告。

当时担任毛泽东秘书的林克回忆说：

50年代末期，毛泽东在新华社编发的《参考资料》上看到杜勒斯的有关言论之后，给予了高度的重视。1958年11月30日，他在对各协作区主任的一次谈话中说：杜勒斯比较有章程，是美国掌舵的。这个人是个想问题的人，要看他的讲话，一个字一个字地看，要翻英文字典。杜勒斯是真正掌舵的，省委要指定专人看《参考资料》。

1959年11月，毛泽东在杭州召开了一次小范围的会议，讨论当时的国际形势。在开会之前，他要我找出杜勒斯关于和平演变的一些讲话，送给他看。我选了三篇杜勒斯的有关讲话送给他。这三篇讲话是：1958年12月4日杜勒斯在加利福尼亚州商会发表的题为《对远东的政策》的演说；1959年1月28日杜勒斯在美国众议院外交委员会的一次秘密会议上提出的证词；1959年1月31日杜勒斯在纽约州律师协会授奖宴会上发表的题为《法律在和平事业中的作用》的演讲。毛泽东以前曾看过这些讲话和其他一些材料，这次他又重新看了这几篇讲话。他和我谈了他对这几篇讲话的看法，随后他让我根据他的谈话内容，在杜勒斯的每篇讲话前拟一个批注送给他。于是我根据他的意见照办了。毛泽东即指示将批注连同杜勒斯三次讲话的全文印发给与会同志。以下是对杜勒斯三次言论的批注全文。

（一）对杜勒斯1958年12月4日在加利福尼亚州商会发表的题为《对远东的政策》的演说的批注：

杜勒斯在这篇演说中对东风压倒西风，对世界力量对比越来越不利于帝国主义的形势表示惊恐，但美国不仅没有打算放弃实力政策，而且作为实力政策的补充，美国还企图利用渗透、颠覆的所谓"和平取胜战略"摆脱美帝国主义"陷入无情包围"的前途，从而想达到：保存自己（保存资本主义）和逐渐消灭敌人（消灭社会主义）的野心。

（二）对杜勒斯1959年1月28日在美国众议院外交委员会一次秘密会议上提出的一篇证词的批注：

杜勒斯说："基本上，我们希望鼓励苏联世界内部的演化，从而使它不再成为对世界的自由的威胁，只管他自己的事情，而不去设法实现共产主义化的目标和野心。"这段话是杜勒斯的证词的主旨。这表明美帝国主义企图用腐蚀苏联的办法，阴谋使资本主义在苏联复辟，而达到美帝国主义用战争方法所达不到的侵略目的。杜勒斯在证词中虽然流露了怕打世界大战，但是，这并不意味着美国要搞和平共处。因为就在同一天，杜勒斯在众议院外委会的另一次发言中叫喊"绝不能结束冷战"，否则帝国主义就要遭受失败。

（三）对杜勒斯1959年1月31日在纽约律师协会授奖宴会上发表的题为《法律在和平事业中的作用》演讲的批注：

杜勒斯说，要以"法律和正义"代替武力。但又强调说："在这方面极为重要的是认识到：在这种情况下放弃使用武力并不意味着维持现状，而是意味着和平的演变。"杜勒斯这段话表明：由于全世界社会主义力量日益强大，由于世界帝国主义力量越来越陷于孤立和困难的境地，美国目前不敢贸然发动世界大战。所以，美国利用更富有欺骗性的策略来推行它的侵略和扩张的野心。美国在标榜希望和平的同时，正在加紧利用渗透、腐蚀、颠覆种种阴谋手段，来达到挽救帝国主义的颓势，实现它的侵略野心的目的。

11月12日，毛泽东在这次杭州会议上对杜勒斯的讲话和上述批注作了进一步的分析和阐述。

毛泽东说：林克同志为我准备了三个材料——杜勒斯1958年、1959年的三篇演讲。这三个材料都是关于杜勒斯讲对社会主义国家和平演变问题的。比如杜勒斯今年1月28日在众议院外交委员会做证时说：基本上我们希望鼓励苏联世界内部起变化。这个所谓苏联世界，并不是讲苏联一个国家，是社会主义阵营，是（希望）我们内部起变化。从而使苏联世界不再成为对世界的自由的威胁，只管他们自己的事情，而不去设想实行共产主义化的目标和野心。他在众议院外交委员会另一次发言中讲：绝不结束冷战。看来，冷战要全部结束，对他们是不利的。

毛泽东继续说：

还是这一次演说，杜勒斯说：要用正义和法律代替武力。仗不打，要搞法律同正义。杜勒斯又说："在这方面极为重要的，是要认识到，在这种情况下放弃使用武力并不意味着维持现状，而是意味着和平的转变。"（笑声）和平转变谁呢？就是要转变我们这些国家，搞颠覆活动，内容转到合乎他的那个思想。杜勒斯这段话表明，由于全世界社会主义力量日益强大，世界帝国主义阵营陷于孤立和困难的境地……所以，美国企图利用更富有欺骗性的策略来推行它的侵略和扩张的野心。帝国主义，资本主义，它不侵略呀！美国在标榜希望和平的同时，正在加紧利用渗透、腐蚀、颠覆种种阴谋手段来达到挽救帝国主义的颓势，实现它的侵略野心的目的。就是说，它那个秩序要维持，不要动，要动我们，用和平转变，腐蚀我们。

毛泽东最后说：

去年这一年……世界力量对比越来越不利于帝国主义……但美国不仅没有打算放弃实力政策，而且作为实力政策的补充，美国还企图利用渗透、颠覆的所谓和平取胜战略……。它也是要和平取胜呢！摆脱美帝国主义陷入无情包围，这个"陷入无情包围"是杜勒斯自己讲的话，"从而想保存自己"，保存资本主义，"和逐渐消灭敌人"，消灭社会主义。无非保存自己，消灭敌人嘛，资产阶级要消灭无产阶级的革命力量嘛，而我们要消灭他那个反革命力量嘛！这是杜勒斯的演说，希望大家看一看印的这个文件。[1]

为了防止干部发生脱离群众的问题，毛泽东还提议制定了《党政干部三大纪律、八项注意》。

孙钢在一篇文章中写道：

60年代初期，在毛泽东的主持下，党中央制定了《党政干部三大纪律、八项注意》，下发全党贯彻实施。这份文件，对当时干部队伍的建设发挥了重要作用。在新的形势下，它对于加强党政干部与人民群众的密切联系也具有现实意义。现将这份文件的形成情况简述如下。

1960年底，针对当时城乡干部队伍的状况和存在的问题，毛泽东指示胡乔木起草一个适用于党政干部的"三大纪律八项注意"。1961年1月8日，胡乔木把拟定的初稿报送毛泽东，并在信中写道："关于在全国党政干部中适用的'三大纪律八项注意'，研究了各省的一些类似的规定和宪法、刑法草案、党章等，并与许多同志交换了意见，现在拟了一个稿子送上。"

胡乔木起草的初稿内容是：三大纪律：（一）有事同群众商量，永远同群众共甘苦；（二）重要问题事先请示，事后报告；（三）自己有错误要检讨改正，别人做坏事要批评揭发。八项注意：（一）保护人民安全，打人要法办，打死人要抵命；（二）保护人民自由，随便罚人抓人关人搜查要法办；

（三）保护人民财产，侵占损害人民财产要赔偿；（四）保护公共财产，贪污盗窃假公济私要赔偿；（五）用人要经过组织，不许任用私人；（六）对人要讲公道，不许陷害好人包庇坏人；（七）对上级要讲实话，不许假报成绩隐瞒缺点；（八）对下级要讲民主，不许压制批评压制上告。

毛泽东对胡乔木提出的初稿进行了修改。他在1月9日听取中央工作会议汇报时说："关于干部的三大纪律八项注意，要写得简单明了，使人容易记忆，同时要避免反面作用。想了一下，提出第一次修正稿。""题目叫《党政干部三大纪律、八项注意》，以区别于军队的三大纪律、八项注意。"

毛泽东修改后的内容是：三大纪律：（一）一切从实际出发；（二）提高政治水平；（三）实行民主集中制。八项注意：（一）同劳动；（二）同食堂；（三）说话和气；（四）买卖公平；（五）借东西要还；（六）坏了东西要赔；（七）没有调查没有发言权；（八）工作要同群众商量。

经过中央工作会议的讨论，对个别条款进行了调整，1月27日中共中央发出了《关于〈党政干部三大纪律、八项注意（草案第二次修正稿）〉的指示》，将第二次修正稿发至党内支部，要求全党"立即照此实行"。

第二次修正稿内容是：三大纪律：（一）一切从实际出发；（二）正确执行党的政策；（三）实行民主集中制。八项注意：（一）同劳动同食堂；（二）待人和气；（三）办事公道；（四）买卖公平；（五）如实反映情况；（六）提高政治水平；（七）工作要同群众商量；（八）没有调查没有发言权。

1962年9月27日，中共八届十中全会通过的《农村人民公社工作条例修正草案》将《党政干部三大纪律、八项注意》最后定稿为：三大纪律：（一）认真执行党中央的政策和国家的法令，积极参加社会主义建设；（二）实行民主集中制；（三）如实反映情况。八项注意：（一）关心群众生活；（二）参加集体劳动；（三）以平等的态度对人；（四）工作要同群众商量，办事要公道；（五）同群众打成一片，不特殊化；（六）没有调查，没有发言权；（七）按照实际情况办事；（八）提高无产阶级的阶级觉悟，提高政治水平。[2]

在庐山会议之后，党内错误地开展所谓"反右倾"斗争，使急躁冒进的"左"倾情绪更加滋长。但在统战工作方面，毛泽东仍然保持头脑冷静，采取了稳健的方式。

李维汉回忆说：

从1958年底到1959年7月，毛泽东和党中央召开了两次郑州会议，八届六中全会、七中全会，采取许多措施，积极纠正"大跃进"和人民公社化运动中已经察觉的"左"的错误，同时在对资产阶级人们和民主党派的关系上，提出一张一弛，强调要把紧张的关系弛下来，着重推动他们参加社会主义建设和文化、技术革命的实践，为社会主义建设服务；在对知识分子工作上，提出要端正方向，争取一切可能争取的教授、讲师、助教、研究人员，为无产阶级的教育事业和文化科学事业服务。7月，毛泽东在中央政治局庐山会议后期错误地发动了对彭德怀同志的批判，进而在全党错误地开展了"反右倾"运动。但是在对待党外人士和民主党派的关系上，采取了慎重的和比较稳妥的方针。9月15日，毛泽东在各民主党派负责人座谈会上提出分批给右派分子摘掉帽子和对国民党战犯实行特赦，同时明确指出：知识分子大有进步，民主党派大有进步，工商界也大有进步。但不是什么问题都解决了，比如世界观的问题，洗脑子不容易一下子洗得那么干净，慢慢来。他正式宣布，在党外人士中现在不搞运动。实践表明，毛泽东和党中央对统战工作的这些方针政策和指示，是适合当时形势发展的要求的。在这期间，我因病休养，由徐冰代理中央统战部部长。他和部的其他领导同志积极贯彻执行中央的这些方针政策和指示，做了不少工作，是有成绩的。

第一，宣布"五不变"的政策。

1958年底至1959年初，民主新中国成立会、全国工商联召开中执委联席会议。会上反映出工商界担心党改变赎买政策和安排政策的思想顾虑，同时也反映出厌倦改造的情绪。徐冰根据少奇同志的指示，在招待民建、工商联与会人员的元旦宴会的祝酒词中，宣布了"五不变"的政策，即：定息政策不变，领不领听便；高薪不变；政治上适当安排的方针不变；学衔制不变；根本改造的政策不变。这对工商界和知识界、民主党派都起到了团结稳定作用。

第二，进一步贯彻"弛"的方针。

在1959年1月7日和8日，徐冰在讨论民族、宗教工作的第十一次全国统战工作会议上着重讲了对阶级关系"一张一弛"的体会和当前贯彻缓和阶级关系的"弛"的方针的必要。他说："现在的情况是资产阶级厌倦改造，厌倦批评。厌倦是不对的，但厌倦的情况应加以分析。对资产阶级改造的方针不能改变，但顶牛也不好。因此，目前应改变斗争的方法、改造的方法，由批判斗争改变为正面的说服教育的方针。""弛下来并不是没有阶级斗争了，而是进行说服教育，说理也是阶级斗争的一种形式，总的是阶级斗争，改造政策必须根据情况应紧就紧，应松就松。"今天对资产阶级人们的"工作重点不应放在整风上，不应该放在不断斗争上"，"要让他们多做工作，帮助他们做出成绩，在工作中调动他们的积极性，并在服务中进行改造"。

5月上旬，中央统战部召开各省、市委统战部长座谈会，继续贯彻"弛"的方针。经过座谈，思想逐步取得一致，认为阶级斗争总的形势是逐步趋于缓和。提出当前统战部门的工作是：继续深入地贯彻去年两次统战会议的方针，充分调动资产阶级分子、从旧社会来的知识分子和民主党派成员的积极性，为社会主义建设服务，在服务中进行改造，使服务与改造密切结合起来。概括地说，就是："贯彻政策，调整关系，调动服务，继续改造。"对党外人士的政治思想工作应当是更加和风细雨地进行正面教育，一般不进行群众性的批判和斗争。会议还针对当时有的省、市对民主人士安排的人数减少过多，比例下降过大的情况，强调继续贯彻政治安排不变的方针。会议还认为，应该让资产阶级分子、从旧社会来的知识分子同职工一道参加评选先进生产（工作）者，符合条件的，应和职工一样出席全国先进生产（工作）者代表大会。会后，全国选举了62名资产阶级工商业者作为特邀代表出席11月召开的全国群英会。这对于调动工商业者的积极性产生了很好的影响。

第三，在党外人士中不开展"反右倾"运动。

1959年9月15日，毛泽东在各民主党派负责人座谈会上已经宣布，现在不是1957年那样的形势，也不是1952年"三反""五反"那样的形势，知识分子大有进步，民主党派大有进步，工商界也大有进步，在党外不搞运动。然而当时中央统战部的某些领导同志在这些问题上认识并不一致，一度发生摇摆。

9月、10月间，中央统战部连续召开多次部务会议，学习党的八届八中全会决议。在讨论当时阶级斗争形势和资产阶级动向时，还邀请北京、上海、天津、广东等省市委统战部部长或副部长廖沫沙、冯国柱、王笑一、罗范群等同志参加。由于庐山会议后错误地在党内普遍开展反右倾运动，强调资产阶级同无产阶级两大对抗阶级的生死斗争"至少还要斗20年，可能要斗半个世纪"，阶级斗争扩大化的错误思想在党内又进一步滋长。会上绝大多数同志认为，当前无产阶级和资产阶级之间的斗争出现了小波浪。有的同志认为出现了小浪头，主张对资产阶级分子不应再贯彻"弛"的方针，应是"弛"中有"张"，还是要强调改造，以改造为主。我认为，应遵照毛泽东9月15日在各民主党派负责人座谈会上讲话所宣布的，在党外人士中不开展"反右倾"运动。

11月13日，部里根据中央书记处的指示，起草了一个文件，报送中央。这个文件明确指出，现在不同于1957年资产阶级右派猖狂进攻的那种形势。根据毛主席9月15日在党派座谈会上提出的对党外不搞运动的指示，在各民主党派、资产阶级分子和从旧社会来的知识分子中间不采取大鸣、大放、大字报、大辩论等群众性的斗争，不进行反右派运动，不进行重点批判，不搞交心运动。还提出，在组织党外人士学习八中全会决议和有关文件时，要贯彻自我教育的精神，着重正面教育。

11月21日，中央批转了中央统战部上述文件，并加了一个很长的批语。指出：这次反右整风运动，不要在民主人士中进行，即不要在各民主党派、工商界和老的高级知识分子中进行。此事，毛泽东在中央9月15日召开的党派会议上已经宣布过，望各地遵照执行（现在已经开始进行的单位，应该采用适当方式加以结束）。中央这个批示，纠正了"左"的思想，稳定了党外这条战线，是适时的和正确的。

第四，给右派分子摘帽子、特赦第一批战犯。

1959年9月17日，中央发出关于摘掉确实悔改的右派分子的帽子的指示，指出："党中央根据毛泽东同志的建议，决定在庆祝新中国成立10周年的时候，摘掉一批确实改好了的右派分子的帽子。""摘掉帽子的右派分子数目，以控制在全国右派分子的10%左右为好。今后，根据右派分子的表现，对那些确实改好了的人，还准备分批、分期摘掉他们的帽子。"《指示》下达后，全国各地开始分期分批给右派分子摘帽子。中央统战部和地方各级统战部门在贯彻中央指示，给右派分子摘帽子的工作中，做了大量具体工作。

12月4日，经中央批准，第一批特赦了王耀武、爱新觉罗·溥仪等33名战犯，并对他们在工作上和生活上作了妥善安置。这些人改造成了新人，充分说明党的政策的威力和对人的改造工作的巨大成绩，对国际、国内产生了很好的影响。[3]

善于从历史反思中进行理论总结，是毛泽东的一大特色。1960年6月上海中共中央政治局扩大会议期间，毛泽东写了《十年总结》一文，回顾了新中国成立以来经济建设的历程，提出对社会主义革命和建设还有很大的盲目性，必须以第二个10年的时间去调查研究，找出固有的规律。

毛泽东写道：

前八年照抄外国的经验。但从1956年提出十大关系起，开始找到自己的一条适合中国的路线。1957年反右整风斗争，是在社会主义革命过程中反映了客观规律，而前者则是开始反映中国客观经济规律。1958年5月党大会[4]制定了一个较为完整的总路线，并且提出了打破迷信、敢想敢说敢做的思想。这就开始了1958年的大跃进。是年8月发现人民公社是可行的。赫然挂在河南新乡县七里营的墙上的是这样几个字："七里营人民公社"。我到襄城县、长葛县看了大规模的生产合作社。河南省委史向生同志，中央《红旗》编辑部李友九同志，同遂平县委、嵖岈山乡党委会同在一起，起草了一个嵖岈山卫星人民公社章程。这个章程是基本正确的。8月在北戴河，中央起草了一个人民公社决议，9月发表。几个月内公社的架子就搭起来了，但是乱子出得不少，与秋冬大办钢铁同时并举，乱子就更多了。于是乎有11月的郑州会议，提出了一系列的问题，主要谈到价值法则、等价交换、自给生产、交换生产。又规定了劳逸结合，睡眠、休息、工作；一定要实行生产、生活两样抓。12月武昌会议，作出了人民公社的长篇决议，基本正确，但只解决了集体和国营两种所有制的界线问题、社会主义与共产主义的界线问题，一共解决两个外部的界线问题，还不认识公社内部的三级所有制问题。1958年8月北戴河会议提出了3000万吨钢在1959年一年完成的问题，1958年12月武昌会议降至2000万吨，1959年1月北京会议是为了想再减一批而召开的，我和陈云同志对此都感到不安，但会议仍有很大的压力，不肯改，我也提不出一个恰当的指标来。1959年4月上海会议规定一个1650万吨的指标，仍然不合实际。我在会上作了批评。这个批评之所以作，是在会议开会之前两日，还没有一个成文的盘子交出来，不但各省不晓得，连我也不晓得，不和我商量，独断专行，我生气了，提出了批评。我说：我要挂帅。这是大家都记得的。下月（5月）北京中央会议规定指标为1300万吨，这才完全反映了客观实际的可能性。5月、6月、7月出现了一个小小马鞍形。7月、8月两月在庐山基本上取得了主动。但在农业方面仍然被动，直至于今。管农业的同志和管工业的同志、管商业的同志，在这一段时间内，思想方法有一些不对头，忘记了实事求是的原则，有一些片面思想（形而上学思想）。1959年夏季庐山会议，右倾机会主义猖狂进攻。他们教育了我们，使我们基本上清醒了。我们举行反击，获得胜利。1960年6月上海会议规定后三年[5]的指标，仍然存在一个极大的危险，就是对于留余地、对于藏一手、对于实际可能性，还要打一个大大的折扣，当事人还不懂得。1956年周恩来同志主持制定的第二个五年计划，大部分指标，如钢等，替我们留了三年余地，多么好啊！农业方面则犯了错误，指标高了，以至不可能完成。要下决心改，在今年7月的党大会[6]上一定要改过来。从此就完全主动了。

同志们，主动权是一个极端重要的事情。主动权，就是"高屋建瓴""势如破竹"。这件事来自实事求是，来自客观情况对于人们头脑的真实反映，即人们对于客观外界的辩证法的认识过程。我们过去十年的社会主义革命和社会主义建设，就是这样一个过程。中间经过许多错误的认识，逐步改正这些错误，以归于正确。现在就全党同志来说，他们的思想并不都是正确的，有许多人并不懂得马列主义的立场、观点和方法。我们有责任帮助他们，特别是县、社、队的同志们。我本人也有过许多错误，有些是和当事人一同犯的。例如，我在北戴河同意1959年完成3000万吨钢，12月又在武昌同意了可以完成2000万吨，又在上海会议同意了1650万吨。例如，1959年3月在第二次郑州会议上，主张对一平二调问题的账可以不算；到4月，因受浙江同志和湖北同志的启发，才坚决主张一定要算账。如此等类。看来，错误不可能不犯。如列宁所说，不犯错误的人从来没有的。郑重的党在于重视错误，找出错误的原因，分析所以犯错误的主观和客观的原因，公开改正。我党的总路线是正确的，实际工作也是基本上做得好的，有一部分错误大概也是难于避免的。哪里有完全不犯错误、一次就完成了真理的所谓圣人呢？真理不是一次完成的，而是逐步完成的。我们是辩证唯物论的认识论者，不是形而上学的认识论者。自由是必然的认识和世界的改造。由必然王国到自由王国的飞跃，是在一个长期认识过程中逐步地完成的。对于我国的社会主义革命和建设，我们已经有了十年的经验了，已经懂得了不少的东西了。但是我们对于社会主义时期的革命和建设，还有一个很大的盲目性，还有一个很大的未被认识的必然王国。我们还不深刻地认识它。我们要以第二个十年时间去调查它，去研究它，从其中找出它的固有的规律，以便利用这些规律为社会主义的革命和建设服务。对中国如此，对整个世界也应当如此。

我试图做出一个十年经验的总结。上述这些话，只是一个轮廓，而且是粗浅的，许多问题没有写进去，因为是两个钟头内写出的，以便在今天下午讲一下。[7]

1961年9月，英国蒙哥马利元帅访问中国。毛泽东接见了他，还在谈话中提到了自己的继承人问题。这在当时是一个重要的举动。

当年参加会见的熊向晖回忆说：

1961年9月22日上午，浦寿昌打电话给我，要我在北京饭店等他。不久，他提着皮包来了。他说："毛主席决定明天在武昌会见蒙哥马利，周总理要你和我（浦寿昌）马上坐专机去武昌，让你先向主席汇报主要情况和主要问题，让我明天给主席当翻译。"

这天下午，我和浦寿昌飞抵武昌。机场上停着一辆汽车，把我们送到东湖毛泽东主席的住处。

在向毛泽东汇报时，我先提到蒙哥马利对主席很钦佩，对中国很友好，但也在对我们进行战略观察。然后讲了我向周恩来总理汇报过的情况和迹象。

毛泽东连续抽烟，有时插几句。我讲完后，他问英文里"继承人"是什么。我说"Successor"。毛泽东叫我在一张纸上写出来。他看了一会儿说："Success"这个字我知道，意思是"成功"，怎么加上"or"就变成"继承人"了？

浦寿昌作了解释。毛泽东说：这个名词不好，我一无土地，二无房产，银行里也没有存款，继承我什么呀？"红领巾"唱歌："我们是共产主义接班人"。叫"接班人"好，这是无产阶级的说法。

浦寿昌说，英文里没有同"接班人"意思相近的字，"接班人"翻译英文，还是"Successor"，习惯上理解为继承人。

毛泽东说，这个元帅讲英语，不懂汉语，他是客人，就用"继承人"吧。

毛泽东说：这个元帅过去打仗很勇敢，打败了隆美尔。这次在北京也很勇敢，讲了三原则。谁是我的继承人，为什么他不敢问呀？是不是也像中国人那样怕犯忌讳。

我说也许是。

毛泽东说：你讲他是来搞战略观察的。我看，他对我们的观察不敏锐。这也难怪，他是英国元帅，是子爵，不是共产党，对共产党的事情不那么清楚。共产党没有王位继承法，但也并非不如中国古代皇帝那样聪明。斯大林是立了继承人的，就是马林科夫。不过呢，他立得太晚了。蒙哥马利讲的也有点道理，斯大林生前没有公开宣布他的继承人是马林科夫，也没有写遗嘱。马林科夫是个秀才，水平不高。1953年斯大林呜呼哀哉，秀才顶不住，于是乎只好来个三驾马车。其实，不是三驾马车，是三马驾车。三匹马驾一辆车，又没有人拉缰绳，不乱才怪。赫鲁晓夫利用机会，阴谋篡权，此人的问题不在于用皮鞋敲桌子，他是两面派：斯大林活着的时候，他歌功颂德；死了，不能讲话了，他做秘密报告，把斯大林说得一塌糊涂，帮助帝国主义掀起12级台风，全世界共产党摇摇欲坠。这股风也在中国吹，我们有防风林，顶住了。

毛泽东说：这位元帅不了解，我们和苏联不同，比斯大林有远见。在延安，我们就注意这个问题，1945年"七大"就明朗了。当时延安是穷山沟，洋人的鼻子嗅不到。1956年开"八大"，那是大张旗鼓开的，请了民主党派，还请了那么多洋人参加。从头到尾，完全公开，毫无秘密。"八大"通过的新党章里有一条：必要时中央委员会设名誉主席一人。为什么要有这一条呀？必要时谁当名誉主席呀？就是鄙人。鄙人当名誉主席，谁当主席呀？美国总统出缺，副总统当总统。我们的副主席有5个，排头的是谁呀？刘少奇。我们不叫第一副主席，他实际上就是第一副主席，主持一线工作。刘少奇不是马林科夫。前年，中华人民共和国主席改名换姓了，不再姓毛名泽东，换成姓刘名少奇，是全国人民代表大会选出来的。以前，两个主席都姓毛，现在，一个姓毛，一个姓刘。过一段时间，两个主席都姓刘。要是马克思不请我，我就当那个名誉主席。谁是我的继承人？何需战略观察！这里头没有铁幕、没有竹幕，只隔一层纸，不是马粪纸、不是玻璃纸，是乡下糊窗子的那种薄薄的纸，一捅就破。我们没有搞"抽样调查"，英国元帅搞了，一搞，发现了问题，中国一些群众也没有捅破这层纸。这位元帅讲了三原则，又对中国友好，就让他来捅。捅破了有好处，让国内国外都能看清楚。什么长生不老药！连秦始皇都找不到。没有那回事，根本不可能。这位元帅是好意，我要告诉他，我随时准备见马克思。没有我，中国照样前进，地球照样转。

9月23日中午，蒙哥马利在李达上将等陪同下，从北京坐专机抵达武汉，住在汉口胜利饭店。晚上6时半，毛泽东主席在东湖会见他，并共进晚餐。

蒙哥马利赠送给毛泽东主席一盒"三五牌"香烟，提出许多问题，其中包括：1949年新中国成立时，毛主要考虑的是哪些头痛的问题，现在考虑的又是哪些问题，对解放以后的中国怎么看，"枪杆子里面出政权"现在是否还适用，社会主义和共产主义有何区别，对他提出的三原则有何意见……

毛泽东逐一回答。谈到9时30分，蒙哥马利说："今天谈话使我学到很多东西"，"我想主席一定很忙，还有别的事情要做。我能否明晚再来谈谈？"毛泽东说："明晚我到别处去了。"谈话就此结束，互相道别。尽管谈话中彼此问过年龄（这年毛泽东68岁，蒙哥马利74岁），但蒙哥马利并没有问毛泽东主席的继承人是谁。我想，我向周总理和毛主席汇报时所作的揣测，是完全错了。

没有料到，24日凌晨5时左右，浦寿昌通知说，主席改变了计划，决定当天下午再同蒙哥马利谈一次，并共进午餐。这使蒙哥马利喜出望外。

这次追加的谈话是从下午2时30分开始的。寒暄几句后毛泽东就说："元帅是特别人物，相信能活到100岁再去见上帝。我不能。我现在只有一个五年计划，到73岁去见上帝。我的上帝是马克思，他也许要找我。"蒙哥马利说："马克思可以等一等，这里更需要你。"

毛泽东说："中国有句话，73、84，阎王爷不请，自己去。"蒙哥马利借机提出："我认识世界各国的领导人。我注意到他们很不愿意说明他们的继承人是谁，比如像麦克米伦、戴高乐等。主席现在是否已经明确，你的继承人是谁？"

毛泽东说："很清楚，是刘少奇，他是我们党的第一副主席。我死后，就是他。"蒙哥马利又问："刘少奇之后是周恩来吗？"

毛泽东说：刘少奇之后的事我不管……[8]

同甘共苦

1959年到1961年，中国面临前所未有的严重困难。毛泽东和全国人民一道，度过了这三年艰苦的日子。

李银桥回忆说：

这一天是1960年12月26日，毛泽东虽然眼望文件，却是一副若有所思的神情，他其实是在想心事。后来，他将文件放在床上的书籍堆上，小声招呼值班卫士："小封啊，我起来吧。"

这一天是封耀松值正班。他照顾毛泽东穿衣起床。毛泽东没有出去散步，直接走到沙发那里坐下来，仍然是心事重重地在那里沉思默想，不时呼出一口沉闷的粗气。

"主席，给你煮一缸麦片粥吧？"封耀松小声请示。

毛泽东摇头，靠在沙发上，只用手朝办公桌上的烟盒指了指。封耀松帮他取来烟，划燃火柴。

毛泽东吸燃香烟，吸得很深，然后重新靠在沙发上。工夫不大，他便被一团弥漫的青烟笼罩了。

烟雾中，传出毛泽东一字一板的声音："小封，你去把子龙、银桥、高智、敬先、林克和东兴同志叫来。今天在我这里吃饭。"

下午，我们7个人同毛泽东围在一张饭桌上吃饭，没有酒，没有肉，只是油多放了一些。毛泽东的竹筷子伸向菜盘，没等夹起菜忽然又放下了，用目光扫视我们7个人。于是，我们也放下了筷子。

"现在老百姓遭了灾。你们都去搞些调查研究。那里到底有什么问题啊？把情况反映上来。"毛泽东的声音沉重缓慢，停顿一下又说，"人民公社，大办食堂，到底好不好？群众有什么意见？告诉我。要讲实话。"

我们都无声地点头，神情肃然。

毛泽东用手指指叶子龙，又指指我："子龙，银桥，你们下去，不去山东，改去河南广泛调查研究，把真实情况反映给我。"

我和叶子龙说："是。主席。"

毛泽东转脸望着封耀松："小封啊，你去不去？"

封耀松说："去。"

毛泽东点头："那好，那好。"

毛泽东重新环顾饭桌上的7个人，目光忽然变锐利，声音变严厉："要讲实话，不许说假话，不许隐瞒欺骗！"

我和同志们用力点头："主席，我们讲实话。"我在那一刻，想起了毛泽东有一次批评那些有意无意说了假话的同志："你们是放卫星还是放空炮？你们那个10万斤，我当时就讲了不可能，你们还是在报纸上捅出去！……"

这一顿饭，毛泽东没吃几口便放下了筷子。他吃不下去。我们也吃不下去，纷纷放了筷子。

夜里，封耀松用电炉子替毛泽东煮一茶缸麦片粥，劝说毛泽东喝下去，然后劝毛泽东睡一觉。

"睡不着啊！"毛泽东声音悲凉，"全国人民遭了灾，我哪里睡得着啊！"他又讲起历史上一些大灾荒，讲了当年红军吃树皮、啃草根的斗争生活，说了他的理想和追求。

毛泽东多次谈过他的理想。参加十三陵水库工地的义务劳动时，他就曾说过，不但要改造自然，更要改造人类自身。他说：人不应该自私自利，为自己干活就有劲，为人民服务就缺少热情和干劲。他希望能教育出大公无私的新人来，都能具有为人民服务的自觉性和积极性。他说人类有几千年的私有制，要改变私有观念是很难很难的啊。越是难我们越要做，否则还要我们共产党人干什么？

也许，毛泽东为实现他的理想有些急躁了？超越了物质条件允许的范围，超越了社会发展的客观规律？但是，我始终认为他的理想是伟大而高尚的。

毛泽东睡不着觉，下床走到办公桌前，坐下来给我们7个人写了一封信。是用铅笔写的，写了3页。

林克、高智、子龙、李银桥、王敬先、小封、汪东兴七同志认真一阅。

除汪东兴外，你们6人都下去，不去山东，改去信阳专区。那里开始好转，又有救济粮吃，对你们身体会要好些。我给你们每人备一份药包，让我的护士长给你们讲一次，如何用药法。淮河流域气候暖些，比山东好。1月2日去北京训练班上课两星期，使你们有充分的精神准备。请汪东兴同志作准备（原文如此）。你们如果很饥饿，我给你们送牛羊肉去。

信阳报告一件，认真一阅。
••••

毛泽东

12月26日，我的生辰，明年我就有67岁了，老了，你们大有可为。

我们一行6人去了河南。省委没有分配我们去信阳专区，安排我们去了许昌地区鄢陵县。走前，毛泽东同我们集体合影。半年后我们回来汇报了真实情况：大办食堂并不好。之后，我们又去江西贵溪县劳动半年。到江西时，中央已经发下指示：解散大食堂。

还在1956年，毛泽东给章士钊先生写了封信，又叫我从中南海供应站取了两只鸡，送到章士钊家中。

章士钊正坐在门口的一张躺椅上，我把信和鸡交给了他。

他拆开信看后，笑了笑，问道："主席身体怎样？他还那么忙吗？"说罢，进屋写了封信，让我捎给毛泽东。

1961年，我国经济处于困难时期。有一次，毛泽东对章士钊说："共产党不会忘记为她做过好事的爱国人士。当初你支援留法勤工俭学的那笔款两万元，是我经手借的，一部分给了去欧洲的同志，一部分带回湖南开展革命活动。"毛泽东又诙谐地说，"现在有稿费可以还债了。"

打这以后，每年农历正月初二，毛泽东总要让秘书送两千元人民币到章士钊家中，直到1971年，整整10年。后来停了一年，毛泽东发现了，又对左右的同志说："这个钱不能停，还要还利息呢！"于是1973年春节，秘书又送去了两千元。这时章士钊住在北京医院，接到这份礼物时，激动地对家人说："主席想得真周到，他是要在经济上帮助我，怕我钱不够用。主席怕我好面子，不肯收，故意说是还钱还利。其实这笔钱在当时是向社会名流募捐的，我不过是尽了一份力罢了。"

毛泽东所说的"借债"那是1920年春，毛泽东在上海为留法勤工俭学学生筹备旅费，向章士钊求援。章士钊即向上海工商界名流募捐了两万元相助，表示了对勤工俭学的支持。[9]

毛泽东一生严于律己，容不得一丝以权谋私的事。当他得知身边工作人员作风不纯时，立即召回汪东兴，在中南海搞了一次小整风。

汪东兴回忆说：

1958年3月，毛主席要我下到江西工作。走时订了一个"君子协定"，下去工作3年，然后回主席身边工作。

我到江西担任副省长、省委常委，并兼农垦厅厅长，协助省委书记刘俊秀同志分管农林牧渔及农林垦殖场。对这项工作我是很有兴趣的。一年到头有2/3的时间在下面搞调查研究，解决一些实际问题。1960年9月底，我正在九江地区参加农林垦殖座谈会，突然接到江西省委办公厅的电话。电话说："北京中央公安部徐子荣（副部长）同志来电话，要东兴同志回北京一趟。中央负责同志有事与他商谈。"

我接到电话后立即回到南昌，当天晚上去邵式平省长家里问明情况。邵说："我听说了，要你去北京一趟，什么事不清楚。既然是中央负责同志找你，你应立即去。"于是，我买了第二天（9月26日）的火车票，于9月28日清晨到达北京，在中直招待所住下。当天上午，我先与徐子荣同志通了电话。他告诉我："你直接与毛主席处联系。"随后，我打电话给毛主席处值班室联系，他们报告了毛主席。主席说："通知他马上来中南海，我要见他。"

我由中直招待所派车送到中南海东门，下车步行到中南海宝光门中海室外游泳池，见毛主席正在看书，还未睡觉。我走近主席身边，轻声地说："主席，还没有休息呀！"主席抬头看见是我，很高兴，说："睡不着，出来晒晒太阳。你坐吧！"

我坐下后，主席问："你什么时候到的呀？"

我说："今天早晨6时左右。"

主席问："住在什么地方？"

我答："住在中直招待所。"

主席又问："是谁通知你来的？"

我答："公安部徐子荣同志。"

主席点点头，若有所思地说："君子协定，下放3年，现在多久了？"

我说："我是1958年3月10日到达江西的，至今两年半，到1961年3月满3年。"

主席微笑地说："还差半年时间，怎么办呀？！"

我回答："听中央、主席的。"

主席听了我的回答，又点点头，表示满意，然后缓缓地说："有的同志向我建议要你提前回来。"讲完后，眼睛看着我，像是听取我的意见。

我又明确回答："工作上需要可以提前回来！"

主席见我作了肯定的回答，就说了目前有三件事待我回来办。

第一件事，我们和北边的关系紧张，超级大国威胁我们，要准备打仗，还可能打原子弹。目前我们还没有原子弹，将来会有的。现在中央决定要搞国防工程，防原子弹工程。有关首脑机关的工程，你要过问和参加。

第二件事，有人揭发中央警卫团外围警卫部队中有一个反动组织，是真是假，你回来抓紧调查处理。

第三件事，我身边工作人员中有些作风不正，存在一些不健康的思想，需要进行教育，进行一次小整风，展开自我批评和批评，搞好团结，做好工作，遵守三大纪律八项注意。这一件事待你回来负责抓。

我听了以后对主席说："我回江西交代一下工作就回来。"

主席问："要多久时间交代完？"

我计算了一下，来回路上4天，交代工作时间大约1周，共10天左右时间就可以了。

主席站起身来，说："好，你明天回江西。"

我向主席握手道别。刚走到勤政殿后面路上，一个骑自行车的人赶到我身边，说主席叫我回去，还有话要谈。

我又回到主席处。主席说他讲的那三件事要抓紧办，要我不必回去交代工作了，打个电话给江西省委杨尚奎（省委书记）或邵式平同志，要他们把我担负的工作指定别人管，以后再抽出时间回去交代工作。并说：你今天回中直招待所休息，过了国庆就搬回中南海来住。

事后我把主席交办的事，分别向公安部罗瑞卿部长、中央办公厅杨尚昆主任、中央组织部安子文部长和周总理作了报告。

1960年10月2日，我搬进中南海南楼的一层房子住下。10月3日下午见了毛主席。我把如何办好三件事的想法和对主席身边工作人员进行小整风的安排，向毛主席作了汇报。我说：进行小整风，首先，学习主席《党委会的工作方法》《三大纪律八项注意》《在中共七届二中全会的报告》等文件，从思想上提高认识；其次，坚持正面教育，采取漫谈的方法，互相谈心，互相启发；然后从团结的愿望出发，和风细雨地进行自我批评和批评，不戴帽子，不打棍子，把思想作风整顿好。每天搞半天，照顾到工作。时间安排：50天（实际上25天），争取完成小整风任务。主席听后，对这样安排表示满意，说：这样做方向明确，办法对头。你召集他们开一个会，宣布做法。

1960年10月6日，在毛主席身边工作人员的会上，我宣布了开展小整风的安排，要求同志们除了值班的人外，希望每次都能按时到会。在这次会上，我传达了毛主席的讲话。毛主席说："你们没有犯什么路线错误，只是生活作风、思想意识上的缺点，只要认真进行批评和自我批评，检查一下就完了嘛。如果有人对你批评尖锐一些，也没有什么不好。就是让你不舒服几天、几十天，将来你会感觉到对自己有帮助。"毛主席还说："我在井冈山时，被撤销中央临时政治局候补委员职务，还传说开除了党籍，后来说我是狭隘经验论、右倾机会主义、指责枪杆里会出什么政权、不懂马列主义等。这对我很有教育，使我看了很多书，后来还写了《中国革命战争的战略问题》《实践论》《矛盾论》等书。我感谢这些同志，他们逼我读了些马列主义的书。"大家听了毛主席亲切诚恳和富有深刻哲理的讲话，都积极地参加了小整风。

在毛主席的关怀下，经过小整风，大家精神面貌有较大改观，达到了团结的目的。

毛主席对我们这次小整风的成果是满意的。为了巩固这个成果，进一步提高大家的认识，1960年12月25日中午，他请身边工作人员聚餐。参加聚餐的除毛主席的女儿李敏、李讷、侄子毛远新和江青的侄子王博文外，还有叶子龙、王敬先、吴旭君、张仙朋、林克、高智、李银桥、封耀松和我。

大家兴高采烈地祝贺毛主席67岁寿辰。边吃饭，毛主席边谈话。他从我们小整风说起，要我们从高从严要求自己，正确对待批评与自我批评。他引经据典，联系他亲身的经历，说明"人没有压力是不会进步的"，鼓励我们认真改进思想作风，积极做好工作。许多同志放下筷子，用心聆听毛主席的谈话。毛主席边说，边催促："你们吃，你们吃呀！"这顿聚餐吃了两个小时。毛主席感人肺腑的谈话使大家深受教育和感动。大家认为，毛主席席间的谈话，不仅是对我们小整风的高度总结，而且也是鞭策我们今后不断进步的动力。聚餐结束后，我们立即把毛主席谈话记录整理出来，作为今后学习材料。

26日清晨，毛主席又给林克、高智、叶子龙、李银桥、王敬先、封耀松和我7位同志写了一封信。他语重心长地写道："明年我就有68岁了，老了，你们大有可为。"

毛主席在这次聚餐会上谈话的记录整理材料，一直保存在我身边。毛主席说的"人没有压力是不会进步的"这句话，永远铭刻在我的心中。今年[10]是毛主席诞辰100周年，为了继承和发扬党的优良传统作风，我建议发表毛主席这次谈话记录。毛主席在这次谈话中，虽然批评了我和其他一些同志，但原文发表我认为不会损害这些同志，反而会使我们感到毛主席对身边工作人员是如此坦诚相见，如此关怀，亲如手足。

毛主席这次谈话后，不久外出，由北京出发到浙江住10天。他要我回江西交代工作，只限5天完成，待主席专列路过江西南昌时上车，然后一同到广东开会讨论农业60条。

这次小整风后，毛主席不仅要求大家吸取经验教训，而且要求以实际行动改正错误，从他自己以身作则做起。他宣布，从1961年1月1日起，"我不吃猪肉和鸡了，因为猪肉和鸡要出口换机器。我们欠人家的债要还给人家的，我看有米饭、有青菜和油、盐就可以了。""买东西一定要给人家钱，一张纸、一支笔也如此，千万不能向地方要东西。""过去向各省市要的东西，照价付款，钱由我稿费内开支。"

我们认真按照毛主席的要求做了。记得当时各种实物付款有1万多元人民币。[11]

大兴调查研究之风

1959年下半年起，"大跃进"造成的严重后果逐渐显露出来。国民经济比例严重失调，重工业畸形发展，积累率居高不下，农副产品产量急剧下降，国家出现巨额财政赤字，市场极度匮乏，非正常死亡人数猛增。据正式统计，1960年全国总人口比上年减少了1000万，远高于正常年景。

面对严重的困难，毛泽东的心情极为沉痛，决心重新调整各方面的政策，刹住重新泛滥的"左"倾之风。同前一次纠"左"一样，他所采取的紧急措施，首先从农业开始，从大兴调查研究之风开始。

逄先知在《毛泽东和他的秘书田家英》一文中写道：

1960年冬，农村中的严重问题已经大量暴露。11月3日，中央发出《关于农村人民公社当前政策问题的紧急指示信》（简称"十二条"），提出彻底纠正"一平二调"的错误，开展整风整社。12月24日至1961年1月13日，毛泽东主持中央工作会议，作出《关于农村整风整社和若干政策问题的讨论纪要》。就在会议的最后一天，1月13日，毛泽东提出：大兴调查研究之风，使1961年成为实事求是年。这次会议为14日至18日召开的九中全会作了准备。……

正在中央全会结束的时候，一篇题名《调查工作》的文章，出现在毛泽东面前，毛非常高兴，这是他30年前写的一篇文章，早已丢失，多年来一直念念不忘。这篇文章是田家英亲自送给他的。文章的发现经过是这样的：1959年中国革命博物馆建馆，到各地收集革命文物，他们在福建龙岩地委收集到这篇文章的石印本。1960年中央政治研究室的同志从革命博物馆借来。……这个文献被田家英知道，立即送给了毛泽东。

对这篇文章，毛泽东在1961年3月11日专门写了一个批语，接着在3月广州会议的两次讲话中又都提到它，并作了说明和解释。从批语和两次讲话中可以使人们了解，这篇文章是为着什么写的，是怎样写出来的，以及毛泽东是如何地喜爱它。

1961年3月11日的批语写道：

"这是一篇老文章，为了反对当时红军中的教条主义思想而写的。那时没有'教条主义'这个名称，我们叫'本本主义'。写作时间大约在1930年春夏，已经30年不见了。1961年1月，忽然从中央革命博物馆里找到，而中央革命博物馆是从福建龙岩地委找到的。看来还有些用处，印若干份供同志们参考。"

在1961年3月13日广州会议上说：

找出了30年前我写的一篇关于调查工作的文章，我自己看看还有点道理，别人看怎样不知道。"文章是自己的好"。我对自己的文章有些也并不喜欢，这篇我是喜欢的。这篇文章是经过一番大斗争写出来的。1929年冬天，红军第四军第九次党的代表大会对这场斗争作了结论。这以后，也就是1930年春天，写了这篇文章。前几年到处找这篇文章，找不到，今年1月找出来了。请大家研究一下，提出意见，哪些赞成，哪些不赞成。如果基本赞成，就照办，不用解释了。

在1961年3月23日广州会议上说：

这篇文章是1930年春季写的，总结那个时期的经验。这篇文章之前，还有一篇短文，题目叫反对本本主义，现在找不到了。这篇文章是最近找出来的。别的东西找出来我不记得，这篇文章我总是记得就是了。忽然找出来了，我是高兴的。[12]

《调查工作》恰好在刚刚提倡大兴调查研究之风的时候，被重新发现，成为推动全党大兴调查研究之风、转变思想作风的有力武器。

这篇文章尽管如此重要，但毛泽东对于是否公开发表持谨慎态度。逢先知回忆说：

毛泽东在3月23日的会议上说：我不赞成现在发表，只在内部看一看就是了。他说：现在的作用在什么地方呢？这个文章会有些人不懂得。为什么呢？

因为讲的是当时民主革命的问题，民主革命是反帝反封建的问题。现在的问题是搞社会主义革命和社会主义建设，必须向看文章的人说明这一点。他再三提醒人们说：这篇文章发下去的时候，有些要解释一下，主要是讲基本方法。民主革命时期要进行调查研究，社会主义建设阶段仍要进行调查研究，一万年还要进行调查研究。这个方法是可取的。这个文章是为解决资产阶级民主革命的问题，现在的问题就不是这个问题。就讲清楚这一点。

毛泽东这些话本身就包含着辩证法的精神和反对教条主义的精神。

1961年3月11日毛泽东将《调查工作》印发参加广州会议的同志时，把题目改为《关于调查工作》，作了少量文字修改，如把"布尔什维克"改为"共产党人"，把"苏维埃"改为"政府"，"六次大会"改为"党的第六次大会"等。

随着时间的推移，《关于调查工作》一文的作用和意义被越来越多的人所了解，党内许多同志要求公开发表。1964年经毛泽东同意，在《毛泽东著作选读》甲种本和乙种本中首次公开发表了。

此文收入选读本时，田家英又作了一些文字修订。为了确定文章写作时间，他3月25日晚送请毛泽东最后审定这篇文章时，写信说："这篇文章的写作时间，希望主席再回忆一下，如果能记起在什么地方写的，或者写作前后有什么较大事件，我们便可以根据这些线索，考订出比较准确的写作时间。"

毛泽东当晚将定稿退田家英，把文章题目又改为《反对本本主义》，写了一个批语："此文是在1929年写的，地点记不清楚。先写了一篇短文，题名'反对本本主义'，是在寻乌县写的。后来觉得此文太短，不足以说服同志，又改写了这篇长文，内容基本一样，不过有所发挥罢了。当时两文都有油印本。"这里要请读者注意，毛泽东在这个最后的定稿上，亲笔加了一句话："马克思主义的本本是要学习的，但是必须同我国的实际情况相结合。我们需要'本本'，但是一定要纠正脱离实际情况的本本主义。"这是毛对这篇文章所作的唯一的一处涉及实质内容的改动。这无疑是一个很重要的增补。但是通观全文，这个思想原本就有的，不过没有作出这样概括性的表述罢了。

把文章写作时间定为1929年，田家英表示怀疑，请中央政治研究室的一位同志将毛泽东1929年1月至1930年8月这段时间的活动搞了一个详细材料送给毛泽东。毛泽东看后将写作时间最后定为1930年5月。

《反对本本主义》是一篇重要历史文献，对研究中共党史和毛泽东思想发展史有重大意义；它又是一篇具有科学价值和现实意义的著作，那些具有普遍意义的思想将永远闪耀着它的光芒。读者可以看到，毛泽东思想的活的灵魂，即实事求是、群众路线、独立自主这三个方面的基本内容，在这篇文章里都有了。这篇文章被寻找出来，受到重视，并能公之于世，这要感谢当年文献的收藏者和收集者福建龙岩地委的同志、革命博物馆的同志和中央政治研究室的同志，特别要感谢田家英。[13]

1961年初，毛泽东要田家英组织一个调查组去浙江农村调查。1月20日，田家英接到毛泽东的一封信。

田家英同志：

（一）《调查工作》这篇文章，请你分送陈伯达、胡乔木各一份，注上我请他们修改的话（文字上，内容上）。

（二）已告陈胡，和你一样，各带一个调查组，共3个组，每组组员六人，连组长共七人，组长为陈、胡、田。在今、明、后3天组成。每个人都要是高级水平的，低级的不要。每人发《调查工作》（1930年春季的）一份，讨论一下。

（三）你去浙江，胡去湖南，陈去广东。去搞农村。6个组员分成两个小组，1人为组长，2人为组员。陈、胡、田为大组长。一个小组（3人）调查一个最坏的生产队，另一个小组调查一个最好的生产队。中间队不要搞。时间10天至15天。然后去广东，3组同去，与我会合，向我作报告。然后，转入广州市作调查，调查工业又要有1个月，连前共两个月。都到广东过春节。

毛泽东

1月20日下午4时

此信给3组21个人看并加讨论，至要至要！！！

毛泽东又及

逄先知是田家英调查组的成员之一，他详细记叙了调查的过程及毛泽东的具体指示：

田家英领导的浙江调查组，迅速组成，第二天离开北京，22日到达杭州。

这次调查，是在国民经济持续恶化、接近崩溃的地步，是在毛泽东面临严重经济困难头脑比较冷静的时候，也是在毛泽东大兴调查研究之风、决心扭转困难局面的情况下进行的。一贯热心作农村调查、对国家困难深为忧虑的田家英，此时此刻被委以重任，能为国家和人民奉献一点力量，自然感到高兴。

浙江调查组，经与浙江省委商量，按照毛泽东抓两头的调查方法，决定在嘉善县（后同嘉兴合并）选一个差的生产队，在富阳县选一个好的生产队。我被指派到那个差的生产队，叫和合生产队，是田家英重点抓的点。当时所说的生产队，就是后来的生产大队，大略相当于现在的大自然村。调查组有省里的同志参加，当时任浙江省委副秘书长的薛驹，自始至终地参加了这次调查。毛泽东住在杭州，随时听取调查组的汇报并给予指导。

......

　　说实在的，当时下去调查，只要态度端正，发现问题并不困难，实在是问题成堆，俯拾即是。但要说容易，也并不那么容易。关键在于能不能冲破思想束缚，有没有提出问题的勇气。经过反右倾运动，大家的思想被束缚得紧紧的，真是不敢越雷池一步。有一些问题明知不对不敢说，也有一些则是把错误的误认为是正确的。就拿食堂问题来说，调查组的两个点就有两种不同的看法。一个点上的调查，由于没有深入下去，仍然受旧框框的束缚，得出的结论是应该如何把食堂办好；另一个点上的调查，由于真正了解到群众对食堂的强烈不满情绪，认为食堂难以为继，应当解散。田家英参加了那后一个点的调查，赞成他们的意见。但是，善于不善于发现问题是一回事，敢于不敢于向毛泽东反映像食堂这个特别敏感的问题又是一回事。当时，主张维护食堂的人，包括一些高级负责人，包括其他一些调查组，还大有人在；过去有些人因食堂问题被打成"右倾机会主义分子"的事，人们记忆犹新；中央刚刚发出的"十二条"指示信明文规定，必须"坚持食堂"；等等。所有这些，田家英不是没有考虑，但最后还是向毛泽东反映了真实情况并陈述了自己的意见。田家英敢于直言的精神，在重要关节上又一次显示出来。还有一个问题，即造成农业大幅度减产的原因究竟是什么？就我们所调查的地方来说（有相当的代表性），既不是天灾，更不是民主革命不彻底、阶级敌人复辟，完全是"五风"造成的。田也向毛陈述了这个意见。我参加调查的那个位于杭嘉湖平原鱼米之乡的和合生产队，水稻亩产通常是600多斤，1960年竟只有291斤。这个数字深深地触动了毛泽东，他找来那个县的县委书记，深谈了一次，并批评了他。

　　田家英很重视作历史的调查。他直接指导我的调查工作，让我和省里的一位同志对和合生产队的生产情况，从土改后到公社化的全部历史，作了详细调查。参加的人不多，请来一位老贫农、一位老雇农、一位老中农和生产队队长，共四人。我们促膝交谈，有问有答，既是调查会，又是讨论会，连续谈了五六天。这样，对这个生产队的历史及现状了解得比较透彻，这对于了解土改后中国农村各个历史发展阶段的情况，大有益处。有了历史的比较，哪些东西是好的应当恢复，哪些东西是不好的应当抛弃，以及现在存在的问题是什么，就看得比较清楚了。田家英把这个生产队的情况，从历史到现状（包括规模、体制、生产等），向毛泽东作了汇报。

　　就在这次汇报中，田家英建议中央搞一个人民公社工作条例，被采纳了。后来，毛泽东在广州会议上提到这个工作条例的由来时，是这样说的："我是听了谁的话呢？就是听了田家英的话，他说搞条例比较好。我在杭州的时候，就找了江华同志、林乎加同志、田家英同志，我们商量了一下，搞这个条例有必要。搞条例不是我创议的，是别人创议的，我抓住这个东西来搞。"

2月6日，毛泽东在听取田家英等人的汇报时，提出一些重要意见。现根据我当时听传达的记录，将要点记载于下：

一、怎样克服"五风"改变面貌问题。问题主要是"五风"，瞎指挥。除自留地、蔬菜地以外，再留百分之三的土地归小队（按：即后来的生产队）机动使用，可以多种多样。

二、退赔问题。要决心赔，破产赔。谁决定的由谁退赔。要使干部懂得，剥夺农民是不行的。这种做法是反动的，是破坏社会主义而不是建设社会主义。

三、自留地问题。几放几收，都有道理。两个道理归根是一个道理——还是给农民自留地。要把反复的原因向农民交代清楚，基层干部要从反复中取得经验，作对比，就有了理论上的根据了。再反复，搞下去就是饿、病、逃、荒、死。

四、起草一个工作条例。规定公社三级怎么做工作。调查时，看看坏的，也看看好的，不然就要钻牛角尖。（田家英着重汇报的是和合生产队的情况，这是一个工作差的队。毛泽东是针对这一点讲的。）

五、规模问题。和合生产队太大了，是否分成3个，或者把小队当基本核算单位，生产队变大队，明升暗降。小队变成生产单位和消费单位。几个小队差距大，拉平分配，破坏积极性。基本原则是增产。

六、食堂问题。按群众要求办事，可以多种多样。单身汉、劳力强没有做饭的，要求办常年食堂，多数人要求办农忙食堂，少数人要求自己做饭。这个问题要调查研究一下，使食堂符合群众的需要。三十户中有五户要求办常年食堂的，那就要办。养猪的要求在家里做饭，是可以的。总之，要符合群众的要求，否则总是要垮台的。

七、干部手脚不干净的问题。百分之三四十的贪污面，百分之七八十的手脚不干净。统统撤掉不行。处理要按群众意见办，群众允许过关的就放过，不允许的就撤职。

以上这些，大体反映了毛泽东当时对人民公社以及农村政策问题的一些基本看法，有些是已经明确了的，有些是正在酝酿之中。后来他又听了湖南、广东等调查组的汇报。这就为广州会议的召开和主持起草《人民公社工作条例（草案）》（简称"六十条"）作了准备。

2月21日，田家英和我遵照毛泽东的指示，离开杭州去广州。23日，三个调查组在广州会合，准备起草人民公社工作条例。

起草工作一直是在毛泽东的指导下进行的。2月26日起草委员会召开会议，主要是确定条例的框架和基本内容。出席会议的有：陶铸、陈伯达、胡乔木、田家英、廖鲁言、赵紫阳、邓力群、许立群、王力、王鲁，我也参加了会议。从27日起，进入具体起草阶段，主要由廖鲁言、田家英、王鲁、赵紫阳分别起草。

3月10日，由毛泽东主持的"三南"会议在广州开幕，参加会议的是中南、华东、西南三个大区的中央局书记和各省、市、自治区书记，主要讨论公社工作条例和农业问题。与此同时，由刘少奇主持的"三北"（指华北、东北、西北三个大区）会议，在北京召开。

3月13日，毛泽东在"三南"会议发表重要讲话，主题是反对两个平均主义，即人与人之间、队与队之间分配上的平均主义。这是他根据三个调查组的调查得出的一个基本思想，成为人民公社工作条例的核心和基石。

反对两个平均主义，在今天看来，似乎没有什么了不起。但是，我们对待任何一个问题都不能离开当时当地的具体条件。这个问题，浙江调查组没有提出来，湖南调查组没有提出来，广东调查组没有提出来，其他众多的调查组都没有提出来，尽管各个调查组都各自提出了一些好的、有价值的意见和建议。而这个思想是由毛泽东根据大量调查材料概括出来的。它使人们思想豁然开朗，不能不对他的高度概括能力和善于抓住问题本质的洞察能力表示钦佩。当然，他提出反对两个平均主义，既受当时客观历史条件的限制，也受他自己主观认识的限制，所以还是不彻底的。但无论如何这是一个重要的进步，它是党在一段时间内解决农村问题的指导思想。

3月14日，"三北""三南"两个会议合并召开，在广州继续进行。

3月15日，工作条例经过修改，写出第二稿。第二天，送给毛泽东。当天下午3时，毛泽东召集陈伯达、胡乔木、田家英、廖鲁言谈条例问题，决定将条例印发会议讨论。会议共讨论了两天，有一个争论的问题，就是关于是否以生产小队（即后来的生产队）为基本核算单位，会议没有作出结论。

3月15日，刘少奇在中南、华北小组会上有一段插话。他说：（一）对"五保户"实行部分供给制，实际上是社会保险，农民是赞成的。但其余的统统要按劳分配，多劳多得，多劳多吃。活劳动转化为死劳动，劳动力就是钱，就是物资。所谓经济工作越做越细，就是要节约劳动时间，提高劳动效率，所以加班加点一定要给钱。（二）搞家庭副业、自留地，这是经济民主。刘少奇这段话很重要，蕴含着深刻的思想。这表明当时刘少奇已经对平均主义的供给制持否定态度。

3月19日，开始修改工作条例第二稿，吸收每一个大区1至3人参加。华北是陶鲁笳，西北是白治民，东北是冯纪新，中南是王延春、赵紫阳，华东是林乎加、薛驹、魏文伯，西南是黄流。胡乔木向起草组传达了毛泽东当天中午的谈话。根据我当时的记录引证如下：

这个条例怎么样？没有危险吗？农业问题抓得晚了一些。这次下定决心解决问题。第二次郑州会议，问题解决得不彻底，只开了3天会，而且是一批一批地开，开会的方法也有问题。庐山会议本应继续解决郑州会议没有解决的问题，中间来了一个插曲，反右，其实应该反"左"。1960年上海会议对农村问题也提了一下，但主要讨论国际问题。北戴河会议也主要是解决国际问题。"十二条"起了很大作用，但只是解决了"调"的问题，没有解决"平"的问题。12月中央工作会议，只零碎地解决了一些问题。农村问题，1959年即已发生，庐山会议反右，使问题加重，1960年更严重。饿死人，到1960年夏天才反映到中央。

3月22日，中央工作会议通过《农村人民公社工作条例（草案）》。同日，党中央发出《关于讨论农村人民公社工作条例草案给全党同志的信》，要求各地对条例进行认真讨论，在总结经验的基础上，切实解决人民公社中的问题。

3月23日，中央工作会议最后的一天，通过《中共中央关于认真进行调查工作问题给各中央局，各省、市、区党委的一封信》。这封信是胡乔木代中央起草的。信很长，别的内容人们大概都忘了，但有一句话比较不容易忘记："在调查的时候，不要怕听言之有物的不同意见，更不要怕实践检验推翻了已经作出的判断和决定。"通过这封指示信的时候，毛泽东把田家英请到主席台上，坐在他的旁边，田家英一面读，毛泽东一面解释。最后，毛泽东专门对《调查工作》（即《反对本本主义》）一文作了说明、讲解和发挥。当天晚上，毛找田谈话，指示把调查工作延长到5月，再到江苏去调查二十几天，搞三个点。后来，我们没有去江苏，而是继续在浙江调查。

广州会议是一次重要的会议，用毛泽东的话来评价，这是公社化以来中央同志第一次坐下来一起讨论和彻底解决农业问题。广州会议的主要成果就是制定了人民公社"六十条"。

"六十条"集中了广大群众和干部的意见和要求。但是，它是不是正确？是不是符合实际？行得通行不通？还有一些什么问题需要解决？这就需要再拿到群众中去征求意见，放到实践中去检验一番。这就是毛泽东历来倡导的群众路线的工作方法。

……

浙江调查和"六十条"试点工作，4月中旬告一段落。调查组全体成员搬到杭州刘庄，同毛泽东住在一起。

4月23日，毛泽东找田家英谈话，研究下一步的调查工作，既有谈到全党范围的，也有谈到浙江调查组的。4月25日，他写信给当时在杭州的邓小平，提出5月召开中央工作会议，继续广州会议尚未完成的工作：修改人民公社"六十条"和继续整顿"五风"，并要求到会同志利用这一段时间，对农村中的若干关键问题[14]进行重点调查。请邓小平找田家英一起起草中央通知。当天上午，田把写好的通知送邓审定。晚上，田参加了毛泽东召集的会议，会议开到次日凌晨2时。在这次会上，决定浙江调查组继续就上述问题进行调查。第二天，调查组分赴三个地点，又投入了新的紧张的工作。我们这次调查，是党中央布置各地作重点调查的一个组成部分。所有这些调查，为5月北京会议作了准备。

……

1961年5月21日到6月12日，中共中央在北京举行会议。会议根据中央和各地区、各部门的调查，对《农村人民公社工作条例（草案）》进行修改，制定了工作条例的"修正草案"。修改部分主要是取消了原草案中关于食堂和供给制的规定。会议还讨论了商业工作和城市手工业工作。

会议期间，田家英根据毛泽东提出的4个问题（调查研究、群众路线、退赔、甄别平反），为中央起草了《关于讨论和试行农村人民公社工作条例修正草案的指示》。指示提出，对几年来受批判处分的党员和干部进行实事求是的甄别平反。其中特别规定，以后在不脱产干部和群众中，不再开展反右倾反"左"倾的斗争，也不许戴政治帽子。这是一个很重要的规定。鉴于几年来在政治运动中，动不动反右倾，随意地给人戴上右倾机会主义帽子，伤了许多人，其中也有不脱产干部和一般群众。这是一个严重教训。反倾向斗争，不论是右倾还是"左"倾，本来是共产党解决党内问题使用的概念，即使在党内也不能随意使用，何况对不脱产干部和一般群众呢。

毛泽东在会议上作了自我批评，对党所犯的错误承担了主要责任。他说："违反客观事物的规律，要受惩罚，要检讨。"五月会议以后，全国经济形势继续好转，党内民主生活进一步恢复正常。[15]

"六十条"是毛泽东提出大兴调查研究之风结出的第一个硕果。这个文件对于扭转农业局势以至整个国民经济的困难局面，起了重大作用。在它的带动下，全国各条战线相继制定工作条例，形成一整套比较符合当时实际情况的具体政策。"六十条"集中了全党的智慧，体现了毛泽东当时的农业政策思想，其中也包含着田家英的一份贡献。[16]

"六十条"解决的是农业战线上的问题。随后，毛泽东又着手解决工业、教育、科学等战线的问题。此刻，毛泽东的心情并不轻松。

逄先知回忆说：

"六十条"在全国范围的宣讲和试行，在农民中引起强烈反响，收到很好的效果，农业很快开始复苏。毛泽东很高兴。这时，中央又着手系统地解决工业、教育、科学等战线的问题。1961年8月至9月召开的第二次庐山会议就是为了解决这些方面的政策问题。上山之前，毛泽东曾对田家英说："要开一个心情舒畅的会。"

召开第二次庐山会议，不能不联想到第一次庐山会议。第一次庐山会议引起的灾难性后果，毛泽东的感受不会比别人小。从1960年夏天起，农村中的严重情况逐渐反映到中央，反映到毛泽东那里。他的心情沉重起来。在那些日子里，他常常闷闷不乐，沉默寡言，有时长时间地呆坐在那里，凝视不动。这种情况在过去是少有的。到1960年11月初，他亲自主持起草中央"十二条"指示信，首先下决心解决农业问题。

毛泽东说：

庐山会议的估计不灵了。当时认为一年之内形势可以好转，以为右倾压下去了，"共产风"压下去了，加上几个"大办"就解决问题了。当时有人说：逢单年不利，逢双年有利。今年是双年，要说逢双年有利，实际上并不是这样，"共产风"比1958年刮得还厉害。原来估计1960年会好一些，但没有估计对。1960年有天灾又有人祸，敌人的破坏尚且不说，我们工作上是有错误的，突出的是大办水利，大办工业，调劳动力过多。（1960年12月30日在听取各中央局汇报时的插话）

郑州会议的召开是为了反"左"的，由3月到6月只反了3个月。如果继续反下去就好了。谁知道彭德怀在中间插了一手，我们就反右。反右是正确的，但带来一个高估产、高征购、高分配。这个教训值得我们记取。庐山会议反右这股风把反"左"打断了。（1961年3月5日对几位中央领导人的谈话）[17]

第二次庐山会议，的确开成了"舒心的会"。参加了这次会议的逄先知回忆说：

果然，这一次会议没有紧张的气氛，没有批判的场面，大家的心情平静而舒坦，比较敢于批评和议论工作中的问题和失误，又产生了几个好的文件，如《中共中央关于当前工业问题的指示》《工业七十条》《高教六十条》。田家英在第一次庐山会议后期是受压的，参加这次会议却是另一种心境。但是有一点使田感到不安。当时毛泽东对国内经济形势的估计是已经到了"锅底"。田认为，在农业方面可以这样说，在工业方面就不能这样说，因为工业生产仍在继续下降。他半夜里睡不着觉，便到梅行（当时参加起草《工业问题的指示》和《工业七十条》）的卧室去讨论这个问题，直至天亮。

第二次庐山会议主要讨论工业问题和财贸、教育等问题，但毛泽东的兴趣仍然在农村方面。他始终关注着公社"六十条"的命运，关心着"六十条"的执行情况。

我们党在1959年走了一段曲折的路程，这个教训深深地印在毛泽东的心里。他对于"六十条"能不能得到贯彻执行，"六十条"是否能真正彻底解决问题，会不会再来一个反复，是担着心的。1961年8月23日，第二次庐山会议的第一天，他在中央和各大区负责人的会议上，讲了一篇话，大体上反映了他的这种心态。他说：

讲到社会主义，不甚了了。"六十条"都是社会主义，这个问题究竟如何，你们说有一套了，我还不大相信。不要迷信广州会议、北京会议搞了一套，认为彻底解决问题了。我看还要碰三年，还要碰大钉子。会不会遭许多挫折和失败？一定会。现在遭了挫折和失败，碰了钉子，但还碰得不够，还要碰。再搞两三年看看能不能搞出一套来。对社会主义，我们现在有些了解，但不甚了了。我们搞社会主义是边建设边学习。搞社会主义，才有社会主义经验，"未有学养子而后嫁者也"。郑州会议犯了错误，分三批开，一批开一天，我打你通，略知梗概，不甚了了，经过6个月，到庐山会议。会议顶住了彭德怀的那股风，是对的，不顶不行。但也犯了错误，不应一直传达下去。现在搞了"六十条"，不要认为一切问题都解决了。搞社会主义，我们没有一套，没有把握。

我国在社会主义建设方面的挫折，教育了全党，也教育了毛泽东。到1960年冬，他已经开始冷静下来，觉悟到："看来建设社会主义只能逐步地搞，不能一下子搞得太多太快。我设想，社会主义建设大概要搞半个世纪。"（1960年12月30日的一次谈话）。1962年七千人大会上，毛泽东在总结我国社会主义建设经验时指出："在社会主义建设上，我们还有很大的盲目性。社会主义经济，对于我们来说，还有许多未被认识的必然王国。拿我来说，经济建设工作中间的许多问题，还不懂得。工业、商业，我就不大懂。对于农业，我懂得一点。"但是，"我注意得较多的是制度方面的问题，生产关系方面的问题。至于生产力方面，我的知识很少。"他的这段总结讲得很坦率，也很中肯。毛泽东在战争问题上，在民主革命问题上，经验丰富，可以说一帆风顺。但在建设问题上，以及在社会主义革命的若干问题上，自己的知识和经验比较缺乏，对别人以及党的领导集体的知识和经验又不善于尊重，所以在工作指导上常常发生错误。毛泽东不很赞成照搬苏联的经验，强调要结合中国实际，走出一条中国的路子，这是对的。但是没有达到预期的目的。这里面有很多经验教训值得总结。

就在这次会上，中南的同志（陶铸、王任重等）谈到"六十条"解决了生产队的问题，但土地、耕畜、劳力归生产队所有，而分配则以大队为核算单位，所有权与分配有矛盾。毛泽东很重视这个意见，提出应当加以研究。其实，这个矛盾毛泽东早已发觉，在3月广州会议上，他曾批给与会同志阅看一份反映这个矛盾的材料，想在"全国各地推行"，结果没有被通过。对于人民公社体制上存在的这个问题，毛泽东一直揣在心里。第二次庐山会议后，他仍是沿着这条思路，继续为纠正人民公社内部的平均主义而进行探索。

　　1961年9月27日，毛泽东召集邯郸谈话会，就基本核算单位问题亲自作调查。29日，他写信给中央常委及有关同志，明确表明了自己的意见：人民公社的基本核算单位应是生产队而不是大队。他说："我们对农业方面的严重的平均主义的问题，至今还没有完全解决，还留下一个问题。农民说，'六十条'就是缺了这一条。这一条是什么呢？就是生产权在小队（按：即生产队），分配权却在大队。"

　　改变基本核算单位，是公社体制上的重大调整，是对"六十条"的重要突破。（实际上，就经营规模的大体而论，这是正确地退回到初级合作社，只是还保留政社合一这个僵硬的外壳罢了，这个外壳仍然是农业生产发展的严重障碍。）毛泽东虽然作出了决策，但他认为，要把他的这个决策变为全党实行的政策，还需要有一个过程，需要全党各级领导干部经过调查研究，在基本上取得一致的认识。在这个重要的时刻，毛泽东又把协助自己解决这个问题的重任交给田家英。一方面，要他为中央起草一个指示，把这个问题提到全党面前进行研究；另一方面，派他下去专就这个问题进行调查。田家英选定了山西长治地区的一个农村，作为调查地点。经过调查，他认为毛的意见完全正确，遂即带着几位同志，为中央起草《中共中央关于改变农村人民公社基本核算单位问题的指示》草案。在这个文件里，有针对性地批评了一些人在这个问题上采取不热心、不积极的态度；同时也反对了认为基本核算单位越小越好的意见，而主张大体相当于初级社的规模，就全国大多数地区来说，以二三十户左右为宜。毛泽东对这个文件看得很细心，画了很多杠杠。田家英高兴地拿给董边看，说："我自己认为写得好的地方，主席都画了杠杠。"毛泽东将文件提交给1962年1月至2月间召开的七千人大会讨论。

　　在讨论中间，一个重要意见，就是要规定生产队为基本核算单位40年不变（我记得这是毛泽东提的，现在一时没有查到根据）。有一位中央负责人建议将40年改为"至少20年内"，请毛斟酌。毛将"至少20年内"改为"至少30年内"，并且批了一段话："以改为'至少30年'为宜。苏联现在45年了，农业还未过关，我们也可能需要几十年，才能过关。"从这个修改和批语中可以看到，此时毛泽东在农业问题上是比较冷静和谨慎的。从此以后，"30年不变"

的提法，成了一个重要公式，经常出现在党中央的有关文件里。不管30年，还是40年，无非是表示：生产关系应当较长期地稳定，不能频繁地变动了，这表达了人心思定的愿望。历史经验证明，有了稳定的条件，才有利于生产的发展。由于随意改变生产关系，两度大刮"共产风"，造成严重损失，这个痛苦教训毛泽东是记取了。1962年十中全会开过不久，他在视察工作时，曾向一位省委书记嘱咐说："万万不能再搞一平二调，不要把农民养的猪调上来，调一头也要受处分！"在"文化大革命"中不管怎么动乱，不管张春桥还有别的什么人怎么鼓吹穷过渡，毛泽东始终纹丝不动，以生产队为基本核算单位的体制始终没有改变。不过，从1963年的"四清"运动开始，直至"文化大革命"结束，在农村中大搞"割资本主义尾巴"使得农民愈割愈穷，这就不是以生产队为基本核算单位所能解决的了。[18]

在严峻的形势面前，毛泽东并没有退缩。他一面领导全国人民顶住苏联撤走专家、撕毁合同、索取借款的巨大压力，一面痛定思过，总结经验教训。

毛泽东多次主动承担了失误的责任，表示同那些愿意改正错误的同志同呼吸，共命运。在1960年上海会议中写的《十年总结》一文中，他还坦率地承认，对社会主义建设规律的认识，还处在必然王国向自由王国过渡的探索之中。

同时，毛泽东还积极支持刘少奇、周恩来、陈云、邓小平等同志实行国民经济调整的"八字方针"，力争国民经济的迅速好转。这是党的领导集体相互信任、默契配合的较好时期之一。

七千人大会

1962年1月11日至2月7日，中共中央在北京召开扩大的工作会议，史称"七千人大会"。这次大会一扫以往浮夸之风，比较实事求是地分析问题，主动承担责任，对统一全党思想，认识和纠正工作中的"左"倾错误，起了积极作用。在毛泽东的主持下，这次大会发扬民主，开展批评和自我批评，开成了一个空前规模的总结经验的大会。

薄一波回忆说：

由于"大跃进"、人民公社化运动连续3年多的失误，国家生产建设和人民生活都出现了严重困难。中央领导同志头脑逐渐冷静下来，开始在一系列会议上总结教训。1961年5月、6月间召开的北京中央工作会议，就是在"七千人大会"之前总结教训的一次重要会议。会上，少奇同志以沉重的语气说："我看在座的同志应该是有经验了吧！饿了两年饭还没有经验？铁路还要修几万公里吗？'小洋群'还要搞那么多吗？工厂还要开那么多吗？还舍不得关厂吗？还舍不得让一部分工人回去吗？招待所还要盖那么多吗？恐怕应该得到经验教训了。农民饿了一两年饭，害了一点浮肿病，死了一些人，城市里面的人也饿饭，全党、全国人民都有切身的经验了。回过头来考虑考虑，总结经验，我看是到时候了，再不能继续这样搞下去了。"（《刘少奇选集》下卷第338页）。毛主席在会上指出，如果违背了客观规律，就一定要受惩罚，我们就是受惩罚，最近3年受了大惩罚，土地瘦了，人瘦了，牲畜瘦了。"三瘦"不是惩罚是什么？这个社会主义谁也没有干过，没有先学会社会主义的具体政策而后搞社会主义的。我们搞了11年，现在要总结经验。

到1961年底，总结教训、纠正错误已经做了大量工作，主要是调整政策和调整经济，使农业形势开始露出了好转的苗头，工业的滑坡也已停止。但由于党内思想认识不统一，调整工作遇到一些阻力，深入不下去，国民经济仍很困难。

1961年10月苏共"二十二大"后，赫鲁晓夫掀起了新的反华浪潮，中苏两党、两国的关系面临破裂。毛主席认为：我们坚持的是马克思主义立场，站在95%以上的人民一边，是不会受孤立的，天塌不下来。但是，这几年我们在工作中犯了错误，心情比较沉闷，一定要有紧迫感，做好工作，摆脱困境。12月20日晚上，毛主席同小平同志谈话，流露了这种心情。第二天，小平同志在为"七千人大会"作准备的中央工作会议上说：毛主席去年（1960年）、前年（1959年）心情不那么愉快，今年（1961年）很高兴，因为具体政策都见效了。过去几年，包括"大跃进"3年，总的来说，我们办的好事是基本的，也出了些毛病，也有缺点错误。这些缺点错误，我们要把它总结起来，好的、成功的、错误的，统统总结起来，变成财富，使我们的工作一天一天走上轨道。毛主席在无锡找华东几个省的同志也谈了，明年（1962年）要抓工、农、兵、学、商、政、党七个字，要大抓一年，这几个方面都要理出一个头绪来。毛主席还说，明年这一年的工作很重要，这次会议（指中央工作会议和接着召开的"七千人大会"——作者注）要好好议一下过去的经验教训，要有个统一的看法，要步调一致，以便在这个基础上前进。这样，召开一次全党性的大会，集中总结经验教训，统一认识，就势在必行了。

1961年12月20日至1962年1月10日，召开了中央工作会议。1962年1月9日，会议分组讨论了为少奇同志准备的在"七千人大会"上的《书面报告》第一稿。1月10日会议结束，1月11日"七千人大会"即开幕。会议原定1月28日结束，只开18天。因《书面报告》的讨论、修改延长了一些时间，还因毛主席1月29日讲话中提出了开"出气会"的建议，故会议延长，一直开到2月7日才闭幕。

　　周总理说：这次会议有两个"高潮"。"第一个高潮"，从1月11日开幕到29日上午，主要是围绕少奇同志代表中央作的《书面报告》，进行分组讨论和提出修改意见。《书面报告》第一稿写出来之后，还没有经过政治局讨论，毛主席即提议直接印发大会，和大家见面。毛主席认为：参加会议的有各方面人员，多数接近实际和基层，能够从各个角度提出意见来，能更好地集思广益。在大会分组讨论的同时，由少奇同志组织了一个层次很高的21人《报告》起草委员会，参加的有政治局成员、各大区书记，进行更加深入的讨论和研究，经过8天修改，于22日拿出第二稿。24日，毛主席看过后，找少奇、小平同志谈话，表示"赞成这个方向"。25日，在中南海怀仁堂，由少奇同志主持召开了中央政治局第102次扩大会议，讨论《书面报告》第二稿。大家表示基本上赞成这个稿子，同意提交大会。

　　1月27日，毛主席主持召开全体大会，把印好的《书面报告》第二稿发给与会者。《报告》共分三个部分，第一部分是"关于目前形势和任务"，第二部分是"关于集中统一"，第三部分是"关于党的问题"。少奇同志在会上没有照本宣读，而是在大家阅读、讨论《报告》的基础上，从国际形势、国内形势、集中统一和党的作风四个方面，作了一些更具体、更深入的解释、说明和补充。

　　会议的"第二个高潮"，从1月29日下午毛主席提议开"出气会"到2月7日闭幕，中心就是"出气"。会议原安排1月30日或31日结束，31日晚即可离京回各地过春节。可是，到29日下午，许多人反映，话还没有说完，还憋着一肚子气。有的组还反映，会上还有人压制民主，不让讲话。毛主席和政治局常委同志商量，决心让大家把要讲的话都讲出来，把"气"出完。于是提议延长会期，在北京过一个革命化的春节。毛主席说：

　　这次用这么个方式，在北京开这么个会，要解决问题。现在，要解决的一个中心问题是，有些同志的一些话没有讲出来，觉得不大好讲。这就不那么好了。要让大家讲话，要给人家有机会批评自己。你自己不批评自己，也可以，得让人家批评。最好的办法还是自己来批评自己！有许多地方的同志是作了准备的，而且有的作检讨作了几年了——1959年、1960年、1961年。有好几个省，从1959年起就自我批评，不止一次、两次、三次、四次，而是五次、六次。自我批评的结果，人家就不爱听了，说："请你不要再讲了，老讲那一套！"这个时候你就可以不讲了，这才取得了主动。我看是不是在这次会议上就解决这个问题。县、地、省都有同志在这里，不要等回去了再解决。

　　为什么一定要回到你们家里过春节才算舒服？为什么我们在北京7000人

一道过一个春节不好？我主张集体在北京过一个春节。有这么几天，我相信能够解决上下通气的问题。有一个省的办法是：白天"出气"，晚上看戏，两干一稀，大家满意。我建议让大家"出气"。不"出气"，统一不起来。没有民主，就不可能有正确的集中。因为"气"都没有出嘛！积极性怎么调动起来。到中央开会，还不敢讲话，回到地方就更不敢讲话。我们常委几个同志商量了一下，希望解决"出气"的问题。有什么"气"出什么"气"；有多少"气"出多少"气"；不管正确之"气"，还是错误之"气"；不挂账，不打击，不报复。

毛主席讲话后，当晚各中央局召开会议，迅速部署如何开好"出气会"。1月30日上午，各省召开动员会，号召大家打消顾虑，趁热打铁，把"气"出完，重点是对省委的工作提出批评。晚上，毛主席又在各中央局书记会上，对如何开好"出气会"作了指示。1月31日到2月7日，主要是召开小组会议，对省委、中央局、国家机关、中央机关及负责同志提出批评意见；这些负责同志在会上发言，对这几年工作中的失误进行认真检讨和自我批评。2月4日，毛主席和大家一起看戏。5日，进行春节团拜活动，毛主席和大家一起过春节。

召开"出气会"的同时，还穿插了几次大会，由中央政治局几位常委讲话。1月29日下午，林彪讲了关于党的工作和军事工作两个问题。1月30日，毛主席发表重要讲话，共讲了六点，中心是讲民主集中制和认识客观世界的问题。2月6日，小平同志讲党的建设问题，重点是讲如何恢复党的优良传统和健全党内生活，包括坚持民主集中制、建立经常工作、培养和选拔干部、学习马列理论和毛主席著作等四个方面的内容。同日，朱德同志着重讲了反对现代修正主义的问题。2月7日，周总理讲了1958年以来计划工作的失误，作了自我批评，并分析了国民经济存在的困难和克服困难的办法。陈云同志没有在大会上讲话，但在2月8日陕西组会议上讲了发扬民主和怎样使认识比较正确的问题。会后，毛主席、少奇、周总理、小平、林彪的讲话经过反复修改后，分别以中央文件的形式发到各省、市、自治区党委。

2月7日闭会。8日，又召开中央工作会议，少奇同志讲了如何修改《书面报告》的意见。2月17日改出第三稿送毛主席审阅。毛主席于2月23日在审读稿上批复少奇同志："修改得很好了，即请你处理。"第三稿于2月26日印发到各省、市、自治区。第三稿与第一、二稿相较，有两点比较大的变化：一是在"形势和任务"部分增写了"基本经验教训"；二是在"关于集中统一"部分，加进了毛主席在1月30日讲话中所阐述的关于民主集中制的重要内容，题目改为"加强民主集中制，加强集中统一"。

关于会议精神的传达和贯彻，毛主席在1月30日的讲话中指出：同志们回去后，一定要把民主集中制健全起来。要发扬民主，采取主动，作自我批评。有什么就检讨什么，倾箱倒箧而出。白天"出气"，晚上不看戏，白天晚上都请你们批评。让人讲话，采取主动好，天不会塌下来，自己也不会垮台。不让人讲话，那就难免有一天要垮台。小平同志在讲话中也谈到，回去后，个别的也可以开"出气"大会，这几年工作搞得不好的领导同志要进行自我批评，检讨一次不够就检讨几次。2月8日，小平同志在中央工作会议上讲了会议精神的传达和文件阅读的问题。2月12日，中央书记处召开第314次会议，决定：中央和国家机关17级以上、司局长级以下的干部，根据《报告》传达讨论；司局长级以上的干部除了传达《报告》外，还传达毛主席和政治局其他常委同志的讲话。各省、市、自治区都分别在2至4月间，按党中央规定的范围，传达、讨论和贯彻会议精神，在各级党组织内发扬民主，开展批评和自我批评，总结经验教训。

……

"七千人大会"上对于1958年以来所犯缺点、错误的责任，形成了统一的认识：首先要负责任的是中央，其次要负责任的是省、市、自治区一级党委，再次是省以下的各级党委。各有各的账，都有责任。

《书面报告》提到，"有些事情，是经过中央政治局的，中央政治局应该担负责任"。在承担责任的问题上，中央领导同志表现出了应有的风格。

这里我说一个小插曲。在1月18日召集的《报告》起草委员会上，彭真同志发言：我们的错误，首先是中央书记处负责，包括不包括主席、少奇和中央常委的同志？该包括就包括，有多少错误就是多少错误。毛主席也不是什么错误都没有。三五年过渡问题和办食堂，都是毛主席批的。小平同志插话说：我们到主席那儿去，主席说：你们的报告把我写成圣人，圣人是没有的，缺点错误都有，只是占多少的问题。不怕讲我的缺点，革命不是陈独秀、王明搞的，是我和大家一起搞的。彭真同志接着说：毛主席的威信不是珠穆朗玛峰，也不是泰山，拿走几吨土，还是那么高；是东海的水（拉走几车，还有那么多）。现在党内有一种倾向，不敢提意见，不敢检讨错误。一检讨就垮台。如果毛主席的1%、1‰的错误不检讨，将给我们党留下恶劣影响。省市要不要把责任都担起来？担起来对下面没有好处，得不到教训。各有各的账，从毛主席直到支部书记。次日，陈伯达发言说：彭真同志昨天关于毛主席的话，值得研究。我们做了许多乱七八糟的事情，是不是要毛主席负责？是不是要检查毛主席的工作？彭真同志不得不进行解释：关于毛主席的问题，要说清楚。似乎彭真讲毛主席可以批评，是不得人心的。我的意思是不要给人一个印象：别人都可以批评，就是毛主席不能批评，这不好。很显然，彭真同志的意见是对的，是有道理的，符合实事求是精神和唯物辩证法观点。他当时敢于这样披肝沥胆直言，是很不简单的。30年过去了，经得起时间检验的是彭真同志的这些话。至于陈伯达的发言，当时貌似"忠心"一片，而他后来的所作所为，人们已很清楚。忠奸之分，正邪之别，历史会做出最公正的评判。毛主席在会上不仅作了自我批评，而且带头承担所犯错误的责任，体现了党的领袖的广阔胸怀。小平同志插话讲到的毛主席的态度就很感人。在1月30日的讲话中，毛主席还说：

去年6月12日，在中央北京工作会议的最后一天，我讲了自己的缺点和错误。我说，请同志们传达到各省、各地方去。事后知道，许多地方没有传达。似乎我的错误就可以隐瞒，而且应当隐瞒。同志们，不能隐瞒。凡是中央犯的错误，直接的归我负责，间接的我也有份，因为我是中央主席。我不是要别人推卸责任，其他一些同志也有责任，但是，第一个负责的应当是我。

周总理在"七千人大会"以前的多次讲话中都已讲到，这几年所犯错误，国务院要负主要责任。在"七千人大会"上，他再一次说：对于缺点和错误，在中央来说，国务院及其所属的各综合性的委员会、各综合口子和各部，要负很大责任。计划上的估产高、指标高、变动多、缺口大，基本建设战线过长，权力下放过多、过散，不切实际的、过多过早过急的大办、大搞，等等，国务院及其所属部门，都是有责任的。他还检查了自己所犯的两个错误：一是，1959年8月26日在人大常务委员会上，提出了超过实际可能的关于跃进、大跃进、特大跃进的标准（即规定农业每年增产超过10%是跃进，超过15%是大跃进，超过20%是特大跃进；工业每年增产超过20%是跃进，超过25%是大跃进，超过30%是特大跃进——作者注）；一是，1958年6月2日主持起草了一个关于将轻工业下放98.5%、重工业下放76%的文件。他认为，这是"权力下放过多过散"，"形成分散主义的根源之一"。他在会上还说：这些问题，我还要在3月的人大、政协会议上作适当的解释，这是我的账，要交代。毛主席插话说：交代一回也就好了。可见周总理对错误勇于承担责任的精神。

小平同志在1961年3月的广州会议，在8月、9月间的庐山会议，在年底的中央工作会议上，也多次表示：中央书记处要负错误的主要责任。在"七千人大会"上，他又说：关于这几年工作中的缺点和错误的责任……首先应该由做具体工作的中央书记处负主要责任。中央书记处给毛主席和中央政治局常委写了一个报告，对这几年中央的文件，作了检查。后来，小平同志在1980年4月1日对起草《关于建国以来党的若干历史问题的决议》的同志说："讲错误，不应该只讲毛泽东同志，中央许多负责同志都有错误。'大跃进'，毛泽东同志头脑发热，我们不发热？刘少奇同志、周恩来同志和我都没有反对，陈云同志没有说话。在这些问题上要公正，不要造成一种印象，别的人都正确，只有一个人犯错误。这不符合事实。中央犯错误，不是一个人负责，是集体负责。"这些话讲得很公正，很中肯，充分体现了实事求是的态度。1992年7月下旬，小平同志在审阅党的十四大报告稿时，再一次回忆起"七千人大会"，他说：在那次会上，大家都作了检讨嘛！总之，在我们党的历史上，像"七千人大会"这样，党的主要领导人带头作自我批评，主动承担失误的责任，这样广泛地发扬民主和开展党内批评，是从未有过的，所以它的意义和作用，在我们这些亲身经历过的人当中，永远不会忘怀，而且我相信会历时愈久，影响愈深。〔19〕

注　释

〔1〕林克：《回忆毛泽东对杜勒斯和平演变言论的评论》，载《党的文献》1990年第6期，第44—46页。

〔2〕孙钢：《〈党政干部三大纪律、八项注意〉的提出》，载《党的文献》1990年第3期，第57页。

〔3〕李维汉：《回忆与研究》（下），中共党史资料出版社1986年4月版，第852—856页。

〔4〕指1958年5月召开的党的八大二次会议。——原注

〔5〕指第二个五年计划的后三年。——原注

〔6〕指原准备1958年7月召开的党的八大三次会议。此会后因故未召开。——原注

〔7〕载《党的文献》1992年第3期。

〔8〕熊向晖：《毛泽东主席对蒙哥马利谈"继承人"》，载《新中国外交风云》，世界知识出版社1990年5月版，第53—57页。

〔9〕李银桥：《在毛泽东身边十五年》，河北人民出版社1991年12月版，第268—272页。

〔10〕指1993年。

〔11〕汪东兴：《毛主席关怀身边工作人员的成长》，载《中共党史资料》第46辑。

〔12〕逄先知：《毛泽东和他的秘书田家英》，中央文献出版社1989年12月版，第36—38页。

〔13〕逄先知：《毛泽东和他的秘书田家英》，中央文献出版社1989年12月出版，第40—42页。

〔14〕毛泽东提出的这些问题是：食堂问题，粮食问题，供给制问题，自留山问题，山林分级管理问题，耕牛、农具〔归〕大队所有好还是〔归〕队所

有好的问题，一二类县、社、队全面整风和坚决退赔问题，反对恩赐观点、坚决走群众路线问题，向群众请教、大兴调查研究之风问题，恢复手工业问题，恢复供销社问题。——原注

〔15〕顺便说，这次会议期间，胡乔木因患严重的神经衰弱，中途请病假，直至田家英含冤去世和十年浩劫开始，没有恢复工作。从此，田家英和他在工作上的交往就基本上中断了。——原注

〔16〕逄先知：《毛泽东和他的秘书田家英》，中央文献出版社1989年12月版，第42—55页。

〔17〕逄先知：《毛泽东和他的秘书田家英》，中央文献出版社1989年12月版，第56—57页。

〔18〕逄先知：《毛泽东和他的秘书田家英》，中央文献出版社1989年12月版，第57—62页。

〔19〕薄一波：《若干重大决策与事件的回顾》下卷，中共中央党校出版社1993年6月版，第1021、1025—1029页。

七、重提阶级斗争

八届十中全会

1962年9月在北京召开的中共八届十中全会，使中国的政治生活再度出现波澜。

同年8月，中共中央在北戴河召开工作会议。会议原定议题是讨论农业、财贸等方面的工作。会议一开始，毛泽东发表长篇讲话，提出阶级、形势、矛盾三个题目要与会同志讨论，从而改变了会议议题。

在八届十中全会上，毛泽东继续联系对苏联赫鲁晓夫实行的政策的批评，提出国内的阶级斗争问题。在全会公报上，他还特地写进了这样一段话：

"在无产阶级革命和无产阶级专政的整个历史时期，在由资本主义过渡到共产主义的整个历史时期（这个时期需要几十年，甚至更多的时间）存在着无产阶级和资产阶级之间的阶级斗争，存在着社会主义和资本主义这两条道路的斗争。"

毛泽东在会上还提出，对阶级斗争和资本主义复辟的危险性问题，我们从现在起，必须年年讲，月月讲。这个观点，是他在1957年八届三中全会上关于社会主义主要矛盾的错误论点的进一步发展。

毛泽东在1962年夏季重提阶级斗争，不是没有原因的。其中一个重要原因，是他对党内政治生活状况和国内阶级斗争状况的错误观察。

在八届十中全会上，毛泽东把党的其他领导同志比较符合客观情况的一些意见，斥之为"黑暗风""单干风"和"翻案风"。他甚至认为，邓子恢等人的"包产到户"主张是站在地主富农资产阶级的立场上反对社会主义。

关于中共八届十中全会的情况，薄一波回忆说：

新中国成立以后，我们党在领导经济建设中有个毛病，就是当经济形势比较好的时候，或实际上并不那么好而误以为很好的时候，就容易头脑发涨，不那么谦逊谨慎，或在思想政治上出现"左"倾，或在经济建设上出现盲目冒进。八届十中全会在思想政治上再次出现"左"倾，就是突出的一例。1962年上半年，党中央连续召开了"七千人大会"、西楼会议和五月北京中央工作会议，采取了比较实事求是的、各方面都退够的调整方针。到下半年，由于形势开始好转，也由于从年初以来在恢复农业生产和整个国民经济调整中存在意见分歧，还由于国际社会出现了一些变故、争端，国内一定范围内的阶级斗争在某些方面有些激化，毛主席又重新提出阶级和阶级斗争的问题。

八届十中全会正式会议只开了4天（9月24日至27日），但预备会议开了29天（8月26日至9月23日），预备会议之前还开了北戴河中央工作会议（7月25日至8月24日），为全会准备文件。所以，毛主席在全会第一天说，这次会议实际上已经开了2个月。

7月25日开始的北戴河会议，按原定计划主要是讨论农业、粮食、商业和国家支援农业等问题，重点是围绕讨论《关于进一步巩固人民公社集体经济、发展农业生产的决定（草案）》《农村人民公社工作条例修正草案》《关于商业工作问题的决定》等文件进行的。到8月5日，毛主席在华东、华中组会议上吹风；8月6日，他正式在大会上作了关于阶级、形势、矛盾问题的讲话；又在8月9日、11日、13日、15日、17日、20日的六次中心小组会上多次插话，继续阐发他讲话中的观点，会议也就转为着重讨论阶级斗争问题和批判"黑暗风""单干风"。

8月26日开始的预备会议，头一个多星期重点是讨论上述两个农业文件，批评邓子恢同志的所谓"单干风"；还讨论了国际形势和《关于有计划有步骤地交流各级党政主要领导干部的决定》《关于加强党的监察机关的决定》等文件。到9月6日、7日，六个小组先后转入批判彭德怀、习仲勋同志的所谓"翻案风"，一直到预备会议结束。

八届十中全会的4天会议，基本上是大会发言。第一天毛主席作关于阶级、形势、矛盾问题的报告。然后，陈伯达、李先念、董必武、薄一波、朱德、刘少奇、邓小平、周恩来、柯庆施、刘澜涛、李富春、彭真等同志先后在会上发言。会议最后一天下午，除通过上面提及的五个文件外，还通过了《中央监察委员会原有的委员、候补委员和增选的委员、候补委员的名单》《关于撤销和补选书记处书记的建议》《关于组织"关于以彭德怀同志为首的反党集团问题的专案审查委员会"的通知》《关于组织"清查习仲勋等同志反党活动的专案审查委员会"的通知》和《全会公报》五个文件。

毛主席说，这次长达2个月的会议，讨论的是两项性质的问题：一项是工作问题；一项是阶级斗争的问题，就是马克思主义同修正主义斗争的问题。实际上，由于毛主席提出了阶级、形势、矛盾等问题，从8月6日起，会上大部分时间是讨论阶级斗争问题和批"三风"，只用了很少时间研究和讨论工作问题。[1]

党内存在"黑暗风""单干风"和"翻案风",是毛泽东重提阶级斗争的基本依据。同时,他又判定苏联出了修正主义,发生了"资本主义复辟"。这又促使他进一步想到国内阶级斗争的国际背景,从而提出在国内也要反修防修、防止资本主义复辟的问题。

关于所谓"黑暗风"的由来,薄一波回忆说:

对于1958年以来三年"大跃进"造成的困难和经济形势的估计,在党内是有不同看法的。一些思想比较"左"的同志,认为困难并不大,形势仍然是好的。华东局的柯庆施同志就是代表。毛主席曾一度认为,我们违背了客观规律,"最近三年受了大惩罚",碰了钉子,"碰得头破血流"。但在更多的情况下,他又比较同情"左"的观点。1961年9月庐山中央工作会议上,在周总理发言时,毛主席曾插话说:错误就那么一点,没有什么了不得。随后他又形象地说,现在是退到谷底了,形势到了今天是一天天向上升了。1961年底,在召开"七千人大会"的前夕,毛主席又说:国内形势总的是不错的。前几年有点灰溜溜的,心情不那么愉快。到1961年,心情高兴些了,因为在农村搞了"六十条",工业搞了"七十条",还提出了"三级所有,队为基础",这些具体政策都见效了。他在无锡找华东几个省的同志谈话时,表示1962年要抓工、农、兵、学、商、政、党七个方面的工作,大抓一年,工作要一天一天上轨道。1962年初"七千人大会"后,毛主席到上海、山东、杭州、武汉等地视察,听到一些地方负责人讲的都是形势去年比前年好,今年又比去年好,比较乐观。

"七千人大会"后,接着召开了西楼会议和五月中央工作会议。这两个会议很重要的一个内容,就是强调当时是一种困难的形势,要把困难估计够。但是,党内的认识并不一致。陈云同志在国务院各部、委党组成员会上讲话指出:"对于困难的程度,克服困难的快慢,在高级干部中看法并不完全一致","农业恢复的速度是快还是慢?也有不同的估计","不要掩盖这种不一致"。"我相信,大家的认识,在实践的过程中,可以逐步地一致起来。"这些话把这种"不一致"已经挑明了。到八届十中全会前后,毛主席就把这两次会议对形势和困难实事求是的估计当作"黑暗风"来批判了。

针对这两次会议对形势的估计,8月5日毛主席在华东、中南组说:我周游了全国,从中南到西南,找各大区的同志谈话,每个省都说去年比前年好,今年比去年好,看来并非一片黑暗。有的同志把情况估计得过分黑暗了。8月6日毛主席在讲话中批评说:现在有一部分同志把形势看成一片黑暗了,没有好多光明了,引得一些同志思想混乱、丧失前途、丧失信心了。8月9日在中心小组会上，毛主席又说：1960年下半年以来，大家只讲黑暗，不讲光明，已经有两年了。我在周游"列国"时，在光明、黑暗的问题上只是露了一点，提了个题目。这两年讲困难讲黑暗合法，讲光明不合法了。这次会上就是要解决这个问题。

针对两会要把困难估计够的说法，8月15日毛主席批评说：有那么一些人，没有干劲了，怎么办？他们鼓单干之劲，鼓黑暗之劲，鼓讲缺点错误之劲。讲光明、讲成绩、讲集体经济，他们就没劲了，怎么办？8月20日他又说：讲困难、讲黑暗已经讲了两年多了，讲光明不合法了。毛主席多次批评以后，少奇同志不得不就5月中央工作会议对困难估计的说法进行解释和自我批评。在8月11日中心小组会上，少奇同志说：五月会议我对困难有两点估计过分了，一是说1962年夏收减产已成定局，一是说单干在全国估计已占20%。9月26日，少奇同志在全会上讲话，着重谈了如何对待困难的问题。他说：前些年困难是不可避免的；要实现国家工业化和农业集体化，就要花一些代价，吃一些苦，死一些人，都是合乎规律的，比起列宁在十月革命后遇到的困难要小得多。他还把对待困难的态度分作三种：一是被困难所吓倒，动摇（这是指邓子恢同志）；一是利用困难向党进攻（这是指彭德怀同志）；一是充分估计困难，坚持社会主义道路（这是指西楼会议、五月会议）。少奇同志是维护两会的正确性的，但他也不得不承认：两会对困难估计得多了一些。"现在我们受到的困难到底有多大？我看，现在就是这样大"，"就是如此而已"。不过他还是认为，在宣传上不要把形势说得太好了，"还是有困难，还要继续克服"，毛主席接受了这个看法，插话说：公报要改一下，改成去年比前年好一些，今年又比去年将会要好一些。这也是当时对形势、对困难估计的两句有代表性的用语。

针对两会关于农业恢复的速度不能够很快的说法，在8月11日中心小组会上，毛主席批评说：农业恢复要五年、八年，讲得那样长，就没有希望了。如果那样讲，就是说我们的政策如"六十条"、"七十条"、精减两千万人、减少征购等都不灵，或者说，这些政策要长期才能见效，那就需要另搞一套。在8月13日中心小组会上，军队一位负责同志发言也批评说：农业恢复的时间越说越长，工业指标也越讲越少，我们一辈子没有希望了，还有什么搞头。还有的同志在小组会上发言说：现在整个国民经济的中心不是个恢复问题，工业、农业、交通运输业都不是个恢复问题。在十中全会最后一天，有的同志发言批评说：现在是越低越好，越少越好，越慢越好，越黑暗越好，把大跃进说得越不像话越好，越松劲、越单干越好。今后五年不能光讲是恢复。毛主席插话说：今后五年不只是恢复，一定要有所发展。

针对两会提出的"争取快，准备慢"，把十年规划分为前五年恢复，后五年发展的决策，在8月15日的中心小组会上，李富春同志发言说：五月会议提出争取快、准备慢，问题是有些同志把重点放在准备慢上了。毛主席插话说："争取快、准备慢"，哪一方面也适用。快了，头一句灵；慢了，后一句灵，谭震林同志发言也不赞成说农业的恢复要五年。他说：实际上，"五风"纠正了，搞了"十二条""六十条"，恢复就会很快，只要两年就达到1957年3700亿斤的水平。毛主席插话说：恐怕再有两年差不多，主要是今明两年，1964年扫尾。无非是刮"五风"、瞎指挥不干了，高征购减少了，现在这些因素没有了嘛！有的同志在小组会上还说："大跃进的形势，肯定要很快重新到来的。"并认为，这是社会主义建设发展的客观规律。

从五月会议到北戴河会议，时间仅隔两个多月，对形势的看法为什么那样悬殊？毛主席为什么要批判"黑暗风"？我认为，这还是反映了中央领导同志中间对如何进行国民经济调整有不同看法。毛主席是同意进行调整的，但前提是：必须首先肯定1958年以来提出的路线、方针、政策的正确性，不容许有什么触动；对前几年所犯错误的分析，对困难的分析和克服困难的办法，必须与之合拍。西楼会议、五月中央工作会议使调整工作大大深入了一步，在某些方面触动了这个大前提。因而，毛主席就要出来干预和纠正了。在8月11日中心小组会上，毛主席说：现在不赞成总路线、"三面红旗"的人，把形势说成一片黑暗。就像有些小说，如《官场现形记》等，揭露黑暗，人们是不喜欢看的，鲁迅把它叫作谴责小说。《红楼梦》《西游记》人们爱看，因为它有希望嘛。《金瓶梅》没有传开，不只是因为它的淫秽，主要是因为它只揭露黑暗。会上，有的同志说："三面红旗"究竟打不打？现在似乎理不直、气不壮了。有的同志说，大跃进似乎很难开口了，简直就不好提了。东北有个同志说，现在似乎总路线不好讲了，大跃进也不能讲了，成绩不能讲了，一讲成绩就受讽刺。在8月9日中心小组会上，有人说到，现在有人怕说光明，说光明就感到有压力。毛主席插话道：说压力，那你先压我嘛！你压了我几年了嘛！你们黑暗讲了几年了嘛！越讲越没有前途了。说集体没有优越性了，这不是压我？压力总是有的。这段话很能反映毛主席对西楼会议、五月中央工作会议的看法，也很能反映他对1960年底以来的调整工作的一些看法。[2]

关于所谓"单干风"的由来，薄一波回忆说：

1961年、1962年，在全国一些农村，群众创造并实行了包产到户这种比较符合农村生产力水平的农业生产责任制。它是对"一大二公"的人民公社经营方式的自发的否定，也是为克服农村遇到的严重困难应运而生的。它一问世就很受农民欢迎，全国不少地方都程度不同地实行起来。比如，当时搞各种形式包产到户的，安徽全省达80%，甘肃临夏地区达74%，浙江新昌县、四川江北县达70%，广西龙胜县达42.3%，福建连城县达42%，贵州全省达40%，广东、湖南、河北和东北三省也都出现了这种形式。据估计，当时全国实行包产到户的约占20%。但是，由于认识上的不一致，它长期得不到肯定。而且在这两年时间里围绕它发生了一场争论，八届十中全会上，把它作为"单干风"进行了批判。

我们党领导农民群众走农业集体化的道路，这个大方向是对的，是应该坚持的。但是，对集体化的内容和具体发展路子的理解，在相当长的时间内存有片面性和局限性，而且在生产管理上也长时间没有找到一种好的形式。自1960年冬季开始，党中央在调整农村政策中，先后制定了"十二条""六十条"和《关于改变农村人民公社基本核算单位问题的指示》，逐步纠正了"共产风""瞎指挥"，基本结束了队与队之间的平均主义。但是，户与户之间的平均主义问题还没有解决。平均主义对生产力的破坏极为严重，农民群众最厌恶的就是干活大呼隆，分配一拉平。基本核算单位下放到生产队以后，农民形容说："大呼隆"变成了"二呼隆"，"大锅饭"变成了"二锅饭"。

1961年，在一位老农的启发下，安徽创造了在计划、分配、大农活、用水、抗灾等方面实行统一管理（即："五统一"）下的"责任田"，实际上就是包产到户的形式。这年3月，安徽省委作出决定，在全省普遍实行这种生产形式。因怕被人误解说成是"单干"，他们把这种形式叫作"包产到队、定产到田、责任到人"的责任制。实行"责任田"确实很见效，能够大幅度增产，提高农民的生产积极性。当时一个干部给毛主席写的一封信，就举了这样一个生动例子：安徽太湖县徐桥实行了"责任田"，附近的宿松县没有实行。徐桥嫁到宿松县的姑娘们三五天跑回娘家一趟，为的是多吃几餐饱饭，回去还要带些粮食走。做母亲的叹息道："唉，你们宿松县不实行责任田，真急人。"

但是，对这种受欢迎的责任制形式，中央和华东局的态度是不明确的。安徽省委书记曾希圣同志向华东局柯庆施同志汇报，柯的态度暧昧，说这个办法不要推广，可以试验。1961年2月，柯庆施同志去安徽，途经全椒县古河镇，几位老农当面提出要求实行"责任田"，并问："为什么不相信我们？"3月10日，在广州中央工作会议华东组会上，曾希圣同志介绍了这种办法，大家一般地表示试验可以，推广值得考虑。

曾希圣同志于3月15日、16日向毛主席汇报这个问题时，毛主席说："你们试验嘛！搞坏了检讨就是了。"曾立即打电话告诉省委："现在已经通天了，可以搞。"广州会议尚未结束，毛主席又通过柯庆施同志转告曾希圣同志说：可以在小范围内试验。3月20日，曾希圣同志又给毛主席并少奇、恩来、小平、彭真、庆施同志写信，如实分析了实行"责任田"的好处和坏处，认为好处明显，大于坏处。毛主席未表态。1961年7月，曾又赶到蚌埠向毛主席汇报，毛主席勉强说了一句："你们认为没有毛病就可以普遍推广。"到了这年12月，毛主席思想上起了变化，认为农村实行以生产队为基本核算单位以后，这是最后的政策界限，不能再退了。他在无锡，把曾希圣同志找去，用商量的口气说：生产恢复了，是否把"责任田"这个办法变过来。曾希圣同志提出：群众刚刚尝到甜头，是否让群众再搞一段时间。

1962年初，曾希圣同志在"七千人大会"上因安徽在"大跃进"中刮"五风"严重而受到批判，也把实行"责任田"作为一个问题提出来进行批判，说他搞"责任田"是"犯了方向性的严重错误"，"带有修正主义色彩"。他被撤了职。新省委作出改正"责任田"的决定，认为"责任田""在方向上是错误的，与中央提出的'六十条'和关于改变农村人民公社基本核算单位问题的指示是背道而驰的"，要求在1962年内大部分改过来，1963年扫尾。

至此问题并没有解决。因为"责任田"是一种联产计酬的生产责任制，适应农村生产力的发展要求和广大农民的需要，有强大的生命力，广大农民群众不愿意改变。1962年6月14日，中央农村工作部副部长王观澜同志致函邓子恢同志并转谭震林同志说：安徽群众"特别强烈要求的，是'责任田'三年不变，人大代表李有安（劳模）甚至代表群众说话，提出三年又三年不变"。6月，李富春同志也致函少奇、小平并书记处诸同志，说他本月16日途经安徽一些地方，看到农民生活好了，没有浮肿病和逃荒要饭的了。同农民谈话，农民都说："实行包产到户好，积极性比过去高了"，"现在自己种自己收，多种就多收，多收就多吃"。6月29日，他还致函正在湖南农村和田家英同志一起做调查工作的梅行同志说：农业问题恐需"在政策上要活些，要以退为进"。

1962年4月至7月，中央的一些领导同志对这个问题思考甚多。

（1）邓子恢同志的主张。他很早就重视在农业合作社建立生产责任制的问题，同时他是主张巩固集体经济，反对单干的。1962年上半年，安徽强行纠正"责任田"。4月初，宿县符离区委书记给邓子恢同志写信反映群众的意见，认为"责任田"坚持"五统一"，就是坚持了土地等主要生产资料集体所有的原则，方向是正确的。这封信引起了邓子恢同志的重视，他让中央农村工作部派工作组去安徽一些县作调查。6月中旬和7月18日，工作组先后给他发来《当涂县责任田的情况调查》《宿县王楼公社王楼大队实行责任田的情况》《宿县城关区刘合大队实行包产到户责任田的情况调查》。这些材料都是肯定"责任田"的，认为是"在集体农业生产的经营管理上找出了一条出路"，群众说："越干越有奔头，最好一辈子不要再变。"

在5月中央工作会议上，邓子恢同志赞成在有些地区适合搞包产到户的就让农民搞。5月24日，他给党中央、毛主席写了《关于当前农村人民公社若干政策问题的意见》，主张给农民多一点"小自由、小私有"，强调建立生产责任制是"今后搞好集体生产、巩固集体所有制的根本环节"。5月底至7月中旬，邓子恢同志还先后应邀在军委总后勤部、解放军政治学院、中央高级党校等单位作过多次长篇报告。这些报告分析了在三年困难时期，粮食产量连续下降，农村元气大伤的原因是：所有制变动太大、分配上搞平均主义、瞎指挥、经营管理没有上轨道、干部中存在特殊化作风、工农业发展比例失调等。他详细比较了个体经济、集体经济的优缺点，结论是集体经济的优越性大。但是因为经营管理没做好，优越性没有发挥出来。因而，他主张除固定所有制、做好经济工作以外，主要是搞好经营管理，也就是"必须有严格的责任制"。他主张搞联产计酬的包产到户。他说："农活生产责任制不和产量结合是很难办的。因此有的地方包产到户，搞得很好，全家起早摸黑都下地了。"他认为，不能把"包产到户"说成是单干，因为"土地、生产资料是集体所有，不是个体经济"。7月2日，安徽宿县符离区党委全体同志又给邓子恢同志并党中央寄来《关于"责任田"问题的汇报》，列举了七条理由证明"责任田"方向是对的，列举了十个变化说明它确实好。

在这种情况下，邓子恢同志坚信"责任田"的办法是正确的，决心把中央农村工作部的调查材料和安徽来信都送给毛主席看。农村工作部的同志劝他暂时缓一缓，等中央态度明朗以后再说。他毫不含糊地说：应该实事求是地向中央陈述意见。共产党员时时刻刻想到的是老百姓的利益，不怕丢"乌纱帽"。

在我们党内，邓子恢同志是对农业、农村和农民问题非常了解和深有研究的一位老同志。在那些年，我们常常可以听到看到他在这方面的一些真知灼见。更可贵的是，他能够始终如一地坚持党的实事求是的原则，如实地反映农村情况，如实地陈述自己对农村问题的看法，只要事实证明他的看法是合乎农民群众的要求和愿望的，他就毫不动摇地加以坚持，不管别人怎么看，不管是否受到批评，也不管是否丢掉"乌纱帽"。其识其胆，我以为是足堪激励同辈，鞭策后人的。

（2）中央几位领导同志对田家英同志湖南调查结果的不同态度。"七千人大会"后，毛主席南下，派秘书田家英同志率调查组到湖南农村调查如何尽快恢复农业生产问题。田家英同志在1961年的广州会议上，是不赞成安徽等地包产到户的做法的。1962年3月、4月份，他率调查组来到湖南韶山南岸生产队、毛主席的外祖家棠佳阁生产队、湘乡县大坪大队和少奇同志故乡宁乡县炭子冲大队，经过两个多月深入调查，发现农民对包产到户呼声极高，过去搞"大呼隆"，大家责任心不强，误工、不出活、农活质量低、干部开销大，因而粮食产量从1955年开始到1961年几乎连年下降。农民对这种状况很不满意，强烈要求工作组"帮个全忙，把田分到户"，中央"只应当大家，莫当小家"，"小家让农民自己去当"。田家英同志深受感染，态度也发生了转变，赞成农村可以搞包产到户。

田家英同志到上海去汇报，陈云同志称赞他"观点鲜明"。他向毛主席汇报群众欢迎包产到户，而毛主席认为"包产到户"是一种后退，反映了落后群众的要求，并说：我们是要走群众路线的，但有的时候，也不能完全听群众的，比如要搞包产到户就不能听。田家英同志又回到湖南作了一段时间的调查研究。7月初回北京，田家英同志又向少奇同志汇报，少奇同志说：要使包产到户合法起来，可以把调查得出的结论在"秀才"中间酝酿。他向小平同志汇报时，小平同志很明确地表示：赞成。7月上旬，毛主席从邯郸回到北京，田家英同志被召见。田表示：全国各地出现包产到户、分田到户，与其自发地搞，不如有领导地搞，全国农村可以60%的搞包产到户，40%的仍集体统一经营、统一分配。当时毛主席没有搭理。后来在八届十中全会上，因为这一条，田家英同志也一再受到批评。

（3）邓小平同志的意见。6月下旬，中央书记处听取华东局农村办公室汇报，华东局认为安徽搞"责任田"就是单干，是方向性错误。会上赞成和反对的各占一半。小平同志说：在农民生活困难的地区，可以采取各种办法，安徽省的同志说"不管黑猫黄猫，能逮住老鼠就是好猫"，这话有一定的道理。"责任田"是新生事物，可以试试看。7月7日，小平同志在接见出席共青团三届七中全会全体同志的讲话中，主张使包产到户合法化。他说：

生产关系究竟以什么形式为最好，恐怕要采取这样一种态度，就是哪种形式在哪个地方能够比较容易比较快地恢复和发展农业生产，就采取哪种形式；群众愿意采取哪种形式，就应该采取哪种形式，不合法的使它合法起来。……刘伯承同志经常讲一句四川话："黄猫、黑猫，只要捉住老鼠就是好猫。"……现在要恢复农业生产，也要看情况，就是在生产关系上不能完全采取一种固定不变的形式，看用哪种形式能够调动群众的积极性就采用哪种形式。……现在要冷静地考虑这些问题。过去就是对这些问题考虑得不够，轻易地实行全国统一。有些做法应该充分地照顾不同地区的不同条件和特殊情况，我们没有照顾，太轻易下决心，太轻易普及。

（4）陈云同志的意见。1962年春夏之交，陈云同志在上海、杭州。他看了安徽"责任田"的材料，认为是非常时期必须采取的办法。他打算向毛主席进言。7月初回京，与几位常委同志交换意见，看法基本一致。7月6日，他给毛主席写信说："对于农业恢复问题的办法，我想了一些意见，希望与你谈一谈，估计一小时够了。我可以走路了，可以到你处来。"毛主席从邯郸回来，当夜就约陈云同志谈话。陈云同志阐述了个体经营与合作经济在我国农村相当长的时期内还要并存的问题。当前要注意发挥个体生产积极性，以克服困难。当时毛主席未表态。第二天传出，毛主席很生气，严厉批评说："分田单干"是瓦解集体经济，是修正主义。陈云同志闻讯，沉默不语。北戴河会议初期，他写信给小平同志并转毛主席，说明因身体状况不好，要求请假，并表示："7月24日《关于巩固人民公社集体经济、发展农业生产》的决定草案，我已看过，我完全同意中央作这样一个决定。"陈云同志未参加八届十中全会的全过程。

1962年7月上旬，毛主席从邯郸回来，主意已定，对邓子恢、田家英同志主张"包产到户"（他认为这就是"单干"）十分反感，对少奇、陈云、小平同志没有抵制甚至赞同也不满意。9日、10日、11日连续三天下午他分别把河南的刘建勋、耿其昌同志，山东的谭启龙同志，江西的刘俊秀同志招来北京商谈农村工作问题。针对各地出现"包产到户"，他提议以党中央名义起草一个关于巩固人民公社集体经济、发展农业生产的决定，改由陈伯达主持，不让田家英同志参与其事。毛主席后来在北戴河会议上说：为什么搞这么一个文件，讲巩固集体经济呢？就是因为现在这股闹单干的风，越到上层风就越大。毛主席态度明确以后，大家不能不跟着转变态度。7月18日，少奇同志在对下放干部的讲话中，专门讲了巩固集体经济问题，批评包产到户，批评从高级干部到基层干部"对集体经济的信念有所丧失"。7月17日文件初稿拿出，7月19日、20日，由陈伯达主持，在中南海怀仁堂召开有各大区书记参加的起草委员会会议，座谈这个决定。会上对包产到户取否定态度。柯庆施同志发言说：现在看，单干不行，这个方向必须批判。刘澜涛同志发言介绍了西北局围绕"包产到户"展开争论的情况。陶铸、王任重同志曾到广西龙胜县调查座谈过包产到户问题，毛主席对他们的"座谈记录"评价甚高，认为"分析是马克思主义的，分析之后所提出的意见也是马克思主义的"。陶铸同志发言还是坚持划清单干与集体的界限，认为在单门独户、分散居住的地方可以搞包产到户。

中央的决定发下去后，各省、市、自治区和各部委写出61篇讨论的"书面报告"，基调是批评包产到户，但也有的发表了赞成包产到户的意见。北戴河会议初期的讨论也大体如此。

8月5日、6日，毛主席在北戴河会议讲话后，形成了一边倒，对"单干风"（实际是包产到户）进行严厉批判。8月5日，毛主席说：一搞包产到户，一搞单干，半年的时间就看出农村阶级分化很厉害。有的人很穷，没法生活。有卖地的，有买地的，有放高利贷的，有娶小老婆的。8月6日毛主席讲话强调：还是到社会主义，还是到资本主义，农村合作化还要不要？还是搞分田到户、包产到户，还是集体化？主要就是这样一个问题。8月9日在中心小组会上，毛主席又插话说：单干从何而来？在我们党内相当数量的小资产阶级成分，包括许多农民，其中大部分是贫农和下中农，有一部分富裕中农家庭出身的，或者本人就是富裕中农，也有地富家庭出身的，也有些知识分子家庭，是城市小资产阶级出身，或者是资产阶级子弟。另外，还有封建官僚反动阶级出身的。党内有些人变坏了，贪污腐化，讨小老婆，搞单干，招牌还是共产党，而且是支部书记。这些人很明显，把群众当奴隶。有些同志马克思主义化了，化的程度不一样，有的化得不够。我们党内有相当多的同志，对社会主义革命缺乏精神准备。

　　批"单干风"重点是批评邓子恢同志。会上把他夏天的几次报告和安徽省太湖县委宣传部一位同志给毛主席写的《关于保荐责任田办法的报告》都拿来批判。会上说邓子恢同志在困难面前发生动摇，是代表富裕农民阶层搞资本主义农业的要求。8月12日，毛主席在一个文件上批示，严厉批评邓子恢同志"动摇了，对形势的看法几乎是一片黑暗，对包产到户大力提倡。这是与他在1955年夏季会议以前一贯不愿搞合作社；对于搞起来了的合作社，下令砍掉几十万个（实际上，那次整顿，只减少了两万多个合作社——作者注），毫无爱惜之心；而在这以前则竭力提倡四大自由，所谓'好行小惠，言不及义'，是相联系的"。"他没有联系1950年至1955年他自己还是站在一个资产阶级民主主义者的立场上，因而犯了反对建立社会主义集体农业经济的错误"。这种批评显然是不对的。9月25日，董必武同志在八届十中全会讲话谈到"单干风"时，毛主席又插话说：邓子恢同志曾当面和我谈过保荐责任田，我跟他谈了一个半钟头的话，我就受了一个半钟头的训，不是什么谈话，是受他的训。接着，毛主席问道：邓子恢同志还跟别的同志谈了没有？少奇、恩来同志不得不进行解释。毛主席多次说到建议可以，但不能采纳。话中隐含着批评少奇等同志没有抵制包产到户的意见。他在会上还多次批评田家英同志60%的包产到户、40%搞集体的主张；批评中央农村工作部搞资本主义，邓子恢同志是"资本主义农业专家"。这一天，我在会上也发了言，虽然主要谈的是工农业关系问题，但在开头的表态中，我对邓子恢同志也是作了不恰当的批评的。随后，中央撤销了邓子恢同志任部长的中央农村工作部，调他任国家计委副主任。[3]

关于田家英向毛泽东建议实行部分包产到户办法的前后情况，逄先知有过详尽的回忆。他说：

"七千人大会"闭幕不久，毛泽东就离开北京到南方去了。临走前，他要田家英整理一下他在大会上的讲话。2月下旬，田带着整理稿和我一起到了杭州。毛对田整理的稿子不太满意，写了一个批条，语气很婉转，说还是他自己整理的那个稿子好。毛自己整理的稿子，是在录音记录稿上略作了一些文字修改，完全保持原来的样子。后来，他又一遍一遍地修改，润色，并加写了几大段话。每改一遍，都送给田校阅，还要他帮助查阅了一些历史书籍。

这时，毛泽东仍关注着农业，不放松对农村情况的了解。2月25日，他把田家英叫去，要田再组织一个调查组，到湖南作调查，主要了解贯彻执行"六十条"的情况和问题。

毛泽东总是这样，对任何一个问题，不抓则已，一抓就抓住不放，一抓到底。"抓而不紧，等于不抓"，这是他的名言，也是他的一个重要工作方法。农民问题，在毛泽东的思想中，始终占着特殊重要的地位，民主革命时期是这样，社会主义时期同样如此。他在1961年曾经这样说过："中国有五亿农民，如果不团结他们，你有多少工业，鞍钢再大，也不行的，也会被推翻的。"（1961年3月23日在广州会议的讲话）又说："中国这个国家，离开农民休想干出什么事情来。"（1961年5月21日与各中央局负责同志谈话）

毛泽东给田家英指定了4个调查地点：湘潭的韶山（毛的家乡）、湘乡的唐家圫（毛的外祖家）、宁乡的炭子冲（刘少奇的家乡）、长沙的天华大队（刘1961年3月、4月间蹲点的地方）。他特别嘱咐田家英，要向刘少奇报告一下，问他有什么指示，他那里有什么人要参加调查。田家英回到北京向刘少奇作了汇报，刘除了表示同意外，还很关心调查组，说湖南3月天气还很冷，可以向省委借些棉大衣给大家穿。

田家英组织了一个17人的调查组，兵分3路，去韶山大队、大坪大队（即唐家圫）、炭子冲大队。天华大队没有去。

毛泽东对这次调查寄予厚望。有了前次成功的浙江调查，他相信田家英领导的这次调查同样会给他很大的帮助。他接见了调查组全体成员，时间：3月22日；地点：武昌东湖招待所。当时的湖北省委第一书记王任重参加了这次接见。那天下午，大家听说毛主席要接见，都很兴奋。毛先是一个一个地问每个人的名字，接着讲了一些当时流传的政治笑话，谈笑风生。最后向调查组提了几点希望：第一，要同当地干部，省、地、县、社各级干部相结合。第二，不要乱指挥。第三，头脑里不要带东西（指思想框框）下去，只带一件东西，就是马克思主义。第四，要作历史的调查，这是马克思主义的历史主义观点。第五，看到坏人坏事不要乱说，好的可以说。第六，参加点轻微的劳动。毛泽东当时亲切、温和而又轻松的谈话情景，至今还给我留下清晰的印象。

田家英把这次调查的重点放在如何恢复农业生产这个问题上。当时，陈云正在组织人力调查和深入研究这个问题。这也是全党各级组织都在研究的一个题目。田计划在这次调查的基础上为中央起草一个《恢复农村经济的十大政策》的文件。

……

经过一段调查，田家英的思想起了变化，他认真听取和思考农民的意见，觉得很有道理。调查组内也有人主张实行包产到户，田便组织全体同志进行讨论，鼓励大家畅所欲言，充分发表意见。双方争论非常热烈，但都是心平气和地讲道理，没有任何棍子、帽子之类的东西，田认真冷静地听取双方阐述的理由。当时不赞成包产到户的意见占着上风，但是他仍鼓励少数几位主张包产到户的同志继续进行研究。

田家英心里很矛盾。他认为，从实际情况看，搞包产到户或分田到户明显地对恢复生产有利。另一方面，他又觉得，事关重大，在这个问题上不能轻举妄动，特别在韶山这个特殊地方，以他这样的身份（人们都知道他是毛主席的秘书，是毛主席派来作调查的），更应谨慎从事。这里一动，势必影响全省，会给省里的工作造成困难（实际上，早在1961年3月，湖南的有些农村已经实行暗分明不分，不过还没有波及长沙、湘潭这样的重要地方）。他在私下多次对我说，在手工劳动的条件下，为了克服当时的严重困难，包产到户和分田到户这种家庭经济还是有它的优越性，集体经济现在"难以维持"，已经萌生用包产到户和分田到户渡过难关的思想。但在公开场合，在农民和干部面前，对包产到户的要求他丝毫也不松口。

田家英就是带着这种矛盾的心情，同我一起到上海向毛泽东汇报的。当时，陈云也在上海，我们将三个点的调查报告同时送给他们两人。得到的反应迥然不同。陈云读后很称赞，说"观点鲜明"。在这之前，田已将炭子冲大队的调查报告寄给了刘少奇，刘认真地看了，认为很好。毛泽东却很冷漠，大概没有看，只听了田的口头汇报。毛对田说："我们是要走群众路线的，但有的时候，也不能完全听群众的，比如要搞包产到户就不能听。"这是毛泽东对包产到户问题的又一次明确表态。后来的实践表明，包产到户即家庭联产承包责任制，仍然保存了集体所有制的部分优点，在这个基础上仍然可以实行双层经营、双向承包、以工补农直至在条件具备时发展为规模经营，与分田到户不同，是适应我国大部分农村的生产情况的。

在上海期间，杨尚昆从北京打电话给田家英："总理要我问你一下，可不可以把农村的私有部分放宽一些？"田家英当即表示同意。

……

我们回到北京已经是6月底。在北京听到的关于包产到户的声音，跟我们在下面听到的几乎一样，不过这些言论更带理论性和系统性。

回到北京后，田家英立即向刘少奇作汇报。汇报刚开了个头，就被刘打断了。刘说，"现在情况已经明了了"，接着就提出关于实行包产到户的主张，并且详细讲了对当时形势的看法。田问："少奇同志这些意见可不可以报告主席？"刘说："可以。"刘少奇又吩咐田家英把他的意见在"秀才"中间酝酿一下，听听反应。他为慎重起见，并且希望能够真正听到"秀才"们的真实意见，嘱咐田不要说是他的意见。接着，田又向邓小平报告关于起草《恢复农村经济的十大政策》的设想。邓的话不多，很干脆："赞成。"田家英立即组织起草班子。他的指导思想就是，当前在全国农村应当实行多种多样的所有制形式，包括集体、半集体、包产到户、分田单干，以便迅速恢复和发展农业生产。与此同时，田家英还向其他几位中央领导人陈述了自己的观点和主张，得到一致赞同。

看来，事情进行得很顺利。但是，中央究竟是否确定推行包产到户，还要通过关键的一个关口，那就是毛泽东的同意。田家英似乎觉得比较有把握，因为中央常委的几位同志几乎都支持搞包产到户，至少是不反对；但是心里又有些嘀咕，不知道毛现在的态度究竟怎样。他知道提这样的建议是要担风险的，但他不顾个人得失，终于下决心，以秘书的身份向毛泽东进言。这时，毛正在河北邯郸视察工作，田家英打长途电话要求面陈意见。那边传来电话说："主席说不要着急嘛！"从这句话里，我们已经微微感觉出毛的不耐烦的心情了。

过了两天，毛泽东回到北京，田家英被召见，地点在中南海游泳池。田家英系统地陈述了自己的意见和主张。大意是：现在全国各地已经实行包产到户和分田到户的农民，约占30%，而且还在继续发展。与其让农民自发地搞，不如有领导地搞。将来实行的结果，包产到户和分田单干的可能达到40%，另外60%是集体的和半集体的。现在搞包产到户和分田单干，是临时性的措施，是权宜之计，等到生产恢复了，再把他们重新引导到集体经济。

毛泽东静静地听着，一言不发。这种情况，同刘少奇性急地打断田家英的汇报，滔滔不绝、毫无保留地讲出自己的意见，完全不同。最后，毛突然向田提出一个问题：你的主张是以集体经济为主，还是以个体经济为主？一下子把他问住了。对于这突如其来的提问，他毫无准备。毛接着又问："是你个人的意见，还是有其他人的意见？"田答："是我个人的意见。"当时，毛没有表示意见。没有表态，这就是一种态度，不过没有说出来而已。

田家英从游泳池回来，情绪不大好。他说："主席真厉害。"意思是说，毛主席把问题提得很尖锐，使他当场不知如何回答才好。毛泽东善于抓住对方谈话的要害，出其不意地提出问题，迫使对方无法含糊其词，无法回避问题的实质，非把自己的观点确定而鲜明地摆出来不可。

大概是第二天，毛泽东召集会议，田参加了，还有陈伯达。毛终于说话了，批评田家英回到北京不修改"六十条"，却搞什么包产到户、分田单干。（大意）会上，毛指定陈伯达为中央起草关于巩固集体经济，进一步发展农业生产的决定。

毛泽东对人民公社"六十条"好像有些偏爱。他多次说：人还是那些人，地还是那些地，有了"六十条"，农村形势就大不一样。在他看来，有了"六十条"，再加上基本核算单位下放这一条，农村的问题，就调整生产关系方面来说，已基本上解决。以生产队为基本核算单位，是毛调整农村政策的最后界限，如再进一步调整，搞包产到户什么的，就认为是走资本主义道路。[4]

薄一波还回忆了所谓"翻案风"的由来。他说：

在调整政策，为"反右倾"中被错误批判、打击的干部和群众进行甄别平反的过程中，由于毛主席坚持认为庐山会议没有错，问题只是不该传达到县以下，彭德怀同志的问题仍没有得到平反。在1962年1月召开的"七千人大会"上，少奇同志在讲话中说：1959年7月14日，彭德怀同志给主席写信反映意见，"信中所说到的一些具体事情，不少还是符合事实的"，"一个政治局委员向中央主席写一封信，即使信中有些意见是不对的，也并不算犯错误"。那么，为什么要批判他？为什么要肯定"这场斗争是完全必要的"呢？少奇同志列举了四点理由：一是在党内有一个小集团，是高、饶反党集团的主要成员。毛主席插话补充说，彭和高岗，实际上的领袖是彭；二是彭和高"都有国际背景"，"同某些外国人在中国搞颠覆活动有关"；三是阴谋篡党，背着中央在党内进行派别活动；四是他1959年的信早不写、晚不写，恰在他率军事代表团出访几个月回来后急急忙忙写，是以为时机已到，利用工作中的缺点错误向党进攻。

彭德怀同志没有参加"七千人大会"。会前三天（1月7日），他给中央办公厅主任杨尚昆同志写信说："六日午前，中央办公厅同志电话通知十日参加扩大会议，烦请代我请假。一二月拟继续读哲学和政治经济学，三月去太行山区，四月去冀南区各调查一两个大队。"后来当他知道会上再次受到了批判，他不得不进行辩解和申诉。1962年6月16日，他向毛主席和党中央交了一封很长的申诉信（即所谓"八万言书"）。

这封信共分五个部分,大体上是围绕少奇同志在"七千人大会"的讲话中对他的批评来写的。第一部分,他与黄克诚、张闻天、周小舟等人之间是同志关系,没有什么不可告人的秘密,不存在"阴谋篡党"的问题。庐山会议上,他对一些问题的看法,曾在会前和会中都讲过,不存在等待时机问题。第二部分,回顾同高岗、饶漱石的接触和来往情况,承认听到高岗议论少奇同志,没有及时向中央报告,是不对的,但绝不存在"彭、高联盟"。第三部分,回顾1936年至1958年之间,九次同外国人的接触,每次同外国人谈话,都有翻译和外交人员在场,有案可查,不存在"同某些外国人在中国搞颠覆活动"的问题。第四部分,回顾他本人入党、平江起义、上井冈山、长征、抗日战争等情况。第五部分,针对有人说他执行了资产阶级军事路线,他说:自己在主持中央军委日常工作期间,在建军原则、领导制度、战略方针、民兵制度等方面,都是遵循党中央、毛主席的原则办事的,"不能得出什么'资产阶级军事路线'的结论"。他特别申明,说他阴谋篡党和有国际背景,"实在腹怀委屈",是莫须有的罪名,如果发现事实确凿,他宁愿"按以叛国论罪,判处死刑无怨"。

8月22日,北戴河会议结束前两天,他再次给毛主席和党中央写信,重申不存在反党小集团篡党和同外国人在中国搞颠覆活动的问题。他说:"我带着苦闷的沉重的心情,再次请求对我所犯的错误,进行全面的审查,作出正确的处理。"

两封信送上去以后,被认为这是彭德怀同志利用当前国际阶级斗争激烈的形势和国内发生了困难而闹翻案,是根本否认他1959年所犯的错误,根本否认"反党集团"问题,是向党进行的新的进攻。在北戴河会议期间,毛主席就已多次在讲话、插话中批评彭德怀同志。8月5日,毛主席说:1959年反右倾斗争,大多数是搞错了。彭德怀要翻案、要求平反,我看1959年反右倾不能一风吹。8月11日,毛主席在中心小组会上说:不是东风压倒西风,就是西风压倒东风,彭德怀写信,把过去说的统统推翻。8月13日又说:我们只坚决反对背后捣鬼,不怕搞阴谋的。9月24日,毛主席在八届十中全会上又说:近来有股平反之风,无论什么都要平反,那也是不对的。我们的方针应当是:真正搞错了的,要平反;部分搞错的,部分平反;没有搞错,搞对了的,不能平反。这里说的没有搞错、不能平反,就是针对彭德怀同志说的。

彭德怀同志8月22日的信发出以后,一些同志认为,这是逼着中央全会来讨论他的问题,是向中央挑战。在八届十中全会前的预备会议上,9月3日毛主席曾召集小范围会议,布置要把彭的两封信拿到全会各小组上讨论。一直到全会结束,小组发言,大会发言,都充满了对彭德怀同志的批判。黄克诚、张闻天、周小舟、谭政、邓华、甘泗淇、洪学智等同志，也都一一检讨和受到批评。

这次批彭，声势也是很大的，不亚于1959年庐山会议那一次。批判主要集中在这样几个方面：彭写此信是1962年夏天刮的"翻案"阴风，是配合"三尼"（当时把肯尼迪、尼基塔·赫鲁晓夫、尼赫鲁和铁托简称为"三尼一铁"公司——作者注）反华，利用我们暂时的困难，向党发起新的进攻，一百多页信纸里面埋的是"炸弹"，是反党纲领；彭一贯反对毛主席，一贯支持、执行错误路线，是"野心家、阴谋家"；不但是彭、高联盟，而且在六届五中全会上，彭就被选为中央委员，认识了王明，因而，中国的反党集团，不是一个小集团，而是大集团；算历史旧账，说彭参加革命是来"入股"，是资产阶级民主派，极端个人主义，用资产阶级世界观改造党，在历史上屡犯错误；说彭德怀同志是"里通外国"，是"国际反动别动队"。陈伯达则从"理论"高度强调："在社会主义制度下，也会出现张邦昌、石敬瑭。"就这样，发言者都把"信"上升到敌对分子搞篡党夺权阴谋的高度去批判。9月24日，八届十中全会召开的第一天，康生就提议，被列为审查对象的彭德怀等五位同志不必要再出席全会，国庆节也不上天安门。9月27日，中央全会正式通过组成对彭德怀同志的专案审查委员会，进一步进行审查。

……

在预备会议批判彭德怀同志所谓"翻案风"的过程中，又发生了一件事，就是批判小说《刘志丹》（上册）。小说初稿写出来以后，作者请当年担任过陕甘苏维埃政府主席、刘志丹的战友习仲勋同志审阅。习仲勋同志认为小说没有写好，于1960年春天，两次约作者谈了自己对书稿的意见，指出：要把刘志丹放到大革命整个时代去写，要体现毛主席领导革命的正确思想。小说中有一处说到高岗当时在一个问题上的主张是对的，习仲勋同志指出不要写高岗。1962年夏天，作者根据广泛征集的意见进行了修改，出版社印出送审稿。

云南省委第一书记阎红彦同志不同意出版这部书。北戴河会议期间，他看到有些报刊已开始连载部分章节，一面打电话提出停止连载，一面报告康生。康生如获至宝，立即要中宣部通知各报刊不准发表。8月24日，康生给杨尚昆同志写信，说小说"带有政治倾向性"问题，要中央书记处处理这个问题。

1962年9月8日，预备会议上各组已开始批彭两三天，阎红彦在西南组会上首先提出小说问题，说在当前国内国外的气候下，各路人马都借机出动闹"翻案"，小说《刘志丹》是习仲勋同志"主持"写的（后来又说是"第一作者"），"是利用宣传刘志丹来宣传高岗"。康生接着提出："现在的中心问题，为什么要在这个时候来宣传高岗？"他们的发言在全会"总72号"简报上登出，引起了爆炸性轰动。于是，批判"翻案风"又多了一个靶子。

9月中旬开始，各组在批彭的过程中对小说《刘志丹》也展开了批判。在批判中，把习仲勋、贾拓夫、刘景范等同志打成"反党集团"，而且还升级为"彭、高、习反党集团""西北反党集团"，说小说就是他们的"反党纲领"。9月24日，毛主席在八届十中全会上讲话时，康生递了一张条子说："利用小说进行反党活动，是一大发明。"毛主席在会上念了这张条子，接着说：近来出现了好些利用文艺作品进行反革命活动的事。用写小说来反党反人民，这是一大发明。凡是要推翻一个政权，总要先造成舆论，总要先做意识形态方面的工作。不论革命、反革命，都是如此。毛主席后来说过：利用小说反党，是康生发现的。9月27日，全会决定成立审查习仲勋等同志的专案审查委员会。[5]

中共八届十中全会对中国政局产生了极为严重的影响。它表明，毛泽东在指导思想上已逐步转向以阶级斗争为纲的轨道，并为全党所接受。从此，党和国家沿着阶级斗争扩大化的错误道路走下去，越走越窄，愈陷愈深，直至发生"文化大革命"的全局性失误。只是由于毛泽东在这次全会上吸取了刘少奇的意见，不要因为强调阶级斗争而放松经济工作，这一恶果在当时才没有立即显露出来。

城乡社会主义教育运动

城乡社会主义教育运动，是中共八届十中全会的直接结果。

1963年2月，毛泽东在中央会议上，总结湖南、河南等地经验，决定在农村开展"四清"，在城市开展"五反"[6]。他还提出："阶级斗争，一抓就灵"。

同年5月，毛泽东在杭州主持制定了《关于目前农村工作中若干问题的决定（草案）》（即"前十条"）。从此，城乡社会主义教育运动正式展开。

关于这场运动的酝酿过程，薄一波回忆说：

对广大农村干部和群众进行社会主义教育，一直是毛主席关心的一个大问题。早在1957年7月，即反右派斗争开始后不久，他就表示"赞成迅即由中央发一个指示，向全体农村人口进行一次大规模的社会主义教育"。8月8日，中央发出《关于向全体农村人口进行一次大规模的社会主义教育的指示》。1959年庐山会议以后，中央再一次提出要在农村中进行一次社会主义教育。从1960年起，先后在农村开展"三反"（反贪污、反浪费、反官僚主义）运动和整风整社运动。1961年11月13日，中央又一次发出《关于在农村进行社会主义教育的指示》。在八届十中全会上，毛主席为了"反修防修"，突出地强调阶级斗争，再次提出要进行社会主义教育。

但是八届十中全会后，许多地方并没有立即开展社会主义教育运动。1962年冬到1963年初，毛主席外出视察工作，到了不少地方，只有湖南省委王延春同志、河北省委刘子厚同志，分别在长沙、邯郸向他汇报了这个问题。毛主席认为这个问题还没有引起全党的重视，决定在1963年2月召开的中央工作会议上，重点讨论农村社会主义教育和城市"五反"问题。

为了引起与会同志的重视，毛主席接连将湖南、河北省委关于社会主义教育和整风整社运动的两个报告批印会议讨论。2月25日在少奇同志的讲话时，毛主席插话说：我国出不出修正主义，两种可能：一种可能，一种是不可能。现在有的人三斤猪肉，几包纸烟，就被收买。只有开展社会主义教育，才可以防止修正主义。2月28日，毛主席又在会上强调：要把社会主义教育好好抓一下。社会主义教育、干部教育、群众教育，一抓就灵。对于毛主席的这些意见，当时大家都是拥护的。

经过讨论，会议通过了《中共中央关于厉行增产节约、反对贪污盗窃、反对投机倒把、反对铺张浪费、反对分散主义、反对官僚主义运动的指示》。这个指示规定，运动只在县（团）级以上的党政军民机关、国营和合作社营企业事业单位、物资管理部门、文教部门中进行。至于在农村人民公社和县级以下的工商企业中如何开展运动，将另行安排。根据党中央的部署，中央各部和各省、市、自治区机关立即在会后组织领导干部"洗手洗澡"，开展运动。与此同时，各地农村的社会主义教育也进行试点。

会后，毛主席便着重研究农村如何开展社会主义教育的问题。1963年4月，他首先发现了东北局宋任穷同志和河南省委的报告，随后又发现了河北保定地委关于进行"四清"和邢台地委关于建立贫下中农组织的报告。4月25日，毛主席在上海对周总理说：这几个文件值得注意。不久，他又让彭真同志去上海，起草中央转发这些文件的批语。5月2日，彭真同志起草了对东北、河南两个报告的批语。毛主席亲自将批语修改定稿，肯定了两个报告中所说的做法。指出："社会主义教育是一件大事"，各地要"检查一下自己在这方面的认识和工作，检查一下是不是抓住了要点和采取的方法是否适当，查一查是否还有很多的地、县、社没有抓住这方面的工作。如果有的话（看来一定是有的），应当在农忙间隙，在不误生产的条件下，抓住进行"，"特别要注意分步骤的办法、试点的方法和团结大多数、孤立极少数的政策"。

5月2日以后，毛主席把各中央局书记召集到杭州，举行包括部分政治局委员参加的小型会议，研究关于农村社会主义教育的文件。文件在5月2日前已由彭真同志主持写出第一稿。各大区书记到后，彭真同志和他们一起讨论、修改了两次。毛主席看了以后，觉得不够尖锐，没有提到马列主义理论的高度，于5月7日指出："可以不要那么长，短些，严肃些。要写些这样的问题，如认识不一致问题"，"要点就是阶级、阶级斗争，社会主义教育，依靠贫、下中农，四清，干部参加劳动这样一套"。5月8日，毛主席连续批印了湖南省委的两个报告和原载《中南通讯》的河南、湖北、湖南的四个文件，认为是"四个好文件"，并在会上再次讲了认识问题。5月9日，毛主席又批了浙江省七个关于干部参加劳动的材料，并写了很长的批语，强调了阶级斗争的严重性、防止修正主义的重要性以及社会主义教育的重大意义。陈伯达根据这些意见又将文件作了修改，并将毛主席对浙江省七个材料的批语放在文件的最后。5月10日，毛主席将这个稿子作了反复修改，主要是在前边加上了关于人的正确思想是从哪里来的一大段话，并将题目改为《中共中央关于目前农村工作中若干问题的决定（草案）》。毛主席批示过的20份材料，作为文件的附件。

毛主席看到与会同志对社会主义教育的认识统一了，便在11日晚的讲话中，着重强调不要性急，要搞稳一点，不要伤人过多。这样说了还不放心，一夜未睡，12日凌晨又把各大区书记找去，再次强调说：不要一哄而起，要准备好了再发动，要有强的领导，不打无把握之仗，并说干部行不行，好不好，"这次是一次大考哩"。

中央《关于目前农村工作中若干问题的决定（草案）》一共十条，经5月18日中央政治局会议讨论通过，5月20日正式发出，后来把它称为"前十条"。

毛主席在杭州会议上的四次讲话，在这前后写的许多批语以及"前十条"，归纳起来主要有这样一些内容：（1）坚持马克思主义的认识论，深入调查研究。（2）强调阶级斗争，认为中国社会中出现了严重的尖锐的阶级斗争，有些地方社队的领导权实际上已落在地主富农分子手里，其他机关的有些环节也有他们的代理人，提出"阶级斗争，一抓就灵"。（3）防止出现修正主义。5月9日毛主席对浙江省七个材料的批语，明确提出如果不搞阶级斗争、生产斗争和科学实验，那就不要很长时间，马列主义的党就一定会变成修正主义的党，整个中国就要改变颜色。（4）充分发动群众，依靠贫下中农，建立贫下中农阶级组织和革命队伍。（5）进行"四清"，解决干群之间的矛盾，但在运动中要团结大多数，使多数人"洗手洗澡"，轻装上阵，退赔要合情合理。关于团结的比例，毛主席原来一般是讲90％以上，后经周总理提示，毛主席同意改为团结95％以上，所以"前十条"中明确提出要团结95％以上的群众、95％以上的干部。（6）干部参加劳动，转变工作作风。（7）不要性急，要训练干部，经过试点，有领导、有步骤地进行社会主义教育。（8）开展运动的目的是要建设一个好的党、好的干部队伍和美好的社会。

可以看出，毛主席发动这场运动，目的是防止发生修正主义和"和平演变"，巩固社会主义制度；是为了整顿干部作风，解决干部群众之间的矛盾，把党、干部队伍和社会主义建设搞得更好。这些，是符合广大干部群众的愿望的。关于开展运动的方式方法，在原则规定上也大都是正确的。但是，这场运动是在八届十中全会关于阶级斗争要"年年讲、月月讲、天天讲"的"左"的思想理论指导下开展的，对于当时的阶级斗争形势看得过于严重了，甚至把党变修、国变色、全国发生反革命复辟看成已是面临的现实危险，这就严重脱离了当时的党内实际和社会实际。在"阶级斗争，一抓就灵"的声浪下开展大规模群众运动，势必走偏方向，混淆两类不同性质的矛盾，扩大打击面，难于达到运动预期的目的。[7]

在指导"四清"运动的过程中，中共中央先后制定了"前十条""后十条"和"二十三条"。对此，逄先知回忆说：

十中全会以后，在全国农村陆续开展社会主义教育，1963年2月，毛泽东召开中央工作会议，议题之一就是讨论农村社会主义教育问题。这次会议提出，要求在农村中搞"四清"，组织贫下中农队伍，在城市中搞"五反"，以及在党内反对修正主义等问题。

1963年5月，毛泽东在杭州召集有部分政治局委员和大区书记参加的小型会议，中心议题是农村社教问题。亲自主持起草了《关于目前农村工作中若干问题的决定（草案）》，即"前十条"。这是一个贯彻"以阶级斗争为纲"精神、指导农村社教的纲领性文件。

……

"前十条"下发以后，各地即按照文件的精神开展社教试点工作。在试点中，普遍发生打击面过宽、混淆政策界限等"左"的偏向，各地都有材料反映。有鉴于此，在1963年9月中央工作会议期间，由邓小平、谭震林主持起草《关于农村社会主义教育运动中一些具体政策的规定（草案）》，即"后十条"。

田家英是主要起草者之一，我作为他的助手参加了文件的起草。

……

"后十条"（草案）出来以后，就听到党内有些人，包括某些地方上相当负责的人的议论，说是右了。这对田家英无疑形成一种压力。正在这时，从武汉传来了毛泽东亲自为中共中央起草的关于要在全国宣讲两个"十条"（即"双十条"）的指示。当我们听到这个消息时，心里真是一块石头落了地，

"后十条"（草案）得到毛主席的认可了！这是10月下旬的事。"后十条"（草案）于11月14日经政治局会议讨论通过发出。

"后十条"（草案）的下发，并没有也不可能阻挡社教运动的继续"左"倾，反而受到党内新的更加尖锐的责难，例如说："'后十条'是反对'前十条'的"。1964年8月，刘少奇要田家英同他一道到南方去修改"后十条"（草案）。田感到非常为难，因为他不太赞成刘对农村形势和基层干部的过"左"估计以及对"四清"运动的一些"左"的做法，但是他又很尊重刘少奇，也不能不服从组织，最后勉为其难地参加了文件的修改工作。

离北京南下的前一天，田家英报告了毛泽东，问他对修改文件有什么指示。毛讲了两点：第一，不要把基层干部看得漆黑一团；第二，不要把大量工作队员集中在一个点上。第二天清早，我们随刘少奇登上专机，经武汉一站，然后到广州。在飞机上，田家英将毛泽东的两点意见转告了刘少奇。

到了广州，开始修改文件。刘少奇亲自主持修改，并且加写了一些十分尖锐的内容和语言。这次修改文件，田感到很难，因为要他按照自己没有想通的意见去修改，自然十分吃力，很不顺手，难以落笔。

修改以后的"后十条"，叫"修正草案"，即第二个"后十条"，于1964年9月18日由中共中央发出。第二个"后十条"对形势的估计更加严重，认为这次运动，"是一次比土地改革运动更为广泛、更为复杂、更为深刻的大规模的群众运动"；改变了原来依靠基层组织和基层干部开展运动的规定，强调把放手发动群众放在第一位，并规定整个运动都由工作队领导，造成了对基层干部打击过宽、打击过重，以致发生混淆敌我界限的"左"的错误。

"前十条"——这个指导社教运动的纲领性文件，毛泽东未让田家英参与其事；"后十条"草案——这个带有一定反"左"防"左"意义的文件，田家英主动地承担了主要起草者的责任；"后十条"修正草案——这个有严重"左"倾错误的文件，田家英是在无可奈何的情况下参加修订并在思想上有保留的。从这三个文件起草、修改的过程中，可以看出田对社会主义教育运动中的"左"的做法，是不赞成的。

毛泽东出于对"后十条"修正草案的不满（这种不满当时在党内已经广泛存在），从1964年12月15日至28日召集中央工作会议。会议通过了《农村社会主义教育运动中目前提出的一些问题》，简称"23条"，意在纠正前者的错误。"23条"的下发，一时对缓和农村紧张空气，稳定广大基层干部起了一定作用。但是，它不仅仍然错误地估计了国内社会政治形势，并且提出了这次运动的重点是整"党内那些走资本主义道路的当权派"的错误纲领，这个错误形成了"文化大革命"的"理论根据"。这是后话。[8]

八届十中全会的不良影响，也扩展到统战工作方面。李维汉回忆说：

1962年下半年，经过全党和全国人民两年多的努力，认真贯彻了调整、巩固、充实、提高的8字方针，我国国民经济的严重困难，逐步得到克服，经济形势有了明显好转。这时，党内"左"的思想重新抬头。毛泽东在当年9月召开的党的八届十中全会上，"把社会主义社会中一定范围内存在的阶级斗争扩大化和绝对化，发展了他在1957年反右派斗争以后提出的无产阶级同资产阶级的矛盾仍然是我国社会的主要矛盾的观点，进一步断言在整个社会主义历史阶段资产阶级都将存在和企图复辟，并成为党内产生修正主义的根源"（《关于建国以来党的若干历史问题的决议》），强调阶级斗争"必须年年讲，月月讲，天天讲"。在这种"左"的思想指导下，十中全会错误地批判了所谓的"单干风"（指包产到户）和"翻案风"，错误地批判了邓子恢同志和习仲勋同志等。也有同志在会上批评中央统战部，说"统战部要把民主党派改造成社会主义政党和社会主义领导核心"。这是一个误会。徐冰同志在小组会上发言作了解释。我在会上作了书面发言，对自己在历史上参加反邓、毛、谢、古的错误，作了自我批评。还说到统战工作也有一些错误，要回到部里进行检查。

在1962年9月八届十中全会之后，到1964年期间，在毛泽东"左"的错误思想指导下，中央统战部对我开展了两场批判，给我强加了种种"修正主义""投降主义"的罪名，颠倒了理论政策的是非，使统战工作中的"左"的错误更加发展。

第一场批判从1962年10月开始，在所谓政策思想检查的名义下，在部务会议范围内进行。对1956年以来我在政策研究过程中提出过的一些理论政策性意见，如争取5年或者更多一点时间使对资产阶级分子的改造实际达到消灭阶级的水平（简称5年消灭阶级）；把民主党派根本改造成为社会主义政党（简称社会主义政党）和使民主党派从中央到基层建立起社会主义的领导核心、左派在政治立场上是工人阶级的一部分；人民民主统一战线实际上已经是社会主义统一战线（简称社会主义统一战线）和我国各民族已经成为社会主义民族等，不点名地提出了批评。会议开了40多次，历时半年多。作为这场批判的结果，是1963年5月27日将《关于中央统战部几年来若干政策理论性问题的检查总结》（简称"专题报告"）报送中央，而告一段落。毛泽东审阅了这个"专题报告"，对报告的第一部分"关于消灭资产阶级的问题"作了具体修改，把消灭资产阶级的时间说得更长了，把几十年改为"甚至几百年的时间"。这就使理论上"左"的失误更加发展了。

1964年5月中旬到6月17日，中央举行工作会议。毛泽东在会上提出了中国会不会出修正主义，会不会出赫鲁晓夫和出了赫鲁晓夫怎么办的问题。8月间，中央统战部召开部务会议，传达学习中央工作会议精神，由此又开始了对我的第二次批判，给我扣上反党反中央反毛主席的罪名，是非更加颠倒。

1964年11月25日，中央决定撤掉我的中央统战部部长职务，随后在三届人大和四届政协的会议上，撤掉了我的全国人大常委会副委员长、全国政协副主席、人大常委和政协常委的职务。

在第二次批判期间，我在部务会议上作过两次检查，最后被迫承认犯了反党反中央反毛主席的严重错误。当时我觉得自己已是快70岁的人了，如果硬顶着不检查，被开除党籍，再为党做工作的机会就没有了。自己作了3天思想斗争，才下决心上这个纲，并且用主席讲的动机与效果统一论，来为自己的违心检查作解释。当时的决心是一句也不声辩，希望中央处理能够宽一点。我在党内几十年，对党是很有感情的，总想留在党里边为党做些工作。

……

1962年和1964年两次批判，把社会主义统一战线的提法说成是抹杀阶级矛盾、取消阶级斗争，是阶级斗争熄灭论和投降主义。这种批判是不符合实际的，是错误的。第一，当时所讲的社会主义统一战线，是讲统一战线的性质问题，就是在统一战线中工人阶级同资产阶级、社会主义同资本主义这一对主要矛盾哪一方处于主导地位和起决定作用的问题，而不是讲统一战线内部有无阶级矛盾和阶级斗争的问题，这两个问题有联系又有区别，不能完全混为一谈。我在1962年写的《关于统一战线的形势和任务的书面意见》，对于统一战线内部还有阶级斗争，已经讲得很充分了，怎么能说是阶级斗争熄灭论呢。第二，当时所讲的社会主义统一战线，是讲社会主义制度基本建立后的统一战线的性质。在这个历史时期，社会上和统一战线内部，阶级矛盾和阶级斗争仍然存在，但它已不再是主要矛盾。过去批判时，把阶级矛盾说成始终是整个社会主义历史阶段的主要矛盾，把民族资产阶级的消灭说成遥遥无期，是违反马克思列宁主义的基本原理的，也是违反毛泽东思想科学体系的基本观点的。第三，从中央统战部的实际工作来说，从来是讲阶级斗争的，从来是强调工人阶级的领导权和工农联盟，从来坚持对资产阶级人们的教育和改造，根本不存在抹杀阶级矛盾和取消阶级斗争的问题。如果有错误的话，是有时把阶级斗争讲多了，讲过头了，而不是什么不讲阶级斗争。第四，全国解放以来，在党和工人阶级的领导下，依靠巩固的工农联盟和强大的人民民主专政，经过统一战线，对民族资产阶级实现了和平改造，消灭了这个阶级，怎能说是向资产阶级投降呢？！如果说有投降的话，只能说是资产阶级向工人阶级屈服投降，这正是党的统一战线政策的要求和目的。[9]

从总体来说，毛泽东发动"四清""五反"，是以阶级斗争为纲的"左"

倾指导思想的产物。但是也不容否认，毛泽东的确看到了干部脱离群众、甚至腐化堕落的某些严重问题，试图通过群众政治运动的方式解决这些问题。

当时在山西省委主持工作的陶鲁笳回忆说：

1957年中共中央发出了干部参加劳动的指示后，昔阳县委在贯彻中央指示的头两年，只做了一般的动员布置，成效不大。1959年县委大抓干部参加劳动，针对性地解决干部中存在抵触情绪，批判"当干部就是为了不参加劳动"的谬论；发现、宣传、推广沾上公社和大寨大队干部参加劳动的先进典型；同时县委书记以身作则带动县级干部到基层参加集体生产劳动。从此，经过4年多时间，干部参加劳动一年好于一年，以至形成了县、社、大队、生产队四级干部参加劳动的新风尚。1963年1月29日山西省委批转了晋中地委农村工作部《关于昔阳县干部参加劳动已形成社会风尚的考察报告》，并同时转报中央。中共中央于3月23日批转全国，直至公社党委。在经毛泽东圈阅的中央批语中说："干部参加劳动，是党的优良传统之一，是党在社会主义建设时期的一项极为重要的政策。……农业合作化以来的无数事例证明：凡是办得好的社、队，无例外的都具备社、队的领导干部和社员在一起积极参加劳动的特点。反之，凡是办得不好的社、队，往往具有一个相反的特点，即这些社、队的领导干部，不愿意和社员在一起积极参加劳动，因而脱离群众，不能抵抗剥削阶级思想的侵袭，生活特殊化，贪污多占群众的劳动果实，有的甚至逐步蜕化变质，堕落成为富裕农民和资本主义分子利益的代言人，修正主义的社会基础。"

中央这个文件下发后，反响不大。同年5月，毛泽东在中央召开的杭州会议期间，重谈干部参加劳动问题。他十分重视昔阳县创造的经验，并在浙江省7个关于干部参加劳动的好材料上亲自批示说："中央曾在今年3月23日发出山西昔阳县全县四级干部无例外地参加生产劳动的模范事例，并作了批语。对于这个重大问题，有些同志是注意了，例如浙江，在全省党代表大会上着重讨论了并且作了具体安排，其他地方，则反映尚少。建议各级领导同志利用适当机会，对于干部参加劳动这个极端重大的问题，在今年内进行几次讨论，并普遍宣读山西昔阳县那个文件……我们希望争取在3年内能使全国全体农村支部书记认真参加生产劳动，而在第一年，能争取有1/3的支部书记参加劳动，那就是一个大胜利。城市工厂支部书记也应是生产能手。"这里值得注意的是，毛泽东把干部参加劳动看作是一个极端重大的问题。

谁都知道，早在革命战争年代，毛泽东同志就身体力行地和中央其他领导同志一起参加著名的延安大生产运动。他提出的"自己动手，丰衣足食"的口号，由延安迅速推广到敌后各个抗日根据地。党领导的各个根据地的党政军民学所有干部无例外地投身到大生产运动中去，充分发挥了干部参加劳动的强大威力。从1941年到1943年战胜了日本侵略者的"三光政策"和国民党"断饷绝粮"所造成的极端困难。和敌人的愿望相反，各个抗日根据地不但没有被敌人困死，反而由于实现了丰衣足食的口号，使我们的军队、我们的党，以及党所领导的各项事业，获得了由弱到强、由小到大的发展。这个在战争年代干部参加劳动的伟大创举，值得在抗日战争史上大书特书。新中国成立后，1958年5月八大二次会议期间，毛泽东在一次大区书记会议上说：像我们这些人是否每年可体力劳动一个月，分几次，目的主要是锻炼思想意识，也可锻炼身体，增长知识。我理解他这段话的意思，不仅把干部参加体力劳动看作是密切联系群众的一件大事，而且也是和干部德智体全面发展直接相关的一件大事。所以，虽然那时他已是64岁的高龄了，还在参加体力劳动上如此严格地要求自己。就在这次会议期间，他和其他中央领导同志一道，率领出席党的八大二次会议的全体人员到十三陵水库施工现场参加劳动。当时的情景，真是"天连五岭银锄落，地动三河铁臂摇"，直到现在我还记忆犹新。

在1963年杭州会议上，毛泽东几次讲话赞扬昔阳县干部参加劳动，并说：我又看了一次山西昔阳县那个文件，很好。干部不参加劳动无非是怕耽误工作，昔阳经验恰恰相反；干部参加劳动不但没有耽误工作，而且各项工作都搞得更好了。支部书记不参加劳动还不是"保甲长"？！干部不参加劳动就可能变成国民党。很多问题，一参加劳动都可以解决，至少可以减少一些贪污、多吃多占，可以向上反映一些真实情况，整党整团就好办了，就能把我们的支部放到劳动者积极分子手里。所以干部参加劳动是百年大计，是保证领导权始终掌握在劳动者手中的大问题。县社两级干部也都要参加劳动，我们希望几年之内分期分批都搞到昔阳县的程度。他还风趣地说：《红楼梦》第二回中，冷子兴说，荣宁两府"主仆上下都是安富尊荣，运筹谋划的尽无一个"，贾家不就是这样垮下来的吗？在这里，毛泽东把干部参加劳动看作是无产阶级政党同一切资产阶级政党相区别的标志之一，因而把它同加强党的建设联系起来。

就在这次杭州会议上，党中央决定在农村开展以"四清"为内容的社会主义教育运动。根据毛泽东的建议，把干部参加劳动列为社教运动的重要内容之一。这次运动，由于指导思想上把社会主义社会中一定范围内存在的阶级斗争扩大化和绝对化，因而在实践上造成了对基层干部打击面过宽、打击过重，以至混淆敌我界限的"左"的错误；在理论上，不仅提出要以"阶级斗争为纲"，并且提出了"这次运动的重点是整党内那些走资本主义道路的当权派"，这就成为后来错误地发动"文化大革命"的重要原因。以上这些就是

1981年党的十一届六中全会通过的《关于建国以来党的若干历史问题的决议》对于这次社教运动所作的结论。对此我完全同意。但这里有个问题，即在正确地否定了这次社教运动的"左"的错误之后，有些人对向干部、党员和广大群众进行社会主义教育运动的必要性忽视了；对干部参加劳动这个党的优良传统也淡忘了，甚至丢掉了。这是一个值得深思和研究的问题。他们不了解，干部参加劳动这个极端重大的问题同社教运动的"左"的错误并无必然的联系。相反，有些地方由于在社教运动中强调干部参加劳动，把增产还是减产作为衡量运动搞得好坏的标准之一，因而不但在一定程度上减轻了"左"的错误所造成的损失，而且对于解决干部作风和经营管理等方面存在着的许多严重问题也起了一定作用。这些在《决议》中是予以肯定了的。由此也可说明，只要指导思想在阶级斗争问题上不犯"左"的错误，把社会主义教育运动和干部参加劳动结合起来进行是完全必要的。

值得提起注意的是，毛泽东在上面所说的那个批示中，就要求通过社会主义教育运动，逐步加深广大干部对于参加生产劳动的伟大革命意义的认识。为此，他高瞻远瞩、居安思危地指出："阶级斗争、生产斗争和科学实验是建设社会主义强大国家的三项伟大革命运动（当周恩来同志问及三者排列次序时，毛泽东同志说，按社会科学来说，首先应是生产斗争，而后是阶级斗争、科学实验），是使共产党人免除官僚主义、避免修正主义和教条主义，永远立于不败之地的可靠保证，是使无产阶级和广大劳动群众联合起来实行民主专政的可靠保证。不然的话，让地、富、反、坏、牛鬼蛇神一齐跑了出来，而我们的干部则不闻不问；有许多人甚至敌我不分，互相勾结，被敌人腐蚀侵袭，分化瓦解；拉出去，打进来；许多工人、农民和知识分子也被敌人软硬兼施。照此办理，那就不要很多时间，少则几年，多则几十年，就不可避免地要出现全国性的反革命复辟，马列主义的党就一定会变成修正主义的党，变成法西斯党，整个中国就要改变颜色了。请同志们想一想，这是一种多么危险的情景啊！"

接着毛泽东又满怀信心、胸怀博大地指出：这次运动"是重新教育人的斗争……又是干部和群众一道参加劳动和科学试验，使我们的党进一步成为更加光荣、更加伟大、更加正确的党，使我们的干部成为既懂政治、又懂业务、又红又专，不是浮在上面，做官当老爷，脱离群众，而是同群众打成一片，受群众拥护的真正的好干部。这一次教育运动完成以后，全国将会出现一种欣欣向荣的气象。差不多占地球四分之一的人类出现了这样的气象，我们的国际主义的贡献也就会更大了"。

据我的理解，毛泽东以上这些论述，是他在1959年以后一个相当长时期内，针对杜勒斯对社会主义国家的和平演变战略和赫鲁晓夫的修正主义路线所作的如何防止和平演变的一系列理论阐述中的一个重要内容。同时，从毛泽东这些论述中我还理解到，只有把干部参加劳动同阶级斗争、生产斗争和科学实验这三者联系起来去看，才能认识它的伟大革命意义。昔阳县全县四级干部参加劳动之所以能够形成新风尚，从阶级斗争来看，他们结合社会主义思想教育，坚决清除"当干部就是为了不参加劳动"的陈腐观念，也即几千年来封建社会遗留下来的"劳心者治人，劳力者治于人"的剥削阶级观念，因而才能提高干部的社会主义觉悟和参加生产劳动的自觉性，才能使干部在参加生产劳动中同广大劳动群众保持血肉关系，抵抗资本主义思想的侵袭，避免浮在上面做官当老爷而脱离群众，避免腐败成风而堕落成为修正主义或资产阶级自由化的社会基础。这种危险性在当前我们坚持改革开放中，比过去不是减少了而是增加了，因此强调干部参加劳动，防止腐化变质就更为必要了。从生产斗争来看，昔阳县群众普遍反映说："干部参加了劳动，能看到、能听到、能做到、能说到，生产还能搞不好？"所以毛泽东很赞赏昔阳县提出的干部参加生产、领导生产的口号。他说，这就好比过去战争时期，你不参加打仗，就不会打仗，不管你读了多少军事书，只能纸上谈兵，毫无用处。从科学实验来看，毛泽东同志说，他看过科学家在实验室工作，这是很紧张的劳动，而且是脑力劳动和体力劳动紧密结合的劳动。科学实验归根到底是为生产斗争服务的。现在我们在农村还没有条件搞科学实验室，但在生产斗争中搞科学试验，如许多农村搞科学试验田，是完全可能的必要的。所以干部参加劳动应该包括参加科学试验在内。把上面这三方面综合起来看，干部参加劳动可在直接推动生产斗争向前发展的同时，有必要也有可能把政治思想工作的威力和科学技术是第一生产力的威力有效地发挥出来，做到生产、政治、科技三胜利。……

毛泽东还从消灭"三大差别"在社会主义历史时期为共产主义准备条件的理论高度，论证干部参加劳动的伟大意义。他认为，消灭"三大差别"是相互联系的。而消灭体力劳动和脑力劳动的差别则是最困难的，是需要很长时间的。他说：如何消灭体力劳动和脑力劳动的差别？一个是要不断提高劳动者的文化水平，一个是要知识分子通过参加体力劳动工农化。社会主义社会人们在劳动中的相互关系，其中有领导与被领导的关系，有工程技术人员、熟练工人、普通工人之间的关系，而最主要的是领导与被领导的关系。干部参加劳动，工人参加管理，体现了他们之间的平等关系。厂长下车间和工人一道参加劳动，生产就大大提高，没有改变所有制，没有改变分配制度，只是真正体现了平等互助关系就产生了新的生产力。消灭体力劳动与脑力劳动的差别，不断提高文化水平很重要。但仅靠提高文化水平还不够，还要采取其他许多措施，如干部参加劳动，群众参加管理，坚持社会主义教育，不断提高干部、群众的共产主义觉悟和道德水平。在社会主义社会，绝不允许无偿占有他人劳动，这是最起码的道德要求。

上述毛泽东关于坚持干部参加劳动的指导思想，是对马克思主义劳动观、世界观的继承和发展。马克思主义认为，劳动由体力劳动和脑力劳动相结合的原始的低级状态，发展到脑力劳动从体力劳动分离出来成为对立的对抗状态，由此再发展到二者相结合的新的高级状态。这就是人类社会漫长的劳动形态变化和发展的历史画卷。现在，我国社会主义制度已经消除了体力劳动和脑力劳动的阶级对抗状态，但还存在着二者的差别和旧的社会分工。这种分工和差别是"社会生产力发展又不甚发展的历史产物"。社会主义革命和建设的深远目标之一就是要随着社会生产力的高度发展，逐步消灭旧的社会分工，逐步把体力劳动和脑力劳动在一切劳动过程中有机地结合起来。这是实现共产主义的一个必要条件。正如恩格斯在描述共产主义社会时所说："旧的生产方式必须彻底改革，特别是旧的分工必须消灭。在新的生产组织中，一方面，任何人都不能把自己在生产劳动这个人类生存的自然条件中所应参加的部分推到别人身上；另一方面，生产劳动给每一个人提供全面发展和表现自己全部的即体力的和脑力的能力的机会，这样，生产劳动就不再是奴役人的手段，而成了解放人的手段，因此生产劳动就从一种负担变成一种快乐。"以马克思主义上述关于劳动的理论，来分析当前流行的认为"现代工业、现代农业的机械化、自动化、电脑化程度越来越高，用不着干部参加劳动"的观点，显然这种观点是站不住脚的。只有站在共产主义的高度，才能真正认识在整个社会主义历史时期干部参加劳动对于消灭体力劳动和脑力劳动差别的深远的革命意义。

写到这里，我记起了在1964年五六月间中央工作会议上刘少奇提出的两种劳动制度和两种教育制度的观点，受到了毛泽东的称赞。根据我的记录，少奇同志讲了这样一段话：参加体力劳动这个问题，要从我们这一代开始。否则，我们这一代不开头，下一代也难以开始。先从中央、省市两级开始。……通过两种教育制度和两种劳动制度的改革，经过50年到100年，争取工人有70%到80%，农民半数以上，达到中等以上的文化水平。这样，使工人、农民既是体力劳动者，又是有知识的脑力劳动者。社会主义革命最重要的是改造人。无论是干部、工人、农民还是知识分子，将来都不是现在这个样子，而是把体力劳动和脑力劳动结合起来全面发展的人。[10]

意识形态领域的风波

从1963年起，文化艺术和思想理论等意识形态领域，一波未平，一波又起，再也没有平静过。在"左"的思潮下，许多作品都被贴上"封、资、修"的标签，横遭批判。主管这方面工作的负责同志，不少也受到了指责。

这些过火的批判，和毛泽东对文艺工作的两个批示有密切的关系。今天看来，这些总的估量，都是在"以阶级斗争为纲"的错误指导下得出的错误结论。

薄一波回忆说：

文化领域的大批判，虽然从党的八届十中全会以后就已经逐步展开，但在全国大规模地开展，还是在毛主席作出关于文艺工作的两个批示之后。

第一个批示写在中央宣传部1963年12月9日编印的《文艺情况汇报》第116号上。这期情况汇报登载的《柯庆施同志抓曲艺工作》一文，介绍了上海抓评弹的长编新书目建设和培养农村故事员的做法。毛主席看后，于1963年12月12日将此件批给北京市委的彭真、刘仁同志，并写了这样一段批语：

此件可一看。各种艺术形成——戏剧、曲艺、音乐、美术、舞蹈、电影、诗和文学等，问题不少，人数很多，社会主义改造在许多部门中，至今收效甚微。许多部门至今还是"死人"统治着。不能低估电影、新诗、民歌、美术、小说的成绩，但其中的问题也不少。至于戏剧等部门，问题就更大了。社会经济基础已经改变了，为这个基础服务的上层建筑之一的艺术部门，至今还是大问题。这需要从调查研究着手，认真地抓起来。

在《柯庆施同志抓曲艺工作》一文的下面，毛主席还作了如下的批注：

许多共产党人热心提倡封建主义和资本主义的艺术，却不热心提倡社会主义的艺术，岂非咄咄怪事。

后来公开发表时，删去了前一段批语的第一句，将两段话联在一起，题为毛主席《关于文学艺术的批示》，毛主席把这个材料批给彭真、刘仁同志，说明他对文艺工作特别是北京文艺工作的不满意。

第二个批示写在中央宣传部《关于全国文联和各协会整风情况的报告》草稿上。第一个批示作出后，文化部党组立即检查近几年的工作，并于1964年3月下旬决定在全国文联和各协会全体干部中进行整风。5月8日，中央宣传部写出《关于全国文联和各协会整风情况的报告》。这个报告还未定稿，江青就抢先把它送给毛主席。6月27日，毛主席在这个报告草稿上写下了如下的批示：

这些协会和他们所掌握的刊物的大多数（据说有少数几个好的），15年来，基本上（不是一切人）不执行党的政策，做官当老爷，不去接近工农兵，不去反映社会主义的革命和建设。最近几年，竟然跌到了修正主义的边缘。如不认真改造。势必在将来的某一天，要变成像匈牙利裴多菲俱乐部那样的团体。

毛主席的这两个批示，对我国的文学艺术界，对文联所属各个协会和他们掌握的大多数刊物，提出了尖锐的批评。应该说，我国的文学艺术，当时确实存在着这样那样的缺点。就拿戏剧来说，新中国成立以后虽然创作了不少反映革命斗争和社会主义新生活的新剧目，并对一些旧剧目作了整理和改编，但与舞台上大量演出的基本原封不动的旧戏相比，还是显得太少。当然，对于旧戏不能一概否定，其中有不少内容是健康的，有的是宣传爱国主义精神和民族的传统美德的，有的还含有治理社会、治理国家的深刻启示，对人们有积极的教育作用。有些虽然没有什么教育作用，也没有明显的不健康的内容，可以调节群众的文化生活，使群众在劳动、工作之余得到娱乐。特别是有一些剧目，经过长期的千锤百炼和艺术家们的不断创造，具有优美的唱腔、音乐、舞蹈和脍炙人口的唱词，可以作为一种高雅的艺术品来欣赏，使人们得到美的享受。但是，在社会主义的戏剧舞台上，旧戏毕竟不应占据主导地位，应该多创作反映人民革命斗争和社会主义新生活的新剧目，以满足人民群众日益增长和提高的文化生活的需要，以激励人民的斗志，使他们为推动经济的发展和社会的进步而开拓、创新，不断地团结奋斗。就文联所属各协会和他们掌握的一些刊物来说，工作中确实也存在着这样那样的缺点。毛主席对这些缺点提出批评，是应该的。

但是，毛主席的批评显然把问题看得过于严重了。新中国成立以后，文联所属各协会和广大的文艺工作者，努力按照党的政策进行工作，各个方面都出了不少先进人物和先进事迹。总的来说，我国的文艺队伍是好的，各个艺术部门的成就是巨大的、主要的。然而，由于毛主席对"修正主义上台""资本主义复辟"的危险看得过于严重，两个批示对各个文艺部门和新中国成立以来的文艺工作基本上采取了否定的态度，认为社会主义改造在许多部门中"收效甚微"，15年来基本上"不执行党的政策"，最近几年"竟然跌到了修正主义的边缘"，如不认真改造势必变成"裴多菲俱乐部"那样的团体。这就不符合客观实际了。另外，批示中对一些问题的性质也过分夸大了，没有作出实事求是的分析，好像旧戏等过去的文艺统统是封建主义的，外国的文艺统统是资本主义的，反映这些东西就是"死人"统治着。这样，就把古代的、外国的文学艺术完全否定了。采取这种态度，必然导致否定一切、横扫一切的"左"的错误。

本来，毛主席历来提倡实事求是，一切从实际出发；提倡具体问题具体分析，认为讲分析大有益；提倡历史地全面地看问题，主张多一点唯物辩证法，少一点形而上学，反对肯定一切和否定一切。这些倡导都是很必要很正确的，并且在党内教育和影响了一批又一批干部和党员。然而，他在作两个文艺批示时，由于不适当地强调阶级斗争，根本的指导思想上发生了失误，观察问题的方法也就随之扭曲了，离开了科学的方法论轨道，自己违反了自己所倡导的正确原则和方法。这个不幸的教训，是很深刻的。

这两个批示作出以后，文艺界立即掀起一股大批判的浪潮，一大批电影、小说、戏剧、美术、音乐作品被否定，一大批文艺界的代表人物和领导干部如夏衍、田汉、阳翰笙、邵荃麟、齐燕铭等同志受到批判。

文艺界的大批判，很快扩展到其他领域。从1964年起，哲学界批判了杨献珍同志的"合二而一"论、冯定同志的《平凡的真理》和《共产主义人生观》；经济学界批判了孙冶方同志的生产价格论和企业利润观；史学界批判了翦伯赞同志的"历史主义"，以及农民战争史研究中的"让步政策"论；等等。一时间，大批判的浪潮遍及整个文学艺术和哲学社会科学领域。

现在重新回顾这个问题，可以看出，两个批示是强调"以阶级斗争为纲"所导致的必然结果。

毛主席历来认为，历史是劳动人民创造的，他们是历史的主角，因而他们在文艺舞台上也应该是主角。可是在旧戏中，帝王将相、老爷太太、少爷小姐们成了主角，劳动人民只是配角，只能跑龙套，有的甚至被丑化了。他认为这是不公正的，应该随着人民革命的胜利把这种局面改变过来，对旧戏加以改造。早在1944年1月9日，他在延安看了新编历史剧《逼上梁山》之后，写给作者杨绍萱、齐燕铭同志的信中，就明确地提出了这个问题：

历史是人民创造的，但在旧戏舞台上（在一切离开人民的旧文学旧艺术上）人民却成了渣滓，由老爷太太少爷小姐们统治着舞台，这种历史的颠倒，现在由你们再颠倒过来，恢复了历史的面目，从此旧剧开了新生面，所以值得庆贺。……你们这个开端将是旧剧革命的划时期的开端。我想到这一点就十分高兴。希望你们多编多演，蔚成风气，推向全国去！

从这之后，他一有机会，就阐述这个观点。这个观点，总的是符合历史唯物主义的，为戏剧事业的发展指出了一个新的正确的方向。

在一个较长的时期中，毛主席对旧戏并没有一概否定。他对于《西厢记》《白蛇传》《宝莲灯》《十五贯》《打金枝》《刘三姐》《生死牌》等剧，都曾加以肯定甚至表扬过。直到1962年12月21日，他在同华东省市委书记的谈话中，在批评"帝王将相、才子佳人多起来，有点西风压倒东风"，提出"东风要占优势"，表扬"过去的文工团只有几个人，反映现代生活，不错"的同时，还认为"有害的戏少"，《杨门女将》《罢宴》还是好的。

但是，随着国际反修斗争的开展和国内对"黑暗风""单干风""翻案风"的批判，阶级斗争的弦越绷越紧，毛主席就逐渐把文学艺术中存在的问题，直接同阶级斗争和所谓修正主义联系起来了。在1962年8月、9月间召开的北戴河会议和八届十中全会上，他在强调大抓阶级斗争的时候，就提出要加强意识形态领域的工作，尖锐地指出有人"利用写小说搞反党活动"的问题。

八届十中全会以后，毛主席到各地视察工作，在了解各地贯彻八届十中全会精神时，又提出文化领域的问题，并首先对戏剧提出批评。12月21日，他在同华东省市委书记谈话时指出："对修正主义有办法没有？要有一些人专门研究。宣传部门应多读点书，也包括看戏。"

后来，随着国内农村"四清"、城市"五反"运动的发动，毛主席对文艺界的问题看得越来越重了。1963年5月8日，在制定"前十条"的杭州会议期间，他说："有鬼无害论"是农村、城市阶级斗争的反映。9月27日，他在中央工作会议的讲话中明确提出：反对修正主义要包括意识形态方面，除了文学之外，还有艺术，比如歌舞、戏剧、电影等，都应该抓一下。要"推陈出新"，"陈"就是封建主义、资本主义，要把封建主义、资本主义推出去，出社会主义。就是要提倡新的形式，旧形式要搞新内容，形式也得有些改变。11月，毛主席又对《戏剧报》和文化部接连进行了两次尖锐的批评，他说：一个时期《戏剧报》尽宣传牛鬼蛇神。文化部不管文化，封建的、帝王将相的、才子佳人的东西很多，文化部不管。要好好检查一下，认真改正，如不改变，就改名"帝王将相部""才子佳人部"，或者"外国死人部"。

根据毛主席对文艺界的这种批评和认识，他作出两个批示也就不难理解了。

两个批示作出以后，毛主席对文艺界和文化部继续进行了多次批评。1964年7月5日，他在同毛远新的谈话中说：文化部是谁领导的？电影、戏剧都是为他们服务的，不是为多数人服务的。8月20日，我向毛主席汇报计划工作方法革命化问题时，他又说：文化团体也要赶下去。文化部可以改为"帝王部"，最好取消。农村工作部可以取消，为什么文化部不可以取消？11月26日，他在听取西南三线工作汇报时插话说：文化系统究竟有多少在我们手里，20%？30%？或者是一半？还是大部分不在我们手里？我看至少一半不在我们手里。他甚至说：整个文化部都垮了。

对于文艺界的问题，毛主席认为中央有责任，他也有责任，因为他是主席嘛，所以提出不应责备陆定一同志。1964年9月4日，他在接见老挝爱国战线党文工团时说：我这个人有缺点，有错误。20年前我就讲过，文艺界要为工农兵服务。可是这15年我们没有很好抓，这还不是怪我不行？现在我改正错误。1965年6月11日，毛主席在同华东局委员们的谈话中指出：对中央部门，我们这些人抓迟了。唱京戏，文艺工作，在20多年前我放过空炮，这只能怪我，谁叫你放了空炮，不实际抓呢。结果文艺为资产阶级服务，帝王将相在台上乱跑，劳动人民在台上只能打旗子跑龙套。现在可要改一改，让劳动人民在台上跑，让劳动人民当主角。要根本一风吹，把旧戏里帝王将相吹掉。由于毛主席认为过去自己没有很好抓，没有抓紧，文艺界才发生了那么多问题，现在要"改正错误"，要亲自抓，要抓紧，于是接连作出了两个批示。[11]

在意识形态的过火批判中，人民日报也受到毛泽东的批评，认为他们的工作很不得力。

吴冷西回忆说：

1964年1月7日，元旦刚过，毛主席在颐年堂西厅召开政治局常委会议。这次会议主要是讨论七评苏共中央公开信的文章。在会议过程中，毛主席提出人民日报的问题。他说，《人民日报》要发表学术方面的文章，包括哲学、经济学、历史学、文学、艺术等方面的文章，抓活的哲学。现在报上政治新闻太多，尽是送往迎来，这个会议那个会议。这些事情完全不登也困难，但可以少登。如果要登，可以增加一两个版，多登学术方面的文章。

毛主席提出这个问题，我当时感到是完全正常的，加强学术宣传是很必要的。我向人民日报编委会传达了毛主席的意见。编委会认真讨论并决定采取措施增加学术文章。为此编委会给中央写了一个关于加强学术讨论的报告，并请求中央帮助增调搞学术理论工作的干部。

毛主席2月3日在人民日报的报告上写了批语："少奇、小平同志：人民日报历来不重视思想理论工作，哲学社会科学文章很少，把这个阵地送给光明日报、文汇报和新建设月刊。这种情况必须改过来才好。现在他们有了改的主意了，请书记处讨论一下，并给他们解决干部问题。"小平同志主持书记处会议讨论此事，责成中宣部和中组部帮助人民日报增调干部。人民日报即着手筹备开辟《学术研究》专刊。

3月21日，毛主席召开政治局常委会议，讨论八评苏共中央公开信的文稿时，我趁机谈了人民日报筹备《学术研究》专刊的情况。毛主席又一次强调，人民日报要抓理论工作，不能只搞政治。毛主席问到史学方面的情况，我汇报史学方面的争论颇多。毛主席说，不要怕争论，把争论双方的意见都发表出来，让大家讨论。不少学术问题（他举出关于中国古代奴隶社会和封建社会分期的问题）争论多年，还得不出各方一致同意的结论。

我们当时理解,毛主席要人民日报抓学术理论工作,就是要我们组织学术问题的讨论。为此我们在4月间召集了有各方面著名学者参加的座谈会,传达了毛主席的指示,请大家帮助人民日报办好《学术研究》专刊(3月26日开始)。会上大家发言踊跃,赞成开展学术讨论。

但是,出乎我们的理解,到了五六月间中央工作会议之后不久,毛主席6月21日在人民大会堂福建厅召开一次政治局常委会议。我到达会场时陆定一同志已经在座,少奇同志、周总理、小平同志陆续来到,彭真同志也参加。会议一开始,毛主席就对着我说:今天找你来是要批评你,批评人民日报提倡鬼戏。他说,《人民日报》1961年发表了赞扬京剧《李慧娘》的文章,一直没有检讨,也没有批判"有鬼无害"论。1962年八届十中全会就提出抓阶级斗争,但《人民日报》对外讲阶级斗争,发表同苏共领导论战的文章;对内不讲阶级斗争,对提倡鬼戏不作自我批评,这就使报纸处于自相矛盾的地位。毛主席指着我说:你搞中苏论战文稿,一年多没有抓报社工作。你一定要到报社去开个会,把这个问题向大家讲一讲,也同新华社讲一讲。毛主席还说,人民日报的政治宣传和经济宣传是做得好的,国际宣传也有成绩。但是,在文化艺术方面,人民日报的工作做得不好。人民日报长期不抓理论工作,从报纸创办开始我就批评这个缺点,但一直没有改进,直到最近才开始重视这个问题。你们的《学术研究》专刊是我逼出来的。过去人民日报不抓理论工作,说是怕犯错误,说报上发表的东西都要百分之百正确。据说这是学苏联《真理报》。事实上,没有不犯错误的人,也没有不犯错误的报纸。《真理报》现在正走向反面,不是不犯错误,而是犯最大的错误。人民日报不要怕犯错误,犯了错误就改,改了就好。

毛主席这里批评人民日报宣传鬼戏的文章,是《人民日报》1961年12月28日发表的题为《一朵鲜艳的红梅》赞扬京剧《李慧娘》的文章。该文认为这出戏改编得好,并批评那种把鬼戏一律看作迷信的观点。后来报社文艺部收到一篇批评"有鬼无害"论的文章,我审看时认为不必由人民日报出头大张挞伐,而且毛主席指定袁水拍(曾任人民日报文艺部主任)编辑的《不怕鬼的故事》才出版不久,也不宜此时发表批评鬼戏的文章,于是把此文转给《文艺报》处理了。因此《人民日报》一直没有认为发表赞扬《李慧娘》的文章是错的,也没有批评"有鬼无害"论。编辑部一直认为,不能说一切鬼戏都是坏的,禁止一切鬼戏也是不对的。

  ……

就在6月21日福建厅批评人民日报不抓阶级斗争之后一个星期,毛主席6月27日在中宣部一份关于全国文联和各协会整风情况的材料上写了批语,说这些协会的大多数"15年来基本上不执行党的政策","最近几年竟然跌到修正主义的边缘，如不认真改造，势必要变成像匈牙利裴多菲俱乐部那样的团体"。到了7月2日，毛主席主持政治局常委会议，决定文化部和全国文联以及各协会重新整风，并决定成立一个5人小组（组长为彭真同志，副组长为陆定一同志，成员有康生、周扬和我，后来叫作文化革命小组）领导这一工作。这就是说，号称反修防修的文化革命，首先从文艺领域开始了。

值得注意的是，1964年7月间，中苏关于国际共产主义运动总路线的大论战接近尾声。九评苏共中央公开信的文章《关于赫鲁晓夫的假共产主义及其在世界历史上的教训》7月14日发表。毛主席从中苏论战中越来越强烈地认为，社会主义国家产生修正主义并非是偶然的现象，而是有深刻社会根源的规律性的事件。因此他到1964年就更加肯定地认为，社会主义国家必须加强反修防修的斗争，从国际斗争联系到国内斗争。也正在这时，国民经济的调整工作取得巨大成就，调整与恢复的任务预计1964年底可以完成。正是在这种情况下，毛主席从农村基层发起的"四清运动"，就扩展为上层建筑的"文化革命"。

从1964年夏天起，逐渐形成新的形势。从人民日报到全国各地报刊，错误的批判从文艺领域批电影《北国江南》和《早春二月》、京剧《李慧娘》开始，逐渐扩大到其他意识形态领域。杨献珍的"合二而一"、周谷城的时代精神、冯定的共产主义人生观、孙冶方的价值法则观等，都成了吹毛求疵、颠倒是非的批判对象，而根本不是什么学术讨论。这些错误的批判，都同康生有关，他当时是中央理论小组组长。

1964年底，江青约中宣部5位副部长（周扬、许立群、林默涵、姚臻和我）座谈，要求中宣部通知全国报刊批判10部影片。我记得，她要批判的影片有《不夜城》《林家铺子》《舞台姐妹》《红日》《逆风千里》《兵临城下》，以至《白求恩》等。当时大家都没有同意，认为要慎重考虑。事后江青就到上海去，上海报纸就陆续批判这些影片，全国其他地方也相继仿效。在这样的压力下，中宣部被迫要人民日报批判《不夜城》和《林家铺子》。

鉴于这些错误的批判有大泛滥之势，中央书记处于1965年3月初开会讨论此事。小平同志和彭真同志都主张赶快"刹车"，学术讨论要"降温"。之后，《人民日报》先后发表编者评论和文章，提出不要否定古典文学作品，也不要否定有缺点的现代文艺作品。[12]

自从中共八届十中全会重提阶级斗争以后，中国政局发生了急剧的变化。城乡社会主义教育运动和意识形态领域的过火批判，犹如两套锣鼓，一阵紧似一阵。在这些运动和批判中，毛泽东对国内和党内的阶级斗争状况估计日益严重，同中央其他领导同志在认识上的差距愈拉愈大。这种认识上的分歧和距离本来是正常的，而在毛泽东眼里却是不正常的，最终酿成了他同刘少奇等人的一场政治冲突。

投了"不信任票"

从1963年起至1965年间，毛泽东同一些外国领导人反复地谈中国党内的所谓"三和一少""三自一包"的"修正主义路线"问题。

丛进在《曲折发展的岁月》一书中写道：

1963年5月22日，毛泽东在武汉同新西兰共产党总书记威尔科克斯谈话说：我们党内有些人主张三和一少：对帝国主义和气一点，对反动派和气一点，对修正主义和气一点，对亚非拉人民斗争的援助少一些。这就是修正主义的路线。

1964年2月9日，毛泽东在北京再次同威尔科克斯谈话时，又讲了这个内容。他说：我们党内有少数人主张三和一少。三和就是对帝国主义和、对修正主义和、对各国反动派和，一少就是少援助反对帝国主义的国家和党。这实质上就是修正主义的思想。他们联络部（按：指中共中央联络部）里就有少数这样的人。另一个是统战部，它是同国内资产阶级打交道的，但是里面却有人不讲阶级斗争，要把资产阶级的政党变成社会主义的政党[13]。每个部都找得出这样的人。例如农村工作部里面就有一个邓子恢，他是中央委员，还是副总理，却主张单干，实际上是不要社会主义农业。这一股风，即三和一少风、单干风等，在前年上半年刮得很厉害。从国外来说，被美帝国主义和苏联修正主义吓倒了，在国内由于天灾人祸，经济受到损失，于是修正主义就露头了。有一阵子可猖狂啦。毛泽东还说：针对三和一少，我们的方针就是三斗一多，这就是对帝国主义要斗、对修正主义要斗、对各国反动派要斗，要多援助反对帝国主义的、革命的和马列主义的政党和马列主义派别。三和一少是赫鲁晓夫的口号，三斗一多是我们的口号。[14]

1964年2月金日成到中国来，毛泽东同他进行了更深一层的谈话。

毛泽东说：天下大事分则必合，合则必分。一个党也是如此。我们同高岗、彭德怀也是如此，他们是我们的敌人，也是你们的敌人。毛泽东接着说：动摇分子总是会有的。1962年上半年我们党内有些人主张三和一少。什么是三和一少呢？就是对帝国主义要和，对修正主义要和，对反动的民族资产阶级要和，就像对尼赫鲁那样的反动派也要和。一少是，对支持民族解放运动要少一点，要少支持世界革命。这是修正主义的路线。这些人在国内也主张三自一包。三自是：自留地、自由市场、自负盈亏；一包是包产到户。目的是要解散社会主义的农村集体经济，要搞垮社会主义制度。三和一少是他们的国际纲领，三自一包是国内纲领。这些人中有中央委员、书记处书记，还有副总理。他们在1962年上半年到处宣传。夏季我们开了一个会议，是工作会议，中央委员、省委书记都来参加，把这些问题都抖搂出来了。然后，又开了中央全会，开了两个月——8月到9月。

毛泽东继续说：这个会议开过以后，这些犯错误的同志都检讨了，说自己不对了。有一个同志是主张三自一包的，就是邓子恢，他是长期搞农村工作的，是农村工作部长，是副总理。除此以外，每个部都有，每个省都有，支部书记里头更多。所以说"天下太平"，没有这么回事。我说不太平是正常的。清一色，也是不会有的。所以，要有意识地保持对立面。例如王明和赫鲁晓夫一样，彭德怀是赫鲁晓夫的人，是我们党的中央委员、政治局委员、副总理，现在仍然保持原有职务。但是王明不同。这种政策将来可能危害我们，也可能危害你们。譬如，彭德怀像赫鲁晓夫那样掌握了党、军队和政权，那么，今天我们就可能和莫洛托夫、马林科夫、卡冈诺维奇他们的处境一样，也可能被杀掉了。这些人总是想复辟的，所以要提高警惕。

毛泽东问金日成：中国变成修正主义，你们怎么办？

金日成答道：那我们就更困难了。

毛泽东说：总会比阿尔巴尼亚好一些。这些话我和好多人都讲过，如日本的宫本，新西兰的威尔科克斯，还有印尼的同志，但还没有得到机会同越南同志讲。如果中国变成修正主义，天就黑暗了，你们怎么办？要作思想准备，要高举马列主义的旗帜反对中国的修正主义，这样中国人民是会感谢你们的。假如中国出现了修正主义，也是搞不久的，最多也不过是几年。中国地方大、人多、解放军觉悟高，就是他们掌握了一部分军队，也不要紧。

金日成问：你不是说防止5代不出修正主义吗？

毛泽东回答说：是打了预防针。向全体人民进行了反对修正主义的教育，要反对新的资产阶级，新出来的资产阶级分子。他们进行贪污盗窃、投机倒把，这号人虽然为数不多，但很厉害，神通广大，他们能够从广州弄到自行车用飞机运到河北高价出卖，这个人还是一个县的农村工作部长。在座有不少朝鲜的年轻同志，你们不要把中国的一切都看成是好的，这样就不对了。中国有光明的一面，这是主要的一面，同时还有黑暗的一面，搞"地下工作"的大约有1000万人。我计算了一下，在6亿5000万人口中，这种人就占1/65，就是65个人中有一个。如果现在不加注意，他们就会泛滥起来。苏联现在不就泛滥起来了吗？[15]

　　1964年三四月间，毛泽东同日本共产党访华代表团袴田里见等人谈话，也讲了这个方面的内容。

3月23日，毛泽东在北京对袴田里见说：王稼祥也被拉到右边去了。他是联络部长，现在没有管事。他主张三和一少。什么叫三和一少，你们知道吗？三和就是对帝国主义、对修正主义、对反动民族主义要和，一少就是少支持民族解放斗争、少支持革命的工人阶级、少支持革命的党。他认为当时中国很困难，拿钱去支持别国的斗争，不合算。

4月10日，毛泽东在武汉再次见到袴田里见等人，又对他们说：就在那年（1962年）8月，我们讨论了整个路线，包括国内的和国际的，开了一次十中全会，发表了十中全会公报。当时我们党内有一部分同志同赫鲁晓夫的调子一样，即强调三和一少。在国内问题上提出三自一包。即强调自由市场、自留地，把集体经济、社会主义市场放在第二位，把私有经济放在第一位，农民的自留地放在第一位。第三就是自负盈亏，小商人做生意要自负盈亏，就是发展资本主义。这就是三自。还有一包是主张把土地包到各家去种，不搞集体。当时是一股风，1962年很猖狂。

毛泽东还说：中央联络部部长就主张三和一少。他本来害病，那年春季，他突然积极起来了。此外还有统战部，一部分人主张把几个资产阶级政党在几年内改变为无产阶级的政党。这只是两个例子，其他还不止。中央各部，每个部都不是太平的。每个部都可以一分为二。地方上也不是太平的。我们的中央委员、中央候补委员中，就有十几个人是修正主义者。

直到1965年8月11日，毛泽东在谈关于诱敌深入和援助越南问题时，更明确地批评说：修正主义是一种瘟疫。1962年在国际上在外交上，主张三和一少是王稼祥，在国内主张三自一包是陈云，而且对我们讲，不仅要包产到户，还要分田到户。说这样4年才会恢复，解放军也会拥护。邓子恢到处乱窜，刮单干风。陈云还守纪律，但是最厉害。毛泽东强调地说：领导人、领导集团很重要，1962年刮歪风如果我和几个常委顶不住，点了头，不用好久，只要熏上半年，就会变颜色。许多事情都是这样，领导人一变，就都变了。[16]

应当说明的是，尽管毛泽东提出了“防止中央出修正主义”的问题，并且逐渐把它作为反修防变的中心问题，但是还没有确切所指的对象。然而，从讨论“二十三条”引发的那场著名的争论开始，毛泽东同刘少奇之间的分歧逐步突出出来。而在毛泽东看来，这是两个阶级两条道路斗争在党内和中央的反映。后来，当斯诺问起他是什么时候起决心从政治上把刘少奇搞倒的，毛泽东回答是从讨论“二十三条”开始。

历史已经判明，毛泽东对刘少奇投的这个“不信任票”，是日后一系列重大失误的开端。这是一个历史性的失误，也是一个历史的遗憾。

薄一波回忆说：

1964年12月，第三届全国人民代表大会第一次会议在北京召开。党中央原想在会议期间请各地与会的一些领导同志讨论一下社会主义教育运动的问题，后来实际上开成了长达一个月的中央政治局工作会议。

这次工作会议的主要任务，是制订一个关于农村社会主义教育运动的文件，解决前段运动中出现的一些问题。会议先讨论了少奇同志在12月15日提出的关于农村"四清"、城市"五反"的几个问题，然后起草文件。12月23日写出文件的第一稿，内容比较简单，共60条。根据会上讨论的意见，又反复修改为17条。毛主席批示"照办""照发"。12月28日，由彭真同志批发了中央811号文件，印发了这个"十七条"，会议就准备结束了。

但是，在这段时间，毛主席和少奇同志之间发生了严重的分歧。分歧主要表现在两个问题上：一是当时的主要矛盾和社会主义教育运动的性质，二是运动的搞法。

关于主要矛盾和社会主义教育运动的性质，从运动一开始就提出来了。少奇同志认为是"四清"与"四不清"的矛盾，或人民内部矛盾与敌我矛盾交织在一起。毛主席则把问题的性质看得严重得多。1964年12月12日，他在我报送的陈正人同志在洛阳拖拉机厂蹲点报告上的批示中，认为已经形成了一个"官僚主义者阶级"，这个阶级"已经变成或正在变成吸工人血的资产阶级分子"，是"斗争对象，革命对象"。

在12月20日政治局扩大会议上，少奇同志说：陶铸同志提出，当前农村的主要矛盾是富裕农民阶层跟广大群众、贫下中农的矛盾，是这样提，还是说原来的地富反坏跟蜕化变质的有严重错误的坏干部结合起来跟群众的矛盾？毛主席说，地富反坏是后台老板，四不清干部是当权派。地富反坏那些人已经搞臭过一次了，所以不要管下层，就是要发动群众整我们这个党，先搞豺狼，后搞狐狸，这就抓到了问题。少奇同志提出：主要矛盾就是四清与四不清的矛盾。陶铸同志表示赞成。毛主席则说：不以人的意志为转移。他还引用杜甫"挽弓当挽强，用箭当用长，射人先射马，擒贼先擒王"的诗句，说明就是要搞大的，大的倒了，狐狸慢慢清。群众就怕搞不了大的。但是，少奇同志仍然坚持：四清与四不清的矛盾是主要的，运动的性质就是人民内部矛盾跟敌我矛盾交织在一起。毛主席反问道：什么性质？反社会主义就行了，还有什么性质？

根据毛主席的意见，"十七条"中明确指出：关于运动性质的几种提法，即四清和四不清的矛盾，党内外矛盾的交叉或者是敌我矛盾和人民内部矛盾的交叉，社会主义和资本主义的矛盾，"后一种提法较适当，概括了问题的性质"，"重点是整那些走资本主义道路（包括贪污盗窃、投机倒把）的当权派"。但是在讨论中，与会同志的意见仍然不一致。针对这种情况，毛主席在12月28日的讲话中强调说："我们常委会谈过，也跟几位地方的同志谈过，恐怕还是以第三种提法较好。因为我们这个运动，它的名称就叫作社会主义教育运动，不是叫作什么四清四不清教育运动，不是什么党内外矛盾交叉或者敌我矛盾和人民内部矛盾交叉的教育运动。1962年，北京一个月，北戴河一个月，搞出一个公报，就是讲要搞阶级斗争，要搞社会主义，不要搞那个资本主义。"1965年1月5日，当陶铸同志谈到形势的新特点时，毛主席又说：从七届二中全会以来，一直是讲国内主要矛盾是资产阶级同无产阶级、资本主义同社会主义的矛盾，从杭州会议以来整个运动是搞社会主义教育，"怎么来了个四清与四不清的矛盾，敌我矛盾与人民内部矛盾的交叉？哪有那么多交叉？什么内外交叉？这是一种形式，性质是反社会主义嘛！重点是整党内走资本主义道路的当权派"。

关于社会主义教育运动的搞法，前面已说过，少奇同志强调秘密扎根串联，实行大兵团作战，对干部开始不能依靠等，结果导致了一系列"左"的做法。对少奇同志的这些主张，毛主席在会上从一开始就表示了不同意见。在12月20日中央政治局扩大会议上，毛主席虽然说："现在还是反右"，"不可泼冷水"，但又强调"不可搞得打击面太宽了"，要"把那些几十块钱、一百块钱、一百几十块钱的大多数四不清干部先解放"。他说："我提这个问题有点'右'。我就是怕搞得太多了，搞出那么多地主、富农、国民党、反革命、和平演变，划成百分之十几二十，如果二十，7亿人口就是1亿4000万，那恐怕会要发生一个'左'的潮流。结果树敌太多，最后不利于人民。"

在此期间，还发生了三件事，给我印象很深。一件事是毛主席过生日。在12月26日这一天，毛主席邀请部分中央领导同志、各大区主要负责同志及少数部长、劳模、科学家，在人民大会堂过了生日。毛主席让几位科学家和劳动模范跟他坐在一桌，其他中央常委和政治局同志坐在别的桌子上。他一开始就讲：今天我没有叫我的子女来，因为他们对革命没有做什么工作。随后他就陆续批评社教运动中的一些错误认识和提法，说什么四清四不清，党内外矛盾交叉？这是非马克思主义的；指责中央有的机关搞"独立王国"；还谈到党内产生修正主义的危险。席间鸦雀无声。

第二件事是毛主席在12月28日的讲话。他是自己拿着《党章》和《宪法》到会的。在讲了社会主义教育运动的性质和工作态度这两个问题之后，他接着说：请你们回去也找《党章》和《宪法》看一下，那是讲民主自由的。不要犯法呀，自己通过的，又不遵守。还说：我们这些人算不算中华人民共和国的公民？如果算的话，那么有没有言论自由？准不准许我们和你们讲几句话？

第三件事是"十七条"的停发。12月30日，毛主席将"十七条"中关于走资本主义道路的当权派的一段话作了如下修改："这些当权派有在幕前，有在幕后"，"在幕后的，有在下面的，有在上面的"，"在下面的，有已经划了的地主、富农、反革命分子和其他坏分子，也有漏划了的地主、富农、反革命分子和其他坏分子"。同时批示："照改的（第二面倒数三行）文字，重印。请少奇同志阅后交机要室办。这是伯达同志建议的，我同意。如你也同意，则请交办。"12月31日经少奇同志同意，中央办公厅发出814号文件，通知停止执行中央811号文件，指出这个文件"中央尚在修改中，请停止下发，并自行销毁"。由于这个文件停发，会议又继续开了下去。

1965年1月3日晚，毛主席在一个小型会议上不点名地批评了少奇同志。他说："四清"工作队集中大批人员，是搞"人海战术"；学习文件四十天不进村，是搞"繁琐哲学"；反人家的右倾，实际"自己右倾"；不依靠群众，扎根串联，结果"冷冷清清"；第二个10条"太长了，太繁了"；提出"四清"运动"一是不要读文件，二是不要人多，三是不要那样扎根串联"，要依靠群众，清少数人，"有则清清，无则不清。没有虱子就不要硬找"。根据毛主席讲话的精神，将文件作了大的修改，内容变为23条，题为《农村社会主义教育运动中目前提出的一些问题》。在修改过程中，毛主席加写了一些很严厉的话，如："不说是什么社会里四清四不清矛盾，也不说是什么党的内外矛盾交叉。从字面上看来，所谓四清四不清，过去历史上什么社会里也能用；所谓党内外矛盾交叉，什么党派也能用；都没有说明今天矛盾的性质，因此不是马克思列宁主义的。"1月14日，由彭真同志将文件送毛主席审阅后，正式发出，会议至此结束。

毛主席对少奇同志的批评这样尖锐，除了在主要矛盾、社会主义教育运动的性质及如何搞法这些问题上发生了严重分歧这个主要原因外，与当时正在召开的三届全国人大一次会议和各地反映的情况，以及陈伯达在其间所起的不好作用有关。在这次人大会议上，周总理在《政府工作报告》中，充分肯定了调整国民经济以来取得的巨大成就，代表们也普遍认为各方面的形势越来越好。1964年12月27日下午，朱德同志在会上说："对基层政权也要一分为二，有好的有坏的。当权派，点上摸的情况是好的不多，应该还是好的多"，"这次人代会反映的问题也很多。两个会议两种反映，一分为二"。1965年1月5日，在宋任穷同志讲到现在形势一年比一年好，生产一年比一年好时，毛主席插话说："在人代大会上讲得一片光明，在工作会议上讲得一片黑暗，对不起头来嘛！"三届全国人大一次会议的这种气氛，各地对"四清"运动中"左"的做法的反映，都很容易引起毛主席对少奇同志的不满。而陈伯达看到毛主席对少奇同志不满意，便在1964年12月27日下午的发言中，顺着毛主席的话，从"理论"上加以发挥说：所谓清不清，历代就有这个问题，不能说明矛盾的性质。国民党也说有党内外矛盾的交叉，因而人民内部矛盾与敌我矛盾交叉也不能概括矛盾的性质，所以主席的概括是正确的，性质不清楚，就会迷失方向。他这个发言，受到毛主席的欣赏。后来毛主席修改"二十三条"时，特别把这个意思写了进去。原来制定的17条的停发，也是由陈伯达建议的。很显然，陈伯达的发言和建议在毛主席和少奇同志已发生的分歧中，起了不良的加剧作用。

党内高层领导中发生的这些思想分歧，影响是深远的。最严重的是使毛主席产生了对少奇同志的不信任，从而埋下了发动"文化大革命"的种子。毛主席1966年8月5日在八届十一中全会上写的那张《炮打司令部——我的一张大字报》中，就把"一九六四年形'左'实右的错误倾向"，作为少奇同志的一条罪状。10月25日，毛主席在中央工作会议上还回顾说，在制定"二十三条"的时候，就引起了他的"警惕"。1970年12月18日，当斯诺问毛主席从什么时候明显感觉到必须把刘少奇从政治上搞掉时，毛主席也回答说是制定"二十三条"那个时候。[17]

毛泽东同刘少奇之间的分歧和冲突，并非像某些肤浅的西方学者所津津乐道的那样起因于"权力之争"。在毛泽东看来，他的一切努力，都是为了捍卫马克思主义的纯洁性，防止出现像苏联那样的"资本主义复辟"所必需的。他一向寄厚望于刘少奇。如今，刘少奇却在这个重大原则问题上与他产生了严重分歧。这既使他痛心，也使他有大权旁落之感。于是，他开始寻找新的力量帮助他把这场关系党和国家命运的斗争推向前进。

刘少奇作为在第一线主持中央全面工作的负责人，曾经力图跟上毛泽东的步伐和思想，也真心希望毛泽东的这些努力有利于反修防修。但是，他更清楚地看到，"以阶级斗争为纲"会给国家的经济工作造成多么严重的干扰。他从党和国家的最高利益出发，试图把这种干扰减少到最低限度。他是一个耿直的人，也是一个勇于坚持真理的人。这也就决定了他同毛泽东的意见分歧采取了冲突的方式。

两个始终从党和国家的最高利益出发的革命家，终于因意见分歧和误会而分手。这场悲剧的深刻背景及其影响，远远超过西方所谓"权力之争"。

从此，中国政局"左"倾思潮大泛滥的动乱时期迅速来临。

"山雨欲来风满楼"

1965年11月10日，上海《文汇报》发表姚文元的《评新编历史剧〈海瑞罢官〉》一文，成为发动"文化大革命"的导火索。

此后，围绕着对《海瑞罢官》一剧及文艺批判，形成了两种不同的意见和处理，毛泽东对刘少奇等中央负责同志的不满情绪迅速增强。江青、康生等人则推波助澜，事态的发展很快到了不可收拾的地步，促使毛泽东下定了发动"文化大革命"、自下而上地解决"黑暗面"的决心。

薄一波回忆说：

从1965年11月10日姚文元在《文汇报》发表《评新编历史剧〈海瑞罢官〉》开始，文化领域的大批判进入新阶段。

在此之前开展的大批判，虽然已带有浓厚的政治色彩，但基本上还限于文学艺术和哲学社会科学领域。对《海瑞罢官》的批判，性质则完全不同了。

事情的始末是这样的。

1959年4月5日，毛主席在上海召开的党的八届七中全会上，提出要敢于讲真话，敢于批评他的缺点。为此专门讲了海瑞的故事。他说：海瑞写给皇帝的那封信，那么尖锐，那是很不客气的。海瑞比包文正不知道高明多少，广东出了个海瑞（海瑞是海南岛人，当时属广东省——作者注），很有荣誉。我们的同志哪有海瑞那样的勇敢。毛主席还说，他已把《明史·海瑞传》送给彭德怀同志看了，并劝周总理也看一看。会后，胡乔木同志把这个精神告诉了吴晗，鼓励他写有关海瑞的文章。于是，吴晗同志很快写成《海瑞骂皇帝》一文，登在1959年6月26日的《人民日报》上。9月17日，他又在《人民日报》上发表《论海瑞》一文（此文经胡乔木同志审阅修改——作者注）。这时庐山会议已开过，他还专门在末尾加了一段批判"右倾机会主义分子"的文字。在这之后，北京京剧团团长马连良，请吴晗同志把海瑞的事迹编成一出戏。吴本来不会写戏，但盛情难却，于1960年3月写成五场新编历史京剧《海瑞》。这出戏根据戏剧界的意见七易其稿，剧名也根据他的一位朋友的意见改为《海瑞罢官》，于1961年初由北京京剧团上演。

这说明，吴晗同志当时写关于海瑞的文章及《海瑞罢官》一剧，与庐山会议罢彭德怀同志的"官"并无联系。毛主席当时也没有指出有什么问题。可是在姚文元的文章里，却说《海瑞罢官》塑造了一个"假海瑞"，"用地主资产阶级的国家观代替了马克思列宁主义的国家观，用阶级调和论代替了阶级斗争论"，并无中生有地把剧中写的"退田""平冤狱"，与1961年、1962年的

"单干风""翻案风"联系起来，说"'退田''平冤狱'就是当时资产阶级反对无产阶级专政和社会主义革命的斗争焦点"，"《海瑞罢官》就是这种阶级斗争的一种形式反映"，"《海瑞罢官》并不是芬芳的香花，而是一株毒草"。

对于姚文元的这种政治陷害，当时许多历史学家极为气愤。而康生却从政治方面"发现"问题，把《海瑞罢官》同庐山会议联系起来，说这出戏的"要害"是"罢官"。于是，便引出了毛主席1965年12月21日在杭州同陈伯达、关锋等人的如下谈话：戚本禹的文章（指发表于12月6日出版的《红旗》杂志第13期的《为革命而研究历史》，该文不点名地批判了以翦伯赞同志等为代表的"反动历史观"——作者注）写得好，缺点是没有点名。姚文元的文章，好处是点了名，但是没有打中要害。要害是"罢官"，嘉靖皇帝罢了海瑞的官，1959年我们罢了彭德怀的官。彭德怀也是海瑞。第二天，毛主席在同彭真同志等人的谈话中，又讲了这个看法。这样，经过康生的"发明"，毛主席的肯定，《海瑞罢官》这出戏，不仅成了所谓代表地主、资产阶级和一切牛鬼蛇神向党向社会主义进攻，而且升级为所谓直接代表彭德怀等党内的"右倾机会主义分子"向党进攻的严重政治问题了。在这种思想的影响下，顺藤摸瓜，批判的范围越来越大，揭出的"问题"越来越重，被打倒的人越来越多。由批判吴晗发展到批判"三家村"，由批判"三家村"又发展到批判全国各地的"黑店""黑帮"。"山雨欲来风满楼"，一场"横扫一切牛鬼蛇神"的"文化大革命"也就由此引发了。

需要指出的是，对《海瑞罢官》的批判，是江青在极不正常的情况下精心策划的。1964年，她曾在北京找人写批判文章，但遭到拒绝。于是，1965年2月，她又跑到上海找张春桥，在柯庆施同志的支持下，由姚文元着手撰写批判文章，并对绝大多数中央领导同志实行保密。1967年2月3日，毛主席在会见阿尔巴尼亚卡博、巴卢库时，谈及批判《海瑞罢官》时说：开头我也不知道，是江青他们搞的。搞出了稿子交给我看。同年5月他在会见阿尔巴尼亚军事代表团时又说：那个时候，我们这个国家在某些部门、某些地方被"修正主义"把持了。真是水泼不进，针插不进。当时我建议江青组织一下文章批判《海瑞罢官》，就在这个红色城市（指北京——作者注）无能为力，无奈只好到上海去组织。最后文章写好了，我看了三遍，认为基本可以，让江青回去发表，我建议再让中央领导同志看一下。但江青建议："文章就这样发表的好，我看不用叫恩来同志、康生同志看了。"因为如果"给他们看，就得给刘少奇、邓小平、彭真、陆定一这些人看，而刘、邓这些人是反对发表这篇文章的"。这说明，批判《海瑞罢官》的这篇文章，是在毛主席的支持下，由江青一手组织的。

关于这种情况，江青1967年4月12日在军委扩大会议上的讲话中，还曾炫耀过。她说："在文教方面我算一个流动的哨兵。就是这样盯着若干刊物报纸，这样翻着看，把凡是我认为比较值得注意的东西，包括正面的、反面的材料，送给主席参考。"关于批判《海瑞罢官》，她说："因为主席允许，我才敢于去组织这篇文章"，这"也是柯庆施同志支持的。张春桥同志、姚文元同志为了这个担了很大的风险呵，还搞了保密"，"保密了七八个月"。

按照正常情况，对北京市的一位副市长和著名学者、明史专家在报刊上公开点名批判，应该事先同北京市委和中央宣传部打个招呼。但江青组织文章批判《海瑞罢官》，一直对彭真、陆定一同志，对北京市委及中央宣传部严加保密，发表前也没有同他们打招呼。因此，姚文元文章的发表，无疑是对中央许多领导同志和北京市委、中央宣传部的一次"突然袭击"。

正因为如此，彭真、陆定一等同志对姚文元的文章进行了抵制，18天内北京各报刊没有转载。毛主席看到北京按兵不动，立即指示上海把姚文元的文章印成小册子。由于不明真相，北京市新华书店没有立即表示订购。11月29日、30日，《北京日报》《人民日报》在被迫转载姚文元的文章时，由彭真同志和周恩来同志分别审阅定稿的编者按，也都把《海瑞罢官》的问题看作学术问题，认为有不同意见可以讨论。与此同时，彭真同志还让邓拓同志以向阳生的笔名写了一篇《从〈海瑞罢官〉到道德继承论》的文章，让吴晗同志写了一篇自我批评，分别发表在12月12日、27日的《北京日报》上，力图把对《海瑞罢官》的政治批判拉回到学术讨论的范围之内，并保吴晗同志过关。这更激起了毛主席的不满。12月21日、22日，毛主席在杭州作了关于《海瑞罢官》的"要害"问题的谈话。后来，这些分歧直接导致了《二月提纲》和《五一六通知》的产生，导致了"文化大革命"的发动。[18]

1966年2月3日，由彭真主持文化革命小组拟定了《关于当前学术讨论的汇报提纲》，即《二月提纲》。《提纲》试图把日益猛烈的文化批判作种种规范，使其引向正常的学术批评的轨道，不要搞成严重一边倒的政治批判。

这个提纲遭到毛泽东的反对，并号召地方造反，向地方进攻。不久，他又"放火烧荒"，制定了针锋相对的《五一六通知》，为"文化大革命"的发动奠下了理论基础。

薄一波继续回忆说：

《二月提纲》，即由彭真同志主持制定的《文化革命五人小组关于当前学术讨论的汇报提纲》，与毛主席当时的谈话精神有明显的不一致。那么为什么会产生这个提纲呢？这要从1965年底毛主席与彭真同志的谈话说起。

上面已经说过，1965年12月22日，毛主席曾向彭真同志等明确指出，《海瑞罢官》的要害是"罢官"。但是，彭真同志不同意这种看法。他向毛主席说：根据调查，吴晗同彭德怀没有联系，《海瑞罢官》同庐山会议没有关系。由于彭真同志的坚持，毛主席只好说吴晗的问题两个月之后再作政治结论。12月26日彭真同志由杭州到上海后，向张春桥等人转达了毛主席的这个意思。

正因为毛主席同意（尽管比较勉强）先不对吴晗的问题作政治结论，所以才有1966年2月3日彭真同志召集的文化革命5人小组会议。这个5人小组，是1964年夏天由毛主席提议成立的。当时，在毛主席那里召开了一次会，有彭真、陆定一等同志和康生参加。毛主席批评了文化部的工作，也批评了中央宣传部和周扬同志，提出要彻底整顿文化部，并指定由陆定一、彭真、周扬同志3人组成领导小组，由陆定一同志主持。陆定一同志当场以"见事迟"为由，表示不宜由他主持，建议彭真同志挂帅。彭真同志没有表示不同意见，毛主席也表示同意。过了一会儿，康生也谈到了文化部的事情，毛主席接着要康生和吴冷西同志也参加小组工作。在7月7日召开的中央书记处会议上，彭真同志汇报了毛主席要成立5人小组的事情，会议决定：根据毛主席的提名，由彭真、陆定一、康生、周扬、吴冷西同志组成5人小组，"并以彭真同志为组长，负责领导各有关方面，贯彻执行中央和主席关于文学艺术和哲学社会科学问题的指示"。

在1966年2月3日的文化革命5人小组会议（许立群、胡绳同志等7人列席了会议——作者注）上，彭真同志提出了"放"的方针，同时指出：已经查明吴晗同彭德怀没有关系，因此不要提庐山会议，不要谈《海瑞罢官》的政治问题。彭真同志还说：像郭（沫若）老这样的人都很紧张了，学术批判不要过头，要慎重。"左派"也要整风，不要当学阀。许立群同志在发言中谈到关锋1962年写的几篇杂文也有错误，应该批评。康生在会上发表了完全相反的意见，主张谈吴晗的政治问题、要害问题，要把斗争锋芒针对吴晗，并批评许立群同志为什么那么有兴趣搜集"左派"的材料，认为关锋等人是"左派"，必须保护，并且要依靠他们做骨干，组织队伍，积极地写批判吴晗的文章。

这次会议，可以说是当时两种思想的初步交锋。会后，彭真同志不顾康生的反对，要中央宣传部副部长许立群、姚溱同志起草给中央的《汇报提纲》，并由他修改定稿。2月5日，他在中央政治局常委开会前将《汇报提纲》送给常委同志，并让许立群同志在会上作了汇报，他插话作了说明。2月8日，彭真同志又和陆定一、许立群同志专程到武汉向毛主席汇报。毛主席当时没有表示不同意，只是一连问了两次吴晗是不是反党反社会主义。当谈到"左派"也要整风时，毛主席说：这样的问题，三年以后再说。当许立群同志谈到关锋的杂文时，毛主席说：写点杂文有什么关系，何明（即关锋）的文章我早就看过，还不错。回北京后，彭真同志让许立群同志代中央起草了一个批语。2月12日，由小平同志批发，中央正式批转了《文化革命五人小组关于当前学术讨论的汇报提纲》。

在当时的形势下，这个《汇报提纲》不可避免地也带有一些"左"的提法。但是，《汇报提纲》的基本指导思想和重点是：强调学术争论要"用摆事实、讲道理的方法"；"要坚持实事求是，在真理面前人人平等的原则，要以理服人，不要像学阀一样武断和以势压人"；"要有破有立（没有立，就不可能达到真正、彻底的破）"；"要准许和欢迎犯错误的人和学术观点反动的人自己改正错误"；"对于吴晗这样用资产阶级世界观对待历史和犯有政治错误的人，在报刊上的讨论不要局限于政治问题，要把涉及各种学术理论的问题，充分地展开讨论"；"报刊上公开点名作重点批判要慎重，有的人要经过有关领导机关批准"。另外《汇报提纲》还提出："即使是坚定的左派（从长期表现来看），也难免因为旧思想没有彻底清理或者因为对新问题认识不清，在某个时候说过些错话，在某些问题上犯过大大小小的错误，要在适当的时机，用内部少数人学习整风的办法，清理一下，弄清是非……"。很明显，《汇报提纲》是针对当时那些"左"的主要观点而写的，是想将这场大批判尽量加以限制，以避免发展成为严重的政治斗争，避免发生更大的社会混乱，其基本内容是正确的。

但是，《汇报提纲》的指导思想和其中的许多提法，是同毛主席的意愿不相符合的。2月8日彭真等同志向毛主席汇报时，毛主席虽然没有明确表示不同意见，但实际上是不同意的。1966年3月28日、29日，毛主席对康生说：《二月提纲》是错误的，是非不分，当时我没有明确指出，以为是常委讨论过的。4月22日，毛主席在杭州的讲话中又说：2月3日、4日、5日、6日、7日——5天嘛，不忙那么不忙，一忙那么忙。2月3日急于搞一个5人小组文件，迫不及待。在武汉谈整左派，我不同意。由于《二月提纲》这件事，毛主席进一步加深了对彭真同志的不满。

至于江青、康生等人，对《二月提纲》更是不能容忍。在彭真同志主持制定这个提纲的同时，江青到苏州请求林彪支持，她后来说是请无产阶级专政的"尊神"，来支持她发动进攻。然后，她在上海召开了部队文艺工作座谈会，会后写成纪要送给毛主席，这就是所谓《林彪同志委托江青同志召开的部队文艺工作座谈会纪要》（以下简称《纪要》）。《纪要》对新中国成立以来的文艺工作予以全盘否定，认为文艺界"被一条与毛主席思想相对立的反党反社会主义的黑线专了我们的政。这条黑线就是资产阶级的文艺思想、现代修正主义的文艺思想和所谓三十年代文艺的结合"，一定要"坚持进行一场文化战线上的社会主义大革命，彻底搞掉这条黑线"。并说："这是关系到我国革命前途的大事，也是关系到世界革命前途的大事"。毛主席亲自对《纪要》修改了三遍，作了11处修改，加写了如下的一些话："搞掉这条黑线之后，还会有将来的黑线，还得再斗争"；"过去十几年的教训是：我们抓迟了。毛主席说，他只抓过一些个别问题，没有全盘地系统地抓起来。而只要我们不抓，很多阵地就只有听任黑线去占领，这是一个严重的教训"；等等。4月10日，党中央根据毛主席的意见，将《纪要》批发全国，指出："这一文件很好，很重要"，"抓住了当前文艺工作上一些根本性的问题"，"不仅适合于军队，也适合于地方，适合于整个文艺战线"，各级党委要"认真研究、贯彻执行"。这个《纪要》的发出，明显是对《二月提纲》的否定，表明毛主席已下决心采取更大的行动。

3月17日至20日，毛主席在杭州召开中央政治局常委扩大会议，专门研究如何进一步开展批判的问题。他在讲话中说：我们在解放以后，对知识分子实行包下来的政策，有利也有弊。现在学术界和教育界是资产阶级知识分子掌握实权。社会主义革命越深入，他们就越抵抗，就越暴露出他们的反党反社会主义的面目。现在许多地方对于这个问题认识还很差，学术批判还没有开展起来。各地都要注意学校、报纸、刊物、出版社掌握在什么人的手里，要对资产阶级的学术权威进行切实的批判。我们要培养自己年轻的学术权威。不要怕青年人犯"王法"，不要扣压他们的稿件。中宣部不要成为农村工作部（农村工作部在1962年被撤销，意思是中宣部不要像农村工作部一样因"犯错误"而被撤销——作者注）。

3月28日至30日，毛主席在上海接连同康生谈了两次话，同康生、江青、张春桥等人谈了一次话，批评彭真同志、中宣部和北京市委包庇坏人，说如果再包庇坏人，中宣部要解散，北京市委解散，"五人小组"要解散。他还针对3月11日许立群同志根据彭真同志意见向上海市委宣传部部长杨永直打电话的问题（许立群同志在电话中讲了"学阀"问题并问发表姚文元的文章为什么不给中宣部打招呼——作者注），批评说：八届十中全会作出了进行阶级斗争的决议，为什么吴晗写了那么多反动文章，中宣部都不要打招呼，而发表姚文元的文章偏偏要跟中宣部打招呼，难道中央的决议不算数吗？什么叫学阀？那些包庇反共知识分子的人就是学阀，包庇吴晗、翦伯赞这些"中学阀"的人是"大学阀"，中宣部是"阎王殿"，要"打倒阎王，解放小鬼"！毛主席还说：我历来主张，凡中央机关做坏事，我就号召地方造反，向中央进攻，各地要多出些"孙悟空",大闹天宫。去年9月会议,我就问各地同志,中央出了"修正主义",你们怎么办? 很可能出,这是最危险的。要支持左派,建立队伍,走群众路线。他还要康生告诉彭真同志,要就许立群的问题打电话向上海道歉。

从这几次谈话,可以看出毛主席已下决心批判彭真、陆定一等同志,彻底解决北京市委、中央宣传部和五人小组的"问题",由此发动"文化大革命"。于是形势急转直下。

3月31日,康生回北京向周总理、彭真同志详细地传达了毛主席的这三次谈话。4月9日到12日,中央书记处召开会议,康生传达了毛主席的谈话。彭真同志表示了自己的态度。会议对彭真同志进行批评,康生系统地批评彭真同志在这次学术批判中的"严重错误",陈伯达从民主革命和社会主义革命的问题上、从政治路线方面批评彭真同志的"严重错误"。会议决定:(一)起草一个通知,彻底批判五人小组汇报提纲的错误,并撤销这个提纲;(二)成立文化革命文件起草小组,报毛主席和政治局常委批准。

4月12日,陈伯达起草好撤销《二月提纲》的《通知》草稿,送毛主席及其他领导人。14日,毛主席对《通知》草稿作了重大的修改,加上了"撤销原来的'文化革命五人小组',重新设立'文化革命文件起草小组',隶属于政治局常委之下"等话。

4月22日至24日,毛主席在杭州召开中央政治局常委扩大会议。他在22日下午的讲话中说:我不相信只是吴晗的问题,这是触及灵魂的斗争,意识形态的,触及得很广泛。吴晗问题之所以严重,是因为"朝里有人",中央有,各区、各省、市都有,军队也有,出修正主义,不只文化出,党政军也要出,主要是党、军。真正有代表性的,省、市都要批评一两个。毛主席还针对《二月提纲》关于"有破有立"的观点说:先破后立,不破不立,破中有立,破就要讲道理,讲道理就是立,要彻底地破。24日,会议通过了由毛主席反复审改的《通知》修改稿。

4月28日、29日,毛主席又讲了两次话,对彭真同志和北京市委提出了更加严厉的批评。他说:北京市一根针也插不进去,一滴水也泼不进去,彭真要按他的世界观来改造党,事物走向反面,他已为自己准备了垮台的条件,对他的错误要彻底攻。并说:阶级斗争是不依人的意志为转移的,"西风吹渭水,落叶下长安","灰尘不扫不少","阶级斗争,不斗不倒"。至此。彭真同志的被打倒以及"文化大革命"的全面发动,已是无可挽回了。

根据毛主席的安排,从5月4日至26日中央政治局召开扩大会议,集中揭发和批判彭真、陆定一、罗瑞卿、杨尚昆同志的"问题",并于5月16日通过了陈伯达起草、毛主席作了八次修改的《通知》（习惯上称为《五一六通知》——作者注）。这个《通知》宣布撤销《二月提纲》和原来的"文化革命五人小组"，宣布文化革命要彻底揭露反党反社会主义的所谓"学术权威"，批判学术界、教育界、新闻界、文艺界、出版界的资产阶级反动思想，夺取在这些文化领域中的领导权。毛主席在修改时加上了这样几段特别尖锐的也是全面发动"文化大革命"带指针性的话：

"中央和中央各机关，各省、市、自治区，都有这样一批资产阶级代表人物"。

"必须同时批判混进党里、政府里、军队里和文化领域的各界里的资产阶级代表人物，清洗这些人，有些则要调动他们的职务。尤其不能信用这些人去做领导文化革命的工作，而过去和现在确有很多人是在做这种工作，这是异常危险的"。

"混进党里、政府里、军队里和各种文化界的资产阶级代表人物，是一批反革命的修正主义分子，一旦时机成熟，他们就会要夺取政权，由无产阶级专政变为资产阶级专政。这些人物，有些已被我们识破了，有些则还没有被识破，有些正在受到我们信用，被培养为我们的接班人，例如赫鲁晓夫那样的人物，他们现正睡在我们的身旁，各级党委必须充分注意这一点"。

"无产阶级对资产阶级斗争，无产阶级对资产阶级专政，无产阶级在上层建筑其中包括在各个文化领域的专政，无产阶级继续清除资产阶级钻在共产党内打着红旗反红旗的代表人物等，在这些基本问题上，难道能够容许有什么平等吗？"

"同这条修正主义路线作斗争，绝对不是一件小事，而是关系到我们党和国家的命运，关系到我们党和国家的前途，关系到我们党和国家将来的面貌，也是关系世界革命的一件头等大事"。

这样，批判和夺权就不再限于文化领域，进一步扩大到党、政府和军队等各个方面，而且斗争的矛头直接指向中央一些主要领导同志，"文化大革命"的纲领完整地制定出来了。所以这个《通知》一发出，一场"政治大革命"即十年动乱就全面爆发了。[19]

在这场风波中，《人民日报》因为对姚文元的批判文章持消极态度，也受到毛泽东的警告，直至后来被迫改组。

当时主持人民日报工作，并且是文化革命五人小组成员的吴冷西回忆说：

以彭真同志为首的文化革命五人小组，1966年2月初开会研究当时学术讨论的情况，认为要把这场讨论置于党中央的领导下，要降温，要真正做到"百家争鸣、百花齐放"，因而起草了向中央政治局常委汇报的提纲。当时在北京的政治局常委（少奇同志、周总理和小平同志）开会讨论并认可了这个提纲中提出的意见，同意在学术讨论的文章中不涉及庐山会议，并且要五人小组去武昌向毛主席汇报，最后由毛主席作决定。2月8日我们飞武汉，从机场直去毛主席住处汇报。汇报后毛主席同意以中央名义批发这个汇报提纲，后来被称为《二月提纲》。

后来才知道，差不多与此同时，江青受林彪的委托，在上海起草要彻底搞掉所谓文艺黑线的《部队文艺工作座谈会纪要》。这个《纪要》在4月初中央批发全党之前经毛主席看过。而毛主席在这之前，在《二月提纲》之前，1965年12月在杭州同陈伯达等谈话时就说，姚文元文章没有打中要害，要害是罢官，嘉靖皇帝罢了海瑞的官，我们罢了彭德怀的官。这些情况，不仅我们，而且连中央其他领导同志都被蒙在鼓里。人民日报还是按照《二月提纲》的精神组织学术讨论，凡是涉及庐山会议的文章都被删改或不发。

人民日报这样做，又招致毛主席的严厉批评。1966年3月18日至20日，毛主席在杭州召开政治局常委扩大会议。这次会议比较特别。到会的常委除主席外只有少奇同志（他正在准备出访巴基斯坦等国）和周总理，没有过半数。小平同志在西北三线视察，请假，未到会。其他参加会议的有各中央局书记和中央有关负责人。会议议题事先没有通知，只在开会时说要讨论我党是否派代表团参加苏共"二十三大"，还有什么其他问题也可以谈谈。18日下午，毛主席在西湖西南岸的住地刘庄召开一个小会，到会的有少奇同志和周总理，彭真、康生、陈伯达和我列席。会议结束前，毛主席突然批评我说：《人民日报》登过不少乌七八糟的东西，提倡鬼戏，捧海瑞，犯了错误。我过去批评你们不搞理论，从报纸创办时起就批评，批评过多次。我说过我学蒋介石，他不看《中央日报》，我也不看《人民日报》，因为没有什么看头。你们的《学术研究》是我逼出来的。我看你是半马克思主义，三十未立，四十半惑，五十能否知天命，要看努力。要不断进步，否则要垮台。批评你是希望你进步。我对一些没有希望的人，从来不批评。毛主席又说：你们的编辑也不高明了，登了那么多坏东西，没有马克思主义，或者只有三分之一甚至四分之一的马克思主义。不犯错误的报纸是没有的。人民日报要从错误中吸取教训。可能以后还会犯错误，说从此不犯错误是不可能的。问题在于错了就改，改了就好。《人民日报》还是有进步，现在比过去好，我经常看。但要不断前进。

从会议厅出来，我向周总理说：主席这次批评很重，我要好好检讨。总理对我说：不光是批评你，也是对我们说的。回到西泠饭店，我又对彭真同志谈了这事，他也说：主席的批评不仅对你，也是对我们说的。他们两位的话可以说是安慰我，但我隐约感到，一场暴风雨即将来临。

毛主席这次批评，是我最后一次直接听到他的谈话。距离我在1956年春初进颐年堂，刚好10年。

回想起来，毛主席把注意力集中在国内问题上来，实行他称之为防修反修的部署，是在赫鲁晓夫下台（1964年10月）之后，也是在国民经济全面恢复之后。当然，在这之前，6月在批评人民日报的同时，他也在1964年5月、6月间的中央工作会议上提出中国会不会出修正主义的问题。但是，下决心大搞防修、反修是在1964年底和1965年初的中央工作会议上起草"二十三条"的过程中。毛主席在会议的最后阶段，同少奇同志发生争论，认定社教运动的性质是解决社会主义和资本主义的矛盾，运动的重点是"整党内走资本主义道路的当权派"；同时还指责中央机关有两个"独立王国"（当时没有点名。后来在人数很少的常委会上说，一个是中央书记处，一个是国家计委）。

姚文元的政治诬陷文章发表的同一天，中央发出通知，把杨尚昆同志调离中央办公厅主任的职务。这不是偶合。一个月后，1965年12月，又发生林彪向毛主席诬告总参谋长罗瑞卿同志"篡军反党"。为此毛主席从杭州到上海，紧急召开政治局常委扩大会议（各兵种和各大军区司令员和政委都参加，我也列席了），其后中央军委又在北京召开扩大会议，错误地"揭批"罗瑞卿同志。随着这样的形势的发展，斗争已从意识形态领域完全转入政治领域。

中国政局紧锣密鼓地进入1966年。3月的杭州政治局常委扩大会议，3月底毛主席指责彭真同志和中宣部的谈话，5月的政治局扩大会议，林彪对陆定一同志的诬陷，批判《二月提纲》的《五一六通知》，这一系列事件，无中生有地制造一个所谓"彭、罗、陆、杨反党集团"，其后又上升为"刘、邓资产阶级司令部"。

在这种情况下，人民日报无论如何也跟不上形势。《人民日报》1966年4月在突出政治问题上同《解放军报》的论战，很难说究竟是政治家办报还是书生办报。

在5月政治局扩大会议之后，5月31日，经过毛主席批准，中央宣布由陈伯达带领工作组进驻人民日报，实行夺权。用陈伯达自己的话来说，他在人民日报搞了一个"小小的政变"。6月1日，《人民日报》发表了他主持起草的题为《横扫一切牛鬼蛇神》的社论。从此，不仅人民日报，全国新闻界大难临头，遭到空前浩劫。所谓"文化大革命"从此开始，我不久即被捕入狱。[20]

至此，刘少奇等人为阻止事态由意识形态领域的过火批判演变成全面的政治大批判运动所作的一切努力，都归于失败。一场为期10年的动乱和浩劫，终于席卷了中国大地。

注　释

〔1〕薄一波：《若干重大决策与事件的回顾》下卷，中共中央党校出版社1993年6月版，第1070—1072页。

〔2〕薄一波：《若干重大决策与事件的回顾》下卷，中共中央党校出版社1993年6月版，第1072—1077页。

〔3〕薄一波：《若干重大决策与事件的回顾》下卷，中共中央党校出版社1993年6月版，第1078—1089页。

〔4〕逄先知：《毛泽东和他的秘书田家英》，中央文献出版社1989年12月版，第62—68页。

〔5〕薄一波：《若干重大决策与事件的回顾》下卷，中共中央党校出版社1993年6月版，第1090—1096页。

〔6〕"四清"：指清理账目，清理仓库，清理财物，清理工分。"五反"，指反对贪污盗窃，反对投机倒把，反对铺张浪费，反对分散主义，反对官僚主义。

〔7〕薄一波：《若干重大决策与事件的回顾》下卷，中共中央党校出版社1993年6月版，第1106—1110页。

〔8〕逄先知：《毛泽东和他的秘书田家英》，中央文献出版社1991年12月版，第73—77页。

〔9〕李维汉：《回忆与研究》（下），中共党史资料出版社1986年4月版，第875—880页。

〔10〕陶鲁笳：《忆毛泽东同志论干部参加劳动》，《党史文汇》1991年第10期，第3—6页。

〔11〕薄一波：《若干重大决策与事件的回顾》下卷，中共中央党校出版社1993年6月版，第1220—1228页。

〔12〕吴冷西：《忆毛主席》，新华出版社1995年2月版，第143—149页。

〔13〕这里是指李维汉。李维汉在1956年后研究统战工作理论政策的过程中，提出过：争取5年或者更多一点时间使对资产阶级分子的改造实际达到消灭阶级的水平（简称5年消灭阶级）；把民主党派根本改造成为社会主义政党（简称社会主义政党）。他还提过：人民民主统一战线实际上已经是社会主义统一战线（简称社会主义统一战线）和我国各民族已经成为社会主义民族。这些，在1962年10月的中央统战部会议上受到批判。——原注

〔14〕丛进：《曲折发展的岁月》，河南人民出版社1989年12月版，第

576—577页。

〔15〕丛进:《曲折发展的岁月》,河南人民出版社1989年12月版,第577—579页。

〔16〕丛进:《曲折发展的岁月》,河南人民出版社1989年12月版,第579—580页。

〔17〕薄一波:《若干重大决策与事件的回顾》下卷,中共中央党校出版社1993年6月版,第1128—1134页。

〔18〕薄一波:《若干重大决策与事件的回顾》下卷,中共中央党校出版社1993年6月版,第1230—1235页。

〔19〕薄一波:《若干重大决策与事件的回顾》下卷,中共中央党校出版社1993年6月版,第1235—1244页。

〔20〕吴冷西:《忆毛主席》,新华出版社1995年2月版,第150—154页。

第八编
"烈士暮年，壮心不已"

一、发动"文化大革命"的失误

炮打"司令部"

　　"文化大革命",被毛泽东视为一生做过的两件大事之一。1967年2月,他在会见外宾时说:"过去我们搞了农村的斗争、工厂的斗争、文化界的斗争,进行了社会主义教育运动,但不能解决问题,因为没有找到一种形式,一种方式,公开地、全面地、由下而上地发动广大群众来揭露我们的黑暗面。"这概括了他自1962年夏季以来的主要思索过程。

　　毛泽东的主观意图,在很大程度上是为了捍卫马克思列宁主义的纯洁性,同时也含有对党内和国家政治生活状况及社会阶级斗争状况的错误观察(这是主要的)。然而,实践证明,毛泽东发动"文化大革命"的理论依据及其实践,都是错误的。离开以经济建设为中心,脱离社会主义法制这个根本手段,去搞政治运动和阶级斗争,清除腐败现象,只能给党和国家带来无休止的动乱。这是沉痛的历史教训,也是毛泽东晚年的一大悲剧。

　　毛泽东发动"文化大革命"的主要论点,集中体现在1966年5月16日中共中央政治局扩大会议通过的《中共中央通知》上。当时,毛泽东正在杭州,没有出席会议,但他自始至终亲自主持制定了这个通知。

　　《通知》开头几段是针对《二月提纲》的,并且说:"所谓'五人小组'的汇报提纲,实际上只是彭真一个人的汇报提纲。""彭真根本没有在'五人小组'内讨论过、商量过","更没有得到中央主席毛泽东同志的同意"。而且上纲说:"这个提纲站在资产阶级的立场上,用资产阶级世界观来看待当前学术批判的形势和性质,根本颠倒了敌我关系。"

　　关于《五一六通知》的酝酿和起草过程,穆欣回忆说:

　　3月17日至20日,毛泽东在杭州召开的中央政治局常委扩大会议上,专门就学术批判问题讲了话。讲话中指出:要用5年到10年的工夫,对资产阶级的学术权威进行切实的批判。这是一场严重的阶级斗争,不能指望那些老教授,要培养我们的年轻的学术权威。不要怕年轻人犯"王法",不要扣压他们的稿件。中宣部不要成为"农村工作部"。现在，全国只有15个省市参加批判吴晗，还有13个省、市也要动起来。各地都要注意学校、报纸、刊物、出版社掌握在什么人手里。我们在解放以后，对知识分子实行包下来的政策，有利也有弊。现在学术界和教育界是资产阶级分子掌握了实权。社会主义革命越深入，他们就越抵抗，就越暴露出他们的反党反社会主义的目的。吴晗、翦伯赞是共产党员，也反共，实际上是国民党。有些共产党员也反共，搞的是修正主义。他们培养的人也要搞修正主义。现在许多地方对于这个问题认识还很差，学术批判还没有开展起来。

3月28日至30日，毛泽东在上海3次同康生、江青、张春桥等人谈话，严厉指责北京市委、中央宣传部包庇坏人，不支持左派，说：北京市针插不进，水泼不进，要解散市委；中宣部是"阎王殿"，要"打倒阎王，解放小鬼"。说吴晗、翦伯赞是学阀，上面还有包庇他们的大党阀（指彭真），并点名批评邓拓、吴晗、廖沫沙担任写稿的《三家村札记》和邓拓写的《燕山夜话》是反党反社会主义的。毛泽东还号召地方造反，向中央进攻，说各地应多出一些孙悟空，大闹天宫。毛泽东这一谈话，预示着"文化大革命"的风暴日益迫近。

4月9日至12日，在中共中央书记处会议上，传达、讨论了毛泽东有关文化大革命的指示。会议决定：一、起草一个通知，彻底批判《二月提纲》的错误。二、成立文化革命文件起草小组，报毛泽东和政治局常委批准。

4月15日，文化革命文件起草小组的成员全部到达上海，住在锦江饭店南楼。就当时的条件而言，算是相当阔绰的宾馆。这天由陈伯达在饭店召开第一次会议，宣布了4月9日至12日中共中央书记处会议决定成立的文化革命起草小组名单（根据当时的笔记本：是从印出的名单过录的）：组长陈伯达，顾问康生，副组长江青、刘志坚，组员王力、关锋、戚本禹、穆欣、吴冷西、陈亚丁、尹达、张春桥。（其后，中共中央于5月28日发出《关于中央文化革命小组名单的通知》说："中央决定设立中央文化革命小组，隶属于政治局常委领导下。现将中央文化革命小组名单通知你们：组长陈伯达，顾问康生，副组长江青、王任重、刘志坚、张春桥，组员谢镗忠、尹达、王力、关锋、戚本禹、穆欣、姚文元。"《通知》还说："华北、东北、西北、西南四大区参加的成员〔4人〕确定后，另行通知。"8月2日，中央通知：陶铸兼任顾问；8月30日，中央通知由第一副组长代理组长、四大区确定的成员为：华北郭影秋、东北郑季翘、西北杨植霖、西南刘文珍。至1967年8月，陶铸、王任重、刘志坚、谢镗忠、尹达、穆欣等人受到迫害都离开了这个小组，而四大区的成员只在初期参加过中央文革小组的几次会议，先后在各地受到迫害和批斗。）

《通知》的草稿早在北京已经写出并已印出。这个文件是4月初旬陈伯达和王力"关起门来制造"出来的，对原先的五人小组绝对保密。《通知》之外，根据康生的意见，适应他在政治上的需要，由他主持还编造了一份《1965年9月到1966年5月文化战线上两条道路斗争大事记》，作为《通知》的附件。康生提出编造《大事记》的意图时说："错误不能人人有份"，他就利用这个《大事记》去讲在《通知》中不便讲的话，来为自己的错误开脱。将错误推给别人，把功劳留给自己。通过《通知》和《大事记》，把自己洗刷得干干净净。《大事记》的记述背离实事求是的原则，许多地方牵强附会，无限上纲；或者指鹿为马，是非颠倒。

4月16日，毛泽东在杭州召集中央政治局常委扩大会议，讨论撤销《文化革命五人小组的汇报提纲》、撤销原来的文化革命五人小组，重新设立文化革命小组等问题。

从4月14日到18日，毛泽东对《通知》草稿作过多次修改，增添了许多尖锐的词句。这些经他修改、增添的地方，有些印件都用黑体字标示出来了。4月24日，中央政治局扩大会议基本上通过了这个《通知》的草稿，决定提交将于北京召开的中央政治局扩大会议讨论。4月28日，毛泽东同康生、陈伯达谈道："你们写了《通知》，我逐次地增加，加油加醋。……"

毛泽东的修改稿，有的是在杭州修改后交陈伯达、康生带回或派人送来上海的，有些是由秘书徐业夫用电话从杭州传到上海来的。根据笔者当时未必完整的记载，几次修改的情况是：

4月14日修改的地方主要是第9段和文件末尾部分。第9段增加两处，一处说"绝大多数党委对于这场伟大斗争的领导还很不理解，很不认真，很不得力……"；一处是指责五人小组："他们对于一切牛鬼蛇神却放手让其出笼，多年来塞满了我们的报纸、广播、刊物、书籍、教科书、讲演、文艺作品、电影、戏剧、曲艺、美术、音乐、舞蹈等，从不提倡要受无产阶级的领导，从来也不要批准……"文件末尾倒数第2、3段，几乎全是毛泽东添加的。其中最令人震惊的，是说"混进"来的"资产阶级人物"有的还未识破，有的仍在信用，被培养为"接班人"的"赫鲁晓夫那样的人物，他们正睡在我们的身旁"这句话，不仅使人震惊，同时引起种种猜想。就连康生也说："林总（指林彪）叫这一段是惊心动魄的一段。"——不过起初人们还猜不到刘少奇身上。

4月17日修改的是第1段和第3段中的3处。第1段增添的是批评《二月提纲》"（特别是模糊了这场大斗争的目的是对）吴晗及其他一大批反党反社会主义的资产阶级代表人物（中央和中央各机关，各省、市、自治区，都有这样一批资产阶级代表人物）的批判"。第3段增添两处，前面是引毛泽东说的强调思想战线要进行"长期的斗争"和"放"；后者是在同资产阶级"根本谈不上什么平等"之后直至这段末尾的一大段话。

4月18日增添的是第7段一句话。毛泽东添加的原话比较简单："那些钻进党内保护资产阶级学阀的资产阶级代表人物，才是窃取党的名义的大党阀。"经过康生和陈伯达"加油加醋"，结果变成了后来完全用黑体字排出的这样的长句："其实，那些支持资产阶级学阀的党内的走资本主义道路的当权派，那些钻进党内保护资产阶级学阀的代表人物，才是不读书、不看报、不接触群众、什么学问也没有、专靠'武断和以势压人'、窃取党的名义的大党阀。"其中的"不读书、不看报、什么学问也没有"的话，暴露出这两个"理论权威"以"大学问家"自诩的心态，以后成为"大批判中"不分对象胡乱指责"走资派"的口头禅、套话。

还有未见用黑体字排印过的《通知》最末一段，是毛泽东于4月17日添加的："这个通知，可以连同中央今年2月12日发出的错误文件，发到县委、文化机关党委和军队团级党委，请他们展开讨论，究竟哪一个文件是错误的，哪一个文件是正确的，他们自己的认识如何，有哪些成绩，有哪些错误。"关于这一点，联系《通知》这个文件的名称，康生5月5日在中央政治局扩大会议发言时说："《通知》可以议一下。可以说原《提纲》是对的，《通知》是不对的。顺便解释一下：这么重要的一个文件，叫《通知》好不好？我同伯达考虑过。少奇同志和陈总等都考虑过。问主席，主席讲还是叫《通知》。他没有解释，但他反复讲过，要大家议论：两个文件，哪一个是对的，哪一个是错的。22日会上，主席讲可以允许推翻《通知》，赞同彭真的文件。允许讲彭真那一套是对的，是马克思主义的。可能是主席考虑，大家不容易一下子认识问题的严重性。这样，更容易使大家发表意见。"实际上，这时对毛泽东的个人崇拜已发展到十分严重的程度。几乎全党对毛泽东都有个人崇拜，上层也只有少数例外。就在通过这个《通知》的政治局扩大会议上，林彪5月18日讲话时就说："毛主席的话，句句是真理，一句超过我们一万句。""谁反对他，全党共诛之，全国共讨之。"以后不久，林彪又在中央工作会议说："我们对主席的指示要坚决执行，理解的要执行，不理解的也要执行。"对于毛泽东亲自主持制定的《通知》，还有谁能说它"是不对的"、谁敢"推翻"呢？所以5月16日在中央政治局扩大会议上，这个《通知》没有进行认真的讨论就通过了。

历史的实践已对这个问题作出正确的回答。《通知》从批判《二月提纲》入手，提出在文化领域各界和党、政、军各个领域都混进一批资产阶级代表人物的问题。它对《二月提纲》作了种种歪曲和指责，说提纲掩盖了这场学术批判的"严重的政治性质"，是"为资产阶级复辟作准备"的修正主义纲领。它还根据党、政、军都混进了资产阶级代表人物的估计，发出将要出现资产阶级复辟的危险警号。"这个通知集中反映了毛泽东对当时党和国家政治形势的严重错误估计。"[1]

4月24日，中央政治局常委扩大会议基本上通过了《通知》草稿后，起草文件的工作告一段落。4月30日，文化革命文件起草小组成员大都离开上海，飞回北京（只江青、张春桥留在上海）。[2]

在彭真等人受到严厉指责的同时，刘少奇也感到前所未有的压力。黄峥在《刘少奇与"文化大革命"》一文中认为，此时的刘少奇是在缺乏思想准备的情况下，被迫推上运动的第一线的。他写道：

1965年11月姚文元《评新编历史剧〈海瑞罢官〉》一文的发表以及随之而来的在文学艺术领域里的批判运动，是"文化大革命"全面展开的序幕。现在看得很清楚，"文化大革命"一剧中的许多情节和人物活动，包括发动"文化大革命"的毛泽东的某些意图，都已经在这场序幕里显露端倪。由于种种原因，刘少奇对这场序幕中的许多主要事件却不知情。

1965年，江青在上海与张春桥秘密策划，由姚文元执笔写批判《海瑞罢官》的文章，并且得到毛泽东的支持。这篇文章从写作到发表，刘少奇一无所知。

1966年2月2日至20日，江青与林彪互相勾结，由江青在上海召开部队文艺工作座谈会，宣称新中国成立以来文艺界被一条反党反社会主义的黑线专了政。此中内情，刘少奇无从知晓。

1966年2月3日，彭真召集"中央文化革命五人小组"会议，会后起草了《关于当前学术讨论的汇报提纲》，试图限制当时的过火倾向。2月5日刘少奇主持的中央政治局常委会议在听取汇报后表示同意。这个提纲在彭真等专程去武汉向毛泽东报告之后，在刘少奇、邓小平支持下于2月12日作为中共中央文件批发全党。《二月提纲》的发出，算是刘少奇在"文化大革命"序幕期间唯一了解和经手的大事。但不久此事又发生突变。

1966年3月25日至4月20日，刘少奇出访巴基斯坦、阿富汗、缅甸。就在这近1个月时间里，国内发生了一系列重要事情：

1966年3月底，毛泽东在上海几次同康生等人谈话，说《二月提纲》是错误的，指责北京市委、中宣部不支持"左派"，是"阎王殿"，并严厉批评说："再不支持，就解散五人小组、中央宣传部、北京市委。"毛泽东还提倡各地应多出一些大闹天宫的孙悟空，号召地方造反，向中央进攻。毛泽东的谈话，不但是针对彭真、陆定一的，同时表明毛泽东下决心要发动一场清算中央内部的"修正主义"的"革命"。

4月上旬，林彪、江青合伙搞的《部队文艺工作座谈会纪要》，经过毛泽东审阅修改，作为中共中央文件批发全党。其中说："要坚决进行一场文化战线上的社会主义大革命，彻底搞掉这条黑线。"与此同时康生在中央书记处会议上传达了毛泽东几次谈话的内容。在会上，康生和陈伯达一起批判彭真在批《海瑞罢官》以来的所谓错误和"一系列罪行"。会议决定成立"文化革命文件起草小组"，批判《二月提纲》。4月16日，毛泽东召集政治局常委扩大会议，用林彪的说法，"集中解决彭真的问题，揭了盖子。"

在此期间，由陈伯达、康生、江青等组成的"文化革命文件起草小组"在毛泽东主持下，加紧起草《中国共产党中央委员会通知》（即后来的《五一六通知》），除点名批判彭真外，宣布撤销"文化革命五人小组"，重新设立直属政治局常委的"中央文化革命小组"。

这样，等到刘少奇出访回国，摆在他面前的既成事实是：彭真已经打倒，《五一六通知》已经定稿，"中央文革小组"已经成立。与此相联系的还有：中宣部、北京市委由于挨批而瘫痪，陆定一以及邓拓、吴晗等一大批人挨整，思想文化领域里的极左倾向迅速泛滥，而江青、陈伯达、康生等人则心怀叵测，唯恐天下不乱。全国已呈山雨欲来风满楼之势。

4月下旬，刘少奇回到北京。由于毛泽东仍在外地，按惯例，中央日常工作由刘少奇主持。这使他不得不处在"文化大革命"运动的第一线。当时的处境，正如他在5月26日召开的中央政治局扩大会上所说："在我们这次讨论发言中，对文化革命问题讲得比较少。对这个问题，我们过去也是糊涂的，很不理解，很不认真，很不得力，包括我在内。我最近这个时期对于文化革命的材料看得很少。生了一次病，出了一次国，很多材料没有看，接不上头。"

5月4日至26日，中央政治局扩大会议在北京举行。会议由刘少奇主持，并由康生负责向外地的毛泽东汇报会议情况。如前所述，人事处理等决议，实际上已经定案，会上只不过是办理一个通过手续。提交会议的《五一六通知》（草案），通过时一字未改。

在《五一六通知》中，有一些重要的段落是毛泽东亲自写的。例如："赫鲁晓夫那样的人物，他们现正睡在我们的身旁，各级党委必须充分注意这一点。"像这样的话，刘少奇应该是注意到的，但是他显然并没有能理解其真实含义。

6月1日，毛泽东没有通过刘少奇等中央常委而直接下令将康生送去的北京大学聂元梓等的大字报向全国广播。其后短短几天，在"中央文革小组"的推波助澜下，造反浪潮在全国迅速蔓延，"文化大革命"哄然而起，局面混乱，难以驾驭。出现这种形势，对本来就缺乏思想准备的刘少奇来说，显然是难以理解的。6月20日，他在听取北师大附中工作组汇报时说："当前，主要问题是不知怎么搞，我们也是第一次，不知怎么搞。"7月29日，他在人民大会堂举行的"文化革命积极分子大会"上说，怎么进行无产阶级文化大革命，"我也不晓得。我想党中央其他许多同志、工作组成员也不晓得。"8月，刘少奇在同一位老同志谈话时说，他把北京大学聂元梓等的大字报反复看了几遍，实在看不出它的意义为什么比巴黎公社宣言还要大。刘少奇的这些表露，足以说明他当时的困惑心境。

刘少奇的这种思想状况，同他处在主持中央日常工作的岗位，自然是巨大矛盾。但是又哪里能回避？在他几次请求毛泽东回京主持工作未果的情况下，只能按照自己的极力理解和真诚愿望，小心翼翼地对待这场"史无前例"的运动。[3]

《通知》的直接批判对象是《二月提纲》，但还包含着远为深刻的构想。毛泽东在《通知》里特意写了这样一段话："混进党里、政府里、军队里和各种文化界的资产阶级代表人物，是一批反革命的修正主义分子，一旦时机成熟，他们就会要夺取政权，由无产阶级专政变为资产阶级专政。这些人物，有些已被我们识破了，有些则还没有被识破，有些正在受到我们信用，被培养为我们的接班人，例如赫鲁晓夫那样的人物，他们现正睡在我们的身旁，各级党委必须充分注意这一点。"这些耐人寻味的话，表明这场运动绝不仅仅是针对彭真等人的。

人们事后才了解到，共和国主席、中共第2号人物刘少奇是这场运动的首当其冲的人物。然而，在1966年5月，连刘少奇本人也没有察觉到这一点。他仍然按照以往的经验，派出工作组来领导这场群众运动。

黄峥在《刘少奇与"文化大革命"》一文中继续写道：

随着"文化大革命"的急剧发展，反常现象频频出现，形势一天天恶化。几乎所有大中学校的党组织陷于瘫痪，挨批挨斗的人日益增多，自杀和打死人的事件到处发生，告急的报告从四面八方涌到中南海刘少奇的办公桌上。可以设想一下，在这样错综复杂的局势面前，刘少奇该怎么办？

首先，作为受毛泽东委托领导运动的中共中央副主席，他必须努力按照毛泽东的意图处理运动中的问题。对这场由毛泽东亲自发动的"文化大革命"，刘少奇当然不能自行其是。其次，作为中共中央日常工作的主持者，他必须根据民主集中制的原则，按照集体讨论中多数人的意见作出决定。再次，作为一名具有长期领导工作经历和丰富实践经验的老共产党人，对眼前的运动一定也会有他自己的想法，在处理问题中难免自觉不自觉地运用他本人的某些经验。在正常情况下，这三者应当是能够统一的，刘少奇在实际工作中也正是这样做的。由上级党委派工作组到下级进行工作，这是党过去经常采用的一种工作方法。"文化大革命"一开始，鉴于有些单位的领导班子已无法继续行使领导职能，刘少奇以及其他中央领导同志很自然地考虑沿用这种方法。5月30日，在北京主持工作的三位政治局常委刘少奇、周恩来、邓小平研究后提议向人民日报社派驻工作组，毛泽东当日即批示"同意这样做"。6月3日，毛泽东对北京新市委向北京大学派出工作组的做法表示同意。这时，许多部门、单位和群众纷纷要求党中央和北京新市委派工作组。主持中央、国家机关各部门工作的领导同志对运动中出现的动乱也极为忧虑，要求政治局采取措施维持正常的工作秩序和社会秩序。在这种情况下，刘少奇、邓小平（这时周恩来已出国访问）等开会研究后，同意参照北京大学的做法，向北京各大学、中学派工作组，并要中央有关部委和共青团中央抽调干部作为工作组成员，由新市委介绍到学校。此后，许多省市也学习北京的做法，相继向当地一些学校派了工作组。

对运动中出现的过火行为和混乱现象，在刘少奇看来，理所当然地要加以制止、约束和引导。6月20日，刘少奇将驻北京大学工作组关于制止乱打乱斗事件的简报转发全国，他在为中共中央写的批语中说："中央认为北大工作组处理乱斗现象的办法，是正确的，及时的。各单位如果发生这种现象，都可参照北大的办法处理。"6月21日，刘少奇在他主持的政治局常委扩大会议上说：运动的整个过程，要抓生产、工作、生活，恢复星期日，注意劳逸结合，注意反革命的破坏，禁止打人、污辱人和变相的体罚。这以后，刘少奇还几次接见北师大附中工作组成员和学生代表，要求他们引导学生讲究政策，反复向他们讲述马克思关于"无产阶级只有解放全人类才能最后解放无产阶级自己"的道理。

刘少奇历来重视经济建设。不难想象，当运动已经妨碍生产的时候，他作为国家主席、几亿人口的"当家人"是何等焦急。"文化大革命"开始不久，工业交通和基本建设就受到影响，钢、钢材、煤的产量和外贸都开始下降，质量下降尤为突出。刘少奇清楚地看到，如果再让"造反"浪潮刮进这些部门，生产将更大幅度下降。而要防止这种状况的出现，只有在这些生产部门停止"文化大革命"。6月30日，刘少奇、邓小平联名致信毛泽东说："在京同志讨论之后认为在文化革命运动的部署方面，重点放在文化教育部门、党政机关。对于工业交通、基建、商业、医院等基层单位，仍按原定的四清部署和二十三条结合文化大革命进行……这是一个重要决定，请主席考虑决定。"毛泽东于7月2日复信表示同意。这样，《中共中央、国务院关于工业交通企业和基本建设单位如何开展文化大革命运动的通知》于当日迅速发出，指示这些单位的运动要"按照原来确定的部署，分期分批地有领导有计划地进行"。并明确提出要"由上级派出工作队领导进行"。在"文化大革命"初期，刘少奇同大多数干部群众一样，对运动怀有许多美好的期望，希望通过它克服党自身的缺点，改革不合理体制，纠正干部中的官僚主义作风。"文化大革命"开始后，刘少奇真诚地希望，这将是一次克服党内阴暗面的好机会。1966年6月27日，他在民主人士座谈会上说："这次大革命在历史上是空前的，来势很猛，对资产阶级、封建阶级的文化来了一个很大的冲击"，"有了这个大革命运动可以来个突变，来个大变化"。

对于运动本身的部署，刘少奇也有他自己的设想。6月12日，在杭州毛泽东主持的讨论会上，刘少奇就提出："学校如何搞法？有的是夺权，有的是批判学术权威，然后就搞教学制度改革，解决考试和教材等一连串的问题。城市工厂和农村文化革命运动，是不是同四清结合起来搞。"7月13日，他在听取团中央关于中学文化革命规划的汇报时说："第一阶段的工作，初中在八九月底搞完，争取十月开学上课，高中在九十月搞完"，第二阶段的教学改革转入正常工作中逐步解决。从刘少奇的许多讲话中可以看出，他主张运动要有领导有步骤地进行，时间不能拖得太长，并主张尽快恢复正常的工作、生活秩序。

然而，刘少奇的上述想法和做法，尽管代表了从中央到地方的大多数干部的意见，在有的具体问题上也得到毛泽东的同意，但实际上同毛泽东的"天下大乱达到天下大治"的设想大相径庭。再加上居心险恶的林彪、江青一伙暗中捣鬼，使刘少奇根本无法正常行使自己的职权，动辄得咎。毛泽东对刘少奇早已存在的不满，终于借工作组问题而全面爆发了。

1966年7月18日，毛泽东回到北京，江青、陈伯达、康生一伙恶人先告状，向毛泽东谎报情况，给工作组加上种种罪名，毛泽东对刘少奇、邓小平强烈不满。7月24日、25日，毛泽东在接见各中央局书记和"中央文革小组"成员时，指责"工作组一不会斗，二不会改，起坏作用，阻碍运动"，"工作组捣了很多乱，要它干什么？"从而否定了政治局常委的决定。随后，毛泽东又严厉指责派工作组是犯了方向、路线错误，"实际上是站在资产阶级立场，反对无产阶级革命。"

应该说，对毛泽东的这些指责，刘少奇在思想上是不通的。这从他偶尔吐露的一些言谈中就可以看出。在7月24日毛泽东严厉批评工作组的小会上，刘少奇表示服从毛泽东的决定，但仍提出，马上把全部工作组撤出会引起混乱。他还对身边的工作人员说："我不理解，但我要跟上形势。"直到1967年4月14日，他在回答造反派责问他"为什么提出和推行资产阶级反动路线"时，还坦率地说："我现在也还不知道为什么，也没有看到一篇能够完全说清楚为什么犯路线错误的文章。在八届十一中全会批判了我的错误之后，又有人犯有同类性质的错误，可见他们也不知道为什么。"

　　尽管刘少奇并不理解为什么派工作组就好像犯了弥天大罪，但在当时的情况下，他只能放弃自己的意见，服从毛泽东的决定。刘少奇当然清楚，这样一来，势必会牵连到一大批领导干部和工作组成员。因此，任凭问题一再升级，刘少奇对指责他工作中犯有这样那样错误的"批判"都表示接受，多次表示要一个人把这些错误的责任都承担起来。这是他的良苦用心。在当时的情况下，他只能用这种方式来保护干部，使其他同志尽量得到解脱。

　　在公开的场合，他一再说明工作组是中央决定派的，尽量为工作组成员开脱。1966年7月29日，他在人民大会堂万人大会上说："派工作组是中央决定、中央同意的。现在发现，工作组这个方式不适合于当前无产阶级文化大革命运动的需要，中央决定撤退工作组。"8月2日他在北京建工学院辩论工作组问题的群众大会上说："错误也不能完全由工作组负责，我们党中央和北京新市委也有责任。派工作组是党中央同意的。"在党内，刘少奇反复表示派工作组的责任在他。8月1日，刘少奇在八届十一中全会开幕的头一天就在大会上说："最近主席不在家，中央常委的工作我在家主持。主席回来，发现派工作组的方式不好，责任主要在我。"

　　八届十一中全会期间，毛泽东于8月5日写了《炮打司令部——我的一张大字报》。这以后，派工作组的问题升格为"资产阶级司令部"的错误了。既称"司令部"，就不应是一个人，但刘少奇明显地不愿意牵连别人。一次在会议休息时，当一位老同志走来向他表示同情时，刘少奇当即会意地对在场的同志说："错误与同志们无关，我一个人负责，请大家放心。"在当年10月的中央工作会议上，刘少奇正式向大会提出："这个错误的主要责任应该是由我来负担。……第一位要负责任的，就是我。"

　　随着运动的疯狂发展，对刘少奇的攻讦不断加码升级。1966年10月中央工作会议之后，刘少奇被指控为推行"资产阶级反动路线"；1967年以后，又接二连三地升格为"党内最大的走资派""中国的赫鲁晓夫"等。看到那些毫无根据的诬陷诽谤，眼见一大批久经考验的老干部被安上"刘少奇代理人"这类莫须有的罪名纷纷打倒，刘少奇意识到林彪、江青之流根本不是在进行严肃的党内斗争，而是怀有不可告人的阴谋，进行一场"专打从中央到地方主持工作的一二把手的政变"。尽管刘少奇已经无力扭转这种局面，但他还是想通过自己承担一切责任的方式，使广大干部得以解脱，使运动尽早结束。1967年1月，他利用毛泽东召见的机会，提出了自己的两点要求：一、这次路线错误的责任在我，广大干部是好的，特别是许多老干部是党的宝贵财富，主要责任由我来承担，尽快把广大干部解放出来，使党少受损失；二、辞去国家主席、中央常委和《毛选》编委会主任职务，和妻子儿女去延安或老家种地，以便尽早结束"文化大革命"，使国家少受损失。

由于"文化大革命"发动的本身就是错误的，"天下大乱"的结果，使"打倒一切，全面内战"的局势发展到了连毛泽东也无法控制的地步。而林彪、江青之流，则是醉翁之意不在酒，在他们篡夺党和国家最高权力的目的没有完全得逞之前，是决不会鸣金收兵的。所以，刘少奇一次又一次地出来承担责任的良苦用心和不懈努力，自然没有能够起到应有的作用。[4]

毛泽东的看法与刘少奇恰好相反。他在1967年说过，在5月政治局扩大会议上，多数人不同意他的意见，有时只剩下他自己。在他看来，在他回北京之前的若干天里，5月政治局扩大会议后刚刚兴起的"大革命"被工作组压了下去。为了排除"阻力"，他决心召开中央全会，再作一次全面发动。

1966年8月1日至12日，中共八届十一中全会在北京举行。毛泽东在会议期间严厉指责派工作组是镇压学生运动，是路线错误。还说：牛鬼蛇神，在座的就有。8月7日，全会印发了毛泽东的《炮打司令部——我的一张大字报》，指明了运动的锋芒所向。在这次全会上，刘少奇由第2位降至第8位，林彪上升为第2位。原来的中央副主席刘少奇、周恩来、朱德、陈云的任职不再提起，林彪实际上成为唯一的中央副主席。这些变动，以及全会作出的关于"文化大革命"的16条决定，为这场运动的全面发动铺平了道路。

关于中共八届十一中全会的情况，王年一在《大动乱的年代》一书中写道：

八届十一中全会是仓促召开的，1966年7月24日才发出召开全会的通知。中央委员、候补中央委员141人到会，有关负责人和首都高等学校"革命师生"代表（包括聂元梓）47人列席会议。从7月27日开始，开了几天预备会，主要内容是传达毛泽东7月24日、25日的讲话。

8月1日，八届十一中全会开幕。毛泽东主持，邓小平、刘少奇、陈伯达先后讲话。邓小平说："会议的开法刚才主席讲了，要开5天，今天算第一天，正式开会的第一天，以后开三天小组会；最后一天再议一下，通过文件。""这次会议主要的工作是：一、通过关于无产阶级文化大革命的决定。二、讨论和批准十中全会以来中央在国内、国际问题上的重大措施。三、全会要搞公报，最后要通过公报。……四、就是法律手续的问题。中央政治局曾经决定撤销彭、罗、陆、杨中央书记处和政府的职务，决定补充陶铸同志为中央书记处常务书记，叶剑英同志为中央书记处书记。按法律手续要在这一次全会上决定。"刘少奇主要讲了两大问题：一是工作组问题。他叙述了陈伯达提出意见、多数人不同意他的意见的经过，然后说："在文化大革命时期，北京的情况，一星期向主席汇报一次。这一段我在北京文化革命中有错误，特别是工作组问题上出了问题，责任主要由我负。"二是简要地叙述了十中全会以来中央在国内、国际问题上的重大措施。陈伯达主要讲了两点：一是工作组做了坏事；二是官做大了不要脱离群众。

在这次全会上，有五件大事：

第一件，毛泽东支持红卫兵。

8月1日，全会印发了毛泽东给清华大学附属中学红卫兵的信，附清华附中红卫兵的两份大字报。1966年5月29日，清华附中一些学生为保卫毛泽东、保卫红色政权而组织了全国第一支红卫兵。[5] 6月初，北大附中、地质附中、石油附中、北京二十五中、矿院附中也相继成立了类似的组织。6月24日，清华附中红卫兵贴出大字报《无产阶级的革命造反精神万岁》，认为："革命就是造反，毛泽东思想的灵魂就是造反。"宣称："我们就是要抢大棒、显神通、施法力，把旧世界打个天翻地覆，打个人仰马翻，打个落花流水，打得乱乱的，越乱越好！对今天这个修正主义的清华附中，就要这样大反特反，反到底！搞一场无产阶级的大闹天宫，杀出一个无产阶级的新世界！"7月4日，又贴出大字报《再论无产阶级的革命造反精神万岁》。[6] 这张大字报引用了毛泽东1939年12月21日《在延安各界庆祝斯大林六十寿辰大会上的讲话》中的一段话："马克思主义的道理千条万绪，归根到底，就是一句话：造反有理。……根据这个道理，于是就反抗，就斗争，就干社会主义。"工作组是反对这两张大字报的。7月28日，清华附中红卫兵在海淀区的一次文化革命工作大会上，请那天到会的江青把两张大字报转给毛泽东。毛泽东8月1日在给清华附中红卫兵的信中肯定了"对反动派造反有理"，说："……我向你们表示热烈的支持。同时我对北京大学附属中学红旗战斗小组说明对反动派造反有理的大字报和由彭小蒙同志于7月25日在北京大学全体师生员工大会上，代表她们红旗战斗小组所作的很好的革命演说，表示热烈的支持。……不论在北京，在全国，在文化大革命运动中，凡是同你们采取同样革命态度的人们，我们一律给予热烈的支持。""我们支持你们，我们又要求你们注意争取团结一切可以团结的人们。"8月3日，王任重把清华附中红卫兵召到钓鱼台，让他们看了这封信，清华附中红卫兵惊喜万分。此后这封信在全国不胫而走。毛泽东支持红卫兵，支持造反，显然也是为了要天下大乱。

第二件，毛泽东指责中央。

在8月2日下午、3日下午大会上，有的同志在发言中就工作组问题勉强地作了自我批评；更多的同志在发言中谈了自己对工作组问题的认识，实际上对撤工作组搞不通。8月4日，全会发生了异常情况。原定下午召开大会，与会者到会后改开小组会。下午召开了中央政治局常委扩大会议，毛泽东在会上讲话，主要内容是：在前清时代，以后是北洋军阀，后来是国民党，都是镇压学生运动的。现在到共产党也镇压学生运动。中央自己违背自己命令。中央下令停课半年，专门搞文化大革命，等到学生起来了，又镇压他们。说得轻一些，是方向性的问题，实际上是方向问题，是路线问题，是路线错误，违反马克思主义的。这次会议要解决问题，否则很危险。所谓走群众路线，所谓相信群众，所谓马列主义等，都是假的。已经是多年如此，凡碰上这类的事情，就爆发出来。明明白白站在资产阶级方面反对无产阶级。说反对新市委就是反党，新市委镇压学生群众，为什么不能反对！我是没有下去蹲点的，有人越蹲越站在资产阶级方面反对无产阶级。规定班与班、系与系、校与校之间一概不准来往，这是镇压，是恐怖，这个恐怖来自中央。有人对中央6月20日的批语有意见，说不好讲。北大聂元梓等7人的大字报，是20世纪60年代的巴黎公社宣言——北京公社。[7]贴大字报是很好的事，应该给全世界人民知道嘛！而雪峰报告中却说党有党纪，国有国法，要内外有别。团中央，不仅不支持青年学生运动，反而镇压学生运动，应严格处理。当刘少奇说到我在北京，要负主要责任时，毛泽东说：你在北京专政嘛，专得好！当叶剑英说到我们有几百万军队，不怕什么牛鬼蛇神时，毛泽东说：牛鬼蛇神，在座的就有。

毛泽东的讲话，使人感到震惊。这番话显然不是摆事实、讲道理的。他如此严厉责备中央集体，与他认为"已经是多年如此"密切关联，也与与会者多数人实际上对全盘否定派工作组很不理解密切关联。

毛泽东在会上提出，各组传达、讨论他的讲话。全会议程为之改变。

8月5日，根据毛泽东的意见，中共中央发出文件宣布："中央1966年6月20日批发北京大学文化革命简报（第9号）是错误的，现在中央决定撤销这个文件。"同日，毛泽东对人民日报评论员文章《欢呼北大的一张大字报》作了如下批注："危害革命的错误领导，不应当无条件接受，而应当坚决抵制，在这次文化大革命中广大革命师生及革命干部对于错误的领导，就广泛地进行过抵制。这个批注，也是全会的一个文件。"（《红旗》杂志1966年第11期转载《欢呼北大的一张大字报》，加上了："对一切危害革命的错误领导，不应当无条件接受，而应当坚决抵制。"）

第三件，毛泽东在全会上发表了《炮打司令部——我的一张大字报》。

8月4日至6日，小组会上没有重要的发言——没有有分量的自我批评、批评、评论，没有对毛泽东8月4日讲话的热烈拥护。8月7日，全会印发了使与会的大多数感到骇然的毛泽东的《炮打司令部——我的一张大字报》，并附聂元梓等7人的大字报。毛泽东的大字报全文如下：

全国第一张马列主义的大字报和人民日报评论员的评论写得何等好呵！请

同志们重读一遍这张大字报和这个评论。可是在五十多天里，从中央到地方的某些领导同志，却反其道而行之，站在反动的资产阶级立场上，实行资产阶级专政，将无产阶级轰轰烈烈的文化大革命运动打下去，颠倒是非，混淆黑白，围剿革命派，压制不同意见，实行白色恐怖，自以为得意，长资产阶级的威风，灭无产阶级的志气，又何其毒也！联系到1962年的右倾和1964年形"左"而实右的错误倾向，岂不是可以发人深省的吗？

这张大字报是毛泽东8月5日写的，写在6月2日《北京日报》头版转载的《人民日报》社论《横扫一切牛鬼蛇神》的左面，下书"1966年8月5日"，无标题。毛泽东的秘书徐业夫作了誊清。毛泽东在誊清稿上加了标题，并把"长资产阶级的志气，灭无产阶级的威风"改为"长资产阶级的威风，灭无产阶级的志气"，又在"左"字的前后加上引号。在铅印件上，毛泽东又作了修改和添加："是何等写得好啊"改为"写得何等好呵"，"可是在五十多天里，中央到地方的某些大领导人"，改为"可是在五十多天里，从中央到地方的某些领导同志"，加"请同志们重读一遍这张大字报和这个评论"，加"压制不同意见"。

在这张大字报印发给与会者的前夕，即8月6日晚，毛泽东要徐业夫通知在大连养病的林彪到会。林彪在吴法宪陪同下，乘专机返京。

毛泽东的大字报，把党中央内部关于"文化大革命"指导思想的分歧，以及1962年、1964年工作指导方针上的分歧，都说成两条路线、两个司令部的斗争。它不仅明显地针对以刘少奇为代表的中央第一线，而且明确指出党中央内部有个所谓"资产阶级司令部"[8]。这张大字报标志着对党中央状况估计错误、阶级斗争"左"倾理论、个人专断作风急剧发展，标志着毛泽东与中央第一线在政治上的决裂。以这张大字报在全会的发表为开端，"文化大革命"把斗争的锋芒指向所谓"以刘少奇为首的资产阶级司令部"。

康生、江青、张春桥等人在小组会上不仅对《炮打司令部——我的一张大字报》作了发挥，而且乘机猖狂攻击刘少奇。在小组会上唯一攻击邓小平的是谢富治，他说邓小平在全国解放后变了。值得注意的是，出席全会的多数人，对毛泽东的大字报没有表示拥护，没有紧跟。这与许多人对这张大字报不理解有关，也与这张大字报的打击面相当大、许多人搞不通有关。实际上多数人对它有意见，不过不敢表示罢了。

第四件，全会通过了《中国共产党中央委员会关于无产阶级文化大革命的决定》（即《十六条》）。

《十六条》是在毛泽东主持下拟定的。陈伯达、王力等人7月初就开始起草，改了二十几稿。毛泽东委托陶铸、王任重、张平化加以修改，陶铸等与周恩来商量，删去了"黑帮""黑线"等提法和若干内容，增加了一些限制性的规定。全会于8月8日上午通过的是毛泽东8月7日定稿的第31稿。

《十六条》指出："在当前，我们的目的是斗垮走资本主义道路的当权派，批判资产阶级的反动学术'权威'，批判资产阶级和一切剥削阶级的意识形态，改革教育，改革文艺，改革一切不适应社会主义经济基础的上层建筑"。"广大的工农兵、革命的知识分子和革命的干部，是这场文化大革命的主力军……他们的革命大方向始终是正确的。这是无产阶级文化大革命的主流。""无产阶级文化大革命，只能是群众自己解放自己，不能用任何包办代替的办法。""不要怕出乱子。毛主席经常告诉我们，革命不能那样雅致、那样文质彬彬，那样温良恭俭让。""要充分运用大字报、大辩论这些形式，进行大鸣大放。""集中力量打击一小撮极端反动的资产阶级右派分子、反革命修正主义分子"，"这次运动的重点，是整党内那些走资本主义道路的当权派。""在辩论中，必须采取摆事实、讲道理、以理服人的方法。""在进行辩论的时候，要用文斗，不用武斗。""不许用任何借口，去挑动群众斗争群众，挑动学生斗争学生。""干部大致可以分为四种：（一）好的。（二）比较好的。（三）有严重错误，但还不是反党反社会主义的右派分子。（四）少量的反党反社会主义的右派分子。在一般情况下，前两种人（好的，比较好的）是大多数。""文化革命小组、文化革命委员会和文化革命代表大会……是无产阶级文化革命的权力机构。""文化革命小组、文化革命委员会、文化革命代表大会不应当是临时性的组织，而应当是长期的常设的群众组织。""文化革命小组、文化革命委员会的成员和文化革命代表大会的代表，要像巴黎公社那样，必须实行全面的选举制。""要组织对那些有代表性的混进党内的资产阶级代表人物和资产阶级的反动学术'权威'，进行批判。""在报刊上点名批判，应当经过同级党委讨论，有的要报上级党委批准。""大中城市的文化教育单位和党政领导机关，是当前无产阶级文化革命运动的重点。""抓革命，促生产。""要高举毛泽东思想的伟大红旗，实行无产阶级政治挂帅。……开展活学活用毛主席著作的运动，把毛泽东思想作为文化革命的行动指南。"

《十六条》有一些比较正确的规定，如：把干部分为四类，认为好的和比较好的干部是大多数；指出必须严格分别两类不同性质的矛盾，严格区别反党反社会主义的右派分子同拥护党和社会主义但有错误的人，严格区别反动学阀、反动"权威"同具有一般的资产阶级学术思想的人；明确规定："在报刊上点名批判，应当经过同级党委讨论，有的要报上级党委批准。"毛泽东加上的"要用文斗，不用武斗"，也有正确的一面。但是《十六条》的基本方面是：高度评价"革命青少年"的"革命大方向"，充分肯定正在开展的"文化大革命"，确定了让群众"自己教育自己""自己解放自己"的方针，规定了"一斗二批"的任务，强调指出"运动的重点"是"整党内那些走资本主义道路的当权派"（与会者有些人要求说明什么是"党内走资本主义道路的当权派"，《十六条》没有对"党内走资派"定出判别标准），要"把那里的领导权夺回到无产阶级革命派手中"，要求"坚决依靠"同样没有定出判别标准的"左派"，规定采取"四大"的形式，区分干部和群众为左、中、右三派，还确定"文化革命小组"等为"文化大革命"的"权力机构"，根本没有说明党组织与"文化革命小组"等组织的关系，对于"文化大革命"中如何实现党的领导未作规定。这样，《十六条》在主导方面是错误的，它明确确认了"左"倾指导思想。《十六条》中比较正确的规定，从来没有被遵守。[9]《十六条》要求"像巴黎公社那样，必须实行全面的选举制"，产生"文化革命小组、文化革命委员会和文化革命代表大会"，作为"无产阶级文化革命的权力机构"。如上所述，由于"文化大革命"所支持的各行其是等原因，各地、各部门、各单位普遍地难以实行巴黎公社式的选举，这类群众组织普遍未能成立。

8月9日，《十六条》公开发表。8月10日，毛泽东来到中共中央群众接待站对广大群众说："你们要关心国家大事，要把无产阶级文化大革命进行到底！"

8月8日晚，林彪在接见中央文革小组成员时讲话，表示坚决支持毛泽东发动"文化大革命"，指出"这次文化大革命最高司令是我们毛主席"。他说："这次经过大震动、大战役、打下基础，是很必要的。""要弄得翻天覆地，轰轰烈烈，大风大浪，大搅大闹，这半年就要闹得资产阶级睡不着觉，无产阶级也睡不着觉。"林彪的讲话，在全会上作了传达。8月11日，全会又印发了林彪"五·一八"讲话。

第五件，全会改组了中央领导机构。

出乎中央第一线和到会的绝大多数人的意外，毛泽东突然提出了改组中央领导机构的意见，并且提出了中央政治局常务委员会委员候选人名单。

8月12日下午召开大会，大会内容有四项：

一是通过了杨得志、韦国清、罗贵波、张经武、谢觉哉、叶飞六名候补中央委员依次递补为中央委员。[10]

二是通过了《关于撤销和补选书记处书记的决定》。《决定》全文如下："（一）十一中全会批准1966年5月23日政治局扩大会议关于停止彭真、陆定一、罗瑞卿的中央书记处书记的职务，停止杨尚昆的中央书记处候补书记的职务的决定。（二）从已揭发的大量事实证明，彭真、陆定一、罗瑞卿、杨尚昆的错误性质是极端严重的，是反党反社会主义反毛泽东思想的，因此，全会决定撤销彭真、陆定一、罗瑞卿的中央书记处书记的职务，撤销杨尚昆的中央书记处候补书记的职务。（三）批准1966年5月23日政治局扩大会议关于调陶铸担任中央书记处常务书记，调叶剑英担任书记处书记的决定。"

三是选举。补选了中央政治局委员六人：陶铸、陈伯达、康生、徐向前、聂荣臻、叶剑英。补选了中央政治局候补委员三人；李雪峰、宋任穷、谢富治。选举了中央政治局常务委员会委员十一人：毛泽东、林彪、周恩来、陶铸、陈伯达、邓小平、康生、刘少奇、朱德、李富春、陈云。补选了中央书记处书记二人：谢富治、刘宁一。全会并未重选党中央副主席，林彪却于会后成为党中央唯一的副主席。

这次改组中央领导机构的实质，是毛泽东对中央第一线不满；否定和取消了中央第一线。毛泽东1966年10月25日在中央工作会议上说："十一中全会以前，我处在第二线……处在第一线的同志处理得不那么好。现在一线、二线的制度已经改变了。"利用个人权威，通过合法程序否定和取消中央第一线，把大权集中到个人手中[11]，是后来"文化大革命"不可收拾的一个极其重要的原因。

四是通过了《中国共产党第八届中央委员会第十一次全体会议公报》。这个公报，值得注意的地方是很多的。突出阶级斗争，突出"三面红旗"，突出毛泽东和林彪，用了"天才地、创造性地、全面地"三个状语，给"毛泽东思想"下了新定义，肯定了林彪提出的学习毛泽东著作的"30字方针"，都很值得注意。

在这之后，全会举行闭幕式。毛泽东在闭幕式上讲话，他说："关于第九次大会的问题，恐怕要准备一下。……九次大会大概在明年一个适当的时候再开。""这回组织有些改变，政治局委员、政治局候补委员、书记处书记、常委的调整，就保证了中央这个决议以及公报的实行。"周恩来在闭幕式上讲了若干具体事项。林彪在闭幕会上说，"这一次会议，从头到尾，都是主席亲自领导的。""在这次规模宏大的文化革命进行的过程中间，发生了严重的路线错误，几乎扼杀这一个革命，……主席出来扭转了这种局势，使这次文化革命能够重整旗鼓，继续进攻，打垮一切牛鬼蛇神，破'四旧'，立'四新'，使我们社会主义的建设除了物质的发展以外，精神上、思想上得到健康的发展。"

《关于建国以来党的若干历史问题的决议》指出："1966年5月中央政治局扩大会议和同年8月八届十一中全会的召开，是'文化大革命'全面发动的标志。"这两次会议的实际情况说明：毛泽东的"左"倾错误的个人领导实际上取代了党中央的集体领导。好多人思想不通。陈伯达1967年3月10日在军以上干部会议上讲到八届十一中全会时说："事实上文件只是在会议上通过了一下，有相当数量的同志有抵触。"毛泽东1967年5月与外宾谈话时说道：……我只好将我的看法带到八届十一中全会上去讨论。通过争论我才得到半数多一点的同意，当时是有很多人仍然不通的。毛泽东说"得到半数多一点的同意"，实际情形未必如此；"很多人仍然不通"则是符合事实的。不通尽管不通，人们还是投了赞成票。由于复杂的社会历史原因，全会不可能制止"文化大革命"的全面发动。当时全会设想的"文化大革命"，与后来实际进行的"文化大革命"有很大的不同。

全会8月12日闭幕，8月13日至17日召开中央工作会议。中央工作会议与全会是不同的，全会在名义上是集体议事、决定问题。中央工作会议则是贯彻中央精神。这次中央工作会议的主要内容是解决思想不通的问题。毛泽东找一些人谈话，打通思想。林彪则在会议的第一天讲话，讲了两大问题："文化革命问题"和"干部问题"。在第一个问题里，他说："不要走过场，干脆大闹几个月，弄得人们睡不着觉。"在第二个问题里，他说："我们对干部，要来个全面考察，全面排队，全面调整。我们根据主席讲的无产阶级革命事业接班人的五条原则，提出三条办法，主席同意了。

第一条，高举不高举毛泽东思想红旗。反对毛泽东思想的，罢官。

第二条，搞不搞政治思想工作。同政治思想工作捣乱的，同文化大革命捣乱的，罢官。

第三条，有没有革命干劲。完全没有干劲的罢官。

这三条，同主席的五条原则是完全一致的。我们要按主席的五条和这三条，特别是第一条，作为识别、选拔和使用干部的标准。

这次要罢一批人的官，升一批人的官，保一批人的官。组织上要有个全面的调整。"

林彪在结尾部分还说："我们对主席的指示要坚决执行，理解的要执行，不理解的也要执行。"毛泽东8月16日对这个讲话作了批示："赞成"。这个讲话印发全党。它宣称在组织上采取"罢官"的措施，作"全面的调整"，这并不符合八届十一中全会精神，显然是施加压力。三条又没有确定的标准，可以任意解释，野心家们得以打击和诬陷别人。[12]

林彪是毛泽东看中的人物之一。但是，毛泽东对林彪的某些做法，也表示了担心。这种担心集中地表现在1966年7月8日毛泽东给江青的信中。这封信是毛泽东回北京之前在武汉写的。据王年一《大动乱的年代》一书记载，信中说：

"天下大乱，达到天下大治。过七八年又来一次。牛鬼蛇神自己跳出来。他们为自己的阶级本性所决定，非跳出来不可。"

"我的朋友的讲话[13]，中央催着要发，我准备同意发下去，他是专讲政变问题的。这个问题，像他这样讲法过去还没有过。他的一些提法，我总感觉不安。我历来不相信，我那几本小书，有那样大的神通。现在经他一吹，全党全国都吹起来了，真是王婆卖瓜，自卖自夸。我是被他们逼上梁山的，看来不同意他们不行了。"

"我猜他们的本意，为了打鬼，借助钟馗。我就在20世纪60年代当了共产党的钟馗了。"

"我是自信而又有些不自信。我少年时曾经说过：自信人生二百年，会当水击三千里。可见神气十足了，但又不很自信，总觉得山中无老虎，猴子称大王，我就变成这样的大王了。但也不是折中主义，在我身上有些虎气，是为主，也有些猴气，是为次。"

"全世界100多个党，大多数的党不信马列主义了，马克思、列宁也被人们打得粉碎了"。

"有些反党分子……他们是要整个打倒我们的党和我本人"。"现在的任务是要在全党全国基本上（不可能全部）打倒右派，而且在七八年以后还要有一次横扫牛鬼蛇神的运动，尔后还要有多次扫除"。

"中国如发生反共的右派政变，我断定他们也是不得安宁的，很可能是短命的，因为代表90%以上人民利益的一切革命者是不会容忍的。那时右派可能利用我的话得势于一时，左派则一定会利用我的另一些话组织起来，将右派打倒。这次文化大革命，就是一次认真的演习。有些地区（例如北京市），根深蒂固，一朝覆亡。有些机关（例如北大、清华），盘根错节，顷刻瓦解。凡是右派越嚣张的地方，他们失败就越惨，左派就越起劲。这是一次全国性的演习，左派、右派和动摇不定的中间派都会得到各自的教训。"

这封信是写给江青的，与远非中央领导人的江青谈论党内如此重大的问题，极不正常。这封信写成后，在武汉给周恩来、王任重看过，却没有给中央第一线的其他同志看过。信中对林彪有所批评，周恩来经毛泽东同意曾转告林彪，林彪不安而又有悔改的表示，毛泽东将原件销毁。[14]

尽管毛泽东把刘少奇作为党内"修正主义"的头号人物，但在一段时期里仍表明要作为人民内部矛盾来处理。

刘少奇的机要秘书刘振德回忆说：

社会上越来越混乱了，少奇同志也越来越不安了，他多么想让这场无为的大动乱早日结束啊。但被剥夺了一切权力的他只能看在眼里，急在心头，而无能为力。

1967年1月13日夜，毛主席的秘书徐业夫来电话说："主席叫我去接刘少奇同志来大会堂谈一谈。我坐华沙牌小车去，你们就不要给他要车了。告诉你们门口的哨兵，不要挡我。"

我同他开玩笑说："现在少奇同志的家，就像开了门的菜园子，谁都可以随便进出，更何况是你呀。"

为什么他要华沙牌车来接少奇同志？我不理解。但毛主席要找少奇同志谈话总是个好消息。我还是从心眼里感到高兴的。

我向少奇同志报告了徐业夫的电话内容，但他没有听懂，"你再说一遍，我没有听懂。"他提高声音对我说。这时光美同志又将我的话重复了一遍。"那好。"少奇同志说着就站了起来。

徐业夫来后，先到了我们办公室。因为少奇同志搬到福禄居后，他还没来过。

我问他："为什么你坐华沙车来接？"

"少奇同志的车子目标大，不安全。"

我领他到少奇同志办公室时，少奇同志已在门口等着。徐业夫说："主席请你到他那里谈一谈，跟我一起坐车去吧。"少奇同志顺手装上香烟和火柴就出来了。光美同志跟在少奇同志身后，用手捋捋刚穿上的干净衣服，把上衣往下抻了抻，这样一直送少奇同志上了车。看得出，光美同志这样做，是为了掩饰内心的不安。

少奇同志走后，光美同志问我："为什么叫徐业夫来接？"我说："刚才徐业夫说少奇同志的车子目标大，怕不安全。""中央领导人是不是都换车了？"她又问。我说："不知道。"我安慰她说："不管坐什么车子，但愿这次能带来好消息。毛主席对少奇同志目前的处境可能还不大了解。""不会不知道吧，会有人报告的，但怎么报告就不清楚了。"她心中无数。

第二天，当其他工作人员知道昨晚毛主席找少奇同志谈话时，都很关心，问我知道不知道谈了些什么。我说不知道。大家猜测，这次谈话可能对少奇同志的错误交了底。别看造反派叫喊得凶，毛主席要保他只要一句话就行了。

我也急切地想知道谈了些什么。我给光美同志送抄来的大字报内容和搜集到的一些小报、印刷品时，问她："不知道毛主席同少奇同志谈了些什么？"

光美同志神情黯然地说："少奇同志回来没有多说，只说他向毛主席提出两点要求：一是他承担这次路线错误的责任，尽快把受到冲击的广大干部解放出来工作，特别是许多老干部，他们是党和国家的宝贵财富；二是他请求辞去国家主席、中央常委等一切职务，携带妻子儿女去延安或者湖南老家种地，以便尽快结束文化大革命，使国家少受损失。前一段时间少奇同志就给毛主席写过一个东西，其中就有这些内容。少奇同志还说，毛主席见到他第一句话就问平平的腿好了没有，可见毛主席对我们这里的事还是很了解的。少奇同志告辞时，毛主席还送到门口，并要他保重身体。"

说到这里，她从抽屉里拿出一页纸，说："毛主席建议少奇同志读几本书。有三本还没找到，咱们分头找找吧。"我接过来一看，一本叫《机械唯物主义》，作者是海格尔（法）；一本叫《机械人》，作者是狄德罗（法）；另一本是中国的《淮南子》。

我先在少奇同志的书房里找，但一本也没找到。我又到了中央办公厅的一个图书室找，正在那里值班的机要室档案处的小李同志也帮我找。但也只找到一本《淮南子》。

剩下的两本书，我想再到大图书馆去找找，光美同志说："不用了，少奇同志说也可能书名不对。"

从此，少奇同志埋头读书，他想从书中吸收更多的知识。

但我却始终没有搞清楚，毛主席同少奇同志谈话的用意是什么，虽然我也知道从讲话的内容看，毛主席并没有打倒少奇同志的意思。但为什么毛主席就不能说句话，使这位老战友得到解放呢？

后来，我才明白，当时局势的发展就连毛主席本人也无法控制了。而林彪、江青之流在没有篡夺到党和国家最高领导权前，是绝不会鸣金收兵的，更不会对少奇同志刀下留情的！[15]

"天下大乱"

八届十一中全会后，红卫兵运动和大串联在全国迅速兴起，成为导致社会大动乱的一个严重步骤。

从1966年8月18日到11月26日，毛泽东先后8次接见红卫兵和大中学校师生1100多万人次，对运动起了推波助澜的作用。

中央文革小组乘机煽动"造反"狂热，大批红卫兵冲向文化教育界，冲向党政机关，冲向社会。正常的工作秩序和法制被打乱，许多地方陷入无政府的状态，一大批党政军负责人被游街、揪斗。

当时担任中共中央军委副主席的徐向前元帅回忆说：

"文化大革命"伊始，急风暴雨，铺天盖地，火药味浓极。《五一六通知》，批判"彭、罗、陆、杨"，红卫兵破"四旧"，学生"造反"，横扫一切"牛鬼蛇神"，揪斗"走资派""黑帮""反革命修正主义分子"，毛主席

"炮打司令部"，林彪当"接班人"，全国学生大串联，批判刘邓"资产阶级反动路线"……仅半年时间，闹得天下大乱，完全破坏了党和国家的正常法规、秩序与生活。

我和许多同志一样，对这场突如其来的"文化大革命"，缺乏准备，很不理解。但有一条，军队的地方不同，不能乱。叶剑英当时任军委秘书长，我们的看法是一致的。可是，1966年10月5日，根据林彪的意见发出的《关于军队院校无产阶级文化大革命的紧急指示》，却规定取消院校党委领导，强调"必须把那些束缚群众运动的框框统统取消，和地方院校一样，完全按照16条的规定办，要充分发扬民主，要大鸣、大放、大字报、大辩论，在这方面，军队院校要作出好的榜样"。文件下达后，军队院校和机关开始动乱，地方和军队院校的学生冲击军事机关的事件，不断发生。我们搞了一辈子军事，晓得军队乱套不得了，涉及国家安全，担忧得很。

11月间，总政治部主任肖华在天安门城楼上对我说：最近我们准备召开一次军队院校的大会，请总理、陶铸和几位老帅接见、讲话。我说：你们起草个稿子，请叶帅代表军委讲讲就行啦！强调一下军队担负着备战任务，军队要稳定，不能乱。他说：还是请老帅们都讲一讲，这样更好些。我点了点头，表示同意。会前，肖华来我家一趟，送来了讲话稿，我看后略作修改，加了点加强战备的话。11月13日，我们去北京工人体育场，出席军队院校和文体单位来京人员大会，会场里不下10万人，又唱歌又呼口号的。周总理和陶铸和大家见面后即退席，陈毅、叶剑英、贺龙和我讲了话。那时，我们都不同意搞乱军队，不同意乱冲军事机关，希望军队院校和文体单位的人员以大局为重，做出好样子。陈毅说：今天来体育场，就是要泼冷水。"泼冷水是不好的，可是有时候有的同志头脑很热，太热了，给他一条冷水的毛巾擦一擦有好处"。他还说：我不赞成"逐步升级"的办法，口号提得越高越好，越"左"越好；搞倒几个校长、处长、副处长不过瘾，搞倒几个部长也不过瘾，还要升级。他提醒大家，不要犯简单化、扩大化的错误。我在讲话中指出："我们的陆、海、空军必须经常保持战备状态，随时准备对付敌人的突然袭击，做到一声令下，立即行动。""一刻也不要忘记我们周围还存在着强大的敌人，我们必须经常保持高度的警惕，不容丝毫的松懈。"贺龙也讲了话。他当时已遭林彪诬陷，处境岌岌可危，能出席大会，就是对林彪一伙的有力回击。叶剑英也强调指出："真理是真理，跨过真理一步，就是错误，就变成了谬误。""学毛著，不是学耶稣基督教的圣经，不是迷信。不要光注意背书，不会行动，那样就会变成教条了。"叶帅讲话时，兽医大学的一名学生，递了张条子，质问今天的会议经过林彪批准没有。言外之意是会议不合法。叶帅看了条子很气愤，当场念给大家听，说：他怀疑我们偷偷开会，大家相信吗？上次开会，总理和陶铸同志都来了嘛，4位军委副主席的讲话，我们是集体讨论过的，这能说是背着军委开会吗？我们的讲话，语重心长，完全是从爱护我党我军，爱护广大干部和群众出发的，谁知后来竟变成了一大"罪状"。

11月29日，军委文革又安排第二次接见。陈毅、叶剑英和我，又去工人体育场出席军队院校和文体单位来京人员大会。踏上主席台，就看到会场上的醒目标语，写着要批判陈、叶13日的讲话，还有什么"炮轰""火烧"之类的。我因头天晚上睡眠不好，头痛、疲劳，没有准备在会上讲话。陈毅讲话较长，针对少数人说上次大会四位军委副主席给群众泼冷水的论调，规劝大家正确对待"路线斗争"。我因头疼加剧，提前退场，未听完陈毅的讲话。

体育场的两次接见是个导火线，招来了麻烦。觊觎军权的江青一伙，趁势叫嚣军内有"资产阶级反动路线"，要"改组军委文革"。组长刘志坚被撤职、揪斗，陈毅、叶剑英遭到"炮轰"。军队越来越乱，许多人晕头转向，无所适从，不知道听谁的好。

1967年1月6日，杨成武从总参五所打电话给黄杰，说有要事找我谈，但他来我家不方便，要我和黄杰去五所谈。见面后他即向我传达了毛主席的指示：由向前同志担任全军文革小组组长。我有点吃惊，万万没想到这副担子要我来挑。沉默了一会儿，我说："我多年有病，身体不好，对干部情况不了解，请转告毛主席，这个工作我干不了！"他说："不行啊，这是江青提议，毛主席批准的。"听到是江青提议，我愈加莫名其妙，就说："我的确干不了，你还是把我的意见报告主席吧！"杨成武大概很为难，说他马上要去开会，便夹起皮包，匆忙告辞了。回来我和黄杰反复琢磨，怎么也理不出个因由来。江青其人，我们对她不了解，平时毫无往来，只是在延安住柳树店和枣园时，见面打打招呼而已。她那时照顾毛主席的生活，毛主席找我谈工作，她极少在场。现在她忽然提议我当全军文革组长，不知出于什么用心。想来想去，觉得既然主席已经决定，恐怕推是推不掉的，只好硬着头皮干。后来，我见到毛主席，当面又表示过自己确实干不了，请主席另选贤能。毛主席说：天塌不下来，你就干吧！

1月10日，江青派人送来全军文革小组名单及改组军委文革的通知，征求我的意见，并说：中央文革对这个名单也很关心，也想看看，已送他们征求意见。我阅后提了三条：（一）新的全军文革未组成前，是否请中央文革出面，先与各派群众代表座谈，交代一下政策。（二）要讲革命性、科学性、纪律性。军队搞"文化大革命"，不要党的领导不行，尤其是海、空军，担负保卫海空防的任务，要随时准备战斗，指挥失灵了不好。现在有些机关干部，要求成立"战斗组织",机关如果形成几派,就不好办了。(三)部队中哪些人是"牛鬼蛇神",建议在适当范围内讲一讲。北京军区抓了廖汉生,又要抓杨勇、郑维山;空军也把王辉球、成钧、常乾坤抓走。这个问题应研究解决,否则大家没有底。我提出这三条的基本想法,就是部队的"文化大革命"要有党的领导,要保持军队的稳定,不能像地方上那样,无法无天,乱揪、乱斗、乱冲。11日,又送来正式通知:全军文革小组名单已经"军委通过,中央批准"。12日,新的全军文革小组正式成立,成员共18人。组长徐向前,顾问江青,副组长肖华、杨成武、王新亭、徐立清、关锋、谢镗忠、李曼村。组员:王宏坤、余立金、刘华清、唐平铸、胡痴、叶群、王蜂、张涛、和谷岩。下设秘书组、简报组、机关组、院校组和联络站,办公地点在三座门。〔16〕

1966年8月,武汉军区司令员陈再道匆匆结束在北戴河的休养,赶回武汉。他回忆说:

我一回到武汉军区,精神上的"弦",立即绷得紧紧的。

那时候,全国的政治形势急转直下。军区机关和部队的事情,处理起来还不算棘手,可那些紧跟形势的工作,却使人疲于应付,你不理解也得硬着头皮去干,否则,就会犯下天大的罪过。哪个当领导的敢有半点怠慢啊!

各种消息不断从北京传来。

9月初,首先传出了毛泽东的最新指示:"凡是镇压学生运动的人都没有好下场!"接着,又传来毛泽东的一封信,信中说:"……组织工农反学生,这样下去是不能解决问题的。似宜中央发一指示,不准各地这样做,然后再写一篇社论,劝工农不要干预学生运动。"

不久,中共中央发出指示,要求各地不准用任何借口,任何方式挑动和组织工人、农民、市民反学生。在毛泽东第三次接见红卫兵的大会上,林彪在讲话中指出:"要坚决站在革命学生一边,支持他们的革命行动,做他们的强大后盾。"此后,一连几天的报纸、广播,对以上内容作了大量宣传。

10月1日,在庆祝国庆17周年的群众大会上,林彪在讲话中再次指出:"在无产阶级文化大革命中,以毛主席为代表的无产阶级革命路线同资产阶级反动路线的斗争还在继续。"号召同刘少奇的所谓"资产阶级反动路线"继续斗争下去。

这之后,北京红卫兵第三司令部主持召开了有10万人参加的"全国在京革命师生向资产阶级反动路线猛烈开火誓师大会"。在会上,江青发表了"坚决和你们站在一起"的讲话,张春桥宣读了中央军委的《紧急指示》,大会还通过了《大会通电》,呼吁全国各地向资产阶级反动路线猛烈开火!

10月9日,毛泽东主持召开了中央工作会议。林彪在会上说:"这次文化大革命运动的错误路线主要是刘、邓发起的。"明确地指出了"刘少奇、邓小平,他们搞了另一条路线"。这就是毛泽东在大字报中所说的"站在反动的资产阶级立场上,实行资产阶级专政"的路线。

11月1日,《红旗》杂志发表了题为《以毛主席为代表的无产阶级革命路线的胜利》的社论,公开披露了中央工作会议的主要精神,指出"无论什么人,无论过去有多大功绩,如果坚持错误路线,他们同党同群众的矛盾的性质就会起变化,就会从非对抗性矛盾变成为对抗性矛盾,他们就会滑到反党反社会主义的道路上去"。

紧接着,在北京街头出现了指责刘少奇、邓小平的大字报,出现了"打倒刘少奇、打倒邓小平"的大幅标语。从此,"打倒刘少奇、打倒邓小平"的口号便公之于世了。

随后,在武汉的街头巷尾,在武汉军区大院内,也出现了"打倒刘少奇、打倒邓小平"的大幅标语。

对此,我当时的看法是,刘少奇和邓小平是党和国家的领导人,且不说他们对革命的贡献,就他们担负的工作任务来说,是在党中央和毛泽东领导下进行的,如果认为他们在工作中有某些失误,违背了党中央和毛泽东的意图,那也是人民内部矛盾,不应该把他们打倒。况且,实际情况又不尽如此,就更不应该把他们打倒了。

俗话说,山河易改,禀性难移。说来真是这样。我这个人说话,总是口对着心,厌恶那种看风使舵的做法,也不愿为顺逆荣辱所动。因此,我的这个看法,曾经向一些同志讲过。他们听了我的看法,都为我捏一把汗,劝我不要向外人讲,更不要在公开场合流露,免得惹出"罪该万死,罄竹难书"之祸。可是,我有时候在一些场合,仍然自觉或不自觉地"走火"。

有的老同志对我说:"你这个人啊,参加革命这么多年了,又因此吃过了苦头,老毛病还是没有改……"

有的老同志对我说:"你呀,对于想不通的事情,还是硬得像大别山的石头,犟得像大别山的牛……"

每当我听到这些话,心里就觉得热乎乎的,也曾多次下决心改掉它,可就是说什么也改不掉。

谁知,我的这个看法,后来真的成了被打倒的材料。

林彪、江青等人制造"七二〇事件",罗织我的种种罪名的时候,从成都跑到武汉的王力,曾经对北航"红旗"来武汉的造反派说:"陈再道在1967年,还在保刘少奇,说刘少奇是人民内部矛盾。"〔17〕

尽管毛泽东对党内分歧产生了错误的估量,采取了不正常的处理,但也在力所能及的范围内保护了一批领导干部免受冲击。

时任海军司令员的萧劲光回忆说：

1966年8月18日，毛泽东在天安门接见红卫兵。我、苏振华、李作鹏、王宏坤、张秀川都上了天安门。毛主席看见我们以后，主动过来和我们握手、交谈，要我们团结起来，毛主席对李作鹏、王宏坤等说："萧劲光是老同志、苏振华是好同志，你们整萧劲光、苏振华做什么？"毛主席还与我在天安门上合照了一张相。这张我拿着红皮毛主席语录、苦笑表情的相片，是那时我的精神面貌的最好反映，如今已有了历史意义。以后李作鹏说，凡是毛主席在天安门握过手的人，都是毛主席要保的人。据说，毛主席几次听了林彪等人告状，要对我罢官夺权时，讨嫌了，说了海军司令还要萧劲光来当，萧劲光是终身海军司令的话。我想，这些也许就是"文化大革命"中林彪、"四人帮"一伙多次想打倒我而不敢明目张胆搞的主要原因吧！[18]

"文化大革命"的混乱局面，也影响到外事活动。当时在中共中央对外联络部工作的伍修权回忆说：

我第二次去阿尔巴尼亚，正是我国的"文化大革命"席卷全国并震惊世界的时候。那是1966年10月，我国派出党的代表团，去参加阿尔巴尼亚劳动党的第五次代表大会和建党25周年庆祝活动。我党代表团团长是康生，副团长是李先念，成员有刘晓、我和彭绍辉。由于国内到处"造反"，影响到同外国的关系也有点紧张，出国时就没有发消息，10月28日到达地拉那后才予公布。到达当天，霍查、谢胡等阿党领导人就会见了我们，同我们"进行了十分热烈和亲切友好的谈话"。阿党代大会11月初才开，我们就应邀先去各地参观访问。由于卡博同我们在布加勒斯特会议上有过战友之谊，就由他陪同我们出去参观。我们参观了中国援建的拖拉机配件厂，听他们大加赞美我国援助阿尔巴尼亚建设的重大成就。又访问了阿最大的海港都拉斯，那城市本来人口不多，可是却组织了9000人的队伍，夹道欢迎我们代表团，还举行了盛大的欢迎大会，康生在大会上发表了长篇讲话。康生此人本来就爱卖弄他的知识和口才，当时又因成为"文化大革命"的"暴发户"而正红得发紫，他扬扬得意地一边抽烟一边信口开河地讲，一讲就是好长时间。正好阿尔巴尼亚人也有发表演说的爱好，主客轮番在讲坛上滔滔不绝地讲，翻译再依次照说一遍，大会一开就是几个小时，把我们搞得十分疲倦。

……

10月31日，地拉那市举行盛大的群众集会和游行，庆祝阿党"五大"开幕。我们和朝鲜、越南、罗马尼亚和印尼等29国党的代表团和观察员应邀参加了这次会议。当天下午，霍查等阿党领导人又会见了各国党的代表和观察员。

11月1日，阿党"五大"正式开幕。当大会主席介绍到中共代表团时，全场都起立，一面热烈鼓掌，一面欢呼"恩维尔—毛泽东！"成为当天会议的高潮。

11月2日，康生代表中共中央向大会致贺词，并宣读了毛泽东同志署名的贺电。当康生向大会展示贺电上毛泽东同志的亲笔签名时，全场简直沸腾了，一次又一次地欢呼、鼓掌和起立，有时鼓掌10来分钟都不停息。在这份贺电中，阿尔巴尼亚及其领导人被称为"欧洲的一盏伟大的社会主义的明灯""耸入云霄的高山""大无畏的无产阶级革命家"，在另一份贺电中又说阿尔巴尼亚是"伟大的、不可战胜的红色根据地"，是世界革命的"光辉榜样"等。现在看来，这些话都成了对霍查和我们自己的讽刺，但是在当时却是很有鼓动性的热烈语言。康生致辞和宣读贺电完毕，又代表中共中央向大会赠送了巨幅锦旗，上面用金线绣着中阿两种文字："中阿两党两国人民的革命团结和战斗友谊万岁！"霍查亲自接了旗，又同康生长时间地热烈拥抱，全场欢呼鼓掌又一次达到了高潮。实际上，那时这些吹捧虚夸之词，都是康生制造出来的，他当时已经一手把持了我党的对外联络工作。[19]

在庐山会议上蒙受冤屈的彭德怀元帅，"文化大革命"中也未能幸免。红卫兵把他从成都"押送"北京，成为"批斗"的重点对象。

彭德怀是1965年9月到西南三线担任第三副总指挥职务的。郝和国、侯俊智在《彭德怀去西南三线的前前后后》一文中写道：

1965年9月11日，庐山会议后被解职在北京挂甲屯吴家花园"赋闲"的彭德怀，被召到人民大会堂。当他走进江苏厅时，彭真会见了他，并向他转达了中央和毛泽东关于调他去西南三线任第三副总指挥工作的决定，征求他的意见。彭德怀感到很突然，当即坦率地表示："我是共产党员，应该服从组织的决定。但这个工作对我有困难，一是缺乏自然科学知识；一是我缺乏这方面工作经验；一是政治上犯了错误，说错了人怀疑，说对了人也会怀疑，说话没有人听，出了问题不只是我一个人的事，会使工作受损失。我以前几次表示过，愿到农村一个生产队去做些调查研究工作。这个意见希望向中央反映一下。"彭真解释道："这不是让你去具体搞设计、施工的技术工作，而是参加三线总指挥部的领导组织工作，那里有很多人，有总指挥李井泉，有二副总指挥，还有中央一些部门的部长、副部长，要靠集体领导。三线地区有矿山、工厂、铁路、国防工业，也有农村，你想下去，到处是基层单位。虽然你犯了这么大错误，但你改正了错误，你的意见正确，人家还是会听的。"然后彭真又说："你错了别人会提意见的，至于给工作造成多少损失，也不一定。工作就这样定下来，你的意见，给你反映。"

这次会见后，彭德怀仍对接受此项任务顾虑重重。9月24日，他给毛泽东写了一封信，再次陈述自己的一些想法。

主席：

八中全会已经过去6年多了，常在电视中看到您的身体很健康，实在高兴。我这6年中除读些书报外，还学点园艺，初步掌握了果木嫁接等技术。并从书报杂志上收集了一些有关农业生产、管理和作物栽培等材料，增加了一点农业生产知识。

十中全会时，中央办公厅转来了政治局常委会的通知，言对我的问题正在审查，因而这三年中除1963年3月写过一次简短的信给中央，请求允许我下乡长期蹲点，此信未蒙示复后，也就没有再向中央请求工作，以免增加中央同志麻烦。

彭真同志于本月11日在人民大会堂约见了我，转告了中央意见，要我去西南地区参加第三线工作，当时觉得突然，有些疑惧。国防工业与其他工业或多或少有一定的联系，我对此行本来就无知，又离开中央工作已6年之久，特别近三年以来，一切文件均已停止发我，对国民经济情况也就更无知了。……我对这些问题是有顾虑的，这些顾虑我已向彭真和贾震同志谈过，并请转报中央，是否能分配我去范围更小些的地方去做点基层工作，例如去农村蹲点或到一个厂矿中去做部分工作，我愿意在这样基层工作岗位上做到最后一天。但是一个共产党员接受党分配的工作，应该是完全无条件的。上述情况，经中央考虑后，对分配我的工作之事，无论改变或不改变决定，我都服从。在对我的工作决定后，希望主席或者刘、周、邓副主席（当时邓小平任国防委员会副主席——引者注）约谈一次，给予教益。

谨致

敬礼！

彭德怀

1965年9月24日

第二天，毛泽东就约见了彭德怀。当彭德怀来到中南海毛泽东住所时，已经工作了一个通宵的毛泽东笑着迎了上来，说道："早在等着，还没有睡。昨天下午接到你的信，也高兴得睡不着，你这个人有个犟脾气，几年也不写信，要写就写八万字。今天还有少奇、小平、彭真同志，等一会儿就来参加，周总理因去接西哈努克，故不能来。我们一起谈谈吧！"谈话很快转到去三线的问题上。毛泽东说："现在要建设大小三线，准备战争。按比例西南投资最多，战略后方也特别重要，你去西南区是适当的。将来还可带一点兵去打仗，以便恢复名誉。"他又对在座的人说："沿海各省搞小三线，西南区、西北区搞大三线，华北区、中南区、东北区也搞大三线与小三线的结合。但最重要的是西南区，它有各种资源，地理也适宜，大有作为。彭德怀同志去也许会搞出一点名堂来。建立党的统一领导，成立三线建设总指挥部，李井泉为主，彭为副，还有程子华。"针对彭的顾虑，毛泽东说："彭去西南，这是党的政策，如有人不同意时，要他同我来谈。我过去反对彭德怀同志是积极的，现在要支持他也是诚心诚意的。对老彭的看法应当是一分为二，我自己也是这样。在立三路线时，三军团的干部反对过赣江，彭说要过赣江，一言为定，即过赣江。在粉碎蒋介石的一、二、三次'围剿'时，我们合作得很好。……反对张国焘的分裂斗争也是坚定的。解放战争，在西北战场成绩也是肯定的，那么一点军队，打败国民党胡宗南等那样强大的军队，这件事使我经常想起来，在我的选集上，还保存你的名字。为什么一个人犯了错误，一定要否定一切？！"最后，他亲切地对彭德怀说："你还是去西南吧！让少奇、小平同志召集西南区有关同志开一次会，把问题讲清楚，如果有人不同意，要他找我谈。"会见后，毛泽东又招待彭德怀吃饭。

这次会见，进行了五个多小时，打消了彭德怀的一切顾虑。当他乘车离开中南海时，高兴地对他的警卫员说："毛主席点了我的将，我同意去西南。"

3天以后，彭德怀带着司机、警卫员、机要秘书3人，乘上了开往成都的列车。

……

彭德怀在近10个月的参观视察调查研究中，已经掌握了不少情况，开始形成了一套如何更好地进行西南三线，尤其是西南基础工业建设的思路。如果假以时日，彭德怀定能像当年带兵打仗那样，在西南经济建设中打一个漂亮仗。可惜，历史的脚步已经跨进了1966年，一个大动乱的年代开始了。是非混淆，人妖颠倒，一切善良人们的美好愿望都被无情地打破了。就在彭德怀正满怀信心勾画他心目中的三线建设图景的时候，等待着他的，却是林彪、江青反革命集团对他的诬陷、诋毁和长达8年的铁窗生涯。

1966年《五一六通知》发表后，"文化大革命"便在全国范围内轰轰烈烈开展起来。这股无所不至的风暴，很快就刮到了西南。5月27日，正在四川大足重型汽车厂视察的彭德怀突然接到三线建委的电话，要他回成都学习。次日，彭德怀就匆匆返回成都。

彭德怀一到成都，就参加了西南局三线建委召开的副局长以上干部学习小组会。"文化大革命"的导火线是姚文元臭名昭著的文章《评新编历史剧〈海瑞罢官〉》，而毛泽东则称"彭德怀也是'海瑞'"。此时彭德怀正在成都，当然首当其冲。于是这个所谓学习小组会很快就转成对彭德怀的围攻会议。会议从6月初开始，开了近一个星期。彭德怀在6月6日、8日、11日作了3次发言，谈了自己的一些思想认识，对一些问题作了辩解。6月17日，西南局紧接着又召开了三线建委18级以上干部会议，专门讨论彭德怀的问题。会议宣读并印发了彭德怀在不久前的3次发言和一次插话。据当时印发的一份《会议情况简报》记载："会后分组讨论，参加讨论的同志情绪激愤，发言踊跃。"6月25日，西南局还转发了一份三线建委办公室编印的《关于彭德怀同志半年来的主要情况简报》，对彭德怀在西南半年来的视察工作和言论进行批判。

也就在这个时候，一封信送到了陈伯达、康生、江青等人的手里。信是关锋、戚本禹于1966年6月16日写的，他们极尽诬蔑诽谤之能事。信中写道："上次来上海，曾经对彭德怀担任三线副总指挥事，提出了我们的担心。我们觉得，彭德怀到三线以后，还在积极进行不正当的活动。因此，我们再一次提出意见，希望中央考虑撤销他的三线副总指挥职务。从这次文化大革命运动中揭发的许多事实看，彭德怀直到现在还是修正主义的一面黑旗。为了在广大群众中揭穿他的丑恶面目，为了彻底消除这个隐患，我们希望中央能够考虑在适当时机在群众中公布彭德怀的反党、反社会主义的罪恶活动。"陈伯达、康生、江青等人圈阅了这封信。其实，在他们划入打倒之列的一大批党政军领导干部名单中，又怎么能少得了彭德怀的名字。但这封信无疑加快了他们打倒彭德怀的步伐。

自8月下旬起，彭德怀每天坚持晚7时半至10时，到成都街头看大字报，拾传单，听演讲。9月1日，西南三线建委办公厅两次打电话给彭德怀，要他立即离开成都。彭德怀不明白为什么，省委办公厅同志说："红卫兵闹事，很严重，很紧张，也很乱。"但彭德怀胸怀坦荡，他说："群众我不怕，你们看了报纸没有？一个共产党员能躲开党中央发动的群众运动吗？"他没有离开成都，继续看大字报，分析当时的形势。不久，不少红卫兵开始"光顾"彭德怀的住所，彭德怀一律予以接待。

进入11月、12月份以后，当时的西南局已经无法正常工作了，彭德怀更无事可做，每天白天在家看书，晚上看大字报。11月16日，彭德怀给西南局写了一封信，要求到綦江、红安、遵义等地参观，但未获回音。

12月4日，困惑中的彭德怀起草了一封致毛泽东的信，他写道："我到西南区工作已经过了一年，在京临行前，承约谈数小时，给予很多教益，并嘱常写信给您，愧无工作成绩，致未提笔。今值您73岁寿辰不远之际，谨祝您健康！乘此，对西南区建设的某些看法和体会奉告如下。"信中汇报了他在西南三线视察、开会的情况。信末，他表示："西南局和三线建委对我很不信任，怕我扩大个人影响，既然如此，请求去参加农业生产。"这封信并没有寄出，十几天后的16日，彭德怀修改了此信，把"对西南区建设的某些看法和体会"改为"我对无产阶级文化大革命的体会和看法"。通篇谈了对"文化大革命"的认识。对这封信彭德怀十分重视，他一再嘱咐警卫员要把信亲自送到省委有关部门转呈北京，当警卫员送信回来，他忙问信送到了没有。警卫员看他口气有些紧张，就问："后悔了？"彭德怀说："什么后悔！我是觉得我要给毛主席说的话没说完。"他又长叹道："我现在能见着毛主席就好了。"

信到北京，毛泽东看了此信，并批示："送陈伯达同志阅存"。

此时，在江青的指挥下，戚本禹给"五大学生领袖"之一的韩爱晶打电话说："现在文化大革命深入，你们可以到四川把'海瑞'揪回北京。"一个"揪彭兵团"成立了，很快到了成都。

12月24日晨5时，天气阴冷漆黑，刚到成都的北京航空学院红旗战斗队的学生闯入彭德怀的住所，把他从家里绑架到了成都地质学院。中午，三线建委立即给中央打电话，汇报了情况。很快，周恩来得知此事，批示："通知总参，如带来京，应乘火车，不乘飞机。"为了保证安全，他还对护送和接待彭德怀来京做了周密的布置。当天下午，在成都的北京地质学院的"红卫兵"把彭德怀从北航"红卫兵"手中夺去，关押进了四川省地质局。

25日，西南局与红卫兵进行了交涉。晚10时，彭德怀及秘书、警卫员3人与北京地质学院的42名红卫兵、成都军区协同护送的6名军人，一同乘34次特快列车，离开了成都。火车载着离开北京一年的彭德怀再次向着已经处于动乱中的政治中心急驰。

1967年元旦，彭德怀在北京的关押地给毛泽东写了一封简短的信：

主席：

您命我去三线建委，除任第三副主任外，未担任其他任何工作，辜负了您的期望。

12月22日晚在成都住地被北京航空学院红卫兵抓到该部驻成都分部，23日转到北京地质学院东方红红卫兵，于27日押解到北京，现被关在中央警卫部队与该红卫兵共同看押。向您最后一次敬礼！祝您万寿无疆！

彭德怀

1967年1月1日

从这以后，到1974年11月29日，彭德怀心脏停止跳动的那一天，他就再也未能获得工作和自由生活的权利。在长达8年的铁窗生活中，彭德怀还重新阅读了毛泽东的著作，写了许多篇读书心得。即使重病在身的时候，他也一刻没有停止思考，没有停止对于真理的追求。[20]

全面夺权

1967年1月，张春桥、姚文元同王洪文策划发起上海"一月夺权"。毛泽东大力支持这个夺权行动，把它称为"从党内一小撮走资本主义道路当权派手里夺权，是在无产阶级专政条件下，一个阶级推翻一个阶级的革命"。

随后，全国掀起一场由造反派夺取党和政府各级领导权的狂暴行动。不少地方的造反派还围绕权力纷争，大动干戈，爆发出一起起武斗事件。

按照毛泽东的设想，这场全面夺权斗争，大致在1967年2月、3月、4月间要看出眉目来，其标志是成立"大联合"和"三结合"的"革命委员会"。然而，"全面夺权"一经开始，就变得越发不可收拾，为林彪、江青、康生等人打倒一大批革命干部提供了千载难逢的时机。

王年一在《对上海"一月革命"的几点看法》一文中，详细说明了这场"夺权斗争"的由来：

1966年11月10日发生了王洪文等人卧轨拦车的"安亭事件"。张春桥在处理这一事件中的表现极不寻常，这为"一月革命"埋下了伏笔。

事件发生后，上海市委即向周恩来作了报告。陈伯达根据周恩来的指示，做了两件事：（一）电告华东局第三书记韩哲一，要华东局和上海市委顶住，不能承认"上海工人革命造反总司令部"（简称"工总司"）是合法的组织，不能承认卧轨拦车是革命的行动。中央文革决定派张春桥回沪说服工人。（二）致在安亭的上海工人电。电文指出："你们这次的行动，不但影响本单位的生产，而且大大影响全国的交通，这是一个非常大的事件。希望你们现在立即改正，立即回到上海去，有问题就地解决。"又说：中央文革派张春桥即日回沪处理此事。

张春桥离京前，陈伯达把致工人电原稿给了他，陶铸指示：中央不同意工人成立全国、全市性的组织，决不能承认"工总司"和肯定他们的行动。11月12日，张春桥飞抵上海，即去安亭，与王洪文等几个头头打得火热，并在大会上当众答应第二天回上海解决问题。11月13日，从下午1点开始，张在上海文化广场与工人座谈，他说："这是我个人的意见：如果工厂文化大革命不搞，即使导弹上了天，卫星上了天，生产大发展，中国还会变颜色。""安亭事件向主席报告了。""上海工人起来了，这是好事，这是中央希望的。……上海的工人文化大革命可能走在全国的前面，上海应该创造好的经验。""工人同志要开大会，批判资产阶级反动路线，完全是革命的。""上海工人革命造反总司令部，工人认为要存在，可以存在下去。"下午3点半，张讲话，完全同意

"工总司"提出的五项要求，还在书面五项要求上写上"同意"并签名，五项要求是："（1）承认上海市工人革命造反总司令部是合法的组织。（2）承认'一一·九'大会以及被迫上北京控告是革命的行动。（3）这次所造成的后果，由华东局、上海市委负完全责任。（4）曹荻秋必须向群众作公开检查。（5）对上海市工人革命造反总司令部今后工作提供各方面方便。"

这与周恩来、陈伯达、陶铸和华东局、上海市委的意见截然相反，与中央一系列文件的精神截然相反。耐人寻味的是：张春桥是先斩后奏的，而中央文革迅速同意了他的处理。张春桥说过："我组织手续并不完备，没有和华东局同志商量，也没有和市委同志商量，更没有和中央文革小组打电话，因为来不及就下了决心。然后从文化广场回到我住处，才给陈伯达同志打电话……把五条协议以及对这个问题的认识报告给了他。这样文革小组就讨论我在文化广场所讲的五条。到了晚上，文革小组给我打电话来，认为我在文化广场对这个问题的判断是完全正确的。"

张春桥这一手确实不同凡响，阴险诡谲表现得淋漓尽致。他深知毛泽东要把"文化大革命"进行到底的决心、支持造反派的态度和要把"文化大革命"引向工矿的意向，因而忽出"奇招"，顺水推舟地提供了全国第一个强有力的工人造反派。他深知批判所谓"资产阶级反动路线"使各种矛盾激化，全国和上海的形势名曰"大好"，实则大为不妙，因而只要工人回到上海，出现工人造反派正是求之不得的事，绝不会因支持工人造反派而获罪。他之所以先斩后奏，绝不是因为"来不及"，而是要露一手。他之所以敢于别出心裁，不仅因为中央文革里大都是他的同伙，而且因为他后面有着几千名工人造反者和卧轨玩命的亡命之徒王洪文之流，他以上海的事态压北京。他的卑鄙目的，不仅在于把上海市委置于群众的对立面，给上海市委强加以顽固推行"资反路线"的罪名，不仅在于扶植反对市委的力量，不仅在于为自己培植反革命帮派势力，而且在于把"文化大革命"的邪火迅速烧到工矿，造成全国动乱，以便实行夺权。他的诡计得逞了。11月16日，毛泽东批准了他的处理，并且指出：可以先斩后奏，总是先有事实，后有概念。毛泽东为什么批准，我们在下文再说。张春桥踌躇满志，他说："这一段时间内，虽然时间不长……对我来说，也会成为永远忘记不了的事情。""工总司"得到如此的支持，在全国也属罕见。支持在"造反宣言"中声称要"夺权"的"工总司"就意味着迟早要否定上海市委，也就是埋下了"一月革命"的定时炸弹。

中央文革一伙人此后放肆地煽动工人"造反"。11月16日，戚本禹对来自全国各地的工人造反派讲话，他说："上海市工人要成立团体，不让他们成立……轰起来了，闹起来了，解决了。""我教你们办法……你们把3000多人分成3班，包围省委。他不答复你们的要求，你们就不走。"如此等等，不一而足。

毛泽东批准了张春桥对安亭事件的处理，这不仅与"工总司"有关，更与工矿开展"文化大革命"有关。而工矿开展不开展与如何开展"文化大革命"，正是"文化大革命"如何发展的关键问题。

中央原先确定工矿原则上不开展"文化大革命"。1966年6月30日，刘少奇、邓小平请毛泽东审批中共中央、国务院《关于工业交通企业和基本建设单位如何开展文化大革命的通知》，并给毛泽东写信，说明文件的基本精神在于："文化大革命""重点放在文化教育部门、党政机关。对于工业交通、基建、商业、医院等基层单位，仍按原定的四清部署和二十三条结合文化大革命进行"。毛泽东7月2日复信同意，同日通知下达。《十六条》的有关规定，与通知的精神一致。为了制止"造反"浪潮对工矿的波及，9月14日中共中央下达《关于抓革命、促生产的通知》，规定"在党委统一领导下""进行充分的正面教育"。当周恩来后来在一个会议（1966年12月6日中央常委会议）上说到"过去我们批准的，工厂、农村不能搞（文化大革命）"时，林彪还插了话："我们也是同意的。"但是，10月间，在猛烈批判"资反路线"的刺激、诱发下，工矿人数极少的造反派开始"造反"，这正中中央文革的下怀。11月8日，张春桥与"北航红旗"五人谈话，说："搞工厂是个方向问题。我们打算下一步应该这样走。"11月下旬，正当张春桥去上海、安亭、苏州时，陈伯达等人草拟了《关于工厂文化大革命的十二条指示》，11月17日还拿到工人代表座谈会上去征求意见。《十二条》基本精神有两个：一是"工人群众起来进行文化大革命……好得很"；一是"各级党委、工矿领导要认真贯彻执行毛主席、党中央关于'抓革命、促生产'的指示"。有了张春桥对"工总司"的支持和毛泽东的批准，"左"的《十二条》被认为"右"了，被推翻了。张春桥说："《十二条》要大修改，根本不是正式文件。"

以张春桥支持"工总司"为契机，毛泽东把希望寄托在工人造反派身上。当时形势严峻。这里有两个重要情况：（1）批判"资反路线"使种种矛盾激化。群众中两派的矛盾到了水火不容的程度，混淆两类不同性质的矛盾到了冲击一切的程度，无政府主义到了炮打所谓"无产阶级司令部"的程度，生产下降到了难以制止的程度。（2）"文化大革命"的错误做法遭到广泛的抵制。陈毅等老帅实际上代表老一辈无产阶级革命家，于11月间两次在数万人大会上大声疾呼，反对错误做法。上海市民在"《解放日报》事件"中反对"工总司"等造反派的胡作非为。广大干部、群众内心对造反派不满，毛泽东和中央文革支持的造反派仍然是少数派。在这种情况下，张春桥别有用心地通过支持"工总司"提供了解决问题的药方，这就是今后主要依靠工人造反派。这本来是火上加油，饮鸩止渴，但是毛泽东既想彻底改变社会面貌，也指望通过工人阶级走上"文化大革命"的舞台来摆脱重重矛盾，就把希望寄托在工人造反派身上。

在工矿开展"文化大革命"的问题上，中央、国务院、中央文革内部有过尖锐的斗争，这集中反映在11月下旬的工交座谈会上。陶铸鲜明地站在正确方面。王力说过：陶铸"千方百计地阻止对刘邓反动路线的批判，……特别是工农运动起来，更是沉不住气了。工人农民刚起来，形势好得很，他认为不得了了，一定要压下去。""陶铸还反对提'反动路线'这个词呢！"周恩来也力图阻止错误的发展。工交座谈会上对"文化大革命"种种错误做法的不满，周恩来11月22日如实向毛泽东作了汇报。他要谷牧搞了一个汇报提纲，反映工交战线的真实情况。陈伯达指责汇报提纲，被周恩来顶了回去。参加工交座谈会的部长们也站在正确方面。周恩来12月6日在中央常委会议上说过："这次座谈会……讨论伯达同志的《十二条》，批判得体无完肤，一无是处。""中央各部的同志说了很多意见。说到什么问题时，几个部长一哄而起，站起来围着我，说明大家的抵触情绪不小。""林总问我有没有一个通的，我说我接触到的没有，多数不通。"

林彪、江青、康生等人站在错误方面，他们利用与助长"左"倾错误，提出"工矿问题比文教战线更加严重"的荒谬观点。林彪10月25日在中央工作会议上还说："我们平常抓经济建设是抓得紧的，这是好的。"这时却说：一定要彻底打破"工矿比较纯洁"和"工矿是高举毛泽东思想红旗的"的估计，在工矿把"文化大革命"搞彻底。康生12月4日在中央常委会议上说："资本主义复辟，在工厂方面，关系很大，因为它是经济基础。"他在会上还胡扯了一番"理论"："社会主义工业向着资本主义发展的情况：它们形式上是'公'，实际上是'私'；形式上是'新'，实际上是'旧'；形式上是社会主义，实际上是资本主义。"康生还提出了批判所谓"生产力论"的口号。更加严重的是，为了证明在工矿开展"文化大革命"的必要，林彪作出了"刘、邓不仅是50天的问题，而是10年、20年的问题。工交战线受刘、邓的影响很大"的荒谬论断，还把"文化大革命"说成是"对全党的批判运动，批判干部的运动"。

12月初的中央常委会议在工矿开展"文化大革命"问题上作出了完全错误的结论。"左"倾的《十二条》变成更加"左"倾的《十条》〔即《关于抓革命、促生产的十条规定（草案）》〕。毛泽东批准了《十条》，不久又批准了《关于农村无产阶级文化大革命的指示（草案）》。确定在工矿、农村开展"文化大革命"，这是一个严重的步骤。这固然是批判"资反路线"的恶果，也与张春桥支持"工总司"有着难解难分的因缘。随之而来的是全国动乱，正是全国动乱孕育了"一月革命"。

1966年12月，形势险恶。一大批党政军领导人被冲击、被打倒，甚至被囚禁，群众之间的矛盾尖锐，无政府主义猖獗，社会主义民主和法制几乎荡然无存，生产继续下降，人民惊慌地注视着"文化大革命"。"文化大革命"骑虎难下，进退维谷。

在这个月里，毛泽东有一些重要言论。他对张春桥等人说，要批判《论共产党员的修养》，要进行全国性的大批判。他对一个兄弟党的领导人说，两条路线的斗争，实际上是在"文化大革命"中，更加尖锐更加集中地暴露出来罢了，其实它是长期存在的东西。他还说过："单反赫鲁晓夫修正主义是不够的，还要反我们党内的修正主义，不然的话，再过多少年，中国的颜色就会变了，到那时候就晚了。过去做了一些，只是修修补补，没有当作整个阶级斗争去做。"毛泽东在12月25日对中央文革成员说："上海的形势大有希望，工人起来了，学生起来了，机关干部起来了，'内外有别'的框框可以打破。"并且估计1967年将是"全国全面开展阶级斗争的一年"。毛泽东12月下旬审阅姚文元的《评反革命两面派周扬》时在文末加了一段话："无产阶级文化大革命是触及人们灵魂的大革命。它触动到人们根本的政治立场，触动到人们世界观的最深处，触动到每个人走过的道路和将要走的道路，触动到整个中国革命的历史。这是人类从未经历过的最伟大的革命变革，它将锻炼出整整一代坚强的共产主义者。"他还审定了《人民日报》《红旗》杂志1967年元旦社论《把无产阶级文化大革命进行到底》。1967年1月2日，他说：开展全国全面的阶级斗争，重点是北京、上海、天津、东北。

从这些文献资料中可以清楚地看出，毛泽东执着于他的建设社会主义的"左"倾空想，坚持"文化大革命"的错误。他不能面对现实，不能接受实践给予的启迪和警告，这样就没有别的选择，只有在"全国全面开展阶级斗争"。他为了证明坚持"文化大革命"的正确，一方面毫无根据地对党内路线斗争作了新的解说，一方面毫无根据地给予"文化大革命"无以复加的高度评价。他决心大干一场以彻底改变现状，对未来抱有更多更大的幻想，"左"倾错误急剧升级。

1966年的实践充分说明，毛泽东并不知道"文化大革命"怎么革（"文化大革命"的发动是主观主义的，本来就没有正确的方法、步骤），只是一味支持"造反"而已。从1967年元旦社论提出的1967年四项任务中可以看出，还是既提不出任何积极的主张，也提不出"文化大革命"如何发展的意见。尽管"一月革命"的怪胎已躁动于全国动乱的局势和大干一场的决心的母腹之中，但是这时并没有提到也没有想到"全面夺权"。

既然寄希望于上海的造反派特别是上海的工人造反派，江青一伙就开始做文章了。在他们无法无天地打倒陶铸（他因正确地反对批判刘少奇和邓小平、反对批判"资反路线"、反对在工矿和农村开展"文化大革命"而获罪）的同一天，张春桥、姚文元赶回上海策划夺权，为他们制造的怪胎催生。在1966年12月，张春桥就秘密策动上海市委机关徐景贤等人"杀出来"。12月下旬，他又制造了"康平路事件"，镇压上海"工人赤卫队"，进而把上海市委和各级组织搞瘫痪。1967年1月1日，他在致上海电中公然宣称：曹荻秋不能出来了，陈丕显的账要清算。1月2日，他指使"工总司"等造反组织成立了"打倒上海市委大会筹委会"。凡此种种，导致了文汇报社和解放日报社的夺权。"上海的桃子熟了。"1月4日张、姚回到上海后，找"工总司"的头头和徐景贤等人谈话，透露了毛泽东1月2日指示，策划夺权。1月6日，他们主要依靠"工总司"和上海市委机关造反组织，召开了"彻底打倒以陈丕显、曹荻秋为首的上海市委大会"，宣布不再承认曹荻秋为上海市委书记、市长，勒令陈丕显交代所谓"罪行"。会后，全市的实际权力落到张、姚等人手中。张春桥说过："一月六日的大会上就夺了权了。"会前是报告了中央的，中央默许而未明确表态。

　　张、姚很明白，开一次大会还不够，要牢牢地在实际上控制上海，特别是控制上海的经济部门，这样才能得到承认。从来只抓"革命"，破坏生产的张、姚，旋即指使造反派成立"上海市抓革命促生产火线指挥部"。这是一箭三雕：一是"坚决响应"毛泽东的号召，"高举"抓革命、促生产的旗帜，上可以取悦毛泽东，下可以讨好上海市民；二是把破坏生产的罪名强加给上海市委，置上海市委于死地，不动声色地取代上海市委；三是颇为"正当"地扶植和支持造反派。1月8日这个指挥部成立后，夺取了许多局的领导权。张春桥说："我和姚文元商量，……搞了个联合指挥部，这才夺了权。……我们把这些情况报告了毛主席，毛主席从文汇报的夺权肯定了这是必要的。"毛泽东1月8日同中央文革成员谈话中所说"不要相信，死了张屠夫，就吃活毛猪"等内容，就在实际上表示了这种肯定。

　　这个谈话根据此写成、又经毛泽东审定的《人民日报》1月9日编者按语相当微妙：它在实际上号召全国进行全面夺权，却无号召夺权的语句；它在实际上肯定了上海的夺权，但也无明确肯定的字样。《人民日报》1月9日转载《告上海全市人民书》，还删去了"以曹荻秋为代表的上海市委"一语。无论就全国还是就上海全市来说，在夺权问题上，毛泽东大概还要看一看。

　　当时，陈丕显支持而张春桥反对那个反经济主义的《紧急通告》。《紧急通告》1月9日在《文汇报》发表，毛泽东因其切中时弊而大为赞赏，要中央文革代拟中央致上海市各革命造反团体的贺电。中央于1月11日发出贺电。张春桥却把自己装扮成反经济主义的"英雄"，把大搞经济主义的罪名栽在陈丕显、曹荻秋头上，翻云覆雨，莫此为甚。……《紧急通告》已经指出"上海市委被打倒"，但它毕竟不是夺权的通告；中央贺电高度评价了《紧急通告》，但其主旨是反经济主义，而不是号召夺权。事实上已经同意上海夺权，但尚无明确表示；这实际上已经含蓄地号召全国夺权，但尚未明确提出。毛泽东知道事件的分量，要明确支持与号召夺权，尚费踌躇。

老奸巨猾的张春桥，很能揣摩毛泽东的思虑，这时不失时机地提出了所谓"大联合"问题。这是在1月12日上海"欢呼中央贺电，彻底粉碎资产阶级反动路线新反扑大会"上，通过"工总司"等组织发起建立全市性的"造反派组织联络站"提出的。所谓"大联合"实质上是大分裂，但是这个提法有种种妙用：既可以用以冒充民意，又可以用以使造反派聚集在自己周围，还可以用以约束和压制反对自己的群众。尽管如此，"大联合"毕竟是正面的、动听的提法，所以迅速被采纳和推广。1月15日，上海市"红卫兵第三司令部"夺了市委、市人委的权。张、姚以不是"大联合"为由未予承认，并花言巧语地报告了中央，还说什么"群众"要求张春桥、姚文元主持"上海新市委"工作。张春桥说过："主席看见我们的报告后，对我们行动非常支持。主席连夜召开政治局会议，认为上海这个办法好。以前北京由中央决定自上而下改组，没有解决问题。由群众提出，哪些人可以当领导，担任什么工作，这个办法好。"还说："1月16日，主席批准夺旧市委、旧人委的权。"

1月16日批准之说可信。周恩来1967年1月26日在工交各部造反派座谈会上说过："到1月16日决策了"。就在这一天，《人民日报》刊登《红旗》杂志评论员文章《无产阶级革命派联合起来》，文章引用了毛泽东的"最新指示"："从党内一小撮走资本主义道路当权派手里夺权，是在无产阶级专政条件下，一个阶级推翻一个阶级的革命，即无产阶级消灭资产阶级的革命。"文章高度赞扬上海的夺权，号召"坚决向党内一小撮走资本主义道路的当权派夺权"。文章是毛泽东审定的。这是"文化大革命"中第一次明白无误地号召全国全面夺权。至此，历史性的错误铸成。[21]

上海夺权行动，不仅搞乱全国，而且波及军队。一些军队机关、院校的造反组织也跃跃欲试，企图夺权。

为了稳定军队局势，主持全军文革小组工作的徐向前提议，经毛泽东批准，1967年1月28日发布了《中央军委命令》。

关于《中央军委命令》产生的背景，胡长水在《中央军委〈八条命令〉的产生》一文中写道：

1967年1月10日，中央文革小组成员关锋、王力等人起草了一个《关于解放军报宣传方针问题的建议》，提出"彻底揭穿军队一小撮走资本主义道路的当权派"的口号。当天晚上，江青将这个报告送林彪。第二天，林彪批示"完全同意"。1月14日，《解放军报》社论公开了这一口号。次日，《人民日报》转载了这篇社论。"揪军内一小撮"的口号迅速流传全国，军队的高级干部纷纷被揪斗、戴高帽、挂黑牌，甚至遭到打骂。

　　面对这混乱的局面，老帅们力挽狂澜于既倒。1月10日，江青派人给即将担任新的全军文革小组组长的徐向前送来改组全军文革小组的通知和新的全军文革小组名单，征求意见。徐帅阅后提出三条：1.新的全军文革小组未组成前，是否请中央文革小组出面，先与各派群众代表见面，交代一下政策。2.要讲革命性、科学性、纪律性。军队搞"文化大革命"，不要党的领导不行。3.部队中哪些人是"牛鬼蛇神"，建议在适当范围内讲一讲。三条意见的基本思想，"就是部队的'文化大革命'要有党的领导，要保持军队的稳定"。1月11日，叶剑英在政治局会议上作了一个关于稳定军队的专题发言，指出地方越乱，军队越要稳。不然，敌人乘虚而入怎么办？叶剑英以大量事实说明，稳定军队迫在眉睫。1月14日，中央发出《关于不得把斗争锋芒指向军队的通知》。

　　然而，混乱仍在继续。老帅们为稳定军队也在继续努力。

　　1月19日下午，在京西宾馆召开的军委碰头会上，围绕军队要不要开展"四大"的问题，叶剑英、徐向前、聂荣臻，与江青、陈伯达、康生、姚文元争论起来。江青一伙认为军队不能搞特殊，应和地方上一样，开展"四大"。老帅们则认为军队是无产阶级专政的柱石，战备任务很重，和地方不同，不能搞"四大"。两种意见针锋相对，斗争十分激烈。这时，叶群突然拿出发言稿，点名攻击总政治部主任肖华。接着，江青、陈伯达也进行了一连串的攻击，说肖华"已经使我们的军队变成了修正主义的军队"。还有几个人的发言也有发言稿。显然，这是江青、叶群等人预谋的，其目的是企图从总政打开缺口，搞乱军队，以便从乱中夺取军权。当晚，肖华的家被抄。次日，江青、陈伯达、叶群继续纠缠肖华问题。盛怒之下，徐向前气得拍了桌子，茶杯盖子摔到了地下。叶剑英也气愤地拍了桌子，把手骨都拍伤了。这就是轰动一时的所谓"大闹京西宾馆"事件。

　　1月22日，毛泽东接见军委碰头会扩大会议人员。受到接见的军队领导人情绪激昂，在毛泽东讲话时纷纷插话，向毛泽东汇报挨整被斗的情况。毛泽东在讲话中，一方面要求军队"要站在革命左派方面"，"不要吃老本"，"要有新贡献，在这场斗争中立新功"。同时，明确表示："搞'喷气式'，一斗四五个钟头，侮辱人格，体罚，这个方式不文明。造反派造反有理嘛，搞'喷气式，干什么！这是天津工人斗资本家的方式，这样不行。""随便抓人，省委书记也抓，军队干部也抓，许世友也抓，到处抓人怎么行。""不能犯了错误就一棍子打死。都不用，这还得了。哪个不犯错误，我也犯过，犯了应该改。""要允许工作，不能过头了，不能搞逼供信。"毛泽东还提出一大批当时挨斗的干部要保，说："江渭清、谭启龙、江华、韦国清、刘俊秀、张体学、张平化、李丰平要保。""杨勇还是要保。"毛泽东还特别指出，朱德"这个人不保不行，我要保他，他在国际国内有影响。还是按照延安整风的办法，'惩前毖后，治病救人'。"

1月23日，参加军委碰头会扩大会议的全体军队干部，向毛泽东、林彪写出"请示报告"，就军以上（不含军）领导机关的"文化大革命"，提出六条建议，内容如下：

一、大军区、省军区机关的无产阶级文化大革命运动，要分期、分批进行，要同地方文化大革命错开。何时开始，要经中央军委批准。目前，尚未开始文化大革命运动的大军区、省军区，宣传、文化、报社等重点部门的文化大革命，一律暂停，将来同机关其他部门一块搞。

二、坚决按十六条办事，坚持文斗，不用武斗。一定要遵照主席指示的摆事实，讲道理，惩前毖后，治病救人的方针进行。不许抓人，不许动手打人，不许戴高帽，不许游街，不许抄家。

三、军队不准夺权。如确有需要改组的，要经中央军委批准，按中央军委指示进行。罢官问题一律放到运动后期处理。

四、在外地串联的院校师生和文艺团体的革命群众，一律于1967年春节回到本单位，搞本单位的斗批改。

五、运动一定要坚持党委领导的原则。如个别单位或个别成员问题严重，需要改组或撤换的，群众可以提出意见，但必须按照组织手续审批。

六、除坚决贯彻中央1967年1月14日关于不得把斗争锋芒指向军队的通知外，军队院校、文艺单位、医院、工厂、科研单位的革命群众，一律不许冲击和占领领导机关，以保证战备、指挥和日常工作的正常进行。

不难看出，六条"建议"的基本思想是稳定军队，并且提出了坚持党委领导、军队不准夺权等有重要意义的意见。如果把六条"建议"和几天后的《八条命令》比较一下，可以说，"六条"和"八条"的基本思想完全一致，是"八条"的雏形。

《八条命令》正是在这种背景下产生的。[22]

关于"军委八条"产生的经过，徐向前回忆说：

我刚刚上任，正赶上"一月风暴"，局面混乱不堪，简直没法收拾。以上海"造反派"领头掀起的"夺权"浪潮，波及全国各地区、各行业、各部门，并得到毛主席的肯定和支持。他说："这是一个大革命，是一个阶级推翻一个阶级的大革命。这件大事对于整个华东，对于全国各省市的无产阶级文化大革命运动的发展，必将起着巨大的推动作用。"林彪则鼓吹对军队领导干部要普遍地"烧"，说："真金不怕火炼，不是真金烧掉了更好。"军队院校的"造反"组织，纷纷夺权，两派群众开始武斗；解放军报社"小将"掌权，总部机关的战斗组织出现；各军兵种和各大军区、省军区相继受到猛烈冲击，领导同志被揪斗的事件越来越多；全军文革被"造反派"包围，有些文革小组成员被揪走挨斗，不知下落；上访的群众一批又一批，少则几人、几十人，多则数百人、上千人，有时一天达二百余批。各单位的告急电话不断，我家原有两部电话，又增加两部，还是不够用的。5个工作人员日夜轮流值班，忙得不可开交。我除了开会，还要接见"造反派"。不论白天、晚上，一纠缠就是好几个小时，害得我的头疼病经常发作。我那时常感疲劳，火气也大，说话难免"出格"。周总理对我说："你和他们打交道，要掌握八个字，就是多听少说，多问少答。"后来接见群众组织，我就采取这种对策。

　　一月中旬，围绕批判和揪斗肖华问题，发生了"大闹"京西宾馆事件。

　　起因是有一天陈伯达接见某派群众组织代表时，公开点了总政治部主任肖华的名。他说："肖华不像个战士，倒像个绅士。"当即在总政造成混乱，有人贴出大字报，要揪斗、打倒肖华同志。周总理很生气，出来辟谣，说这是谣言。消息传到毛主席那里，江青很紧张，派人连夜覆盖大字报。我们以为这事已平息下去，便未再追究。

　　1月19日下午，在京西宾馆召开军委碰头会。会上，围绕军队要不要开展"四大"的问题，叶剑英、聂荣臻和我，与江青、陈伯达、康生、姚文元争论起来。他们认为军队不能搞特殊，应和地方上一样，开展"四大"。我们则认为军队是无产阶级专政的柱石，战备任务很重，和地方不同，不能搞"四大"。争来争去，僵持不下。这时，叶群说她要发言，只见她从口袋里掏出一份发言稿，念了起来。内容是什么呢？批判肖华。她说：肖华反对林副主席，破坏文化大革命，必须公开向军队院校师生作检查等。陈伯达、江青在一边帮腔，说了肖华同志许多坏话。江青说，肖华是总政主任，发文件，把总政和军委并列，是什么意思？还有几个人发言批肖，也都有讲话稿。显而易见，这次"批肖"，是江青、叶群等人会前预谋的，对我们搞突然袭击。因军委从未讨论过批判肖华的问题，我们又不知道江青、叶群代表谁的旨意，事关重大，所以我在散会时郑重宣布：今天的会议要严格保密，不准外传，这是一条纪律。

但散会后，杨勇同志回北京军区作了传达，风漏出去了。总政副主任袁子钦的记录本未保存好，被群众组织偷看，知道了会议内容。于是，当晚北京军区战友文工团和总政文工团的一些人，便抄了肖华的家，抢走不少文件。肖华同志从后门走脱，跑来找我，因见我家门口有两卡车群众，又转到傅钟同志那里，坐车去西山住下，才免遭揪斗。我得知这些事后，当晚令全军文革立即追查。发现杨勇传达了会议内容，我打电话找他，他表示诚恳接受教训。

次日上午，继续在京西宾馆开军委碰头会。杨勇同志来到后，我又当面说了他。江青阴阳怪气地问道："总政治部主任怎么不见了？他躲到哪里去了？"在那里火上加油。这时，肖华来了，并讲了昨晚被抄家的经过。我气得拍了桌子，茶杯盖子摔到了地上。叶帅气愤地说：肖华是我保护起来的，如果有罪，我来承担！他也拍了桌子，把手骨都拍伤了。所谓"大闹"京西宾馆的事件，就是这样。事后，成了"二月逆流"的一条主要"反党罪行"。

接下来又发生揪斗杨勇同志的事件。北京军区政委廖汉生因所谓"二月兵变"问题被揪出后，杨勇同志主持军区的工作，担子很重，也很尽职，有事及时向我们请示报告。杨勇是个好同志，是员战将。对党忠诚，待人诚恳，善于团结干部，对下级从来不摆架子，不论在战争年代或和平建设时期，均作出了重要贡献。1月间，叶剑英同志忽然告诉我说：杨勇恐怕保不住了。我问他是怎么回事？他说：上峰的意思，对杨勇要"烧而焦"。我猜想，这位"上峰"大概是林彪。因为我听林彪说过，杨勇从来不单独向他汇报工作，每次通知他汇报，他都拖上廖汉生一起去。还说：杨勇对反彭黄不积极。这就说明林彪早就记了杨勇的账，一直耿耿于怀。杨勇同志传达批判肖华的会议内容，恰好给林彪以收拾他的借口。我们批评杨勇，要他检讨，目的是帮他"过关"。可是，林彪一伙不会放过他的。京西宾馆的会议刚刚结束，北京军区的"造反派"就掀起了揪斗、打倒杨勇的浪潮。1月23日，战友文工团一些人来我家门口，高呼"打倒杨勇"的口号，要我接见、表态，不接见就不走。我接见他们，说：杨勇同志有错误可以揭发，但要掌握政策，"烧而不焦"，不能打倒他。但那时说这些话，根本没有人听，已经不起作用了。

全军文革成立时，林彪曾规定：全军文革属军委和中央文革双重领导，主要是中央文革领导，有事要先请示中央文革，然后报告他。我上任之初，针对各单位乱揪乱斗领导干部的不正常状况，请出顾问江青来，陪我去讲话，保干部，不准乱揪乱斗。去了两三次，江青就不干了，她说："这样下去，我变成军队的消防队了！"以后连我的电话都不接。你要找她，工作人员不是说她不在，就是说她刚吃完安眠药入睡。全军文革向中央文革请示问题，不论书面的或电话的，犹如泥牛入海，有去无回。林彪更鬼，躲在家里观察动静，极少出面答复问题。

叶剑英是军委秘书长，我是全军文革组长，被推在第一线，"坐蜡"的是我们，还有徐立清、李曼村等同志。当时，军队乱得一塌糊涂。各大军区的主要领导同志纷纷来京，住在京西宾馆"避难"。驻京部队的许多领导干部，有的被一派揪走，有的被一派藏起，不知下落。各地的"造反派"无法无天，到处哄抢档案、查抄文件、冲击军事机关、抢劫武器弹药……军队指挥失灵，无法担负战备任务，我们叫天天不应，叫地地不灵，当然着急。为了应付这种混乱状况，我和叶剑英、聂荣臻同志多次开会研究，有几次还请陈毅和刘伯承同志参加，大家除了担心、气愤之外，想不出什么扭转局势的良策。那时，离开中央文革和林彪，军委对重大问题不能作出任何决定；即便就一些具体问题作了决定，又有谁听你的！

连续发生批判肖华、揪斗杨勇的事件后，我们心急如焚，几次打电话找林彪，他都不见。我实在憋不住了，干脆去"闯宫"。1月24日晚饭后，坐车直趋林彪住地毛家湾。林彪的秘书见我突然到来，不便阻挡，领我去会客室，林彪、陈伯达正在交谈。我开门见山，向林彪讲了目前军队的混乱状况，说：军队要稳定，这样乱下去不行，要搞几条规定，如不能成立战斗组织、不能随意揪斗领导干部、不准夺权等。林彪连连点头，说：是的，军队不能乱，我同意军委发一个文件。当即由他口述，秘书记录，整理了七条。接着，他说请叶、聂来研究一下。陈伯达便起身告辞。叶、聂来后，都赞成七条。确定由叶、聂和我去钓鱼台，征求中央文革的意见。我还特意打电话给陈毅同志，请他到钓鱼台开会，多一个人多一份力量嘛。

我们到钓鱼台，中央文革的人都在，陈伯达也在。他们把周总理也请来了。我讲了产生这个文件的因由，让人念了文件内容，经反复讨论获得通过。江青坐在一个角落里说："向前同志老了，不能工作了！"明显流露出她的不满情绪。我想，看来我刚上台，就要下台啦！陈伯达把文件塞到我的口袋里，对我说：已经通过，你快点走吧！我便起身告辞，将文件送到林办，回家已经是凌晨4时了。"七条"送到毛主席那里审批，毛主席提议交住京西宾馆的各大军区负责同志讨论一下，征求意见。大家讨论中，鉴于昆明军区曾反映过有的高干子女参与抄民主人士的家，影响不好，建议增加一条严格管教子女的内容。我们采纳，"七条"遂变成了"八条"。1月28日下午5时，林彪和我一起去中南海将"八条"送毛主席审批。毛主席完全同意，当场批示："所定八条，很好，照发。"林彪拿到批示后，对毛主席说："主席，你批了这个文件，真是万岁万岁万万岁啊！"据我观察，林彪当时有自己的算盘。他是国防部长，主持军委工作，军权在握，军队大乱特乱，向毛主席交不了账，对他不利嘛！

回来我们即以"军委八条命令"正式下达文件。具体内容是：

一、必须坚决支持真正的无产阶级革命派，争取和团结大多数，坚决反对右派，对那些证据确凿的反革命组织和反革命分子，坚决采取专政措施。

二、一切指战员、政治工作人员、勤务、医疗、科研和机要工作人员，必须坚守岗位，不得擅离职守。要抓革命，促战备，促工作，促生产。

三、军队内部开展文化大革命的单位，应该实行大鸣、大放、大字报、大辩论，充分运用摆事实、讲道理的方法。严格区别两类矛盾。不允许用对付敌人的方法来处理人民内部矛盾，不允许无命令自由抓人，不允许任意抄家、封门，不允许体罚和变相体罚，例如戴高帽，挂黑牌，游街，罚跪，等等。认真提倡文斗，坚决反对武斗。

四、一切外出串联的院校师生、文艺团体、体工队、医院和军事工厂的职工等，应迅速返回本地区、本单位进行斗批改，把本单位被一小撮走资本主义道路当权派篡夺的权夺回来，不要逗留在北京和其他地方。

五、对于冲击军事领导机关问题，要分别对待。过去如果是反革命冲击了，要追究，如果是左派冲击了，可以不予追究。今后则一律不许冲击。

六、军队内部战备系统和保密系统，不准冲击，不准串联。凡非文化大革命的文件、档案和技术资料，一概不得索取和抢劫。有关文化大革命的资料暂时封存，听候处理。

七、军以上机关应按规定分期分批进行文化大革命。军、师、团、营、连和军委指定的特殊单位，坚持采取正面教育的方针，以利于加强战备，保卫国防，保卫无产阶级文化大革命。

八、各级干部，特别是高级干部，要用毛泽东思想严格管教子女，教育他们努力学习毛主席著作，认真与工农相结合，拜工农为师，参加劳动锻炼，改造世界观，争取做无产阶级革命派。干部子女如有违法乱纪行为，应该交给群众教育，严重的，交给公安和司法机关处理。〔23〕

关于毛泽东对军委"七条"的修改批阅情况，胡长水在《中央军委〈八条命令〉的产生》一文中说：

1月25日，林彪将"七条"呈送毛泽东审阅，并给毛泽东一信，报告了"七条"产生的过程。

毛泽东对林彪的信和"七条"十分重视，审阅得十分认真，在林彪的信上多处划了着重号。林彪在给毛泽东的信中，同时附有五个附件。这些附件同样引起了毛泽东的重视。

附件一是1月25日上午10时全军文革办公室一工作人员的电话记录，内容是："乌鲁木齐第二造反司令部、军区步校造反团、新疆军区参加五大的代表共五六百人，1月23日到司令部大楼，要开大会，罢官夺权。"

附件二是1月25日上午，南京军区许世友司令员及其秘书的电话记录。9时，许世友的电话内容是："现在军区很乱。全国三军院校各造反团体，都在南京闹。军区3个常委被罚了跪，政治部正副主任被罚了跪，后勤部正副政委被拳打脚踢。司令部把张才千副司令抓走了，现在下落不明。"10时，许世友秘书报告了"昨天下午，军区首长被罚跪、撕掉帽徽、领章"的具体人员名单。这个电话记录引起了毛泽东的很大关注，多处都划了杠杠。

附件三是1月25日下午1时40分南京军区王必成副司令员的电话记录，内容有二：一、许司令来电话说，可调一个营的部队，保护军区机关，如果有坏人来搞，可以自卫。二、如果有人来搞我们军区的指挥所，如何处理。

附件四是邱会作给林彪、叶群的信和邱会作老婆胡敏的电话记录，反映了邱会作被总后造反派揪斗的情况。

附件五是前述徐向前于25日上午10时给林彪的信。

无疑，部队反映的情况是严重的，发布"七条"命令是军队高级领导人的一致意见，这和两天前军委碰头会扩大会上军队领导干部的情绪、思想是一致的。为了使部队能保持一种战备的状态，也为了使"文化大革命"能比较稳定地进行，毛泽东对"七条"采取了支持的态度。1月26日，毛泽东作了批示："所定七条，很好，照发。"并在林彪的信上作了旁批："附件都已看过。"同时毛泽东还以"又及"的形式作了补充："再加上一条关于管教干部子女问题……冲击领导机关问题。过去如果是反革命冲击了，要追究，如果左派冲击了，不追究。今后右派冲击，要抵制，左派冲击，要欢迎。此文件经过讨论修改后，再发出。来北京开会的同志，停一周后再回去。"

根据毛泽东的意见，经过在京的军队领导干部的认真讨论，"七条"很快修改成"八条"。新增加的第八条的内容是："各级干部，特别是高级干部，要用毛泽东思想严格管教子女，教育他们努力学习毛主席著作，认真与工农相结合，拜工农为师，参加劳动锻炼，改造世界观，争取做无产阶级革命派。干部子女如有违法乱纪行为，应该交给群众教育，严重的，交给公安和司法机关处理。"同时，第五条修改为："对于冲击军事领导机关问题，要分别对待。过去如果是反革命冲击了，要追究，如果是左派冲击了，可以不予追究。今后右派冲击，要抵制，左派冲击，要欢迎。"1月28日，毛泽东、周恩来审阅了修改稿。在修改稿上，毛泽东又将第五条的"今后右派冲击，要抵制，左派冲击，要欢迎"，修改为："今后则一律不许冲击。"同时，将打印稿上的"所定七条，很好，照发"的"七"字改成"八"字，变成"所定八条，很好，照发"。原落款的"一月二十六日"的"六"字，改为"八"字，变成"一月二十八日"。第二天，军委

《八条命令》发出。军委办公厅在通知中要求广为张贴，并要印成材料，做到每个指战员人手一份。[24]

林彪、江青、康生等人搞乱全国、搞乱全军的举动，引起人们的普遍不满。一些老一辈革命家挺身而出，爆发了"二月抗争"。他们提出一连串令人不解、又引人深省的问题，集中到一点，就是还要不要党的领导。

亲身参加这场抗争的徐向前回忆说：

1967年2月8日开始，周恩来同志在怀仁堂召开中央政治局碰头会议，吸收有关负责人参加，研究"抓革命，促生产"问题。出席会议的有：周恩来、李富春、陈毅、叶剑英、徐向前、聂荣臻、谭震林、李先念、余秋里、谷牧、陈伯达、康生、张春桥、姚文元、王力、关锋等。规定每两三天开一次会，时间在下午。会上，以我们这些老同志为一方，中央文革陈伯达、康生等人为一方，展开了激烈斗争。

那时，地方上的混乱程度比军队更甚。"造反派"全面夺权，大批老干部被打倒，国务院系统受到猛烈冲击，国家政治和经济生活，已处于瘫痪状态。老同志不约而同，憋着一肚子气，忧党忧国忧民嘛。19日的会上，我和陈伯达为刘志坚的问题争论起来。他说刘志坚是"叛徒"，对抗中央文革，破坏"文化大革命"。我听了很反感，觉得他是无中生有，信口雌黄。因为刘志坚在冀南打游击时，虽曾受伤被俘，但于第二天押解途中，即被我军抢回，根本不存在叛变问题。此事冀南根据地一二九师的许多同志都清楚。我对他讲了这个情况，说"刘志坚不是叛徒。"陈伯达竟蛮横无理地说："刘志坚叛徒的案已经定了，再也不能改变了！"我气愤地质问他："你凭什么给他定案？没有证据怎么定案？"我还针对他前几天在三座门一次接见群众时，曾假惺惺地说"我不光保你们也得保徐向前"的话，拍着桌子问他："谁要你保，我有什么要你保的？"11日下午继续开会，叶剑英同志在发言中强调军队不能乱，成立战斗组织不好。他质问陈伯达、康生、张春桥："你们把党搞乱了，把政府搞乱了，把工厂、农村搞乱了，还嫌不够，还一定要把军队搞乱啊！"我说："军队是无产阶级专政的柱石，军队这样乱下去，还要不要支柱？如果不要，我们这些人干脆回家种地去！"会议不欢而散。

16日的会议是斗争高潮，我没有参加。会后看到简报，知道了会议内容。

那天的会议，本来是准备研究地方上"抓革命，促生产"问题的。正式开会前，谭震林同志要张春桥保陈丕显，张借口要回上海后同群众商量一下再说。谭就冒火了，说："什么群众，老是群众群众，还有党的领导哩！不要党的领导，一天到晚，老是群众自己解放自己，自己教育自己，自己搞革命。这是什么东西？这是形而上学！"你们的目的，就是要整掉老干部，你们把老干部，一个一个打光，把老干部都打光。老干部一个一个被整，40年的革命，落得家破人亡，妻离子散。"黑五类，有人讲话；高干子弟，怎么没人说话！高干子弟往往挨整，见高干子弟就揪，这不是反动血统论是什么？这是用反动的血统论，来反对反动的血统论。这不是形而上学吗？"又说："蒯大富，是什么东西？就是个反革命！搞了个百丑图。这些家伙就是要把老干部统统打倒。""这一次，是党的历史上斗争最残酷的一次。超过历史上任何一次。""江青要把我整成反革命，就是当着我的面讲的！……我就是不要她保！我是为党工作，不是为她一个人工作！"这时，谭震林拿起文件、衣服，要退出会场，说："让你们这些人干吧，我不干了！""砍脑袋，坐监牢，开除党籍，也要斗争到底！"周总理要谭回来。陈毅同志说："不要走，要留在里边斗争！"谭震林才没有退出会场。

接着，陈毅说："这些家伙上台，就是他们搞修正主义。"又讲了延安整风，说他和周总理当时都挨过整。还说："斯大林不是把权交给了赫鲁晓夫搞修正主义了吗？"余秋里同志也拍了桌子，说："这样对老干部，怎么行！计委不给我道歉，我就不去检讨！"因谢富治一再插话，说什么中央文革经常保谭震林，李先念同志说："你不要和稀泥！"又说："现在是全国范围的大逼供信。联动怎么是反动组织哩，十七八岁的娃娃，是反革命吗？"还说："就是从《红旗》13期社论开始，那样大规模在群众中进行两条路线斗争，还有什么大串联，老干部统统打掉了。"谭震林同志说："我看10月5日的紧急指示，消极面是主要的。"

这次会议，康生、张春桥、谢富治等人坐在"被告"席上，狼狈不堪。会后，张春桥、王力、姚文元去向江青汇报，炮制了份黑材料，向毛主席告我们的状。我后来听说，毛主席开始听了，只是笑笑，没说什么。当听到16日陈毅同志关于延安整风问题的说法时，变了脸色，说：难道延安整风也错了吗？还要请王明他们回来吗？后来还说什么，那就叫陈毅上台，我下台，我和林彪上井冈山，江青枪毙，康生充军去！政治局常委碰头会上连续发生激烈争论，江青一伙恶人先告状，把周总理搞得很被动。

毛主席对"大闹"怀仁堂事件表了态，江青一伙得意忘形。接着即在中南海召开政治局生活会，批判我们，开了个把星期。康生首先拿我开刀，气势汹汹地说："军队是你徐向前的？"同时，在社会上掀起反击"二月逆流"的浪潮，"炮轰""火烧""打倒"所谓"二月逆流的黑干将"，成立揪谭、揪陈联络站，还要"揪出二月逆流的黑后台！"谁是"黑后台"？显然是指周总理。陈伯达在3月份于京西宾馆召开的一次会上说：徐向前是打头炮的！还说："二月逆流"打乱了毛主席的战略部署，毛主席原来设想"文化大革命"在1967年2月、3月、4月要看出个眉目，但他们把运动打下去了。此后，周恩来同志主持的政治局碰头会议，干脆被取消。

1967年3月24日，肖华"过关"后，确定由他主持全军文革的工作。听到这一决定，我真是谢天谢地。担任全军文革组长不到3个月，弄得我焦头烂额，昼夜不得安宁，每天抽两盒烟都不够，比过去打仗还疲劳。不干这份差事，正合我意。

卸掉全军文革的包袱，本以为会轻松些，其实不然。接踵而至的，是大规模反击"二月逆流"，一浪接一浪，压得人透不过气来。

1967年4月上旬，决定召开军委扩大会议。各总部，各军兵种，各大军区负责同志及中央文革的康生、陈伯达、谢富治、关锋等，均出席会议。有天晚上，在人民大会堂，周恩来同志对叶剑英、聂荣臻和我说，由于三支两军是仓促上阵，大家没有思想准备，没有经验，难免犯错误。这次开会，着重总结前一段的经验教训，以利改进工作，不辜负毛主席对部队的期望。还说：不要追究个人责任，希望大家共同努力，把会议开好。7日下午突然通知，要我8日在大会上作检查。我说：那也得做点准备嘛，明天不行，推迟两天吧。这时才明白，中央文革和林彪等人，要联合起来整我。11日下午，我在大会上作了检讨发言，内容无非是担任全军文革组长的近3个月里，思想上怕乱，跟不上形势，工作没有做好；对毛主席的三支两军指示，领会不深，贯彻不力，像青海、四川、内蒙古、福建、河南等地发生的事件，认为自己管不了，也不想去管；军内共抓了700多人，取消战斗组织100多个，打击了"造反派"；积极争取中央文革的支持、帮助不够，有抵触情绪；等等。陈伯达、康生、关锋等人在大会上讲话。肖华同志主持会议，也讲了话。陈伯达调门最高，给我扣上"刘邓资产阶级反动路线的总代表""对抗中央文革""搞独立王国"等帽子。谢富治发了脾气，说你的问题远不止这些。我说："富治同志啊，错误路线我都承认了，你还要怎么样啊！难道还要把我打成叛徒、特务吗？"12日至16日是小组发言，天天出简报，罗织我的"罪状"，无限上纲上线。康生、关锋、黄永胜、吴法宪、邱会作等人，在小组里审来审去，煽风点火，说我的检讨"没有触及灵魂""不像样子""极不深刻"。康生说："徐向前算什么？他代表谁？能代表解放军啊！"还说："徐向前带头冲击林副主席住地。"（指1月24日我去林彪家一事）会内会外配合，社会上"反击二月逆流"，打倒陈、徐、叶的大标语，满街张贴。16日、17日两天，军内"造反派"200多人，两次抄我的家，门窗玻璃被砸碎，室内翻得一塌糊涂，将我保存多年的资料、信件、作战日记抢去不少。抄家前我在家里，一点消息也不知道。幸好叶剑英同志关心我的安全，听到点风声，晚上打电话来，要我去西山，这才免遭揪斗。

住在西山，"闭门思过"，心绪不佳。看看书报、文件，散散步，有时和叶帅、聂帅聊聊天。7月间，武汉"七·二〇事件"发生。我又变成陈再道、钟汉华的"幕后操纵者",武汉事件的"黑后台"。其实,天晓得,我住在西山,与外界隔绝,怎么会去制造武汉事件呢?"打倒徐向前"的浪潮,又一次掀起。叶群公然对三军"无产阶级革命派"的负责人说:"徐向前还有什么值得保的嘛!"他们把陈再道、钟汉华等同志揪到北京批斗,追查和我的关系,结果什么也没捞着。7月29日夜,清华大学蒯大富手下的一批人,又抄了我的家,抢走五铁柜机密文件。我的秘书向周总理办公室报告后,总理指示:(一)所进人员全部撤走;(二)保证徐向前同志及其家属子女和工作人员的安全;(三)东西一律不准拿走,已抢走的文件柜和材料责成卫戍区到清华大学全部追回。这样,抄家的风波才告平息。

"八一"建军节在即,"二月逆流"的成员和一些被揪斗的老同志,能否出席"八一"招待会,亮亮相,成了斗争焦点。周恩来同志用心良苦,坚持几个老帅和尽可能多的老干部出席,而林彪、江青等则极力反对。7月31日下午5时左右,周总理打电话给叶帅,让他转告我,准备出席招待会。剑英在电话里对我说:总理说出席招待会的名单,讨论了一下午,争论不休,他准备请示毛主席,待主席决定后正式通知。过了一会儿,剑英来到我的住处,还带了个理发员来,要我一边理发,一边等通知。刚理完发,总理来了电话:毛主席指示,今天的招待会,朱德要出席,徐向前要出席,韩先楚也要出席。剑英接完电话,高兴地说:为了保证安全,总理亲自布置了你的行车路线,加强了沿线警卫。我出席招待会回来,黄杰说,你刚刚走,总理就来电话,问走了没有?他还说:"你和徐帅要多多保重啊!"患难见真情。周总理和剑英对我无微不至的关怀,使我深受感动。[25]

一波未平,一波又起。1967年7月20日,在毛泽东巡视湖北期间,又发生了"陈再道事件"。中央文革小组乘机再次搞乱军队,掀起"揪军内一小撮"的狂潮。

从1967年7月到9月,毛泽东先后视察华北、华南和华东地区,意在约束动乱局面,制止派别斗争。他多次发表讲话,号召实现革命的大联合,正确地对待干部,扩大教育面,缩小打击面。这对稳定局势起到一定的作用。

然而,也正在这时,唯恐天下不乱的林彪、江青、康生等人又抓住毛泽东坐镇武汉解决湖北地区两派对立纠纷的机会,先是通过谢富治、王力作打一派、拉一派的讲话,然后又推波助澜,扩大事端,终于酿成围困中央文革小组代表王力和数十万军民示威游行的武汉"七·二〇事件"。

陈再道将军曾经回忆起毛泽东视察湖北以及所谓的武汉"七·二〇事件"。他说:

"走,到武汉去,保陈再道去!"这是在发生"七·二〇事件"前夕,毛泽东对周恩来说的话。

为了说清事情的缘由，我还得从头讲起。

按照6月26日中央文革小组办事组和全军文革小组办公室的电报，"将请武汉军区和各派群众组织的代表来京汇报"的精神，军区领导同志经过研究，立即让各派群众组织选出了代表，军区也确定了赴京人员名单，很快做好了赴京汇报的准备工作。

7月初，我给周恩来总理打电话，电话很快就接通了。

我在电话中汇报说，近20多天以来，经过"支左"人员的工作，武汉没有发生什么事，两派之间的武斗已经停止，武斗器械也上交了。

周恩来说，好，这样有利于武汉问题的解决。

我接着说，按照6月26日的电报精神，各派群众组织已经选出代表，军区也确定了赴京人员名单，作好了赴京汇报的准备，可以到北京解决问题了。

周恩来说，等我们研究以后，再打电话告诉你们。

这期间，周恩来曾对办公室的秘书们说，陈（再道）、钟（汉华）可以控制武汉的局势，解决武汉问题，依靠力量还是武汉军区。

我给周恩来打完电话，又过了七八天，大约在7月10日，周恩来打来了电话。

他在电话中告诉我们，各派群众组织的代表，可以不到北京来了，我们要到武汉去，在武汉解决问题。

他在电话中还说，主席可能要到武汉游泳，要我们作好准备。

接完电话，我们立即着手进行各方面的准备，对于各群众组织的渡江活动，也一一作了安排。

后来得知，毛泽东此行，要视察大江南北，要到长江游泳。

我们作好准备之后，等待着中央首长的到来。可是，他们的具体到达时间却迟迟没有接到通知，不知这是为了什么？

直到7月14日早晨，我们才接到武空刘丰的电话。他说，周总理早晨已到武汉，现在武汉空军休息，让我们到武汉空军来。

接完电话，我心里很纳闷：周恩来总理来武汉，是吴法宪安排的飞机，不知他们为什么有意不让我们事先知道？直到周恩来总理提出要见我们，武空的刘丰才给我们打电话。

我们到武汉空军驻地得知，随同周恩来到武汉的，还有李作鹏和海军、空军的作战部长。

一进门，只见周总理正在用早餐。他看我们急匆匆赶来，猜定我们没吃早餐，就连忙吩咐接待人员，给我们拿来了餐具，让我们一起用早餐。

周恩来边吃边问："东湖怎么样？"

我回答说："东湖宾馆乱得很！服务人员分成了两派，把房子搞得不像样子了。"

周恩来点了点头，说："把它打扫出来。"

周恩来吃罢早餐，就先到东湖宾馆去了。后来得知，周恩来到武汉，是为毛泽东打前站的。毛泽东来武汉后，要住在东湖宾馆。

等我们随后赶到东湖宾馆，周恩来已把两派服务人员召集起来，动员他们赶快行动，把房子打扫出来。

周恩来非常会做群众工作。那天讲的话并不多，很快就把冤家对头的两派说服了，说笑了，忙着分头去寻找工具，高高兴兴地打扫房间去了。

当时，看见周恩来亲自做这些琐事，我真是从心眼里过意不去。可是，当时地方机关处于瘫痪状态，我们事先又没有得到任何通知，无法对住房问题作出安排。

到了中午，谢富治和王力带着北航"红旗"的四个造反派，也由成都赶到了武汉。还有一些同志与他们同行来到武汉。

当天晚上，毛泽东到达武汉。

毛泽东住在东湖宾馆的梅岭一号，周恩来住在百花一号，谢富治和王力则住在百花二号。

一切都安排停当了，我们才算喘了一口气。

由于东湖宾馆的服务人员分成两派，这使我们对毛泽东、周恩来的安全十分担心。

为了工作方便和在安全方面不出意外，我和钟汉华经过商量，也搬到了东湖宾馆乙所。这是一排平房建筑，地点在南山附近。我和钟汉华住在那里，可以随时处理可能出现的意外情况。

据说，周恩来亲自为毛泽东打前站，是为了保证毛泽东的安全。同时，他还想借机会了解一下武汉的情况，通过武汉军区的努力，做好两派群众组织的工作，尽快地促进他们大联合，稳定武汉地区的局势。这样，既为毛泽东横渡长江创造了条件，也可以利用毛泽东在武汉的机会，把武汉的问题解决好。这对于解决好其他省的问题，对于稳定全国的形势，无疑都有很大的推动作用。

在安排好住处和警卫工作之后，周恩来把我和钟汉华叫到了他的住地百花一号，让我们作好汇报的准备，并语重心长地告诉我们："要你们作检讨，不是要打倒你们，而是要保你们……"

周恩来看我们思想不通，情绪不好，又给我们进一步解释说："我们临行前，主席对我说，'走，到武汉去，保陈再道去。'你们放心吧，不要有顾虑。"

那时候，我并不是怕丢掉乌纱帽，而是真的想不通错在哪里，听了周恩来的话，我表示一定如实汇报情况，听从党中央作出的一切决定。

这一夜，我住在东湖宾馆乙所，只觉得脑子里头乱成了一锅粥。武汉的实际情况，周恩来的谈话，轮番出现在我的眼前，响在我的耳边，搅得我一夜没有合上眼。

7月15日和16日的两个上午，毛泽东召集周恩来、谢富治、王力、李作鹏等，在梅岭一号开会，听取谢富治、王力汇报云南、贵州、四川和武汉问题，议论解决武汉问题的方针、办法。

对于如何处理武汉问题，毛泽东最后指示：要给"工人总部"平反，把朱鸿霞放掉。"百万雄师"是群众组织，让谢富治、王力派出专人，做好他们的工作。军区对两派都要支持。陈再道支持造反派，造反派会拥护陈再道。并让周恩来在武汉多留几天，做好武汉军区的工作。

从7月15日开始，一直到7月18日，在每天下午的时间里，周恩来召集武汉军区的领导同志及驻武汉部队师以上"支左"单位的负责同志，在百花一号开会，听取了武汉地区"支左"情况的汇报。谢富治、王力一直参加了这个汇报会。随同毛泽东来武汉的一些同志，在我们汇报的时候，时来时走，进进出出，没有参加汇报的全过程。

到7月18日下午，我们的汇报全部结束。周恩来发表了总结讲话，据说，周恩来的这个讲话提纲，是他自己亲手拟定的。并且，经过毛泽东审阅。

周恩来表情严肃地说，武汉军区在"支左"工作中有错误，甚至错误是很严重的。但是，责任由军区主要领导同志来承担。建议陈再道、钟汉华同志，主动承认在"支左"工作中犯了方向路线错误。

接着，周恩来说，军区要给"工总"平反，迅速放掉朱鸿霞，支持造反派。估计"工总"起来之后，可能对"百万雄师"进行报复，这个工作由中央来做。

周恩来继续说，军区要对部队进行教育，各群众组织都要进行整风，好好学习，提高认识，认真执行中央的指示。

周恩来在讲话中，还肯定了军区抓革命、促生产的成绩，并主动为武汉军区承担责任。他说军区决定解散"工总"是受了他一次讲话的影响。

最后，周恩来还苦口婆心地说，文化大革命是史无前例的，没有经验，因此犯了错误。错了就检查，就改正，改了就好……

听了周恩来的讲话，我深深地受到感动，更加了解了周恩来总理。我觉得周恩来品格高尚、胸怀豁达，特别是那严于律己、宽以待人的话语，是我终生难以忘记的。

7月18日晚上，周恩来带领我和钟汉华来到了毛泽东的住地梅岭一号。毛泽东正在客室里等候。谢富治、王力也在客室里，坐在毛泽东的对面。

毛泽东一见我们，和我们一一握手，让我们坐在他的旁边，问道："你们怎么样呀？武汉的形势还不错嘛！"

"我们不承认犯了方向路线错误。"我这个人有话就直说，不会藏着掖着，也不会拐弯抹角。由于当时我的思想不通，说话时有点气呼呼的。

"方向路线错误怕什么？现在他们一提就是方向路线错误，都是方向路线错误。"毛泽东笑着解释说。

"要是犯了方向路线错误，我们马上开大会检查。"听毛泽东这么一说，我的沉重的心情轻松了许多，赶忙向他表态。

"那可不行，你可不能开大会。你一开大会，就下不了台了。你就写个东西，到处去发。"毛泽东笑着给我们出主意。

这时候，坐在我们对面的谢富治，莫名其妙地摆了摆手。我们不知道他是什么意思，继续听毛泽东谈话。

毛泽东嘱咐我们："要做好工作，慢慢来，不要着急，首先把部队的工作做好，把'百万雄师'的工作做好。"

我直来直去地说："中央文革有威信，解决武汉问题，希望中央文革能讲话。"

坐在我们对面的王力，以为我是在将他的军，一副满脸不高兴的样子，说："'百万雄师'就不听中央文革的。"

毛泽东明白了我的意思，说："他们要打倒你们，我要他们做工作，要做到不仅不打倒你们，而且要做到拥护你们为止。"

毛泽东讲到这里，告诉谢富治和王力，要设立一个接待站，专门接待群众组织来访，做好思想工作。

谢富治和王力阳奉阴违，当着毛泽东的面，他们一一点头称是，后来并没有去落实这项工作。

毛泽东还说："武汉的形势还不错嘛！你们想一想，一个工厂，这一派是革命的，那一派就不革命，你们相信吗？"

毛泽东停顿了一下，又说："在工人阶级内部，没有根本的利害冲突。在无产阶级专政下的工人阶级内部，更没有理由一定要分裂成为势不两立的两大派组织。"

大约到10点钟，我们告别了毛泽东。他很客气地把我们送到走廊上。

这时候，正巧遇到几位服务人员站在走廊里。毛泽东一看见他们，就把他们招呼过来了，要他们一一同我们握手。

毛泽东笑着对他们说："再不能打倒你们的司令了吧？我是不打倒他的。"

接着，毛泽东又对我说："他们要打倒你，我要他们不打倒你！"

大家听了毛泽东的话，在互相握手的同时，都忍不住地笑了起来。

在我们离开梅岭一号的时候，周恩来也要乘飞机离开武汉。我们送周恩来上了车，然后信步向乙所走去。

我在回乙所的路上，回想着毛泽东的谈话。当时，尽管我领会了他的谈话精神，知道他是不主张打倒我的，从心眼里感激他的一番好意，但是，对于为什么说我们"犯了方向路线错误"，我仍然没有真正从思想上搞清楚。在路上，我还琢磨着，谢富治摆手到底是什么意思，一路上也没想出个头绪……

……

就在7月20日上午，林彪避开回到北京的周恩来，亲自给毛泽东写了一封信。写完信，叶群叫秘书把信送给戚本禹修改，并让秘书转告戚本禹：这封信是林彪的意思。

戚本禹看完这封信后，觉得"这是大事"，不敢擅自做主，就找到陈伯达、关锋一起修改。最后，在这封信的落款之处，不知为什么，竟签上了江青的名字。

经过林彪、江青的一番策划，决定派邱会作、张春桥分别乘专机飞往武汉、上海。在邱会作临行前，江青向他交代说："你的脑袋在，这封信就要在！"邱会作听了江青的话，为了防止万一出现情况，把这封信放在贴身的汗衫内，于下午两点10分赶到武汉。乘另一架专机的张春桥，也于下午4点20分赶到上海，精心安排了如何"迎接"毛泽东。

邱会作赶到武汉之后，立即展开了"外围战"。他先在毛泽东身边的工作人员中，商量毛泽东转移到哪里最合适。由于邱会作早已胸有成竹，商量的结果自然是把毛泽东转移到上海最安全。

下午5点多钟，邱会作见到了毛泽东，说明来意，他把那封信交给了毛泽东。他还告诉毛泽东，外面形势不好，林彪、江青为毛泽东的安全担心，请毛泽东转移到别的地方去。

毛泽东打开那封信，一边看信一边笑了。显然，毛泽东是将信将疑的，对于是否立即由武汉转移，一时没有拿定主意。如果走，到哪里去？是到长沙？是到上海？还是到南昌？

一直拖延到晚上8点多钟，毛泽东才同意去上海。

翌日凌晨两点钟，毛泽东坐着武汉空军的汽车，在武空刘丰等人的秘密护送下，离开了东湖宾馆梅岭一号，踏上了赴上海的行程。

在即将离开武汉前，毛泽东又问邱会作，为什么要从武汉转移？想到长江去游泳，现在也游不成了……

从这些话可以看出，毛泽东是不情愿离开武汉的。

他们给毛泽东的那封信，到底写的是什么内容，一直是个不解之谜。

到了1974年，张春桥在空军的一次讲话中，才不打自招地道出实情。他说毛泽东到上海后，一夜没有睡觉，把身边的人叫来说，不是他们说的那样吧？如果陈再道搞兵变，我们走得出来吗？这都是他们搞的，我在那里，为什么不和我通气呢……

十年之后，我在一本书上看到，当时毛泽东在上海，一天夜晚散步时，又对一位陪同他的同志说过类似的话。书中是这样写的：

"毛泽东同志问：'你认识陈再道吗？'

'原先不认识，新中国成立之后才认识的。'

'他会反对我吗？'

'军队的老同志都是跟你干革命的。'

'是啊，我想，陈再道也不会反对我。他要反对我，我们就从武汉出不来了'。"

看来，当时毛泽东谈这个问题的具体情况，似乎是无法进行考证了。但他对武汉"七·二〇事件"的看法，大概不会错。

我想，当时毛泽东对林彪、江青等人是存有戒心的。如果毛泽东没有戒心，同意林彪、江青等人的"兵变"之说，那么，这件事的后果将是不堪设想的。

……

然而，不管林彪、江青等人对"揪军内一小撮"的口号怎样推崇，还是很快受到了毛泽东的严厉批评。

当初，中央文革小组开会研究"七·二〇事件"的宣传口径时，康生曾经穷凶极恶地叫嚷："为什么不能提军内一小撮？"并亲口告诉王力说，他打电话给汪东兴，请示了毛主席，毛主席同意开欢迎大会，也同意"军内一小撮"的提法。

8月1日，《红旗》杂志发表了由关锋主持起草、王力看过以后经陈伯达签发的两篇社论，内容都是煽动"揪军内一小撮"的。

8月中旬，毛泽东看了这两篇社论，批示这两篇社论是"大毒草"。同时，在林彪送审的下发部队的文件上，划掉了多处"军内一小撮"的字样，并批示"不用"两个字，退给了林彪的办公室。

毛泽东的批示传来，林彪、江青等人慌作一团。

叶群把毛泽东退回的文件，悄悄地锁进了保险柜。然后，让林立果给江青写信，说明"红尖兵"文章中"揪军内一小撮"的提法，是后来别人加上去的。

江青和康生也找到了"理由"。他们先说《红旗》上发表的两篇社论，是陈伯达负责签发的，主要责任在陈伯达身上。

后来，毛泽东要追究责任，他们又觉得推到陈伯达身上不妥，江青便改变口气说，不能错误人人有份，不能怪陈伯达，想把责任往下推。而康生更是出尔反尔，赖得一干二净。他说在请示毛主席时，毛主席只同意开欢迎大会，根本就没有同意过"军内一小撮"的提法，声称"军内一小撮"的提法是王力等人私自提出来的……[26]

毛泽东巡视大江南北前后，全国政局跌宕起伏，险象环生。但是，最后的结局仍然使林彪、江青一伙损兵折将，不得不有所收敛。

穆欣回忆说：

那个时候，由于"一月夺权"掀起新的风暴以后，"文化大革命"不断地加温，整个运动像一匹脱缰的野马任性奔驰，完全失掉了控制。虽然林彪8月9日接见武汉军区新任司令员曾思玉、政治委员刘丰的时候，故意闭着眼睛瞎吹："这次文化大革命胜利很大，真是代价最小最小最小，胜利最大最大最大。"（毛泽东当时视察各地途中也说过"形势大好，不是小好"的话）。实际上，全国已经陷入空前的混乱状态。各地普遍出现打、砸、抢、抄、抓的歪风，林彪、江青挑起的武斗达到骇人的规模，大局已经失控，乱到"亲自发动和领导"这场"文化大革命"的毛泽东也驾驭不了的程度。正像以后毛泽东同斯诺谈话时说的那样："1967年7月和8月不行了，天下大乱了。"[27]因此，有人将这年的7月、8月、9月三个月叫作"失控的三个月"。内政、外交都已失去控制，整个形势到了崩溃的边缘。

周恩来和毛泽东曾经一再采取措施，想设法把局势稳住，但都没有取得预期的效果。这年6月6日，中共中央、国务院、中央军委、中央文革小组发出《通令》（即有名的《六·六通令》），严格规定："一、除国家专政机关奉命依法执行必要的逮捕拘留任务外，任何团体和个人，都不准抓人，都不准私设公堂和变相地私设公堂。二、各级党政军机关的档案文件和印章，任何团体和个人，都不准抢夺、窃取和破坏。……"《通令》共有7条，有1条专门规定"严禁武斗，严禁行凶打人"。

6月25日，《人民日报》在一篇文章的编者按中发表毛泽东的最新指示："必须善于把我们队伍中的小资产阶级思想引导到无产阶级革命的轨道，这是无产阶级文化大革命取得胜利的一个关键问题。"

7月18日，毛泽东在武汉视察，针对当地两大派工人组织的势不两立、武斗一触即发的严峻形势指出："在工人阶级内部没有根本的利害冲突。在无产阶级专政下的工人阶级内部，更没有理由一定要分裂为势不两立的两大派组织。"

但因林彪、江青一伙唯恐天下不乱，极力挑动内战，不论是党中央的"通令"，或是毛泽东的"最高指示"，全都失灵。7月20日，由于谢富治、王力在武汉不顾周恩来的指示，悍然宣布"武汉军区犯了方向、路线错误"，触发了"七·二〇"事件。25日在天安门广场举行号称百万军民的支持武汉"造反派"的群众大会，林彪在天安门城楼上对红卫兵"五大领袖"中的蒯大富、韩爱晶谈话，提出要批判"带枪的刘邓路线"。当天晚上，在新华社送审的会议新闻稿上，由关锋执笔，伙同康生加上了"坚决打倒党内军内一小撮走资本主义道路的当权派"，26日开始批斗武汉军区司令员陈再道；27日由王力、关锋起草的中央《给武汉市革命群众和广大指战员的一封信》中，开头就说："你们英勇地打败了党内、军内一小撮走资本主义道路当权派的极端进攻。"8月1日《红旗》杂志社论，公然鼓吹"揪军内一小撮"。从此开始，全国大揪军内一小撮、带枪的刘邓路线，各个部队都要抓当地的"陈再道"。北京红卫兵"三司司令"蒯大富向全国派出40多个"联络站""记者站"，策划冲击各大军区。与此同时，谢富治、戚本禹从7月份组织成千上万的造反派在中南海大门外搭设帐篷，"安营扎寨"，围困中南海，称作"揪刘火线"；戚本禹又在8月初煽动北京外国语学院和外交部系统的造反派，在外交部门前"安营扎寨"，静坐绝食，要揪出陈毅批斗，构成北京的两个动乱中心。8月7日，自吹"毛主席和总理要我过问外交部"的王力，向姚登山和外交部"革命造反联络站"代表发表煽动夺外交部大权的"王八七讲话"。他们还煽动一些人火烧了英国代办处。就在"王八七讲话"出笼的同一天，谢富治在公安部全体工作人员大会上公然发表了"砸烂公、检、法"的讲话，彻底破坏社会主义法制。公安部、检察院、法院都被"砸烂"了，进一步使全国各地陷于严重的动乱局面。

中央文革小组乃是这一切混乱的总根子。这个时候，要想稳定北京的局势，就必须对中央文革小组采取相应的措施。毛泽东在上海看到《红旗》煽动"揪军内一小撮"的社论，曾批示它是"大毒草"。周恩来把"王八七讲话"记录稿和整个局势的极端严重性报告毛泽东，敦促他下决心采取断然措施，结束这种乱到几乎不可收拾的局面。

毛泽东在上海接到周恩来的报告后，指示要追究责任，责成周恩来总理严肃处理。——5年以后，1972年6月28日毛泽东会见斯里兰卡总理班达拉奈克夫人的时候，提起这些事情来还很生气。他说："我们的左派是什么一些人呢？就是火烧英国代办处的那些人。今天要打倒总理，明天要打倒陈毅，后天要打倒叶剑英。这些所谓左派现在都在班房里头。""几年过去了，总后台的人现在也过去了，叫林彪。坐一架飞机往苏联去，其目的是想见上帝。"

1967年8月下旬，周恩来即照毛泽东的指示进行处理。在追查中发现，不只7月25日给武汉军民的公开信中写有"揪军内一小撮"，早在1月《解放军报》印发的《宣传要点》，便有"彻底揭露军内一小撮走资本主义道路的当权派"的话。这份《宣传要点》的清样上，排印有王力、关锋的名字。当时王力是中央文革新成立的宣传组负责人，兼有总政治部副主任头衔的关锋分管《解放军报》。江青和康生、陈伯达一伙，看到毛泽东的盛怒，决定采取"丢车保帅"的手段，抛出王力、关锋，把"八一"社论的责任推到王、关头上。

8月30日上午，关锋还想赖掉给武汉军民公开信中"揪军内一小撮"的责任，10点多钟，气急败坏地跑到中央文革办事组，"脸不是脸"地厉声质问王光宇、矫玉山："你们好大胆子，你们把文件自己改了？"说完扭头就走。本来这是绝不会有的事，矫玉山马上派通讯员从中央办公厅印刷厂取回原稿，向王、关指着王力的笔迹给他们看，两人沉默无语。

当天晚上，周恩来到钓鱼台来。中央文革小组召开了生活会，康生和陈伯达都把责任推给王力和关锋，对他们进行了批判。最后宣布自即日起对王、关隔离审查。会后即将王、关软禁到钓鱼台2号楼，派卫兵看起来。[28]

从1967年冬到1968年春，社会动乱局势相对趋于缓和。不少地区成立了"三结合"的"革命委员会"，大多数地方实行了表面的大联合。然而，1968年3月，林彪与江青合伙又制造了"杨余傅事件"。林彪集团乘机控制了军委办事组等重要权力。

王年一在《大动乱的年代》一书中写道：

1968年3月22日，中共中央、国务院、中央军委、中央文革小组发布《命令》，全文如下："根据毛主席、林副主席的决定：（一）杨成武犯有极严重错误，决定撤销其中国人民解放军代总参谋长职务，并撤销其中共中央军委常委、军委副秘书长、总参党委第一书记职务。（二）余立金犯有极严重错误，又是叛徒，决定撤销其空军政治委员、空军党委第二书记职务。（三）傅崇碧犯有严重错误，决定撤销其北京卫戍区司令员职务。此命令发到团，传达到全体指战员。"同日，又发布命令，任命黄永胜为总参谋长，任命副总长温玉成兼任北京卫戍区司令员。

时至20年后的今日，许多同志仍然感到"杨、余、傅事件"扑朔迷离。报刊上早就发表了不少文章，揭开了所谓"武装冲击中央文革"等事件的真相〔29〕，这类事件澄清得好；但是人们何以依然对"杨、余、傅事件"感到不解呢？因为"武装冲击中央文革"等无非是江青等人当时制造出来故意用来转移人们视线的谎言，并非制造"杨、余、傅事件"的实质。毛泽东1973年12月21日同参加中央军委会议的同志谈话时说："杨、余、傅也要翻案呢，都是林彪搞的。我是听了林彪一面之词，所以我犯了错误。"

……

"杨、余、傅事件"究竟怎么一回事？

"奥秘"之一就是全国刮起了"右倾翻案风"。

列宁说过："在分析任何一个社会问题时，马克思主义理论的绝对要求，就是要把问题提到一定的历史范围之内。"弄清制造"杨、余、傅事件"的背景，才能正确认识这个事件。背景是什么呢？就是全国刮起了所谓"右倾翻案风"。

江青等人对于所谓"为二月逆流翻案的妖风"十分敏感，他们要抓一个"典型"整一下，以反击这股所谓"妖风"。他们会按照自己的立场、观点向毛泽东报告情况，提出处理意见。应该说明江青特别卖力。张春桥1968年3月29日在上海人民广场大会上说到此事时说过："在这一个伟大的斗争中间，江青同志作出了卓越的贡献。""亲自领导""文化大革命"的毛泽东，对于危及"文化大革命"的所谓"右倾翻案风"的出现，当然不会漠然置之。显然，他同意抓一个"典型"整一下。不如此不足以反击"妖风"。顺便说一句，"抓典型"也是老办法。1959年，在党内党外对"三面红旗"议论纷纷的时候，就抓了彭德怀这个"典型"，以反击所谓"右倾"。

"奥秘"之二是：杨成武、余立金、傅崇碧不被"无产阶级司令部"所信任，被"无产阶级司令部"怀疑为"异己"。

这是由非常特别的原因造成的。在全面夺权异常艰难而天下大乱的局面已经造成的情况下，在几乎所有大军区在支左中都支持了所谓"保守组织"因而被认为犯了"路线错误"的情况下，"无产阶级司令部"有一个秘而不宣的决策：借重林彪及其老部下吴法宪、李作鹏、邱会作等人，稳定北京军内的局势。意图是：通过稳定北京军内的局势，达到稳定全军的局势的目的；通过稳定全军的局势，达到稳定全国的局势的目的。所谓"稳定"，指的是不失控制，保证夺权的胜利。从"无产阶级司令部"坚持全面夺权来考虑，不能不说这个决策十分必要。

大概以1967年5月13日为起点，实行了这个决策。那一天，北京军内两大派为毛泽东《在延安文艺座谈会上的讲话》发表25周年纪念演出问题发生争执，武斗起来，这就是"五·一三"事件。这不是群众组织之间一般的武斗事件，而是李作鹏等人故意违反周恩来关于"联合演出"的指示而制造出来的事件。事件发生后，林彪、江青出面支持吴法宪、李作鹏、邱会作所掌握的一派（在北京军内是大派），这一派就成为"林副主席所支持的三军无产阶级革命派"，吴法宪、李作鹏、邱会作就成为"三军无产阶级革命派"的领袖。在5月13日以后，"三军无产阶级革命派"消灭了它的对立面组织（这些组织原先是中央文革小组或明或暗地支持的，是反对吴法宪、李作鹏、邱会作的）。中央文革小组的办事人员几乎全部换成"三军无产阶级革命派"的人（原先是中国科学院哲学社会科学部的人）。人民解放军总政治部、总后勤部、空军、海军先后为吴法宪、李作鹏、邱会作所牢牢掌握，北京军内的局势很快稳定下来。一说"林彪一伙在北京军内疯狂地夺权"，这是表象之谈；没有毛泽东的授意、批准或默许，任何人绝不可能夺得军内大权。这个决策，多少还有点效果。在武汉"七·二〇"事件发生以后，毛泽东自然更肯定这个决策了。

杨成武、傅崇碧早先在晋察冀工作，被认为是晋察冀山头的。晋察冀的最高首长是聂荣臻，他在1967年被诬为"二月逆流"的"黑干将"，在1968年又被误认为是"多中心"论者，殃及杨成武、傅崇碧。余立金原是新四军的，老首长是陈毅。陈毅在1967年被诬为"二月逆流"的"黑干将"，在1968年又为外交部91人的大字报所拥戴，也就殃及余立金。

......

那时整到杨成武、余立金、傅崇碧头上，自然还有他们本人方面的原因。总的说来，在军队担任重要职务的杨成武、余立金、傅崇碧，当时在若干问题上坚持了党的原则，在一定程度上抵制了"左"倾错误，抵制了江青一伙的倒行逆施，为所谓"无产阶级司令部"所不容。为了反击在全国到处刮起的所谓"右倾翻案风"，就整了杨成武、余立金、傅崇碧。制造这个事件，既是"左"倾错误的一个突出表现，又是因"文化大革命"的需要而排除异己的一个突出表现。

"文化大革命"中，杨成武因身居代总长要位，深受各方注目。当年江青一伙猖獗一时，杨成武当然也有历史的局限，说过错话，做过错事，但后来他看不惯他们所为，每每暗中掣肘。当时王力、关锋、戚本禹出面四下里煽风点火，制造动乱，周恩来深为忧虑，杨成武奉周恩来的密令到上海向毛泽东如实报告。毛泽东视察三大区时，杨成武随行。返京后，杨成武把毛泽东在外地的谈话向几位老帅作了传达，但没有告诉林彪。叶群多次追问毛主席对林副主席怎样评价，杨成武一直回避着没有回答。"无产阶级司令部"要杨成武对几位老帅停发文件，杨成武一直没有照办，按照规定照旧发出。凡此种种，都为江青一伙所忌恨。

余立金的秘书，被空军党委办公室王飞等人诬陷为有不正当的男女关系。王飞等人要吴法宪立即逮捕余立金的秘书，吴法宪没有同意。周宇驰报告了叶群，叶群在电话里把吴法宪痛骂了一顿。吴法宪即按叶群的旨意，逮捕了余立金的秘书。杨成武认为这种做法不妥，在电话上要吴法宪放人，吴法宪不放。杨成武向林彪提出，他想和吴法宪单独谈话；林彪表示同意，又向吴法宪面授机宜，要他在同杨成武谈话时"坚持原则，做到不低头，不让步，不认错"。林彪又对吴法宪说，余立金是个叛徒（按：余立金在新四军皖南事变突围中英勇作战，最后突围。"文化大革命"中却被诬陷为叛徒）。杨成武与吴法宪谈了一个多小时，毫无结果。余立金也是派往武汉处理问题的"中央代表团"成员之一，他在武汉没有支一派压一派。

傅崇碧在"文化大革命"中，遵照周恩来的指示，尽心尽力地保护了一些老革命家。且举二例[30]：1967年"八一"建军节前后，林彪、江青一伙掀起了冲击中央军委领导同志的恶浪。"八一"招待会前夕，周恩来告诉傅崇碧，徐向前必须去参加招待会，你们一定要保证他路上不出事！傅崇碧把徐帅护送到招待会上。周恩来又嘱托，一定要保证徐帅在回家的路上不出事，回去的路上出事的可能性更大些。傅就增派了警卫，协同有关单位，用三辆警卫车跟着他，并兜了个大圈子，把徐向前安全地送回家。1967年夏天，住在中直招待所的李井泉等几位老同志，先后被人抓走游斗，傅崇碧把这个情况报告了周恩来，周恩来很为他们的安全担心，指示派出部队，保护他们的安全，还让把住在招待所的王任重、江渭清等二十多位大区和省、市委负责同志，立即送到卫戍区部队的一个安全的住所保护起来，并嘱咐要严格保密。傅崇碧坚决执行周恩来的指示。江青一伙听说找不到这些人了，竟当着周恩来的面声色俱厉地问傅崇碧，把人弄到哪里去了？接连两天吵吵闹闹，周恩来不理睬他们，傅崇碧也就不吭声，追问紧了，傅崇碧就说了句："上面知道。"后来，傅崇碧见到毛泽东，向他报告了对这些同志的保护措施，毛泽东赞同说："周恩来做得好！他们卫戍区保护得好！"第二天，江青一伙又来拍着桌子追问，傅崇碧理直气壮地说：你们去问主席吧！他们一听，不敢再追问了，只问傅崇碧为什么不早说。傅崇碧说我不是早就说过上面指示的吗！事后傅崇碧把向毛泽东汇报的情况报告了周恩来，周恩来爽朗地大笑起来。那20多位大区和省、市委的负责同志被保护在卫戍区部队营房以后，周恩来还专门指派了一位同志每隔一天去探望一次，了解他们的生活情况，给他们送文件，发现问题，及时解决。傅崇碧按照周恩来指示，保护大批老干部、老同志，还如实向上报告彭德怀被残酷批斗、打断肋骨的情形，就成了江青一伙的眼中钉。

总之，杨成武、余立金、傅崇碧挨整的原因之一是他们比较正确。在那个

"人妖颠倒是非混淆"的年代，正确就是错误。

……

1968年3月24日夜，在北京人民大会堂召开军队干部大会。与会者准时到会，等了两个小时左右才开会。在开会以前，主席台上一下子多放几把椅子，一下子撤去几把椅子，看来临时确定了哪些人上主席台。在主席台就座的有林彪、周恩来、康生、陈伯达、江青、姚文元、谢富治、叶群。陈毅等老帅坐在台下。

林彪首先在会上讲话。3月24日下午，毛泽东要林彪讲三个问题：一是反对宗派主义，二是反对两面派，三是哲学上的"相对和绝对"。林彪大体上讲了这些问题。他说：

"今天这个会是要向同志们宣布中央最近的一个重要决定。最近我们党的生活中间又出现了新的问题，发生了新的矛盾，发生了阶级斗争中间新的情况。这个问题虽然没有像刘少奇、邓小平、陶铸、彭、罗、陆、杨那样大，但是也比一般的其他的问题要大一些。主席说，就是这样一个不大、不很小的问题。这就是最近从空军里面发生了杨成武同余立金勾结，要篡夺空军的领导权，要打倒吴法宪；杨成武同傅崇碧勾结，要打倒谢富治。杨成武的个人野心，还想排挤许世友、排挤韩先楚、排挤黄永胜以及与他地位不相上下的人。中央在主席那里最近接连开会，开了四次会，主席亲自主持的。会议决定撤销杨成武的代总长的职务。要把余立金逮捕起来法办。撤销北京的卫戍司令傅崇碧的职务。"

"杨成武的错误，主要是山头主义、两面派和曲解马克思主义。"

"傅崇碧前一个时期，带了几辆汽车，全副武装冲进中央文革的地点去抓人。"

林彪还以很多语言从哲学上讲了相对真理和绝对真理的关系，批判了杨成武发表于《红旗》杂志1967年第16期（11月23日出版）的长篇文章《大树特树伟大统帅毛主席的绝对权威，大树特树伟大的毛泽东思想的绝对权威——彻底清算罗瑞卿反对毛主席、反对毛泽东思想的滔天罪行》[31]。

周恩来接着讲话，表示"完全拥护林副主席刚才宣布的我们伟大领袖、伟大统帅的英明的决定和命令"。

……

江青接着讲话。她说："我完全拥护我们的伟大领袖毛主席的英明决定！"她在讲话中制造了杨成武三次指示傅崇碧"武装冲击中央文革"的谎言，既诬陷杨成武、傅崇碧，又故意转移人们的视线，掩盖问题的实质。她还说，王、关、戚是"我们把他们端出来的"。

陈伯达接着讲话，表示"完全拥护林彪同志宣布的我们伟大统帅毛主席的命令"。他说，在文化大革命中，第一次伟大胜利是"揭发了彭、罗、陆、杨"；第二次伟大胜利是"打倒刘、邓、陶"；第三次伟大胜利是"把'二月逆流'击溃了"；第四次伟大胜利是"把刘、邓、陶留下的一些爪牙，隐藏在文化革命小组里面的小爬虫——关、王、戚或者王、关、戚揭露出来了"；第五次伟大胜利"就是把杨成武、余立金、傅崇碧揭露出来了"。陈伯达在讲话中还就发表杨成武关于"大树特树"的文章作了一点"自我批评"，说由于杨成武"不断催"，也就"让它发表了"。

康生接着讲话，表示"完全拥护我们的伟大领袖毛主席及时的既严肃又宽大的英明决定"，认为"应当说江青同志起了巨大的作用，树立了特殊的功绩"，他在肆意攻击污蔑所谓"二月逆流"之后，说道："我相信杨成武背后还有后台的，还有黑后台的。"

姚文元最后讲话，表示"完全拥护我们伟大领袖毛主席的英明决策和各项命令"。

散会前，毛泽东从休息室走上主席台，接见全体到会者。全场沸腾起来，长时间地高呼："敬祝毛主席万寿无疆！万寿无疆！万寿无疆！"齐声高唱《大海航行靠舵手》。

三位高级将领就这样被打倒了！

这件事颇为奇特：第一，3月22日《命令》说是"毛主席、林副主席"决定的，林彪说是在毛泽东那里开会决定的，周恩来、江青、陈伯达、康生、姚文元说是毛泽东决定的，究竟是谁决定的？第二，3月22日《命令》，只说了"极严重错误""严重错误"，没有具体内容。林彪3月24日在大会上所说，不仅向壁虚构、自相矛盾，而且笼而统之。中共中央没有转发林彪的讲话，也没有下发任何具体说明杨成武、余立金、傅崇碧犯了什么错误的文件。杨成武等三人究竟犯了什么错误？如果考虑到这是在极不正常情况下极不正常地制造出来的事件，这些问题也不必深究了。林彪到了3月24日下午还不知道在大会上该讲什么，傍晚传来毛泽东的意见，他才明白该讲些什么。讲不清楚是自然的，因为当时不能透露真情。

制造"杨、余、傅事件"本来就为了反对所谓"右倾"，在这个事件被制造出来以后，在全国范围内开展了反"右倾"，同时开展了所谓"清理阶级队伍"的活动。

……

北京的造反派，主要是"三军无产阶级革命派"，进行了追"杨、余、傅的黑后台"的活动。斗争的矛头直指陈毅、叶剑英、聂荣臻等老帅。叶剑英的住地，遭到了"三军无产阶级革命派"的围攻。人群进入院内，把大标语、大字报贴满院墙，公然叫喊："揪出杨成武的黑后台！"北京"炮轰"聂荣臻。杨成武、傅崇碧被囚禁期间，专案人员一再要他们"老实交代"后台是谁，要他们对陈毅、叶剑英、聂荣臻"反戈一击"。

在1968年3月24日以后，"军委常委全体停止工作"[32]，由黄永胜取代杨成武任军委办事组组长。5月12日，中共中央、国务院、中央军委、中央文革小组发布《命令》，对全国体育系统实行军管。在这个命令中，写有"反革命修正主义分子贺龙"字样。"乒坛三杰"（傅其芳、姜永宁、容国团）先后被打击迫害致死。从5月14日开始，贺龙由中央办公厅保护改为由中央专案第二办公室作为审查对象实行监护。[33]

中共"九大"

在毛泽东的心目中，召开"九大"是"文化大革命"胜利结束的标志。因此，从1968年起，他用了很大精力准备召开"九大"。

为了准备召开"九大"，1968年10月13日至31日，在北京召开中共八届扩大的十二中全会。这次会议是在极不正常的情况下进行的。原有的中央委员和候补中央委员，有52.7%被剥夺了出席会议的权利。

全会在极不正常的情况下作出决议，宣布把刘少奇"永远开除出党"，"撤销其党内外的一切职务"。在林彪、江青、康生的诬陷下，还把"叛徒、内奸、工贼"的帽子强加在刘少奇头上。

黄峥在《刘少奇与"文化大革命"》一文中写道：

林彪、江青一伙懂得，要想彻底打倒刘少奇，光凭"错误路线""走资派"之类是不行的，只有给他扣上叛徒、阶级敌人这样的帽子才能得逞。所以，他们一方面在背后加紧制造伪证，一方面又将这些诬陷栽赃的材料不断在报刊上抛出，为把刘少奇打倒搞臭大造舆论。

对林彪、江青之流的恶意诬陷，刘少奇极为气愤。凡是他看到了的，他都利用一切可能的方式据理驳斥，捍卫自己的政治生命。

1967年3月，一份小报攻击刘少奇吹捧电影《清宫秘史》。他读到后立即致信毛泽东，澄清事实真相，说明自己根本没有也不可能说过"《清宫秘史》是爱国主义的"这类话，要求中央调查。4月1日，各报发表了戚本禹写的《爱国主义还是卖国主义》一文，对刘少奇进行了肆无忌惮的诬陷攻击。刘少奇读罢，愤怒的心情难以形容，他把登载这篇文章的报纸狠狠一摔说："不符合事实，是栽赃！""我在去年8月的会议上就讲过五不怕，如果这些人无所畏惧，光明正大，可以辩论嘛！在中央委员会辩论，在人民群众中辩论嘛！"4月6日，当一些造反派按照戚本禹的文章责问他所谓"61人叛徒集团"问题时，刘少奇气愤地说："这个问题简直是岂有此理。61人出狱之事，是经过党中央批准的。在日寇就要进攻华北时，必须保护这批干部，不能再让日寇把他们杀了。当时王明路线使白区党组织大部分受到破坏，这些同志是极宝贵的。中央许多领导同志都知道，早有定论嘛。"4月14日，刘少奇就戚本禹文章中提出的"八个为什么"，向造反派交出了一篇答辩材料，澄清部分事实真相。4月20日，刘少奇的夫人王光美给毛泽东写了一封信，信中流露出难以遏制的激动心情，说："我绝不是坏人，刘少奇也绝不会是假革命或反革命。"这也是刘少奇奋力抗争的一部分。

从发表戚本禹的文章起，在全国开展了主要针对刘少奇的所谓"大批判"运动。面对这种铺天盖地而来的蛮不讲理的"批判"，刘少奇决定再一次表明自己的严正态度。1967年8月8日，他又一次提笔给毛泽东并中共中央写信，说："当我看到说我的目的就是要'反党''反社会主义''反毛主席''反毛泽东思想''要在中国复辟资本主义''要阴谋篡党篡国'等，我是不能接受的，因为我从来没有这样想过。而我想的都是同这些相反的。""我没有在党内组织任何派别，没有在党内进行过任何非法的组织活动。"这是他最后一次给毛泽东和中共中央写信，也是他一生中所写的难以数计的信函中的最后一件。

这以后不久，刘少奇被单独关押，使他完全丧失了为自己申辩的机会和条件。

林彪、江青之流早已确定要将刘少奇彻底打倒。1966年底，"中央文革"就决定成立了"王光美专案组"，在审查王光美的名义下秘密搜罗刘少奇的材料。翌年3月，又正式成立了"刘少奇专案组"。这个专案组在江青、康生、谢富治的直接操纵下，采取刑讯逼供、弄虚作假等恶劣手段炮制伪证，终于使毛泽东改变了对刘少奇的看法和态度。随着林彪、江青、康生一伙地位的上升，他们逐渐垄断了处理刘少奇问题的大权。所以，刘少奇一次又一次的抗议和申辩，被置之不理。[34]

继续批判所谓"二月逆流"，也是八届十二中全会的重要内容。

徐向前回忆说：

党的八届十二中全会和"九大"期间，继续批判"二月逆流"，把斗争矛头指向我们。

1968年10月召开的八届十二中全会，是为"九大"作准备的。会议议程是：（一）讨论通过"九大"代表产生的指导思想和方法；（二）讨论通过《中国共产党章程（草案）》；（三）讨论刘少奇专案审查报告。当时，大批中央委员和候补中央委员已被打倒，出席会议的仅59人，不足应出席人数的三分之一；而列席会议的却达74人，大多是"文化大革命"中的风云人物。毛泽东同志在开幕式上讲话，强调了"文化大革命"的重要意义，准备再花三年的时间，将这场运动搞到底。分组讨论时，就转向批判"二月逆流"和其他老同志。这是林彪、江青、康生、陈伯达、张春桥等人预先精心策划的一场斗争。朱德、陈云、叶剑英、陈毅、聂荣臻、李富春、邓子恢等同志和我，分别编入各个小组，遭受围攻和批斗。林彪公然宣称："二月逆流"是八届十一中全会后发生的"一次最严重的反党事件"。

我被编入全会第5小组，即西北小组。黄永胜、姚文元以中央文革碰头会成员的身份参加会议，组织指挥。林彪的得力干将邱会作也编在这个组，充当急先锋。还有个黄志勇，够卖力气的。他们把历史上张国焘的事、西路军的事，与"文化大革命"里的事联系起来，要跟我算总账。黄永胜狂妄至极，不仅诬蔑我是"张国焘路线的主谋者之一""刘邓反动路线在军内的代表""反党、反毛主席""宗派主义""军阀主义"，而且恶毒攻击朱德、叶剑英、陈毅等同志。邱会作赤膊上阵，咬牙切齿，一再发言、插话，说我是"有意对抗毛主席、林副主席""反无产阶级司令部""打击革命领导干部的凶手""造成总后无产阶级文化大革命的新灾难"。他还不伦不类，抬出江青和我对比，肉麻地吹捧她。黄志勇在延安整风中，就是搞逼供信的专家，声色俱厉，质问我为什么要率四方面军渡河西进？为什么要搞"二月逆流"，对抗"无产阶级司令部"？为什么要"反党乱军"，支持陈再道和"百万雄师"？我天天晚上去开会，往那里一坐，静听"揭发批判"，懒得理他们。没有办法，他们就念语录，还威胁说："你徐向前再不老实，就叫红卫兵来！""你再不说话，就送到大寨去向贫下中农说清楚！"那时一弄就是大半夜，害得我回来没法睡觉，头痛加剧，深感体力不支。我向黄永胜请假，说准备写检讨，黄永胜不准。10多天下来，我就像害了场大病似的。

全会通过了将刘少奇"永远开除出党"的决议，形成我党历史上的一大冤案。少奇同志因长期受监禁、折磨，不久即含冤去世。他是久经考验的党和国家的卓越领导人，伟大的马克思主义者，毕生为中国人民的解放事业奋斗，在民主革命和社会主义建设中，尤其是在白区工作和党的建设中，作出了不可磨灭的贡献。十一届三中全会后，刘少奇的冤案得以昭雪。他将永远受到党和人民的纪念。

毛泽东对"二月逆流"的态度，与林彪、江青是有区别的。

自从掀起反击"二月逆流"的邪风以来，他虽然没有反对"炮轰"，但也没有赞成打倒。1967年"八一"招待会，他同意总理的意见，让我们这些老同志出席。1968年3月27日晚，他在人民大会堂接见几位老帅谈到军委八条命令时说："我们都是事后诸葛亮，现在看来，当时没有个八条是不行的。但是，八条下达后，下面抓人确实多了点，比如四川、武汉。"在八届十二中全会开幕式的讲话里，他没有涉及"二月逆流"问题。闭幕式的讲话中，他一方面说，"二月逆流"他过去不大了解，现在才比较了解，实际上认可了会议的所谓"揭发批判"。但另一方面又说：这些同志是政治局委员、副总理或军委副主席，有意见公开讲出来是党的生活所允许的，不是秘密活动，应该参加"九大"。这样，就使林彪、江青一伙疯狂陷害"二月逆流"的同志，企图进而剥夺我们出席"九大"的权利的阴谋，宣告破产。

然而，林彪、江青一伙决不死心。全会结束后，张春桥在《关于传达十二中全会的几个问题的报告》里，提出传达时应点"二月逆流"几个人的名。后来的会议简报里，还点了黄杰、张瑞华（聂帅夫人）二同志的名，诬陷她俩是"叛徒"，要组织专案审查。黄永胜在总参亲自布置，让下面批判我们几个人，包括黄杰和张瑞华在内。我的办公室党支部正式写了报告，请示如何批判徐向前和黄杰。周总理批示："不要搞得过于紧张。"并将报告转呈毛主席。1969年1月3日，毛主席亲笔批示，"所有与'二月逆流'有关的老同志及其家属都不要批判，要和他们搞好关系。"林彪无可奈何，只得批示："完全同意主席的意见，希望徐向前同志搞好健康，不要制造新的障碍。"所谓"不要制造新的障碍"，显然是对我进行露骨威胁，与毛主席的批示精神根本不符。林彪一伙在"九大"前夕起草政治报告时，仍坚持塞进批判"二月逆流"的内容。毛主席说："我对'二月逆流'的人不一定恨得起来"，"报告上不要讲'二月逆流'了。"林彪、江青、陈伯达、康生他们根本不听，千方百计封锁和抵制毛主席的指示，因而在"九大"又掀起围攻"二月逆流"的新高潮。

1969年4月1日，党的"九大"开幕。首先引人注目的，就是大会主席团的座位排列。主席台上，右边全是"二月逆流"的成员，左边全是中央文革和中央碰头会议的成员。这种泾渭分明的精心安排，显然是为了说明我们是右派，他们是左派。会议的议程有三项：（一）林彪代表党中央作政治报告；（二）修改中国共产党章程；（三）选举党的中央委员会。林彪的政治报告，说"二月逆流"是"党内最大的一次反党活动"，"为刘邓翻案"，"破坏新生的红色政权的反党夺权阴谋"等，真是杀气腾腾，誓不两立。在分组讨论政治报告时，即转为批判"二月逆流"。上海组的代表是带着预先准备好的材料来的，围攻陈毅。朱德那个组，逼他作检讨。我在军队组，又遭受批判。

在这种极不正常的气氛下，我们这些人，能不能被选入中央委员会，已成问题。毛泽东觉察到这一点，出面做工作。他在11日的大组召集人会议上，回顾了党的历史上的经验教训，强调注意一种倾向掩盖着另一种倾向，不要打击面过宽，搞扩大化。还讲了"右派"也能进中央委员会，主张这些老同志应继续当选。但在选举时，林彪、江青一伙又玩了鬼把戏。他们采取各组分配票数，指定人投票的办法，对付"二月逆流"的人，票数控制在不超过半数太多的范围，既让你当选，又让你难看。这种肆意践踏党内民主，侵犯党代表民主权利，操纵党代表大会的恶劣手段，充分说明他们是一伙地地道道的野心家、阴谋家。选举中共有1500名代表投票，我得票最少，仅808票，其他老同志多些，但也多不了多少。事后，我说笑话：这次会议我得了"5个鸡蛋（808票）"。

党的"九大"是林彪、江青等人进一步篡党夺权的一个胜利，同时又是一个暴露。中央常委5人：毛泽东、林彪、周恩来、陈伯达、康生。林彪一伙超过半数。中央政治局委员21人：毛泽东、周恩来、朱德、董必武、叶剑英、李先念、刘伯承、陈锡联、许世友；林彪、陈伯达、康生、江青、叶群、黄永胜、吴法宪、李作鹏、邱会作、张春桥、姚文元、谢富治。林彪、江青一伙占12人，亦超过半数。"九大"通过的党章规定林彪为法定接班人。这些，都在组织上加强了、巩固了林彪、江青一伙的地位，难道不是他们的胜利吗？的确是胜利。但是，他们不择手段取得的这种胜利，本身就是暴露。特别是林彪在闭幕式的讲话中，大讲贺龙"迫害"他，还流了眼泪，然而却举不出任何迫害的事实来。他的表演，使许多同志不仅反感，而且心里打了问号。他们的胜利是暂时的，失败是必然的、永久的。〔35〕

1969年4月1日，中共九大在北京召开。毛泽东主持大会，希望这次大会开成一次团结的大会，一次胜利的大会。

林彪代表中央作政治报告，全面肯定了"无产阶级专政下继续革命的理论"及其实践。大会通过的党章，还违反党的民主集中制原则，把林彪"是毛泽东同志的亲密战友和接班人"的内容写进党章。

这次大会使林彪、江青都派体系中的骨干分子进入中央委员会，一大批无产阶级革命家被排斥。实践证明，中共九大的召开，并没有像毛泽东预计的那样，使"文化大革命"结束。恰恰相反，"九大"之后，党和国家面临着一场惊心动魄的斗争。而这场斗争的始作俑者，正是毛泽东信任并寄予很大希望的林彪。这是毛泽东始料不及的。

注　释

〔1〕中共中央党史研究室著：《中国共产党的七十年》，第489页。——

原注

〔2〕穆欣：《办〈光明日报〉十年自述》，中共党史出版社1994年4月版，第281—285页。

〔3〕黄峥：《刘少奇与"文化大革命"》，载《党的文献》1988年第5期。

〔4〕黄峥：《刘少奇与"文化大革命"》，载《党的文献》1988年第5期，第6—8页。

〔5〕参看《一个红卫兵发起者的自述》，载《中国青年》1986年第10期。——原注

〔6〕7月27日又写出《三论无产阶级的革命造反精神万岁》。《红旗》杂志1966年第11期发表了这三张大字报。——原注

〔7〕伍修权在《往事沧桑》第274页上说：1966年8月18日，在天安门城楼上，刘少奇"他说自己把北大聂元梓的大字报反复看了几遍，实在看不出它的意义为什么比巴黎公社宣言还要重大"。——原注

〔8〕《关于建国以来党的若干历史问题的决议注释本》"党内根本不存在所谓以刘少奇、邓小平为首的资产阶级司令部"条，对毛泽东的大字报所指责的事项作了比较详细的说明。请参看。——原注

〔9〕周恩来1967年2月26日接见《中国建设》一些人员时指出："《十六条》早就被突破了，红卫兵组织，革命造反组织，'四大'变成'五大'（按指'四大'加上'大串联'），就是突破了《十六条》。"——原注

〔10〕中共八届五中全会到十一中全会期间，中央委员林伯渠、陈赓、李克农、罗荣桓、柯庆施、刘亚楼6人病故。——原注

〔11〕陶铸1966年10月在中央、国务院机关干部会上传达中央工作会议精神时，如实地说："十一中全会……把大权集中到主席手里。"——原注

〔12〕王年一：《大动乱的年代》，河南人民出版社1988年12月版，第50—62页。

〔13〕指林彪1966年5月18日在中央政治局扩大会议上的讲话。——原注

〔14〕王年一：《大动乱的年代》，河南人民出版社1988年12月版，第6—7页。

〔15〕刘振德：《我为少奇当秘书》，中央文献出版社1994年8月版，第282—284页。

〔16〕徐向前：《历史的回顾》，解放军出版社1984年7月版，第818—823页。

〔17〕《陈再道回忆录》，解放军出版社1991年7月版，第294—296页。

〔18〕《萧劲光回忆录》，解放军出版社1989年2月版，第267—268页。

〔19〕伍修权：《回忆与怀念》，中共中央党校出版社1991年5月版，第393—395页。

〔20〕郝和国、侯俊智：《彭德怀去西南三线的前前后后》，载《党的文献》1990年第5期，第31—36页。

〔21〕王年一：《对上海"一月革命"的几点看法》，载《党史通讯》1986年第2期。

〔22〕胡长水：《中央军委〈八条命令〉的产生》，载《中共党史研究》1991年第6期。

〔23〕徐向前：《历史的回顾》，解放军出版社1984年7月版，第823—831页。

〔24〕胡长水：《中央军委〈八条命令〉的产生》，载《中共党史研究》1991年第6期，第57页。

〔25〕徐向前：《历史的回顾》，解放军出版社1984年7月版，第831—838页。

〔26〕《陈再道回忆录》（下），解放军出版社1991年7月版，第315—322，331—342，373—374页。

〔27〕《毛主席会见美国友好人士斯诺谈话纪要》（1970年12月18日）。——原注

〔28〕穆欣：《办〈光明日报〉十年自述》，中共党史出版社1994年4月版，第359—362页。

〔29〕请参见张万来"武装冲击中央文革"事件真相》（载1979年3月15日《人民日报》）、周海婴《揭露江青的丑恶嘴脸——对〈"武装冲击中央文革"事件真相〉的一点说明》（载1979年4月5日《人民日报》）、《北京日报》1979年4月29日关于为"杨、余、傅事件"平反的报道、孙海洋《杨成武洛阳蒙难记》（载《洛阳日报》星期刊试刊号）。——原注

〔30〕傅崇碧在《大树参天护英华——回忆文化大革命初期周总理对老干部的关怀》（载1979年1月7日《人民日报》）中举了许多事例，另见侯秀芬的《胸中自有理想的火焰——访北京军区政委傅崇碧将军》（载1985年4月12日《北京晚报》）。——原注

〔31〕据杨成武本人说，是林彪、陈伯达等人决定用他的名字发表的。请见孙海洋《杨成武洛阳蒙难记》（载《洛阳日报》星期刊试刊号），并参看《杨余傅蒙难记》（载《东方纪事》1988年第1期）。——原注

〔32〕这是粟裕1968年10月在党的八届十二中全会第六组小组会上讲的。——原注

〔33〕王年一：《大动乱的年代》，河南人民出版社1988年12月版，第285—297页。

〔34〕黄峥：《刘少奇与"文化大革命"》，载《党的文献》1988年第5期。

〔35〕徐向前：《历史的回顾》，解放军出版社1984年7月版，第840—845页。

二、惊心动魄的斗争

"大有炸平庐山之势"

中共九大以后，毛泽东重点抓了政府的重建工作。他把下一个目标定在召开四届全国人大上。1970年3月8日，毛泽东正式提出召开四届人大和修改宪法的意见，表示不再设国家主席。

林彪集团把召开四届人大看成夺取更多权力的好时机。此时，林彪集团在党和军队里，已占有很大的权势，并与江青集团产生了尖锐的矛盾。他们把目光集中在国家权力上，企图借修改宪法，由林彪担任国家主席。

1970年8月23日，中共九届二中全会在庐山召开。毛泽东主持会议。林彪抢先发表讲话，坚持设国家主席，宣传"毛主席是天才"的观点，把矛头指向江青集团。

第二天下午，在讨论林彪讲话的分组会议上，陈伯达、叶群、吴法宪、邱会作、李作鹏等在各组发言，煽风点火，造成一种紧张局势，"大有炸平庐山，停止地球转动之势"。

徐向前回忆说：

1970年8月，我去庐山出席党的九届二中全会，见到了几位老元帅，互相问候一番，但不便谈论什么。我被编在中南组，因为不了解情况，只能听听会，一般表个态。这次会上，林彪想当国家主席，鼓吹"天才论"，操纵陈伯达和"黄吴叶李邱"为其制造舆论，被毛主席识破，给了他们当头一棒。会后，我仍回开封居住，直至1971年4月，中央决定在京召开批陈整风汇报会，才通知我回京。随着林彪集团罪恶活动的逐步暴露，毛主席彻底认清了他们的庐山真面目。"九·一三"事件发生，林彪"折戟沉沙"，葬身蒙古温都尔汗，遗臭千古。黄永胜在三座门召集我们传达文件，念着念着，念不下去了，让别人代念，做贼心虚嘛！不久，陈毅同志不幸逝世，毛主席亲自参加追悼会，表示沉痛哀悼。后来他又说："不要再讲'二月逆流'了！"算是平了反。1973年12月，毛主席把邓小平同志请回来。在接见八大军区司令员时，毛主席紧紧握住我的手说："好人，好人！"心情激动，意在不言中。反"二月逆流"的斗争，先后持续四年半之久。在这场斗争中，毛主席终于认识了林彪，也认识了我们。[1]

参加这次全会的萧劲光回忆说：

"九大"以后，林彪接班人的地位用党章的形式固定了下来。江青、康生、陈伯达、张春桥、姚文元、王洪文这一批所谓的"左派"人物的地位得到了巩固。可是，事物也正是这样走向了它的反面。在"九大"刚刚开过不久，权力与野心成正比增长的林彪，便导演了一场夺取党和国家最高权力的闹剧。

1970年8月21日，我和王宏坤、吴瑞林、赵启民4人一起，来到庐山，参加党的九届二中全会。李作鹏已先期到达庐山。我们4人一道去李作鹏的住处，形式上是日常性的来往，实际上想打听一下会议的内容和开法。李作鹏对我们说，在宪法起草委员会中，有人反对以毛泽东思想为指针。还说，你们可以去空军看看，其他哪里也不要去，不要乱跑。当时我听了这些话，不甚了了，不知话的由头是从哪里说起的。因自己所处的地位，也不便打听。

8月23日，会议正式开始，周总理宣布了会议的三项议程（修改宪法、国民经济计划工作、战备问题）。之后林彪在会上作了发言。他以歌颂毛泽东同志为主题，大讲天才问题，论证要设国家主席，请毛主席当国家主席。关于毛主席提出不设国家主席的问题，我听李作鹏在某次会议上说过一次，并说林彪写了一封信给毛主席，希望毛主席当国家主席。但在宪法起草的过程中，我没有参加过有关的会议，不了解在设国家主席问题上所隐藏的奥秘，更没有意识到林彪抢班夺权、自己要当国家主席的险恶用心。我只感觉到了中央内部有意见分歧，因为林彪说了"有人怀疑老三篇"，"中央委员不要迷迷糊糊，要头脑清醒"等。第二天，陈伯达、吴法宪、叶群、李作鹏、邱会作分别在各组宣讲由陈伯达选编的马恩列斯"称天才"的材料，为宪法写上设国家主席作理论准备。这天下午，陈伯达在我们华北组的讲话越来越露骨，他提出有"野心家""阴谋家"，是"没有刘少奇的刘少奇"，要"全党共诛之，全国共讨之"，甚至提出"要打翻在地，再踏上一只脚"。问题便如此严重地摆在与会同志们的面前。在对毛泽东同志狂热的个人崇拜之下，说有人反对毛主席是天才，反对毛主席当国家主席，反对毛泽东思想是一切工作的指针，是很有疑惑性的，特别是对我们这些长期靠边站，毫不了解内情的同志。因此，大家纷纷发言，拥护林彪的讲话，声讨反对派。我也发了言，内容也不外这些。

8月25日，毛泽东同志决定停止讨论林彪的讲话，收回华北组的二号简报，责令陈伯达检讨。之后，毛泽东同志发表《我的一点意见》，只是在这时候，我们才知道上当受骗了。这就是毛泽东同志所说的，200多名中央委员，上了号称懂得马克思而实际根本不懂马克思的人的当。会下，我曾这样想，陈伯达是一个文人，而黄永胜、李作鹏、吴法宪、叶群、邱会作这些人都是军人，如果没有林彪的支持，他们是不会跟着陈伯达这样做的。那么，陈伯达后边就是林彪，这从毛主席《我的一点意见》中也能悟出一点迹象。当然，有这种想法的同志不止我一人，只不过大家都心照不宣罢了。九届二中全会上，批判仅局限于陈伯达，批判的内容也多是陈述理论问题。如唯物论的反映论还是唯心论的先验论，英雄创造历史还是人民创造历史等，而对陈伯达突然袭击的目的是什么，为什么林彪坚持要设国家主席，他们搞的一套如何有计划、有预谋，一直是个谜。这个谜，直到"九·一三"事件林彪抢班夺权阴谋彻底败露以后，才解开。[2]

李德生回忆庐山会议期间的斗争说：

从1969年起我曾在毛泽东同志直接领导下工作4年多，这是我一生中难以忘怀的一段经历。

在这篇文章里我将记叙1971年"九·一三"林彪出逃前后，毛泽东同志领导粉碎林彪反革命集团的斗争中，我所接触到的一些史实，作为对一代伟人的纪念。

1969年7月党中央决定调我到北京工作。当时我是中央政治局候补委员。开始安排在国务院业务组和军委办事组工作，同时兼任安徽省委第一书记。后又担任总政治部主任。

1970年8月，党的九届二中全会前夕，我到生产落后的安徽淮北去搞调查研究将近一个月，接到会议通知后，就从安徽直接上庐山。

1970年8月23日九届二中全会开幕。那天，是毛主席主持会议，周总理宣布了会议三项议程：讨论修改宪法问题、国民经济计划问题、战备问题。

按宣布的程序，下面应是康生报告"宪法草案"，可是这时林彪讲话了。当时认为，虽然总理宣布的会议程序中没列入这一项，但林彪是党的副主席，他要在康生前面发言，也是正常的事。林彪在讲话中大谈毛主席的天才，说"毛主席的伟大领袖、国家元首、最高统帅的这种地位"是这次宪法的一个"特点"。这种领导地位是"国内国外除极端的反革命分子以外不能不承认的"等。林彪讲话后，当天晚上在政治局讨论国民经济计划纲要的会上，吴法宪突然提出要全会第二天听林彪讲话的录音，学习林彪讲话。会议也就作了这样的安排。

第二天在各组讨论中就出现了问题。林彪一伙按事先密商的口径，照叶群的部署，分别在华北组、中南组、西南组、西北组发言，共同点是要坚持"天才论"，坚持设国家主席，要毛主席当国家主席。

不设国家主席，是毛主席正式提议，并经政治局讨论通过的。政治局的同志都知道，林彪不会不知道，但为什么他在这次会议上又重提此事呢？

为了配合这次行动，陈伯达、叶群很早就作了准备。上庐山后，他们又急急忙忙拼凑了一些语录，经陈伯达选阅后，连夜编成《恩格斯、列宁、毛主席关于称天才的几段语录》，分发给了一些人。林彪讲话后的第二天，除叶群部署她手下几员大将在各组鼓动外，陈伯达在华北组作了一个发言，其中讲道："竟然有个别人把毛泽东同志天才地、创造性地、全面地继承捍卫和发展了马克思列宁主义这句话说成'是一种讽刺'。""有人想利用毛主席的伟大和谦虚，妄图贬低毛主席、贬低毛泽东思想。""有的反革命分子听说毛主席不当国家主席，手舞足蹈，非常高兴，像跳舞一样高兴！"陈伯达为了尽快配合行动，将发言稿作为华北组2号简报，于25日一早就发到了与会者手上。林彪是党的副主席，大家都以为林的讲话是经过毛主席同意的，陈伯达是中央常委，他的发言分量很重。所以这份简报一出，会议整个气氛都变了。会上会下议论纷纷，会议日程全被打乱。而且矛盾激化到要毛主席亲自作出裁决的地步。

会议下一步如何进行？大家十分关心。

25日下午中央政治局召开常委扩大会，各大组长也参加。毛主席采取断然措施，在会上作了三项指示：

第一，立即休会，停止讨论林彪在开幕式的讲话。第二，收回华北组2号简报。第三，不要揪人，要按"九大"精神团结起来，陈伯达在华北组的发言是违背"九大"方针的。毛主席十分严厉地说：你们继续这样，我就下山，让你们闹。设国家主席的问题不要再提了，谁坚持设国家主席，谁就去当，反正我不当！他还对林彪说：我劝你也别当国家主席，谁坚持设谁去当！

几天后总理向我传达毛主席的指示：要我回北京主持军委办事组的工作，把黄永胜换上山来开会。李先念同志也回北京，换回纪登奎同志上山参加会。

回北京后，山上的有些情况当时不太了解，我是后来才知道的。9月1日毛主席在庐山写的《我的一点意见》送到北京后，我仔细看了几遍。毛主席的这篇文章，点出了事情的性质，公开批判了陈伯达，但对林彪还是采取"保"的态度，给他以觉悟认错的机会。

12月16日，中央政治局根据毛主席的意见决定召开华北会议，进一步揭发陈伯达的问题。华北会议从1970年12月22日开至1971年1月24日闭。会上周总理代表党中央，系统地揭发了陈伯达的罪行，并宣布了党中央关于改组北京军区的决定：任命我为北京军区司令员，纪登奎为政委。毛主席在我的任命宣布前亲自和我谈了话。

在华北会议基础上，中央准备召开批陈整风汇报会。周总理带着我和黄、吴、李、邱去北戴河看林彪。总理告诉我，此行的目的，是毛主席要林彪出来参加一下即将召开的批陈整风汇报会，讲几句话，给他个台阶下。

到北戴河见了林彪以后，他只是表面上叫黄、吴、李、邱检讨错误，而他自己却不表态认错，也不愿出席会议。

从北戴河回北京后，总理又带我们一起去见了毛主席，汇报了北戴河之行的情况。毛主席听了汇报后，当面指着黄、吴、李、邱十分严厉地批评道："你们已经到了悬崖的边沿了！是跳下去？还是推下去？还是拉回来的问题。能不能拉回来全看你们自己了！"对林彪的态度，毛主席满脸不高兴，但当时因有黄、吴、李、邱在场，他没有说什么。[3]

庐山会议期间，华北组首当其冲。当时在华北组参加讨论的吴德回忆说：

1970年8月，九届二中全会前夕，我突然接到通知，要我带着北京市的中委和候补中委去庐山开会。这种正常的通知，反倒使我有如获意外的感受，舒了口气，心中真有些激动。我记得同我一起去的有吴忠、杨俊生、黄作珍、倪志福、刘锡昌、张世忠、聂元梓等。

初到庐山，气氛并不紧张，我万没有料到会有一场巨大的风波。

大会编组是按六个大区来混合编的。华北组的组长是李雪峰，我是副组长，其余的副组长还有天津的解学恭，山西的陈永贵，内蒙古的吴涛，军队的郑维山。编在华北组的还有陈伯达、汪东兴等。

九届二中全会的议程有两个内容：讨论修改宪法和国民经济计划。毛主席会前又提出了讨论形势的问题，大会结束时还通过了关于战备问题的报告。

为了修改宪法，中央成立了一个宪法起草委员会，毛主席是主任，林彪是副主任，委员会下设有一个小组，成员可能是康生、陈伯达、吴法宪、张春桥等政治局和军委办事组的人员。宪法中有一条重要的修改就是改变国家体制，不设国家主席。改变国家体制，不设国家主席的建议，最早是毛主席向中央政治局提出来的。毛主席以后为此又打过招呼，提出过意见。我记得最清楚的是两次，一次是汪东兴传达的，毛主席说不设国家主席，他不担任国家主席，具体时间记不清了；一次是在林彪提出还是设国家主席，要毛主席当国家主席之后，毛主席有一个批示，认为"此议不妥"。汪东兴传达的时间是在林彪坚持提出设国家主席之前。

8月23日下午3点，毛主席宣布九届二中全会开幕，林彪讲话。

林彪是党中央的副主席、副统帅，是毛主席的接班人，我当时认为林彪是代表中央讲话的，没有觉出他的讲话有什么特别的意思。

8月24日上午，政治局通知我们听林彪的讲话录音，反复听了两遍。

8月24日下午，华北组开第一次小组会，讨论林彪讲话。这个会我没有参加。好像是林彪办公室通知让几个省、市分别整理出一份学习毛主席著作、毛泽东思想的材料，北京市也在被通知之列。因为催得很急，要求限时送到，我对情况又不了解，市委秘书长黄作珍提出由几个人凑一凑，整理出一个材料来。于是，我和黄作珍，还有我们带到庐山去工作的市委办公厅主任陈一夫，一起凑材料。

8月24日下午的华北组讨论会，陈伯达迫不及待首先发言，说：在宪法中肯定毛主席的伟大领袖、国家元首、最高统帅的地位，非常重要，是经过很多斗争的。他还讲了一通"天才论"和设国家主席问题，并闪烁其词地提出有人反对毛主席，"利用毛主席的谦虚，妄图贬低毛泽东思想"。他并且说有人听说毛主席不做国家主席了，就高兴得手舞足蹈了。这个讲话很有煽动性。

汪东兴跟着讲了话，主要的意思是设国家主席，由毛主席担任国家主席，他也讲了有人反对毛主席的问题。

散会后，吴忠告诉我发言的情况，他说陈伯达、汪东兴讲了话，提出有人反对毛主席。

我急忙问，是谁反对毛主席。

吴忠说，他们没有点名，不知道是谁。

这时，大家议论纷纷了。

晚上，我和李雪峰在会场碰到了汪东兴，我问汪东兴，有人反对毛主席，是什么人。

汪东兴说："有人。枪杆子、笔杆子。"

我问李雪峰，李雪峰说他也不清楚。

我更不明白这是指什么人了。

晚上11点多钟时，我和李雪峰、解学恭吃夜餐，李雪峰的秘书黄道霞在华北组的简报组，他参加了整理简报的工作，他把整理好的简报稿子拿来送审。简报的内容就是陈伯达和汪东兴的讲话内容。解学恭拿着稿子看了一遍，改了几个字。我没有参加会议，发言的具体情况也不了解，对李雪峰说：印发简报你们签字就行了，我就不签字了。

李雪峰说：简报是本着有文必录的原则整理的，签字付印是照例工作，你就签个字吧。这样，我也就在要付印的简报稿子上签了个"吴"字。

我们签完字后，简报就送中央办公厅了，很快印好就发了。这个简报就是华北组的第2号简报，全会的第6号简报。

8月25日上午，华北组继续开会。经过一夜的沸沸扬扬，人们的发言都集中到了所谓有人反对毛主席的问题上。部队同志的发言更激动气愤。连陈毅同志也说，不论在什么地方，就是有人在墙旮旯里反对毛主席，我陈毅也要把他揪出来。

当时，北京组的聂元梓又显示出了"造反派"的能量，极其活跃，到处串联，她找了河北的同志、找了军队后勤部门的同志，一直串联到了吴忠。她对吴忠说有人反对毛主席，要把反对毛主席的人揪出来。吴忠问她是谁反对毛主席，聂元梓也不说具体人。吴忠对聂元梓其人是有警惕的，他说他不清楚情况，也不清楚是什么人反对毛主席，表示不愿意与聂元梓谈这样的问题。吴忠随即把这个情况告诉了我，说聂元梓在串联。

这时，一些工人中选出来的中委和候补中委也找我说，别人都表态了，他们也要发言表态。

我对这些同志说：这个态你们怎么表呢？假如问题涉及中央的负责人，按照党的原则，应该先报告毛主席，毛主席就在庐山啊。

这时，叶群、吴法宪、李作鹏、邱会作也分别在华北组、中南组、西南组、西北组发了言，到处点火，气氛相当紧张。我还发现王洪文和上海组的人在到处探听消息。

8月25日，我给周总理写了一封信，信是我和陈一夫同志商量后由他起草的。信的内容是反映聂元梓在到处串联，揪所谓反对毛主席的人，会议有些不正常。我把这些情况报告周总理后，还请示周总理以后的会议怎样开下去。

8月25日下午，华北组继续开会。李雪峰接到通知，到毛主席处开会去了，华北组的会议改由我主持。河北省四名劳动模范出身的候补中委先后发言，对新宪法不设国家主席问题提出质疑，认为宪法起草小组和委员会有问题，点了康生的名字。他们的发言，口径完全一致。

他们讲完后不久，李雪峰就回来了。李雪峰告诉我，会议立刻停止。我问他为什么要停止，李雪峰说这是中央的决定，详情以后再谈。李雪峰当场宣布会议停止。

在散会回来的路上，我又问李雪峰出了什么事情，会议为什么停止了。

李雪峰说毛主席召开了政治局常委扩大会议，他在会上批评了天才问题、设国家主席问题。是毛主席提出中央全会分组会议立即停止的。

我对李雪峰说：这是中央全会，中央委员和候补委员有什么意见，可以自由发言。

8月25日晚上，我正在看电影，周总理派人找到我，要我去谈话。

周总理说：我已把你的信在政治局传阅了。

周总理指示我回去以后，组织代表中的工人同志开会，批评聂元梓，解决她串联的问题。

我向周总理汇报了河北省几位同志发言批评宪法起草委员会的情况。周总理说：可能是关于三个副词（天才地、创造性地、全面地）的问题，在纪念列宁诞辰100周年发表的社论上，毛主席删去了这个内容。我已经要北京查一下档案。对这个问题，你为什么不在会场上对他们进行反驳？我说：我不了解情况，不好发言。周总理说：不是很好讲的吗？宪法起草委员会的主任是毛主席嘛！副主任是林彪嘛！你们反对宪法起草委员会，不是反对毛主席吗？你为什么不讲？

周总理批评了我。

我向周总理提出小组如何开下去的问题，周总理说，按原计划继续开。

我从周总理处回来，就开了批评聂元梓的会。会上批评了聂元梓的非组织活动。

我们把批评聂元梓会议的情况，手写了一份情况简报，报送给周总理。周总理批示政治局传阅了。我记得林彪还在简报上画了圈。后来出现了林彪问题，我才意识到我们写的这个简报有多大风险。

这时，听到他们说反对毛主席的是张春桥，也是对着江青、康生等人。

停止小组会后，政治局作了一个决定，要陈伯达、吴法宪、李作鹏、邱会作、汪东兴检讨，还决定收回6号简报。

开检讨会时，周总理、康生主持，各大组组长参加。我不是组长，但周总理通知让我听他们检讨。陈伯达是第一个检讨的，吴法宪、李作鹏等也检讨了。陈伯达等人的检讨很不像样子。

汪东兴找李雪峰和我谈过一次，他说是毛主席让他找华北组的几个组长谈一谈的，他犯了错误，毛主席讲过不设国家主席和他不当国家主席的意见，这个意见还是他传达的，但在这次会上，他又提出了与毛主席相反的意见。汪东兴还在华北组检讨过一次。

汪东兴讲话的内容与陈伯达讲话的思想有所不同，他是听了陈的讲话说有人反对毛主席，一时激愤的发言，他是被人利用了。后来调查，也没有发现他参与林彪集团的活动。

毛主席对汪东兴一直是保护的。汪东兴回北京后在机关检讨了几次，后来就不再检讨了。

8月31日，毛主席发表《我的一点意见》，批判了陈伯达。这以后，宪法问题不讨论了，计划问题也不讨论了，大家都转到学习毛主席的《我的一点意见》。

9月6日，九届二中全会闭幕。毛主席讲了话，讲话着重强调了对干部进行路线教育、学习马列、加强团结等问题。周总理和康生也讲了话。周总理是部署批陈整风的工作，康生是从理论上分析"天才论"等问题。中央宣布了对陈伯达进行审查。会议通过了《中华人民共和国宪法》修改草案，批准了国务院关于全国计划会议和1970年国民经济计划的报告，批准了中央军委关于加强战备工作的报告。

9月，毛主席从外地回北京。我被通知同纪登奎、陈先瑞、吴忠到丰台车站去，等候毛主席与我们谈话。

我们到丰台时，毛主席的专列已经到达，毛主席在火车上与我们谈了话，汪东兴也参加了。整个谈话内容，总的意思基本上是《我的一点意见》上的内容。我记得最清楚的有两点：一点是说共产党要搞唯物论，不能搞唯心论；另一点是说陈伯达是船上的老鼠，看见这条船要沉了，就跑到那条船上去了。

毛主席这么说，使我意识到了陈伯达后边还有人，不仅是吴法宪、李作鹏、邱会作这些军委办事组的人，而是地位更高的人。我想到了林彪。

毛主席的谈话进行了两个小时。我记得谈话结束时，陈先瑞还高喊了毛主席万岁、万万岁的口号。毛主席继续坐火车回北京。我们是坐汽车回来的。

从庐山回来后不久，周总理把我找去，他把我写给他的信和那份批评聂元梓的简报交给我，他要我把它处理掉。我一回来就把这两个材料处理掉了。这时，我更意识到了这里边的问题，周总理想得周到。

1970年12月，召开了华北会议。召开华北会议，表明问题日趋严重了。华北会议好像是由黄永胜、李作鹏、纪登奎主持的。会前，周总理找我们几个人谈话，他先谈了毛主席对38军报告的指示，然后要我、李雪峰、解学恭、郑维山检讨，揭批陈伯达。

我们几个人在会议上检讨了，华北组在庐山时有两个问题，一个是6号简报，一个是跟着陈伯达起哄。吴忠等人也在华北会议上检讨了在庐山上的错误表态等问题。[4]

批陈整风

中共九届二中全会上，宣布对陈伯达进行审查。为了扼制林彪集团的势力，毛泽东采取一系列果断措施。

1971年8月、9月间，毛泽东在南巡时谈道："对路线问题，原则问题，我是抓住不放的。重大原则问题，我是不让步的。庐山会议以后，我采取了三项办法，一个是甩石头，一个是掺沙子，一个是挖墙脚。"

这里说的"甩石头"，是指在一些文件上加上批语；"掺沙子"，是指在军委办事组增加林彪帮派体系以外的人；"挖墙脚"，是指改组北京军区。这些措施使林彪集团陷入极大的恐慌，也使许多不明真相的领导干部逐渐警觉起来。

王年一在《大动乱的年代》一书中，谈到毛泽东采取的上述措施时写道：

1970年10月，毛泽东对贵州关于"三支两军"问题的报告作了批示：进行一次思想和政治路线方面的教育。11月6日，中共中央经毛泽东批阅发出《关于高级干部学习问题的通知》，传达了毛泽东在九届二中全会上关于党的高级干部要挤时间读一些马列主义著作的指示，建议各单位第一次读6本马、恩、列著作和5本毛泽东著作。11月16日，经毛泽东批准，中共中央作出《关于传达陈伯达反党问题的指示》并转发《我的一点意见》（附《恩格斯、列宁、毛主席关于称天才的几段语录》），指出陈伯达在九届二中全会上进行了阴谋活动，有反党、反马克思列宁主义毛泽东思想的严重罪行，是假马克思主义者、野心家、阴谋家。中央在指示中号召全党对陈伯达进行检举和揭发。全党全军立即开展了"批陈整风"运动。

"批陈整风"的第一项活动就是按照中央要求，学习与批判。

1970年10月30日，《人民日报》发表社论《认真学习毛主席的哲学著作》。《红旗》杂志1970年第12期发表评论员文章《在学习中提高执行毛主席革命路线的自觉性》。1971年1月6日，中共中央印发毛泽东1970年12月29日对姚文元的一个报告的批示。

毛泽东在批示中说："你的学习进程较好较快，坚持数年，必有好处。我的意见是274个中央委员，及100位以上的高、中级在职干部都应程度不同地认真看书学习，弄通马克思主义，方能抵制王明、刘少奇、陈伯达一类骗子。"3月15日，毛泽东对《无产阶级专政胜利万岁》一稿写了批语，指出："我党多年来不读马、列，不突出马、列，竟让一些骗子骗了多年，使很多人甚至不知道什么是唯物论，什么是唯心论，在庐山闹出大笑话。这个教训非常严重，这几年应当特别注意宣传马、列。"

……

1970年11月6日，中共中央经毛泽东批准作出《关于成立中央组织宣传组的决定》。决定说：为了党在目前进行的组织宣传工作，实施统一管理，中央决定在中央政治局领导下，设立中央组织宣传组。中央组织宣传组权力很大，它管辖中央组织部、中央党校、人民日报、红旗杂志、新华总社、中央广播事业局、光明日报、中央编译局的工作，以及中央划归该组管辖单位的工作。工、青、妇中央一级机构和它们的五·七干校，均划归中央组织宣传组管辖。决定说："中央组织宣传组设组长1人，由康生同志担任，设组员若干人，由江青、张春桥、姚文元、纪登奎、李德生同志担任。"这个决定大大加强了江青等人的力量，也就在实际上削弱了林彪一伙的力量。……

1971年1月24日，周恩来根据毛泽东的指示，在华北会议上讲话，宣布了中共中央的决定：李德生任北京军区司令员，谢富治任北京军区第一政委，纪登奎任第二政委；谢富治任北京军区党委第一书记，李德生任第二书记，纪登奎任第三书记。……

1971年4月7日，毛泽东、党中央派纪登奎、张才干参加军委办事组，对黄永胜、吴法宪把持的军委办事组"掺沙子"。

1970年12月10日，中共陆军第三十八军委员会写了《关于检举揭发陈伯达反党罪行的报告》，送军委办事组并报中共中央。……

12月16日，毛泽东对这个报告作了批示，以中共中央文件下发。毛泽东批示：

"林、周、康及中央、军委各同志：此件请你们讨论一次，建议北京军区党委开会讨论一次，各师要有人到会，时间要多一些，讨论为何听任陈伯达乱跑乱说，他在北京军区没有职务，中央也没有委托他解决北京军区所属的军政问题，是何原因使陈伯达成了北京军区及华北地区的太上皇？林彪同志对我说，他都不便找38军的人谈话了。北京军区对陈伯达问题没有集中开过会，只在各省各军传达，因此没有很好打通思想，全军更好团结起来。以上建议，是否可行，请酌定。"

林彪对毛泽东所说，纯系捏造。"太上皇"一说，也非事实。12月18日，中央政治局会议传达和讨论了毛泽东对38军报告的批示。华北到会的有郑维山（北京军区司令员）、李雪峰（北京军区政委、河北省革命委员会主任）等九人，北京卫戍区到会的有吴德、吴忠等3人。大家一致拥护毛泽东的意见，决定先开北京军区党委常委会，后开北京军区党委扩大会。12月19日，周恩来将18日开会所议给毛泽东、林彪写了请示报告。同日，毛泽东批示："照办。要有认真的批评，以批评达到团结的目的。建议李德生、纪登奎二同志参加会议。永胜、作鹏应同德生、登奎一道参加华北会议。这次会议在全军应起重大作用，使我军作风某些不正之处转为正规化。同时对两个包袱和骄傲自满的歪风邪气有所改正。"

12月22日，华北会议召开，揭发批判陈伯达，株连到李雪峰、郑维山。1971年1月8日，毛泽东在济南军区政治部《关于学习贯彻毛主席"军队要谨慎"指示的情况报告》上批示："此件很好，从理论和实践的结合上讲清了问题。""我军和地方多年没有从这一方面的错误思想整风，现在是进行一场自我教育的极好时机了。"这一批示也列为华北会议的学习文件。1月24日，周恩来根据毛泽东的指示，代表党中央在华北会议上作了重要讲话。这个讲话，揭露了陈伯达，宣布了中央的决定："将李、郑两同志调离原职，继续进行检查学习，接受群众教育，待有成效后，再由中央另行分配工作。"1月26日，郑维山、李雪峰作了检查。

……

1970年10月14日，毛泽东在吴法宪的书面检讨上批判了吴法宪等人。毛泽东指出："作为一个共产党人，为什么这样缺乏正大光明的气概。由几个人发难，企图欺骗200多个中央委员，有党以来没有见过。""办事组各同志（除个别同志如李德生外）忘记了九大通过的党章"，"又找什么天才问题，不过是一个借口"。毛泽东还指出：陈伯达"是个可疑分子。我在政治局会议上揭发过，又同个别同志打过招呼"。"个别同志"就是指林彪，这里说的就是批评林彪不听招呼。当吴法宪说到陈伯达说"中央委员会也有斗争"时，毛泽东批示："这句话并没有错，中央委员会有严重的斗争，有斗争是正常生活。"毛泽东还批示："我愿意看见其他宣讲员的意见。"所谓"其他宣讲员"，就是叶群、李作鹏、邱会作等人。10月15日，毛泽东在叶群的书面检讨上作了批示。当叶群虚伪地说她犯了"路线性"错误时，毛泽东指出："思想上政治上的路线正确与否是决定一切的。"毛泽东批评叶群"爱吹不爱批，爱听小道消息，经不起风浪"，"一个倾向掩盖着另一个倾向。'九大'胜利了，当上了中央委员不得了了，要上天了，把九大路线抛到九霄云外，反'九大'的陈伯达路线在一些同志中占了上风。请同志们研究一下是这样吗？"当叶群说到他们搞天才语录问题时，毛泽东指出："多年来不赞成读马列的同志们为何这时又向马列求救，题目又是所谓论天才，不是在九大论过了吗？为何健忘若此？"毛泽东驳斥了叶群所说的与陈伯达"斗争不够有力"的谎言，指出："斗争过吗？在思想上政治上听他的话，怎么会去同他斗争？"毛泽东批评叶群"不提九大，不提党章，也不听我的话，陈伯达一吹就上劲了，军委办事组好些同志都是如此。党的政策是惩前毖后，治病救人，除了陈待审查外，凡上当者都适用"。

12月18日，毛泽东会见美国友好人士斯诺时说道："什么'四个伟大'（伟大导师、伟大领袖、伟大统帅、伟大舵手），讨嫌！"斯诺说："我有时不知那些搞得很过分的人是不是真心诚意。"毛泽东说："有三种，一种是真的，第二种是随大流，'你们大家叫万岁嘛'，第三种是假的。你才不要相信那一套呢。""四个伟大"是林彪提出来的，这里显然批评了林彪。（按：毛泽东1967年2月3日会见卡博、巴卢库时就已说过："又给我封了好几个官，什么伟大导师、伟大领袖、伟大统帅、伟大舵手，我就不高兴。"）

1971年1月9日，中央军委召开了有143人参加的座谈会。从1月9日起，出席军委座谈会的人参加了华北会议。在军委座谈会期间，黄永胜、吴法宪、叶群、李作鹏、邱会作未批陈，也未检讨。2月19日，中央政治局传达了毛泽东对计划会议的指示："请告各地同志，开展批陈整风运动时，重点在批陈！其次才是整风。不要学军委座谈会，开了一个月，还根本不批陈。更不要学华北前期，批陈不痛不痒，如李、郑主持时期那样。"2月20日，军委办事组对毛泽东批评军委座谈会不批陈的问题，写了一个检讨报告。毛泽东在报告上批示："你们几个同志，在批陈问题上为什么老是被动，不推一下，就动不起来。这个问题应该好好想一想，采取步骤，变被动为主动。"当他们说到"对'批陈'的重要性的认识不足"时，毛泽东批示："为什么老是认识不足？38军的精神面貌与你们大不相同，原因何在？应当研究。"

2月，《外交活动简报》第29期所刊《古巴驻华临时代办加西亚访问外地的几点反映》的第4条中反映：加西亚在井冈山参观时，对讲解员不提南昌起义和朱德上井冈山提出意见。毛泽东阅后批示："第（四）条提得对，应对南昌起义和两军会合作正确解说。"这显然是对林彪一伙篡改党史的批评。

3月24日，毛泽东在黄永胜等人的检讨上批示："以后是实践这些申明的问题。"又在他们的检讨上加了一段话："陈伯达早期就是一个国民党反共分子。混入党内以后，又在1931年被捕叛变，成了特务，一贯跟随王明、刘少奇反共。他的根本问题在此。所以他反党乱军，挑动武斗，挑动军委办事组干部及华北军区干部，都是由此而来。"

1971年4月15日至29日，中共中央召开批陈整风汇报会。29日，周恩来代表中央作总结讲话。他指出，黄、吴、叶、李、邱在政治上犯了方向路线错误，组织上犯了宗派主义错误，站到反"九大"的陈伯达分裂路线上去了。他表示希望这些人实践自己的申明，认真改正错误。[5]

林彪集团从中共九届二中全会突然发难、抢班夺权开始，搬起石头砸自己的脚，遭到应有的惩罚。然而，这是一伙利令智昏的人，是一伙在"文化大革命"特殊条件下权力欲恶性膨胀而又结党营私的人，他们绝不会就此善罢甘休。他们不顾毛泽东的挽救，执意要照自身的发展逻辑走到底，直至跌入罪恶的深渊。

"弹指一挥间"

直到批陈整风期间，毛泽东一直在挽救林彪，没有直接点名批评。但林彪心里十分清楚，批陈实际上就是批林。林彪集团见形势日益不利，便铤而走险，利用军权在握的机会，加紧策划反革命武装政变。

早在1969年10月，空军司令员吴法宪任命林彪的儿子林立果为空军司令部办公室副主任兼作战部副部长。

中共九届二中全会后，林立果认为黄、吴、李、邱政治水平低，指挥军事战役可以，指挥政治战役不行。于是，从1970年10月起，他利用职权秘密组织武装政变的骨干力量，代号为"联合舰队"。

1971年8月14日至9月中旬，毛泽东去南方巡视，对林彪的野心给予充分的揭露。林彪通过死党得知谈话内容，于9月8日在北戴河下达政变手令："盼照立果、宇驰同志传达的命令办"。

具有丰富政治斗争经验的毛泽东临危不惧，从容镇定地粉碎了林彪集团的政变阴谋。

当年随同毛泽东出巡并负责警卫工作的汪东兴回忆了这场斗争的全过程。他说：

毛主席身体健康的时候，每年都要外出巡视工作，返程时间一般在9月底。1971年8月15日13点，我们陪着已经78岁高龄的毛主席又出巡了。16日到武昌。在武汉，毛主席同武汉军区兼湖北省负责人刘丰谈话一次；同刘丰及河南省负责人刘建勋、王新谈话一次；同已调国务院工作仍兼湖南省负责人的华国锋谈话一次。离武汉前，还同刘丰谈话一次。28日到长沙。在长沙，毛主席同华国锋和湖南省负责人卜占亚谈话一次；同广州军区兼广东省负责人刘兴元、丁盛，广西壮族自治区负责人韦国清谈话一次。后又同华国锋、卜占亚、刘兴元、丁盛、韦国清集体谈话一次。31日到南昌。在南昌，毛主席同南京军区兼江苏省负责人许世友，福州军区兼福建省负责人韩先楚、江西省负责人程世清谈话两次。毛主席沿途的历次谈话，我都参加了。在湖南，毛主席还同我单独谈话一次。一路上，毛主席在谈话中多次强调："要搞马克思主义，不要搞修正主义；要团结，不要分裂；要光明正大，不要搞阴谋诡计。"他反复讲：我们这个党已经有五十年的历史了，大的路线斗争有十次。这十次路线斗争中，有人要分裂我们这个党，都没有分裂成。这个问题，值得研究。1970年庐山会议，他们搞突然袭击，搞地下活动，为什么不敢公开呢？可见心里有鬼。他们先搞隐瞒，后搞突然袭击，五个常委瞒着三个，也瞒着政治局的大多数同志，除了那几位大将以外。那些大将，包括黄永胜、吴法宪、叶群、李作鹏、邱会作。他们这样搞，总有个目的嘛！我看他们的突然袭击、地下活动，是有计划、有组织、有纲领的。纲领就是设国家主席，就是称"天才"。有人急于想当国家主席，要分裂党，急于夺权。林彪那个讲话，没有同我商量，也没有给我看。他们有话，事先不拿出来，大概总认为有什么把握了，好像会成功了。可是一说不行，就又慌了手脚。这次庐山会议，只提出陈伯达的问题。保护林副主席，没有作个人结论，他当然要负一些责任。对这些人怎么办？还是教育的方针，就是"惩前毖后，治病救人"。对林还是要保。回北京以后，还要再找他们谈谈。不过，犯了大的原则错误，犯了路线、方向错误，为首的，改也难。

当时，我意识到毛主席的这些谈话，是要帮助一些地方的党、政、军负责同志，提高对1970年发生在庐山九届二中全会上斗争的认识，争取团结和尽力挽救在庐山会议上犯了错误的人，其中也想挽救林彪和黄永胜等人。

9月3日，毛主席到达杭州。下车之前，毛主席同浙江省的党、政、军负责人南萍、陈励耘、熊应堂谈话。在40分钟的谈话中，毛主席询问了他们几个对庐山会议的认识，并对他们说："你们有什么错？吴法宪在庐山找陈励耘等人谈了他们搞的那一套，上庐山在空军8个中央委员内部有通知啊！"陈励耘说："在庐山吴法宪找我谈时，阴一句、阳一句，这个人说话是不算数的。"毛主席说："过去我讲过，一个倾向，掩盖着另一个倾向，谁知掩盖着一个庐山会议的主要倾向！"接着，毛主席说明了他们是受骗、受蒙蔽的；并说明党对犯错误的人，还是采取"惩前毖后，治病救人"的方针，不能抓住辫子不放。毛主席说：庐山会议，主要就是两个问题，一个是设国家主席问题，一个是称"天才"问题。说反天才就是反对我。那几个副词，我圈过几次了[6]。毛主席又说，庐山这件事，还没有完，还不彻底，还没有总结。

不出毛主席所料，在庐山会议上遭到挫败的林彪一伙不但不思悔改，反而开始了谋害毛主席、策动反革命武装政变的阴谋活动。

1971年2月，林彪、叶群和林立果在苏州密谋后，派林立果到上海，召集"联合舰队"的主要成员周宇驰、于新野、李伟信在秘密据点开会，从3月21日至24日，制订了反革命武装政变计划——《"571工程"纪要》。3月31日深夜，林立果在上海召开了有江腾蛟、王维国、陈励耘、周建平参加的所谓"三国四方会议"，指定南京以周建平为头，上海以王维国为头，杭州以陈励耘为头，江腾蛟"进行三点联系，配合、协同作战"。

在毛主席此次南巡期间，林彪一伙千方百计刺探毛主席的行踪和毛主席同沿途各地负责人的谈话内容。9月5日，广州部队空军参谋长顾同舟听到毛主席在长沙谈话内容后，立即密报给林立果。9月6日，武汉部队政委刘丰违背毛主席的叮嘱，把毛主席在武汉的谈话内容告诉了陪外宾到武汉访问的李作鹏。李作鹏当天回到北京就告诉了黄永胜。当晚，黄永胜又将毛主席的谈话内容密报给在北戴河的林彪和叶群。

林彪、叶群、林立果等人接到顾同舟、刘丰的密报后，感到自己暴露无遗了，决计铤而走险，对在旅途中的毛主席采取谋害行动。

9月7日，林彪指示林立果，向"联合舰队"下达"一级战备"的命令。

9月8日，林彪写下手令："盼照立果、宇驰同志传达的命令办"。

这样一来，危险便时刻向毛主席逼近。当时，陈励耘掌握着杭州的警备大权，直接指挥毛主席住所的警卫工作。我们住在杭州，无异于进了虎穴。

在九届二中全会上，毛主席已识破了林彪的阴谋。这次南巡，毛主席从北京到杭州沿途同当地负责人的谈话中又了解到叶群、林立果阴谋活动的一些情况。9月8日晚上毛主席又得到新的消息说：杭州有人在装备飞机；还有人指责毛主席的专列停在杭州笕桥机场支线碍事，妨碍他们走路。这种情况，过去是从来没有的。一些多次接待过毛主席的工作人员，在看望他老人家时反映了一些可疑的情况。毛主席当机立断，采取措施，对付林彪一伙的阴谋，首先把我找去，提出要把专列转移。

我问毛主席：专列是向后转移，还是向前转移？向后是转到金华，向前是转到上海。我还建议，也可以转向绍兴，即转向杭州到宁波的一条支线上。

毛主席说："可以。那样就可以少走回头路了。"

当时，毛主席还不知道林彪有个手令，也没掌握林彪一伙进行武装政变的计划。但是，毛主席根据了解到的种种情况，思想上、行动上已有了充分准备。

我从毛主席住地出来，马上就打电话找当时负责毛主席在杭州警卫工作的陈励耘。接电话的是陈励耘的秘书。他接到电话后，马上就跑到我的办公室来，说："陈政委有事，您有什么事请跟我讲。"

我说："专列要转移，这个事对你讲，你能办成？"

秘书说："能。"

我就说："你可以试着办一下，不过还是要找到陈政委。"

我得到这个情况后，就找张耀祠交代："赶快去找专列乘务组同志。将火车马上开走。"当时，天气太热，我还要求在专列转移到新的停车地点后，给毛主席的主车和餐车上面搭个棚子，以便防晒。张耀祠很快就落实了。

这些情况，我都报告了毛主席。毛主席同意这么办，并说这个办法好。

毛主席的专列9日凌晨转到靠近绍兴的一条专线上。

10日中午，毛主席对我说："走啊！不要通知陈励耘他们。"

我说："主席，不通知他们不行。"

毛主席问："为什么呀？"

我说："不通知不行，您不是一般人。来的时候，都通知了；走的时候，不通知不好。路上的安全，还是要靠地方保卫。"

毛主席又说："那就不让陈励耘上车来见，不要他送。"

我说："那也不行，会打草惊蛇。"

毛主席考虑了我的建议，接着又问我："你的意见是……"

我说："您看，是不是请南萍、陈励耘……"

我刚说到这里，毛主席打断我的话说："还有一个，就是空五军的军长白宗善，这个人也请来。为什么这次没有请他见面？"

我回答说："马上就通知他。"

南萍等人被请来以后，毛主席在自己休息的房间里又同他们谈了一次话。当毛主席见到白宗善，同他握手时便问："你为什么不来看我？"陈励耘连忙解释说："他那天在值班。"

这次谈话，讲了庐山九届二中全会的问题，党的历史上几次路线斗争的问题，军队干部的团结问题，战备问题。谈话中，毛主席还说："不要带了几个兵就翘尾巴，就不得了啦。打掉一条军舰就翘尾巴，我不赞成，有什么了不起。三国关云长这个将军，既看不起孙权，也看不起诸葛亮，直到麦城失败。"毛主席在谈话中，再一次批评了林彪、黄永胜。他还针对当地领导人闹不团结，讲了一个春秋时代齐鲁两国长勺之战的故事，寓意深长。他说，齐国和鲁国打仗，我是帮鲁国，还是帮齐国啊？鲁国小，人少，只是团结得好。齐国向鲁国进攻，鲁国利用矛盾，把齐国打败了。

在他们谈话的时候，我就布置专列作开车的准备。毛主席同他们谈了半个小时。谈完后，我请他们到我的房间里休息。

我回到毛主席那里，请示说："到上海后停在哪里？"

毛主席说："停在上海郊外虹桥机场专用线，顾家花园就不进去了。"

我说："上海那边的通知，是不是通知王洪文？"

毛主席说："是。这个电话由你们打。"

当时，陈励耘在我的房子里，我就只好在毛主席那里给王洪文打了一个电话。

10日13点40分专列由绍兴返回，14点50分抵达杭州站。在离开杭州去上海的时候，我们没有通知其他的人送，陈励耘却来了。陈励耘到车站后，不敢同毛主席握手，也不敢接近毛主席。他心里有鬼，当时神情很不自然。

他跟我握手时问我："车开后，要不要打电话通知上海？"

我说："你打电话给王洪文或者王维国，这两个人都可以，就说我们的车出发了，还是在那个支线上停住。"以后我了解，陈励耘确实打电话通知了王洪文。

后来据陈励耘交代：8日晚上他有事，就是因为于新野到了杭州。于新野是找陈励耘布置任务的，但于新野有一些疑惑，不知道出了什么事。于新野还追问毛主席到底在杭州讲了些什么话，陈励耘就把毛主席同他们的谈话内容报告了于新野。当时，于新野告诉陈励耘，要在杭州、上海、南京之间谋害毛主席。据我们后来了解到的情况，陈励耘在接待于新野的房子里，挂着一张毛主席像，陈励耘一看到毛主席像就发愁。

从后来"联合舰队"成员的供述和我们调查得到的材料看，他们准备采用多种办法来谋害毛主席。

第一种办法：如果专列停在上海虹桥机场专用线上，就由负责南线指挥的江腾蛟指挥炸专用线旁边飞机场的油库，或者向油库纵火。据王维国交代，他们安排由王维国以救火的名义带着"教导队"冲上火车，趁混乱的时候，先把汪东兴杀死，然后杀害或绑架毛主席。

第二种办法：是准备在第一种办法失败后采用的。就是在毛主席的专列通过硕放铁路桥时炸桥和专列，制造第二个"皇姑屯事件"。然后他们再宣布是坏人搞的。硕放桥在苏州到无锡之间，他们已经到那里看了地形，连炸药怎么安放，都测量和设计好了。

第三种办法：如果硕放炸桥不成，就用火焰喷射器在路上打火车。周宇驰讲，火焰喷射器可以烧透几寸厚的钢板。朝火车喷射，很快就会车毁人亡。王维国、周宇驰等人也到铁路沿线看过地形了。他们准备从外地调火焰喷射器部队。由于我们行动提前，这个部队没有来得及调来。

第四种办法：是要陈励耘在杭州用改装的伊尔—10飞机轰炸毛主席的专列，由陈励耘负责在飞机上装炸弹。据陈励耘后来供述：于新野找他布置任务时，他曾提出杭州没有可靠的飞行员，于新野答应回去向领导上汇报，派一个飞行员来。他们准备派谁呢？派鲁珉。鲁珉当时是空军司令部的作战部部长。陈励耘说："那就好，那就干！"陈励耘还说，用飞机轰炸专列的办法是可靠的。9月9日，于新野在上海对王维国说："我们这次出动飞机炸，除飞机上的武器外，还要再加配高射机关枪，用来扫射从火车上跑下来的人。"

从这几种办法可以看出，林彪一伙谋害毛主席的手段是何等阴险毒辣！

当于新野同王维国一起策划时，王维国又提出，如果毛主席下车住在顾家花园怎么办。于新野说，他看了地形，如果毛主席住在顾家花园，可以把王维国的"教导队"带上去，在住地附近埋伏好，用机枪把前后堵死，先把警卫部队消灭，再冲进去。王维国还向于新野表态说："首长（指林彪）的命令，我一定执行。"于新野、王维国都认为，在上海动手，地形比杭州要好，对他们更有利。9日下午，于新野坐飞机回北京前，王维国同他一起看过一次地形，他们决定就在上海谋害毛主席。

于新野一回北京，就到西郊机场向林立果汇报。林立果在西郊机场的平房和它旁边的空军学院里都有办公室，那里是他的据点。林立果马上将谋害毛主席活动的进展情况报告给了在北戴河的林彪和叶群。这时，林立果和周宇驰对江腾蛟说：北线由王飞指挥，南线由你指挥，你要赶快回南方去。

王飞当时是空军司令部的副参谋长，是"联合舰队"的骨干成员。他们在北线预谋的行动，是要把在京的周总理、朱委员长、叶帅、聂帅、徐帅、刘帅等人都害死，也包括江青、张春桥、姚文元。王飞等人把钓鱼台、中南海的地形都看了。周总理当时就住在中南海。他们打算用坦克冲中南海。王飞说，北京上空是禁飞的，用坦克可以把中南海的墙撞开。在他们密谋的过程中，还有人提议用导弹打中南海。他们说来说去，找不到一个合适的方案。

林彪知道搞政变的行动已经全面展开了，他有带兵的经验，怕单靠"联合舰队"这几个人没有把握，他要亲自指挥一个大"舰队"，他通过叶群把黄永胜、吴法宪、李作鹏、邱会作都调动起来了。那几天，他们的电话联系十分频繁，常常两三部电话机同时讲话，一讲就半个小时、1个小时。据调查：9月10日，黄永胜同叶群通话5次。其中两次通话时间竟长达90分钟和135分钟。同日，林彪给黄永胜写信说："永胜同志，很惦念你，望任何时候都要乐观，保护身体，有事时可与王飞同志面洽。"他们称毛主席为"B—52"。当叶群给吴法宪打电话问B—52的情况时，吴法宪向她报告了毛主席在杭州同陈励耘等人的谈话内容。

现在想来，那时的形势是极其危险的。但毛主席并没有把他掌握的危急情况全部告诉我，他老人家沉着地待机而动。当时，我也发现有些现象不正常，我们不能再在杭州住下去了，便转往上海。由于我们行动快，使得陈励耘、王维国等人措手不及。10日15点35分，我们从杭州发车，18点10分就到了上海。这次随毛主席外出，我带着中央警卫团干部队100人，前卫、本务列车都上了部队。专列一到上海，我就把当地的警卫部队全部撤到外围去了，在毛主席的主车周围全换上中央警卫团。离我们的专列150米远的地方是虹桥机场的一个油库，要是油库着火了，专列跑都跑不掉，所以特别派了两个哨兵在那里守卫。

到上海安排好后，我去见毛主席。毛主席说，要南京部队司令员许世友来上海谈话。我们就打电话找许世友，不巧，许世友下乡去了。

10日晚上，毛主席同上海负责人王洪文见面，但没有谈几句话。王洪文住在车下的房子里，他还要我也搬到车下来住，我谢绝了。

第二天上午，许世友来了。毛主席与许世友、王洪文和我，谈了两个小时的话。毛主席说："犯点错误是不要紧的，有的属于认识问题。现在有的同志有些认识不到嘛，那就等待，而且要耐心地等待嘛。"毛主席又说，"要争取主动，有了错误，不认识，不改正，在那里顶着不好，这会加重错误，包袱越背越重，甩掉包袱，轻装上阵，人就舒服了。"他还指出，"有人在搞阴谋诡计，不搞光明正大；在搞分裂，不搞团结。"许世友表示，庐山会议问题，按毛主席的指示办。

谈到中午，毛主席说："到吃中午饭的时间啦！今天，我就不请你们在车上吃饭了。王洪文，你请许世友到锦江饭店去吃饭，喝几杯酒。"

许世友说："汪主任，你也去。"

我说："不去了，谢谢。"

毛主席当着他们的面对我说："汪主任，你把他们送走以后，再回来一下。"

我送许世友、王洪文下车时，看到王维国也来了，他一直在休息室里等着毛主席召见，然而毛主席没有找他谈话。王维国见我们时，表情异样。王洪文把他拉上车，与毛主席在车厢门口握了一下手，就被我送下了车。

我下车送走许世友、王洪文、王维国等人后，马上回到车上去见毛主席。

毛主席问："他们走了没有？"

我说："走了。"

毛主席马上说："我们走，你立即发前卫车。"

我说："不通知他们了吧？"

毛主席说："不通知。谁都不通知。"

我们执行毛主席的命令，立即发了前卫车。13点12分，我们的车也走了。

专列开动时，车站的警卫员马上报告了在锦江饭店吃饭的王洪文。王洪文小声告诉许世友说："毛主席的车走了。"

许世友很惊讶地问："哎呀！怎么走了？"

王洪文对许世友说："既然走了，我们还是吃饭吧！"

王洪文、许世友、王维国等人吃了两个多小时的中午饭，吃完饭时已经是下午了。许世友便乘一架伊尔—14赶回南京，然后到车站接我们。

我们专列18点35分到南京，在南京站停车15分钟。许世友在南京站迎接，毛主席说："不见，什么人都不见了，我要休息。"

我下车见了许世友，我跟他说："毛主席昨天晚上没睡，现在休息了。毛主席还说，到这里就不下车了。"

许世友说："好！"他接着问我："路上要不要我打电话？"

我说："不用了，我们打过了。"

许世友又问："蚌埠停不停？"

我说："还没有最后定。一般的情况，这个站是要停的，但主席没定。"

专列从南京开出后，到蚌埠车站是21点45分，停车5分钟。9月12日零点

10分到徐州，停车10分钟。到兖州时是2点45分，没有停车。到济南时是5点，停车50分钟。在济南车站，我打电话给中办值班室。要他们通知纪登奎、李德生、吴德、吴忠到丰台站，毛主席要找他们谈话。专列到德州时是7点40分，停车20分钟。11点15分到天津西站，停车15分钟。

12日13点10分，专列在丰台停车。毛主席与纪登奎、李德生、吴德、吴忠和我谈了话，一直谈到下午3点多钟才结束。在谈话中，毛主席谈了党史上历次路线斗争，谈了1970年庐山会议上的斗争，以及庐山会议后采取的甩石头、掺沙子、挖墙脚的做法，谈了华北批陈整风汇报会及黄、吴、叶、李、邱等人的检讨。继续强调：要搞马克思主义，不要搞修正主义；要团结，不要分裂；要光明正大，不要搞阴谋诡计。要坚持"惩前毖后，治病救人"的方针，要"团结起来，争取更大的胜利"。

过去，毛主席从来没有白天到北京站下车的，这次是个例外。15点36分，专列由丰台开出，16点5分到北京站。毛主席下火车后坐汽车回到中南海。

从杭州动身到这时，毛主席已经3天没有休息好了。到中南海，我对毛主席说："您睡吧。"

毛主席对我说："你也睡一睡吧。"

我说："我也回去睡一睡。"

回来后，我打电话给周总理，周总理还不知道出了什么问题，感到诧异。他问："你们怎么不声不响地就回来了，连我都不知道。路上怎么没有停？原来的计划不是这样的呀。"

我回答总理说："计划改了。"我还说，电话上不好细说，以后当面汇报。

这时，林立果等人正在加紧策划和实施谋害毛主席和党中央其他领导同志的阴谋，突然接到王维国从上海打来的电话，报告毛主席的专列已经离开上海。这帮家伙被吓坏了，林立果连声说："糟糕！糟糕！"

林立果探听到毛主席确实于9月12日下午回到中南海的消息后，深感谋害毛主席的阴谋已经破产。他在惊恐之余，给北戴河的叶群打电话，说情况紧急，两小时以后飞往北戴河，并说，他走后北京由周宇驰指挥。林立果还对周宇驰等人说，现在情况变了，我们要立即转移，赶紧研究一个转移的行动计划。

他们要转移到哪里去呢？他们要按照早在《"571工程"纪要》中密谋的方案，即谋害毛主席不成，就转移到广州去另立中央政府，分裂国家。这就是审判林彪反革命集团时所说的"两谋"——一个是阴谋杀害毛主席；另一个是阴谋带领黄永胜、吴法宪、李作鹏和邱会作南逃广州，另立中央政府，分裂国家。

为了转移，他们安排了5架飞机飞往广州：一架256号三叉戟，是林彪的专机；另外再安排一架三叉戟给黄永胜等乘坐；第三架是伊尔—18；第四架是安—12运输机，可以装汽车；第五架是安—24，也可以装防弹车。此外，他们还打算为林彪再准备一架伊尔—18。林立果在电话中把这些安排都报告了林彪。林彪说："立即转移。"随后，林立果传达给王飞说："你这样安排对。林副主席决定立即去广州。"

据后来调查得知，林彪他们有一个先谈判、后动武的计划，他们想到了广州以后，先提出条件同北京谈判。但他们估计谈判成功的可能性小。这样，他们就计划在广州立即召开师以上干部会议，进行动员，并宣布成立中央政府。要动武，就联合苏联，南北夹击。林立果要求通知广州部队空军参谋长顾同舟，要他安排好车辆和房子。林立果还对于新野说，马上打电话给上海的王维国，通知他9月13日早上有一架伊尔—18飞机在上海着陆，把警卫团二中队换下来，让王维国的空四军"教导队"和上海的"联合舰队"成员作好准备，搭乘这架飞机去广州。林立果还要求于新野给空军军务部打电话，通知马上准备好30支手枪，2支冲锋枪，并多准备一些子弹。这些策划布置下去后，于新野立即去空军大院协助江腾蛟、王飞组织人员转移。周宇驰挥着胳膊对江腾蛟和王飞说："他妈的，成败在此一搏！"

12日晚8点钟左右，周宇驰在空军学院召集王飞、于新野一伙开了一个秘密会议。会上确定，由王飞、于新野负责组织人员，保护林彪一伙南逃。他们计划：13日早晨8点钟，林彪由山海关机场直飞广州；13日早晨7点钟，黄永胜、吴法宪、李作鹏、邱会作等人则由北京西郊机场直飞广州。

然而，事与愿违。玩火者必自焚。历史无情地证明：林彪的"两谋"，不过是一伙阴谋家的垂死挣扎而已，他们是逃不脱失败的命运的。[7]

吴德也是1971年9月12日毛泽东丰台谈话的参加者。他回忆当时的情景说：

毛主席在每年的国庆节前出巡各地然后回北京是有规律的。1971年这一次南巡是经津浦路回来的，在途中到达济南时通知李德生、纪登奎、我和吴忠到丰台谈话。

1971年9月12日下午，我们在丰台上了毛主席的专列。毛主席与我们谈话时，汪东兴也参加了。谈话开始，李德生向毛主席汇报了他去阿尔巴尼亚的情况。李德生汇报时，我们就看出毛主席显得很不耐烦。毛主席说霍查"他是左派，我是右派"。这样，李德生不再汇报了。

毛主席的谈话，内容很多，讲了党的历史上历次路线斗争的情况；讲了去年庐山会议的问题；还讲了庐山会议后的甩石头、掺沙子、挖墙脚等措施，以及华北会议问题。

毛主席讲过党的历次路线斗争后说："我们这个党已经有50年的历史了，大的路线斗争有过十次，张国焘搞分裂后，党内多次有人搞分裂，但都未能把党分裂了。"毛主席说路线决定一切，党的路线正确，就有一切；路线不正确，有了也可以丢掉。

毛主席说庐山会议是搞突然袭击，五个常委隐瞒着三个，出简报煽风点火。大有炸平庐山，停止地球转动之势。庐山会议显然是一次有计划、有组织的行动，他们的纲领就是设国家主席、"称天才"，毛主席说："什么'顶峰'啦，'一句话顶一万句'啦，你说过了头嘛！不设国家主席，我不当国家主席，我讲了六次，他们都不听嘛，半句也不顶，等于零。"毛主席还说，庐山会议的事情还未完结，黑手不止陈伯达一个，陈伯达后面还有人。毛主席还向我们说，这第十次不是路线的问题。

毛主席说他在陈伯达搞的论天才的材料上加批语，在济南军区、38军的报告和其他文件上加批语是甩石头；从中央和各大军区调人参加军委办事组是掺沙子；派李德生、纪登奎到北京军区是挖墙脚。

毛主席批评了把自己的老婆安排为自己的办公室主任的做法，虽然没有点名，但完全可以听出是指林彪的。

毛主席还点名批评了黄永胜。

在谈话中，毛主席说庐山会议的6号简报是反革命简报。

我一听毛主席这样说，就赶紧检讨。我说："主席，我还在6号简报印发前签了名字。6号简报是反革命简报，我犯了错误。"

毛主席挥着手说："没你的事，吴德有德。"

毛主席随后的谈话好像是说这是个反革命集团或是个反革命的行动这样一类的话，因为紧张，没有听得很准。这时，吴忠说："主席，可能有坏人吧？"

毛主席说："你讲得对，吴忠有忠。"

毛主席还询问了北京市批陈整风的情况，我们简要地汇报了一下。

毛主席反复地说："我们要搞马列主义，不要搞修正主义；要团结，不要分裂，不要搞宗派主义、山头主义；要光明正大，不要搞阴谋诡计。"

毛主席最后说："要抓路线教育，方针还是惩前毖后，治病救人，团结起来，争取更大的胜利。"

毛主席是坐火车回北京的。我们坐汽车回北京，下车时，纪登奎禁不住跟我说："这个问题大了！我们都感到很紧张。"

从丰台回来后，我到吴忠家谈了很长时间。我和吴忠交换了意见。我们讨论了对毛主席提出的第十次路线斗争应该怎样认识等问题，还考虑是否把毛主席说的十次路线斗争的问题传达一下。我提出虽然毛主席没有点林彪的名字，但提陈伯达后边是谁已经很明白了，这样，是不是需要将毛主席的谈话先给市委常委或者市委书记们吹吹风，以免将来问题出来了大家没有思想准备。但是，怎么传达呢？毛主席终究没有点林彪的名字啊！我们俩商量到后半夜1点多钟，也没有考虑好怎么传达毛主席的讲话。我说，今天恐怕议不出来妥善办法了，明天再说吧。

回到家，我就吃了安眠药休息了。[8]

李德生也参加了丰台谈话会。他回忆说：

通过了蚌埠、济南到了天津。毛主席叫停车，嘱咐随行的张耀祠："打电话通知李德生、纪登奎、吴德、吴忠到丰台火车站来见我。"我们在1971年9月12日12点，在丰台火车站专列上见到了毛主席。汪东兴也在座。毛主席长途南巡归来虽然一路疲劳，而且思虑着同林彪一伙斗争的大事，但他精神很好，和往常一样，谈话十分幽默。他说："这次庐山会议搞突然袭击，大有炸平庐山，停止地球转动之势。……天才问题是理论问题，他们搞唯心论。……天才就是比较聪明一点……天才是靠群众路线，集体智慧。……什么顶峰啦，一句顶一万句啦……不设国家主席，我讲了六次，一次就算一句，顶六万句，他都不听，半句也不顶。等于零。"这时，毛主席对着我说："他们在庐山搞的那个材料，你向他们要，一年说三次，'你们那个宝贝为什么不给我？'看他们怎么说！"毛主席指的是他们不发"天才论"语录给我的事。我在一次会上提起过，毛主席当时就说："你向他们要呀！"他一直记得这件事。毛主席又说："黑手不止陈伯达一个，还有黑手。"这句话已等于点林彪了，最后毛主席要我去执行一项任务——调一个师来南口。当时毛主席不但十分警惕，而且已作了具体部署，对林彪一伙可能搞武装政变的最坏的情况都估计到了。离开毛主席，我立即部署了一个师的调动。[9]

毛泽东安全回到北京，使林彪集团惊恐万状，慌作一团。林彪、叶群、林立果等少数人撇下死党不管，于1971年9月13日零时32分仓皇出逃，自我爆炸，叛党叛国，最终摔死在蒙古温都尔汗。

这一富有戏剧性的事件，经过西方某些人的着意渲染，更显得有些扑朔迷离。然而，事实终归是事实。它尽管简单明了，却寓意深刻，是任何人也篡改不了的。

以下就是几位见证人的回忆。

汪东兴写道：

离北戴河西海滩两公里处的联峰山松树丛中，有一栋两层小楼，这就是当时林彪、叶群住的中央疗养院62号楼（原为96号楼）。1971年9月12日天色渐黑时，林彪、叶群在这里正忙着调兵遣将。可表面看来，62号楼却是十分平静。林彪、叶群在接到林立果马上要飞到北戴河的电话后，还要了一个花招，宣布当天晚上要为他们的女儿林立衡与她的恋爱对象张清霖举行订婚仪式。叶群指示秘书和工作人员说，不请人吃饭，但要准备好烟、糖果、茶等，另外再准备两部电影招待大家。他们这样做，显然是要转移工作人员的注意力，掩盖他们的阴谋活动。

晚间，叶群还与林立衡一起看电影，电影的名字叫《甜甜蜜蜜》。8点多钟，林立果乘专机飞到山海关机场，9点钟到了林彪住地。林立果送了一束鲜花给林立衡，表示祝贺。林彪、叶群搞阴谋的事，林立衡当时不知道。林立衡与叶群平时就有矛盾，叶群有事总是背着她。林立衡是个很聪明的人，她看出林立果到这里后，家里好像有事不让她知道。叶群一退场，她也从电影室出来，到林彪的房间外边去听。她听到林彪、叶群、林立果三个人在一起谈话，隐隐约约地说要去什么地方。林立衡听到这些话，心里很紧张。她马上去向当时在北戴河保卫林彪的8341部队的副团长张宏和二大队的队长姜作寿报告。

晚上9点20分左右，张宏、姜作寿听到林立衡的报告，姜作寿立即打电话将情况报告给在北京的中央警卫局副局长张耀祠。张耀祠立即赶到我的办公室，说："情况很紧急，怎么办？"我马上打电话找周总理，周总理当时正在人民大会堂福建厅开会，主持讨论将在四届全国人大会上作的《政府工作报告》的草稿。

我将林立衡报告的情况向周总理报告后，周总理问我："报告可靠吗？"

我回答说："可靠。"

周总理还对我说："你马上打电话通知张宏，如果有新的情况，立即报告。"

我和张耀祠当时都守在我的办公室里。这时，张宏又来电话说："林立衡还报告，她听接林立果的汽车司机讲，林立果是乘专机从北京来的，这架专机现在就停在山海关机场。"我马上又将这个情况报告给周总理。

这时，周总理已经不能继续主持开会了，他来到东大厅的一间小房子里处理北戴河的问题。他打电话要我别离开电话机。我说，不会离开，我就在电话机旁边等着。周总理随后打电话把正在大会堂参加《政府工作报告》稿讨论会的吴法宪找来，问他知道不知道有一架飞机到北戴河去了，吴法宪说不知道，并说他要问一问空军调度室。周总理要求吴法宪立即去问。吴法宪就到另一个房间打电话去了。周总理这时又打电话给我，让我立即转告北戴河的张宏，让张宏去查一查，山海关机场是不是有一架专机，并要求我如果有什么新情况，马上向他报告。我从张宏那里很快就得到答复说，他已问过山海关机场，确实有一架专机，专机的机组人员正在休息，这个机场归海军管理。我立刻将这一情况报告了周总理。

晚上11点半钟，周总理亲自打电话给叶群，周总理问叶群："林副主席好不好？"

叶群说："林副主席很好。"

周总理问叶群知道不知道北戴河有专机，叶群一开始时骗周总理说她不知道。

稍微停一下，叶群又说："有，有一架专机，是我儿子坐着来的。他父亲说，如果明天天气好，要上天转一转。"

周总理又问叶群："是不是要去别的地方？"

叶群脑子反应很快，回答周总理说："原来想去大连，这里的天气有些冷了。"

周总理说："晚上飞行不安全。"

叶群说："我们晚上不飞，等明天早上或上午天气好了，再飞。"

周总理又说："别飞了，不安全，一定要把气象情况掌握好。"

周总理还说："需要的话，我去北戴河看一看林彪同志。"

周总理提出要去北戴河，这一下子叶群警觉了，她慌了。周总理要是一来，林彪南逃广州，另立中央政府的阴谋也就破产了。叶群劝周恩来不要到北戴河来，她说："你到北戴河来，林彪就紧张，更不安。总之，总理不要来。"

这时，周总理在人民大会堂，我在中南海南楼，都忙得不可开交。周总理派李德生到空军司令部作战值班室去协助他临时负责指挥，还派杨德中陪吴法宪去了西郊机场。

林彪听了叶群的汇报，得知周总理要来北戴河。他说："我也不休息了，今晚反正睡不着觉了。你们赶快准备东西，我们马上走。"此时，叶群更加惊慌，也说："越快越好。"

这样的命令一下，62号楼的人就忙开了，但是他们都不知为什么要走得这样快。林彪的汽车立刻被调到了他的住房门口。林彪快要上车时，叶群派人找过林立衡。

林立衡自从报告了林彪要去外地的情况后已经不敢再回去了。这时，二大队执勤的哨兵也向大队部报告，说林彪住地很乱，搬东西的人来来往往。

林彪和叶群、林立果先后上了汽车。林彪问林立果和警卫秘书："去伊尔库茨克要飞多少时间？"

林立果说："很快就到。"

林彪问完后，汽车就开动了。林彪的警卫秘书坐在前座上，后边是林彪、叶群、林立果等人。汽车冲过岗哨时，哨兵拦阻，叶群命令司机冲过去。警卫秘书突然改变主意，叫一声"停车"司机没有听，只是将车速稍微慢了一下，警卫秘书就打开车门跳下车。汽车里有人向他开了枪。张宏、姜作寿等看到这些，坐车追上去。

林彪的红旗牌轿车时速开到100公里左右，张宏他们乘坐的吉普车根本追不上，等追到山海关机场的时候，林彪已经上了飞机。由于紧张和慌乱，林彪的帽子和叶群的围巾都掉在地上。飞机还未加完油就起飞了，专机的两个驾驶员，只上去一个，领航员、通讯报务员都没有来得及登上飞机。

张宏他们在机场上把林立果找对象选来的几个"美女"拘留了。这些"美女"当时都领了枪，她们拿着枪不让我们警卫战士进屋。张宏对她们说："你们这是干什么？我们是保卫林副主席的，你们怎么这个样子！"警卫战士一进去就把她们的枪缴了。

13日零点32分左右，我接到张宏从山海关机场打来的电话，说林彪等强行登上飞机，已经起飞了。

与此同时，林立衡也打电话对我说："听到飞机响了，好像是上天了。"

我对她说："你报告得迟了一点。"

她对我说："刚听到飞机声。"

我对她说："我现在没有时间接你的电话。"就把电话挂了。

我立即打电话给周总理，说："毛主席还不知道这件事。您从人民大会堂到毛主席那里，我从中南海南楼到毛主席那里，我们在主席那里碰头。"我叫张耀祠同我一起去，我说："你要去主席那里守电话。"我们和周总理几乎是同时到了毛主席那里。

我们正向毛主席汇报时，吴法宪从西郊机场打电话找我，说林彪的专机已经起飞30多分钟了，飞机在向北飞行，即将从张家口一带飞出河北，进入内蒙古。吴法宪请示，要不要派歼击机拦截。我说："我立即去请示毛主席，你不要离开。"

当时，毛主席的房子里没有电话，电话在办公室里，离我们向毛主席作汇报的房间还有几十米远。我马上跑步回去，报告毛主席和周总理。毛主席说："林彪还是我们党中央的副主席呀。天要下雨，娘要嫁人，不要阻拦，让他飞吧！"周总理同意毛主席的意见，让我马上去传达给吴法宪。我又跑回值班室，只告诉了吴法宪一句话，就是不要派飞机阻拦，没有告诉他其他内容。

这时是9月13日凌晨1点12分。林彪专机从起飞时算起，已经飞了40分钟，快要飞出国境了。把这架专机放过去，这是毛主席、周总理的意见。这个意见是对的。要是把这架专机拦截下来，那可不得了！会在全国造成不好影响。林彪是党的副主席，我们当时并不知道他要飞到哪里去，做什么事。拦截专机，我们怎么向全国人民交代！后来才知道，当时的实际情况是林彪、叶群经过长期策划，认为只要毛主席健在，无论是威望，还是文的、武的方面，他林彪都不是对手。所以林彪想出三个计策，即：上策是谋害毛主席，夺取党和国家最高领导权；中策是南逃广州，另立中央政府；下策是北飞叛逃国外。

9月13日凌晨3点多，我们还没有离开毛主席住地，空军司令部又打来了电话，说调度室报告，北京沙河机场有一架直升机飞走了，机号是3685，机上有周宇驰、于新野、李伟信和正副驾驶员共5人，直升机向北飞行。我马上将这个情况报告毛主席和周总理，毛主席和周总理异口同声地说："下命令，要空军派飞机拦截。"空军的歼击机升空以后，由于天空很黑，直升机又没有开航行灯，歼击机没有找到目标。

驾驶直升机的飞行员是陈修文。这个同志很好，后来被追认为烈士，他当时装着很焦急的样子，喊叫说没有油了，要降落下去加油。其实油是够的。周宇驰说不能降落，降落下去，大家就都别想活了。周宇驰还谎称，林副主席已经坐三叉戟专机在乌兰巴托降落了，你们不要害怕，出了国境就行。

陈修文听周宇驰这样一讲，便操纵飞机摇晃了一下，然后利用飞机晃动的机会改变了航向。这时，天已经发亮，陈修文看到头顶上的歼击机了。周宇驰他们也看到了，很紧张。陈修文这时开始往回飞，并将罗盘破坏了。周宇驰发现后，问陈修文为什么改变飞机的航向。陈修文说，头上有歼击机，如果不机动飞行的话，可能要被打下来。周宇驰又问陈修文，罗盘怎么不对。陈修文说罗盘早就出了故障。这样一来，周宇驰只能感觉航向有变化，而不知道飞机往哪里飞。陈修文知道方向，他驾驶飞机经张家口、宣化等地又飞回北京。直升机在怀柔沙峪的一个空地上空盘旋了5圈后开始降落。当直升机降落在离地还有20米时，周宇驰开了两枪，把陈修文打死了。陈修文旁边的副驾驶员陈士印，将陈修文身上流出来的血抹在自己的脸上，躺在飞机上装死，否则他也被害了。

周宇驰、于新野、李伟信从直升机上爬下来后，就往山上跑，一直跑到累得跑不动时才停下来。周宇驰说："这样不行，早晚都是死，跑是跑不了的，咱们今天就死在这里吧。"他还说："有两种死法，第一种是如果你们怕死，我就先把你们打死，然后我再自杀；第二种是如果你们不怕死，那就自己死。"说完这些话，周宇驰就把带在他身上的林彪的手令和林彪给黄永胜的亲笔信撕了。这两个被撕的罪证，后来都找到了。

于新野说："我们还是自己死，不用你打，你喊'一、二、三'我们同时开枪。"当周宇驰喊过"一、二、三"后就听"砰！砰！砰！"三声枪响，可是倒下的只有两具尸体。李伟信怕死，他把枪弹射向了天空。看到周宇驰和于新野两个人都躺在地上死了，李伟信爬起来就跑。这时，民兵已经赶到，就地把李伟信抓起来了。当时，李伟信还喊：我要找卫戍司令。

9月14日上午8时30分，蒙古人民共和国外交部打电话通知中国驻蒙古大使馆，说副外长额尔敦比列格约见中国驻蒙古大使，要通报一架中国喷气式飞机在蒙古失事的情况。中午12时20分，中国驻蒙古大使将飞机失事的情况报告中国外交部。外交部在代外长姬鹏飞主持下召开了党组会，并将这个情况很快报告给党中央。当时，我们都在人民大会堂东大厅开会，是中央办公厅副主任王良恩接到的报告。

周总理看到报告后，在会场上对我说："得到了一个重要消息，你是不是马上去报告毛主席。"

我说："我马上就回去报告毛主席。"随后，我就把这个消息报告了毛主席。

毛主席想了一下，问我："这个消息可靠不可靠？为什么一定要在空地坠下来？是不是没有油了？还是把飞机看错了？"

我说："飞机到底是什么情况，现在不清楚，大使准备去实地勘察。目前还不知道飞机是什么原因坠落下来的。"

毛主席又问我："飞机上有没有活着的人？"

我说："这些情况都不清楚，还要待报。"

这个消息虽然很不具体，但它却使毛主席、周总理和参加会议的中央政治局大多数同志心里的石头落了地。

我国驻蒙古大使后来到飞机失事的现场去了解了情况，飞机坠毁在蒙古温都尔汗附近肯特省贝尔赫矿区南10公里处，是中国民航256号三叉戟飞机，机上8男1女，全部死亡。关于飞机坠毁的情况和外交部交涉的情况，大使和经办的外交官已都有文章发表，是可靠的。

不久，我们把降落在怀柔的直升机上缴获的林彪的一些文件，如林彪的手令、给黄永胜的信等调出来看时，在场的黄永胜、吴法宪、李作鹏、邱会作等都惊呆了。

林彪叛逃后，就如何处理同林彪有密切关系的黄永胜、吴法宪、李作鹏、邱会作等人的问题，毛主席对周恩来说："看他们十天，叫他们坦白交代，争取从宽处理。老同志，允许犯错误，允许改正错误，交代好了就行。"

但是，黄永胜这些人，在十天中既不揭发林彪的罪行，又不交代自己的问题，什么都不坦白。十天后，毛主席把我找到他的住处说："黄永胜他们怎么处理了？你去问一问总理。"

于是，我马上赶到人民大会堂新疆厅向周总理汇报，说毛主席催问对黄永胜等人的处理情况。

周总理让我等一下，待他接见完外宾后，同他一起乘车去见毛主席。当我同周总理到达中南海毛主席住所后，周总理向毛主席报告说，他们在拼命烧材料。

毛主席说："是啊，那是在毁灭证据嘛。这些人在活动，是要顽抗到底了！"

周总理对毛主席说："我马上办，今天晚上办不成，明天早上一定办成。"

周总理和我从毛主席那里出来后，周总理对我说："你不能离开中南海，要严加保卫毛主席的安全。我们有事时可以找张耀祠、杨德中，必要时找你。"我当时向周总理建议不要在集体开会时解决，要分开来，一个人一个人地办。

后来是在人民大会堂福建厅，向黄永胜等人宣布中央对他们实行隔离审查的决定的。当时，怕他们反抗，把福建厅的烟缸、茶杯都端走了。周总理对他们宣布说："限你们十天坦白交代，争取从宽处理，你们不听。这个事还小呀，还有什么事比这个事更大！你们对党对人民是犯了罪的。现在宣布对你们实行隔离审查。"

一场阴险狠毒的反革命政变就这样被彻底粉碎了。人民终于将这伙野心家、阴谋家押上了审判台，永远钉在历史的耻辱柱上。

中共中央在1981年所作的《关于建国以来党的若干历史问题的决议》中指出："1970年至1971年间发生了林彪反革命集团阴谋夺取最高权力，策动反革命武装政变的事件。""毛泽东、周恩来同志机智地粉碎了这次叛变。"历史的事实确实是这样的。

毛主席在与林彪反革命集团的斗争中，以他异常丰富的斗争经验，成功地识破、挫败了林彪集团在庐山九届二中全会上阴谋夺取最高权力的宗派活动。此后，他采取了一系列措施，逐步削弱了林彪集团的势力。1971年南巡期间，毛主席又以其伟大的政治家、战略家的胆识，成功地挫败了林彪反革命集团策划的暗杀、分裂等一系列阴谋，在与林彪反革命集团策动的反革命武装政变与分裂活动的殊死搏斗中，夺取了全面胜利。中国共产党没有被分裂，中华人民共和国没有被分裂，中国的历史避免了一次大倒退。[10]

当年坐镇空军司令部协助周恩来指挥的李德生回忆说：

9月12日晚上，我正在人民大会堂福建厅开会，会议由总理主持，讨论他即将在四届人大上作的《政府工作报告》。黄、吴、李、邱也参加了会议。

10点多钟，北戴河林彪驻地的警卫部队直接给总理打来电话，说林豆豆报告：林彪、叶群、林立果要坐山海关的飞机外出，时间是明天（13日）早上6：00，目的地是广州……黄、吴、李、邱是他们一伙，预定明天上午从北京同时起飞。总理对这一情况的出现，也十分意外，他紧皱眉头，叫警卫部队密切注意情况，随时报告。总理立即向吴法宪查问：空军一架三叉戟飞机到了山海关是怎么回事？并要飞机马上回来，不准带任何人回北京。吴法宪支吾回答，向总理报告了假情况，说那架飞机是夜航试飞，出了故障飞不回来了。总理命令："飞机就停在那里不准动，修好马上回来。"

　　这时林彪、叶群得知总理查问三叉戟飞机的事，更加惊慌，为了掩盖他们南逃广州的阴谋，在晚上11：22，叶群故意给总理打电话说："林副主席想动一动。"总理问："是空中动，还是地下动？"叶群答："空中动。"总理又问："你那里有飞机吗？"叶群答："没有。"叶群一句话露了马脚。总理这时已知道山海关不但有256号三叉戟，还有几天前他们调去的一架伊尔—14。叶群的撒谎，证实了他们企图南逃的阴谋。总理立即打电话给李作鹏：（因山海关机场归海军管）"停在山海关机场的256号专机不要动，要动的话，必须有我、黄永胜、吴法宪和你，四个人一起下的命令才能飞行。"而李作鹏却将总理指示篡改为："四个首长其中一个首长指示放飞才放飞。"这时总理不断进进出出，我知道有些新的情况发生了。

　　到9月13日零点32分，北戴河的警卫部队报告，林彪不顾警卫部队阻拦，已乘三叉戟飞机强行起飞了！山海关机场曾三次报告李作鹏，飞机强行起飞怎么办。李作鹏竟然没有下令阻止起飞。总理一听这个消息，马上出去打电话报告了毛主席，并请示了一些事情，回来后立即对我说，林彪乘飞机逃跑了，命令我马上到军委空军司令部，代替他坐镇指挥，随时报告情况。总理指示我24小时都不能离开。实际上，我5天5夜都没有离开空军司令部。同时，总理派杨德中同志随吴法宪（监视他）去西郊机场掌握情况。派纪登奎同志去北京空军司令部。总理还发布了"禁空令"："关闭全国机场，所有飞机停飞，开动全部雷达监视天空。"我的汽车急驰空军司令部，下车后我快步进入作战部指挥所，并找来空军参谋长梁璞，一起注视着整幅墙壁大的雷达屏幕。这时，我看到屏幕上清楚地显示出那架飞机标志的亮点正向北移动。位置在承德和蒙古人民共和国国境线之间。

　　总理曾问调度员："用无线电向256号飞机呼叫，他们能不能听到？"

　　调度员回答说："能听到。"

　　总理说："我要对潘景寅（已知潘为此机驾驶员）讲话，请给我接上。"

　　调度员说："他开着机器，但不回答。"

总理说：“那就请你向256号飞机发出呼号，希望他们飞回来，不论在北京东郊机场或西郊机场降落，我周恩来都到机场去接。”

调度员报告总理：“他不回答。”

飞机耍了个花招，是先向西飞了一段，又调转方向往北飞的。

我和梁璞紧张地注视着荧光屏。梁璞说：“这架飞机飞航不一般，情况异常。”我问他：“有什么特点？”梁说：“第一，飞的不是国际航线；第二，方向往北，马上要出国境到蒙古了；第三，飞的是低空。”我坐在一张很大的写字台前。这是空军指挥所，桌上装有直通总理的红机子专线电话，我不断将飞机的位置、高度、方向、到达地点等情况向总理汇报。当我向他请示处置办法时，总理告诉我，已请示了毛主席，主席说：天要下雨，娘要嫁人，由他去吧。

9月13日凌晨那架飞机出了国境。

我及时报告了总理。

凌晨3:15，沙河机场报告：“起飞了一架直升机，北上向张家口飞去。”我立即报告总理，他请示毛主席后，指示说：“要它迫降，不听就打下来，绝不能让它飞走！”我命令北空起飞了8架“歼6”拦截，迫使直升机回头，迫降在怀柔境内。周宇驰打死了驾机回返的陈修文同志后，与于新野自杀了，李伟信被活捉。

林彪乘的飞机飞出国境以后，将会有什么结果？当时估计林彪会逃往苏联，毛主席、周总理都商量好了应付一切由此而引起的事件。

林彪出了事，必须以最快速度告诉各地领导，方能应付意外事故的发生。总理亲自向各大军区、各省、市、自治区主要领导人打电话通报情况，讲得既清楚又含蓄。

待一切安排妥当，总理已50多个小时没休息了，到了9月14日下午2点，总理刚睡着，外交部送来我驻蒙使馆特急电报，只好把总理又叫醒。总理叫秘书念电报，当他听到林彪所乘256号三叉戟飞机，已于13日凌晨2时30分在蒙古温都尔汗附近坠毁后，立即将这一消息报告了毛主席。

我连夜组织搞清查工作。根据李伟信的供词，在他的住处搜查出了大批林彪反革命集团的罪证。其中有谋害毛主席的计划——《“571工程”纪要》，另立中央南逃人员编组名单等重大罪证，我即派专人送给了总理转呈毛主席。

这时空军成立了曹里怀同志等组成的五人小组协助我工作。

在清查工作中，毛主席十分强调掌握政策，再三指出死党只有那么几个人，对犯错误的同志要分析历史条件，林彪当时是副统帅，大家搞不清他的阴谋。对犯错误的同志，要采取惩前毖后，治病救人的方针，改了就欢迎。

甚至具体地说："比如对林彪下面的几十个工作人员和秘书，那些人都不用了？我看那不行吧，要搞清楚，要教育，给他们工作做，不能不用，他们是组织派到那里去工作的嘛。"

毛主席的这些指示，使清查工作得以顺利进行。

"九·一三"事件后，毛主席对"文化大革命"以来所发生的种种事情进行了严肃的思考，亲自着手纠正一些过"左"行为，如指示尽快尽多地解放干部。林彪搞"战备疏散"给弄到外地去的老帅和老同志们，也都先后请回了北京。

这之后，毛主席又亲自批示了大量解放老干部的信件和申诉给我，让总政办理。在周总理、叶帅领导下，我们做了艰巨的工作，顶住了"四人帮"的阻挠，使军队大批高级将领得到解放。[11]

林彪集团的自我爆炸，客观上宣告了"文化大革命"理论及其实践的破产，具有极大的讽刺意味。这件事对毛泽东本人的打击是很大的。不久，他的身体每况愈下。但是，毛泽东毕竟是一个久经磨炼的无产阶级伟大革命家。他从党和国家的最高利益出发，果断地对各方面政策作较大幅度的调整，并全力支持周恩来主持中共中央的日常工作，使国内局势出现新的转机。

注 释

〔1〕徐向前：《历史的回顾》（下），解放军出版社1987年7月版，第849—850页。

〔2〕《萧劲光回忆录》（续集），解放军出版社1989年2月版，第282—284页。

〔3〕李德生：《从庐山会议到"九·一三"》，载1994年1月23日《人民日报》。

〔4〕吴德：《庐山会议和林彪事件》，载《当代中国史研究》1995年第2期。

〔5〕王年一：《大动乱的年代》，河南人民出版社1988年12月版，第407—415页。

〔6〕1968年9月，《人民日报》为纪念1962年9月18日毛泽东给日本工人的题词，发表了《世界革命人民胜利的航向》的社论。毛泽东删去了社论草稿中的"毛泽东同志天才地、创造性地、全面地继承、捍卫和发展了马克思列宁主义，把马克思列宁主义提高到了一个新的阶段"等文字。1969年，毛泽东删去了九大《政治报告》初稿和提交九大通过的《党章》初稿中"天才地、创造性地、全面地"三个副词等文字。1970年4月，毛泽东在修改纪念列宁诞辰100周年的两报一刊社论《列宁主义，还是帝国主义？》的初稿时，删去了"毛泽东

同志全面地总结了无产阶级专政的正反两个方面的历史经验，天才地创造性地运用唯物辩证法，分析了社会主义的矛盾"等文字。——原注

〔7〕汪东兴：《毛主席在粉碎林彪反革命政变阴谋的日子里》，载《中共党史资料》第49辑。

〔8〕吴德：《庐山会议和林彪事件》，载《当代中国史研究》1995年第2期。

〔9〕李德生：《从庐山会议到"九·一三"》，载1994年1月23日《人民日报》。

〔10〕汪东兴：《毛主席在粉碎林彪反革命政变阴谋的日子里》，载《中共党史资料》第49辑。

〔11〕李德生：《从庐山会议到"九·一三"》，载1994年1月23日《人民日报》。

三、开创外交新格局

国际形势座谈会

"文化大革命"给中国外交带来的损失同样十分严重。极左的一套做法，如唯我独革、输出革命、强加于人等，一度日益严重。在"文化大革命"初期1年多时间里，与我国有外交关系的40多个国家，有近30个国家同我国发生外交纠纷。我国的国际形象受到损害，外事工作陷入困境。

与此同时，中苏关系在1969年春"珍宝岛事件"后日趋紧张。在国庆20周年的宣传口号中，出现了要准备打核大战的口号。不少重要设施都在战备动员中向大三线迁移。

为了打开中国外交的新格局，毛泽东认真思考对策，慎重地选择突破口。1969年"五一"劳动节，毛泽东在天安门城楼上会见了一些外国使节，同他们进行友好交谈，传达中国愿意同世界各国改善和发展关系的信息。不久，他又责成陈毅、徐向前、聂荣臻、叶剑英等人研究国际战略问题。老帅们经过认真研究，提出打开中美关系的大胆设想。这与毛泽东的考虑不谋而合。

熊向晖在《打开中美关系的前奏》一文中回忆说：

根据毛泽东主席的意见，自1967年所谓"二月逆流"以来一直靠边站的4位老帅被选为中共九届中央委员；在九届一中全会上，叶帅又被选为政治局委员。会后，毛主席交给四位老帅两项任务：一是分别在北京四家工厂"蹲点"；二是共同研究国际形势，由陈总负责，提出书面看法。

按照毛主席的意图，周恩来总理进行了周到的安排。他指示外交部和其他外事部门将涉外电文及时分送四位老帅；亲自选定四家靠得住的工厂，然后向各厂负责人就四位老帅"蹲点"时的劳动、休息、饮食、安全及职工应持的态度等作了细致交代；他让四位老帅每星期二至星期四在工厂"蹲点"三天——陈总在南口机车车辆修配厂，叶帅在新华印刷厂，徐帅在"二七"机车车辆厂，聂帅在化工三厂。其余时间由老帅自行支配，看看有关国际问题的材料，再由陈总主持，每月讨论两三次。

四位老师很不理解：经毛主席审定的"九大"政治报告刚刚发表，其中对国际形势作了详细阐述，为什么还要他们研究？如果照抄照搬，算不上研究。如果提出某些不同看法，那又谈何容易？即使能够，会不会被认为是同"九大"政治报告唱反调？

　　总理对四位老师说，主席交给你们这个任务，是因为主席认为还有继续研究的必要。主席的一贯思想是，主观认识应力求符合客观实际，客观实际不断发展变化，主观认识也应随着发展变化，对原来的看法和结论要及时作出部分的甚至全部的修改，所以你们不要被框住。现在国际斗争尖锐复杂，各部门集中力量进行"斗、批、改"，只能应付"门市"，熟悉国际问题的干部大部分尚未解放，我一天到晚忙于处理日常工作，实在挤不出时间过细地考虑天下大事。主席没有让你们回到原岗位，除了"蹲点"，你们可以不受行政事务的干扰，每星期有几天时间专心考虑国际形势。你们都是元帅，都有战略眼光，可以协助主席掌握战略动向，供主席参考。这个任务很重要，不要看轻了。你们也不要因为我这样讲就去拼老命，要注意身体，量力而行。世界风云天天变，但战略格局不是天天变，一个月讨论两三次就可以了。有了比较成熟的看法，请陈总归纳几条送给我，我帮你们参谋参谋再转呈主席。但讨论的内容要保密。

　　……

　　6月7日下午3时30分，四位老师在中南海武成殿开会，姚广同志和我列席。

　　陈总讲了"开场白"。他说：主席指定我们议议天下大事，让我牵头。平时各人看材料，用不着我"牵"。上次我们谈过，材料很多，有价值的不多。一些单位的调研报告，差不多都是上面怎么说，自己做注脚。这种"二路货"可以不看。要重视第一手材料。《参考资料》每天两大本，内容很丰富。香港、台湾的几家报纸杂志，有时透露一些内幕消息。对有用的材料要认真看、过细看。对这些材料要按照主席的教导，去粗取精，去伪存真，由此及彼，由表及里，形成看法，开会的时候交换意见。总理让我们每个月讨论2到3次。地点就在武成殿，或者紫光阁。时间一般定在礼拜六，下午3点开始，讨论半天。每次开会之前，由我这个牵头的人打电话分别通知。我们这个会，就叫"国际形势座谈"，在沙发上"座"而谈之。上次开的会不算，今天重打锣鼓另开张，算做第一回。我们四个老家伙，增加两位"壮丁""强劳力"：一位是熊向晖同志，他不再当驻英代办，总理让他专门协助我们，包括从英文书报里选择材料；另一位是姚广同志，他的工作比较忙，不一定每次都参加，他可以向我们通通情况，提供外交动态。开会的时候，每人清茶一杯，我请客，算是一点"物质刺激"，"刺激"大家踊跃发言。欢迎长篇大论，也欢迎三言两语。现在开不得"神仙会",我们就来个"自由谈"。不拘体、不限韵,鸣放一通。可以插话,可以打断,可以质问,也可以反驳,讲错了允许收回。"自由"不能漫无边际,国际形势千头万绪,什么都议也不行,鸡毛蒜皮可以不管。要抓重点,抓要害。现在北边苏修磨刀霍霍,会不会向我们发动大规模进攻?南边美国虎视眈眈,会不会把侵略越南的战火向中国烧?这是关系党和国家安危的大事,我们要做出明确回答,不能模棱两可,含糊其词。总理的指示很重要:第一,脑袋里不要有框框;第二,要密切注意世界战略格局的发展变化。一次议不出名堂,就多议几次。由向晖同志做记录,议有所得,加以整理,再请大家复议。意见比较一致,上报总理。总理为我们把关。如果总理认为有可取之处,他会呈送主席参考。讨论的过程和内容要保密,这是总理规定的纪律,大家都要遵守。

陈总讲完"开场白",4位老帅一个接一个地发言,毫不冷场。他们没有稿子,没有提纲,侃侃而谈,高瞻远瞩,语言生动,条理分明,显然事先都作了认真准备。这年叶帅72岁,聂帅70岁,陈总和徐帅都是68岁,但他们精神都很好,连续讨论3个半小时,中间不曾休息。此后每次开会,他们都提前几分钟到达。讨论的次数也超过了预先计划的次数,有时星期天也开会讨论。从6月7日至7月10日,他们进行了6次共19小时的讨论,并写出了第一次书面报告,题为《对战争形势的初步估计》,由陈总定稿,上报总理。

……

在《对战争形势的初步估计》中,四位老帅全面分析"中、美、苏三大力量之间的斗争",指出反华大战不致轻易发生,判定中苏矛盾大于中美矛盾,美苏矛盾大于中苏矛盾,明确提出"苏修扩张是挤美帝的地盘","它们的斗争是经常的,尖锐的",从而勾画出刚刚形成并延续10余年的国际战略格局,为打开中美关系提供了依据。从7月29日至9月16日,四位老帅对相继发生的重大新情况又进行了10次共29个半小时的讨论,概述如下:

(一)7月11日,苏联外长葛罗米柯在最高苏维埃作报告,一方面倡议苏美举行最高级会晤,以发展两国间的"广泛合作",并在国际问题上"寻求一致的立场";一方面大肆攻击中国。7月21日,美国和柬埔寨恢复代办级外交关系(1965年柬国家元首西哈努克因美对柬进行军事威胁和政治挑衅,宣布与美绝交)。同日,美国国务院宣布:放宽对美国旅游者购买中国货物的限制;放宽美国公民去中国旅行的限制。7月25日,尼克松在观看了美国首次进行登月飞行的宇宙飞船"阿波罗"号返回舱溅落后,在关岛发表谈话,承认在越南战争中"受挫",宣布将在印度支那收缩兵力,使战争"越南化"。7月26日,尼克松动身访问菲律宾、印尼、南越、泰国、巴基斯坦和罗马尼亚。就在这一天,发生两件事：（1）苏联外交部第一副部长突然约见我驻苏代办，面交苏联部长会议给中国国务院的内部声明（未公布），要求举行中苏高级会谈。（2）西哈努克派人见我驻柬大使，面交美国参议院民主党领袖曼斯菲尔德6月17日写给周总理的信，要求访华，会见周总理或其助手，信中说，中美"20年长期交恶"不应继续下去了。

4位老帅立即进行研究。叶帅说，美帝不得不从南越逐步撤军，苏修却在大力推动建立"亚洲安全体系"，尼克松访问亚洲五国，是怕苏修接管"真空"。同时，曼斯菲尔德乘美、柬复交转来信件，苏修可能侦悉此事；美国国务院宣布"两个放宽"，步子虽然不大，但表明尼克松想拉中国、压苏修。聂帅说，葛罗米柯反华的调子那么凶，刚刚半个月，就来个180度大转弯，要求举行中苏高级会谈，它是害怕中美和缓。徐帅说，尼克松访问罗马尼亚，在东欧会引起连锁反应，苏修怕后院出问题，不得不向我们递出橄榄枝。陈总说，"20年长期交恶"，真是慨乎言之！美国人可以上月球，就是接近不了中国，接近中国比登天还难，这是美帝自己造成的。现在美帝憋不住了，苏修也憋不住了，它们的矛盾不可开交，都向中国送秋波，都向对方打中国牌。局势到了转折关头，后面还会有文章，我们要继续观察，必要时向中央提点参考性的建议。

（二）据外电报道：（1）尼克松在出访中，多次表示美国准备开始同北京交往，反对苏联建立"亚洲安全体系"。并说，如果让中国继续处于"孤立"状态，亚洲就不能"向前进"。他出访罗马尼亚时强调不应孤立中国，并称，美国愿意同苏联和中国都建立友好关系。回国后，尼克松表示，明年春天以前不再出国。外电评论，这意味着尼克松不愿匆忙与苏联举行最高级会晤。一家英国报纸认为，尼克松此次出访6国，是要利用中苏矛盾，改善欧洲局势。（2）8月8日，美国国务卿罗杰斯在堪培拉发表演说，声称："台湾的中华民国和大陆上的共产党中国都是生活中的现实"，"大陆中国终有一天会在亚洲和太平洋事务中起重要作用"，"这就是我们在一直寻求打开来往渠道的一个原因"。（以上各点，以及美国宣布在有关中国问题上两个"放宽"，新华社均未报道）。（3）原定1968年5月举行的"中苏国境河流第十五次航行例会"，因苏方破坏，延至1969年6月18日至8月8日在苏联伯力举行。8月11日新华社报道："中国代表团本着开好会议、解决问题的精神，同苏方进行了耐心的协商，就中苏国境河流航行的某些具体问题达成了协议，并签订了会议纪要。"（我代表团未带密码，八岔岛事件后，苏修在伯力搞示威游行，他们打电报要求回来。总理指示用明电回答，要沉住气，争取达成一两条协议）。

4位老帅讨论时认为：（1）在总理指导下，就中苏国境河流航行达成若干协议，具有重要意义，一方面可以驳斥苏修说我"好战"的谰言，表明我在坚持原则下谋求和缓；另一方面使美国担心中苏改善关系，有利于增强我在对美斗争中的地位。（2）美要利用中苏矛盾，苏要利用中美矛盾，我应有意识地利用美苏矛盾。苏渴望同美举行首脑会晤，尼克松迄今未同意。苏要同我举行高级会谈，目的之一是想捞取资本压美。它知道我不会当砝码，因此没有声张。我不宜急于表态，以免造成我屈服于其武力威胁的错觉。可拖些时候答复，指出举行高级会谈条件不成熟，可举行部长或副部长级会谈，只谈中苏边界问题。苏坚持顽固立场，谈判难以有成果，但抓住和谈旗帜对我有利，力争避免边界武装冲突，维持较正常的国家关系对我有好处，这也可加快美接近中国的步伐。（3）对曼斯菲尔德的访华要求不予置理。美急于同我接触，我应保持高姿态，再憋它一个时候。第135次中美大使级会谈原定1968年5月28日举行，由于美扩大侵越等，我借故三次延期。中苏边界谈判开始后，可恢复华沙谈判。

（三）4位老师的建议未及写出，局势出现重大变化：（1）8月13日，我外交部照会苏联驻华大使馆，指出该日上午苏军侵入新疆裕民县铁列克提地区制造新的流血事件，中国政府为此向苏联政府提出强烈抗议。（2）8月15日，《人民日报》以《苏修头目声嘶力竭发出反华战争叫嚣》为题，刊载新华社的报道说："勃列日涅夫诬蔑中国'策划武装冲突'，叫嚷要'把防御能力保持在最高水平'，猖狂地对我国进行战争威胁。苏修军事头目格列奇科·雅库鲍夫斯基更是歇斯底里地叫嚷什么'军事威力'，公然威胁要进行核战争"。"最近，苏修在中苏、中蒙边境地区不断大量增兵，并且肆无忌惮地不断进行各种'军事演习'。目前，苏修还在接近中国边境的地区赶修战略公路和铁路"，"把住在靠近中苏边境的苏联居民赶走，沿边界线建立一条宽达20公里的无人地带"。（3）8月16日，《人民日报》以《苏修美帝紧锣密鼓大搞反革命全球勾结》为题，刊载新华社的报道说："对于苏修的步步加紧反华，尼克松政府欢迎唯恐不及"，"苏修叛徒集团抛出的所谓'亚洲集体安全体系'的黑货"，"苏修这个黑货也是同尼克松近年来一直在鼓吹的加紧拼凑反华军事联盟、用亚洲人打亚洲人的罪恶阴谋遥相呼应的"。（4）8月18日，外电报道苏驻美大使馆一官员询问美国一专家："如果苏联袭击中国核设施，美国将作何反应？"8月27日外电报道，美国中央情报局局长赫尔姆斯向记者透露，"苏联可能就它对中国的核设施发动先发制人的打击问题，向其东欧共产党同伙进行试探"。（5）8月28日，苏联《真理报》发表编辑部文章恶毒反华，诬我对苏进行武装挑衅，要求全世界在为时不太晚之前认识到中国的危险，并说："在当前拥有最现代化的技术、有效的致命武器和发射这些武器的现代化手段的条件下，如果爆发战争，哪一个大陆也不能幸免"。（6）8月28日，中共中央下达加强战备的命令，包括赶修防核工事，但未公布。

4位老师讨论时，一致认为：（1）在《对战争形势的初步估计》中提出的看法没有错，苏修不会发动大规模侵华战争。（2）中央决定加强战备非常必要，无论何时都不能放松战备，要立足于打，有备无患。（3）毛主席说，中央领导同志都集中在北京不好，一颗原子弹就会死很多人，应该分散些，一些老同志可以疏散到外地。主席从最坏处打算，我们拥护。

4位老师还反复研究万一苏修对我发动大规模战争，我们是否从战略上打美国牌。叶帅说，魏、蜀、吴三国鼎立，诸葛亮的战略方针是"东联孙吴，北拒曹魏"，可以参考。陈总说，当年斯大林同希特勒签订互不侵犯条约，也可以参考。姚广汇报指出，外交部研究了尼克松的对华政策，已上报中央。概括起来，就是：玩弄"遏制不予孤立，压力加劝说"的既定两手方针，把中国看作潜在威胁，对台湾问题一直不松口，加紧对我军事包围，同时搞些假和缓姿态，意欲做一张牌压苏修；希望同我接触，妄图软化我们，争取喘息时间，消除"潜在威胁"。姚广还说，外交部主要领导同志希望4位老师向中央提建议时，可以原则上讲要利用美苏矛盾，如何利用，不宜具体。在美、越和谈期间，恢复中美大使级会谈也不适宜。

陈总说：外交部的老同志关心我们，怕我们又犯"右倾"错误。我们尊重外交部领导同志的意见。

（四）胡志明主席于9月3日逝世。越南党和政府决定9月9日举行国葬和追悼会。以周总理为团长、以叶帅为副团长的中共代表团于4日到河内吊唁，当晚回国。外电猜测，周总理此行是为了避免与参加胡志明葬礼的苏联领导人见面。9月8日，李先念副总理率领中国党政代表团去河内，9日在胡志明追悼会上未与苏联党政代表团团长柯西金交谈，10日回京。柯西金通过越方向我方传话，希望路过北京时在机场会晤周总理。越方因故延误，苏驻华代办向我外交部紧急提出，经报毛主席同意后，柯西金已离越回到塔吉克首府杜尚别（现为塔吉克斯坦共和国首都——编者注），知我答复后绕道于9月11日上午9时许飞抵北京，周总理在机场同他会谈。新华社11日发布低调的简短消息："国务院总理周恩来今天在首都机场会见了从河内参加胡志明主席葬礼回国途经北京的苏联部长会议主席柯西金。双方进行了坦率的谈话。"

9月13日，4位老师集体阅读了周总理同柯西金的谈话记录。总理谈话的要点是：

（1）理论和原则问题的争论，不应影响两国的国家关系。两国的问题，只要心平气和地处理，总可找到解决办法。

（2）在边界冲突问题上，中国是被动的。今年发生冲突的地方都是争议地区。你们说我们要打仗，我们现在国内的事情还搞不过来，为什么要打仗？我们领土广大，足够我们开发，我们没有军队驻在国外，不会侵略别人，而你们调了很多军队到远东。你们说我们想打核大战，我们核武器的水平，你们清楚。你们说，你们要用先发制人的手段摧毁我们的核基地，如果你们这样做，我们就宣布，这是战争，这是侵略，我们就要坚决抵抗，抵抗到底。

（3）中苏之间的原则争论不应妨碍两国关系正常化，中苏不应为边界问题而打仗。中苏边界谈判应在不受任何威胁的情况下举行。中苏双方先应就维持边界现状，避免武装冲突，双方武装力量在边界争议地区脱离接触的临时措施等问题达成协议。

此外，双方还就重派大使，恢复两国间政务电话，扩大贸易及改善通车通航等问题达成协议。周总理并告诉柯西金，准备恢复中美大使级谈判。

在讨论时，4位老帅认为，总理对柯西金的谈话很典范，充分体现了主席的战略和策略。现在柯西金屈尊就教，主要原因是想同我们缓和一下，借中国压美帝，同时也摸摸我们的底。总理请他吃了一顿饭，同他恳切地谈，称他为同志，还转达主席对他的问候，这是高姿态。美国情报部门限期搜集柯西金在中国3小时的详细情况。可见美帝很着急。尼克松一定会急起直追。陈总说，中苏首脑会谈震动全世界。一旦举行中美首脑会谈，一定更会震动全世界。

（五）为时不久，战争的空气又甚嚣尘上。对柯西金北京之行，有些人认为是苏修大举侵华前施放的烟幕，有如珍珠港事变前日本派特使来栖去美迷惑罗斯福。根据是：（1）柯西金在同周总理谈话中，并未否认苏修向我挥舞核武器，更未保证今后不向我发动核战争。（2）柯西金返回莫斯科时，苏修的主要头目均未出场，只派二三流人物到机场接。说明柯西金所作的若干缓和承诺不代表苏修政治局的意见。（3）外电报道，9月10日苏联驻联合国代表团一位成员对美国一位代表说，苏联在军事上具有对中国的压倒优势，如果中国对苏联的敌对态度继续下去，一场军事较量无法避免。（4）9月12日《人民日报》在题为《核讹诈救不了新沙皇的命》的文章中揭露，苏国防部第一副部长扎哈罗夫说，苏"战略火箭部队""随时准备立即行动"，"出其不意地进行打击"，"使敌人措手不及"。（5）9月16日，伦敦《新闻晚报》刊载苏联"自由撰稿者"，经常透露苏联重大决策的维克托·路易斯的文章。文中说，如果中苏爆发战争，"世界只会在战争爆发以后才会知道"，并说，苏可能对新疆罗布泊的核试验基地进行空袭。

4位老帅紧急讨论后，写出《对目前局势的看法》，由陈总定稿，9月17日报送周总理。

4位老帅在《对目前局势的看法》中首先指出："国际阶级斗争错综复

杂，中心是中、美、苏三大力量的斗争。目前压倒一切的问题是苏修会不会大举进攻我国。正当苏修剑拔弩张，美帝推波助澜，我国加紧备战的时候，柯西金突然绕道来京，向我表示希望缓和边境局势，改善两国关系。其意何居，值得研究"。然后，提出以下几点：

（一）"苏修确有发动侵华战争的打算"，"苏修的战略目标是同美帝重新瓜分世界。它妄想把我国纳入其社会帝国主义的版图"。"最近苏修变本加厉地制造反华战争舆论，公然对我进行核威胁，阴谋对我核设施发动突然袭击"。表明"苏修领导集团中的一批冒险分子，想乘我国文化大革命尚未结束，核武器尚在发展，越南战争尚未停止时，依靠导弹和'乌龟壳'，对我打一场速战速决的战争，幻想把我搞垮，消除其心腹大患"。

（二）"苏修虽有发动侵华战争的打算，并且作出了相应的军事部署，但它下不了政治决心"，因"对华作战是有关生死存亡的大问题，苏修感到并无把握"。"苏修对侵华战争的决策，在很大程度上取决于美帝的态度。迄今美帝的态度不但未能使它放心，而且成为它最大的战略顾虑"。美帝"绝不愿苏修在中、苏战争中取胜，建立资源、人力超过美帝的大帝国"，"美帝多次表示要同中国改善关系，这在尼克松访问亚洲前后达到高潮"，苏修"生怕我国联合美帝对付它。7月26日尼克松出访亚洲的第一天，苏修迫不及待地向我方交出其部长会议给我国政府的声明，充分表现了苏修惶惑不安的心情"。"它对中、美可能联合的担心，增加了它大举进攻我国的顾虑"。文中还列举其他"种种因素"，判定"苏修不敢挑起反华大战"。

（三）"柯西金的北京之行"，是"基于反革命实用主义的需要，试图改变对我国的战争边缘政策，打出和谈旗帜，借此摆脱内外困境"，并"探询我方意图，作为苏修决策的依据"。"估计苏修可能同我谈判，要我基本上按照它的主张暂维边界现状或解决划界问题；在继续反华的同时，缓和并改变同我国的国家关系，以便争取时机，堵塞国内漏洞，稳定东欧形势，巩固和扩展在中东及在亚洲等处的阵地；特别是想利用对我国的反革命两手政策，在同美帝的争夺中，增加一点资本，求得一些主动"。

（四）"周总理会见柯西金的消息，轰动了全世界，使美帝、苏修和各国反动派的战略思想发生混乱"。"我们坚持打倒美帝、苏修，柯西金反而亲来北京讲和，尼克松反而急于同我们对话，这都是中国的伟大胜利"。"在中、美、苏三大力量的斗争中，美对中、苏，苏对中、美，都要加以运用，谋取他们最大的战略利益。"而我们"对美、苏进行针锋相对的斗争，也包括用谈判方式进行斗争。原则上坚定，策略上灵活"。"苏修要求举行边境会谈，我已表示同意；美帝要求恢复大使级会谈，我也可以选择有利时机给予答复。这种战术上的行动，可能收到战略上的效果。"

在这个报告定稿后，陈总提出他对打开中美关系的设想。

陈总说，这个报告，主要是分析柯西金来华意图和苏修会不会大举进攻我国的问题，对恢复华沙中美大使级会谈没有多讲，只从战略意义上点了一笔。关于打开中美关系，我考虑了很久。华沙会谈谈了十几年，毫无结果，现在即使恢复，也不会有什么突破。我查了资料：1955年10月27日，我们提议举行中美外长会议，协商解决缓和与消除台湾地区紧张局势问题。1956年1月18日和24日，我外交部发言人两次发表声明，指出：中美大使级会谈已经证明不能解决像缓和消除台湾地区紧张局势这样重大的实质问题，必须举行中美外长会议才是解决这个问题的切实可行的途径。这一重大建议被美国拒绝。现在情况发生变化，尼克松出于对付苏修的战略考虑，急于拉中国。我们要从战略上利用美、苏矛盾，有必要打开中美关系，这就必须采取相应的策略。我有一些"不合常规"的想法：

第一，在华沙会谈恢复时，我们主动重新提出举行中美部长级或更高级的会谈，协商解决中美之间的根本性问题和有关问题。我们只提会谈的级别和讨论的题目，不以美国接受我们的主张为前提。我估计美国会乐于接受。如果我们不提，我估计美国也会向我们提出类似的建议。如果这样，我们应该接受。

第二，只要举行高级会谈，本身就是一个战略行动。我们不提先决条件，并不是说我们在台湾问题上改变立场。台湾问题可以在高级会谈中逐步谋求解决，还可以商谈其他带战略性的问题，这不是大使级会谈所能做到的。

第三，恢复华沙会谈不必使用波兰政府提供的场所，可以在中国大使馆里谈，以利保密。

陈总说，他决定将这些"不合常规"的设想向总理口头汇报。

……

1971年7月9日至11日，尼克松派他的国家安全事务助理基辛格秘密来京，周总理同他会谈，叶帅以中央军委副主席的名义协助，总理让我作为他的助理参加。7月16日双方同时发表公告，宣布周总理代表中国政府"邀请尼克松总统于1972年5月以前的适当时间访问中国"，"中美两国领导人的会晤，是为了谋求两国关系正常化，并就双方关心的问题交换意见"。

事后，我对叶帅说，实践证明，4位老帅1969年对国际形势的判断是正确的。叶帅说，当时"九大"政治报告刚发表，主席指定我们研究国际形势，我们很不理解，总理作了指示，我们才明白主席的深意。我们共同提出了书面看法，陈总向总理口头汇报了他对打开中美关系的设想。这些看法和设想事关重大。美国长期敌视中国，苏联又不断挑起边界冲突，国际斗争错综复杂，主席在慎重考虑、反复观察之后才作出决定，这个决定是不容易的。可惜陈总患了癌症，大概看不到尼克松访华了。

我到301医院看望陈总，他对中美关系终于打开感到兴奋。他说，尼克松为了美国的利益，居然比我的设想更"不合常规"，这倒出我意外。陈总还说，只有主席才会下这个决心，只有主席才敢于打美国这张战略牌。主席下了这着棋，全局都活了。[1]

与尼克松握手

1970年国庆节，毛泽东特意同美国记者、中国人民的老朋友斯诺一起在天安门城楼上合影，向大洋彼岸发出意味深长的信号。

同年12月18日，毛泽东又会见斯诺，同他进行长时间的谈话，表示："如果尼克松愿意来，我愿意和他谈。谈得成也行，谈不成也行；吵架也行，不吵架也行；当作旅行者来也行，当作总统来谈也行。总而言之，都行。"

与此同时，美国总统尼克松也从自身的战略需要出发，向中国作出种种试探。

1972年2月21日上午11时30分，美国总统尼克松的专机抵达中国首都北京。2月21日下午，毛泽东会见尼克松。这标志着一个充满敌意的时代的结束，一个新的友好的时代从此开始。

外交部外交史编辑室在《打开中美关系的历史进程》一文中写道：

基辛格在飞往北京的旅途中就向乔冠华表示，他想在午后3时单独会见周总理，谈谈活动安排问题。尼克松表示他要同毛主席谈哲学问题。在客人刚吃完午饭不久，毛主席突然决定，要立即会见尼克松。下午2时许，周总理急忙亲自找基辛格说，毛主席想很快见到尼克松总统，并问美方谁一同去。基辛格答，他去，让洛德去作记录。基辛格报告尼克松后，即去中南海。

2时40分，毛主席在他书房里会见了尼克松。中方参加会见的有周恩来、翻译唐闻生、记录王海容；美方在场的有基辛格和记录洛德。这次会见因毛主席大病初愈，时间不长，到下午3时50分即结束。谈话时间虽短，但谈笑风生，寓意深刻。毛主席向尼克松表示欢迎和寒暄后风趣地说："今天你在飞机上给我们出了一个难题，要我们谈的问题限于在哲学方面。"尼克松即说："我之所以这样说，是因为读了主席的诗词和讲话，我知道主席是一位思想深刻的哲学家。"毛主席指着基辛格说："他是博士，今天主讲要看他。"基辛格马上说："我过去在哈佛大学教书时，指定我的学生要读主席的文选。"毛主席说："我那些东西算不得什么。"尼克松称赞说："主席的著作感动了全国,改变了世界。"毛主席说："没有改变世界,只改变了北京附近几个地方。"接着说："我们共同的老朋友,就是说蒋委员长,他不赞成。他说我们是'共匪'。其实我们跟他做朋友的时间比你们长得多。"主席话锋一转,很自然地引出了台湾问题。

然后,毛主席又转向基辛格说："你跑中国跑出了名嘛,头一次来,公告发表以后,全世界都震动了。"基辛格很得体地称赞了尼克松的大胆决策。毛主席又幽默地说基辛格:"他不像个特务。"实际是称赞他秘密访华的保密工作做得好。尼克松笑道:"但只有他能够在行动不自由的情况下去巴黎12次,来北京一次,而没有人知道——除非可能有两三个漂亮的姑娘。"基辛格忙解释:"她们不知道,我是利用她们做掩护的。"毛主席问:"是在巴黎吗?"尼克松又说:"凡是能用漂亮姑娘作掩护的,一定是有史以来最伟大的外交家。"毛主席反问:"这么说,你们的姑娘常被利用啊?"尼克松申辩说:"他的姑娘,不是我的。如果我用姑娘作掩护,麻烦可就大了。"周总理点上一句:"特别是大选的时候。"引起大家哈哈大笑。

接着大选的话题,毛主席说:"讲老实话,这个民主党如果再上台,我们也不能不同他打交道。"尼克松说:"这个我们懂得,我们希望我们不会使你们遇到这个问题。"毛主席爽朗地说:"你当选我是投了一票的。"尼克松说:"我想主席投我一票是在两个坏家伙中间选择好一点的一个。"毛主席说:"我喜欢右派。人家说你们是右派,你们共和党是右派。""我比较高兴这些右派当政。"尼克松说:"我想重要的是,在美国,左派只能夸夸其谈,右派却能做到,至少目前是如此。"

随后在谈到这次会晤的历史背景时,毛主席说:"是巴基斯坦总统把你介绍给我们的。当时,我们驻巴基斯坦的大使不同意我们同你们接触。他说,尼克松总统跟约翰逊总统一样坏。不过我们是不大喜欢从杜鲁门到约翰逊你们这几位总统。中间有8年是共和党任总统。然而在那段时间,你们也没有想通。"尼克松说:"主席先生,我知道多少年来我对人民共和国的态度是主席和总理完全不能同意的。把我们带到一起来的是,认识到世界上出现了新的形势。在我们这方面还认识到,事关紧要的不是一个国家内部的哲学,主要是它对世界其他部分和对我们的政策。"

尼克松想接着谈中国台湾、越南、朝鲜、日本、苏联等问题,毛主席打断他的话说:"这些问题我不感兴趣,那是他(指周总理)跟你谈的事。"接着说:"来自美国方面的侵略,或者来自中国方面的侵略,这个问题比较小,也可以说不是大问题,因为现在我们两个国家不存在打仗的问题。你们想撤一部分兵回国,我们的兵也不出国。所以我们两家也怪得很，过去22年总是谈不拢，现在从打乒乓球起不到10个月，如果从你们在华沙提出建议算起2年多了。""我们办事也有官僚主义，你们要搞人员来往这些事，搞点小生意，我们就是死不干，包括我在内。后来发现还是你们对，所以就打乒乓球"。

随后毛主席说："你们下午还有事"，"吹到这里差不多了吧"。

这时，尼克松又说，他这次应邀来访是冒了很大风险的。作出这个决定实属不易。他还表示：他读过毛主席的一些著作，懂得"只争朝夕"。毛主席指着基辛格说："只争朝夕就是他"。"大概我这种人放空炮的时候多。无非是全世界人民团结起来，打倒帝、修、反，建设社会主义这一套。"尼克松微笑着说："就是像我这样的人，还有匪徒。"毛主席说："就个人来说，你可能不在打倒之列。可能他（指基辛格）也不在内。都打倒了，我们就没有朋友了嘛。"最后，毛主席也称赞尼克松的《六次危机》写得不错。尼克松说："你读得太多了。"毛主席说："读得太少，对美国了解太少了，对美国不懂。要请你派教员来，特别是历史和地理教员。"然后他又说："我跟早几天去世的记者斯诺说过，我们谈得成也行，谈不成也行，何必那么僵着呢？一定要谈成。""一次没有谈成，无非是我们的路子走错了。那我们第二次又谈成了，你怎么办啊？"这时双方已经站了起来，尼克松握着毛主席的手说："我们在一起可以改变世界。"毛主席对尼克松这句话未置可否，只说："我就不送你了。"

嗣后，基辛格单独与周总理商定了会谈安排和发布毛主席会见尼克松的消息问题。下午6至7时举行双方全体会议，商讨和宣布了会谈办法和公报的形式与内容。会上，周总理很艺术和自然地解释了毛主席突然会见和没有让其他美国客人参加的原因。[2]

当年在毛泽东身边担任医护工作的吴旭君认为，在打开中美关系上，毛泽东走了五步高棋。她说：

第一着棋：毛主席放了个试探气球。

毛主席要向世界表明他的新姿态。这个新姿态就是在1970年10月1日，主席把美国记者埃德加·斯诺夫妇请上天安门，并让他们站在自己身边。一同分享中国人民的伟大领袖所享有的无上的荣耀与崇敬。

在当时的"无产阶级文化大革命"中，在与美帝国主义相互敌视、谩骂了二十几年中，这个举动的确非同寻常，也只有毛主席能这么干，换任何一个人都是无法想象的。

1970年10月1日上午，去天安门之前，在中南海游泳池主席的住处，我们帮他穿衣服的时候，他的心情显得格外激动。他说："今天要接待老朋友美国作家斯诺和他的妻子。"

上车之后，他便什么也不说了，正襟危坐，两眼注视着前方。他坐在后排坐的右侧位，我和张玉凤坐在他旁边，徐业夫机要秘书和周福明同志则坐在中排的副座上，前排还有司机张正吉同志和贴身警卫。车从中南海东门出来，向东开去，在故宫的午门前向南一直开到天安门城楼下面。几位中央的常委都已经在那儿等主席。他一下车，大家便一同步入电梯（全国解放初期，并没有电梯，那时上天安门要步行拾级而上）。我们出了电梯，登上天安门城楼，就在主席临近观礼台的石阶时，正是北京时间上午十点整。这时，广场四面八方的高音喇叭里传出《东方红》那激动人心的乐曲声，广场上和东西两侧的观礼台上立刻沸腾了，"毛主席万岁"的欢呼声，响彻云霄。

主席在天安门城楼上缓步向观礼台正中央走，边向两边的贵宾招手致意。我当时跟着他，心里紧张极了，眼睛不停地环顾四周及地上，怕地上的电线绊着他，怕哪儿冒出个台阶，还要注意两边的贵宾情况。也不知什么时候，斯诺夫妇出现了，主席和他们夫妇并排站在观礼台的正中央。

从观礼台向下看去，那是一片红旗的海洋，也是群众的海洋，声情沸腾的海洋。

观礼结束，我们带着天安门的热闹回到中南海主席的住处。这里安静极了，简直判若两个世界。

主席更完衣，脸上仍然泛着红光，心里的激情仿佛还在燃烧着。我趁他高兴，就问：

"主席，斯诺是老朋友，但他不过只是一个外国记者，为什么你给他那样好、那么高的待遇？"

要知道，在我印象中，这是破天荒头一次呀。

主席笑了。他说："醉翁之意不在酒。我先放个试探气球，触动触动美国的感觉神经。"

新中国成立后，美国对中国实行经济封锁、军事包围的政策，企图置年轻的中华人民共和国于死地。美国先后发动了朝鲜战争，武装台湾并在台湾海峡进行挑衅，以及发动越南战争。在外交上美国也同样实行孤立中国的政策。中国也针锋相对，坚持反对美国的霸权主义，同时在任何外交场合对美国人也采取同样的态度。但是，这一切是在中苏友好的背景下，是苏、美冷战最激烈的年代。

然而，历史发展到60年代中期前后，发生了变化。特别是1969年3月珍宝岛事件之后，苏联在中苏边境陈兵百万，两国不断交火。这一切都触动了大洋彼岸的美国政治家的敏感神经，当时的美国总统尼克松决心走向一个"新世界"。他认为国际风云的变幻将存在着美、中、苏三国均衡的新局面产生的可能性。这样一个世界是否正是毛主席的设想呢？这样一个局势的存在是不是对中国更有利呢？

中华人民共和国的成立，向世界庄严地宣告，任人欺凌和宰割的时代将一去不复还了！新中国将会以巨人的实力出现于世界之林！于是，毛泽东自豪地着手开始了由新民主主义过渡到社会主义的一系列建设，与此同时，他努力开展和创造一个良好的国际环境为中国的建设服务。可是，事与愿违，他幽默地说："你想一心一意地搞建设吗？偏不让你搞。世界上的事有时是不能按自己的主观意志去行事的。那好，要斗就斗，奉陪到底，边斗边搞建设。"毛泽东受不了这种欺辱，不管是50年代来自美帝国主义的，或是60年代来自苏联老子党的。毛泽东认为这两个大国都没有把他放在眼里，更没有把新中国存在的价值和深远的意义予以重视，这些都深深地刺痛了他。作为中国人、中国人民的领袖，他对我说："我咽不下这两口气。彻底的唯物主义者是无所畏惧的！不能让别人牵着鼻子走，既要对付正面的敌人，还要防止背后射来的冷箭，所以，看来我得像鲁迅说的那样，我也得横过身来战斗，才能有效地进行两面出击。一手对付美国，一手对付苏联。"显然，毛泽东懂得，这样横着站久了是吃不消的，何况，这仅仅是一种手段而不是目的。如果能够采取主动利用美苏之间的矛盾，使我们自己从中获得主动，岂不更好？主席虽然从没有这样明确地对我说过，但他决心改变中美关系的事实正是如此，使中国在不利于自己的世界环境中争取主动，发展自己。

第二天，10月2日，各大报纸都在头版显著位置刊登了主席和斯诺在天安门城楼上的照片。

第二着棋：火力侦察。

国庆节后的两个多月，时间是1970年12月18日，毛主席又与斯诺进行了一次长谈。这是第五次谈话，也是最后一次。

第二天下午，我照例去和他谈"参政"。这是从1957年开始的，主席曾告诉我，你的知识面要广，不要只限于搞医疗护理工作，要关心国内外大事，要认真看《参考消息》，要善于摆出自己的观点等。从这时候起，我便有意识地多注意《参考消息》中的一些事，和主席见面时有时也谈谈。后来一直延续到了60年代初，自从主席让他的国际问题秘书林克同志深入到基层去搞社会调查之时起，主席就要求我学着搞些国际问题，兼做部分国际问题秘书的工作，比如，他给我专门订了一份中文版的《参考资料》，后来又增订了一份英文版的 News 供我阅读，每天必须去向他汇报；在他接见外宾时，主席有时认为需要，专门批准我可以留在现场聆听他和外宾的会谈内容；有时主席还给我看一些外交部和中联部的有关文件；有时他让我和他一起读英文；有时他让我骑着自行车去西花厅把文件直接交给周总理等。我深知他老人家的苦心，是想让我这个新手的功底打得厚实些，因此，我也很努力地在攻克这个新堡垒。

我们看的"参考"分两种。一种是现在一般人都可以看到的小开张的《参考消息》；另一种是《参考资料》其内容比前者多，是供首长们看的，有上午版、下午版各一本，还有一本是国际共产主义运动，每天定时送来新出版的当天资料，这三本加起来可能不止十几万字。从此，我便开始每天把《参考资料》当成教科书一样认真阅读，然后，每天找到适当的时间去向主席汇报。在交谈中，我发现他对国际上每个国家以及每个地区的问题了如指掌，非常熟悉，来龙去脉讲得头头是道。我问他："主席，外交方面的事已经分工有人管了，你还这么操心干吗？"

主席说："我一直没有放松对国际问题的关注，当个主席哪能只顾国内不顾国外，要兼顾。以后，我要多抓抓国际外交上的大事，否则，时间就来不及了。你以后在这些方面也要多看些东西和我多交谈，我们就有共同语言了。"

从50年代末到70年代，在主席的言传身教之下，我已经多少学会了一点从《参考资料》中看出点国际上的重要问题、微妙问题、苗头问题，并且知道在哪一个时期、主席关注哪些问题。

这天下午我进了游泳池的大厅，主席正在看书，我说："主席，你休息一会儿吧！"

一般他个想跟人讲话，他就继续看书，要是他想讲话，就抬起头来看你一眼，听听你讲什么，感不感兴趣。我给他讲了一段参考消息。然后我说：

"昨天你和斯诺谈了那么长时间，一定很累吧？"

主席放下手里的书说："我和斯诺谈话不累。别看他是个高鼻子，我们早就有交往，比较熟悉，深谈过多次。从1936年在陕北时，这个年轻的外国记者就闯进了中国红色政权首府的所在地，他在那里自由自在地转了好几个月，后来他还写了本《西行漫记》呢。让外国人对外国人进行宣传，这种做法，有时说服力比我们自己在那里吹作用还大呢。"

"1939年他又来见我时，他能针对当时国共合作中的问题站在共产党的立场上作宣传，表明澄清当时的舆论混乱。这种做法我是欣赏的。所以我和他谈了抗日战争中我们党的内外政策，并且作好了打持久战的准备，一直打到中国取得全面胜利。当时我还对我们的邻国日本向他作了深刻的分析。我告诉他，'害人之心不可有，防人之心不可无啊。'"

如果主席把书放在茶几上，不停地讲话，连烟都忘了抽，这说明他谈兴正浓。我过去把他脑后那个落地灯关了，免得灯烤他。我说："斯诺对中国革命是有所了解的了？"

"不只是了解皮毛，而是有比较深入的接触。"

"四五十年代你们来往过吗？"

"没有，各忙各的。新中国刚成立就忙抗美援朝，搞第一、第二个五年计划。那时真正是百废待兴，要做的事堆成山。我们刚推翻三座大山，前面又出现无数的山等着去推平，这就是历史。"说到这儿，他咯咯地笑起来，好像历史在跟他闹着玩似的，告诉他过了这个山就到平原了，可好不容易翻过去，发现前面还是山，主席看着这些山只好笑了。

"主席，你们又相见是什么时候，我怎么想不起来啦？"

"就在我们的困难时期，1960年。那次我和他谈了9个小时，谈了我们分别20年来中国发生的重大变化，也谈到了中国的未来。他受到了新中国变化的震动，在我们分别的时候，他认为这次是满载而归的。我想大概差不多，否则他写不出《大河彼岸》这本书的。"

我开玩笑地说："知我者，斯诺也。"

主席说："非也。"

我说："是也。我记得1964年国庆节后到1965年初，在那段时间里，你又见了斯诺，谈的内容相当广泛对吗？"

"那是，谈了举世闻名的中苏、中美关系，还和他提到'第三世界'的问题。从1960年到1964年只有17个国家承认了中华人民共和国。看来中国不被别人了解而受到冷淡。可是世界总不能永远让美苏一直霸占下去，我们的革命道路与经验对'第三世界'是有用的，这个工作需要做。另外，还谈了原子弹。我们一定会有的。联合国也一定要进去的，但我们需要时间。"

"主席，我发现了你一个秘密。"我说，"你为什么对斯诺那么感兴趣，并且把这种友谊保持了40年之久。我想试着猜猜主席的用心可以吗？"

主席听了我的话，眼睛一亮，显得有些意外，他歪着头看着我，然后笑着说："请讲。"

我说："你是在放长线钓大鱼呢。我发现你每次和斯诺的交谈都是为着实现某个远大的目标而展开的，并不是为了让他单纯地了解你，而是通过让他对你的了解逐步深入地理解、消化中国为什么要革命和中国如何搞革命，以及中国共产党领导的重要性等。再通过他去向世界介绍、宣传新中国，而斯诺对中国的知晓，以及得到主席如此这般地信任与厚爱，在世界上又会产生非同一般的反响。在斯诺的身心里接受到你身上放射出的吸引力，吸住他向往中国并乐于为中国办事。"说到这儿，我有点儿不好意思地问："我讲得对不对？"

"请接着讲。"

我说："你在许多结识的青年人中选中斯诺这个思维敏捷，有头脑，有抱负，能说会道的对手，你们谈得废寝忘食，谈得投机，亲如兄弟，使你们的友谊很自然地得以发展，结果把世界的注视从四面八方引到中国来。"

"看来你是读过斯诺的书喽？"

"读过，没研究过。我是在说你对斯诺的研究呢。"

"接着讲。"

"身为记者的斯诺有职业特权在各阶层人士中穿梭，与持不同观点的大大小小人物交谈。选这样一个人为中美关系公开牵线搭桥比任何人都合适。他熟悉中国，又了解美国，办得成就办，办不成小事一桩，不犯太多的嫌疑，何况斯诺是在按您的意图行事。这本身就具有百分之九十以上的成功率。请问，您的秘密我破得怎么样？"

"不错喽，起码你是个勇敢者，采取主动进攻喽。"

主席跟我说那次他对斯诺讲："如果尼克松愿意来，我愿意和他谈，谈得成也行，谈不成也行。吵架也行，不吵架也行。总而言之都行。"最后他又风趣地加了一句："我在和尼克松吊膀子，要找红娘啊。"

我说："你的这个红娘找得不错，他的交往还挺广。"

主席说："在我的试探气球放过以后，我还要创造条件，我现在就是在搞火力侦察，这一排子弹放出去，对方会待不住的。"

主席说的"火力侦察"是指如何突破中美关系的僵局。因为二十几年来两国的关系已经僵到极点。

毛主席有时喜欢把自己的用意通过同外国人在谈笑中用他们的嘴传出去。

1959年3月主席在武昌东湖宾馆住着时就接见了老朋友斯特朗和黑人朋友杜波依斯夫妇。交谈后送走他们，主席的兴致很好，当时天气又晴，我就提议出去散散步。他欣然同意。

从住地走过一片梅林，顺小径转向东湖边，他突然问我：

"你敢到密西西比河里游泳吗？"

我对这个突如其来的问题弄得莫名其妙。我没有直接回答，而是说："那是条闻名的大河，在美国。你怎么想去？"

主席兴致勃勃地说："我刚才告诉了外国朋友，我想去密西西比河游泳，尤其是到宽大的河口附近游泳会更有意思。"

"那好呀，我也跟你去。"

我当时傻乎乎的，想不到主席这句话有深刻的政治含义。实质上，他是在向大洋彼岸发出一个信号，我们应该改善彼此间的关系了，这对我们都有好处。

主席这种东方式的、隐晦而精于谋略的信息一直没有受到美国人的重视，西方人在这方面的粗疏真是到了极蠢的地步。从1956年2月苏共二十大以后，中苏关系恶化到70年代主席把美国记者斯诺请上天安门，美国人都不明白毛泽东要干什么。

基辛格曾在自己的回忆录里这样写道："我们这些粗心大意的西方人完全不了解其中的真意……这位高深莫测的主席是想传达点什么。"斯诺自己后来谈论"这一事情过后我才终于明白毛是想以此作为象征，表示现在他亲自掌握对美关系"。斯诺在作上述这个判断的时候，他理解毛泽东本人亲自掌握中美关系的真实时间，已晚了十几年。

是啊，现在人们不妨细想想，毛主席那时为什么不说去游尼罗河、亚马逊河，而非要游密西西比河呢？

第三着棋：毛主席在捕捉战机。

一年以后，也就是1971年3月21日，由毛主席决定派出的我国乒乓球代表团抵达日本名古屋，准备参加于28日开始的第31届世界乒乓球锦标赛。

代表团一离开北京，主席就对我说：

"你每天要把各通讯社对于我们派出去的代表团的反应逐条地对我讲。"

3月21日这一天，主席像着了魔似的躺在床上三四个小时睡不着。平时起床总有一堆事要做，比如穿衣服、擦脸、漱口、吸烟、喝茶等。这些天他觉得做这些事是多余的浪费时间，马马虎虎地做完就看文件。这天，他因为几个小时睡不着，决心不睡了。我来到他的卧室，刚打开台灯，他就说话了，只一个字"讲"。

"讲"是"开讲"的简单说法。所谓"开讲"就是让我向他报告《参考资料》中一些国际上的大事。我把我看过的参考的内容一一说给他听。他认真地听着，两眼看着我。我坐在他床对面的椅子上。我讲的这些只是昨天下午版的情况，当天的参考还没送来。因为当时还是早晨6点钟，人们还没上班呢。听完我的汇报，他不耐烦地说：

"告诉徐秘书，催催新华社的参考清样一出来立即就送来，我等着看。"这时，他才心事重重地起床，穿上睡袍，擦脸，漱口。我给他服当天上午该吃的药，他用手掌握成勺状，我把药往"勺"里一倒，他看了一眼，送到嘴里，喝口水一仰头全吞了下去。

这时我给他打开床头的壁灯。屋内的光线立刻亮了一倍，然后把要急办的传阅件递给他，给他点上一支雪茄烟，紧接着我就去给徐秘书打电话，催"清样"。

机要秘书徐业夫同志是位长征干部，我们都称他为徐老。他是位憨厚、老实、兢兢业业、言语不多的老同志，有时讲几句话也都是大实话。

我打电话把他叫来。一进值班室的门他就冲着我说道：

"好家伙，护士长，主席怎么还不睡觉？你们怎么了，打了差不多一夜的电话，一个劲催文件，催清样，主席怎么这么急？"说着，他摘下眼镜揉揉红肿的眼睛，显然这几天他也没睡好。

我跟他开玩笑说："你去问问主席急什么。我想，昨晚主席准是想你了，所以才让我给你打了差不多一夜的电话。"我说："你就别走了，就在这儿等着，主席有事不就不用打电话了。"

"不行。"老实的徐秘书连连摇头说，"我这几天都没睡好，我得赶快回去睡一会儿，要不然送文件的一来我又睡不成了。嗯……这样吧，"他想了一下说，"我交代新华社，清样一出来就立即送西门收发室，你让值班的警卫他们去取，比送到我办公室，我再骑车送来要快些，行不行？帮个忙吧。"

我感到此时徐老正在跟他的瞌睡虫奋力拼搏。看着他那双因缺觉而昏昏的眼睛我说：

"听你的，你说的还有不行的？就这么办，祝你做个好梦。我尽量不打搅你。我是不是该告诉主席，你缺觉缺得厉害？"

"你真顽皮。你这个护士长，可不能这么讲。"

徐老走了，我回到主席卧室见他正靠在床头抽烟。我禁不住好奇地问：

"主席，你怎么这么关心乒乓球代表团的反应？"

主席说："这件事事关重大，非同一般呀！这是在火力侦察以后，我要争取主动，选择有利时机。让人们看看中国人不是铁板一块。"

这次派出的球队是六年来第一次在世界上露面。

果然，中国队重返世界乒坛，立即引起了世界舆论的关注。

第四着棋：毛主席下了决心，邀请美国乒乓球队访华。

世乒赛期间，主席说了，要我认真看参考，把全部情况及时向他汇报。那阵子我每天跟他谈参考和有关的情况反映材料，直谈得口干舌燥，嗓子疼。

有一次参考里有这么一段，我觉得挺有意思，就跟主席说了。这条消息的大意是说4月4日，美国队3号选手格伦·科恩去场馆练球，出来之后找不到车，结果上了中国队的汽车。科恩吃惊地看着一车中国人有些尴尬地说："我知道我的帽子、头发、衣服让人看了好笑。"科恩是个嬉皮士，留着长发。当时中国的乒乓球队队员庄则栋站起来说："我们中国人民和美国人民一直是友好的，今天你来我们车上，我们大家都很高兴。我代表同行的中国运动员欢迎你。为表达感情，我送给你一件礼物。"于是庄则栋把一尺多长的杭州织锦送给了科恩。科恩也非常高兴，想回赠什么，可发现什么也没带。

那时候中美关系十分僵，双方都处于敌对状态，庄则栋的举动可以说是相当勇敢的。

就这么一条花絮，主席听后眼睛一亮，立刻让我原原本本地把这条消息念了两遍。听完了，他脸上带着满意的笑容说："这个庄则栋不但球打得好，还会办外交。此人有点政治头脑。"

听了主席的话，我心里也挺高兴，心想，这条消息我算选对了。国际上的事很微妙，但这件事看来办到了主席的心坎上。

4月6日这一天，世乒赛就要结束了。毛主席递给我一份文件让我看。这是一份由外交部和国家体委联合起草的"关于不邀请美国乒乓球队访华的报告"。文件上周总理已经圈阅，并批了："拟同意"三个字和一些批语。毛主席在自己的名字上也亲自画了圈。这说明大局已定，意见一致，不邀请美国队访华。主席要我立即把文件退给外交部办理。

那些天，我的直觉告诉我主席总是有些心事。文件退走后的当天晚上，主席提前吃了安眠药要睡觉。晚上11点多，我和张玉凤陪主席吃饭。吃完饭时，由于安眠药的作用他已经困极了，趴在桌子上似乎要昏昏睡去。但他突然说话了，嘟嘟哝哝的，我听了半天才听清他要我给王海容打电话（王海容同志当时是外交部副部长），声音低沉、含糊地说："邀请美国队访华。"如果是平时跟他不熟悉的人是根本听不懂的。

我一下子愣了。我想，这跟白天退走的批件意思正相反呀！再说，还有十几分钟就到4月7日凌晨，世乒赛已经结束了。说不定外交部早已把意思传给美国人，人家已经回国了。假如我按主席现在说的办，显然与已批的文件精神不符合，完全有可能会办错，主席平时曾交代过，即：他"吃过安眠药以后讲的话不算数"。现在他说的算不算数？我当时很为难，去也不是，不去也不行。你想，假如我把主席的意思传错了，人家美国队真来了，怎么办？更糟糕的是第二天主席醒过来说我没说要这么办，那还了得？我岂不是"假传圣旨"？可一想到这些天他苦苦思索中美关系，关注世界对我们派团的反应，又觉得很有可能他在最后一刻作出了新决定。我如果不办，误了时机那还了得？怎么区别？怎么办？我又无人再请示，又不能说"主席，你给我写个字据，免得你不承认"。当时，也没录音机，再说，即使有录音机，谁敢录音呀！请与不请，只有一字之差，办对了是应该的，办错了，后果不堪设想。我当时只有一个念头：我必须证实主席现在是不是清醒，怎么证实呢？我得想办法让他再主动讲话。

当时，主席坐在床边上，两手重叠趴在胸前的饭桌上，头枕在胳膊上，我坐在主席的对面。张玉凤坐在他的左边。

我决心冒一次险。我故意装作若无其事的样子继续吃饭，同时观察他到底清醒不清醒。过了一小会儿，主席抬起头来使劲睁开眼睛对我说："小吴，你还坐在那里吃呀，我让你办的事你怎么不去办？"

主席平时一般都叫我"护士长"，只有谈正经事或十分严肃时才叫我"小吴"。

我故意大声地问："主席，你刚才和我说什么呀？我尽顾吃饭了没听清楚，你再说一遍。"

于是，他又一字一句，断断续续、慢吞吞地把刚才讲的话又重复了一遍。我还是不太放心，反问他："主席，白天退给外交部的文件不是已经办完了吗？你亲自圈阅的，不邀请美国乒乓球队访华了，怎么现在又提出邀请呢？你都吃过安眠药了，你说的话算数吗？"我急着追问。

主席向我一挥手说："算！赶快办，要来不及了。"

听了这话我可真急了，拔腿就往值班室跑，去给王海容打电话。电话通了，我把主席的决定告诉她。她听完之后也急了，在电话里大声喊道："护士长，白天你们退给外交部的批件我们都看了，主席是画了圈的，怎么到晚上又变了呢？"

"就是变了！"

"他吃过安眠药，这话算不算数？"

"算。"我肯定地说。

"你怎么证明真算数？"

"我又反复问过了，赶快办，要不然来不及了。"我也冲着电话大声嚷。时间马上就到午夜12点了。

"哎呀！现在都快12点了，说不定有些国家已经提前走了，美国队走没走我还不知道呢，得赶快想办法抓住他们。我马上办！"

天知道！可怜的王海容那一夜会忙成什么样子。

通完电话，我赶紧跑回去，只见主席仍坐在饭桌前，硬撑着身体。张玉凤扶着他。见我进来，主席抬起头看着我，在等待。

我把刚才的情况向主席作了汇报，听完以后他点头表示："好，就这样。"

然后，他才上床躺下。这消息好像比安眠药还灵。

第二天主席醒后刚一按电铃，我迫不及待地大跨步第一个跑进他卧室去，要和他核对这件事。我真怕他说："我不知道，我什么也没说。"

"主席，昨晚你叫我办的事你还记得吗？"我问。

"记得清清楚楚。"

"你说清清楚楚指的是什么？"

"你瞧你紧张的样子！"主席并不着急。

"你快说呀！"

"当然是邀请美国队访华喽。"

听到这句话我才长长地出了一口气，膨胀了一夜的脑子都快炸了，这时才松了下来。我对主席笑着说：

"唉，主席，你可真行。你的决定突然转了个180度。你睡了一个好觉，吓得我一夜都没睡。"

主席咯咯地笑出了声。他说："你这个人呀，已经为中国办了件大事可是你自己还不知道呢。"

毛主席确实为中国人民、为中美两国人民办了一件特别重要的大事。

毛主席事后曾说："决定邀请美国乒乓球队访华我是从大局考虑的。这是中美两国人民的心愿。人民之间的友好往来是势不可当的。你看庄则栋与科恩的接触极其自然。他们之间没有往事的纠葛，不存在什么恩恩怨怨的问题。即使有某种顾虑和猜疑也是长期以来人为的。中国人，中国共产党人到底是不是像人们所宣传的三头六臂、青面獠牙那样的凶神凶煞，可以请他们来看看嘛。不请，别人怎么好意思来啊！又没有外交关系。眼见为实嘛。年轻人容易接受新事物，有一定的代表性。中华人民共和国到底在这个世界上已经存在了20多年，还是有吸引力的。"

历史的经历常是微妙的，有时偶然的事件，又引出必然的重要结果。非常有意思，如果美国乒乓球队队员科恩不上错中国的汽车，会有"乒乓外交"吗？看来，在五彩缤纷的国际舞台上，只有巨人的慧眼才能捕捉到这看似平常而实际上是十分精彩的瞬间。

第五着棋：毛主席选择了反共总统尼克松。

1968年，以美国头号反共人物著称的共和党尼克松登上了总统的"宝座"。

在谈参考时，主席曾多次问过我："美国新换总统了，你有什么想法？"有一次我给他读了一段尼克松在就职演说中有关中国的话。尼克松说："让一切国家都知道在本政府当政时期，我们的通话线路是敞开的。我们寻求一个开放的世界——对思想开放、对货物和人员的交流开放。一个民族不管其人口多少，都不能生活在愤怒的孤独状态中。"

"你把这段话好好记住。"主席说，"从1949年起到现在，他们尝到了我们这个愤怒的孤独者给他们的真正滋味。"

一年之后，1969年，中苏在珍宝岛发生武装冲突。主席看完当时的一份有关报告，意味深长地自言自语道："中苏发生交战了，给美国人出了个题目，好做文章了。"

"你是指中苏分裂了，美国人高兴吧？"我问。我很想知道根据主席的分析，美国人如何作文章。

主席说："美国的全球战略理论不是已经提出了信号吗？他要打'两个半战争'，如果他缩减到了一个半战争，你联系起来想想他们会怎么样？"

"是的，美国原来打算打'两个半战争'。第一战场在欧洲，对付苏联的进攻。第二战场在亚洲，对付东南亚或朝鲜民主主义共和国，防止社会主义国家的进攻，主要是防中国的进攻。最后的半个战争是那些不测的局部战争，诸如中东冲突。中苏分裂，大大减少了欧亚两个大国对美国的压力及联合向美国进攻的可能性。这就会改变美国现有的战略理论，从而最终会影响其外交政策及对中国的态度，对吗？中、美、苏三国看来不可能搞等距离外交，对吗？"

"又等，又不等。"主席说，"随机应变。这是需要由双方的利益来决定的，不能脱离现实。"

这次谈话使我明确了一个想法：美国人会利用中苏分裂，以使国际局势对美国更有利；而毛主席也没放弃利用美苏的矛盾为中国在国际舞台上争取更多的生存空间，突破美国对中国的长期封锁。这三国之间中国和谁"亲近"就意味着哪方较量的实力增强。毛主席巧妙地利用了美苏之间的矛盾，他从没想过要先发制人，但他总是处处争取主动，把不利因素变成有利因素。

1972年美国总统竞选期间，主席特别关注竞选情况。有一次他问我："你选谁？"

我说："民主党比较温和些。"

主席说："我的看法正好跟你相反。共和党是靠反共起家的，我还要选共和党的尼克松。而且我已经投了尼克松一票。"

"为什么？"

主席说："民主党在台上的时间比较长了，从30年代算起，罗斯福、杜鲁门、肯尼迪、约翰逊一直到60年代后期。民主党在台上长达30多年。为了顺应美国民意，共和党在大选中赢了，尼克松政府在国内搞些平衡，哪怕暂时作出亲共姿态也是可以利用的。看来，尼克松意识到中国的存在具有一定的威胁性。这一点，他比民主党的各届领袖们略高一筹。"

"你估计谁当选的可能性大呢？"主席问我。

我考虑了一下说："这个问题很难说。我了解的背景资料不多。你说呢？"

主席没直接回答，而是说："你天天跟我吹参考，你怎么就估计不到呢？"

"有的材料从参考里是看不到的，很难说谁当选。"

主席让我到他桌上拿几份外交部的文件，在我拿来递给他的时候，他没接，而是望着我说："这是给你看的，你现在就看。"

我把这些文件看完，然后放在沙发边的茶几上。

"心里有数了吗？说说看。"主席鼓励我说。

"我估计可能尼克松会再次当选。"我谨慎地说。因为这些文件中也没明确提出尼克松当选的可能，只是提供了些背景材料。

主席用斩钉截铁的话说："肯定是尼克松。我要请他到北京来，你看怎么样？"

我考虑了一下，反问道："跟一个反共老手会谈？你不考虑舆论界对你施加的压力？你不考虑自己的形象是否会受到影响？这些毕竟是个新事物。"

"你又不懂了，先啃那些啃不动的骨头，好啃的放在一边留着，那是不用费力的。"

说着，主席笑了，我不明白他笑什么，对他说的也似懂非懂。他说：

"你给我背杜甫的《前出塞》。"显然，主席看出了我的迷惑。

"哪一首？"我问。我当时觉得背诗词比搞外交容易多了。

他先背了一句："挽弓当挽强。"

我接着往下背道：

　　"挽弓当挽强，

　　用箭当用长。

　　射人先射马，

　　擒贼先擒王。

　　杀人亦有限，

　　列国自有疆。

　　苟能制侵陵，

　　岂在多杀伤？"

我流畅地背完了。

听完了我背的诗，主席说："在保卫边疆，防止入侵之敌时，要挽强弓，用长箭。这是指武器在战争中的重要性，但不是决定的因素，决定的因素是人。射人先射马，擒贼先擒王。这是民间流传的一句极为普通的话。杜甫看出了它的作用，收集起来写在诗中。这两句表达了一种辩证法的战术思想。我们要打开中美的僵局，不去找那些大头头，不找能解决问题的人去谈行吗？选择决策人中谁是对手这点很重要。当然，天时、地利、人和都是不可排除的诸因素。原先中美大使级会谈，马拉松，谈了15年，136次，只是摆摆样子。现在是到亮牌的时候啦！"说到这儿，主席显得精神抖擞，眼睛闪着光，连烟都忘了抽。这些不假思索、出口成章的话看来在他心中已经捉摸得非常透彻。我连连点头，表示同意他的说法。

我说："那么说，非尼克松不行？"

主席说："把共和党这个最大的反共阻力挖掉，事情就好办了，非找尼克松不可。"

果不出主席所料，美国竞选总统的结果表明：尼克松以绝对多数票连任。

主席教我懂得：在国际风云变幻的舞台上，谁能掌握主动权，谁就是强者。中国从来不让别人牵着鼻子走，在处理大国之间的关系上，毛主席不仅在战略上争取了主动，在战术上他也一次次赢得主动。

他在美国这两个字上横向划了一道，一边是大多数美国人民，另一边是美国统治集团。他看清前者是可信的，并寄希望于他们。然后，他又在统治集团这边又划了一道，一分为二，分析民主、共和两党的矛盾。他十分懂得，只要不同利益集团能弄到一起，都是相互需要。主席的策略从某种意义上讲并非铁板一块，有时很富有弹性。

尼克松访华，也受到国内反对派，特别是反共派的强大压力。同时，有的外电评论，说尼克松是打着白旗到北京来的。

主席听了我对他说的这条消息笑了，他说："我来给尼克松解解围。"

我当时也还没弄清他用什么妙法解围。我在静静地等待观察。

主席对尼克松作了两点出人意料的决定。

第一，在主席见尼克松的时间上，外交部一直没作具体安排，看来有可能不好肯定毛主席何时接见。就在总统座机将在北京机场着陆时，主席对我说："你给周总理打个电话，告诉他，请总统从机场直接到游泳池，我立刻见他。"外国首脑一到达北京机场时就立即受到接见，这种情况，在以往的外交礼遇上还是较少见的。

主席想用自己的行动表明他对尼克松的诚意和对他的重视。

第二，在会谈的时间上，原来只安排15分钟，可主席和尼克松却聊了65分钟。

主席是想给美国的反对派看看，中国人办事是有理有情的。

这两个时间问题，不仅仅是"时间"，而是体现外交上的微妙与策略。

在中美建交的全过程中，包括从法国、罗马尼亚、巴基斯坦三条渠道建立之日起，和紧接着的基辛格博士秘密来华的谈判，到尼克松总统公开访华，以及后来的中美双方公开谈判的整个期间，周总理经常带着王海容、唐闻生一起反反复复、来来往往，频繁地到毛主席中南海游泳池的住地。每次，他们除了向主席汇报之外，还要同时磋商下次谈判的对策。那一时期，周总理和主席一样睡得非常少，可是总理仍然那样精神抖擞。我经常看到总理在前面大步流星地走，王海容和唐闻生紧跟在总理的身后一路小跑。使人感到精神振奋。

人们哪里想得到，在接见尼克松之前，主席患了一场大病，接见当时是大病初愈。就在最近的十几天，他还躺在床上，很少下地活动。我们在与接见大厅只有一门之隔的地方准备了一切急救用品，处于"一级战备"状态。连强心剂都抽到了针管里，以防万一。而毛主席与衰老、与疾病作斗争的惊人毅力是无法用语言形容的。他那种不达目的誓不罢休的顽强精神令人敬佩与感动。

接见尼克松的事过去以后，主席曾高兴地对我说："中美建交是一把钥匙，这个问题解决了，其他的问题就迎刃而解了。"〔3〕

的确，毛泽东从中美关系中找到了一个巨大的杠杆。他用这个杠杆轻轻一拨，整个世界都飞快地运转起来，转瞬之间就发生了有利于中国的巨大变化。

"不要强加于人"

中美关系的缓和，直接推动了中日关系的改善。基辛格和尼克松先后访华的消息，在日本朝野引起很大反响。

1972年9月25日，日本政府首相田中角荣来华访问。毛泽东高兴地会见了田中角荣、大平正芳等日本客人。9月29日，中日双方签署建立外交关系的联合声明，宣告结束中日之间的不正常状态。日本方面痛感过去由于战争给中国人民造成重大损失的责任，表示深刻的反省。

1973年初，中日两国互设大使馆。从1975年起，又开始进行缔结中日和平友好条约的谈判。

与此同时，中国同西欧许多国家出现建交高潮。在北美和西南太平洋地区，中国同加拿大、澳大利亚、新西兰也先后建立外交关系。

西方世界终于放弃了敌视和封锁政策，向中国打开了大门。为了适应迅速变化的国际形势，广交朋友，毛泽东明确提出在外交方面纠正"左"倾失误的问题。

王年一在《大动乱的年代》一书中写道：

1973年春，经毛泽东和中共中央批准，全国外事工作会议在北京召开。会议的任务是：以批林整风为纲，联系外事工作实际，彻底批判林彪集团煽动的极左思潮和无政府主义，研究和解决外事工作中的一些迫切问题。会议的主要精神是纠"左"。到会同志学习了毛泽东几年来关于外事工作的一系列有关批示和耿飚关于外事工作中存在的问题的调查报告。这次会议因为指导思想比较正确，开得比较成功。

到会同志学习了毛泽东关于对外宣传工作的批示，部分如下：

（一）澳大利亚人大卫·库普1967年在中国写了一张题为《让我们"治病救人"》的大字报，分析了西安市两派对立、由群众大会开除党员党籍、打砸抢和游街盛行等一系列情况，认为这是"左"倾机会主义的影响，并受坏分子的操纵。他提出："要把那些存心把我们引上背离无产阶级革命道路的人清除出去，然后我们才能搞造反派、革命干部和解放军的三结合。"3月20日，毛泽东对这张大字报作了批示："这个外国人很能看出问题，分析得很不错。总理阅后，送文革小组一阅。"

（二）1967年8月14日，毛泽东在《桑穆加塔桑就发表主席内部谈话问题的一封信》上批示："康生同志，这类事，不要去责备发表的同志。""一般谈话，公布也不要紧。"桑穆加塔桑在这封信中说："现在，有人告诉我，同毛泽东谈话的内容未经同意不得公布。"

（三）1967年11月27日，毛泽东对中共中央对外联络部外宾简报《安斋等人认为日本不能走农村包围城市的道路》作批示："康生同志：这个问题值得注意。我认为安斋的意见是正确的。你的看法如何，望告。"

（四）1967年12月1日，姚文元传达了毛泽东对安斋库治等人关于日本革命道路问题的意见。毛泽东说："我认为安斋等同志的意见是正确的。我在1938年对资本主义国家无产阶级政党的任务的论述，仍然有效。"

（五）1968年3月7日，毛泽东在一个拟在援外物件上喷刷毛泽东语录的请示报告上批示："不要那样做，做了效果不好。国家不同，做法也不一样。"

（六）1968年3月10日，毛泽东对关于开好1968年春季出口商品交易会的通知，作了修改。在"必须高举毛泽东思想伟大红旗，突出无产阶级政治，把宣传毛泽东思想，宣传我国无产阶级文化大革命和社会主义建设的伟大胜利，当作首要任务"之后，增加了"但应注意，不要强加于人"。

（七）1968年3月12日，毛泽东删去了我援外机场移交问题的请示报告中的一段话："举行移交仪式时，应大力宣传战无不胜的毛泽东思想，说明我援×修建××××工程的成绩，是我们忠实地执行伟大领袖毛主席关于国际主义教导的结果，是伟大的毛泽东思想的胜利"。并批示："这些是强加于人的，不要这样做。"

（八）1968年3月17日，毛泽东在关于答复新共威尔科克斯对我对外宣传工作的批评的请示报告上批示："此事我已说了多次。对外（对内也如此）宣传应当坚决地有步骤地予以改革。"

（九）1968年3月27日，毛泽东对中联部起草的致××共产党武装斗争××周年的贺电，作了修改和批示。贺电中多次提到"毛泽东思想"，毛泽东批示："有修改，请注意。以后不要在任何对外文件和文章中提出所谓毛泽东思想这样的自我吹嘘，强加于人。"毛泽东将"马克思列宁主义、毛泽东思想的伟大胜利"，改为"马克思列宁主义与××情况相结合的伟大胜利"；将无产阶级文化大革命"对于全世界被压迫人民和被压迫民族的革命斗争也具有伟大的意义"，改为"对于全世界被压迫人民和被压迫民族的革命斗争在某一方面也将具有一定的意义"。毛泽东将贺电中"经过无产阶级文化大革命锻炼的中国人民一定按照毛主席的伟大教导，坚决支持××人民和世界人民的革命斗争"这一段删掉，将口号中"战无不胜的马克思列宁主义、毛泽东思想万岁"这一句删掉，将"伟大领袖毛主席"的"伟大领袖"删掉。

（十）1968年3月29日，毛泽东在发表关于××武装斗争××周年的声明的请示报告上批示："一般地说，一切外国党（马列主义）的内政，我们不应干涉。他们怎样宣传，是他们的事。我们应该注意自己的宣传，不应吹得太多，不应说得不适当，使人看起来好像有强加于人的印象。"

（十一）1968年4月6日，毛泽东在中央联络部、总参谋部起草的一个文件中，将"主要是宣传全世界革命人民的伟大导师毛主席和战无不胜的马克思主义、列宁主义、毛泽东思想"一句中的"全世界革命人民的伟大导师毛主席和战无不胜的"21字删掉，并批示："这些空话，以后不要再用。"

（十二）1968年5月16日，毛泽东批评一个文件中"世界革命的中心——北京"这种提法。毛泽东再次指出："这种话不应由中国人说出，这就是所谓'以我为中心'的错误思想。"

（十三）1968年5月29日，毛泽东对外交部关于加强宣传主席思想和支持××、××革命群众斗争的建议，作了重要批示："第一，要注意不要强加于人；第二，不要宣传外国的人民运动是由中国影响的，这样的宣传容易为反动派所利用，而不利于人民运动。"

（十四）1968年6月12日外交部一个接待外宾的计划中规定，群众在同外宾接触时可"自发地分别赠送毛主席像章"。毛泽东批示："不要"。

（十五）1968年7—8月间，毛泽东在中联部一个请示报告上批示："删去了几个字"。报告中两处提到希望外国某党"在马克思主义、列宁主义、毛泽东思想的原则基础上"解决党内分歧，"毛泽东思想"都删去了。

（十六）1968年8月，毛泽东在军委办事组《关于更改援外军事专家名称》的报告和电报稿上批示："名称问题关系不大，可以缓议。""资产阶级传下来东西很多，例如共和国、工程师等不胜枚举，不能都改"。"此件缓发"。

（十七）1968年9月18日，毛泽东在《人民日报》社论《世界革命人民胜利的航向》初稿上批示："把离开主题的一些空话删掉。不要向外国人自吹自播。"毛泽东删去的有："伟大的战无不胜的毛泽东思想，是马克思列宁主义在当代的新发展。""毛泽东同志天才地、创造性地、全面地继承、捍卫和发展了马克思列宁主义，把马克思列宁主义提高到了一个新的阶段。毛泽东同志是理论联系实际的伟大典范"；"毛泽东思想在日本得到日益广泛的传播"；"我们的时代，是以毛泽东思想为伟大旗帜的新的时代，是伟大的毛泽东思想和各国革命的实践相结合的新时代。毛泽东思想正在亚洲、非洲、拉丁美洲以及世界各地广泛地传播。毛泽东思想指引下的人民革命，是历史前进的火车头。在伟大的马克思主义、列宁主义、毛泽东思想的光辉照耀下，世界各国人民必将朝着胜利的航向，继续奋勇前进！"删去的还有"马克思主义、列宁主义、毛泽东思想"中的第一个"主义"和"毛泽东思想"等。

（十八）1968年9月，毛泽东对中央文革小组起草的《庆祝中华人民共和国成立19周年的标语口号（送审稿）》批示："去掉第11条，不应用自己名义发出的口号称赞自己。"送审稿的第11条是："向立下丰功伟绩的中央文革致敬！"

（十九）1968年9月，外交部《关于巴基斯坦政府友好代表团访华接待计划的请示》中有"通过安排参观访问，突出宣传伟大的毛泽东思想和毛主席一系列最新指示，我无产阶级文化大革命全面胜利以及工农业生产的大好形势"。毛泽东将"伟大的毛泽东思想和毛主席一系列最新指示"删去了，并指示："对这些不应如此做。"原文所附迎送的标语口号19条，毛泽东注："去掉三条"。去掉的三条是："毛主席的无产阶级革命路线胜利万岁！""战无不胜的马克思主义、列宁主义、毛泽东思想万岁！""毛主席万岁！万岁！万万岁！"

（二十）1969年6月，毛泽东对《人民日报》、《红旗》杂志、《解放军报》、社论《中国共产党万岁——纪念中国共产党诞生48周年》送审稿批示"可发"。文中有"20年……把一个贫穷落后的旧中国，变成一个繁荣昌盛的社会主义强国"一句，毛泽东的"繁荣昌盛"前加"有了初步"，将"强国"改为"国家"，并批示："请注意：以后不要这种不合实际情况的自己吹播。"

（二十一）1969年9月，毛泽东将外交部《关于给日中友协（正统）各地组织庆祝我国庆集会发感谢电》中的"使我们的国家发生了翻天覆地的变化"，改为"使我们国家的面貌发生了重大的变化"。

（二十二）1970年12月6日，毛泽东在中央联络部《关于邀请荷兰共产主义统一运动（马列）派代表团访华的请示》上作了批示："对于一切外国人，不要求他们承认中国人的思想，只要求他们承认马、列主义的普遍真理与该国革命的具体实践相结合。这是一个基本原则。我已说了多遍了。至于他们除马、列主义外，还杂有一些别的不良思想，他们自己会觉悟，我们不必当作严重问题和外国同志交谈。只要看我们党的历史经过多少错误路线的教育才逐步走上正轨，并且至今还有问题，即对内对外都有大国沙文主义，必须加以克服，就可知道了。"[4]

上述批示，都是毛泽东早已作出的，但在极"左"思潮横行的年月里，落实起来阻力极大。如今，周恩来抓住中美建交和批判林彪的机会，全力纠正外交战线的极"左"错误，使中国的外交工作再度出现勃勃生机，为日后的对外开放奠定了良好的基础。这在"文化大革命"时期，是极为艰难的。为此，周恩来费尽了最后的心血，竭尽了最后一点努力。

注　释

〔1〕熊向晖：《打开中美关系的前奏》，载《中共党史资料》第42辑。

〔2〕外交部外交史编辑室：《打开中美关系的历史进程》，载《党的文献》1991年第3期。

〔3〕吴旭君：《毛主席的心事》，载《缅怀毛泽东》（下），中央文献出版社1993年12月版，第629—649页。

〔4〕王年一：《大动乱的年代》，河南人民出版社1988年12月版，第455—460页。

四、重病的日子里

出席陈毅追悼会

"九·一三"事件对毛泽东是一个沉重的打击，况且他已近80高龄，从此身体每况愈下。通过林彪的自我暴露，使毛泽东想到了许多问题。他思念那些同甘苦、共患难的战友，通过各种方式表达自己的歉疚之情。

1972年1月6日，陈毅元帅因患肠癌，在北京病逝，终年71岁。陈毅是毛泽东的患难战友，早在井冈山时期就在一起并肩战斗。他性情耿直，敢于直言，也勇于承担责任，在"文化大革命"中屡遭磨难，并且因为所谓"二月逆流"受到围攻和迫害。

陈毅逝世的消息传来，毛泽东十分悲痛，不顾医生劝阻，抱病出席陈毅同志追悼会，使在场的老同志感动不已。

《陈毅传》写道：

"九·一三"事件发生，林彪、叶群等出逃，摔死在温都尔汗。在中央召集的老同志座谈会上，陈毅带着病痛两次作长篇发言，满腔义愤地将红军创建初期林彪的历史真实面目作了系统、全面的揭发！经过这次竭尽生命全力的搏斗，陈毅躺倒了，从此再没下过床。

为了挽救陈毅的生命，保证治疗效果，周恩来亲自批示：将陈毅转到北京日坛医院，并亲笔批准日坛医院为陈毅作胃肠短路手术。

陈毅病重的消息在老同志中传开了。

周恩来走进陈毅病房，宽慰病人沉重的心。刘伯承被人搀扶着走进病房，他以手代眼，紧握了陈毅的手。朱德夫妇、聂荣臻夫妇、徐向前、李富春都来看望。王震经常逗留在陈毅床边，他怕陈毅寂寞，总是带着小孙女。乔冠华带来联合国遇到的老朋友的问候。叶剑英几乎每天来探望。李先念看罢陈毅退出病房时泪流满面。

1972年1月4日，陈毅体温略微下降，神志恢复清醒，他认出守在床边的妻子和4个孩子，嘴唇翕动着，女儿姗姗把耳朵贴近爸爸唇边，终于听清了：

"……一直向前……战胜敌人……"这是陈毅留给妻子儿女唯一的遗言。

1972年1月6日深夜11时55分，陈毅永远停止了呼吸和心跳。

哭声骤然四起……

放下电话，望着桌上的政治局委员——圈阅的文件，周恩来沉重地叹息一声。按照文件上所定的规格：陈毅的追悼会由军委出面组织，悼词连头带尾仅600字，简历还占去一半篇幅。

宋庆龄副主席、西哈努克亲王，以及许多民主人士都要求参加陈毅的追悼会。但是当时由王、张、江、姚控制的政治局规定不允许，周恩来无权改动。

1月10日，中南海"游泳池"。午饭后，照例午睡的毛泽东突然缓缓坐起身："调车，我要去参加陈毅同志的追悼会。"

"游泳池"打来的电话，驱散了周恩来的满脸阴云，他立即拨通中央办公厅的电话，声音洪亮有力："凡是提出参加陈毅同志追悼会要求的，都能去参加。"周恩来的"大红旗"风驰电掣超过毛泽东专车。待毛泽东主席在八宝山下车时，周恩来已用电话调来报社、电台的记者和摄影师。

八宝山休息室里，毛泽东清泪两行，他握着张茜的手，话语格外缓重、沉痛："我也来悼念陈毅同志，陈毅同志是一个好同志！"又对陈毅的孩子们说："要努力奋斗哟！陈毅为中国革命、世界革命作出贡献，立了大功劳的，这已经作了结论了嘛！"

张茜搀扶着毛泽东走进会场。

在鲜红党旗覆盖下的陈毅骨灰盒前，毛泽东深深地三鞠躬。会场里呜咽之声骤然形成高潮，是为陈毅，也是为"文化大革命"以来蒙受屈辱的所有同志。

陈毅逝世的讣告向全国全世界公布了。在陈毅遗像前，毛泽东臂缠黑纱与张茜亲切握手的大幅照片刊登在《人民日报》头版。倾注深情和思念的唁电、唁函立刻从世界各个大洲和全国四面八方纷纷飞往北京。

张茜曾彻夜不眠，回忆整理出毛泽东主席在追悼会时的全部说话内容。

张茜被确诊为肺癌晚期，手术后，她毅然选择了自己生命的最后战斗岗位：把陈毅用鲜血和生命写成的大量诗词整理出来。是非功过，人民评说！

铅印本、油印本、复写本、抄写本，终于把陈毅那一首首用血与火凝练而成的诗章，在中国大地上传开了。张茜握着全国各地寄来的慰问信，苍白浮肿的脸上呈现出宽慰的笑容。1974年3月她默默地永远地闭上了眼睛！

陈毅的精神、张茜的微笑永远留驻在中国的大地上！[1]

陈毅传记组成员铁竹伟在《霜重色愈浓》一书中，对毛泽东出席陈毅元帅追悼会作了更详细的描写：

10日下午3点，陈毅的追悼会将在八宝山烈士公墓举行。中午12点，周恩来面前的饭菜几乎没动。往日宁静的西花厅里，一直响着周恩来沉重的长时间的踱步声。

中南海，"游泳池"。

身穿淡黄色睡衣的毛泽东，在一侧堆满线装书的卧床上辗转不宁。他面色略显憔悴，腮边胡须很长。1971年11月下旬，毛泽东曾患重病，经医生全力抢救，方才脱离危险。一个半月来，他的身体一直没有恢复元气。双脚严重浮肿，原先的布鞋、拖鞋都穿不上，工作人员赶制了两双特别宽大的拖鞋，让毛泽东穿着散散步。当然，受健康状况限制，他已经长久足不出户，杜门谢客了。

卧室没有日历，床头没放手表。自从8日圈发了陈毅追悼会文件后，没有任何人提醒他，今天是10日，下午3时，陈毅追悼会将在八宝山举行。中饭后，毛泽东照例午休，宽敞的卧室里，寂静无声，只间或听见他窸窣翻身的声音。

突然，毛泽东缓缓坐起身，他摸索着穿上拖鞋，向进来的工作人员说：

"调车，我要去参加陈毅同志的追悼会。"说着，人向门口走去。

工作人员熟悉毛泽东主席的脾气：一旦决定去做的事情，抗争是无济于事的。因此，有两位抱大衣扶毛泽东上车，有一位快速拨通了西花厅的电话。

"游泳池"打来的电话，像严冬刮起一阵东风，驱散了周恩来的满脸阴云，他立即拨通中央办公厅的电话，声音洪亮有力：

"我是周恩来，请马上通知在京政治局委员、候补委员，务必出席陈毅同志追悼会；通知宋庆龄副主席的秘书，通知人大、政协、国防委员会，凡是提出参加陈毅同志追悼会要求的，都能去参加。"

"康矛召同志吗？我是周恩来，请转告西哈努克亲王，如果他愿意，请他出席陈毅外长追悼会，我们将有国家领导人出席。"

周恩来依据毛泽东参加陈毅追悼会的举动，迅速作出了提高追悼会规格的决定，这既是周恩来真实感情的流露，也是他机敏过人的决断。

搁下电话，周恩来的"大红旗"风驰电掣，迅速超过毛泽东的专车。

周恩来赶到八宝山休息室，激动地通知张茜：毛主席要来。张茜听后，双泪长流。周恩来安慰道：

"张茜，你要镇静些。"

张茜忍住抽泣询问："毛主席他老人家为什么要来啊？"

周恩来慨然说："他一定要来。井冈山上的战友就是他了。"临走时，他问在场的粟裕："你是什么时候到井冈山的？"粟裕回答："我是和陈总一起到的。"

待毛泽东走下车时，周恩来已用电话调了十几只电热炉；调来了新影厂的摄影师，报社、电台的记者。顷刻之间，冷冷清清的礼堂内外，放电线的，挂聚光灯的，架摄影机的，人出人进，川流不息。

休息室里，落座在沙发上的毛泽东，看见张茜进来，脸上显出激动的神情，他两手撑住沙发扶手，努力想站起来迎接。

张茜快步上前扶住毛泽东，满脸热泪哽咽着问道："主席，您怎么也来了？"

毛泽东泪流两行，他握着张茜的手，话语格外缓慢、沉重："我也来悼念陈毅同志嘛！陈毅同志是一个好同志。"

然后，毛泽东与后进来的四个孩子昊苏、丹淮、小鲁和姗姗一一握手，询问了各人的工作单位和情况，最后深情勉励："要努力奋斗哟！陈毅为中国革命、世界革命作出贡献，立了大功劳的，这已经作了结论了嘛！"

孩子们离开后，西哈努克亲王和莫尼克公主赶到了。毛泽东开始与西哈努克亲王谈话。张茜坐在他的旁边。陆续来到的几位老帅和中央其他领导人倾听着毛泽东的谈话。

毛泽东对西哈努克亲王说："今天向你通报一件事，我们那位'亲密战友'林彪，去年9月13日，坐一架飞机要跑到苏联去，但在温都尔汗摔死了。"

"林彪是反对我的，陈毅是支持我的。"

西哈努克亲王面部紧张地望着毛泽东。林彪出逃，中国还未向国外公开发布消息，西哈努克亲王是毛泽东亲自告知林彪摔死消息的第一个外国人。

"我就一个'亲密战友'还要暗害我，阴谋暴露后，他自己叛逃摔死了。难道你们在座的不是我的亲密战友吗？"

毛泽东停了一会儿，又接着说："陈毅同志是一个反对帝国主义的英勇战士，在长期革命斗争中，是一个忠诚的爱国主义者，是给中国人民立了功的。他是我们党的一个好党员、好同志。他能团结人。他跟我吵过架，但我们在几十年的相处中，一直合得很好。"

西哈努克亲王频频点头。

毛泽东看着西哈努克亲王坦率地说："我们家里有时也发生吵架，吵架是难免的。你们家里不也是常吵架吗？但你们推翻朗诺反动集团是团结一致的。……"

毛泽东移动一下身体，面向在座的中央领导人说："林彪是要打倒你们老帅的，我们的老师他一个也不要。你们不要再讲他们'二月逆流'了，'二月逆流'是什么性质？是陈老总他们对付林彪、陈伯达、'王、关、戚'的。都是政治局委员在一起议论一下有什么不可以，又是公开的。当时你们（指在座的叶剑英、徐向前、聂荣臻）为什么不找我谈谈呢？"

在毛泽东与西哈努克亲王继续交谈时，叶剑英轻轻走到周恩来身旁，递过去几页稿纸，周恩来接到手中，不解地抬头望望叶剑英，叶剑英拱手再三，未语而退。这样，致悼词者便由叶剑英换成了周恩来。

在毛泽东谈话即将结束时，张茜真诚地请求说："主席，您坐一下就回去吧！"

毛泽东微微摇头，说："不，我也要参加追悼会，给我一个黑纱。"

张茜忍着泪连连摆手："那怎么敢当呢！"

毛泽东说："你们把它套在我大衣的袖子上。我今天是穿着白色衣服，为陈毅同志致哀。"

张茜搀扶着毛泽东走进会场。毛泽东已经穿上那件银灰色的夹大衣，衣袖上缠着一道宽宽的黑纱。

会场内没有奏哀乐的军乐队，只有一架破旧的留声机。恐怕已是年久失修、唱针磨秃或唱片受损，放出的哀乐还夹杂着小刀刮玻璃似的"吱、吱"声，一遍未完，戛然而止。这一切像钢刀刺痛着礼堂内100多位党和国家、政府部门领导人（当然除去鼓着金鱼眼表情淡漠的张春桥与始终不脱帽、昂着脖子的江青）和礼堂外越聚越多的悼念群众。

周恩来站在陈毅遗像前致悼词。他读得缓慢、沉重，不足600字的悼词，他曾两次哽咽失语，几乎读不下去。这样的感情失控，出现在素有超人毅力和克制力的周恩来身上，实属罕见，陡然增添了会场里的悲痛气氛，硬压在心底的呜咽声、抽泣声顿时响成一片。

在鲜红党旗覆盖下的陈毅骨灰盒前，毛泽东深深地三鞠躬。会场里呜咽之声再次形成高潮，是为陈毅，也是为"文化大革命"以来蒙受屈辱的一切同志。一个强烈的共同感慨在人们心头共鸣：毛泽东主席没有忘掉老干部，颠倒了的黑白还有希望澄清。直声满天下的陈毅元帅，您九泉之下可以安息了。

毛泽东握着张茜的手，久久没有松开。张茜搀扶着毛泽东，一直送到汽车前。望着毛泽东主席的"大红旗"驶出院门，强压在心头的痛苦和激奋的感情猛然迸发出来，张茜紧紧抱着陈毅的骨灰盒，放声痛哭，频频呼唤。她多么盼望用自己的哭声，用自己的体温，将刚才发生的一切都告诉陈毅；她多么希望用心灵的呼唤，驱散陈毅直至去世仍凝聚在眉宇间的悲愤和忧虑；她多么希望再听一次陈毅豪爽开朗的笑声！[2]

第二天，北京各大报在头版头条报道了毛泽东出席陈毅同志追悼会的消息，还刊登了毛泽东臂缠黑纱，在陈毅同志遗像前，同张茜亲切握手的照片。拍摄这幅照片的摄影师杜修贤回忆说：

1月8日，毛泽东签发了陈毅的悼词。

身为国务院副总理的追悼会只是军队元老一级的规格。

我们这些曾在陈老总身边工作过的人一听，谁不为可敬的老帅这种不公道的盖棺而难过？可这是毛泽东签发的，谁又能改变呢？

元老一级的追悼会，照片一般不会上报纸的头版头条，毛泽东又不去，自然就没我的拍摄任务。可是不去参加陈毅的追悼会我是不会心安的。我将10日的工作安排了一下，上午冒着严寒驱车到八宝山殡仪馆。

我一走进追悼大厅，心似揪着般地疼痛……因为规格问题，陈毅的遗像也缩小了一圈。遗像两旁排了十几个花圈，大厅的后面燃着两个烤火炉，整个大厅显得空空落落凄凄凉凉。我一看，这样简单清冷的追悼会，拍摄方面几乎没有什么要准备的。

追悼会安排在下午3点开始。

吃过午饭，我在休息室里围着火炉打个盹。蒙眬间，耳边有人叫："快快……快，毛主席要来参加追悼会……"我还以为是梦呓，没有理会又迷糊起来。

一阵杂乱的脚步声搅得我心烦意乱，挤开眼睛问："你们干什么？吵死人了。"

"总理来了。"

我一看表，才2点，这么早！

我赶快起身，到殡仪馆的门口。总理已经站在台阶上正指挥人去找电炉，看见我，高声叫道："老杜，你也来了？正好正好。"

什么正好？我一点摸不着头脑。看着总理调兵遣将忙得不亦乐乎，我又插不上嘴问。过了一会儿见到了总理的卫士长，我一把拉住他："哎，老张，总理今天怎么这么早就来了？"

"啊呀！你不知道？"

我知道什么？

"主席要来参加陈老总的追悼会。"卫士长一字一顿告诉我。谁？主席！我一惊，真的吗？真叫人意外。

"主席说是不来的吗，怎么又来了？"我刨根问底。

"中午1点，总理服了点安眠药才睡下。老总死后，总理几天没有好好睡觉了，我们都瞅着心痛，又没有办法。总理心里有事，连午饭也没吃，就一个人在院里踱步，我们见离追悼会还有一个多小时，就劝他休息一会儿。没想到……哎，人家夜长梦多，这可好，夜短也梦多，总理这才刚刚睡下，电话铃响了，我一接，你知是哪儿？'游泳池'的，我的妈呀，主席要去参加追悼会，而且已经起床了，正调车往八宝山去呢。这还了得，我忙去叫醒总理。总理这时药性刚刚上来，你说这时让人立即醒过来该有多难受。总理迷迷蒙蒙听我说完，二话没说，'呼'地从床上跳起来，穿着睡衣赶向电话机，叫中央办公厅立即通知在京的政治局委员和候补委员参加陈毅的追悼会，并且通知西哈努克亲王可以参加追悼会，又请宋庆龄参加追悼会……我在一边呆了，安眠药的作用力还没有过去，总理却以他惊人的毅力迅速地摆脱了困倦，不过几分钟的时间，总理就把一切都料理好了，就像这突如其来的事情早在他预料中似的，反应异常敏捷。你瞧……"

原来如此。我折身回到大厅，刚才还空空荡荡的大厅里，像从天上掉下来许多人，架灯的，安电炉的，整理花圈的……我也赶快检查了一遍照相机。

没想到我这次竟"歪打正着"，派上用场。

十几只电炉在休息室里发出通红的电光，热气弥漫，整个房子变得暖洋洋的。

总理来时，八宝山通往殡仪馆的路上还阒无一人。转眼，警卫人员已立柱般地守在路的两旁……刚把安全工作布置好，毛泽东的"吉斯"车就驶进了人们的视线里……

主席的车一停，我连忙举起相机，我的天！主席这是穿的什么呀？

灰色的呢大衣下面……露着一大截睡衣下摆，再下面是灯笼似的绒裤，脚上一双"老头鞋"。

怎么回事？主席怎么这身打扮？我想问问他的秘书，可没找到。

这时毛泽东已被大家簇拥着来到燃着电炉的休息室里，他的悲切和疲倦显而易见地印在他明显苍老、憔悴的脸上。我们知道主席才大病初愈，身体还很虚弱，他能来参加追悼会已是一件很不容易的事了，所以大家也没过多地惊讶他穿睡衣。

后来我才知道穿睡衣出门的不仅仅是毛泽东一人，周恩来也是穿着睡衣坐进"大红旗"里的，所不同的是，毛泽东将睡衣穿进了追悼会的会场，而周恩来在汽车里换下了睡衣。

"总理打完电话，也忘了身上还穿着睡衣，就匆匆往外走。我们几个卫士七手八脚抱着总理的衣服，提着鞋，叫总理，总理却说，上车穿！上车时我们还绞了把热毛巾，好给总理擦把脸，或许头脑会舒服些。坐在车里，总理也不忙换衣服，一个劲地叫司机快快……车子跑得都快飞起来了。车厢里小，人窝着换衣服，真不得劲！把总理折腾得够呛，我们也忙了一头汗。"

张茜的脸色憔悴、苍白，见到毛泽东时令人心碎地惨然一笑，多时的委屈化成苦涩的泪花在眼眶里盘旋，呜咽暗哑："主席，您怎么来了？"

"我也来悼念陈毅同志嘛，陈毅是个好同志。"

宽慰和喜悦如温暖的春风从每个人心头吹过，张茜激动地挽住毛泽东的胳膊，这肺腑之言虽然姗姗来迟，可它毕竟来了！

我这时按下快门，留下了这个独特的瞬间。

有人进来说，西哈努克亲王和夫人来了。主席稍稍地一怔，立刻转身朝门外望。西哈努克亲王久久地握着张茜的手，竟怆然泪下……问站在一边的总理为什么这么晚才通知他，下午就是陈毅老朋友的追悼会，而他才接到通知！总理笑笑，向他作了解释。

西哈努克和陈毅相识了10多年，交往颇多，对陈毅的感情很深。陈毅去世后，他几次向周恩来提出要亲自来八宝山，参加追悼会。总理没法答复他，当时连中央政治局委员都不参加，怎能同意一个外国人参加呢？

毛泽东一出现，情况立刻发生了戏剧性的转变，令总理为难棘手的问题也就迎刃而解了。原来不能来参加追悼会的老战友、老同事和老部下这时纷纷从各自的部门，赶到殡仪馆，悼念他们可敬可亲、可歌可泣的陈毅老帅。

"老总，您可以安然瞑目了！"我望着会场里一张张陈毅所熟悉的脸庞，心里说。

毛泽东和西哈努克在休息室里交谈了一会儿。因我要照相，不太注意他们谈话的内容，无意间见翻译用惊讶的表情看着毛泽东，毛泽东点点头，示意翻译按原话翻译。翻译将话译完，西哈努克神情挺怪，眼睛瞪得大大的，紧张地望着毛泽东。我只听见片言只语："林彪……跑苏联……摔死了……反对我……陈毅是个好同志，他是支持我的。"

只有最后一句我听清了，的的确确，这是主席对陈毅一生最公道、最正确的评价！

林彪摔死的消息，还从没有向国外报道过。西哈努克是第一个知道这消息的外国人，也是唯一参加陈毅追悼会的外国人。

后来又听见他们谈论"二月逆流"，好像主席不同意这样讲"二月逆流"，口气挺气愤的，手不停地舞来舞去……

哀乐悲伤沉哀的旋律，在八宝山回荡。人们深深地沉浸在巨大的悲痛之中。

毛泽东向工作人员要了一个黑纱佩戴上，这时我注意到他移动双脚时，步子显得很沉沓、吃力。隆出鞋面的脚背鼓亮鼓亮的，可能是浮肿。

他肃穆地站立在陈毅遗像前，视线就再没移开过，他心里想着什么，谁也无法知晓。

周恩来站在原来是叶剑英致悼词的位子上，素来克制力很强的总理，念几百字的悼词竟哽咽停顿了好几次……

抽泣声在100多人中间蔓延……流动……

毛泽东不太明显的喉结在颈部明显地滚动着……

照片冲洗出来后，我用4张不同方位的照片拼接了一张全景。毛泽东的睡衣怎么办？想来想去只好从大衣下摆处裁去，这样就看不出毛泽东穿睡衣的痕迹了。

第二天，陈毅追悼会的照片和消息发在全国各大报上。反响非同寻常，毛泽东的一席话无疑是给受"二月逆流"冤屈的老干部们带来了希望。

这是毛泽东最后一次参加追悼会。[3]

"组阁"风波

林彪事件后，毛泽东支持周恩来主持中央日常工作，使各方面工作出现转机，一批领导干部重新走上工作岗位。在1973年8月召开的中共十大上，邓小平、王稼祥、乌兰夫、李井泉、谭震林、廖承志等被排斥在第九届中央委员会之外的老干部，重新当选中央委员。与此同时，中共十大继续坚持"文化大革命"的错误理论和实践，江青集团的骨干分子更多地进入中央委员会。

就在同江青集团斗争的关键时刻，周恩来积劳成疾，身染重病。江青、张春桥等人借机发难，在1974年1月掀起所谓"批林批孔"运动，锋芒指向周恩来等老一辈革命家，企图搞乱全国，在四届全国人大上取得"组阁"的权力。

毛泽东支持"批林批孔"运动，但也不愿重新出现社会大动乱。他对江青等人利用"批林批孔"另搞一套的图谋有所察觉，多次提出批评。1974年7月17日，毛泽东在政治局会议上批评江青，要她"不要设两个工厂，一个叫钢铁工厂，一个叫帽子工厂，动不动就给人戴大帽子"。他还当众宣布："她并不代表我，她代表她自己。"他警告江青、张春桥、姚文元、王洪文说："你们要注意呢，不要搞成四人小宗派呢！"

毛泽东的严肃批评，使江青集团不能不有所顾忌。但是，他们并不甘心，而是在伺探时机。

王年一在《大动乱的年代》一书中写道：

1974年10月4日，毛泽东提议邓小平任国务院第一副总理。10月11日，中共中央发出通知，决定在最近期间召开第四届全国人民代表大会。通知传达了毛泽东的意见："无产阶级文化大革命，已经8年。现在，以安定为好。全党全军要团结。"四届人大召开在即，在酝酿国家机构的人事安排期间，江青等人加紧了活动。江青妄图由她来"组阁"，她主演了一出闹剧。

江青一伙还是用老办法：先制造舆论。《红旗》杂志1974年第10期发表了姚文元策划和修改定稿的《研究儒法斗争的历史经验》。从6月5日姚文元布置写这篇文章，到10月1日刊出，历时近4个月。红旗编辑部贯彻姚文元的意图，说文章的主题应放在"研究儒法斗争对无产阶级革命和专政的意义"上，文章的目的是"为了现实的阶级斗争"，所以要"针对当前的主要问题来写"，要着重写"复辟反复辟"的"经验教训"。姚文元8月5日说："索性改为儒法斗争对今天的意义"。文章借研究秦汉儒法斗争历史经验之名，借古喻今。文章说："新兴地主阶级能不能保持政权，关键在于能不能保证继续执行法家路线。"又说，"秦始皇陶醉于'黔首安宁，不用兵草'这种太平景象的时候，奴隶主复辟势力的代表人物赵高已经披着法家的外衣钻进了秦王朝的心脏，对地主阶级政权进行'挖心战'。秦始皇一死，赵高立即发动沙丘反革命政变，用一条'收举余民，贱者贵之，贫者富之，远者近之'的儒家路线代替了秦始皇的法家路线，对地主阶级的政治代表实行血腥的阶级报复。"文章说"西汉王朝的前期和中期之所以能在反复辟斗争中取得胜利"，就是因为汉高祖死后"法家路线却历经吕后、文、景、武、昭、宣六代基本上得到了坚持"。"由于在中央有了这样一个比较连贯的法家领导集团，才保证了法家路线得到坚持。"而"清君侧"的策略就是要通过"搞垮中央的法家领导集团"改变法家路线。文章进而点明本意："在无产阶级专政条件下，那些钻进党内的资产阶级代表人物，也往往采取这种'清君侧'的反革命策略"，"打击坚持毛主席正确路线的革命力量"。他们的用意，跃然纸上：一为影射攻击周恩来、邓小平等是钻进党内的赵高、刘濞；一为标榜他们是坚持毛主席革命路线的"中央法家领导集团"，要让法家人物"在中央主持工作"。在这以后，上海市和"两校"等写作班子发表的多篇文章，为所谓"中央法家领导集团"鼓吹。这些文章，既是给老百姓看的，更是给毛泽东看的。他们向毛泽东进言：只有让"中央法家领导集团"主政，才能够坚持毛主席的革命路线。毛泽东心中有数，知道江青"积怨甚多"，对此并不理睬。

1974年10月12日，《文汇报》和《解放日报》在头版发表评论员文章，借国产万吨轮"风庆"号远航归来为题，影射攻击周恩来和中央有关领导同志。

……

不仅如此，江青一伙还在中央政治局挑起事端。6月1日，周恩来因病住院以后，江青、张春桥、姚文元、王洪文在中央政治局有预谋地对邓小平进行了多次挑衅。10月4日，毛泽东提议邓小平任国务院第一副总理，实际上主持国务院的工作，"四人帮"更加紧了对邓小平的攻击。10月17日晚，"四人帮"在中央政治局会议上，有预谋地提出所谓"风庆轮"事件"崇洋媚外"问题，要邓小平立即表态，对邓小平发动突然袭击。江青挑衅性地问邓小平："你对这个问题是什么态度？"邓小平严正地回击江青："我要调查。"江青等人大吵大闹。邓小平说："政治局讨论问题要平等�`，不能用这样态度待人。"江青等4人一拥而上说："早就知道你要跳出来，今天你果然跳出来了。"邓小平蔑视他们，离开了会场。

　　江青、张春桥、姚文元、王洪文当晚在北京钓鱼台紧急策划，进行阴谋活动。18日，派王洪文到长沙向毛泽东汇报。王洪文完全按江青等人的意图，诬陷周恩来、邓小平，偏袒江青，目的是阻止邓小平出任第一副总理。王洪文汇报说："北京现在大有庐山会议的味道。""在政治局会议上，为了这件事，江青同邓小平同志发生了争吵，吵得很厉害。""邓有那样大的情绪，是与最近在酝酿总参谋长人选一事有关。"他还说："总理现在虽然有病，住在医院，还忙着找人谈话到深夜。几乎每天都有人去。经常去总理那里的有小平、剑英、先念等同志。""他们这些人在这时来往得这样频繁和四届人大的人事安排有关。"他还吹捧江青、张春桥、姚文元，妄图由他们"组阁"。毛泽东当即告诫他："你回去多找总理和剑英同志谈，不要跟江青搞在一起，你要注意她。"

　　同日，江青把王海容和唐闻生找去，嘱她们报告毛泽东：在10月17日晚上，政治局讨论"风庆轮"问题的会议上，邓小平和江青发生争吵，事后扬长而去，使得政治局的会议开不下去了。她还诬陷说，国务院的领导同志经常借谈工作搞串联，总理在医院也很忙，并不全是在养病。小平和总理、叶帅都是在一起的，总理是后台。当晚，江青、张春桥、姚文元又把唐闻生、王海容找去，张春桥说，国内财政收支和对外贸易中出现的逆差，是国务院领导同志"崇洋媚外"所造成的。他还把邓小平在"风庆轮"问题上的抵制比作"二月逆流"。10月19日，唐闻生、王海容到医院将谈话情况向周恩来作了汇报，周恩来说，他已知道政治局会议的问题，经过他的了解，事情并不像江青等人所说的那样，而是他们4个人事先就计划好要整邓小平，他们已多次这样搞过邓小平，邓小平已忍了他们很久。10月20日，毛泽东指示唐闻生、王海容回北京转告周恩来和王洪文：总理还是总理，四届人大的筹备工作和人事安排问题要总理和王洪文一起管。建议邓小平任党的副主席、第一副总理、军委副主席兼总参谋长。毛泽东还指示唐闻生、王海容转告王洪文、张春桥、姚文元，叫他们不要跟在江青后面批东西。

11月12日，江青写信给毛泽东，提出，谢静宜任全国人大副委员长，迟群当教育部长，乔冠华当副总理，毛远新、迟群、谢静宜、金祖敏列席政治局，作为"接班人"来培养。江青在这里野心毕露，要由她"组阁"。当天，毛泽东在信上批示："不要多露面，不要批文件；不要由你组阁（当后台老板），你积怨甚多，要团结多数。至嘱。人贵有自知之明。又及。"11月19日，江青又向毛泽东写信，说："一些咄咄怪事，触目惊心，使我悚然惊悟。""自九大以后，我基本上是闲人，没有分配我什么工作，目前更甚。"这是一封伸手要官的信。11月20日，毛泽东再次批评她："你的职务就是研究国内外动态，这已经是大任务。此事我对你说了多次，不要说没有工作。此嘱。"江青不听劝诫，又托人向毛泽东提出要王洪文当全国人大副委员长。毛泽东立即尖锐指出："江青有野心。她是想叫王洪文做委员长，她自己做党的主席。"

……

在毛泽东的支持下，周恩来带病主持国家人事安排工作。12月23日，周恩来、王洪文到长沙向毛泽东汇报，23日、24日、25日和27日，毛泽东同他们作了四次谈话。毛泽东再次告诫王洪文："不要搞四人帮，团结起来4个人搞在一起不好！"说他们"在批林批孔运动中立了功，但不要搞宗派，搞宗派要摔跤的"。毛泽东批评江青说："江青有野心，你们看有没有？我看是有。"又说，对江青"当然要一分为二，她在批刘批林问题上是对的，说总理的错误是第十一次路线错误就不对了"。又说："批林批孔，批走后门，成了三个主题，搞乱了。搞乱了，也不告诉我。""说批林批孔是第二次文化大革命是不对的。"毛泽东再次提出："我看小平做个军委副主席、第一副总理兼总参谋长。"并对邓小平高度评价："人才难得""政治思想强"。"政治比他（指王洪文）强，他没有邓小平强。"毛泽东还说："你们留在这里谈谈，告诉小平在京主持工作。"毛泽东还提名陈锡联为副总理，说张春桥有才干。1974年12月末至1975年初，周恩来在政治局常委会上传达了毛泽东的上述谈话要点。在当时党和国家政治生活极不正常的情况下，毛泽东对"四人帮"的批评和对周恩来、邓小平的工作的支持，对于挫败"四人帮"的"组阁"阴谋，保证四届人大的召开，起了十分重要的作用。江青的"组阁"未成，把政治局的许多委员都骂了。毛泽东批示："她看得起的没有几个，只有一个，她自己。""将来她要跟所有的人闹翻，现在人家是敷衍她。""我死了以后，她会闹事。"

1975年1月5日，中共中央发出第一号文件，任命邓小平为中共中央军委副主席兼中国人民解放军总参谋长，任命张春桥为中国人民解放军总政治部主任。1月8日至10日，党的十届二中全会在北京召开，周恩来主持。会议讨论了第四届全国人民代表大会的准备工作，决定将《中华人民共和国宪法修改草案》《关于修改宪法的报告》《政府工作报告》和全国人民代表大会常务委员会、国务院成员的候选人名单，提请全国人民代表大会讨论。会议选举邓小平为中共中央副主席、中央政治局常务委员；批准李德生关于免除他所担任的中共中央副主席、中央政治局常委的请求。会议期间，毛泽东再一次提出，还是安定团结为好，还说"要把国民经济搞上去"。10日深夜，江青到北京卫戍区某部一个连队"看望"指战员。在谈话中，她歌颂吕后，吟哦唐人李商隐的诗："宣室求贤访逐臣，贾生才调更无伦。可怜夜半虚前席，不问苍生问鬼神。"用以发泄她对中央人事安排的不满。

1月13日至18日，全国人民代表大会第四届第一次会议在北京举行。出席大会的代表2864人。大会议程是：（一）修改宪法；（二）审议《政府工作报告》；（三）选举和任命国家领导工作人员。朱德主持了大会，张春桥代表中共中央作《关于修改宪法的报告》，周恩来代表国务院作《政府工作报告》。周恩来在报告中重申了1965年初三届人大提出的"在本世纪内，全面实现农业、工业、国防和科学技术的现代化，使我国国民经济走在世界前列"的宏伟目标，重申了党和毛泽东关于以农业为基础、工业为主导等一系列经济建设的方针。大会通过了宪法，批准了《政府工作报告》。选举朱德继续担任全国人民代表大会常务委员会委员长，选举董必武、宋庆龄、康生、刘伯承、吴德、韦国清、赛福鼎、郭沫若、徐向前、聂荣臻、陈云、谭震林、李井泉、张鼎丞、蔡畅、乌兰夫、阿沛·阿旺晋美、周建人、许德珩、胡厥文、李素文、姚连蔚为副委员长，任命周恩来继续担任国务院总理，任命邓小平、张春桥、李先念、陈锡联、纪登奎、华国锋、陈永贵、吴桂贤、王震、余秋里、谷牧、孙健为国务院副总理。四届人大的召开，是党和毛泽东在"文化大革命"8年动乱之后，为了稳定政治局势，使国家的政治生活逐步转上正常轨道所作的一次努力。大会确定了以周恩来、邓小平为核心的国务院领导机构，使江青等人的"组阁"阴谋终于未能得逞。[4]

支持邓小平工作

请邓小平重新主持中央日常工作，是毛泽东晚年作出的重要决定之一。

早在邓小平被打倒之后，毛泽东多次表示，邓小平与刘少奇是有区别的。在江青等人要开除邓小平党籍时，毛泽东再次保护了他。

1972年1月，毛泽东在陈毅同志追悼会上，对张茜等人表示，邓小平的问题属于人民内部矛盾。这些话通过一些渠道，很快传到正在江西下放的邓小平那里，给他以莫大的安慰。

同年8月14日，毛泽东在邓小平的来信上批示说："邓小平同志所犯错误是严重的。但应与刘少奇加以区别。"他一面坚持"文化大革命"的错误结论，同时对邓小平的历史功绩加以肯定。根据毛泽东的批示，1973年3月10日，中共中央发出文件，决定恢复邓小平党的组织生活和国务院副总理职务。

在周恩来重病住院后，毛泽东又进一步决定，把主持党政军日常工作的重任托付给邓小平。这对气焰正盛的江青集团，无疑是个打击。

范硕在《叶剑英在1976》一书中写道：

1973年4月，邓小平被解除"流放"，从江西回到北京。叶剑英便主动去看望邓小平，问寒问暖，并亲自给他安排医生、护士和司机，解决生活上的困难，为他创造良好的工作条件。然后他去毛泽东那里，建议说："小平同志回来了，我提一个要求，让他来参加和主持军委工作。"

这一年12月12日，毛泽东亲自主持召开中央政治局会议，他在会上提出了大军区司令员相互对调的建议。他说："我和剑英同志请邓小平同志参加军委，当委员。是不是当政治局委员，以后开二中全会报告追认。"接着他提议，讨论一个军事问题，即全国各个大军区司令员互相调动，并指着叶剑英说："你是赞成的，我赞成你的意见。我代表你讲话。"毛泽东还说，他找了周恩来，他也赞成。最后毛泽东向叶剑英说："你把大军区司令员、政治委员都找来吧，参加议军。"

12月15日，毛泽东又一次同政治局有关同志和几个大军区负责人谈话，他介绍邓小平时说："我们现在请了一位总参谋长。他呢，有些人怕他，但是办事比较果断。他一生大概也是三七开。你们的老上司，我请回来了，政治局请回来了，不是我一个人请回来的……"他还送给邓小平两句话："柔中寓刚，绵里藏针。外面和气一点，内部是钢铁公司。"

毛泽东的话音刚落，满室生辉，在座的老同志都为请回邓小平这位总参谋长欢欣鼓舞。

叶剑英听了更是十分高兴。他深深知道"得贤则昌，失贤则亡"。在张春桥等人觊觎总参谋长要职已久、迫不及待的关键时刻，这个任命的意义有多么重大！他到邓小平住处，同他商议军机大事，研究加强军队革命化、现代化建设的措施，并组织总部领导和机关人员向他汇报军委工作和部队的情况。

邓小平的复出并重任要职，对"四人帮"来说是个晴天霹雳，他们又怕又恨，阴谋再次打倒他。

......

叶剑英和邓小平一方面领导军队建设、指挥作战、巩固国防，另一方面坚持同"四人帮"进行各种形式的斗争。1974年，在一次中央政治局会议上，毛泽东批评江青不要开两个工厂，一个是钢铁工厂，一个是帽子工厂。江青当着众人的面，表示"不开"了，她故意把矛头引向邓小平，说："钢铁工厂送给小平同志吧！"众人没有搭理她。毛泽东继续批评江青一伙说："她算上海帮呢！你们要注意呢，不要搞成四人小宗派呢……"叶剑英听了，觉得毛泽东对江青一伙"上海帮"批得非常痛快。散会以后，他一再问邓小平听清楚了没有，一路上继续交谈对"上海帮"的看法。

......

1974年10月4日，毛泽东提议邓小平担任国务院第一副总理，实际上是要他在周恩来生病期间，由他来主持中央工作。这使"四人帮"更为不满，于是加紧攻击，要把他赶下台。他们躲在钓鱼台，经过密议，有计划有准备地在中央政治局对邓小平进行多次挑衅和攻击。最突出的是，无端制造所谓"风庆轮"事件，攻击国务院和交通部"崇洋媚外""搞卖国主义"。在政治局会议上，江青一伙以此为题，向邓小平发动突然袭击和围攻，逼他表态。邓小平义正词严，据理驳斥。江青、张春桥、王洪文等竟然辱骂他"又跳出来了"。邓小平愤然离开会场。在这场风波中，叶剑英完全站在邓小平一边，支持他同"四人帮"斗争。邓小平的实事求是态度、坚强的党性原则和大无畏的革命精神，使叶剑英敬佩不已。

1974年11月，在江青阴谋"组阁"失败之后，邓小平到长沙去看望在那里养病的毛泽东，汇报前一段工作。他还没有谈到江青一伙有意制造困难，毛泽东倒先点破了，说：

"你开了一个钢铁公司！"

邓小平坦率地说："我实在忍不住了，他们在政治局搞了七八次了。"

毛泽东说："我赞成你！他们强加于人，我也是不高兴的。"

"我主要是感觉政治局的生活不正常。最后我到江青同志那里去谈了一下。"邓小平风趣地说，"我这是钢铁公司对钢铁公司！"

毛泽东露出满意的表情，连声说："这个好。"

这次谈话结束时，邓小平表示，一定挑起重担，把工作做好。

叶剑英得知这次谈话内容，欣喜异常，他相信中国的事情会有转机，对前途充满了信心。

1975年，春回大地。1月5日，邓小平被正式任命为中共中央军委副主席兼中国人民解放军总参谋长，在党的十届二中全会上又被选为中共中央副主席、中央政治局常委。四届人大批准了周恩来所作的《政府工作报告》，选出了以朱德为委员长的全国人大常委组成人员，任命周恩来为总理、邓小平等为副总理的国务院组成人员，挫败了"四人帮"的组阁阴谋。会后，周恩来总理病重住院，在毛泽东的支持下，邓小平代总理主持中央的党政日常工作。叶剑英被任命为国防部长，继续主持中央军委日常工作。

邓小平受命于危难之时，根据毛泽东主席、周恩来总理的指示，在叶剑英等许多同志的支持和协助下，以非凡的革命胆略和雷厉风行的作风，坚决果断，克服巨大阻力，着手全面整顿，纠正"文化大革命"的错误，同"四人帮"进行了不屈不挠的斗争。

最使叶剑英敬佩的是邓小平敢于"捅马蜂窝"，大胆揭露批判江青。4月间，他就江青、张春桥、姚文元蓄意制造的以打击老干部为目的的所谓"反经验主义"问题，采取向毛泽东请教的方式，提出自己的看法。毛泽东同意邓小平的观点，认为"反经验主义"干扰了他倡导的学习理论运动，多次批评江青等人的错误。根据毛泽东的意图，邓小平继4月27日中央政治局开会批评江青等人"反经验主义"之后，又于5月27日和6月3日主持政治局会议，集中解决"四人帮"的问题。

5月27日，在人民大会堂东大厅举行的会议上，邓小平针对江青等人搞所谓"第十一次路线斗争""批林批孔又批走后门"和"反经验主义"等三件事，提出质问和批评。他说："主席提三个问题，钻出三件事。倒是要问一问，为什么？……你们批周总理、批叶帅，无限上纲，提到对马列的背叛，当面点了那么多人的名。来势相当猛。别的事不那么雷厉风行，这件事就那么雷厉风行！……"

江青玩弄故技，反唇相讥，诬蔑这是搞"围攻"和"突然袭击"。邓小平毫不退让，拍着桌子，据理相争，继续对江青等人进行严厉批评。

邓小平反复申明，这次会议是根据毛主席的批示和讲话精神召开的。要安定团结，要"三要三不要"（即"要搞马列主义，不要搞修正主义；要团结，不要分裂；要光明正大，不要搞阴谋诡计"），首先政治局的同志要做到。主席多次批评宗派主义、搞"四人帮"。他问我们讨论得怎么样，有没有结果，要我们好好讨论。邓小平针对"四人帮"攻击"4月27日会上的讲话过了头"，是"突然袭击、围攻"等，激动地说："我看，连百分之四十也没有讲到。有没有百分之二十，也难讲。谈不上突然袭击，过头了……"

李先念发言说："我认为4月27日会议没有过分，没有越轨！主席谈到'四人帮'不要搞，但有人还要搞。"

6月3日继续开会。一开始就冷场，长时间地沉默。叶剑英打破僵局，作了长篇发言。

他说，政治局讨论主席的批示和指示，是非常正确的，"三要三不要"。接着他谈了三点体会：

第一点，要学马列。他说，3月1日出现"反经验主义"。全国报纸跟着来了，用"反经"代替"反修"。主席提出批评，不要只提一个（经验主义），放过另一个（教条主义）。我党真懂马列的不多，有些人自以为懂了，其实不大懂，自以为是，动不动就训人，这也是不懂马列的一种表现。主席批评得很尖锐。这个问题很重要，马列弄通可是难。一定要学习。非常必要。不学好就没有武器。今后中央要带头学。

第二点，要团结，不要分裂。他严厉批评，借口所谓"对付林彪"搞小宗派，而大搞"四人帮"。他说，团结的方法：一手是批评，一手是团结。过去一个时期不正常。如果保持非法的小组织存在，搞"四人帮"，就有害团结，分裂党。

第三点，要请示报告，严守纪律。他指名道姓地说，几乎重大的问题都不请示。主席、小平同志的批评是完全对的。你们搞所谓"11次路线斗争"，事先未请示；"批走后门"，也是事先未请示；"批经验主义"，又是不请示，要主席来纠正。要正确对待个人和组织的关系问题，严守纪律。以后凡是重大问题，都要提交政治局讨论。过去的错误，要引起严重注意。为什么不请示？使主席有感觉？事先不请示，事后来纠正。不要干扰主席，这是最大的干扰。他最后激动地说："什么是背叛马列主义？搞得村村点火，处处冒烟！"

在叶剑英发言之后，王洪文被迫假惺惺地检讨说："一年多来，总理生病，我主持工作，政治局发生的问题，主要由我来负责。"他还摆出貌似公允的姿态，谈到1974年11月，江青、张春桥等与邓小平发生争论时，只听江、张意见，没听小平的意见，有片面性。表面上他接受批评，但对会上提出的"形势一塌糊涂"和"11次路线斗争"仍有保留，说："决不能因为批评江青，而否定11月会议，会议大方向没有错。"这实际上继续对抗批评。不过，经过这次会议，王洪文主持中央日常工作的空名也由此结束了。

最后，江青在强大的批评压力下，摆出"弱者"的姿态，承认自己在4月27日的会议上，"自我批评不够，又有新的不恰当的地方"。"还要加深认识。"她强调客观说："上次会，有体会。我得消化一下。还得看一点东西。再作进一步检讨。"可是，事后她到处造谣说，邓小平开会斗了她几个月。

这次会议之后，毛泽东听说批了江青，对人说："好呀！这个会开得好呀！就是要斗她一斗，她是从来不接受批评的。"

不久，邓小平向毛泽东汇报政治局开会批评"四人帮"的情况。

毛泽东点点头说："我看有成绩。把问题摆开了。"

邓小平说："最后他们否认有'四人帮'。"

毛泽东说："他们过去有功劳，现在就不行了，反总理、反邓小平、反叶帅……在政治局，风向快要转了。"他鼓励邓小平说，"没有大问题。你要把工作干起来。"

邓小平坚定地表态："这方面我还有决心就是了。反对的人总有，一定会有。"

毛泽东笑笑说："那好，木秀于林，风必摧之。"

邓小平感到担子很重，说："工作开始时，主席给我这个工作岗位，我说主席是把我放在刀尖上了。"

毛泽东再次说："这是叶帅提议的，我赞成的。"

这就是邓小平复出以后，在毛泽东支持下，主持政治局批评"四人帮"的大致情形，这也是"文化大革命"以来，中央政治局第一次与"四人帮"交锋，敢于在"太岁"头上动土。江青、王洪文等慑于毛泽东和政治局的压力，被迫采取"以守为攻"的战略，交出书面"检讨"。〔5〕

最后的抉择

毛泽东在其晚年陷入了复杂的矛盾之中。他深信邓小平的能力和魄力，真心支持他主持中央日常工作，却又不能容忍邓小平系统地纠正"文化大革命"的错误。对"文化大革命"，毛泽东多次表示要"三七开"，并且承认"全面内战"和"打倒一切"是两个最大的失误。但他始终认为"文化大革命"的理论和实践都是正确的，把它视为自己一生干的两件大事之一。他对江青集团夺取党和国家最高权力的野心有所警觉，始终不让他们的图谋得逞，但在一些时候又不能不倚重他们。这使他陷入两难的困境之中。

1975年底，毛泽东又面临他一生中最后的一次抉择。他终于下了最后的决心，发动所谓"批邓、反击右倾翻案风"，使全国再度陷入混乱之中。

范硕在《叶剑英在1976》一书中写道：

"四人帮"从1975年下半年起，就酝酿继"反经验主义"之后，利用"评《水浒》"攻击周恩来和邓小平。8月，姚文元抓住毛泽东同北大中文系教师芦获谈论《水浒》一事大做文章，给毛泽东写信提议，"充分发挥这部（反面教材）的作用"，于是经过毛泽东批准，在全国范围内又开展了轰轰烈烈地"评《水浒》"的运动。其主题就是批判"架空晁盖"（暗喻毛泽东），批否定"文化大革命"的"投降派"。甚至用身材黑矮的"孝义黑三郎"（宋江）的漫画来影射邓小平。江青一改受到政治局批评后"意志消沉"的姿态，立即猖狂反扑。这个1973年还曾吹捧宋江的"旗手"，钻到文艺界，蹿到大寨，召集100余人谈话，借评《水浒》为自己挨批搞反攻倒算，造谣说："最近，有那么一些人，把主席批评我的一封信，江某人向政治局传达的，政治局没有讨论，给传出去了。""我这个人天天挨骂，修正主义骂我，共产党员还怕骂吗？"江青竟要求在全国农业学大寨的大会上放她的讲话录音，印发她的讲话稿。后来，反映到中央，毛泽东严厉批道："放屁，文不对题。""稿子不要发，录音不要放，讲话不要印。"

阴谋家的可爱之处，就在于变着花样玩弄阴谋。"四人帮"看到自己在毛泽东那里连连挨批，日渐"失宠"，又利用毛泽东的侄儿毛远新告"御状"，向"伟大领袖"吹阴风。

……

对于毛远新进中南海并在毛泽东身边工作，当时许多政治局委员不以为然。这种党内生活的不正常状况是从来没有过的。叶剑英虽然反感，但无力去制止。正如他后来所说，毛主席病重以后，除了"四人帮"之外，又来了一个所谓"联络员"毛远新。政治局的情况由他上传，毛主席的指示由他下达。当时政治局的同志为照顾大局，为了毛主席的健康，对这种不正常的情况一直采取克制的态度。

11月，北京已进入冬季，冻手冻脚。中南海游泳池旁的毛泽东卧室内，已经生起暖气，但是年迈多病的室主人仍然感到身体不适，不能出外活动。

11月2日上午10时，毛泽东醒来，听到室外风声阵阵，轻轻移动身子，干咳数声。

在这里扶持他的有女秘书和医护、服务人员。但亲人之中除毛远新外，再没有别人。儿子、女儿和儿媳、孙儿都在很远的地方，只有经过"批准"，才能来探视。那个久已分居的夫人，早已在钓鱼台独享清福，即使回中南海，也有她单独的住处，而且也是不经"批准"，不为要钱和找别扭，绝不前来的。

"外面很冷吗？……又是狂风大作？……"

声音很小、很慢，且含混不清。毛远新听惯了，也听懂了，但他不想在自然气候上谈论太多，而是想遵照江青"妈妈"早已吩咐过数次的话题，谈谈政治气候。

"主席，今天外面的风不大，但令人感到有另外一股风。"

"什么风啊？"

毛泽东虽然听力下降，但那惯于思考的头脑依然很清醒，很敏感。他立刻嗅到这可能是一种新的政治动向。

"这股风，我在省里工作时就感觉到了，主要是否定文化大革命。"

毛泽东一听是"文化大革命"，立刻警觉起来。这是他一生中所作的两件大事的最后一件，而且是他晚年的"得意之作"。虽然他已觉察有些问题，但毕竟功大于过，不失为惊天动地"史无前例"的"反修防修"的成功之举。即使有错，也要由他自己来承认，不许别人指责，更不许别人纠正！他挪动了一下身躯，半卧半坐，让毛远新细说下去，认真倾听起来。

"联络员"难得这样的机会，于是将准备已久的"状纸"，逐条地和盘托出：

"第一，对文化大革命怎样看？主流、支流，十个指头，三七开还是倒三七，肯定还是否定？

"第二，对批林批孔运动怎么看？主流、支流，似乎迟群、小谢讲了走后门的错话干扰，就不讲批林批孔的成绩了。口头上也说两句，但阴暗面讲得一大堆。

"第三，对刘少奇、林彪的路线还需不需要继续批，刘少奇的路线似乎也不大提了。

"工业现代化主要强调加强企业管理，规章制度，但工交战线主要矛盾是什么？

"农业、财贸战线也有类似问题，教育革命主流、成绩是什么？……文艺革命主流、支流等，总之，文化大革命中批判了刘少奇、林彪的路线，批判了17年各条战线的修正主义路线还应不应该坚持下去？"

毛泽东听到这里，已经感到问题严重，但他多年养成分析问题的习惯，还想了解风势的来头、规模有多大。

"这股风刮得厉害吗？"

"这股风似乎比1972年批极左还凶些。"

毛泽东自然清楚1972年这股风指的是周恩来。他听说比那次还凶，就习惯地紧蹙眉头，双目贯注，让毛远新继续说下去。

"我很注意小平同志的讲话，"毛远新压低声音，神情紧张地说出了关键的话，"我感到一个问题，他很少讲文化大革命的成绩，很少提刘少奇的修正主义路线。"

"主席讲的三项指示，"毛远新停一停说，"其实只剩下一项指示，即生产上去了。"最后他说出了自己的忧虑，"外面担心中央，怕出反复。"

毛泽东的心跳加速，脸发涨，开始喘粗气。

……

毛泽东自言自语地说："有两种态度，一个呢，是对文化大革命不满意；另一个呢，是要算账，算文化大革命的账。究竟是哪一种呢？"他还要看一看。

毛泽东命令式地对毛远新说：

"你找邓小平、汪东兴、陈锡联谈一下，就说是我让你找他们。当面讲，不要吞吞吐吐，开门见山，把意见全讲出来！"谈完之后，他又考虑了一下，说，"这样吧，你先找小平、锡联、东兴几个开个小会吧，把你的意见全讲出来，讲完了再来。"

"联络员"奉"最新"指示，立即办理。

不料，在当晚的会议上，邓小平仍然坚持自己的观点，并不认错。

毛远新开过会，又向毛泽东作了加油添醋的汇报。

过了两天，11月4日晚，毛泽东又找毛远新去，布置中央政治局开会。

毛泽东定了调子："对文化大革命，总的看法：基本正确，有所不足，现在要研究的是在所不足方面，看法不见得一致……"

毛远新领会了意图，核对式地请示："这次会议争取在对文化大革命这个问题上能初步统一认识，对团结有利。目的是通过讨论，团结起来，搞好工作。是这样吧？"

毛泽东点头："对。"然后特意嘱咐说："这个不要告诉江青，什么也不讲。"

毛远新却火速将毛泽东的"最新指示"透露给江青一伙。"四人帮"就好像掉在深潭里的人抓住了稻草，庆幸自己从政治危机中再次得救。于是，在钓鱼台连夜开会，商议怎样在邓小平身上再"踏上一只脚"，让他彻底垮台，"永世不得翻身"！

中央政治局根据"联络员"传达毛泽东的指示，召开紧急会议，对邓小平进行错误的批评。

"四人帮"摇身一变，一跳三丈，成了批邓的急先锋。

按照毛泽东的本意，仍然希望在"文化大革命"问题上能够统一认识，来个"三七开"（七分成绩，三分错误）。毛泽东提出由邓小平主持作一个决议，肯定"文化大革命"的成绩。邓小平在原则问题上是不肯让步的。他说：我是桃花源中人，"不知有汉，无论魏晋"，表示由他来写这个决议是不适宜的，婉言拒绝了。

在"四人帮"的攻击下，中央政治局停止了邓小平的工作。

几乎就在这同一时间，由清华大学开始转向全国，掀起了一个更大的政治风波。11月初，在江青一伙的推动和操纵下，清华大学党委召开常委扩大会议传达毛泽东对刘冰等4人信件的批示。在那批件上用铅笔写道："清华大学刘冰等人来信告迟群和小谢。我看信的动机不纯，想打倒迟群和小谢。他们信中的矛头是对着我的。"以后毛泽东又批评："我在北京，写信为什么不直接给我，还要小平转？小平偏袒刘冰。清华所涉及的问题不是孤立的，是当前两条路线斗争的反映。""四人帮"如获至宝，欣喜若狂，抓住"鸡毛当令箭"，以传达这个批示为起点，开始了所谓"反击右倾翻案风"和所谓"教育革命大辩论"。北京市委负责人亲自坐镇指挥，分管教育工作的副总理张春桥责令周荣鑫作检查。清华先召开了有1300多人参加的党委扩大会议和全校大会，批判周荣鑫和刘冰等，把矛头对着邓小平。公开提出："邓小平是刘冰的总后台，刘冰是邓小平在清华的代理人。"霎时间，狂风大作，"反击右倾翻案风"的大字报铺天盖地而来，美丽的清华园顿时成了"批邓"的战场。"四人帮"迅速组织干部和群众去参观。

1975年11月下旬，中央政治局根据毛泽东的指示，在北京召开了有130多名党政军机关负责的老同志参加的"打招呼"会议，宣读了由毛远新整理、毛泽东批准的《打招呼的讲话要点》。《讲话要点》传达了毛泽东关于刘冰信件的上述讲话，并且提出："这是一股右倾翻案风"。说"有些人总是对文化大革命不满意，总是要算文化大革命的账，总是要翻案"。紧接着，中共中央向各省市自治区党委第一书记、各大军区党委第一书记、中央和国家机关各部党委的负责人、军委各总部和各军兵种党委第一书记，发出《关于转发〈打招呼的讲话要点〉的通知》，通报了"打招呼"会议情况，转发了《打招呼的讲话要点》，要求在党委常委中传达讨论。

于是"打招呼"成了最流行的政治术语。全国上下都在"打招呼"，人人都忙于"打招呼"，"听招呼"。

"打招呼"成了"批邓"的代名词，在全国吹响了"批邓"的号角。

周恩来总理逝世以后，"四人帮"肆无忌惮地掀起了更大的"批邓"风暴。在周恩来治丧期间，一天也没有停止"反击右倾翻案风"，而且步步加紧。[6]

在"批邓"的同时，毛泽东也在为接班人问题作最后一次抉择。尤其在周恩来去世之后，这个问题更是迫在眉睫。

经过认真考虑，毛泽东把目光放在忠厚老实的华国锋身上。1976年10月的事件表明，他的这个抉择不失政治家的高明之处，使党和国家避免了一场大灾难。

范硕在《叶剑英在1976》一书中继续写道：

重病中的毛泽东也正在为国务院总理的人选大伤脑筋。他经过反复观察思考，既不满意同他一起战斗多年、曾为他器重的邓小平，更不放心被他多次批评有野心的"四人帮"。最后这位善于解决矛盾的辩证法大师，出人意料地选中了另外一个人。

这个人就是华国锋。1976年1月21日，毛远新向毛泽东汇报，谈到华国锋、纪登奎等提出国务院请主席确定一个主要负责同志牵头，他们做具体工作。毛泽东回答说："就请华国锋带个头，他自认为是政治水平不高的人。小平专管外事。"至少，从这以后，华国锋已经开始主持国务院工作了。

2月2日，中央发出"一号文件"，通知全党：

"经伟大领袖毛主席提议，中央政治局一致通过，由华国锋任国务院代总理。"

对于当时这一决定的政治背景，一位外国的传记作家写道："妄图操纵患病的毛泽东的'四人帮'，当然不是想为华国锋这位人们不大熟悉的'外地'政治家掌权铺平道路。但是，他们疯狂地反对邓小平无疑有利于华国锋的晋升。邓小平坚定不移的务实精神使毛泽东感到不安，因此，从1975年秋起再次把矛头指向邓小平。但他清楚地了解其夫人以及上海的意识形态的支持者在幕后搞阴谋活动，并有政治野心。'四人帮'垮台后公布的语录证实了这一点。在这种情况下，华国锋的有利条件正是在于他不参加任何一派，而是长期无限忠于毛主席。"这位作家列举了华国锋的身世和职务之后，特别提到："重要的是，他是务实派和激进派都能接受的人。因此，4月间，党的主席委托他负责审查'邓小平案件'。"

……

华国锋的任命，对"四人帮"是当头一棒。王洪文一气之下，把自己长时间准备的讲话提纲（第3稿），连翻也不翻，扔进了抽斗，后来竟成了他的"罪状"之一。自以为十拿九稳爬上总理"宝座"的张春桥怨恨至极，写下了《2月3日有感》：

"又是一个1号文件。

去年发了一个1号文件。

真是得志便猖狂。

来得快、来得凶，垮得也快。

错误路线总是行不通的。可以得意于一时，似乎天下就是他的了，要开始一个什么新时代了。他们总是过高地估计自己的力量。

人民是决定性的因素。

代表人民的利益，为大多数人谋利，在任何情况下，都站在人民群众一边。站在先进分子一边，就是胜利。反之必然失败。正是：

　　'爆竹声中一岁除，春风送暖入屠苏。

　　千门万户瞳瞳日，总把新桃换旧符。'"

　　……

　　2月16日，中共中央下达"3号文件"，经毛主席批示同意批转中央军委2月6日关于停止学习贯彻执行1975年7月邓小平、叶剑英在军委扩大会议上的讲话的报告。

　　2月25日，在"四人帮"的鼓动下，经过毛泽东批准，党中央召开各省、市、自治区和各大军区负责人会议。会议传达了《毛主席重要指示》，即由毛远新整理的毛泽东自1975年10月至1976年1月多次关于"批邓、反击右倾翻案风"的谈话。

　　3月3日，中共中央发出学习《毛主席重要指示》的通知，要求组织县团以上干部认真学习，深刻领会，坚决贯彻执行。

　　毛泽东这篇语录式的涉及各个方面问题的18条重要指示，包括的内容很广，特摘录几段：

　　"社会主义社会有没有阶级斗争？什么'三项指示为纲'，安定团结不是不要阶级斗争，阶级斗争是纲，其余都是目。斯大林在这个问题上犯了大错误。列宁则不然，他说小生产每日每时都产生资本主义。列宁说建设没有资本家的资产阶级国家，为了保障资产阶级法权。我们自己就是建设了这样一个国家，跟旧社会差不多，分等级，有八级工资，按劳分配，等价交换。要拿钱买米、买煤、买油、买菜。八级工资，不管你人少人多。"

　　"一些同志，主要是老同志思想还停止在资产阶级民主革命阶段，对社会主义革命不理解、有抵触，甚至反对。对文化大革命两种态度，一是不满意，二是要算账，算文化大革命的账。"

　　"一百年后还要不要革命？一千年后要不要革命？总还是要革命的。总是一部分人觉得受压，小官、学生、工、农、兵，不喜欢大人物压他们，所以他们要革命呢。一万年以后矛盾就看不见了？怎么看不见呢？是看得见的。"

　　"对文化大革命，总的看法：基本正确，有所不足。现在要研究的是在有所不足方面。三七开，七分成绩，三分错误，看法不见得一致。文化大革命犯了两个错误：1. 打倒一切，2. 全面内战。打倒一切其中一部分打对了，如刘、林集团；一部分打错了，如许多老同志，这些人也有错误，批一下也可以。无战争经验已经十多年了，全面内战，抢了枪，大多数是发的，打一下，也是个锻炼。但是把人往死里打，不救护伤员，这不好。"

"不要轻视老同志，我是最老的，老同志还有点用处。对造反派要高抬贵手，不要动不动就'滚'。有时他们犯错误，我们老同志就不犯错误？照样犯。要注意老中青三结合。有些老同志七八年没管事了，许多事情都不知道，桃花源中人，不知有汉，何论魏晋。有的人受了点冲击，心里不高兴，有气，在情理之中，可以谅解。但不能把气发到大多数人身上，发到群众身上，站在对立面去指责。周荣鑫、刘冰他们得罪了多数，要翻案，大多数人不赞成，清华两万多人，他们孤立得很。"

"小平提出'三项指示为纲'，不和政治局研究，在国务院也不商量，也不报告我，就那么讲。他这个人是不抓阶级斗争的，历来不提这个纲。还是'白猫、黑猫'啊，不管是帝国主义还是马克思主义。"

"说每次运动往往伤害老工人和有经验的干部，那么反对陈独秀、瞿秋白、李立三、罗章龙，反对王明、张国焘，反对高岗、彭德怀、刘少奇、林彪都伤害了吗？说教育有危机，学生不读书，他自己就不读书，他不懂马列，代表资产阶级。说是'永不翻案'，靠不住啊。"

"他还是人民内部问题，引导得好，可以不走到对抗面去，如刘少奇、林彪那样。邓与刘、林还是有一些区别的，邓愿作自我批评，而刘、林则根本不愿。要帮助他，批他的错误就是帮助，顺着不好。批是要批的，但不应一棍子打死。对犯有错误和缺点的人，我们党历来有政策，就是惩前毖后，治病救人。要互相帮助，改正错误，搞好团结，搞好工作。"[7]

1976年4月5日发生的"天安门广场事件"，加速了中央人事安排的进程，但结果仍然使江青集团大失所望。

范硕在《叶剑英在1976》一书中写道：

4月7日晨8时05分。

太阳慢慢从东方升起，沉着面孔，爬过中南海的围墙，照进游泳池旁边的一所宅院。

毛泽东，中国的巨人，人民爱戴的领袖，此刻躺在床上，动作困难。他用困惑的眼光望着坐在床前穿着军装的年轻人。

这个年轻人便是"联络员"毛远新。他正在向伯父汇报4月6日平息天安门事件的情况和6日晚中央政治局讨论的几件事。

其中一件是：华国锋建议将北京发生的事通报全国，起草了北京市委的报告，中央要发个文件。

毛远新话音刚落，毛泽东好像早已想好，说出了四个字："公开发表。"

毛远新似乎未听懂，小心地问："是要登报吗？"

毛泽东指着桌子上放着的《人民日报》的三份《情况汇编》回答："是的。发表人民日报记者写的现场报道。"

毛远新又问："北京市委的报告不发了？"

毛泽东明确回答："不发。"接着好像早已打好腹稿，一字一句地作出新的指示："据此开除邓的一切职务，保留党籍，以观后效。"稍稍停一停，又交代："以上待三中全会审议批准。"

……

当时毛远新听了毛泽东的话，高兴地说："太好了！"他赞成待将来召开三中全会时补手续，似乎还不放心，接着半带建议半发问："是否由中央作个决议，也公开发表？"

毛泽东肯定地回答："中央政治局作决议，登报。"

毛远新高兴地说："好。"继续编造情况告状："上次开会，春桥同志当邓小平面说：'你看看天安门前的情况，人家要推你来当纳吉。'"

谈话已经持续一小时，毛泽东感到累了，但他仍然坚持打起精神，点点头，表示同意："是的。"然后，掰着指头，归纳说："这次，一、首都，二、天安门，三、烧、打这三件事，性质变了，据此，赶出去！"他的话很简短，说到最后挥挥手，表示要"赶出去"。

毛远新感到既兴奋又紧张，立即应声道："应该赶出去了！"然后灵机一动，站起来说："我马上找华国锋同志去。"

毛泽东叮嘱说："小平不参加。你先约几个人谈一下。不要约苏振华。"

毛远新随机应变，马上开列出要找的政治局委员名单（其中包括叶剑英，只邓小平、苏振华除外），用双手捧到毛泽东面前。

毛泽东慢慢地睁开眼睛，扫视了一下，指着一个人的名字说："叶不找。"

毛远新会意，用铅笔划掉叶剑英的名字，然后又核对一遍："除这三个人外，其他同志都参加。"

毛泽东说："好。"接着又交代，"华国锋任总理。"

这句话太突然了，毛远新一下子愕住了，他心目中的张春桥为什么又一次换成了华国锋？但他仍然迎合地提议说："国锋同志的任命和中央决议也一起登报。"

毛泽东答:"对。"

毛远新刚向华国锋等传达过毛泽东的最新指示。下午,毛泽东又作了补充指示:

"华国锋还要任党的第一副主席,并写在决议上。"第一副主席在党史上是个破例,从未有过。这使毛远新等更加不解了。其实毛泽东作出这个决定是针对"四人帮"来的。因为王洪文、张春桥曾经给他一再出过难题:不愿意参加接待外宾。他们摆出的理由是"不好见报"。华国锋代总理,他二人,一个是党的副主席,一个是常委,名次不好排。有的省给中央写报告也写王洪文副主席,不写华代总理。毛泽东想到:王、张之外,还加个江青,都看不起华国锋,而大权又不能交给"上海帮",于是下了这个决心,在副主席前面加个"第一"。

当晚,中央政治局开会,宣读并通过了中共中央的两个决议:

第一个是中共中央九号文件,《关于华国锋任中国共产党中央委员会第一副主席、中华人民共和国国务院总理的决议》:"根据伟大领袖毛主席提议,中共中央政治局一致通过,华国锋同志任中国共产党中央委员会第一副主席、中华人民共和国国务院总理。"

第二个是中共中央十号文件,《关于撤销邓小平党内外一切职务的决议》:"中共中央政治局讨论了发生在天安门广场的反革命事件和邓小平最近的表现,认为邓小平问题的性质已经变为对抗性的矛盾。根据伟大领袖毛主席提议,政治局一致通过,撤销邓小平党内外一切职务,保留党籍,以观后效。"[8]

病逝北京

1976年的毛泽东,已经临近人生旅途的尽头。他的一生是伟大而辉煌的。回首往事,他为中国人民的解放事业立下了不朽的功绩。人民会原谅他的过失,怀念他的业绩。

此刻,毛泽东正受着病痛的折磨。他以惊人的毅力,忍受着肉体的痛苦。

秘书张玉凤回忆说:

1974年春,毛主席又添了一种严重的疾病。他开始觉得自己的眼睛看东西模糊,吃力了。对于一个多年亲自批阅文件、亲自动手写文章的人,一位手不释卷的人来说,没有比这更痛苦更难忍的了。但主席不仅对战争和恶劣的环境曾以超人的毅力去克服和战胜,对待疾病,他也同样忍受得住。他挺着,不让我急急忙忙为他请医生查病,也不让我告诉别人他看不见了。

面对将要失去阅读能力的问题，他不得不考虑，怎么批阅文件。他自己一生带头保守国家机密，遵守纪律和制度。凡是送给他的文件、报告、信件，只有他和他的机要秘书可以看，未经他本人指示，其他任何人都不能私自翻阅。对自己身边的工作人员这样要求，对他的亲属及孩子也同样不例外。

当时，给他担任机要秘书工作的是徐业夫同志。他是位红军干部，为人憨直、诚恳，跟随主席多年，对工作认真负责、兢兢业业。徐秘书此时患着不治之症，住院治疗，这更牵动着主席的心。他总希望徐秘书能康复，回来继续工作。所以这个时期的秘书工作（收发文件）由我代理。

主席由于视力原因，开始让我为他读文件、读书、读信、读报给他听。也就是从这时起，我开始代他在他所批示的文件上、照他的意见签署。

1974年8月，毛主席在湖北武汉他下榻的东湖宾馆检查眼睛时，确诊为"老年性白内障"，两只眼睛轻重不一。这种病是在黑眼珠的瞳孔位出现白色反光，使晶状体变混浊。主席的病发现和确诊后，没有快速见效的治疗办法，从医学上讲，经过几个阶段，初发期、膨胀期、成熟期和过熟期。经过这几个时期，根据病人的身体情况才能考虑治疗措施。这就是说得了这种病只能等待，待其成熟了才能采取手术措施。

毛主席患眼病，中央委员会乃至政治局成员，只有负责领导主席医疗组工作的周总理和汪东兴等极少几个人知道，全国人民就更不知道这一情况了。他们几人了解情况后都关心和支持主席这里的工作，特别是周总理，非常着急。他除了及时了解病情和指导眼科专家的会诊外，还将自己使用多年的一副眼镜送给了主席，并给我写了一封信。他说："这副眼镜是我戴了多年，较为合适的一副。送给主席试戴，如果不合适，告诉我，给主席重配。"

总理处处为主席着想，处理各种事情都是那么入微入细。这类事说也说不完，由于篇幅的原因我这里就不一一举例了。

毛主席患病期间，为了加强领导医疗组的工作，在周总理治病期间，由邓小平同志领导医疗组的工作。可以说他们无论工作多忙，都用很多精力抓主席疾病的治疗工作。中央办公厅和中央警卫团的领导对主席的每一次治疗和医疗组的工作都是全力以赴地支持，为保证主席的健康做了许多工作。

主席生病的这几年，他从不给工作人员、医护人员以痛苦、阴沉、悲观的表情。他尽量不使病痛给他带来的痛苦让别人知道。在医生给他看病时，他总是以幽默风趣的谈话解除医生的紧张和顾虑。也喜欢讲点题外的话，问问姓甚名谁及什么地方的人等，讲个笑话或是别的什么，事实上他用风趣和幽默的方式忍受着病痛的折磨，以他那特有的刚强和忍耐同疾病斗争着。

他的这些举止言行确实消除了医生见到他或给他看病的紧张情绪，使医生、护士们感到领袖是他们亲密的朋友，差不多每次治疗都是在一种和谐愉快的气氛中进行的。

1975年，一个春光明媚、柳絮飘飞的日子，主席的保健大夫请来了北京著名的中医和西医的眼科专家为主席会诊。我带他们同主席见面时，主席以微弱的视力扫视着大家，并且一一同大夫们握手，其中有一位是广安门医院的眼科大夫唐由之，他40开外，身材高大，但看上去却是位名副其实的白面书生。主席边同他握手边问他叫什么名字。唐大夫以洪亮的声音告诉主席："唐由之。"这三个字读音刚落，毛主席的兴致即刻表现出来，他认真地又费力地说："这个名字好，你的父亲一定是位读书人，他可能读了鲁迅先生的诗，为你取了这个'由之'的名字。"此时主席双目虽然呆滞，但背起诗来抑扬顿挫，富有感情。他背诵鲁迅悼杨铨的诗："岂有豪情似旧时，花开花落两由之。何期泪洒江南雨，又为斯民哭健儿。"他虽然年逾古稀又在病中，但记忆力仍不减当年。他竟出口一字不漏地背出这首诗，令在场的专家们惊叹不已。

主席背诵时湖南口音重，加上讲话不清楚，这首诗完完整整地听清，是不可能的。在唐由之大夫的请求下，毛主席在一张白纸上亲手写下鲁迅先生的这首诗，赠给唐大夫。

主席以顽强的毅力，乐观地对待疾病。在这漫漫的"黑夜"中，他的右眼白内障已经到了成熟期。1975年8月，医疗组根据主席当时的身体状况提出了实施手术的意见和方案。这个方案经中央领导医疗组工作的同志审阅批示后，又报告了主席本人同意，便开始做必要的准备工作。这种手术属一般性的小手术，但这手术是给伟大领袖做的，手术刀就变得那么沉重，责任太大。为此，医生们慎之又慎。

为使主席方便，手术室就设在主席住处的卧室和客厅中间的一间小厅内，经过严格的消毒，摆放几样必要的医疗器械，即成了一间清洁、安静的小手术室。

8月中旬的一天傍晚，主席睡了一个好觉，醒来后情绪很好。等在外面的医生、护士还有主席身边的工作人员都在讨论这次手术的有关问题。大家最关心的还是成功率能不能达到百分之百。给主席做眼睛手术的主刀是唐由之大夫，他是医术严谨又熟练的名家，他知道大家的心情以及对他的期望。但他冷静对待这一切，他对这次手术不打包票，不把话说满。他说："有百分之七八十的把握，顶多有90％的把握。"说实在的，当时我很幼稚，特别希望他说100％的把握，那多好哇。

当我把要做眼睛手术的事，婉转地告诉主席以后，主席欣然接受了。这真是一件喜事。大家开始忙碌了。

对于生老病死，主席总是抱着乐观、自然的态度。他从没有因为这些年病魔缠身而失去信心和力量。就在他将要做眼睛手术时，他仍给人以满怀信心和壮志凌云的感觉。他让我去放一首曲子：岳飞的《满江红》。

这首曲子是上海昆曲剧院演员岳美缇同志演唱的。她演唱的《满江红》高亢、有力，充分表达了一个爱国志士的宽广胸怀和伟大抱负。

主席特别喜欢这首词，他听着铿锵乐曲，迈着蹒跚的步子来到手术室坐下。"怒发冲冠，凭栏处，潇潇雨歇。抬望眼，仰天长啸，壮怀激烈。三十功名尘与土，八千里路云和月。莫等闲，白了少年头，空悲切……"

此时此刻，主席神情镇定，从容乐观。他在想些什么？是对事业的未竟而抒发豪情，还是对医生手术的美好期望？看来他正以伟大革命家的胸怀和气魄对待疾病对待现实。乐曲表达了他乐观的情绪和无所畏惧的精神，也驱散了医护人员给伟大领袖实施手术的紧张气氛。他边听乐曲，医生边给他做手术。满身披挂的唐大夫从容不迫地为毛主席做了白内障针拨手术。手术虽然只有七八分钟，但这把小手术刀的分量，却重似千斤。

在给主席做手术之前，我们已用电话报告了正在病中的周总理，还有其他几位负责主席医疗工作的领导同志。他们得知后都来到主席住处。特别是周总理当时的病情已经很重了，但他听说主席要做眼睛手术，便将自己的病置之度外，坚持要到手术现场。当我在游泳池的大厅见到周总理时，我问他："总理，您有病，怎么还来呢？"他笑着说："我的病不要紧，应该以主席的健康为主。"和总理一起来的还有邓小平副总理、汪东兴同志等。他们亲临主席住处坐镇。他们怕干扰主席的手术，提出不到手术室，不与主席打招呼，几个人坐在手术室外面的大厅里，一直等主席手术做完之后才离去。

这次手术正如我们大家所期望的那样，非常成功。一周后，当主席摘掉蒙在眼睛上的纱布，他眨眨眼，看着看着，突然激动地指着在场的一位工作人员的衣服，准确地说出了颜色和图案。

毛主席的一只眼睛复明了，从此结束了他经受的600多个不明的日日夜夜。在场的人都为这次眼睛的针拨手术的成功而高兴。

1975年10月下旬，周总理做完最后一次手术，病况日渐加重。毛主席的身体状况也是令人担心。他讲话困难，只能从喉咙内发出一些含混不清的声音字句。由于长时间在他身边工作，我还能听懂主席的话。每当主席同其他领导同志谈话时，我就得在场，学说一遍。但到了他讲话、发音极不清楚时，我只能从他的口形和表情来揣摸，获得他点头认可。当主席的语言障碍到了最严重的地步时，他老人家只好用笔写出他的所思所想了。后来，主席的行动已经很困难，两条腿不能走路。如果没有人搀扶，连一步都走不动了。

1976年1月8日上午10点，毛主席几乎一夜未合眼，此时他正卧床，侧身听着文件。负责主席身边工作的张耀祠同志急匆匆地赶到游泳池毛主席卧室，将周总理逝世的噩耗报告了毛主席。

主席听后许久一言未发，只是点点头表示知道了。对于周总理的逝世，主席显然早已料到了。在近几年的医生报告中，早有所觉，长期的伤感，使他的眼泪枯竭了。此时，他已无法向这位患难与共的同志、战友表露他内心的痛苦和悲伤。

几天后，中央拟好了有关周总理追悼会的规格，参加追悼会的政治局及党、政、军负责人的人数和悼词一并送主席审阅。

中央考虑到主席病重，便没有安排毛主席参加有关周总理逝世后的一切活动。

毛主席审阅这个报告时，我一直守候在侧，不知道为什么，在我这个普通人的心里，一直存有一线希望，或许会有四年前参加陈毅同志追悼会那样的突然决定，或许也能去参加周总理的追悼会。一句憋在我心里许久的话，不由自主地脱口而出，像孩子般地冒昧地问主席："去参加总理的追悼会吗？"一直处于悲伤中的主席，这时，一只手举着还没来得及放下的文件，另一只手拍拍略微翘起的腿，痛苦而又吃力地对我说："我也走不动了。"

毛主席在党的第十次全国代表大会以后多次回避不愿意让人们看见他的老态的做法使我意识到他是不愿意，也不忍心让人们看到他晚年那病态和痛苦的心境。

主席不无歉意地说："那几个人的追悼会，我也没能去。"那几个人，我理解可能指1975年4月去世的和他一起参加第一次党的全国代表大会的代表董必武，以及其他几个老同志的追悼会。

他让我送给他用惯了的那支红铅笔，在送审报告上写有"主席"二字的地方端端正正画了一个圆圈。悼词千言，这个圆圈寄托了主席对总理深切的哀思。这个圆圈表达了毛主席对总理的深厚情谊。可是在人民的心目中，它确实是弱了，太弱了……这一笔怎么能表达得了对与自己风雨同舟几十年的战友的离别之情呢！

十里长街的悲恸，代表了亿万人民的感情。众多的人民是多么希望毛主席能在总理的追悼会上出现呀！然而，如果人民知道主席当时的境况，一定会嘱咐工作人员，现在要保护好主席。

我将主席圈阅的有关周总理追悼会和悼词的文件办完之后，对张耀祠说："我们是不是也去参加总理的追悼会？"张耀祠嘱咐我说："你们就不要去了，由我代表了。现在，你们照顾好主席更重要。"

周总理逝世以后，毛主席情绪十分不好，烦躁，不愿讲话。只是借助刚刚治好的一只眼睛，不停地阅读。这时，他虽然能自己看书、看文件，但由于他的身体过于虚弱，两只手颤抖，已经没有举起文件的力量了。为了满足老人家那艰难的阅读需要，我们在场的每一位工作人员都要帮他举着书或文件。看得出来，此时他似乎只能从书本和文件上摆脱病魔缠身的痛苦。

为了保护主席刚刚治愈的眼睛，医生嘱咐他，不要过多地看书，不要使眼睛太疲劳。对于这些劝告，他一点也听不进去，而我也只好按着老人家的意愿，或是文件或是书籍让他无休止地阅读着……

1976年的春节，无论是气温还是现实都让人感到不寒而栗。那个寒冷的冬夜，天空星光暗淡，中南海游泳池，毛主席住处外面一片昏暗。只有那一排整齐的路灯闪着微弱的亮光。这里除了悲凉的风声，再也听不到别的什么。除夕的夜晚，游泳池是那么寂寞、冷清。

毛主席这里没有客人，也没有自己家的亲人，只有身边几个工作人员陪伴着他，度过了他生命的最后一个春节。

年饭是我们一勺勺喂的。此时的主席不仅失去了"饭来伸手"之力，就是"饭来张口"吞咽也十分艰难了。他在这天，依然像往常一样在病榻上侧卧着吃了几口历来喜欢吃的武昌鱼和一点米饭。这就是伟大领袖的最后一次年饭。

饭后，我们把他搀扶下床，送到客厅。他坐下后头靠在沙发上休息，静静地坐在那里。入夜时隐隐约约听见远处的鞭炮声，他看看眼前日夜陪伴他的几个工作人员。远处的鞭炮声，使他想起了往年燃放鞭炮的情景。他用低哑的声音对我说："放点爆竹吧。""你们这些年轻人也该过过节。"就这样，我通知了正在值班室的其他几名工作人员。他们准备好了几挂鞭炮在房外燃放了一会儿。此刻的毛主席听着这爆竹声，在他那瘦弱、松弛的脸上露出了一丝笑容。我们心里都明白，主席的这一丝笑容，是在宽慰我们这些陪伴他的工作人员。这是毛主席他老人家经历了几十年的战火硝烟，带领苦难的中国人民创建了中华人民共和国之后，听到的最后一次"炮声"。这个爆竹是他为我们放的。他在生命的最后时刻，仍然鼓励我们去除旧迎新。[9]

毛泽东在临终之际，仍然惦念着他所开创的事业。

范硕在《叶剑英在1976》一书中写道：

毛泽东在病重期间，有一次深情地望着华国锋、王洪文、张春桥、汪东兴等4个担任常务看护的政治局委员，回顾自己的一生，感叹地说："人生七十古来稀，我80多岁了，人老总想后来。中国有句古语叫盖棺定论，我虽未盖棺也快了，总可以定论了吧！我一生干了两件事。一是与蒋介石斗了那么几十年，把他赶到那么几个海岛上去了。抗战8年，把日本人请回老家去了。打进北京，总算进了紫禁城。对这些事持异议的人不多，只有那么几个人，在我耳边叽叽喳喳，无非是让我及早收回那几个海岛罢了。另一件事你们都知道，就是发动文化大革命。这事拥护的人不多，反对的人不少。这两件事没有完，这笔遗产得交给下一代。怎么交？和平交不成就动荡中交，搞得不好，后代怎么办？就得血雨腥风了。你们怎么办，只有天知道。"

毛泽东讲这段话，虽然叶剑英没有在场，但他事后听说，深为感动。他知道毛泽东在交代后事，难过得他独自落泪，忧心忡虑，寝食不安。但作为常务看护人员之一的张春桥、王洪文却无动于衷，若无其事。张春桥值班看护时，很少进病房，也很少过问病情，有时病情突然变化，他却擅自离开，连人影也找不到。他口口声声"忠于"毛泽东，却对垂危的毛泽东一点感情也没有。

而那个"花花太岁"王洪文则照样到北海公园打鸟寻开心，在中南海、钓鱼台钓鱼取乐。一到晚间就躲在房间里下棋、打扑克、看电影、寻开心。这个毛泽东一手提拔起来的"接班人"，全无感恩之意。他本来和毛泽东就离心离德，早就要往毛泽东身边安插他的人，被毛主席发现了，批评他："你王洪文竟然要干涉我的内政！"毛泽东多次批评他"两边倒"，跟江青搅在一起……他怀恨在心，随着毛泽东病情越来越重，前去看望的次数越来越少，而催促上海武装民兵的次数却越来越多。

9月5日，毛泽东病危。叶剑英和其他中央领导同志非常着急，准备安排后事。晚间9时半，中央紧急通知江青火速从大寨回京。工作人员一听这消息，好像天快塌下来似的，慌恐万状，去叫醒江青，声音都发抖了，但江青却若无其事，慢慢悠悠地起床，高高兴兴地打扑克，从阳泉上火车，打到石家庄，从石家庄改乘飞机，一直打到北京城。

9月7日，江青回到毛泽东身边。在202号一间宽阔的房间里，笼罩着一种可怕的不祥气氛。医护人员急得团团转，束手无策；政治局委员来去匆匆，忙着料理后事。几乎所有的人都提着一颗心，泪流满面，沉浸在悲痛之中。但是，江青一进门却连声说"应当高兴"。一忽儿又歇斯底里大发作，高叫："不值班的，都出去！"她不顾医生劝阻，恶作剧式地给病人擦背、翻身、打粉，搜钥匙、找文件、发脾气，还给病人插上助听耳机，在一旁哇哇叫……像个女巫一样，继续折磨毛泽东。医生急得直哭，苦苦哀求她不要这样做。她一意孤行，毫不理睬。她当着众人大吃其"文冠果"。说什么"文冠果"另一个名字叫"文官果"，象征着"文官掌权"，文官也就是"王、张、江、姚"，就是他们四人掌权。

9月8日，毛泽东在江青的折腾中，病情笃重，再次进入弥留状态。清晨，江青又窜到北京新华印刷厂，继续请工人吃厚皮的"文冠果"，然后又去抓她的所谓"特务"去了。

医生发出最后病情通报。

毛泽东的生命烛光已燃到最后，在灰暗中抖颤。

连日来，政治局委员们守候在毛泽东的卧室，排着队走到病榻前，一个一个看望老人家，准备最后诀别。

叶剑英走过来了。他默默地深情地望着这位自己跟随多年的领袖，想不到昔日那高大魁梧的身躯，变得如此消瘦；昔日那满面红光的容颜，变得如此憔悴。那蜡黄发灰的脸上，流露出难过的表情，黯然失神的大眼淌着伤感的泪水，半张开的嘴角抽搐着，似乎要作新的指示……叶剑英多么想多看他一眼，但又不忍多看。一股股热泪夺眶而出，一阵阵悲痛袭上心头，顿时涌出千言万语又无从倾诉。

这时，意识仍然清醒的毛泽东双目微睁，看到了站在他面前的叶剑英，眼睛突然睁大，并且试图活动指挥不灵的手臂，轻轻招手。可是，叶剑英只顾伤心，泪眼模糊，并未察觉。待他走出病房时，毛泽东再次吃力地以手示意，招呼他回去。一位护士见此情景，马上跑到休息室找到叶剑英说："首长，主席招呼您呢！"

叶剑英霍地站起来立刻转身回到病榻前："主席，我来了，您还有什么吩咐？"他凝神贯注，准备聆听最后遗教。只见毛泽东睁开双眼，嘴唇微微张合，呼吸急促，想要说什么，只是说不出来。叶剑英握着他逐渐变冷的右手，又急又悲，淌着热泪，断断续续地说："主席，您多保重啊！……您会好起来的！……"他在床边伫立良久，觉得毛泽东的右手在用力握自己的手，还想用力抽出左手来。那平静的面孔，因为用力涨得发紫，那宽阔的额头下面紧锁着双眉，吃力地转动着双眼。那眼神虽然已经失去往日的光彩，但依然发出异样的光芒。看到毛泽东如此激动，叶剑英不好再待下去了，他依依不舍地移动沉重的脚步，蹒跚离开病房。回到休息室，大家围过来，探询病情。叶剑英一言不发，陷入了沉思：主席的心脏还没有停止跳动，头脑还在思考。为什么特意招呼我呢？要说什么呢？还有什么嘱托？……他的心情十分沉痛，感到肩上的担子更重了。

叶剑英离开病房不久，毛泽东的意识完全失去了自我控制。9月9日零时10分，一颗伟大的心脏终于停止了跳动。[10]

1976年9月18日下午3时，在北京天安门广场举行隆重的追悼大会，沉痛悼念毛泽东——这位党、军队和国家的缔造者，伟大的马克思主义者，伟大的无产阶级革命家、战略家和理论家。

同年10月6日晚，华国锋、叶剑英代表中央政治局，执行党和人民的意志，对江青、张春桥、王洪文、姚文元实行审查。

历史终于翻过了沉重的、发人深省的一页，揭开了充满希望和光明的新篇章。

1981年6月27日，中共十一届六中全会通过《关于建国以来党的若干历史问题的决议》，对历史上的重大问题作出实事求是的评价，全面论述了毛泽东的历史地位。

1980年8月，邓小平在接受意大利记者采访时，充满感情地说："没有毛主席，至少我们中国人民还要在黑暗中摸索更长的时间。"

"尽管毛主席过去有段时间也犯了错误，但他终究是中国共产党、中华人民共和国的主要缔造者。拿他的功和过来说，错误毕竟是第二位的。他为中国人民做的事情是不能抹杀的。从我们中国人民的感情来说，我们永远把他作为我们党和国家的缔造者来纪念。"

这充分表达了中国共产党人和中国人民对毛泽东这位伟人的敬仰和怀念之情。

如今，中国的社会主义事业正在迅速发展。毛泽东使社会主义中国富强昌盛的遗愿正在逐步实现。

中国人民将永远牢记使民族独立、摆脱贫困并获得新生的社会主义基业的创始人——毛泽东的英名和伟绩，坚定不移地沿着毛泽东思想和邓小平建设有中国特色社会主义理论指引的道路，豪迈地走在充满希望的21世纪。

注 释

〔1〕《陈毅传》：当代中国出版社1991年8月版，第625—627页。

〔2〕铁竹伟：《霜重色愈浓》，解放军文艺出版社1986年6月版，第317—322页。

〔3〕顾保孜：《红墙里的瞬间》，解放军文艺出版社1992年5月版，第102—107页。

〔4〕王年一：《大动乱的年代》，河南人民出版社1988年12月版，第505—513页。

〔5〕范硕：《叶剑英在1976》，中共中央党校出版社1990年1月版，第47—53页。

〔6〕范硕：《叶剑英在1976》，中共中央党校出版社1990年1月版，第56—63页。

〔7〕范硕：《叶剑英在1976》，中共中央党校出版社1990年1月版，第64—65，68，74—76页。

〔8〕范硕：《叶剑英在1976》，中共中央党校出版社1990年1月版，第107—110页。

〔9〕张玉凤：《毛泽东晚年二三事》。

〔10〕范硕：《叶剑英在1976》，中共中央党校出版社1990年1月版，第179—182页。

附 录：

毛泽东生平大事年表

1893年

12月26日，诞生在湖南省湘潭县韶山冲一个农民家庭。

1910年

秋，入湖南湘乡县立东山高等小学堂读书。在此期间受康有为、梁启超改良主义思想的影响。

1911年

春，到长沙入湘乡驻省中学读书。10月，响应辛亥革命，投笔从戎，在湖南新军当列兵。

1913年

春，入湖南省立第四师范学校预科读书。

1914年

秋，编入湖南省立第一师范学校本科第八班。在校期间，受杨昌济等进步教师的影响，成为《新青年》杂志的热心读者，崇拜陈独秀、胡适。

1918年

4月14日，同萧子升、蔡和森等发起组织新民学会。6月，在湖南省立第一师范学校毕业。8月，为组织湖南赴法勤工俭学运动第一次到北京。在北京期间，担任北京大学图书馆管理员，得到李大钊等人帮助，开始接受俄国十月革命的思想。

1919年

4月6日，从上海回到长沙。5月，响应五四运动，发起成立湖南学生联合会，领导湖南学生反帝爱国运动。7月14日，主编的湖南学生联合会会刊《湘江评论》在长沙创刊。7月和8月，连续发表《民众的大联合》长文。12月，为领导驱逐湖南军阀张敬尧的运动，第二次到北京。在京期间，读了《共产党宣言》等马克思主义书籍。

1920年

5月、6月间，在上海会见陈独秀，同他讨论读过的马克思主义书籍等问题。7月，同易礼容等在长沙发起文化书社，传播马克思主义和新文化。12月，在长沙筹建社会主义青年团。冬，同杨开慧结婚。

1921年

7月23日至8月初，同何叔衡作为湖南代表出席在上海召开的中国共产党第一次全国代表大会。8月回长沙后，创办湖南自修大学。10月10日，建立中共湖南支部，任书记。

1922年

5月，中共湘区执行委员会成立，任书记。9月至12月，组织领导粤汉铁路工人罢工、安源路矿工人罢工等，推动湖南工人运动迅速走向高潮。

1923年

4月，离开长沙到达上海，在中共中央工作。6月，在广州出席中国共产党第三次全国代表大会，被选为中央执行委员、中央局委员，并任中央局秘书。

1924年

1月，在广州出席中国国民党第一次全国代表大会，被选为候补中央执行委员。2月，到上海，任国民党上海执行部委员、组织部秘书等职。12月，回湖南养病。

1925年

2月，回到韶山，一面养病，一面开展农民运动。10月，在广州任国民党中央宣传部代理部长。12月1日，发表《中国社会各阶级的分析》一文。12月5日，主编的国民党中央宣传部刊物《政治周报》创刊。

1926年

1月，出席中国国民党第二次全国代表大会，继续被选为候补中央执行委员。5月至9月，主办国民党第六届农民运动讲习所，任所长。11月，到上海任中共中央农民运动委员会书记。不久到武汉，创办国民党中央农民运动讲习所。

1927年

1月4日至2月5日，回湖南考察湘潭、湘乡、衡山、醴陵、长沙五县农民运动。3月，发表《湖南农民运动考察报告》；在武汉出席国民党二届三中全会。4月27日至5月10日，出席中国共产党第五次全国代表大会，被选为候补中央委员。8月7日，出席中共中央紧急会议，提出"枪杆子里面出政权"的思想，被选为临时中央政治局候补委员。会后到湖南领导湘赣边界秋收起义。9月，秋收起义受挫后，率起义部队向罗霄山脉中段进军。10月，到达江西宁冈县茅坪，开始创建井冈山革命根据地。

1928年

4月，在江西宁冈县砻市同朱德、陈毅率领的部队会师。5月，任两支部队合编成的工农革命军（后改称中国红军）第四军党代表、中共军委书记。7月，在中国共产党第六次全国代表大会上被选为中央委员。10月，为中共湘赣边界第二次代表大会起草决议案，提出"工农武装割据"的思想。12月，主持制定井冈山《土地法》。

1929年

1月，同朱德、陈毅率红四军主力进军赣南、闽西，至1930年春，赣南、闽西两块革命根据地初步形成。4月，主持制定兴国《土地法》。12月，中共红四军第九次代表大会在福建上杭县古田村召开，在会上作政治报告，并起草大会决议案。

1930年

1月，写《星星之火，可以燎原》一文，阐述关于农村包围城市、武装夺取政权的中国革命道路的理论。5月，在江西寻乌作调查；同时撰写《反对本本主义》一文，提出"没有调查，没有发言权"。8月，任红一方面军总政治委员和中共总前敌委员会书记。9月，在中共六届三中全会上被选为政治局候补委员。12月30日至次年1月3日，同朱德等指挥红一方面军粉碎国民党军第一次"围剿"。

1931年

4月至5月，同朱德等指挥红一方面军粉碎国民党军第二次"围剿"。7月至9月，粉碎国民党军第三次"围剿"。11月，在中华苏维埃第一次全国代表大会上作政治报告；在中央执行委员会第一次会议上当选为中华苏维埃共和国中央执行委员会主席。

1932年

10月，在宁都召开的中共苏区中央局会议上，受到"左"倾错误领导的打击。会后，被撤销红一方面军总政治委员职务，前往福建长汀养病。

1933年

8月，在瑞金召开的中央苏区南部十七县经济建设大会上作《粉碎五次"围剿"与苏维埃经济建设任务》的报告。10月，写《怎样分析农村阶级》一文，成为划分农村阶级成分的标准。冬，先后写出《长冈乡调查》和《才溪乡调查》。

1934年

1月，在中共六届五中全会上被选为政治局委员。同月，在中华苏维埃第二次全国代表大会上作工作报告。会后继续当选为中华苏维埃共和国中央执行委员会主席。10月18日，从江西于都出发开始长征。

1935年

1月，出席在贵州遵义召开的中共中央政治局扩大会议，被增选为政治局常委，会议实际确立以毛泽东为代表的新的中央领导。3月，同周恩来、王稼祥组成三人军事指挥小组。3月至5月，同周恩来等指挥红一方面军四渡赤水、巧渡金沙江、飞夺泸定桥，取得战略转移中具有决定意义的胜利。6月，率红一方面军同红四方面军在四川西部会合，不久同张国焘的逃跑主义、分裂主义进行斗争。10月19日，率领中国工农红军陕甘支队到达陕北吴起镇，胜利完成长征。12月，出席在陕北瓦窑堡召开的中共中央政治局会议，会议确定建立抗日民族统一战线的策略。12月27日，在党的活动分子会议上作《论反对日本帝国主义的策略》报告，阐发抗日民族统一战线的策略方针。

1936年

2月至5月，同彭德怀率领红一方面军主力渡黄河东征。3月，向南京当局提出停止内战、一致抗日的五点意见。7月至10月，在陕北保安多次会见美国记者斯诺，回答他提出的有关中国革命和工农红军等多方面的问题，并介绍了自己的经历。12月7日，任中共中央革命军事委员会主席。12月，撰写《中国革命战争的战略问题》。

1937年

1月13日，同中共中央和中央军委进驻延安。4月至7月，在抗日军政大学讲授辩证法唯物论，其中的两节后来整理成《实践论》和《矛盾论》。5月，在中国共产党全国代表会议上作《中国共产党在抗日时期的任务》的报告和《为争取千百万群众进入抗日民族统一战线而斗争》的总结性报告。8月，出席在陕北洛川召开的中共中央政治局扩大会议，强调统一战线中的独立自主原则，阐明独立自主山地游击战的战略方针，任新组成的中共中央革命军事委员会的书记（实际称主席）。11月12日，作《上海太原失陷以后抗日战争的形势和任务》的报告。

1938年

5月，写《抗日游击战争的战略问题》一文。5月26日至6月3日，在延安抗日战争研究会作《论持久战》讲演。9月29日至11月6日，出席中共扩大的六届六中全会，作《论新阶段》政治报告和会议结论。会议批准以毛泽东为首的中央政治局的路线。

1939年

2月，在延安党政军生产动员大会上讲话，号召自己动手，克服经济困难。9月16日，同中央社、《扫荡报》、《新民报》三记者谈话，提出"人不犯我，我不犯人；人若犯我，我必犯人"的自卫原则。10月4日，发表《〈共产党人〉发刊词》，阐明统一战线、武装斗争、党的建设是中国革命克敌制胜的三大法宝。12月1日，为中共中央起草《大量吸收知识分子》的决定。同月，和其他同志合作撰写《中国革命和中国共产党》。12月至次年3月，领导打退第一次反共高潮。

1940年

1月，发表《新民主主义论》，系统论述新民主主义革命的理论和纲领。3月6日，为中共中央起草《抗日根据地的政权问题》的指示，提出实行"三三制"。3月，作《目前抗日统一战线中的策略问题》的报告，总结打退第一次反共高潮的经验，提出一些新的策略思想。

1941年

1月20日，为中共中央军委起草重建新四军军部的命令，并对新华社记者发表关于皖南事变的谈话。5月8日，起草《关于打退第二次反共高潮的总结》的党内指示。5月19日，在延安干部会上作《改造我们的学习》的报告，提出反对主观主义，阐明实事求是的思想原则。9月10日至10月22日，出席中共中央政治局扩大会议，作《反对主观主义和宗派主义》的报告。9月26日，中共中央作出《关于高级学习组的决定》，成立以毛泽东为组长的中央学习组。

1942年

2月1日，作《整顿党的作风》的报告，8日作《反对党八股》的讲话。5月，在延安文艺座谈会上发表讲话并作结论。9月7日，为延安《解放日报》撰写社论，论述精兵简政是一个极其重要的政策。12月，向中共中央西北局高干会议提交《经济问题与财政问题》长篇书面报告，论述"发展经济，保障供给"的财政工作总方针。

1943年

3月20日，在中共中央政治局会议上被推定为中央政治局主席和中央书记处主席。5月26日，在中共中央书记处召开的干部大会上作《关于共产国际解散问题的报告》。6月1日，为中共中央起草《关于领导方法的决定》。7月12日，为延安《解放日报》撰写《质问国民党》的社论，揭露国民党顽固派企图进攻陕甘宁边区的阴谋。9月上旬至10月上旬，主持中共中央政治局在这一期间召开的会议，批评王明（陈绍禹）的错误，在会上多次发言并作小结。

1944年

4月12日和5月20日，先后在中共中央西北局高干会议和中央党校第一部作《学习和时局》的讲演。5月21日，在中共扩大的六届七中全会上被推举为中央委员会主席和七中全会主席团主席。9月8日，在张思德追悼会上发表《为人民服务》的讲话。11月，和周恩来等同美国总统罗斯福的私人代表赫尔利多次会谈国共关系。

1945年

4月20日，出席中共六届七中全会最后一次会议，会议基本通过经毛泽东多次作重要修改的《关于若干历史问题的决议》。4月23日至6月11日，主持召开中国共产党第七次全国代表大会，致开幕词（《两个中国之命运》）和闭幕词（《愚公移山》），向大会提交《论联合政府》书面政治报告。大会确定以毛泽东思想作为自己一切工作的指针。6月19日，在中共七届一中全会上当选为中央委员会主席。8月13日，发表《抗日战争胜利后的时局和我们的方针》的讲演。8月28日至10月11日，赴重庆谈判，同国民党政府达成《双十协定》。12月28日，起草《建立巩固的东北根据地》的指示。

1946年

4月，撰写《关于目前国际形势的几点估计》。7月20日，起草《以自卫战争粉碎蒋介石的进攻》的党内指示。8月6日，会见美国记者斯特朗，提出"一切反动派都是纸老虎"的著名论断。9月16日，为中共中央军委起草《集中优势兵力，各个歼灭敌人》的指示。10月1日，为中共中央起草党内指示，总结三个月战争的经验。

1947年

3月18日，率中共中央和人民解放军总部撤离延安，开始历时一年的陕北转战。7月21日至23日，在陕北靖边县小河村主持召开中共中央会议，提出对蒋介石的斗争用五年时间（从1946年7月算起）解决的设想。在此前后，部署刘邓、陈粟、陈谢三路大军渡过黄河，转入战略进攻。10月，起草《中国人民解放军宣言》，提出"打倒蒋介石，解放全中国"的口号。12月25日至28日，在陕北米脂县杨家沟主持召开中共中央会议，向会议提交《目前形势和我们的任务》的书面报告。

1948年

1月18日，为中共中央起草《关于目前党的政策中的几个重要问题》的决定草案。3月23日，结束陕北转战，东渡黄河，前往华北解放区。4月1日，在晋绥干部会议上发表重要讲话，阐明党的新民主主义革命总路线和土地改革总路线。4月底至5月初，在河北阜平县城南庄主持召开中共中央书记处会议，提出把战争引向国民党统治区、发展生产、加强纪律性问题。9月，在河北平山县西柏坡主持召开中共中央政治局会议，作关于战争、新中国成立、财经等问题的重要报告。9月至次年1月，组织指挥辽沈、淮海、平津三大战略决战，将国民党军主力聚歼在长江以北。12月30日，为新华社写1949年新年献词《将革命进行到底》。

1949年

3月，主持召开中共七届二中全会，提出实现党的工作重心转移、夺取全国胜利以及关于新中国建设的指导方针和基本政策。3月25日，率中共中央和人民解放军总部进驻北平。4月21日，和朱德发布《向全国进军的命令》。7月1日，发表《论人民民主专政》一文。9月21日至30日，出席中国人民政治协商会议第一届全体会议，当选为中央人民政府主席。10月1日，主持中华人民共和国开国大典。12月16日，抵达莫斯科，首次访问苏联。

1950年

6月6日至9日，主持召开中共七届三中全会，提交《为争取国家财政经济状况的基本好转而斗争》的书面报告，并作《不要四面出击》的讲话。6月28日，主持召开中央人民政府委员会第八次会议，通过《中华人民共和国土地改革法》。10月上旬，主持中共中央政治局会议，作出"抗美援朝，保家卫国"的决策。10月8日，发布《给中国人民志愿军的命令》，命令志愿军迅即向朝鲜境内出动，援助朝鲜人民。并任命彭德怀为志愿军司令员兼政治委员。

1951年

2月，在中共中央政治局扩大会议上提出"三年准备、十年计划经济建设"的思想。5月24日，设宴庆贺《关于和平解放西藏办法的协议》签订。9月，主持制定《中共中央关于农业生产互助合作的决议（草案）》。10月12日，《毛泽东选集》第一卷出版发行（第二卷和第三卷分别于1952年4月和1953年4月出版发行）。12月，发动反贪污、反浪费、反官僚主义的"三反"运动。

1952年

1月26日，为中共中央起草关于开展"五反"运动的指示。4月6日，为中共中央起草《关于西藏工作方针的指示》。8月9日，发布《中华人民共和国民族区域自治实施纲要》。9月，开始酝酿提出过渡时期总路线。

1953年

1月13日，中华人民共和国宪法起草委员会成立，任主席。3月26日，为中共中央起草《关于反对大汉族主义思想的指示》。6月15日，在中共中央政治局会议上，对党在过渡时期的总路线作比较完整的表述。9月7日，同民主党派和工商界部分代表谈话，指出国家资本主义是改造资本主义工商业的必经之路。

1954年

1月，开始在杭州主持起草《中华人民共和国宪法》。3月23日，主持宪法起草委员会第一次会议，代表中国共产党提出《中华人民共和国宪法（草案）》初稿。9月15日至28日，出席一届全国人大一次会议，致开幕词，当选中华人民共和国主席。10月16日，给中共中央政治局及有关同志写《关于红楼梦研究问题的信》。

1955年

3月，在中国共产党全国代表会议上致开幕词并作结论，号召干部要钻研社会主义工业化问题，成为这方面的内行。5月12日，在最高国务会议上提出肃反工作方针。7月31日，在中共中央召集的省委、市委、自治区党委书记会议上作《关于农业合作化问题》的报告。10月4日至11日，主持召开中共七届六中全会，通过《关于农业合作化问题的决议》。10月29日，邀集全国工商联执行委员座谈私营工商业的社会主义改造问题。

1956年

1月20日，在中共中央召开的关于知识分子问题的会议上讲话，号召为迅速赶上世界科学先进水平而奋斗。4月初，审改《关于无产阶级专政的历史经验》。4月25日，作《论十大关系》的报告。4月28日，提出"百花齐放，百家争鸣"的方针。9月15日至27日，主持召开中国共产党第八次全国代表大会，致开幕词。9月28日，在中共八届一中全会上当选为中央委员会主席。12月，审改《再论无产阶级专政的历史经验》。

1957年

2月27日，作《关于正确处理人民内部矛盾的问题》讲话，提出两类矛盾学说。5月15日，写《事情正在起变化》一文，随后发动反右派斗争，发生严重扩大化的错误。11月，率中国党政代表团访问苏联，参加十月革命40周年庆祝活动，出席共产党和工人党的代表会议。

1958年

1月，主持召开中共中央南宁会议，起草《工作方法六十条（草案）》。3月，主持召开中共中央成都会议，多次发表讲话。5月5日至23日，主持召开中共八大二次会议，通过"鼓足干劲、力争上游、多快好省地建设社会主义"的总路线。8月17日至30日，在北戴河主持中共中央政治局扩大会议，通过《关于在农村建立人民公社问题的决议》。10月，主持召开第一次郑州会议，开始纠正"大跃进"和人民公社化运动中的"左"倾错误。11月至12月，在武汉主持召开中共八届六中全会，通过《关于人民公社若干问题的决议》。

1959年

2月27日至3月5日主持召开第二次郑州会议，3月25日至4月5日在上海召开中共中央政治局扩大会议和八届七中全会，继续纠正"左"倾错误。6月25日至28日，回故乡韶山。7月2日至8月16日，在庐山主持召开中共中央政治局扩大会议和八届八中全会。从政治局扩大会议后期开始，错误地发起对彭德怀等人的批判。

1960年

3月，在广州审定《毛泽东选集》第四卷，并于9月出版发行。6月14日至18日，在上海主持召开中共中央政治局扩大会议，写《十年总结》一文，重新强调实事求是原则，提出要认真研究社会主义革命和建设的规律。7月5日至8月10日，主持在北戴河召开的中共中央工作会议，研究国际问题和国内经济调整问题。

1961年

1月14日至18日，主持召开中共八届九中全会，号召大兴调查研究之风。会后组织和领导三个调查组，深入浙江、湖南、广东农村调查研究。3月，在广州召开部分大区负责人会议和中央工作会议，讨论和制定《农村人民公社工作条例（草案）》。8月23日至9月16日，在庐山主持中共中央工作会议，讨论工业、粮食、财贸、教育等问题。9月29日，再次提出将农村人民公社的基本核算单位下放到生产队。

1962年

1月11日至2月7日，主持召开中共扩大的中央工作会议，作关于民主集中制问题的重要讲话。9月24日至27日，主持中共八届十中全会，作关于阶级、形势、矛盾和党内团结问题的讲话，进一步发展了关于阶级斗争是社会主义社会的主要矛盾的错误论点。

1963年

2月11日至28日，召开中共中央工作会议，会议确定在农村普遍进行"四清"运动和在城市开展"五反"运动。5月，主持制定《中共中央关于目前农村工作若干问题的决定（草案）》。12月16日，听取聂荣臻关于科学技术十年规划的汇报，指出：不搞科学技术，生产力无法提高。

1964年

2月13日，召集教育工作座谈会，提出改革教育体制的设想。6月15日和16日，观看北京、济南部队军事训练汇报表演。6月16日，在北京十三陵召开的小型会议上，作《关于培养无产阶级革命事业接班人》的讲话。6月，再次对文艺工作作批示，导致文艺界错误的过火的政治批判。12月15日至28日，主持中共中央政治局召开的中央工作会议，讨论制定《农村社会主义教育运动中目前提出的一些问题》。

1965年

5月22日至29日，重上井冈山。7月27日，会见从海外归来的原国民党政府代总统李宗仁和夫人。11月初，批准发表《评新编历史剧〈海瑞罢官〉》一文，揭开"文化大革命"的序幕。

1966年

5月16日，中共中央政治局扩大会议通过毛泽东主持制定的《中国共产党中央委员会通知》。8月1日至12日，主持召开中共八届十一中全会，通过《关于无产阶级文化大革命的决定》。这两次会议的召开，是"文化大革命"全面发动的标志。8月18日至11月26日，在北京先后八次接见来自全国各地的院校师生和红卫兵。

1967年

1月，对上海"一月革命"风暴表示支持。此后夺权之风遍及全国，"天下大乱"的局面逐渐形成。1月28日，批准下达中央军委的《八条命令》。7月至9月，视察华北、中南和华东地区，号召"实现革命的大联合"，"正确地对待干部"。

1968年

1月16日，对江青等人送来的所谓"伍豪等脱离共产党启事"等材料作重要批示："此事早已弄清，是国民党造谣污蔑。"使他们诬陷周恩来的图谋未能得逞。10月13日至31日，主持召开中共八届十二中全会，在极不正常的情况下，通过诬陷刘少奇并开除他的党籍的错误决定。

1969年

4月1日至24日，主持召开中国共产党第九次全国代表大会，批准"文化大革命"的错误理论和实践，并把林彪定为"接班人"写入党章。4月28日，在中共九届一中全会上当选为中央委员会主席。

1970年

5月20日，发表《全世界人民团结起来，打败美国侵略者及其一切走狗！》的声明。8月23日至9月6日，在庐山主持召开中共九届二中全会，撰写《我的一点意见》，揭露林彪、陈伯达抢班夺权的阴谋。12月18日，会见美国朋友斯诺，表示欢迎美国总统尼克松来华访问。

1971年

8月至9月，在南方巡视期间，同当地党政军负责人多次谈话，揭露林彪的阴谋。9月12日，返抵北京，机智果断地粉碎林彪集团的政变阴谋。11月14日，接见参加成都地区座谈会的同志，为"二月逆流"平反。

1972年

1月10日，参加陈毅追悼会。2月21日，会见来华访问的美国总统尼克松，双方决定实现中美两国关系正常化。9月27日，会见日本内阁总理大臣田中角荣，双方决定实现中日两国邦交正常化，正式建立外交关系。

1973年

3月，提议恢复邓小平的国务院副总理职务。8月24日至28日，主持召开中国共产党第十次全国代表大会，使一批老一辈无产阶级革命家重新进入中央委员会，同时江青集团的势力也得到加强。8月30日，在中共十届一中全会上当选为中央委员会主席。12月，在中共中央政治局会议上，提出请邓小平担任政治局委员、人民解放军总参谋长。

1974年

2月22日，会见赞比亚总统卡翁达，提出"三个世界"划分的思想。7月17日，在中共中央政治局会议上批评王洪文、张春桥、江青、姚文元搞帮派活动，第一次提出"四人帮"问题。9月29日，经毛泽东批准，中共中央为贺龙平反。11月12日，对江青来信作批示，批评她的"组阁"野心，明确指出"不要由你组阁（当后台老板）"。

1975年

5月3日，召集在北京的中共中央政治局委员谈话，强调要搞马列主义，要团结，要光明正大，再次批评"四人帮"。7月14日，对文艺问题发表谈话，指出党的文艺政策应该调整一下。11月下旬，审阅批准《打招呼的讲话要点》，错误地发动所谓"批邓、反击右倾翻案风"运动。

1976年

1月21日、28日，先后提议华国锋任国务院代总理和主持中央日常工作。9月9日，在北京逝世，终年83岁。